创新驱动区域发展

——『创新驱动区域发展』全国学术研讨会会议论文集

蒋团标　刘俊杰◎主编

经济管理出版社
ECONOMY & MANAGEMENT PUBLISHING HOUSE

图书在版编目（CIP）数据

创新驱动区域发展/蒋团标，刘俊杰主编．—北京：经济管理出版社，2017.7
ISBN 978－7－5096－5200－8

Ⅰ．①创…　Ⅱ．①蒋…②刘…　Ⅲ．①区域经济发展—中国—文集　Ⅳ．①F127－53

中国版本图书馆 CIP 数据核字(2017)第 150093 号

组稿编辑：谭　伟
责任编辑：谭　伟
责任印制：黄章平
责任校对：王纪慧

出版发行：经济管理出版社
（北京市海淀区北蜂窝 8 号中雅大厦 A 座 11 层　100038）
网　　址：www. E－mp. com. cn
电　　话：（010）51915602
印　　刷：北京九州迅驰传媒文化有限公司
经　　销：新华书店
开　　本：787mm×1092mm/16
印　　张：38
字　　数：767 千字
版　　次：2017 年 7 月第 1 版　　2017 年 7 月第 1 次印刷
书　　号：ISBN 978－7－5096－5200－8
定　　价：136.00 元

前 言

2016年11月25～27日，由中国区域经济学会和广西师范大学联合主办的“创新驱动区域发展”全国学术研讨会在桂林召开，来自国家发改委、科技部、中国社会科学院、浙江大学、上海财经大学、中央财经大学、中国科学技术大学、西安交通大学、四川大学、暨南大学、对外经济贸易大学、陕西师范大学、河南大学、河北工业大学、广西社会科学院、广西师范大学等全国20余所高等院校和科研院所，约170多位专家学者参加了会议。会议研讨分为主旨报告、高峰论坛和专题报告，议题涉及“创新驱动区域发展”、“创新驱动的协同机制”、“区域转型发展理论与实证”等领域。会议深入剖析了区域创新驱动发展的理论与实践路径，探讨了创新驱动发展的近期研究重点与未来发展趋势，拓展了对区域经济发展研究前沿的探索。

研讨会由广西师范大学珠江—西江经济带发展研究院、西南城市与区域发展研究中心、广西国家级开发区发展研究创新团队、广西师范大学经济管理学院与《区域经济评论》杂志社联合承办。自2016年6月初至11月20日，共收到会议论文130余篇，论文作者既有潜心于区域经济发展研究并取得卓越成果的专家教授，亦有热忱于区域经济发展研究的青年学者；既有高校学者，亦有科研院所研究人员。学者们对创新驱动区域发展的研究视角各异，学术观点百花齐放、异彩纷呈。研讨会开阔了学术思维与视野，丰富了研究范畴与主题，取得了圆满的成功。

本次研讨会旨在“深入研讨在‘三期叠加’背景下的区域创新和结构化，促进区域经济提质增效和长期发展”，会议论文从各自角度诠释会议主旨。编者从参会的130余篇论文中，甄选了51篇收入《创新驱动区域发展》会议论文集。依据论文研究内容，编者将这51篇论文整理分类，形成了创新驱动发展理论与实践、协同创新与区域发展、高新区创新绩效评价及提升路径、创新能力与产业组织、供给侧改革与产业转型升级、绿色经济与区域可持续发展、“一带一路”战略与珠江—西江经济带发展七个研究专题。每个专题的论文有5～10篇，每一篇论文的研究角度、侧重点都独具特色，采用的研究方法与思维方式更是值得借鉴。

一、创新驱动发展理论与实践

关注这一专题论文较多，在理论上，有学者从哲学与实践方面来定义创新驱动发展的概念与内在含义，阐述创新驱动协调发展与增长的作用机理，梳理国内外研究文献，归纳总结创新驱动发展的研究现状；在实践上，有学者从后发国家赶超发达国家的角度来引入对创新发展的有效性讨论，或基于大环境下的房价空间结构来阐述创新驱动实践的具体措施。

西安交通大学王育宝、胡芳肖的《创新驱动区域产业持续协调发展的机理》，基于创新系统理论、产业集群理论和可持续发展理论，从企业集群到产业集群，从全球价值链、全球生产网络到全球创新生态系统，阐释了创新驱动区域产业集群化发展、创新驱动区域产业内生式成长的机理的过程，提出技术创新与非技术创新互动发展、创新驱动区域产业持续协调发展是实现建设创新型区域、加大供给侧改革的基本路径。河北工业大学经济管理学院孙丽文、陈继琳的《技术创新对区域经济增长作用机理研究》，提出了产业结构合理化与高级化的形成有赖于技术创新的观点，从企业、产业两个不同层面分析了技术创新的影响途径，并联结微观企业、中观企业与产业协同、宏观环境来阐述技术创新促进区域经济增长的作用机理。河南工程学院思想政治理论教学部姜国峰的《哲学语义下我国实施创新驱动发展战略的动力源探究》，则基于马克思主义哲学的视角，认为人的自在自为、物的客观实在与人全面自由发展的终极关切分别构成我国实施创新驱动发展战略的创造动力、推动动力与引导动力。这不仅加深了我们对于哲学与经济社会发展联系的学术认识，还更深刻理解了创新与社会发展的内在本质关联。安徽大学管理学院储节旺、李章超的《国内外创新驱动发展研究现状述评与比较》，在对国内外的研究文献进行了详细梳理的基础上，总结出了国内创新驱动发展的研究主要集中在基础理论模型、战略理论、动力机制三个方面，国外学者则重点关注创新驱动发展的重要性、系统结构、动力机制、政策以及具体应用，为后续研究者对现有研究成果有了一个大概的了解，并为后续研究资料查找指明了方向。广西师范大学经济管理学院张海丰的《后发国家需要什么样的专利制度：一个选择性专利保护的理论框架》，指出强专利保护不利于后发国家的技术追赶与技术创新，认为选择性专利保护是保障后发国家技术追赶与技术创新的有效手段。暨南大学经济学院赖文凤、陈非的《创新调控政策背景下的市域房价空间分异性及其影响机制——以广东省为例》，则借助 ESDA 和 GWR 模型，研究了广东省 1995～2014 年房价区域差异及其影响因子的空间异质性，深刻剖析了广东省房价的空间结构，提出应因地制宜来制定合适的房地产调控策略。

二、协同创新与区域发展

对于区域协同创新的研究，学者有以中国全貌进行空间发展模式探索，也有针对特定的区域协同融合方式进行模拟和评价，还有学者基于区域协同创新理论深入剖析其内部机制，并外延至路径探索。

中国区域经济学会顾问、安徽省社科联程必定的《中国区域发展的新格局与缩小区域差距的空间模式》，在全面剖析我国经济发展全貌的基础上，从国内、国际角度分析了我国经济发展中区域差距的主要原因，提出通过构建城乡一体化、区域一体化、区域经济国际化三种空间模式，缩小城乡差距、省区差距及与发达国家的差距。暨南大学经济学院特区港澳经济研究所谢宝剑、高洁儒的《粤港跨境区域协同创新系统研究》，则基于粤港协同创新视角，从制度协同、服务协同、平台协同、项目协同、要素协同五个方面探索协同创新系统的作用机理，提出了跨区域协同创新发展的相关研究理论。国防科技大学人文与社会科学学院谢玉科、曾立的《长株潭军民融合自主创新示范区建设的战略定位、动力源泉与发展路径》，以确定的示范区为例，探索了军民融合、制度创新的有效途径。杭州师范大学创新与产业发展研究中心主任陈丹宇的《省际科技创新协同的机理与动因分析》，为本次会议提出了较为新鲜的研究视角，探索在市场、环境、资源等存在约束的大背景下，基于不增加或少投入创新资源的前提，如何通过各省创新主体间分工、协作和融合等协同行为来提高各省的科技创新效率。

三、高新区创新绩效评价及提升路径

对高新区的研究，有学者在国家战略背景下，结合我国新兴信息技术对开发区创新实践进行研究，也有学者基于产城融合概念对开发区与城市之间互动关系进行深入探索。

西华大学经济学院刘传辉、林漳希等的《大数据背景下国家级开发区转型升级研究——基于对新疆库尔勒云上开发区实践的思考》，基于大数据、云计算等信息技术的运用，对云上开发区转型升级进行了探索，研究结合了我国目前新兴信息技术，对于开发区发展研究具有理论与实践层面的帮助。四川大学经济学院龚勤林、陈说的《产业园区与城市互动发展的作用机制探析》，则基于新型工业化和新型城镇化协同创新发展视角，探索了产业园区与城市的互动发展，深入研究了产城融合发展概念，并提出一个由空间融合机制、产业协作机制和要素交流机制组成的作用机制。山东省科技发展战略研究所尹翀、赵南哲的《高新区发展实力评价及对城市经济带动作用研究》，针对54个高新区建立发展实力评价指标体系，通过回归模型针对高新区发展情况对所在城市的发展带动作用进行了评价分析。

四、创新能力与产业组织

对这一专题的研究，学者们的视角聚集在创新主体与创新区域方面，但侧重点不同，有侧重于创新能力评价实证分析，也有偏向于对相关文献梳理归纳的研究。

中央财经大学财经研究院院长张晓涛、李京航的《创新能力对天生国际化企业绩效的影响分析——基于我国创业板上市公司的证据》，以中国创业板上市公司中的天生国际化企业为样本，实证分析创新能力对天生国际化企业绩效的影响，并提出建议。该文从企业角度论证了创新能力的发展，较为新颖。中国社会科学院工业经济研究所叶振宇、余柯玮的《众创空间出现的秘密——基于文献研究的答案》

指出，众创空间是创新创业高度集聚的新型布局形态，并通过梳理国外相关研究文献，对创新创业微观集聚的各种理论解释进行了归纳，认为国内外关于众创空间的研究偏重于实践层面，致使理论创新严重落后于现实实践。成都理工大学黄寰等的《区域“双创”综合能力评价及其空间结构演化分析——以四川省为例》选用因子分析和聚类分析方法，从双创主体、环境和绩效三个方面对四川省 21 个市（州）的创新创业综合能力进行评价，提出构建以“成—德—绵”为核心的“区域协调创新创业圈”的政策建议。

五、供给侧改革与产业转型升级

对于供给侧改革与产业转型方面的研究，学者们不再局限于研究常态，而是选择了比较新颖的研究对象和视角，探索新的改革思路。

东北大学马克思主义学院张志元、王梓宸的《新常态下推进东北老工业基地供给侧结构性改革思考》以振兴东北老工业基地作为出发点，分析了东北老工业基地发展的利弊，并提出发展建议。宁波大学商学院傅灵建的《新常态下 OFDI 对中国产业结构调整的影响》在梳理相关文献的基础上，分别论述了我国 OFDI 与产业结构的现状、存在的问题，进而推导出新常态下 OFDI 影响国内产业结构调整的相关机理，通过实证分析得出新常态下 OFDI 对国内产业结构调整的影响更为显著的结论。常熟理工学院经济与管理学院曹旭平、朱福兴的《中国进出口商品结构演变、合理度测度及优化研究——基于 2012 年投入产出表的分析》，则从时间序列角度采用 2012 年投入产出表实证分析了中国进出口商品结构演变与合理度，研究了商品结构的影响力系数与推动力系数，提出优化进出口商品结构等对策。

六、绿色经济与区域可持续发展

对于绿色经济的研究，学者大都选择了实证与理论相结合的研究思路，采用全国省域数据引入模型或构建指标体系，探索绿色经济与区域可持续发展的重要途径。

天津工业大学环境经济研究所所长张雪花、河北环境工程学院张宝安等的《基于 DEA－VRS 的区域“全碳效率”评价——以我国 30 个省域为例》构建了涉及经济、福利及人口的“全碳效率”评价体系，针对 DEA 模型引入主成分分析法进行“全碳效率”评价指标的精简，对我国 30 个省域进行了“全碳效率”评价。河南大学黄河文明与可持续发展研究中心赵黎晨的《河南省绿色创新与经济增长关系的实证分析》则基于能源、环境、创新三个角度，利用 1999～2014 年河南省时间序列数据，对经济增长和绿色创新的关系进行实证分析，提出绿色创新各要素带来的冲击会给经济增长带来不同程度、不同方向的波动性影响，正向冲击较为明显。山西师范大学经管学院肖黎明等的《基于空间梯度的我国地区绿色技术创新效率的变化趋势——省际面板数据的经验分析》运用随机前沿模型超越对数产出距离函数，对我国30个省份的多产出的绿色技术创新效率及技术创新效率进行了测度，考察不同梯度地区的绿色技术创新效率在2000~2014年的变化趋势，与相应梯度地区的技术创新效率进行异同性对比研究。

七、“一带一路”战略与珠江－西江经济带发展

对于“一带一路”战略与珠江－西江经济带发展方面的研究，学者们从支撑作用与历史演化角度阐述了各自的观点。

上海财经大学中国自由贸易试验区协同创新中心张祥建的《自贸区对“一带一路”的支撑作用：蜘蛛网和珍珠链效应》深入剖析宏观支撑作用（“一带一路”沿线自贸区（FTA）的蜘蛛网效应）与微观支撑作用（“一带一路”沿线自贸园区（FTZ）的珍珠链效应），解析了国内现有四个自贸区与“一带一路”融合发展的对接关系，并提出了助推自贸区与“一带一路”对接的策略。广西师范大学经济管理学院罗婧、王菊、闫冰华的《晚清民国珠江－西江流域中上游商会网络的空间结构演变》，则从历史学研究角度出发，借助GIS工具重构珠江－西江流域中上游商会网络的空间结构演变。

本次研讨会取得了圆满成功，各专家学者就自己所在研究领域对创新驱动区域发展议题提出了讨论新视角，开阔了学术新视野，启迪了学术新思维，所闻所思不啻于学海良言。

会议主办方在感谢中国区域经济学会大力支持，感谢与会专家学者无私学术分享的同时，由广西师范大学蒋团标教授、刘俊杰教授把论文整理成册，以期为区域经济发展研究留存宝贵的资料。论文集的成功出版，得到了经济管理出版社的大力支持，尤其是编审谭伟主任不厌其烦的联络沟通、校对编审。研究生王田月、叶允最、伍茜蓉等为论文的收集整理做了大量工作，在此一并表示感谢。

编者

2017年5月

目　录

专题一：创新驱动发展理论与实践

专题二：协同创新与区域发展

专题三：高新区创新绩效评价及提升路径

专题四：创新能力与产业组织

专题五：供给侧改革与产业转型升级

专题六：绿色经济与区域可持续发展

专题七：“一带一路”战略与珠江—西江经济带发展

专题一：创新驱动发展理论与实践

创新驱动区域产业持续协调发展的机理*

王育宝[1]　胡芳肖[2]

（1. 西安交通大学经济与金融学院；
2. 西安交通大学公共政策与管理学院）

继产业区、产业集群等降低生产成本、交易成本实现区域发展之后，创新驱动日益成为推动区域综合竞争力提升的根本动力[1]。随着国际经济不确定性增多、资源环境强约束和外需不畅，依靠要素驱动、效率驱动的社会已向创新驱动和知识驱动的可持续性、包容性社会迈进[2]。经过多年高速增长的中国经济也进入了增速放缓、供需结构和社会矛盾凸显的“新常态”。为适应、突破新常态，避免陷入“中等收入陷阱”，实现国民经济持续健康发展，揭示创新驱动区域经济社会发展的机理和创新在产业转型中的核心作用，对推动以创新驱动供给侧结构性改革就具有重要意义。

一、从企业集聚到产业集群：创新驱动区域产业集群化发展

（一）从企业集聚到产业集群

产业区是由19世纪末20世纪初剑桥经济学家马歇尔最早提出的。他将大量种类相似的中小型企业集聚在特定地区称作“产业区”，并指出产业区形成的原因是企业更好地获取外部经济特别是技术外溢提供的利益。此后，韦伯的工业区位理论、佩鲁的增长极理论进一步解释了企业集聚在区域创新发展中的重要作用。在上述理论基础上，1977年，伯格纳斯科（Bagnasco）提出“新产业区”概念，认为“新产业区”是具有共同社会背景的人和企业在一定自然地域上通过创新形成的“社会地域生产综合体”。“新产业区”概念随着各国产业的高速发展得到普遍认同。贝克蒂尼（Becattini，1991）指出，“新产业区”是以同业工人及其企业簇群

*　基金项目：国家社会科学基金重大项目（12&ZD070）“基于碳减排的产业有序转移和区域协调发展研究”；陕西省软科学基金（2016KRM004）“创新驱动战略背景下陕西省统筹科技资源改革的模式与路径研究”；陕西省软科学基金（2015KRM104）“陕西省城乡一体化发展科技支撑体系建设研究”；中央高校基本科研业务费专项（sk2014053）“省市共建大西安创新型区域建设建议”；榆林市产学研合作项目（2015rk－015）“榆林创建国家科技服务业创新发展区域试点城市的策略研究”。

在特定地域内大规模自然地、历史地形成为特征的地域性社会实体，本地化网络是其最大特征。贝尼彻（Bianchi，1993）则将新产业区看作是一个企业与区域性机构组成的系统，并指出产业区的基本要素包括共享的非正式社会规范、大量专业化与特定工序的独立企业、企业与区域性机构之间频繁的非正式沟通以及特定地理区域内的生产集中。新产业区是存在投入产出关系、受共同的社会规范约束、相互之间充满正负两种溢出的中小企业依靠创新在特定区域内高度集中形成的企业网络[3]。这实际上就是波特（Porter，1998）等所说的产业集群[4]。他们突出强调了创新驱动及其社会网络在企业和区域经济发展中的重要性。

（二）基于产业集群的区域创新发展模式比较

针对创新驱动的产业集群化发展态势，穆勒尔特和瑟科亚（Moulaert & Sekia，2003）从创新在区域产业发展中的作用，概括出了产业区、地方生产系统、创新环境、创新集群、区域创新体系和学习型区域等类型的区域产业创新发展模式[5]。由于这一划分没有区别出产业演进的基本特点，于是在借鉴最新研究成果的基础上，基于产业集聚的区域创新发展模式，我们将其概括为弹性专业化、新产业结构、创新环境、创新系统、产业集群、第二级城市和“区效应”7种，其中与创新驱动下产业区和新产业区相关的理论主要包括弹性专业化、新产业结构、创新环境、创新系统理论等，其余三种则属新经济地理理论。

最初针对区域创新发展的研究，更多是从产业区的规模经济效应角度说明企业集聚、产业区建立发展的重要性及形成机理，存在较大局限：不管是产业区还是新产业区理论，都表现出规模经济引导下的弹性专业化、产业结构系统调整、产业区域集聚化发展的特点。新产业区理论由于其诞生于20世纪七八十年代全球经济衰退阶段，主要关注的是该时期欧洲特定地区如意大利中部和东部的艾米利亚—塔斯凯尼、德国的巴登—符腾堡、法国的奥耶纳克斯等经济保持平稳持续增长的地区，因而其研究带有时代、地域特征和缺陷，研究的主要是局部性问题。瓦尔兹（Walz，1996）应用内生技术进步模型，解释了区域层次上研发如何产生产业空间集聚的原理，指出拥有中间产品数量多寡初始条件的差异、中间产品与最终产品垂直的产业联系、要素的跨界流动与厂商对不完全可贸易中间产品的多样化偏好，是导致生产和创新活动区域集中的重要原因，但区域经济增长从根本上讲源于产业部门和创新活动在地理上的集中。欧洲ERGIM（European Research Group on Innovative Milieu）小组认为，创新环境来源于聚集在一起的企业的协同作用和集体效率，企业聚集能使各企业共享大规模生产、技术以及组织创新的好处。

随着创新在产业区、产业集聚中的作用日益重要，在区域发展和经济地理学领域，新产业区理论不断延伸，以产业集群理论为核心内容的新经济地理理论迅速发展，创新成为了推动产业集聚和区域经济发展的重要动力。马丁和奥特维努（Martin & Ottaviano，2001）综合新经济地理理论与内生增长理论，建立了区域增长和经济活动的空间集聚间自我强化模型，证明了区域经济活动的空间集聚有利于降低创新成本，激励创新行为，刺激经济增长；反过来，空间集聚的向心力、创新资源的相对集中又使新企业倾向于选址该区域，进一步推动空间集聚和经济增长[6]。鲍埃克和盖勒图（Boix & Galletto，2008）对西班牙产业区创新的实证研究，进一步揭示了“区效应”在产业发展中的作用，指出产业区的高创新，集中体现在依赖于地方不同生产系统的专业化分工，并且不同类型的产业区产生不同的创新反应。区域发展中存在高水平创新能力产生高水平生产力、提升区域竞争力的“魔术三角”[7]。区域产业发展要根据产业区不同制定有差异的产业和科技政策。波特（Porter，1990）从国家竞争优势框架出发，重构了产业聚集的新竞争经济理论，提出了全球经济中竞争优势的持续源自特定区域高的专业能力（专业化的劳动力市场）和知识的集中（区域学习机制）、外溢效应、制度根植性、企业合作的地方传统以及企业与客户密切联系的制度环境等观点。产业地理上的聚集或者说产业集群对竞争优势产生广泛而积极的影响，促进区域竞争和发展[8]。20 世纪以美国“硅谷”为代表的科技园区通过产学密切结合、产业集群建立等促成的园区成功发展，就是对区域创新发展中产业区和产业集群化作用的最好证明[9]。

表 1　基于产业集群的区域创新发展模式比较

	产业区和新产业区理论				新经济地理理论		
	弹性专业化	新产业结构	创新环境	创新系统	产业集群	第二级城市	区效应
共同基础	规模经济、外部经济（信息、知识等的自由流动）、学习效应（边干边学、企业家才能）和创新						
观点	创新和技术的学习具有地方性特征；现存劳动分工和生产技术不是全球普遍可预见的最佳实践，而是制度压力下比较选择的结果	后福特主义时代垂直分离的企业空间集聚对交易费用的节约和非贸易的相互依赖；强调产业区是工业化本身的产物；强调制度安排的重要性	创新依赖于历史形成的特定环境，是由正式和非正式网络参与者集体行动的结果；环境能诱发创新并和其他创新机构相协调；产业本地化可提高区域整体技术和专业化水平	创新是制度化的各种机构相互作用和动态学习的结果，制度、文化和政策很重要；创新系统是国家创新系统、区域创新系统、工业区创新系统等构成的立体系统	通过生产力、创新和新企业的形成，催生具有高效率、有效性、灵活性的产业组织形成；促进企业间协同创新	倡导新产业区的一般化，认为产业区是多种力量催生的产物，制度环境和区际关系非常重要	区内成本降低、持续创新和更高的生产效率源于公司有竞争优势的内外部条件。存在高水平创新能力产生高水平生产力、推动竞争力的“魔术三角”
趋势	产业区是合作和创新型区域，强调制度变革、学习网络、技术转移、知识扩散、产业集群在创新中的重要作用						

由此可见，现有发展模式均一定程度解答了一国或区域产业获得高水平创新能力并保持竞争优势的问题，它们借助"专业化"、"学习"、"创新"、"网络"等工具，指出了在区域产业发展中建立学习型、创新型区域和产业集群化发展的重要意义，强调了社会网络、产学合作、制度变革和技术知识扩散、溢出等自主创新要素在产业集群发展中的积极作用，这为动员区域内外资源、培育企业内生发展能力和为区域产业政策制定提供了多样化理论和实践基础，有利于推进区域产业创新、持续发展。

二、从全球价值链、全球生产网络到全球创新生态系统：创新驱动区域产业内生式成长

（一）创新成为区域产业发展的重要新驱动力

虽然产业区和产业集群的发展对区域产业转型升级产生巨大促进作用，然而，产业区或产业集群"狭隘"的专业化又在一定程度上使区域产业变成了孤立内向的系统，正如很多西欧老工业区那样，产业集群导致的"路径依赖"和"锁定效应"也造成这些地区竞争力下降、经济衰退。如针对德国鲁尔工业区衰退的原因，格瑞荷（Grabher，1993）就通过功能性锁定、认知锁定和政治锁定等来解释[10]。这就从理论上提出了区域发展中突破"锁定"、对产业区和产业集群升级的迫切需求，而这只有通过创新才能实现[11]。

为打破"锁定"藩篱，紧紧抓住经济全球化提供的历史机遇和后金融危机时代产业升级的需要，各国积极将产业区和产业集群以适当方式嵌入全球价值链（Global Value Chains）、全球生产网络（Global Production Networks）和全球创新网络（Global Innovation Networks），积极推动创新范式由封闭式创新、开放式创新向嵌入（生态共生）创新升级，以在全球创新生态系统（Global Eco - innovation System）中居于核心地位。对创新驱动在区域发展中作用及运行机理的研究已融入到对全球价值链、全球创新生态系统分析之中。创新驱动继要素驱动、效率驱动之后成为区域产业持续协调发展的第一动力。

（二）创新驱动加速区域产业内生式成长机理

产业持续协调发展高度依赖于突破性创新和区域产业有效融入并抢占全球价值链的高端。虽然一国企业或产业融入全球经济需经历一个循序渐进的过程，但只要把握好时机，奋力开拓，树立产业内生式成长、跨越式发展思维，积极开展国际竞争与合作，成为全球价值链、全球生产网络和创新网络及其全球创新生态系统的主要成员或"旗舰企业"，区域产业跨越式转型的目标也是可以实现的。随着绿色经济和包容性增长的兴起，全球市场体系正在从工业经济时代的全球生产网络（GPNs）向创新经济时代的全球创新生态网络（GINs）升级。

1. 全球价值链奠定微观创新新基础

企业是经济的细胞，是全球创新的微观主体。全球价值链（GVCs）是格里芬

和科泽内维茨（Gereffi & Korzeniewicz，1994）在全球商品链（GCC）基础上发展的理论，指在全球范围内为实现某种商品或服务的价值而连接生产、销售直至回收处理等全过程的跨企业网络组织，包括所有参与者及其价值、利润的分配等，分为购买者驱动型和生产者驱动型两种。购买者驱动型主要与服装、食品、玩具、家具等劳动密集型产业相关联，其中行业内的品牌企业通过知识产权保护、加大研发力度和拓展市场来获得更多附加值；生产者驱动型主要存在于汽车、电子信息及通信、生物医药等中高技术产业内，其中处于价值链上游的核心企业控制着关键技术，协调链条上的供应商和客户，并帮助他们提高效率。该研究从微观层面发现了创新的网络模式，指出全球市场体系中谁是核心的治理者，谁能控制价值链条，谁能实现企业自身组织结构的全球化，谁就能获得竞争优势。这就为企业通过全球价值链在区域和国家产业发展中创新主体作用的发挥指明了方向。全球价值链在产业区、产业集群等产业成长中发挥着积极作用[12-13]。为避免落入“中等收入陷阱”，中等收入国家向高收入国家跨越过程中，就需要在全球价值链中大力发挥企业的创新主体作用，推动创新向高端延伸和发展。全球价值链是全球生产网络的简化形式，为区域产业创新奠定微观基础。

2. 全球生产网络（GPNs）培育自主创新新动能

迪肯（Dicken，2001）[14-15]、恩斯特（Ernst，2003）[16-18]等在全球价值链基础上，提出了全球生产网络（GPNs）概念，明确指出，全球生产网络主要有三个相互影响的驱动力。一是自由化，包括贸易、资本流动、FDI 政策的自由化及私有化；二是竞争和专业化；三是数字信息技术（互联网、物联网、大数据、云计算）快速发展。它们跨国界拓展企业间连接，增加知识扩散需求，为知识的分享、联合使用和创造提供新的机会[17]。全球生产网络的基本特点是不对称性，即“网络旗舰企业”（Network Flagships）控制和制定网络制度和战略，其目的是为其以更低成本和更快速度接近外部资源和与其竞争力相辅相成的知识提供条件。恩斯特（Ernst）指出一个全球生产网络，包括企业内和企业间的交易和相互协调，该网络将企业自身的分支机构、网络成员、供应商、渠道商、合资企业和战略联盟参与者等与“网络旗舰企业”联系在一起，实现全球范围内地理位置上分散的生产者、消费者和实施基地整合在以“旗舰企业”为核心的全球生产网络中，从而降低交易成本。

他们还指出，“旗舰企业”可通过正式和非正式两种渠道对处在不同地理位置的供应商、网络成员等提供显性和隐性知识以提高其技术创新和管理能力，以使其满足期间企业的专业化需要。一旦这一措施目标实现，将会激励旗舰企业转移更复杂的知识和技术，促进整体创新水平和经济的发展。当然，这种技术转移不会自动产生，制定和出台支持地方提升企业吸收能力的产业和创新政策就非常重要。为此，他们认为，发展中国家如果要在现有国际经济体制下“弯道超车”、跨越发展，必须积极出台激励政策，鼓励企业参与全球生产网络，大力开展自主创新，尽

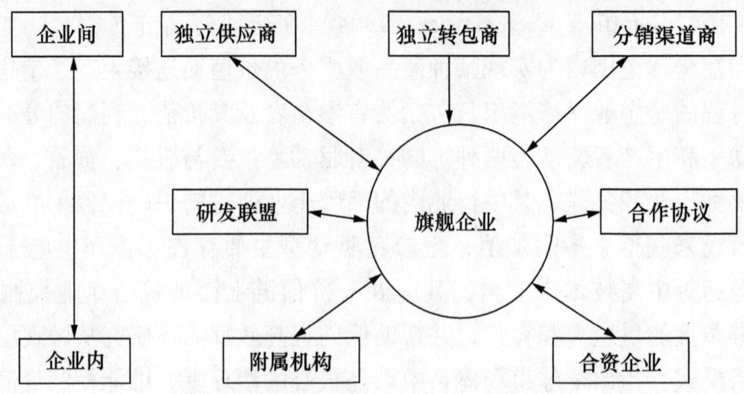

图1　全球生产网络（GPNs）节点及其作用机理

资料来源：Dieter Ernst. Pathway to Innovation in Global Network Economy：Asian Upgrading Strategy in Electrical Industries［J］. East - west Working Paper，No. 58，June 2003. Dieter Ernst. Beyond Value Capture - Exploring Innovation Gains from Global Networks［J］. East - West Center Workshop on Mega - Regionalism - New Challenges for Trade and Innovation，February 23，2016.

快在一些产业领域形成自己的“旗舰企业”和生产网络。亚洲一些国家在一些高技术新兴产业领域已具有较强的国际竞争力，一些新型创新资源特别是智力资源正在这些地区快速增长、集聚并成为推动其经济结构转型升级的主要动力。从传统的跟随战略、制造战略向创新驱动战略转移是新兴国家冲破频繁外部冲击和经济危机的必然选择。同时，结合全球企业不断扩大其海外研发投入和增加研发机构的现实。近年来，他们进一步指出了在加入全球价值链和生产网络基础上“网络旗舰企业”加入全球创新网络（GINs）、引领创新发展的必要性。

3. 全球创新网络（GINs）促使创新迈入开放创新新高度

全球创新网络是与企业内部和区域内企业创新链相对应的概念，是特定企业（“网络旗舰企业”）为获得更好发展机会在海内外开展研发和生产活动，参与国际创新竞争。根据合作开放程度，全球创新网络可划分为同类企业静态创新网络、战略联盟或部门协作网络、区域集群创新网络和复杂产品生产系统下跨国公司创新网络四种。其中，第一种创新更多依靠的是企业的共享经验、信息和发展信任的能力；第二种则是单一产业或相邻产业企业间合作以开发新产品和新工艺流程；第三、第四种则包括更多异质性企业的合作，强调激进（破坏性）创新，这时就要求围绕“网络旗舰企业”建立起有效的专利管理政策和收益风险共担机制等[19]。由图2可知，随着创新网络由同质企业扩展到异质企业、由同一产业部门或相邻部门向该产业与其他产业、其他区域乃至全球扩展，创新网络和创新的开放程度不断提高，创新驱动经济发展的动能大大集聚和辐射。

当前，“网络旗舰企业”特别是一些跨国企业正在将一些非核心技术的创新阶段外包，以使那些与其产品发展相关联的海外合作商成为其创新体系的重要组成部

分。如 Intel 已在除日本之外的亚洲其他国家设立了自己的研发实验室，但其核心技术的研发还依然留在圣克拉拉以及奥斯丁等。同时，新兴经济体的一些旗舰企业为打破技术封锁，也积极构建其 GINs，如全球领先的通信设备供应商——中国华为公司的全球创新网络除在中国国内已设有至少 8 家研发机构外，在美国设有 5 家、在欧洲至少设有 10 家[18]。此外，世界上也已形成了多个“网络旗舰企业”集中的像美国“硅谷”，中国北京、上海、深圳为中心的国际化、创新型区域和高新技术等新兴产业集群和优势区位。在纳米科学、分析化学、农产品基因、生物医药、光伏产品等领域，全球创新网络的建立和“网络旗舰企业”的崛起使中国在世界已有一定领先优势[16][20]。融入国际开放创新链条，高度重视自主创新（产品创新、组织创新等），成为我国实现区域产业转型升级、化解产能，推动供给侧改革的重要手段。

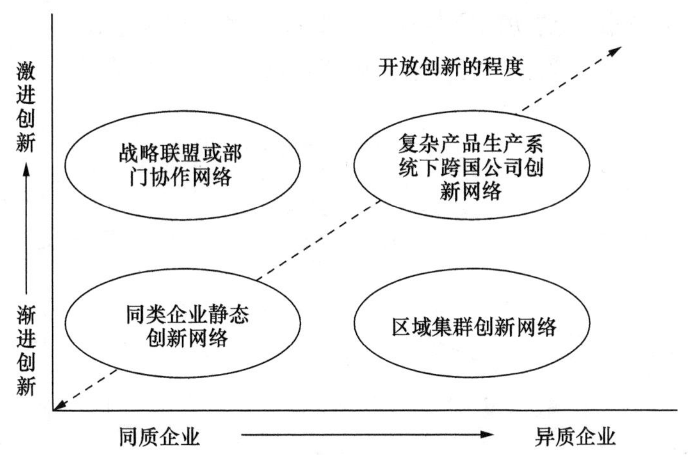

图 2　全球创新网络的类型以及与开放创新的关系

资料来源：Tidd，J.. A Review of Innovation Models［J］. Discussion Paper 1，Tanaka Business School，Imperial College London，2006.

4. 全球创新生态系统（GIEs）发挥协同创新新优势

创新生态系统（IE）是由美国总统科技顾问委员会（PCAST，2003）最早提出的。PCAST 认为，美国的经济繁荣和在全球经济中的领导地位，得益于一个精心编制的全域综合且协同的创新生态系统，这一生态系统由追求卓越的科技人才、富有成效的研发中心、风险资本产业、政治经济社会环境、基础研究项目等要素有机构成。美国要维持其全球技术领先地位，保持经济繁荣和世界创新型、技术型领导国家地位，关键取决于构建有活力的、动态的、全域协同“创新生态系统”[21]。全球创新生态系统是在全球层面建立的开放的企业创新网络，是由不同国家、高校院所、中介机构和政府、企业，为解决全球性关键、共性问题和发现新思想而形成的相互联系、开放式协同创新网络。创新生态系统强调创新系统的自组织性、多样性、创新主体的共生共荣和创新系统的生态平衡等。发挥创新生态系统促进经济社会持续发展的作用，有赖于充分发挥支持将新理念引入产品、生产过程和服务的各种资源、机构、基础设施和人才的力量，有赖于构建促进科技创新服务体系、创新创业文化、学术界、产业界和政府等的密切合作、良性互动、共同促进产业链、创新链、资金链有机结合的开放式协同创新创业生态环境。

2005 年，美国全面启动“科技政策学”（SOSP）研究，明确为创新生态系统政策提供方法工具支撑。2015 年 10 月，为继续保持其全球创新领导者地位，美国在 2009 年和 2011 年创新战略上又发布了“国家创新新战略”。该战略进一步强调建立完善创新生态系统的重要性，指出美国创新生态系统面临制造业衰退和创新合作缺乏等的重要挑战，提出了创造良好创新生态系统的三大要素（投资创新生态环境基础要素、推动私营部门创新和打造创新者国家）和三大战略（创造高质量就业和持续经济增长、推动国家优先领域突破和建设创新型政府）[22]。为追随美国，欧洲、日本、韩国等也纷纷探索向创新生态系统的升级政策。

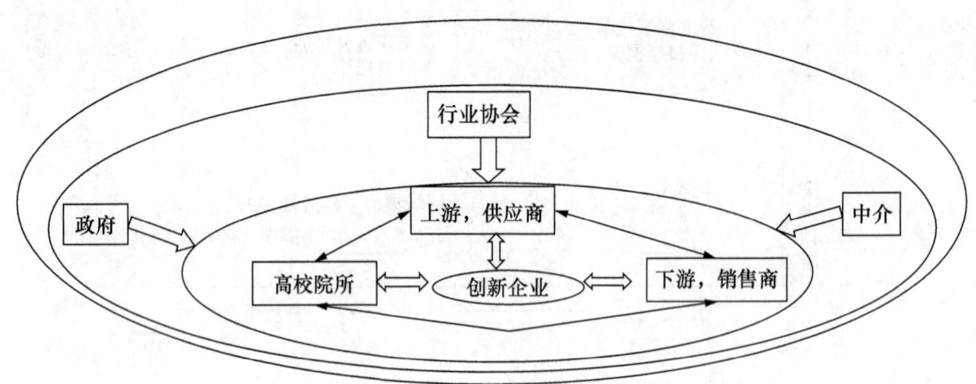

图 3　区域创新生态系统运作网络

全球创新生态系统也是跨国企业（MNEs）生态系统的核心。跨国企业利用企业内外、国内外可获得的发明和创造服务等资源和机会，优化其产品、服务以及商业模式的盈利性，在进行自主研发的同时，更重视研发活动的国内国际合作。同时，为走在全球技术创新最前列，企业将建设和完善与国内外消费者、供应商、高校院所等的合作关系或网络作为其创新战略的重要组成部分。以苹果公司为例，其创新生态系统，是以 iTunes、iOs 为软件平台，以 iPod、iPad、iPhone 为硬件载体，以大量 APP 为内容应用提供，建构起独特的竞争优势；在苹果从容主导整个产业链过程中，三星提供移动设备处理器、Intel 提供电脑处理器、东芝提供存储芯片、LG 提供显示屏、富士康负责最终装配等。苹果以创新“顶级掠食者”的姿态形成了一个“全球创新生态帝国”[23]。该体系与开放式、协同创新类似，是更综合、更开放的创新体系[24]。此外，在全球创新生态系统中，充分发挥市场机制的决定性作用、建设服务型政府，也是保证创新成功的关键。

当然，嵌入全球价值链和创新链、加入全球创新生态系统也是把“双刃剑”：一方面，它们使企业容易进入全球市场，较快实现产品创新、流程创新和产品升级，实现产业结构调整优化，提升区域自主创新能力和产业国际竞争力；另一方面，也使得中小微企业过分依赖全球主导企业（“网络旗舰企业”），阻碍自主创新能力提升，使自己受制于人。例如，中国自改革开放以来最早开放的汽车产业，初衷是想“以市场换技术”，结果技术没换来，反而还使民族汽车品牌企业和市场被外资打垮，造成中国汽车产业在技术和生产上的“空芯”化。这种做法必须彻底改变。重视自主创新，积极融入全球价值链和创新生态系统，占领产业链高端，对后发国家来讲，机遇大于挑战。

三、强调技术创新与非技术创新互动：创新驱动区域产业持续协调发展

创新活动本质上讲是一种服务、一种高附加值价值创造服务。随着资源环境强约束下互联网、云计算、大数据等信息技术与工业化、城镇化、智能化的结合越来越密切，制造业与服务业高度融合，制造业与服务业的边界越来越模糊。全球经济发展模式正由“制造型经济”向“服务型、智造型、可持续型经济”快速转型。在肯定技术创新作用的同时，实现非技术创新与技术创新互动、强化非技术创新在驱动区域产业发展中的作用日益成为一国获得持续优势的支撑力量。

（一）非技术创新与技术创新相依相存

熊彼特（Schumpeter）早在1934年就研究了创新驱动下经济的动态发展，他提出的广义创新和“创造性破坏”等概念就隐含着技术创新和非技术创新的分类。他指出，创新包括五个类型：①引进一种新的产品；②引进一种新的生产方法；③打开新的市场；④开拓新的原材料供应来源；⑤创造新的市场结构或组织形式等。按照现有的认识，前两者是指技术创新，后三者就是指非技术创新。但直到1997年，弗里德曼（Milton Friedman）才明确提出非技术创新的概念，指出创新不仅包括产品创新、过程创新等技术创新，而且还包括组织创新、营销创新等非技术创新；技术创新和非技术创新之间存在着大量相互依存关系，这些依存关系并非单独出现，而是如军团般簇拥而来。弗里德曼继承和发展了熊彼特的创新思想。由此可见，非技术创新是相对于技术创新而言的概念，包括管理创新、营销创新、金融创新、商业模式创新、供应链创新等。

以兰斯·戴维斯（Davis）和道格拉斯·诺斯（D. North）为代表的制度创新学派也运用大量史实，在不否定技术创新对制度安排收益和成本影响的同时，肯定了制度创新等非技术创新对技术创新的决定性作用，指出技术创新可增加制度改变的潜在利润、降低制度安排的操作成本，且可使建立更复杂的经济组织变得有利可

图；但经济增长的决定因素是制度，制度创新决定技术创新：好的制度会促进技术创新，不好的制度会阻碍技术创新，进而妨碍经济增长[24]。OECD（2009）就十分看重非技术创新在产业发展中的作用[25]。根据服务业已成为其经济重要组成部分和制造业企业向服务型企业转型的实际，OECD分别于1992年、1997年、2005年出版了三个版本的《奥斯陆创新手册》（Oslo Manual）。该手册除强调技术创新，还特别强调非技术创新与技术创新互动在区域产业发展中的作用。在该手册第二版里，OECD将技术变化归结于制度和组织的变化，指出创新就是产品（商品或服务）或过程新的显著改进，商务活动、工作机构或者外部关系中新的组织方法等。在第三版里，则明确提出组织创新不但是产品创新、过程创新的支撑要素，而且它们对企业的绩效还有重要影响[26]。此后，OECD的系列报告和创新战略都一直重视发挥非技术创新在数字经济、绿色经济和包容性增长中的核心作用[27]。为提高国家科技决策的科学性，中国国家统计局2015年开展的全国性企业创新调查中，参照前人和OECD的定义，明确将创新分为科技创新、工艺流程创新、组织创新、营销创新四类创新，其中前两者称为技术创新，后两者归属为传统创新，也称制度创新或非技术创新等。这些观点对制度、文化等非技术创新在产业高速发展中发挥了重要作用。

（二）非技术创新是推进区域产业持续发展的根本动力

研究表明，技术创新和非技术创新是共同推进企业绩效和区域产业转型发展的基本力量，其中非技术创新是推进区域产业持续发展的根本动力。受马克思主义生产性劳动创造价值、非生产性劳动转移价值理论的影响，相当长时期以来，人们不重视非生产性产业特别是服务业的发展。服务业是典型的非生产性产业，因其不直接创造价值，因而长期被忽视，以致造成当前中国的服务业发展严重滞后于制造业的局面。这种局面在现阶段已经成为我国适应新常态、深化供给侧改革的桎梏。

技术创新因为直接服务于生产，与生产联系密切，价值创造的显示度高，因而长期受重视；非技术创新是为生产和技术创新提供间接服务的，对产业发展的影响是深层次的，不能很明显地表现出来，再加之现行统计制度对非技术创新统计重视度不够，非技术创新可用的数据很少，结果造成人们关注的重点不是非技术创新在制造业和服务业发展中的绩效，而是技术创新的绩效，如瑟瑞丽和艾娃格斯塔（Sirilli & Evangelista，1998）在分析意大利制造业和服务业创新绩效时，只是运用OECD创新调查数据对技术创新的绩效作了研究[28]。国内对非技术创新经济绩效的忽视，则与传统马克思主义政治经济学非生产性劳动不创造价值有密切联系。

随着现代信息技术的普遍应用、经济学理论的深化和服务经济时代的到来，在考虑技术创新的同时，非技术创新在制造业和服务业发展中的作用已受到他们的高度重视。现在欧盟、美国等发达国家服务业的发展规模已经占到其GDP的70%以上，我国也在不断提高。卡若兰·穆瑟等（Caroline Mothe et al.，2010）以卢森堡企业为例，实证了服务业和制造业中非技术创新对技术创新的作用。他们将非技术创新分为组织创新和营销创新两个部分，分别实证组织创新和营销创新对技术创新的作用。结果发现，组织创新和营销创新的集聚对服务业和制造业技术创新均有很强的正面影响，对服务业影响更强；根据企业处在创新过程（即创新或不创新）的第一步还是后续一步（即创新程度），非技术创新的影响不同。这些因素差异在制造业企业比服务业更高[29]。

从建立创新网络或产业技术联盟、进行知识整合、发挥创业投资作用、建设科技园区等方面分析，非技术创新对推进企业和区域发展所起的作用很大。用全球制药业内的联合专利①度量产业技术联盟绩效可以发现，联合专利这种非技术创新可促进新技术的创造[30]。德国127家具有合作关系企业的实证分析证明，知识共享和知识创造以及它们之间的相互作用对企业绩效具有明显积极贡献；而企业间的实质性联盟则有利于知识创造目标的实现[31]。石化产业是一个综合性的组织网络。新加坡石化工业的高速发展与化工园的建立，和大量跨国企业入驻形成的企业网络和产业联盟也密不可分[32]。运用内生增长模型对欧盟2008年250个样本区域创意服务业财富效应的实证表明，除了在区域间间接地发生部分财富外溢效应外，创意产业的财富效应主要发生在区域内部[33]。在以“硅谷”为代表的美国科技园区，其兴起和持续发展就源于其不断的技术创新和产学合作、风险投资、商业模式再造等非技术创新，源于企业孵化（孵化器、加速器）、政府创新政策激励、创新型教育体制和企业家精神培育、保护知识产权创造制度等创新生态环境的营造和落实等[9]。产业转型或升级优化中不管是市场自发推动还是政府主导，技术创新和非技术创新驱动互动已成为带动区域产业持续协调发展的引擎。

总之，促使制造业、服务业企业创新和区域持续发展的动力源于技术创新与非技术创新的广泛互动，其中非技术创新发挥着根本性作用。要促进区域经济协调持续发展，必须重视经济发展中多主体的开放式协同创新，必须重视发挥制度创新等非技术创新的根本性作用，必须制定实施基于市场机制的、广泛的包括科学发明、产业发展、与标准和知识产权相联系等的激励创新创业的政策和提升区域创新能力的创新发展举措等。

四、中国创新发展的借鉴

经过多年改革发展，中国企业和产业无论在规模上还是发展质量上都取得了长足发展。但受诸多外部环境和内部因素影响，特别是在当今国际经济形势复杂多变、中国处在从高速到中高速的增长速度换挡期、结构调整阵痛期、前期刺激政策消化期“三期叠加”阶段的经济新常态和产能过剩严重、消费动能不振、生态环

① 联合专利是通过联合专利分类体系（Cooperative Patent Classification，CPC）体现的。2010年10月25日，美欧合作开发的CPC首次公布。CPC按IPC标准和结构开发，以欧洲专利分类号（ECLA）作为整个分类体系基础，结合美国专利分类（USPC）的成功经验，由欧洲专利局和美国专利商标局共同管理和维护。

境恶化背景下，借鉴国际经验，通过创新发展带动绿色、协调、开放和共享等发展就具有战略意义。

1. 切实实施国家创新驱动发展战略，推动区域持续协调发展

制定和实施国家创新驱动战略是两回事。针对创新已成为带动区域经济增长和企业内生成长的根本动力，一方面，制定战略时应充分考虑创新的复杂性、动态性、开放性和不确定性，在强化监督和政策评估基础上，变被动为主动，确保以更小成本实现政策目标；另一方面，应进一步强化产学研长效合作等协同创新机制，积极加大区域创新基础平台和公共平台建设，营造大众创新、万众创业的良好制度环境。

2. 积极嵌入全球创新生态系统，实现重点产业技术突破发展

在经济全球化和区域经济一体化大环境下，结合新常态，适应供给侧结构性改革要求，积极引导企业参与全球价值链和创新生态系统，围绕重点核心产业的产业链部署创新链，依托创新链完善资金链，通过创新重点产业扶持政策，促进战略性新兴产业集群化发展，力争在结构优化和发展方式转变等方面取得突破；既要加大力度支持新技术、新模式、新业态发展，打造中国经济提质增效新"发动机"，又要致力于传统产业"挖潜开荒"，推动高端化、智能化、绿色化改造，促进"老树发新芽"。

3. 强化技术创新与非技术创新互动，坚持走绿色、包容性创新发展之路

技术创新和非技术创新是共同推进企业业绩和区域产业发展的基本力量，其中非技术创新是推进区域产业服务业化和持续协调发展的根本动力。在建设低碳、绿色、生态社会过程中，中国必须在强调技术创新的同时，重视以科技研发、环境生态、体制机制等服务业为主的非技术创新基础性地位，积极发挥创新的技术外溢、知识创造和资源整合等作用，推进技术创新与非技术创新良性互动，科技创新与经济、金融密切结合，建立完善的区域创新体系、产业创新体系以至全球创新生态体系，通过创新驱动，促进产业内生发展，实现区域经济社会绿色、包容性增长。

参考文献

[1] Braconier, H., G. Nicoletti, B. Westmore. Policy Challenges for the Next 50 Years [R]. OECD Economics Department Policy Papers, No. 9, 2014.

[2] Klaus Schwab. The Global Competitiveness Report 2014 – 2015 [R]. World Economic Forum, Geneva: SRO – Kundig, 2014.

[3] Bianchi P.. Industrial Districts and Industrial Policy: The New European Perspective [J]. Journal of Industrial Studies 1, 1993.

[4] Michael E. Porter. Clusters and the New Economic of Competition [J]. Harvard Business Review, November – December 1998: 77 – 90.

[5] Moulaert F., Sekia, F.. Territorial Innovation Models: A Critical Survey [J]. Regional Studies, 2003, 37 (3): 289 – 302.

[6] Martin, P., Ottaviano, G.. Growth and Agglomeration [J]. International Economic Review, 2001: 947 - 968.

[7] Rafael Boix. Industrial Districts, Innovation and District Effect: Territory or Industrial Specialization? Working Paper 08. 07. Departament d' Economia Aplicada, UAB, 15/06/2008.

[8] Jan Fagerberg, David C. Mowery, Richard R. Nelson, The Oxford Handbook of Innovation [M]. London: Oxford University Press, 2005.

[9] 王育宝，胡芳肖．科技园区持续发展的机制探讨 [J]．中国科技论坛，2016 (5): 86 - 91.

[10] Grabher, G.. The Weakness of Strong Ties: The Lock - in of Regional Development in the Ruhr Area [M]. In G. Grabher (Ed.): The Embedded Firm. London: Routledge, 1993: 265 - 277.

[11] Charlie Karlsson. Handbook of Research on Cluster Theory [M]. Edward Elgar Publishing, 2008.

[12] Korzeniewicz M. Commodity Chains and Global Capitalism [M]. Greenwood Press, Westport, CT, 1994.

[13] Humphrey J. Opportunities for SMEs in Developing Countries to Upgrade in the Global Economy [R]. International Labor Organization, SEED Working paper No. 43, 2003.

[14] Dicken, P. Chains and Networks, Territories and Scales: Towards a Relational Framework for Analyzing the Global Economy [R]. Global Network 1, 2001: 99 - 123.

[15] Dicken, P., Henry W - c Yeung, Weidong Liu. Transnational Corporations and Network Effects of a Local Manufacturing Cluster in Mobile Telecommunications Equipment in China [R]. World Development 34, 2006: 520 - 540.

[16] Dieter Ernst. Pathways to Innovation in the Global Network Economy: Asia Upgrading Strategies in the Electronics Industry [R]. East - West Center Working Paper, No. 58, June 2003.

[17] Dieter Ernst. Innovation Off - Shoring and Asia's Upgrading Through the Strategy [R]. East - west Center Working Paper, No. 95, February 2008.

[18] Dieter Ernst. Beyond Value Capture - Exploring Innovation Gains from Global Networks [J]. East - West Center Workshop on Mega - Regionalism - New Challenges for Trade and Innovation, February 23, 2016.

[19] Tidd, J. A Review of Innovation Models [J]. Discussion Paper 1, Tanaka Business School, Imperial College London, 2006.

[20] U. S China Economic and Security Review Commission (USCC). Research Report on Chinese High - Tech Industries [R]. http: //www. uscc/gpv/researchpapers/2009/, June 2009.

[21] PCAST. Sustaining the Nation's Innovation Ecosystems, Information Technology Manufacturing and Competitive - Ness [R]. 2004.

[22] National Economic Council, Office of Science and Technology Policy. A Strategy for American Innovation [R]. https: //www. whitehouse. gov/sites/default/files/strategy_ for_ american_ innovation_ october_ 2015. pdf, Oct. 2015.

[23] 李万．迈向世界级的创新生态系统 [N]．东方早报，2014 - 01 - 14 (C03).

[24] OECD. Open Innovation in Global Networks [R]. http: //www. oecd. org/publishing/corri-

genda, 2008.

[25] OECD. 2009 Interim Report on the OECD Innovation Strategy: An Agenda for Policy Action on Innovation [R]. OECD, 2009.

[26] OECD, Eurostat. Oslo Manual: Guidelines for Collecting and Interpreting Innovation Data, 3rd Edition, The Measurement of Scientific and Technological Activities [R]. OECD Publishing, Paris, 2005. DOI: http://dx.doi.org/10.1787/9789264013100-en.

[27] OECD. OECD Innovation Strategy 2015: An Agenda for Policy Action [R]. Meeting of the OECD Council at Ministerial Level, Paris, 3-4 June 2015.

[28] Giorgio Sirilli, Rinaldo Evangelista. Technological Innovation in Services and Manufacturing: Results from Italian Surveys [J]. Research Policy 27, 1998: 881-889.

[29] Caroline MOTHE, Thuc Uyen NGUYEN THI. The Impact of Non-Technological Innovation on Technological Innovation: Do Services Differ from Manufacturing? An Empirical Analysis of Luxembourg Firms [R]. CEPS/INSTEAD Working Paper, 2010-01.

[30] Changsu Kim, Jaeyong Song. Creating New Technology Through Alliances: An Empirical Investigation of Joint Patents [J]. Technovation, 2007, 27 (8): 461-470.

[31] Xu Jiang, Yuan Li. An Empirical Investigation of Knowledge Management and Innovative Performance: The Case of Alliances [J]. Research Policy, 2009, 38 (2): 358-368.

[32] Hing Ai Yun, Lee Kiat Jinb. Evolution of the Petrochemical Industry in Singapore [J]. Journal of the Asia Pacific Economy, 2009, 14 (2): 116-122.

[33] Rafael Boix Domenech, Jose L. Olive, Blance De Migue Molina. "I Want Creative Neibours". Do Creative Service Industries Spillovers Cross Regional Boundaries? [EB/OL]. http://www3.uah.es/iaes/sermed/Boix_Hervas_Miguel.pdf, 2014.

技术创新对区域经济增长作用机理研究*

孙丽文　陈继琳

（河北工业大学经济管理学院）

一、引言

随着知识经济的呈现及快速发展，传统的区域经济增长模式面临严峻的挑战。区域经济发展对自然资源、劳动力资源、区位等传统要素的依赖逐渐下降，技术创新的重要作用日渐凸显，已成为区域经济增长的关键因素，对区域经济的发展起着主导作用。技术创新是如何推动区域经济增长的？其作用机理如何？

从系统的观点看，影响区域经济发展的因素可以分为三个层次：从宏观看，经济与社会环境的变化是区域发展的外部条件与资源约束，是宏观层次的构成因素；从中观看，区域内企业及产业间的相互作用与影响，构成产业发展的协同因素，是中观层次的因素；从微观看，企业创新行为是区域经济发展的基础与动力，是微观的动力因素。由此看来，微观动力因素、产业协同因素与宏观系统因素，三者合力促进了区域经济的发展，如图 1 所示。

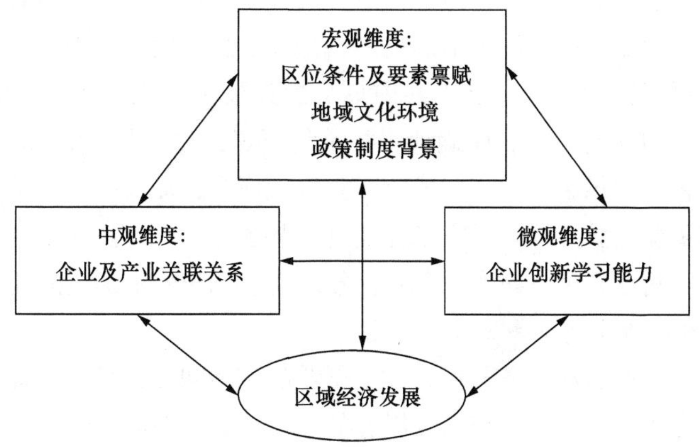

图 1　区域经济发展的多维度观察

---

* 基金项目：河北省社科基金项目《资源环境约束下京津冀生态产业系统发展模式研究》（HB16YJ028）阶段性成果。

企业是区域经济中最基本的个体，它们的兴衰将直接影响到整个区域的经济发展，因此从短期看，一个区域的经济增长取决于区域内各经济主体的发展状况；而从长期看，区域经济的增长取决于该区域产业结构的不断优化与升级，合理的和高级化的产业结构才是保障其区域经济长期持续发展的能力。下文着重从企业和产业两个层面、从短期和长期角度探究技术创新对区域经济增长的作用机理。

二、技术创新增强了企业的核心竞争力——促进区域短期经济增长

企业是区域经济中最基本的个体，区域经济的增长与区域内企业的发展状况密切相关。一个企业要生存和发展，就要不断改善现有产品的性能和质量，降低制造成本，不断推出新产品。所有这一切，都依赖于技术创新。创新是企业不断发展的动力，是企业发展的活力源泉。

21 世纪以来，以网络化、智能化、数字信息化技术为标志的科技革命，使知识经济逐渐发展起来，企业对技术创新的依赖性越来越强，其突出表现就是企业核心竞争力的提升主要依靠技术创新。概括地讲，企业核心竞争力包括两个方面：一是超越竞争对手而使其难以模仿的能力；二是不管外界如何变化，企业始终能在市场竞争中生存的能力。核心竞争力是企业的生命线，也是区域经济发展最有力的保障。大量事实证明，离开核心竞争力，企业根本就不能做大做强，区域经济也就得不到发展。

技术创新对企业核心竞争力的提升作用主要体现在以下几个方面：

（一）技术创新提高了产品的技术含量

技术创新最先作用于产品上。任何一种有形的工业产品形成过程中，都必须消耗生产资料、劳动及一定水平的技术。因此，在产品价格中，除了包括材料成本、资金和劳动力所创造的价值外，还应包括所采用的技术所创造的剩余价值，即技术含量和技术附加值。而这部分价值，已成为当今企业经济效益提高的关键。

产品的技术含量与技术附加值的提高，是通过技术创新得到的，这一点从技术创新的定义就可以清楚地看出。中共中央、国务院在《关于加强技术创新发展高科技实现产业化的决定》中，明确地将技术创新定义为：“是指企业创新的知识和新技术、新工艺，采用新的生产方式和经营管理模式，提高产品质量，并开发生产新的产品，提供新的服务，占据市场并实现市场价值”。从这一描述可以看出，从企业产品生产的角度来说，技术创新就是技术含量和技术附加值的提高。

（二）技术创新促进差异优势的产生

与竞争对手的产品和服务相比，一个企业的产品和服务只有具有独特性时，才能吸引顾客，占领市场。这种产品或服务的独特性就是差异优势。在日益激烈的市场竞争中，企业越来越认识到这种差异优势的重要性，拥有了这种差异优势，企业便可以影响市场上相关产品的价格趋势，获取消费者的信赖，最终使企业获得较高的收益，从而提高企业的核心竞争力。

企业差异优势的体现是多方面的，但是任何一种差异优势的形成都离不开技术

创新。例如，企业可以在自己的产品研发中进行技术创新，在产品的品种、性能、质量、包装等方面体现出制造差异优势；也可以对工艺设备进行技术创新，通过大规模生产降低产品成本，建立同等质量的低价格优势；还可以在流通领域进行技术创新，通过优质的售后服务等创造服务方面的差别化。由此可以看出，技术创新可以渗透到企业的每一个领域，在不同的流通过程中体现企业的差异化优势。

由上述分析可知，技术创新是通过缩减企业生产成本、提高产品差异化从而提升了企业竞争优势。具体看，由技术创新导致的工艺创新和产品创新，直接影响到企业成本化战略和差异化战略的实施，进而对竞争优势产生影响。产品创新和工艺创新总是在技术创新过程中交替出现，工艺创新是为了提高产品的生产效率，而产品创新则是为了满足顾客的差异化需求而产生。工艺创新使得企业在生产工艺流程方面拥有更先进的技术，从而降低生产成本、使得企业拥有成本优势；产品创新则能更好地满足消费者的差异化需求，使企业产生差异化优势。技术创新对企业竞争优势作用如图 2 所示：

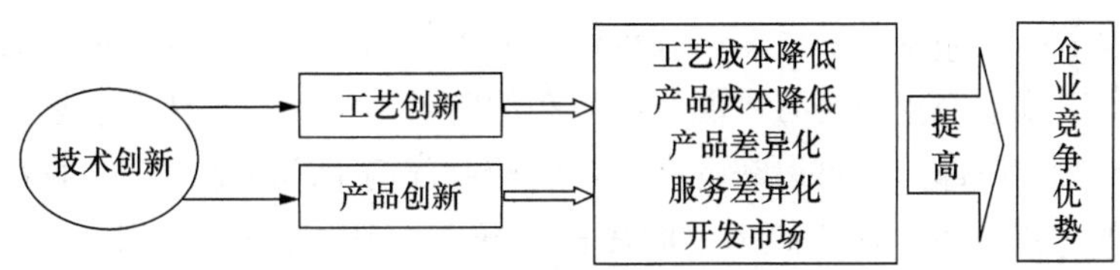

图 2　技术创新与企业竞争优势的形成

（三）技术创新延长了企业的生命周期

企业的生命周期总是与其核心技术的周期以及由核心技术决定的核心产品的周期密切联系的，随着科学技术的不断进步及人们消费水平的提高，主导产品的寿命周期不断缩短。任何核心技术和产品都会过时，而且周期会越来越短，企业只有不断进行技术创新，用新的产品替代过时产品，开始新的产品生命周期，才能形成和巩固企业的核心竞争力，才能使企业的生产经营活动处于长盛不衰的境地。

图 3 所示的技术创新效应曲线图，清楚地描绘出技术创新对企业生命周期的作用。企业通过技术创新，使一项产品在处于衰退期之前，推出另一种产品，从而保证了企业销售额和利润的上升，延长了企业的生命周期，促进了企业的可持续发展。

三、技术创新优化和提升了产业结构——促进区域经济长期发展

一个区域要想得到长期的发展，必须要有一个合理的产业结构作为支撑。技术创新对产业结构的优化和提升的影响主要体现在以下三个方面：

（一）技术创新引起产业的更替

技术创新引起产业结构的变动，主要体现在新兴产业的形成与落后产业被淘汰两个方面，这种变动的原因是：由于技术创新，新产品的不断出现使老产品价格降

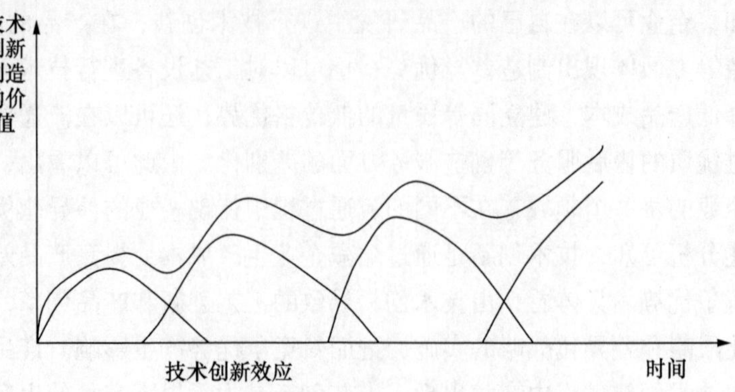

图3　技术创新效应曲线图

低，如果该产品的需求价格弹性较小，那么产品的销售量受这种产品价格变化的影响较小，从而造成产品利润的下降，该产业的某些生产要素（如劳动力、资金）就会流到其他产业部门，最终导致该产业的萎缩；对于产品需求较大的行业，由于技术创新带来的产品刚进入市场，其价格对成本的反应以及需求对价格的反应都比较敏感，产出数量的提高将有可能获取较高的收益。因此，当技术创新导致某一部门的收益提高，该部门就可以获得高于一般产业部门平均收益的超额收益，社会生产要素就通过利润率平均化原理，向该部门转移，从而使要素的供求结构发生变化，最终影响到产业结构的变化。图4清楚地反映了产业结构的这种变化。

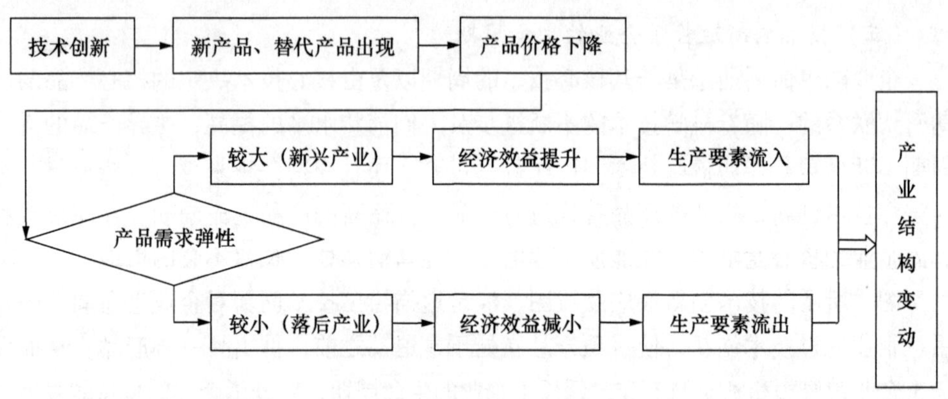

图4　技术创新影响产业结构的变动

（二）技术创新促进了产业集群的发展

产业集群的发展和建设可以促进地区间资源的有效配置和合理分工，减少产业结构趋同化和重复建设等问题，达到规模效应，从而促进区域产业结构优化升级和健康发展。技术创新加快了产业集群的形成与发展，这是由于技术创新的内在属性与产业集群的一般特性在本质上是一致的。

首先，技术创新的系统性要求与产业集群内各主体的互惠共生性要求是一致的。技术创新的系统性是指从研发到生产再到营销，直到创新思想转变为现实的商品并在市场上最终实现。由于创新系统的复杂性，全部过程必须有多种主体共同参与完成。政府、高校、科研院所、企业、中介等在创新系统中都有相互不可替代的作用。而在产业集群内，互惠共生的各方尽管分离后能够独立生存，但它们在某种方式下紧密结合，通过功能互补，可以使得各方都有更广阔的生存发展空间。例如，以高校、科研院所孵化或者衍生出来的企业为主体形成的企业群与它们的母体——高校或科研院所就是典型的互惠共生体。高校或科研院所为企业提供科研成果、创新信息、中试设备以及人才培养，企业则主要进行产品开发、工艺开发和市场开发，这样集群中的企业与高校互惠互利、优势互补、互相促进。

其次，技术创新系统中的外部经济效益与产业集群中的集聚原理是一致的。技术创新各主体之间除了直接的业务关系和财务关系外，还衍生出大量有价值的机会、信息等资源。这些衍生资源不仅在创新系统内可供所有的主体共享，而且可以向外部扩散，从而推动整个社会经济系统的进步。在产业集群中，众多相互关联的企业聚集在一起，可以实现资源共享、优势互补，克服单个企业创新资源不足的缺陷。他们可以利用共同的交通、实验基地等基础设施，可以分享共同的信息资源，可以拥有共同的专业人才市场，可以共同吸引风险基金，可以相互利用对方的创新特长，可以互为创新成果的传播者和使用者。

因为集群内企业地理上的毗邻，一方面，使得集群内企业信息收集的成本得到节约，集群内企业之间形成的协同效应和叠加效应，使得集群具有敏锐的获取信息和对庞大信息加工及解释的能力，企业间正式或非正式的关系网络又使得信息在集群内高效、低成本地传递。另一方面，集群具有很强的知识溢出效应，同单个处于孤立状态的企业相比，集群内企业的分工与合作也大大提高了研发的效率和成功率；集群内企业间的模仿学习加速了技术创新成果的扩散应用。一项新的技术创新成果一旦在集群内某一企业中首次使用，这一成果会很快“传染”给集群中的其他企业，从而促使整个集群整体技术水平的提高，如图5所示。

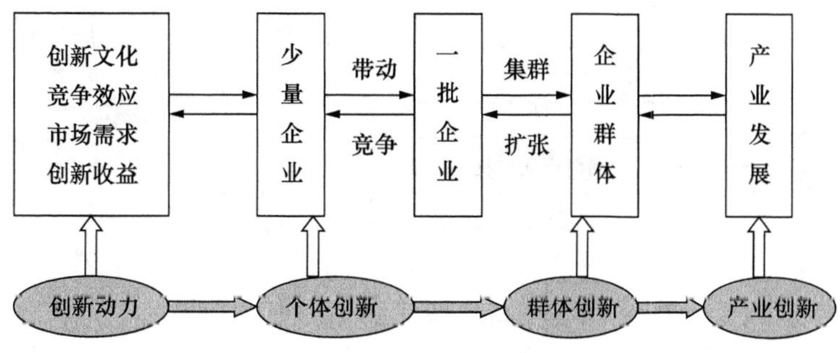

图5　创新与区域产业集群发展

（三）技术创新对区域经济增长的“乘数”效应

技术创新对区域经济的巨大“乘数”效应，是技术创新推动区域经济增长的一个关键。具体而言，技术创新使主导产业或产业集群成为相关行业新的“增长极”，该增长极就像一个巨大的磁场，不断吸引着周围的各要素，通过增长极的积聚作用使“磁场”磁性越来越强，强度越来越大，增长极的扩散作用越来越明显。具体表现在两个方面：一是回顾效应，指增长极的高速增长对生产要素供应部门产生的影响。这种影响会对各种投入要素产生新的要求，从而刺激这些投入品产业的增长。二是旁侧效应，指增长极高速增长会对它周围的地区在社会经济发展方面起到积极的带动作用，并诱导了新兴工业部门、新技术、新原料、新能源等的出现，进而使由于产业结构改变而产生的新的瓶颈问题得到解决。这样，由于增长极的积聚与扩散使整个区域各产业、各部门都不同程度、不同比例地增长，从而引发区域经济全方位地增长。

在我国，无论沿海还是中部和西部，都已形成或正在形成一些主导产业或产业集群带动的区域发展典型。如东部，中国的“硅谷”——中关村、以通信产业群为主导的深圳、以大型家电企业为主导的青岛、以小型石材加工企业集群的广东云浮等；中部，“中国光谷”——武汉高新区、以新材料产业群为主导的郑州高新区、以大型食品企业为主导的河南漯河等；西部，以大型制药企业为主导的成都、以高新技术农业为主导的杨陵、被誉为“中国西部科学城、电子城”的绵阳，等等。

四、结论

21 世纪的竞争是知识的竞争、科技的竞争，技术创新能力已成为直接决定在未来市场竞争中胜负的关键因素。在区域经济发展的过程中，必须把技术创新看作区域经济发展的核心，这样才能保障区域经济的持续发展。综上所述，技术创新对区域经济增长的作用机理如图 6 所示。

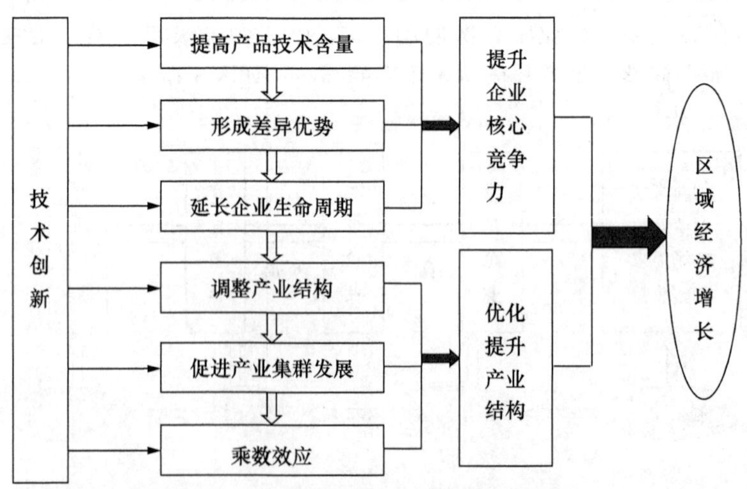

图 6　技术创新促进区域经济增长机理

参考文献

[1] 张清正．技术创新、知识溢出与区域经济增长研究［J］．统计与决策，2015（14）：122－144.

[2] 谢波．资源产业集聚、技术创新能力与区域经济增长［J］．科技进步与对策，2013（7）：31－36.

[3] 肖涵．技术创新——企业可持续发展的原动力［J］．经营与管理，2016（4）：74－75.

[4] 王文乐．经济新常态下技术创新推动经济增长的动力机制研究［J］．社会科学，2016（1）：48－50.

[5] 陶长琪，周璇．要素集聚下技术创新与产业结构优化升级的非线性和溢出效应研究［J］．当代财经，2016（1）：83－94.

[6] 张华，刘洪昌．基于技术创新的产业结构升级机理及其实现路径［J］．当代经济，2015（16）：136－139.

[7] 丁一兵，傅缨捷，曹野．产业结构优化升级的技术创新路径研究［J］．产业经济研究，2014（3）：101－110.

[8] 龚轶，王铮，顾高翔．技术创新与产业结构优化——一个基于自主体的模拟［J］．科研管理，2015（8）：44－51.

珠江三角洲旅游创新的协调发展研究：二象对偶理论的视角

唐金稳　江金波

（华南理工大学经济与贸易学院）

旅游业是创新驱动的产业。从托马斯·库克创办包价旅游，到风靡全球的KFC、Disney等旅游品牌的发展无不证明创新在旅游发展中的重要作用。旅游创新日益改变着人们的生活方式。Airbnb满足游客新的住宿需求，Uber提高出行的便利程度，虚拟技术增强游客的体验感知等。因此，旅游创新日益受到学者的关注。鉴于旅游业是地理特征基础上独特的产业系统，需要用系统的方法进行研究[1]。Mattsson等提出旅游创新系统包括国家旅游创新系统、区域旅游创新系统和旅游产业创新系统[2]。三大系统中，区域创新的测量和评价是重中之重，既关系到国家创新战略的实施，也事关产业创新氛围营造与平台打造[3]。无论国内外，区域创新体系研究都是创新理论研究的重点之一[4]。因此，本文选取区域创新高地——珠江三角洲（以下简称"珠三角"）为案例，尝试测量区域旅游创新过程中的综合能力和协调水平，进一步丰富旅游创新的理论研究，以期指导区域旅游可持续创新发展的实践。区域创新有区域内创新和区域间创新之分[5]，因此本文所指的创新协调是指珠三角9市各市区域内的创新发展协调，并非各市区际之间的协调。

一、文献述评

区域旅游创新是区域创新理论在旅游产业的运用。国外区域创新理论的研究主要集中在系统类别、结构特征、运行环境等方面。Autio认为区域创新系统包括知识开发应用系统和知识生产扩散系统[6]；Roel认为区域创新系统存在网络结构，在网络结构的作用下，科学技术得以转化成企业的核心竞争力[7]；Furman、Fritsch、Slavtchev等认为，创新环境质量的差异导致了各创新主体创新能力的差异，良好的创新环境是创新活动的润滑剂、催化剂[8,9]。国内学者就创新评价指标体系、创新能力的影响因素、创新系统构建等角度展开了区域创新研究[10]。其中，区域创新的评价指标体系是研究的重点内容，主要包括了单一指标体系和综合指标体系[11]。前者主要是指创新产出指标，并一般以专利数作为产出的评价指标[12]。

后者更关注于创新活动的过程以及区域系统要素对创新活动的影响，如借用“要素—结构—功能—环境”系统构建了城市创新评价体系[13]。不少学者纷纷展开不同区域的创新能力及其比较性评价。如以省会城市为单位对国内31个省（区、市）的区域创新能力进行评价[14]；对我国东、中、西部3个区域进行创新能力评价[15]；对八大经济区的科技创新能力展开比较研究[16]。从研究成果来看，考虑创新活动的完整过程的综合评价更为客观，因而得到广泛采用[17]。

近年来，关于区域协调创新的文献渐次增多。创新的协调（协同）度作为影响区域创新能力一个因素被纳入评价体系。如结合湖南省14个地市州，探索区域创新协同度评价指标体系及应用[18]。将协同能力纳入创新评价指标体系，以构建基于协同理念的区域技术创新评价指标体系[19]。从技术创新协同网络成员、协同过程及协同形式等方面建立区域技术创新协同能力评价体系[20]。研究分析31个省（区、市）的区域创新能力与创新效率的协调性[21]。有学者从经济基础、创新环境、创新投入、创新产出等方面对长三角城市群协同创新进行研究[22]。主张从创新主体协作方式和数量、创新机制保障情况、创新组织协调程度、知识技术流动程度等方面构建区域协同创新协同度评价体系[23]。区域创新系统的运行主要源于创新活动的空间集聚所产生输入与输出[24,25]。基于高隆昌提出的二象对偶理论及其管理学的实践[26]，从投入—产出二元视角，将系统学中的过程子系统和状态子系统所组成的二象对偶理论应用到区域创新系统的协调发展研究中，以投入产出为基础计算创新能力和创新效率，探讨二象对偶理论在区域创新中的应用和发展[27,28]，二象对偶理论的运用为区域创新协调的深入研究提供了一个全新的研究思路和视角，丰富了区域创新的理论体系[29]。

区域旅游创新受到学者关注，成为旅游研究的热点之一[30]。毋庸置疑，相对于基础的旅游企业创新系统以及宏观的国家旅游创新系统，区域旅游创新系统是十分重要的中观层次旅游创新系统。然而，较之于旅游创新的要素研究，区域旅游创新评价与测量的研究相对不足。

区域创新的研究方法主要有行动者网络理论、计量分析法、德尔菲法、层次分析法、神经网络法、主成分分析法、DEA等[31-34]，但是上述方法多为静态评价方法。创新是不断变化的动态过程，因此评价也应该是动态的过程。但是动态的评价方法并不多见，主要是分层激励控制线法、速度特征法等[35]。Camison 和 Monfort Mir 曾提出，应将熊彼特的创新理论和动态能力理论相结合研究旅游创新，将传统方法中难以界定的投入产出（即存量指标）通过动态能力中的流量指标加以补充，据此评价不同区域的旅游创新能力[36]。事实上，改善传统创新评价方法，探究创新活动动态过程特征，已成为当前创新研究的难点之一[37]。

综上所述，尽管区域创新研究十分丰富，然而，区域旅游创新研究却相对不足；区域创新的协调度研究虽然得到关注，而在旅游创新研究中鲜有应用。但是，区域创新的相关研究毕竟为区域旅游协同创新研究提供了基本理论和方法借鉴。评价研究中，投入—产出等的创新结果评价居多，而创新过程评价，即效率的评价研究尚少。因此，本文尝试从区域创新协调度的角度，深入分析区域旅游的创新能力和协调能力。充分考虑旅游创新的动态性，借鉴二象对偶理论的动态研究法——创新结果（能力指标）和创新过程（效率指标），开展区域旅游创新能力的综合研究。案例地选择我国创新高地、旅游发达区域的珠三角区域，以揭示区域旅游创新水平以及创新协调能力，进而为区域旅游发展提供建议。

二、区域旅游创新系统的二象对偶分析

（一）区域旅游创新的二象对偶特征

二象对偶理论①认为，任意的系统可以分为相互对应的两个子系统，分别记为 X 和 X＊。两个子系统一虚一实，一系统是另一系统的整体映射，构成对立统一体[38]。二象对偶理论已在企业管理[25]、区域经济[26,28]、产业经济[38,39]等领域得到广泛应用。

区域旅游创新系统是一个开放系统，既有静态化的实体状态性质，也有动态发展的过程性质。其中，状态子系统是实象系统，主要体现在创新投入和创新产出的总量方面；过程子系统是抽象系统，其测评以创新转化率——旅游创新投入与旅游创新产出的之比为主要衡量依据。在区域旅游创新系统中，过程系统和状态系统相互依赖，没有创新的动态发展变化就没有静态的创新产出，前阶段的创新产出是后阶段的创新准备；过程系统和状态系统存在映射关系，创新过程中的创新效率直接影响最终的创新产出，创新产出也会影响创新资源的再投入。总之，两个系统相互依存，相互影响，共同推动创新发展。只有区域旅游创新过程中两大系统之间保持高度协调，才能实现区域旅游创新系统的持续发展。

（二）区域旅游创新的量与质

创新投入和创新产出是创新系统的核心组成。旅游创新能力投入在某种程度上体现了创新能力的发展趋势和作用空间，是实现旅游创新的前提和基础。旅游创新产出能力包含了一系列的创新成果，例如旅游知识产权、旅游学术论文、旅游产品专利、旅游新产品、旅游收入、新的旅游企业等。从时间序列来看，某一阶段的创新活动会产生一定的乘数效应，旅游创新产出既是本阶段的创新成果，也是下一阶段的创新投入[40]。

创新状态子系统反映了区域创新能力，而过程子系统反映了一阶段时间内的创新效率。本文研究区域创新状态子系统（创新能力）和过程子系统（创新效率）的协调发展情况。鉴于指标的一致性，借鉴已有的方法[26]，用创新投入和产出之和计算创新能力，以反映创新水平的量；用创新产出与创新投入之比计算创新效

① 高隆昌等在系统学的框架下提出二象对偶理论。他认为，“二象对偶”是物质世界中普遍存在的一种结构规律。

率，反映创新水平的质。区域旅游创新是创新系统内部量与质高度协调的统一体。

三、研究设计

（一）案例地概况

本研究选择了我国珠江三角洲的广州、深圳、佛山、珠海、东莞、肇庆、中山、惠州、江门九市作为研究对象（见图1）。珠江三角洲是我国改革开放的先驱，是我国经济发展的排头兵。该地区经济发展辐射带动华南、华中和西南等地区，其人口密集、资源富足，是我国创新能力最强、综合实力最强的三大区域之一。珠三角九市面积仅占全国面积的0.57%，但在2014年却以7.8万亿元的生产总值创造了全国12%的GDP。其生产总值仅次于长三角都市经济圈，成为中国大陆第二大经济总量的都市经济圈。殷实的经济基础，积极的创新氛围，密集的人口资源为旅游业的发展奠定了基础，区域旅游经济发展强劲，2014年该地区旅游收入占全国的1/5。2014年珠三角九市旅游收入排名依次是广州、深圳、佛山、东莞、江门、惠州、珠海、肇庆、中山。

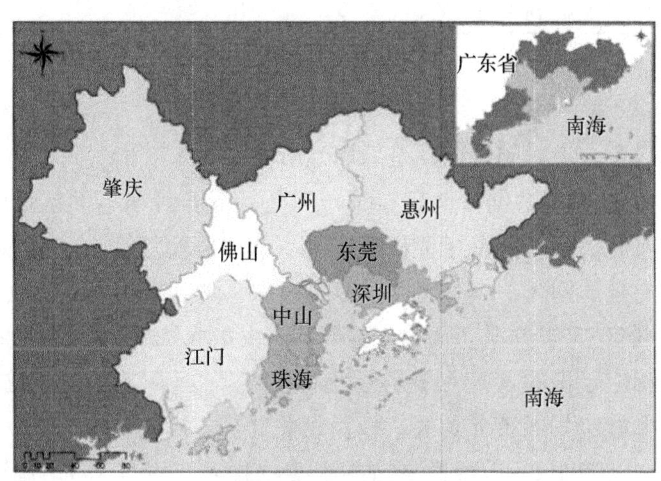

图1　研究区域位置图

（二）指标体系的构建

参考既有相关研究[40,41-43]，本文构建了区域旅游创新投入指标和区域旅游创新产出指标（见表1）。区域旅游创新投入指标包括旅游业R&D经费支出占旅游总收入比重（X_1）、旅游业科研人员占旅游从业人员总数比重（X_2）、含旅游管理专业的旅游院校数（X_3）、旅游规划资质单位数量（X_4）和旅游固定资产投资额（X_5）5项指标；区域旅游创新产出指标主要包括旅游学术论文发表数（Y_1）、旅游专利申请数（Y_2）、旅游总收入增长率（Y_3）、国际游客占全部游客的比重（Y_4）、旅游外汇收入（Y_5）、旅游展销会年举办数量（Y_6）、高等级旅游企业新增数量（Y_7）7 项指标。

表 1　旅游创新能力评价的指标体系

<table>
<tr><th>指标类别</th><th>指标内容</th><th>指标来源</th></tr>
<tr><td rowspan="5">旅游创新投入</td><td>旅游业 R&D 经费支出占旅游总收入比重（X_1）</td><td rowspan="5">Ahuja 和 Katila（2001）；
Griliches（1990）；褚立波（2010）；OECD 科学、技术和产业计分表指标体系</td></tr>
<tr><td>旅游业科研人员占旅游从业人员总数比重（X_2）</td></tr>
<tr><td>含旅游管理专业的旅游院校数（X_3）</td></tr>
<tr><td>旅游规划资质单位数量（X_4）</td></tr>
<tr><td>旅游固定资产投资额（X_5）</td></tr>
<tr><td rowspan="7">旅游创新产出</td><td>旅游学术论文发表数（Y_1）</td><td rowspan="7">Ahuja 和 Katila（2001）；
Griliches（1990）；
欧盟创新记分牌 EIS；
欧盟 IS4S；
奥斯陆手册（2005）；
罗守贵（2000）</td></tr>
<tr><td>旅游专利申请数（Y_2）</td></tr>
<tr><td>旅游总收入增长率（Y_3）</td></tr>
<tr><td>国际游客占全部游客的比重（Y_4）</td></tr>
<tr><td>旅游外汇收入（Y_5）</td></tr>
<tr><td>旅游展销会年举办数量（Y_6）</td></tr>
<tr><td>高等级旅游企业新增数量（Y_7）</td></tr>
</table>

（三）数据收集

创新活动具有一定时间特征，是周期性活动，投入产出之间存在一定的时间滞后性[26]。同样，区域旅游创新也存在时滞问题，不同时期不同区域的区域旅游创新的时滞存在差异。参照既有相关研究[44,45]，本文假设区域旅游创新从创新投入到创新产出的递延周期为一年。因此，本文以珠三角九市为研究对象，区域旅游创新投入指标选取 2013 年数据，区域旅游创新产出指标选取 2014 年数据。各指标原始数据来源于相应年份的《广东省科技统计年鉴》、《广东省旅游培训情况报告》和《国民经济和社会发展统计公报》以及相关的官方网站。

具体而言，旅游业 R&D 经费支出占旅游总收入比重（X_1）、旅游业科研人员占旅游从业人员总数比重（X_2）等数据来自《广东省科技统计年鉴》，前者是按照旅游业总收入占地区 GDP 比例，同时假定 R&D 经费增长率等于 GDP 增长率进行粗略估算；后者是按照旅游业总收入占地区 GDP 比例，同时假定旅游业科研人员增长率等于 GDP 增长率进行估算。含旅游管理专业的旅游院校数（X_3）来自《广东省旅游培训情况报告》。旅游规划资质单位数量（X_4）是指乙级资质以上的旅游规划企业，其数据来自《广东省国家旅游规划设计单位资质等级情况的公告》。旅游固定资产投资额（X_5）来自九市《国民经济和社会发展统计公报》，其按照旅游总收入占全市 GDP 比重再乘以全社会固定资产计算。旅游学术论文发表数（Y_1）是使用 CNKI 数据库进行中文文献检索，使用 Elsevier SDOL 数据库进行外文文献检索，检索词为“地区 + 旅游、游憩、酒店、旅行社、景区”。旅游专利申请数

（Y_2）是利用国家知识产权局专利检索数据库，以城市名为地址，以“旅游”、“导览”、“酒店”、“旅行社”、“景区”、“景点”、“宾馆”为名称进行检索，剔除明显不相关的专利获得。旅游总收入增长率（Y_3）、国际游客占全部游客的比重（Y_4）、旅游外汇收入（Y_5）等数据来自九市《国民经济和社会发展统计公报》。旅游展销会年举办数量（Y_6）检索自各地展会安排表。高等级旅游企业新增数量（Y_7）是新增加的四星级以上（含四星级）酒店、4A 级景区以上（含 4A 级景区）和国际旅行社等旅游企业，其数据来源于各市统计年鉴、统计公报和旅游局官网相关统计信息。

（四）数据处理与计算

1. 指标权重的确定

在确定旅游业创新能力指标的权重之前，首先向省内外旅游业的专家发放问卷，本轮共发放问卷 15 份，收回有效问卷 11 份。在问卷中专家按照 9 分位的比率对旅游业创新能力指标体系中的各个指标之间的相对重要程度进行两两对比打分，对所得分值运用均值法进行处理，从而得到各级指标的判断矩阵，然后利用层次分析法计算各个指标的权重，并进行一致性检验。各指标对应的指标权重为：X_1 ~ X_5 的权重为 $w_1 \sim w_5$，$Y_1 \sim Y_7$ 的权重为 $w_6 \sim w_{12}$，具体赋值见表 2。

表 2 旅游业创新能力评价指标的权重

评价领域	评价指标	权重
旅游业创新能力	X_1 旅游业 R&D 经费支出占旅游总收入比重	0.0817
	X_2 旅游业科研人员占旅游从业人员总数比重	0.0942
	X_3 含旅游管理专业的旅游院校数	0.0928
	X_4 旅游规划资质单位数量	0.0688
	X_5 旅游固定资产投资额	0.1224
	Y_1 旅游学术论文发表数	0.0895
	Y_2 旅游专利申请数	0.1337
	Y_3 旅游总收入增长率	0.0514
	Y_4 国际游客占全部游客的比重	0.0434
	Y_5 旅游外汇收入	0.0684
	Y_6 旅游展销会年举办数量	0.0503
	Y_7 高等级旅游企业新增数量	0.1034

2. 数据的无纲量化处理

由于表 1 中各指标的数量级并不相同，其数据无法直接比较与计算。一般采用 $X_{ij}^* = (X_{ij} - X_{jmin}) / (X_{jmax} - X_{jmin})$ 公式进行标准化处理，但是避免处理后出现数据为 0 的情况，本文采用陈伟（2011）、于明洁（2013）等人的做法，用公式（1）对各指标原始数据进行标准化处理①。

$$X_{ij}^{*}=0.1+0.9\times\frac{X_{ij}-X_{j\min}}{X_{j\max}-X_{j\min}} \tag{1}$$

其中，X_{ij}^{*} 是第 i 个市的第 j 项指标无量化值，X_{ij} 是第 i 个市第 j 项指标的原始数据值，$X_{j\max}$ 第 j 项指标最大值，$X_{j\min}$ 是第 j 项指标最小值。

3. 区域旅游创新子系统发展水平测量

（1）状态子系统发展水平的测量。

根据表 2 中的权重，加权计算状态子系统发展水平，区域旅游状态子系统是创新投入和创新产出各指标的加权之和，其公式如下：

$$L(S_1)=\sum\nolimits_{i=1}^{n}w_iX_{ij}^{*}+\sum\nolimits_{i=1}^{m}w_iY_{ij}^{*} \tag{2}$$

（2）过程子系统发展水平（创新效率）的测量。

借助旅游创新产出与旅游创新投入的比值，测量区域旅游创新过程子系统的发展水平，其公式为：

$$L(S_2)=\sum\nolimits_{i=1}^{m}w_iY_{ij}^{*}\Big/\sum\nolimits_{i=1}^{n}w_iX_{ij}^{*} \tag{3}$$

4. 区域旅游创新系统综合发展水平测量

基于二象子系统 S_1、S_2 的发展协调程度以测量和评价区域旅游创新系统的发展水平。在评价创新协调度时，首先借用公式（1）对 $L(S_1)$、$L(S_2)$ 进行标准化处理，标准化后二象子系统的发展水平记为 $L'(S_1)$、$L'(S_2)$。其次，在 $L'(S_1)$、$L'(S_2)$ 的基础上计算区域旅游创新综合发展水平。鉴于区域创新系统演化的评价包括过程子系统和状态子系统，本文采用公式（4）计算珠江三角洲九市区域旅游创新系统的综合发展能力。

$$CL(S)=[L'(S_1)+L'(S_2)]/2 \tag{4}$$

5. 区域旅游创新系统协调发展水平测量

协调水平是用来评价区域旅游创新系统中二象子系统之间是否协调的定量指标[24]，该指标用 $L'(S_1)$ 和 $L'(S_2)$ 的相对离差系数 VC 来计算，离差越小，子系统协调度越高；反之，越低。计算公式如下：

$$VC=\frac{|L'(S_1)-L'(S_2)|}{\frac{1}{2}[L'(S_1)+L'(S_2)]}=2\sqrt{1-\frac{L'(S_1)L'(S_2)}{\left[\frac{L'(S_1)+L'(S_2)}{2}\right]^2}} \tag{5}$$

在公式（5）中，VC 最小时，$\frac{L'(S_1)L'(S_2)}{\left[\frac{L'(S_1)+L'(S_2)}{2}\right]^2}$的值将最大化。为便于计

① 文中公式（1）~（6）均参考陈伟（2011）的方法，详见参考文献（26）。

算，可将二象子系统 S_1、S_2 的协调度计算公式改成：

$$C=\left\{\frac{L'(S_1)L'(S_2)}{\left[\frac{L'(S_1)+L'(S_2)}{2}\right]^2}\right\}^K \tag{6}$$

公式（6）中，K 为系数，$K\geqslant 1$。由于在公式（5）中，$0\leqslant VC\leqslant 1$，因此，通常取 $K=1$。运用公式（6）计算区域旅游创新协调水平。综合公式（4）、公式（6）计算结果，珠江三角洲九市的区域旅游创新系统的综合发展水平和协调发展水平见表3。

表3　珠江三角洲九市的区域旅游创新系统协调发展的实证测量

测量值 地级市	状态子系统发展水平 $L'(S_1)$	过程子系统发展水平 $L'(S_2)$	区域旅游创新系统综合发展水平 $CL(S)$	区域旅游创新系统协调发展水平 C
广州	1.000	0.302	0.651	0.712
深圳	0.612	0.576	0.594	0.999
珠海	0.302	0.391	0.346	0.984
佛山	0.284	0.366	0.325	0.984
惠州	0.218	0.294	0.256	0.978
东莞	0.256	0.349	0.302	0.976
中山	0.218	0.612	0.415	0.776
江门	0.264	0.344	0.304	0.983
肇庆	0.130	0.260	0.195	0.888

四、讨论

已有的研究提供了协调创新发展的评判标准[24,34]，该标准将协调发展和综合发展分成不同的范围，以显示发展的不同程度（见表4）。

表4　协调创新发展的评判标准

协调发展值	0.9～1.0	0.8～0.9	0.6～0.8	0～0.6
等级	非常协调	基本协调	弱协调	不协调
综合发展值	0.8～1.0	0.6～0.8	0.4～0.6	0～0.4
等级	优秀	良好	中等	差

根据表3中区域旅游创新系统的综合发展水平和协调发展水平以及表4的评判标准，将珠江三角洲九市的区域旅游创新系统的协调发展情况归为5类，即5个区间（见图2）。

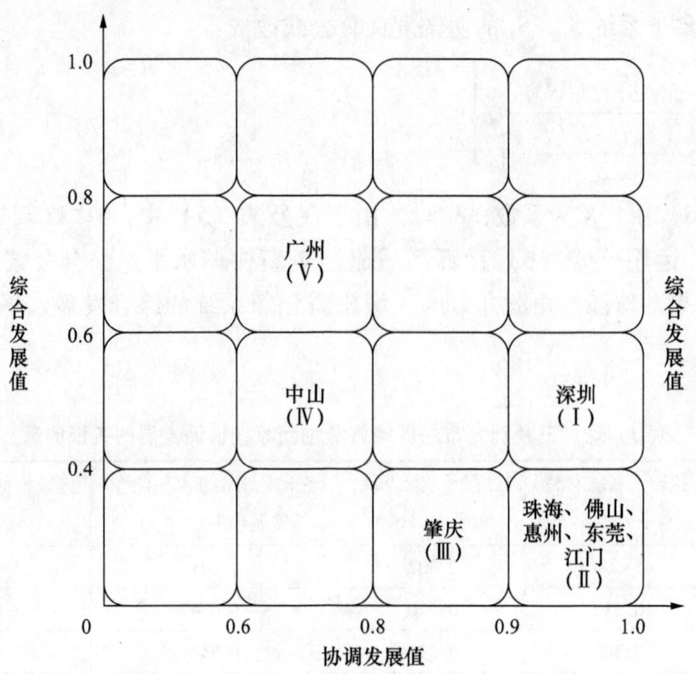

图2　珠江九市区域旅游发展的城市分布图

（一）区间Ⅰ

该区间的综合发展值介于0.4～0.6，区域旅游创新系统综合发展水平等级为“中等”；协调发展值介于0.9～1.0，二象子系统非常协调。深圳处于该区间，说明深圳的旅游创新整体实力尚处于中等水平，存在一定提升空间。深圳旅游创新的协调度较高，究其原因，深圳是我国经济特区，全国科技创新基地；其经济实力雄厚，拥有强有力的经济实力支撑旅游业创新，旅游投入产出效率较高；地方科技和人才的培养促进了旅游业创新能力的提升；良好的政策环境促进了旅游创新活动的产生。但以商务旅游为主，以“都市风情”、“主题公园”、“滨海休闲”和“高尔夫之都”等旅游特色为主，使得深圳的旅游创新整体水平仍有待提升。因此，今后需要借助毗邻香港的地缘优势，加大旅游创新投入，丰富旅游业态和产品类型，强化相关产业对旅游业发展的支撑，发挥创新基地引领的示范作用，提高旅游创新成果的转化利用率。

（二）区间Ⅱ

该区间的综合发展值介于0～0.4，表明区域旅游创新系统的综合发展水平等级较差；但其协调发展值介于0.9～1.0，说明二象子系统非常协调。在区域旅游创新系统处在培育初期，其资源相对不足，创新机制相对不完善，二象子系统往往呈现量小低水平下的协调状态，这是创新发展的极端类型[26]。九市中的珠海、佛山、惠州、东莞和江门处于该区间。其中，佛山、东莞、惠州作为重要的制造业城市，虽然其经济总值较高，2014 年三个城市在广东省 GDP 中排名分别是第三、第四、第五，但是工业产值占比大，所以相对于深圳来说，这 5 个城市的旅游总收入占比较少，旅游创新投入不足。加之，旅游业与其他产业融合发展不足，旅游业创新活动的空间面较窄。此外，江门和珠海的经济实力稍逊色于前面三个城市，2014 年排名为第九、第十，城市创新动力不足，即旅游科研经费和科研人员等资源匮乏。总之，改变 5 个城市旅游创新投入和旅游创新产出均为低下的现状，需要从创新机制、创新政策、创新环境等角度入手。尤其是亟须完善创新政策，积极支持旅游创新投入，吸引更多的旅游资本，加强旅游人才建设；促进旅游专利申请、鼓励旅游学术科研活动，促成旅游创新成果的利用，全面提升旅游创新的综合能力。

（三）区间Ⅲ

该区间的综合发展值介于 0～0.4，其区域旅游创新的综合发展水平较差；协调发展值介于 0.8～0.9，二象子系统基本协调；位于该区间地区的旅游创新是低水平下的基本协调。肇庆处于该区间，其创新过程中，综合发展水平和协调发展水平之间出现了背离端倪。与处于区间Ⅱ的 5 个城市有极为相似之处。差异是，其创新协调发展稍弱。主要原因是肇庆市经济实力中等，旅游创新投入的不足；创新环境中信息联通程度较弱；缺乏旅游高素质人才，产业知识积累和转化能力较低。因此，未来需发挥旅游资源丰富的先天优势，加大创新投入，凭借生态环境和地理区位优势，吸引优秀专业人才，提升旅游创新的综合实力。

（四）区间Ⅳ

该区间的综合发展值介于 0.4～0.6，协调发展值介于 0.6～0.8。表明该区域旅游创新系统的综合发展处于中等水平，而创新系统呈现弱协调态势。中山处于该区间，说明中山的区域旅游创新属于中等水平的弱协调创新类型。中山市旅游发展情况与位于Ⅴ区间的广州市相似。两者的差异仅在于，前者创新状态子系统的发展水平（即创新能力）逊色于后者。主要是因为其经济水平通过投入机制制约了旅游创新能力发展。中山市的 GDP 排名第 6，远落后于排名第一的广州市。今后，中山市应提高旅游创新的投入总量，提高旅游创新产出效率，在促进旅游创新量提高的同时，促进其旅游创新更好协调发展。

（五）区间Ⅴ

该区间的综合发展值介于 0.6～0.8，协调发展值介于 0.6～0.8。说明区域旅游创新系统的综合发展水平良好，而创新系统呈现弱协调态势。该类地区的区域旅游创新属于良好水平状态下的弱协调创新类型。广州处于该区间，说明广州的旅游经济发展势头较猛，区域旅游创新系统的创新能力领先珠江九市，但其创新效率没有达到最优化，尚有改进空间。未来，广州市需要合理配置旅游资源，提高旅游资源利用率，提高旅游创新的投入产出比，使之朝创新能力与协调水平发展“双优”方向发展。

五、结论

基于二象对偶理论，本文从区域旅游创新系统发展的时间演变视角，将区域旅游创新系统分为以创新能力为表征的状态子系统和以创新效率为测度的过程子系统。二象系统在旅游创新中的运用再次佐证了区域旅游创新系统具有完备的时空特性。通过对珠江三角洲9个城市的区域旅游创新系统的综合发展水平、创新子系统的协调水平进行评价、计算、归类后，得出以下结论：

（1）珠三角9个城市旅游创新特征突出表现为：创新综合能力处于良好至差的整体状态，并以"差"为主体。没有一个城市进入优级创新能力区间。这充分说明，尽管地处产业创新高地的大背景中，珠三角区域旅游业创新却相对滞后，再次印证了笔者此前相关研究的结论[46]。与此同时，珠三角区域旅游创新的协调发展却表现为较高层次，除了广州、中山两大城市为弱协调创新之外，其他城市均进入"基本协调"、"非常协调"层次。但与综合创新能力相比，则显示出珠三角多数城市的旅游创新处于错位的低水平下协调创新状态。

（2）珠三角9个城市旅游创新发展呈现U形结构态势。其中U形的两端是广州、中山和深圳，广州、中山的旅游创新呈现出创新能力较强，但是协调度不高；而深圳的旅游创新能力较强，效率较高。U形的底端是区域旅游创新综合水平较低，协调度较高的城市，主要有肇庆、珠海、佛山、惠州、东莞、江门（见图3）。

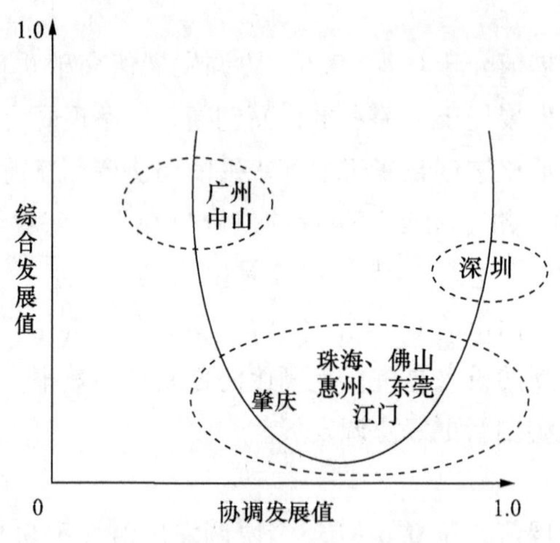

图3　珠江九市发展的U形结构

（3）区域旅游创新不仅取决于创新的综合实力，而且取决于二象子系统的协调发展，也就是状态子系统和过程子系统的协同共进。广州、深圳应继续发挥旅游产业的特色优势，进一步提升创新水平和创新协调度，成为广东省乃至于全国的旅游创新示范基地。

（4）依据上述研究，应采取相关措施大力推动珠江三角洲九市旅游创新的协调发展，以提升区域旅游创新的整体水平。第一，加大旅游业创新投入，制定鼓励旅游产业创新活动的政策，完善旅游业创新环境，营造旅游创新良好的氛围，尤其是旅游创新能力水平低的地区，应不断完善创新机制，确保创新人才和经费的投入，形成旅游创新学习型区域[47]。第二，强化旅游产业创新支撑，提升旅游业创新产出能力。全面提高从业人员的整体素质，培养创新性旅游人才，大力推动旅游人才智库建设，从源头强化旅游知识生产与转化。第三，区域协同创新的过程，是区域间增长传递的实现过程[5]。加速旅游创新扩散和溢出，加强广州、深圳与其他城市之间的合作创新，推动区域旅游创新协调发展。同时，积极引导旅游创新资源在区域间的合理配置，促进区域间相关产业创新对旅游创新的支撑拉动作用。

参考文献

[1] Leiper, N. The Framework of Tourism: Towards a Definition of Tourism, Tourist and the Tourist Industry [J]. Annals of Tourism Research, 1979, 6 (2): 390 - 407.

[2] Mattsson, Jan, Sundbo, Jon, FussingJensen, Christjan. Innovation Systems in Tourism - The Roles of Attractors and Scene - Takers [J]. Industry and Innovation, 2005, 12 (3): 357 - 381.

[3] 李燕萍，罗静子，沈晨．区域创新评价指标体系的构建［J］．统计与决策，2016 (8): 32 - 34.

[4] 杜根旺，汪涛．国家创新体系发展评价研究综述及展望［J］．技术经济，2014，33 (4): 13 - 18.

[5] 高丽娜，蒋伏心，熊季霞．区域协同创新的形成机理及空间特性［J］．工业技术经济，2014 (3): 25 - 32.

[6] Autio E. Evaluation of R&D in Regional Systems of Innovation [J]. European Planning Studies, 1998, 6 (2): 131 - 140.

[7] Roel R. Regional Social Capital: Embeddedness, Innovation Networks and Regional Economic Development [J]. Technological Forecating and Social Change, 2007, 74 (9): 1834 - 1846.

[8] Furman J. L., Porter M. E., Stern S. The determinants of National Innovative Capacity [J]. Research Policy, 2002, 31 (6): 833 - 899.

[9] Fritsoh M., Slavtc, Hev V. What Determines the Efficiency of Regional Innovation Systems [J]. Germany Jena Economic, Research Papers No, 2007 (6).

[10] 孙晓阳，詹祥．知识流动视角下市场化程度对区域创新能力的影响及其地区差异[J]. 技术经济，2016，35 (1): 36 - 42.

[11] 万勇，文豪．中国区域创新能力的评价指标体系研究［J］．中南大学学报（社会科学版），2009，15 (5): 636 - 643.

[12] 汤书昆，梁晓艳，吴灵光等．我国创新产出的空间分布特征研究——基于省际专利统计数据的空间计量分析［J］．科学学与科学技术管理，2006，27 (8): 64 - 71.

[13] 张协奎，邬思怡．基于“要素—结构—功能—环境”的城市创新力评价研究——以17个国家创新型试点城市为例［J］．技术进步与对策，2015，32 (2): 138 - 144.

[14] 李高扬，刘明广．基于结构方程模型的区域创新能力评价［J］．技术经济与管理研究，2011（5）：28－32.

[15] 齐亚伟．我国区域创新能力的评价及空间分布特征分析［J］．工业技术经济，2015（4）：84－90.

[16] 杨竹莘，张军涛．区域科技创新能力的灰色关联综合评价研究［J］．数学的实践与认识，2007，37（9）：17－22.

[17] 张艾莉，李月明．基于等级划分的我国区域创新能力差异分析［J］．科技进步与对策，2016，33（10）：28－33.

[18] 李林，杨泽寰．区域创新协同度评价指标体系及应用——以湖南省14地市州为例［J］．科技进步与对策，2013，30（19）：109－114.

[19] 胡晓瑾，解学梅．基于协同理念的区域技术创新能力评价指标体系研究［J］．科技进步与对策，2010，27（2）：101－104.

[20] 楼高翔，曾赛星．区域技术创新协同能力的测度及其评价体系构建［J］．企业经济，2006（11）：128－130.

[21] 齐亚伟．区域创新能力与创新效率的协调性分析［J］．江西师范大学学报（自然科学版），2015，39（1）：34－39.

[22] 王卫东．长三角城市群协同创新发展机制研究［J］．企业经济，2011（12）：125－128.

[23] 李林，杨泽寰．区域创新协同度评价指标体系及应用——以湖南省14地市州为例[J]．科技进步与对策，2013，30（19）：109－114.

[24] Omta S. W. F.，Fortuin F. T. J. M. Effectiveness of Cluster Organizations in Facilitating Open Innovation in Regional Innovation Systems：The Case of Food Valley in the Netherlands［A］. Open Innovation in the Food and Beverage Industry，2013.

[25] 高隆昌，李伟．管理二象对偶论初探［J］．管理学报，2009，6（6）：718－721.

[26] 陈伟，冯志军，康鑫等．区域创新系统的协调发展测量与评价研究——基于二象对偶理论的视角［J］．科学学研究，2011，29（2）：306－313.

[27] 卞元超，白俊红．区域创新系统研究进展：基于系统内部主体之间以及系统之间关系的视角［J］．中国科技论坛，2015（10）：92－97.

[28] 于明洁，郭鹏，王文越．基于二象对偶理论的区域创新系统协调发展及其时序分异研究［J］．研究与发展管理，2013，25（5）：34－43.

[29] 郑广华．区域创新系统协调性分析——以河南省为例［J］．郑州大学学报（哲学社会科学版），2010，43（3）：97－100.

[30] 李姣琦，周凤杰．区域合作背景下旅游竞争与协作模式研究——以环渤海地区为例[J]．北方经济，2013，7（13）：79－81.

[31] 翁钢民，李维锦．智慧旅游与区域旅游创新发展模式构建——以秦皇岛为例［J］．城市发展研究，2014，21（5）：35－38.

[32] 幸岭．区域旅游发展创新模式：跨境旅游合作区［J］．学术探索，2015（9）：70－75.

[33] 冯德显，翟海国．区域旅游产业创新发展若干问题研究［J］．地域研究与开发，

2006，25（4）：65－70.

［34］任瀚．基于行动者网络理论的区域旅游创新发展研究［J］．开放导报，2012（6）：87－90.

［35］孙晓阳，詹祥．知识流动视角下市场化程度对区域创新能力的影响及其地区差异［J］．技术经济，2016，35（1）：36－42.

［36］Camison，C.，Monfort－Mir V. M. Measuring Innovation in Tourism from the Schumpeterian and the Dynamic－capabilities［J］．Tourism Management，2012（4）：776－789.

［37］李燕萍，罗静子，沈晨．区域创新评价指标体系的构建［J］．统计与决策，2016（8）：32－34.

［38］冯志军，明倩，康鑫．产业创新系统的协调发展研究——基于二象对偶理论与系统演化的视角［J］．科技与经济，2014，27（1）：21－25.

［39］王刚，万志芳，曹秋红．二象对偶理论视角下林木加工产业技术创新系统的协调度测量［J］．中国海洋大学学报（社会科学版），2015（2）：78－82.

［40］褚立波．区域创新能力评价体系构建与实际测度［D］．浙江大学，2010.

［41］Ahuja G.，Katila R. Technological Acquisition and the Innovation Performance of Acquiring Firms：Alongitudinal Study［J］．Strategic Management Journal，2001，22（1）：197－220.

［42］Griliches Z. Patent's Statistics as Economic in Dictators：A Survey［J］．Journal of Economic Literature，1990，28（4）：1661－1707.

［43］罗守贵，甄峰．统计研究区域创新能力评价研究［J］．南京经济学院学报，2000（3）：31－35.

［44］刘顺忠，官建成．区域创新系统创新绩效的评价［J］．中国管理科学，2002，10（1）：75－78.

［45］史修松，赵曙东，吴福象．中国区域创新效率及其空间差异研究［J］．数量经济技术经济研究，2009（3）：45－54.

［46］江金波，刘华丰，严敏　旅游产业结构及其转型升级的科技创新路径研究：以广东省为例［J］．重庆大学学报（社会科学版），2014，20（4）：16－24.

［47］Hassink，R. and C. Klaerding. The end of the Learning Region as we Knew it：Towards Learning in Space［J］．Regional Studies，2012，46（8）：1005－1066.

哲学语义下我国实施创新驱动发展战略的动力源探究*

姜国峰[1,2]

（1. 郑州大学马克思主义理论博士后流动站；
2. 河南工程学院思政部）

党的十八大提出的实施创新驱动发展战略，主要依据科技创新在提高社会生产力和综合国力战略方面发挥支撑作用这一基本事实，是中国共产党放眼世界、立足全局、面向未来而作出的重大决策，对我国形成国际竞争新优势、增强可持续发展的持久动力具有战略意义。

提到创新驱动发展战略，自然要谈及“创新”的概念。就国内外学界而言，最早提出“创新”概念的是著名政治经济学家约瑟夫·熊彼特。约瑟夫·熊彼特将创新理解为一种过程，认为创新是各种生产要素的重新组合，是新发明、新产品、新工艺、新方法或新制度创造性地运用到经济系统的一种活动。[1]如此，约瑟夫·熊彼特就构建了一个比较清晰的创新概念，即创新大体可以分为创新性活动、创新性成果和创新性效能三个环节。而且，每一个环节之间既有联系又有区别，相互交织和互动，共同构成了一个创新行为的完整闭环系统。在这一闭环系统中，创新性活动被看作是创新的起点，而这种创新性活动从人自身出发，与需求、认知和实践等涉及人思想及行为的内容紧密关联；创新性成果作为创新性活动的有形表现形式，主要是智力成果的彰显，从产品本身出发与技术、产业、管理制度等保障性内容紧密关联；创新性效能是创新性成果的社会化转化结果，这种结果以是否促进人与自然、人与社会、人与人的和谐发展为检验标准，通过创新性成果发挥作用，与关切人的自由全面发展关系密切。如果不按照传统的从管理学或经济学角度考察创新驱动本身而按照哲学思维思考的话，不妨先做这样的一个假设：创新驱动是人类区别于动物的显著标志，深刻影响着人类的生产方式和生活方式，在人自身发展和人类社会发展中起着至关重要的作用。

---

* 基金项目：河南省高等学校青年骨干教师资助计划资助对象项目（编号：2015GGJS－033）阶段性成果。

当然，创新驱动对社会的作用不是直接的，它主要体现在对整个人类社会系统结构的调整、变革与发展之中，并最终以服务人类社会为价值取向。具体来看，创新驱动作为不同于常规实践活动创新的创造性实践活动，是在一系列动因推动下产生、发展起来的。如果按照上述逻辑的话，这种动因与创新性活动、创新性成果和创新性效能密切相关。同时，创新性活动理应成为创新驱动的创造动力，创新性成果则是创新驱动的推动动力，创新性效能则必然属于创新驱动的引导动力。这样的话，就从宏观上构建了一个比较清晰的我国实施创新驱动发展战略动力源的脉络图。为此，从微观上厘清实施创新驱动发展战略动力源脉络图的每一个关联项，有助于抓住核心要义，为我国实施创新驱动发展战略寻找最有效的动力源。

一、人的自在自为：我国实施创新驱动发展战略的创造动力

从语义上理解，创造动力的完成主体是人。人通过“需要—认知—实践”等一系列环节而完成能动性活动，以自在自为的状态不断为解决现实问题提供便利，成为我国实施创新驱动发展战略的“创造动力”源。马克思主义认为，人生而为人，并非就是真正意义上的人，只有从事现实活动，在历史中行动的人，才是真正的人，完整的人。创新作为一种普遍的形式，是人通过实践活动描述个体存在的必然形式。如果按照“社会生活在本质上是实践的”这一马克思主义观点理解的话，“实践是人类的根本存在方式”则是应然之义。但问题在于，马克思主义所提及的实践分为重复性实践和突破性实践两类。其中，重复性实践强调的是模仿和复制，并为人类生存和发展提供必需的物质财富和精神财富。突破性实践关注的是质变的累积，是主体既立足于现存世界又超越现存世界的对象化活动，也是人推动自身所赖以依存的现实社会的实际化行为。应该说，从重复性实践到突破性实践并不是纯粹自然的跨越，而是人作为自在物在经历了生存需要—大脑认知—行为实践等一系列过程后的自生结果，是属于劳动者劳动本身的范畴，可以归列为马克思主义所指的生产力要素系统中。

就生存与发展需求而言，创新性活动成为创新驱动发展的原初创造力。众所周知，创新蕴藏在创新主体的需求之中，并接受创新主体的思想指导，倘若没有需求或者需求不明显，创新性活动发生的必要性将被大大降低。一直以来，人类总是以自己独特的生存方式——实践活动，不断满足人类自身及社会的需求，进而将世界变成对人来说是真善美相统一的物质存在。为了满足日益增长的物质生活与精神生活的需求，人总是通过自身的物质生产活动和精神生产活动，不断创造出不同于既存事物的新产品，以充分体现和实现个体的生命价值。从这个意义上说，作为独立的个体，无论是自然人还是社会人，都存在马斯洛所设定的生理、安全、归属、爱和自尊，以及自我实现五种需求。正是通过这些需求，才促使人与外在世界发生各种各样的联系，进而产生关于创新性活动的认知或想法。因为人总是为了满足某种具体的需求而进行活动的，没有需求就不可能有人的任何活动。正如马克思所言，

“任何人如果不同时为了自己的某种需要和为了这种需要的器官而做事，他就什么也不能做”[2]。可见，需求内在于人的本性之中，不管是否意识到它的存在，它都会引起人的各种行为活动的发生，并促使这些行为活动的完成。所以，在现实生活中，正是因为人有了自己的各种需求才引发了创新活动的出现和发展，使需求成为创新驱动发展的内在动力。由于人的生存方式不同于一般动物的生存方式，它不会停留在单纯物质生活需求的满足上，当人的物质生活需求得到满足之后，新的更高的需求就会随之产生，而创新的产生是能够实现人不断出现的各种新的需求的一种实际活动。正如马克思所言，“物质生活的这样或那样的形式，每次都取决于已经发达的需求，而这些需求的产生，也像它们的满足一样，本身是一个历史过程”[3]。更为重要的是，人的不同的需求推动了创新性实践的价值创造，决定了创新的价值取向，并成为了创新性成果的重要评价尺度。

总之，无论是神话史诗式的创造，还是描述性的经验概括，抑或是操作规则的总结，都是植根于人存在的需求中的应然现象，并在人的存在与外部自然的存在、人的不同文化样式、文化存在的关系中创造着人的存在，实现着人的自我创新。所以，需求是引发创新活动出现、促进创新活动发展、推动创新价值创造，进而满足人个体生存与发展需求的原初创造力。

就大脑意识与认知而言，创新性活动成为创新驱动发展的理念创造力。前文提到，需求是创新驱动发展的原初创造力。但作为人本质的真实体现，创新需求总是在人通过实践实现感性认知到理性认知过程中逐步形成的，彰显着创新需求越来越具有理性和实际化趋向。在这一过程中，由于自然界不能完全自发地满足人的需求，人类不可能像动物那样依靠本能单向性从自然界中获取繁衍生息的资源。正如列宁所言，“世界不会满足人，人决心以自己的行动来改变世界，他必须使用自己的智慧创新自然，并在此基础上，创造人类社会和文化世界，以满足自身的物质、社会和文化诸方面的需要”[4]。也就是说，创新不仅源于人的客观需求与自然之间的存在的矛盾，更源于人类的内在本性即人永不满足和好奇的心理欲求。这种心理欲求通过大脑的意识和认知不断得以体现和提升。尤其是面对“无物常驻，一切皆流”的大千世界，仅仅依靠以往的理论和实践经验，是不可能获得有效发展的。需要不断地思考和探索，进而形成更高质量的认知，为实现创新性发展打开意识的大门。

在现实生活中，人往往根据自身的需求，在意识和认知层面思考创新的意愿，也就是哲学上所说的“在物化理想世界之前，人必须先在自己的观念中把它创造出来”。这种观念的创造，依据的是物质世界运动变化的规律性。对此，马克思在强调人的需要的作用时明确提出“人的需要即他们的本性”的论断。”[5]这种源自需求，经过大脑判断而最终决定的创新认知，能够促使人上升为自己行为和生存活动的自觉主体，为创新性活动奠定认知基础。

就行为实践而言，创新性活动是创新驱动发展的根本创造力。众所周知，创新

性实践是人类高级智力劳动的体现，以不断丰富的创造性活动满足着人自身的多种需求，以及促进认知和意志不断得以改变，成为人区别于一般动物的本质特征。在社会生活中，人通过实践有目的地改造外部世界，不断铸就自身生存和发展的社会基础，以及集聚推动现存世界发展变化力量的动力源泉。在这一过程中，创新性实践不但较之于人的需求本性给予了规范和升华，而且还解决了满足人类需要创新对象的根本方式问题。它使人按照事物的规律形成自己的价值目标，并通过创新性实践达到对客观对象的变革、创新和占有，尤其能在提供创新成果中满足进而提升其需求。正如马克思所言，“对实践的唯物主义者即共产主义者来说，全部问题都在于使现存世界革命化，实际地反对并改变现存的事物”[6]。可见，创新性实践是促成现存世界形成并发生改变的唯一根本力量，现存世界发展变化的根源都可以从人的实践那里得到解答。通过创新性实践，人的存在就“不同于动物现成的和重复性的生命存在，而是一种生成的、历史的存在，是永远向新的可能性开放的非凝固的、非确定性的存在，是发展中得到展示与实现的生命存在”。[7]人的这种生成的、历史的存在，反过来又要求人的实践活动不能只具有简单的重复功能，还应该具有不断创造发展的功能。由于人从来都不满足于当下的生活状态，总希望超越现实的生存状况而追求一种更高的生活方式，而创新性实践就是使人不断具备创新能力，使人之所以为人又超越人自身的重要标志。由此可见，创新性活动在提高社会发展水平和人的实践能力，使人的需求不断得到阶段性满足的同时，更是将创新性活动的效益目标与价值目标相结合，以满足人自身的需求，为实施创新驱动发展提供根本创造力。

二、物的客观实在：我国实施创新驱动发展战略的推动动力

创新是产业、技术的聚集和改进过程，是对现存事物状态的改变。创新性产品就是通过改变现有的产品或成果的技术及品质，优化创新性成果产出的环境和资源，实现创新驱动生态系统的重构或提质，是一种“推动动力”，包括制度、管理等环境要素，以及产业、技术等资源要素。作为创新驱动发展的推动动力，环境要素和资源要素相辅相成、相互作用。之所以认为制度、管理、产业和技术是我国实施创新驱动发展战略的推动动力，是因为这四种要素内在统一于经济社会增长和人的全面发展的全过程。上述四种要素都具有增长效应，在一个国家或地区的经济发展中都具有不可或缺的作用，只是发挥作用的层面不同。但是任何一种要素如果离开另外三种要素都无法独立发挥重大作用，其增长效应具有边际递减性，即对于一种要素而言，如果没有其他三种要素的存在，则这种要素不可能永久具有增长效应，这说明四种要素具有非常强的内在相关性。一方面，制度和管理的优化与创新可以提高经济活动的激励水平及降低交易成本，并促使技术扩散，使得产业聚集成为现实；另一方面，技术和产业的创新对制度和管理提出了创新的要求，并为制度和管理的创新提供新的空间。同时，技术和产业的创新可以帮助人们理解和接受各

种政策法规和管理制度，并调动创新主体参与和支持各项制度、管理等环境要素的积极性，进而帮助环境要素得以存续并不断改进，反过来为技术和产业等资源要素的创新提供更优质的保障。如果遵照上述逻辑思维的话，至少可以这样认为：创新驱动以技术创新为出发点，通过制度创新实现产业创新，通过管理创新达到创新驱动发展，最终推动了经济社会和人的全面发展。这就给我们一个启示，当技术和产业创新对制度和管理创新提出更高的要求时，技术和产业创新则成为可能。

制度和管理是我国实施创新驱动发展战略的环境推动力。制度和管理作为规则体系的一部分，是人通过现实活动得以体现，也是实现创新驱动的激励水平提高与交易成本降低的内在规定性，属于规则体系的调整与变迁。从经济学角度看，如果认为技术及产业属生产力范畴，则制度和管理属生产关系范畴。制度和管理的变迁与调整就是生产关系的变革，是生产关系一定要适应生产力发展的必然要求。制度和管理如何对创新驱动产生作用力呢？通常有两种途径：一是由于制度或管理本身存在某种内在缺陷而造成的衰退现象，不足以支撑创新驱动发展战略的更大的体系，导致管理水平下降和交易成本上升；二是由于市场容量、技术变迁和政府政策变化与需求等外在因素的变化打破了原有的系统平衡，迫使制度或管理等环境要素发生变迁。因此，当现存制度或管理体系不能有效满足创新驱动发展时，只有进行制度或管理的变迁与创新，将潜在的收入流转变为现实的收入流，才能体现制度或管理的增长效应。

当然，无论是内在的还是外在的因素，都是通过制度、管理等环境要素的改变和优化，实现与创新驱动相关的各要素的再平衡。特别是通过制度的完善和管理方式的创新所形成的特定规则体系，以实现生产设备改进、生产效率提升、新产品市场竞争优势增强，进而推动产业创新发展之目的，切实体现环境要素对我国实施创新驱动发展战略的推动力作用。

技术和产业是我国实施创新驱动发展战略的资源推动力。现代社会的发展表明，科学技术不仅仅是生产力中的一个重要因素，而是主导性的因素。无论是第一次工业革命所赖以实现的新机器的发明和创造，还是第二次工业革命所依赖的现代化、自动化生产线，都是建立在科学技术革命基础之上的。可以说，没有现代科学技术，生产力的这两次质的飞跃是不可能实现的。因此，如果抛开科学技术本身去谈创新，实质上根本无法说明现代社会的发展问题。同样，技术达到一定程度后会促使产业升级和集聚，形成更为庞大的产业集群，为技术创新提供保障和服务。如果追思熊彼特关于“经济发展动力”之观点的话，可以明确技术在刺激投资、引发信贷扩张，扩大生产资料需求等方面所起的推动作用。作为现代社会发展的决定性力量，技术与产业在整个生产力系统中起主导作用，是创新驱动的最强推动力。如果按照马克思主义的观点，生产力和生产关系作为两个系统，需要通过技术创新得以相适应。因为技术作为创新驱动的核心因素，其溢出效应加剧了市场竞争和技术更替，有助于新的产业的孕育和发展，促进生产力水平的提高。同时，技术创新推动了新产品研发，并在实现市场化应用中淘汰市场的原有落后技术，形成新兴产业，改变了旧有技术市场的生产关系，促进了生产力和生产关系不断相适应。这种创新程序化样态构成了产业的周期性发展。[8]但有一点需要说明的是，技术只是提供了实现创新驱动的可行性，并不能决定创新驱动的效能性，否则就不会出现创新水平和创新能力差异化的问题了。由此可见，技术提供了创新驱动发展的必要条件，并不是唯一条件。

就产业来讲，通过创新驱动促进产业发展是一个复杂的过程，在这一过程中，创新驱动能够培育新的产业，实现新产品的产业化生产和市场化销售，以满足市场的需求。同时，创新驱动对于产业链延伸和促进产业升级具有牵引作用。通常情况下，在通过创新驱动实现技术进步，打破原有产业链后，新的产业链必然产生出技术含量更高的新产品，以实现更替旧产业和升级产业的效能。所以，通过产业发展或创新，出现了市场需求扩张、产品价格降低、使用效率提升和消费者异质偏好，而产业生产水平如果有限的话，势必造成供不应求的情况。为此，需要不断增加要素投入，改进设备和工艺，提高生产效率，以满足市场的需求。所以，技术和产业作为相伴而生的生产力概念，为创新驱动发展提供最新的资源要素，是我国实施创新驱动发展战略的资源推动力。

三、人全面自由发展的终极关切：我国实施创新驱动发展战略的引导动力

创新的结果是创造价值，产出有价值的成果，进而推动社会进步和实现人的自由全面发展的终极目标，是一种“引导动力”。马克思主义认为，人类既是自然界长期发展的产物，又是社会的产物，同时具有自然属性和社会属性。人通过有意识的活动，使具有思维功能的大脑认识到客体的束缚，实现自身束缚的摆脱和解放，达到自由的状态。作为创新实践主体，通过创新活动摆脱客体束缚，提高驾驭客体的能动性，将人类从必然王国带向自由王国，彰显人努力争取自由的创新精神，昭示着人类创新实践带来的巨大物质功利和精神功利的价值所在。从人类本体上看，个体通过创新，有助于实现经济发展、社会进步、文明变迁和人的自由全面发展的有机统一。它创造着知识经济的辉煌业绩，加速了社会生产力的发展，拓展了人类本体的生存空间，促进着人全面自由地发展，进而实现人类对自然生命的庇护和对人生境界的拓展以及身心的满足。通过上述一系列前期自我积累，可以帮助创新主体用自身的创造能力反观自我，为平衡人与自然、人与社会、人与人自身的和谐奠定基础。由此可见，作为我国实施创新驱动发展战略的引导动力，人全面自由发展的关切是终极目标。

所以，无论是在现实的意义上还是在观念意义上，人的任何创新性活动都是人与世界不断发生关系的过程，这种关系包括人与自然的关系、人与社会的关系和人与人自身的关系，创新活动亦在这三重关系范畴之内。人通过创新活动认识必然，

突破外在必然性的限制，从而在创新中感受到一种真正的自由，体现“自由是对必然的认识和对客观世界的改造”的价值意蕴。[9]

首先，创新的原初是为了实现人与自然的协调发展。人作为社会属性的人，在履行其基本的职能之外，还有为人自身以外的事物谋利益的责任，以及通过实际行为改变着自身与自然界的关系，或好或坏。创新实践就是属于人履行社会人职责过程中进行创造性转化的应然结果。在这一过程中，人不仅从自然界赢得了更多的自由，同时还促使人类与自然界的关系由过去与自然界的必然关系转变为现在的较为自由的关系，由过去那种处于混沌状态的关系向比较和谐的关系状态转化。这种改变促使人类在面对自然界的过程中占尽先机和主动，享受创新改变自然界所产生的成果，通过自身所作出的改变达成自然界为自己服务的目的，追逐着“改变世界”之马克思主义原初目标。在此过程中，人通过创新活动认识并改造着自然和协调着人与自然的关系，生产出越来越满足于人自身和社会发展需求的产品。同时，在创新活动中人类认识和利用自然规律的手段和方法明显提高，并不断达成人与自然的和谐统一状态，为创新驱动发展战略提供了条件保障。

其次，创新的价值在于不断丰富人与社会的关系。马克思曾言：“因为人的本质是人的真正的社会联系，所以人在积极实现自己本质的过程中创造、生产人的社会联系、社会本质，而社会本质不是一种同单个人相对立的抽象的一般的力量，而是每一个单个人的本质，是他自己的活动，他自己的生活，他自己的享受，他自己的财富。这种真正的社会联系并不产生于人的反思，它是个人在积极实现其存在时的产物。”[10]从人性的角度看，人类改变自然的动因不是为了破坏，而是为了在积极认识和利用自然规律的基础上优化现有状态，获得人驭于物的自信与自由，借助于创新活动确立人在宇宙中的主导地位。在此过程中，人将自己作为社会活动的主体，并且“按照人的样子来组织世界”，而且体现了“个人在积极实现其存在时的产物”的价值追求，是人与社会关系不断融洽关系的过程。创新活动实际上是促使人构建某一特定群体的纽带，而这些群体又成为社会的一部分，即“人的本质是人的真正的社会联系”[11]。同时，创新使人们之间的交往关系趋于复杂化，从最简单的血缘关系发展到政治关系、经济关系、伦理关系、文化关系等，无形中扩大了人们之间的社会交往活动范围，促使人对社会的了解越来越深，人与社会的关系在复杂态势下变得越来越有协调统一的基础。

最后，创新的归宿在于人与人的关系和谐。创新实践体现人对于真善美的自觉认知和永恒追求，展现人的自由本性，丰富人性的崇高蕴涵。从价值论上看，创新活动通过在尊重事实的基础上追求卓越的特殊表征，帮助人们获得重新认识自我和周边事物的机会，体现着社会功利价值与人类生命价值的一致性。在创新活动中，人将自身作为意识的对象，在客观认识事物的基础上不断改造客观对象，从而提高了人对自身的认识能力和水平。同时，从创新活动的结果看，它给人们带来的是一种新的生活的享受和态度，帮助人们获取生理和心理的双重心灵体验，是一种积极的行为。另外，由于创新活动是人按照自身的内在要求、自我价值实现的需求与客观条件相结合而构建的，更多反映的是主体的社会需求，刺激的是人自身的潜在能量，使人自身获得满足感。正如马克思所说，“在选择职业时，我们应该遵循的主要指针是人类的幸福和我们自身的完美。不应认为，这两种利益是敌对的，互相冲突的。人们只有为同时代人的完美，为他们的幸福而工作，才能使自己达到完美”。[12]所以，通过创新实践，人自身的某方面的需求得到满足，人与人之间因个体价值的有效凸显而变得各有所长，相互欣赏和学习，人与人之间的关系变得更为和谐，成为创新的最终归宿所在。

综上所述，我国实施创新驱动发展战略，是在国际科技竞争越来越激烈，综合国力竞争中的科技占比越来越凸显的大背景下提出的，符合国内国际发展的战略需求。学界关于创新驱动的研究更习惯于从经济学、管理学等角度展开，更注重从人到技术、产业，管理、制度等物的过程研究，很少有从人到人的研究。实际上，创新驱动的核心要素和实施创新驱动发展战略的核心要素都是“人”，离开这一核心要素谈技术、产业、管理和制度等问题，离开本质谈外在的表现，是隔靴搔痒的典型表现。因此，创新驱动发展战略应该从人对于创新的认知、认同及实践出发，以知行合一的状态，通过技术和产业、管理和制度等措施体现人的意志，满足人的需求，最终为实现人自由全面发展提供保障。

参考文献

[1] Joseph A. Schumpeter. The Theory of Economic Development: An Inquiry Into Profits, Capital, Credit, Interest, and the Businesscycle [J]. Cambridge, Mass: Harvard University Press, 1934: 245.

[2][12] 马克思恩格斯全集（第3卷）[M]. 北京：人民出版社，1979：286，594.

[3][6] 马克思恩格斯选集（第1卷）[M]. 北京：人民出版社，1995：123，75.

[4][5][10][11] 马克思恩格斯全集（第42卷）[M]. 北京：人民出版社，1979：25，26，27，24.

[7] 旷三平，常晋芳. 唯物史观前沿问题研究 [M]. 北京：中国社会科学出版社，2004：75.

[8] 杨武，杨淼. 基于科技创新驱动的我国经济发展与结构优化测度研究 [J]. 软科学，2016（4）：1-12.

[9] 张蕾. 中国创新驱动发展路径探析 [J]. 重庆大学学报（社会科学版），2013（4）：107-111.

后发国家需要什么样的专利制度：一个选择性专利保护的理论框架*

张海丰

（广西师范大学经济管理学院）

一、引言

在当今模块化的全球生产体系中，后发国家处于十分不利的国际分工位置，在这样的世界经济格局中，后发国家技术追赶的最大“紧箍咒”就是由发达国家主导的以TRIPs协议为代表的全球知识产权体系。很多研究表明，专利保护与技术创新存在着密切的关系，但专利保护对技术创新的促进作用远不如人们想象的那么大。经典的外部性理论和公地悲剧理论在解释专利制度和技术创新关系时都存在严重的缺陷。公地悲剧理论对于有形财产具有一定的解释力，但用该理论分析无形的知识产品是有缺陷的。在没有知识产权保护的情况下，知识产品当然也会存在由于“搭便车”而导致的创新供给不足问题，但不会像有形财产那样，知识产品不存在由于“过度使用”而导致资源枯竭的情况。这些经典专利经济学基于技术研发的外部性，认为技术创新投入总是低于社会最优水平，因此专利保护强度的提高可以减少外部性，从而激发更多的创新。部分经济学家和发达国家正是基于这一点，普遍主张提高知识产权的保护强度。然而，专利竞赛理论和累积性创新理论对经典理论提出了挑战。专利竞赛理论认为，研发虽然存在外部性，但由于社会中创新主体的多样性，创新主体之间类似于进行一场创新竞赛，只要专利垄断收益高于研发投入，在赢者通吃的专利制度下，不仅不会导致创新投入不足，还会产生创新投入过度的寻租行为。对专利垄断保护越强，反而不利于创新。创新的累积性特征意味着，本期创新产品将成为下一期创新的投入品，如果加强对本期创新的保护，必将提高下期创新的交易成本，很可能阻碍创新。因此，后发国家在制定本国的专利制度时，一定要通盘考虑，不能采取“一刀切”的做法。本文第二部分阐述了专利

* 基金项目：国家社科基金项目（15XMZ088），本文是“广西人文社会科学发展研究中心团队建设”阶段性成果。

制度与技术创新二者间的关系；第三部分论证了强专利保护不利于后发国家的技术追赶；第四部分运用反公地悲剧模型证明强专利保护不利于技术创新；第五部分尝试性地提出了“选择性专利保护”的理论框架；第六部分为结论与讨论。

二、专利制度促进了技术创新吗？

专利制度最早起源于威尼斯，1474 年威尼斯共和国开始授予为其带来发明和新技术的企业家和发明者以独享专利的权利。欧洲的统治者们为了吸引熟练技工，他们如法炮制威尼斯的专利制度，并辅以更高奖励和财政支持以促进经济的发展（David，1994）。这些法律标志着一个新的时代的到来，被称为“国家专利时代”（Granstrand，2005），因为这一阶段的专利制度一般是国家现象，适合于单个城市国家或联邦国家。1623 年，英国国会通过了“垄断法令”，这一法令对专利制度给出了清晰的定义和具体形式。这个法令将专利的垄断权利授予真正的第一发明人，但这项发明在英国必须是全新的。这一规定意在促进国内技术进步，英国的政治家认为，国内某些领域的技术已经落后，要迎头赶上。在诺思和托马斯（North and Thomas，1973）[1]看来，第一次工业革命之所以在英国爆发，是以“垄断法令”来替代原来皇室特权在其中扮演了重要角色。1797 年美国宪法的第一条款就指出：为了促进科学和艺术的进步，保护作者和发明人在有限的时间内独享他们的著作和发现的权利。这项规定可以说是奠定了现代意义上世界专利体系的基础，卡恩和索克洛夫（Khan and Sokoloff，2001）[2]认为，这项制度促进了美国的技术进步与经济增长。

而其他研究则表明，在英国工业革命期间，专利在促进技术进步和经济发展方面并没有扮演重要的角色（Clark，2006；Mokyr，2009；Allen，2009）。莫基尔（Mokyr，2009）[3]的研究指出，在欧洲思想启蒙时期人们对基于科学的实验的观念转变在塑造工业革命当中起到了重要的作用。罗森博格（Rosenberg，1963）[4]在研究技术变迁时发现，要素价格的相对变化影响了美国的技术进步方向。他指出，相对于丰富的自然资源，美国高昂的劳动力成本促进了生产的机械化程度，对美国制造业体系的发展影响深远。莫基尔和罗森博格等的研究都没有发现专利制度与技术创新之间存在着必然联系，专利制度对于技术进步的影响没有人们想象的那么重要。上述经济史的研究表明，关于专利制度与技术创新的关系学术界充满了争议，但还未形成定论。

有的经济学家之所以给专利制度以很高的评价，主要是因为抱持着专利制度是创新者获取创新收益的重要保障和企业进行研发投入的主要诱因这种理念。但这一理念其实并没有得到经验事实的支撑，根据 Scherer（1977）、Taylor（1986）和 Mansfield（1986）等学者对美国、英国和日本企业的问卷调查发现，除了化工和制药行业以外，没有更多证据表明，企业的研发和创新与专利保护存在必然联系（见表 1）。因此，那些认为没有专利制度就不会有创新的学者往往忽视了模仿成本与时滞等因素。在现实中，新技术和新产品一旦开发出来，竞争者要实施反向工程和技术模仿面临着时间和资源约束。先行企业完全可以利用时间优势，建立起辅助性的生产系统，率先确立起市场声誉和品牌优势。一旦企业建立起这种无形资产，那么模仿者是很难撼动其垄断地位的，这何尝不是回收创新成本、获得创新收益的一种方式呢？因此，专利保护与创新之间并非简单的线性关系。

表1 如果没有专利制度，不同行业发明缩减百分比和可授专利申请百分比

行业部门	没有专利制度创新缩减比例（%）	可授予专利技术的专利申请比例（%）	行业部门	没有专利制度创新缩减比例（%）	可授予专利技术的专利申请比例（%）
制药	60	82	机械制造	17	86
化工	38	81	电气设备	11	83
石油	25	86	初级金属	1	50
冶金	12	85	仪器设备	0	77
橡胶	0		办公设备	1	
纺织	0		汽车制造	0	65

资料来源：E. Mansfield. Patent and Innovation：An Empirical Study [J]. Management Science，1986，32 (2)：173-181.

我们可以进一步通过对比不同制度环境下，创新收益率的大小来考察专利制度的贡献。在美国，由于具备健全的商业秘密保护法律，企业可以更多地借助保守技术秘密来获取创新收益。加之美国实行的是率先发明制，只有第一个真正的发明者才可以获得专利，不用担心别的企业抢先申请专利，因而美国发明者不急于申请专利，以免披露技术信息导致竞争对手很容易进行改进型创新。因此，保守技术秘密成为美国企业获得创新收益的主要手段。反观日本，由于缺少美国那样的商业秘密的保护法律，难以像美国企业那样大量依靠保守技术秘密来获取创新收益，只能更多地依靠专利制度来获取创新收益。此外，日本实行的是先申请制，专利授予第一个申请人或企业，而不是第一个做出发明的人或企业，这就迫使企业趁早申请专利，从而向社会公布相关技术创新信息，使得对手很容易进行增量创新，这使得日本的企业很难通过保守技术秘密来获得创新收益，更多的是依靠专利制度来获取。即便如此，专利保护对于日本企业获取创新收益的作用仍然不高，不如实践领先的作用（Cohen et al.，2002）[5]。这是值得我们深思的（见表2）。

表2 不同机制对占有创新收益的有效性：日本和美国企业的比较

占有创新收益的机制类型	对于产品创新的有效率（%）		对于工艺创新的有效率（%）	
	日本	美国	日本	美国
专利	37.8 (1.16)	35.7 (1.10)	24.8 (1.04)	23.0 (0.96)
其他法律手段	16.3 (0.83)	20.3 (0.87)	11.8 (0.66)	15.0 (0.72)
技术秘密	25.6 (1.02)	51.4 (1.12)	28.9 (1.10)	52.7 (1.18)

续表

占有创新收益的机制类型	对于产品创新的有效率（%）		对于工艺创新的有效率（%）	
	日本	美国	日本	美国
时间领先	40.7（1.12）	51.8（1.08）	28.2（1.06）	38.0（1.11）
辅助性销售或服务	30.0（1.10）	41.9（1.07）	22.7（1.04）	29.0（1.10）
辅助性制造	33.1（1.06）	45.5（1.05）	36.1（1.16）	43.3（1.12）

注：括号内为标准差。

资料来源：Cohen，M. Wesley，A. Goto，A. Nagata，R. R. Nelson，J. H. Walsh. R&D Spillovers，Patents and the Incentives to Innovate in Japan and United States［J］. Research Policy，2002，31（8）：1349－1367.

通过分析我们发现，尽管专利制度在很多行业中对于创新的促进作用并没有人们想象中那么大，大多数企业获取创新收益与专利制度之间并无直接关系，但企业仍然会投入大量的人力物力去获取专利。这往往会让人产生一种错觉，认为专利制度对技术创新具有很大的促进作用。事实上，这些企业之所以去申请专利，主要并非为了阻止竞争对手的模仿或收取专利许可费用，而是出于防御性的目的，是为了预防竞争对手抢先一步申请该项专利。一旦被竞争对手率先申请专利，那么企业将面临停止采用该项技术的风险，或者不得不向专利所有权企业缴纳专利许可费。申请防卫性专利的另一个动机是出于和竞争对手之间进行交叉技术许可的考虑，手中握有的专利越多，在与竞争对手的交叉技术许可谈判中就越有优势。也有很多企业申请专利不是为了自己使用，而是为了防止其他企业使用。当然，通过申请大量专利来获取技术声誉，从而获得溢价收益也是其中的重要原因之一（Cohen et al.，2000）[6]。以上种种企业的专利策略和申请专利的目的，其实与专利制度的本意相去甚远（见表3）。

表3　申请专利的目的

申请专利的目的种类	产品创新（%）	工艺创新（%）
衡量绩效	5.8（0.84）	5.0（0.84）
获取专利许可使用费	28.3（1.63）	23.3（1.63）
用于交叉许可协议	47.4（1.81）	37.0（1.86）
预防诉讼	58.8（1.78）	46.6（1.93）
防止技术被抄袭	95.6（0.73）	77.6（1.61）
防止他人使用（自己也不使用）	81.8（1.40）	63.6（1.86）
提高声誉	47.4（1.81）	34.0（1.83）

注：括号内为标准差。

资料来源：Cohen，M.，Wesley，A.，Goto，A.，Nagata，Nelson，R. R.，Walsh. J. H. Protecting their Intellectual Assets：Appropriability Conditions and Why US Manufacturing Firms Patent（or Not）［J］. NBER Working Paper，No. 7552，2002.

三、强专利保护不利于后发国家的技术追赶

专利保护对后发国家的技术追赶会产生什么样的影响？也即现有的TRIPs体制对后发国家模仿发达国家的技术会产生什么样的影响？笔者在这里借鉴兰德斯和波斯纳（2005）[7]的简化模型来加以分析。我们假设现在有一项能够使现有产品（X）降低制造成本的专利，而不是一项新产品的专利。当然，模型也可以很容易地扩展至一项新产品的专利，因为新产品可以被视为是一项发明的特殊情形，它可以使新产品的生产成本降至一个有利可图的水平。

在图1中，我们用DD表示产品X的需求曲线，MR表示边际收益曲线，MC_1表示在开发出降低成本的新技术之前行业的边际成本曲线（或者供给曲线），而MC_0则是使用开发出的新技术之后企业的边际成本曲线。MC_1和MC_0之间的距离就是使用新技术之后生产每一单位的产品所节约的成本。为了便于分析，我们假定以成本MC_1生产产品X的企业非常多，也即MC_1是一条具有完全弹性的行业供给曲线，那么在应用新技术之前的均衡价格为P_1，均衡产量为X_0。根据传统专利经济学的分析，运用新技术之后，并没有使得行业的产量和价格发生显著的变化。无论是通过以一个低于P_1的价格来生产整个行业的产量X_0，还是通过一个低于P_1-P_0的价格向其他企业索取专利使用费，都不能使得专利拥有者的利润最大化①。尽管产量和价格没有发生实质上的变化，但采用该新技术还是产生了一个净社会剩余，它等于新技术导致的成本节约与研发费用的差额。但是，如果竞争性产量的需求弹性足够大，那么，在产量为X_0时的边际收益将高于P_0，而这会导致专利权人

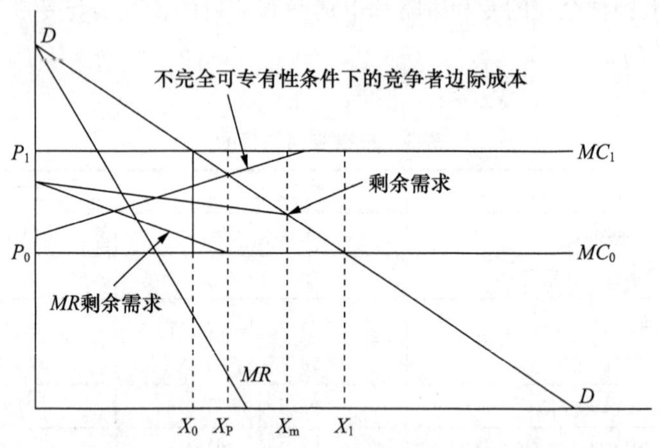

图1 专利保护对技术模仿的影响

① 专利权人利润最大化的条件就是边际成本等于边际收益，它与X_0之前的P_1以及大于产量X_0上的MR相一致。在X_0上的边际收益是不连续的，因为它等于在X_0之前的P_0和X_0之后的MR。

将价格降至 P_1 以下，并将产量扩大至 X_0 以上。一般而言，在产量为 X_0 时需求弹性越大，并且由开发新技术导致的成本降幅越大，那么专利拥有者以低于 P_1 的价格生产高于 X_0 的产量的可能性就越大。

传统专利经济学的分析忽略了专利保护的一个关键特征，该分析隐含的一个假设是：被授予专利的发明对该行业其他企业的成本结构不产生任何影响。正如前文所述，专利法规定专利申请必须充分完整地公开其创新内容，以便使相关技术领域的普通技术人员能够实施该项发明（当然，在专利有效期内未经专利权人许可是不能实施该项发明的）。通常情况下，一项专利被授予之前专利申请人就要公开其相关信息，其中所包含信息将有助于竞争企业针对该专利从事周边发明，因此，竞争企业可以在不侵犯专利权的情况下降低生产成本。一般来说，一个企业从他人专利申请中所利用的信息越多，它的生产成本就可以降低得越多，但被起诉侵权的风险也越大。公开专利信息除了有利于竞争对手进行周边发明外，竞争企业还可以通过分析专利信息，决定是否对该项发明进行工艺改进和增量创新，这样就大大降低了侵权的风险，也即提高了专利权人起诉的成本。这也可以解释，上文提到的大部分企业获得创新收益的方式不仅仅局限于专利制度。

专利申请必须向公众公开相关信息这一条款导致的一个后果就是，专利权人不能完全独享专利收益。用图 1 来解释就是，竞争企业的边际成本曲线将下移至 MC_1 以下，但不可能低于专利权人边际成本 MC_0。此外，它可能是向上倾斜的，而不是水平下移（呈现出完全弹性），因为这些竞争企业彼此之间诸如周边发明的成本、不受起诉的概率等方面各有不同。如果这些竞争企业是价格接受者，而专利权人是主导企业，那么，专利权人将面临一条向下倾斜的剩余需求曲线，它等于总需求（DD）减去 X 在每个不同价格上由竞争企业所供给的数量之差。专利权人通过使 MC_0 等于从其“剩余需求曲线”中派生出来的边际收益，在总产量 X_m（它是专利权人的产量 X_p 和竞争企业产量 $X_m - X_p$ 之和）上达到均衡，从而达到利润最大化。这时均衡价格将介于 P_1（发明之前的价格）和 P_0（专利权人的边际成本）之间。也就是说，均衡产量将大于该专利发明之前的产量 X_0，而均衡价格则低于 P_1。

基于上述模型我们可以发现，专利保护的强度越高，就会提高技术模仿的成本（被起诉的风险越大），竞争企业（追赶企业）能够从所公布的专利信息中所获取的利益越少。在强专利保护制度下，追赶型企业对该专利进行周边发明时面临更大的困难和更高的成本，在侵权诉讼中面临败诉的可能性越大，一旦败诉也面临更严厉的制裁。在这种情况下，追赶型企业的边际成本曲线将更加陡峭，供给弹性更低，剩余需求曲线也更缺乏弹性。如此，专利权人可以收取更高的价格，在该发明之后可以获得更大的市场份额①。因此，提高专利保护的强度是有利于技术领先者，但对技术追赶者不利。

四、强专利保护不利于技术创新：一个反公地悲剧模型的解释

基于知识产权的收益与基于实物财产的静态社会收益，在性质上有很大的差异的。由于知识产权界定的成本相对较高，而所带来的交易成本节约效应小，因此运用分析实物财产的产权经济学来研究知识产权问题是值得商榷的。由于知识产权的特殊性，越来越多的学者对提升知识产权的保护强度和扩大知识产权的保护范围提出了质疑。瓦莱和耶得祖鲁（2013）[8]通过建立一个行业动态演化模型，对强专利制度的影响进行了理论分析。通过计算机仿真模拟，他们发现高社会福利水平和高技术进步率出现在专利保护强度较弱的行业中。虽然在强专利制度下企业的利润更高，但总体效应是负的，因为强专利保护会带来较低的社会福利和较弱的技术进步程度。我们在这里将用一个"反公地悲剧"模型来说明强专利保护对技术创新和社会整体福利改善所造成的负面影响。

随着国际分工的深化和产品越来越复杂化，模块化生产已经成为很多复杂产品的主要生产组织形式。而复杂产品的一个突出特点就是，一件产品包含多项专利，不同的专利又掌握在不同企业手里。一般而言，处于模块化生产体系和全球价值链高端的发达国家企业拥有最终产品的主要专利，因而他们倾向于提升专利保护强度，这就导致了专利丛林问题。也即，由于存在过多的专利并掌握在为数众多的所有者手里，这就带来了大量的交易费用，最终导致研发成本增加和创新知识利用不足。针对这一问题，海勒和埃森伯格（Heller and Eisenberg，1998）[9]提出了专利制度有可能阻碍创新的"反公地悲剧"理论。根据这一理论，某个不可分割的物品，其所有权被许多人占有，每个人都享有排他权，就会造成反工地悲剧，这会导致对物品的使用不足。根据布坎南和勇（Buchanan and Yong，2000）[10]的证明，在占优均衡之下，反公地悲剧所造成的损失和公地悲剧造成的损失是对称的。比如，把一块不可分割的土地的使用权同时授予两个人使用，且任何一方都不能排除另一方使用土地，那么会造成公地悲剧，导致租金耗散。把一块不可分割的土地的所有权分别授予两个人，每个人都具有排他权，其造成土地资源利用不足的损失与公地悲剧下的租金耗散损失是一样的。

我们首先分析公地悲剧的情形，假设一个渔村的附近有一块捕鱼的公共海域，这块海域的最优承载力是有限的。我们假设这块海域捕鱼的边际价值相对于渔船数

---

① 剩余需求曲线的弹性可以表述为 $\varepsilon_\gamma=\varepsilon_d/s+\varepsilon_s(1-s)/s$，其中，$\varepsilon_d$ 是需求曲线的弹性，ε_s 是竞争者供给曲线的弹性，而 s 和 $1-s$ 分别表示专利权人和竞争者的产量份额。ε_d 与 ε_s 越大，s 越小，则 ε_p 越大。专利权人在 P/MC_0 上的利润最大化率为 $[\varepsilon_d/s+\varepsilon_s(1-s)]/[\varepsilon_d/s+\varepsilon_s(1-s)-s]$，因此当 ε_d 与 ε_s 越小时，它就越大。

量是单调递减的 $P=a-bQ$，P 代表捕鱼的平均收益，Q 代表渔船数量，a 和 b 都是常数，为了便于分析，我们假设捕鱼数量和拥有的渔船数量成正比。公共海域的总价值为 $TR=PQ=aQ-bQ^2$，边际价值为 $MR=a-2bQ$。如果这块海域被一家渔户承包，为了使渔场价值最大化，必然有 $MR=0=a-2bQ$，这时渔船的数量为 $Q=\frac{(a/b)}{2}$，也即图 2 中的 Q_m 点；这时捕鱼的平均收益 $P=\frac{a}{2}$，也即图 2 中的 P_m 点。最大化捕鱼收益 $TR=PQ=\frac{(a^2/b)}{4}$。

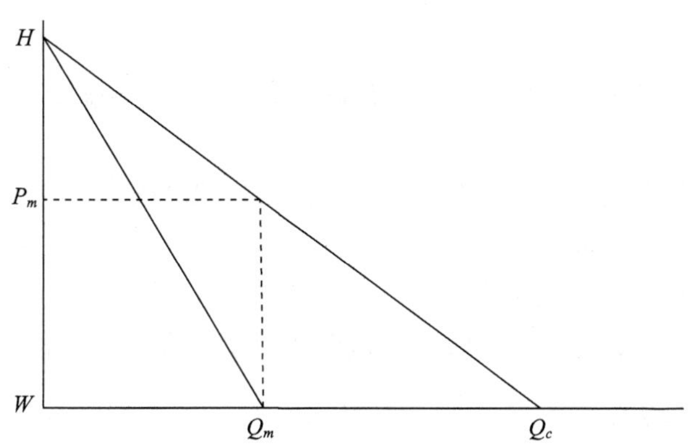

图 2　单一所有者情况下的捕鱼量及其价值

假设这个渔村有两家渔户都有权在这块海域捕鱼，同时每户都不具有排他使用这片海域的权利，这时 $Q=Q_1+Q_2$。为了便于分析，我们假设这两家渔户的捕鱼船数量相等，即 $Q_1=Q_2$，同时都想使自己利益最大化，并且相互之间不合作，那么必然会出现过度捕鱼的现象。这实际上就是一种古诺均衡。$\max PQ_1=(a-bQ_1-bQ_2)Q_1$，于是当满足 $a-2bQ_1-bQ_2=0$ 时，$Q_1=Q_2=\frac{(a/b)}{3}$，$Q=Q_1+Q_2=\frac{2(a/b)}{3}$，也即图 3 中的 Q_2 点，超过最优数量，出现过度捕鱼的现象；这时捕鱼的平均收益$P=\frac{a}{3}$，也即图 3 中的 P_2 点，低于最优捕鱼量时的平均价值。捕鱼总收益变为 $TR=PQ=\frac{2(a^2/b)}{9}$，小于授予一户渔民时的收益$\frac{(a^2/b)}{4}$。

我们再将上述模型扩展至 n 个渔户的情况，假设这 n 个渔户都有权在公共海域上捕鱼，且每个渔户的渔船数量一样多，这时 $Q=Q_1+Q_2+\cdots+Q_n$，且 $Q_1=Q_2=Q_n$。假设大家都采取自身利益最大化的策略，则有 $Q=\frac{n(a/b)}{(n+1)}$，这时捕鱼的平均收益接近于零，仅为 $P=\frac{a}{n+1}$，而总收益为 $TR=PQ=\frac{n(a^2/b)}{(n+1)^2}$，租值几乎耗散殆尽。

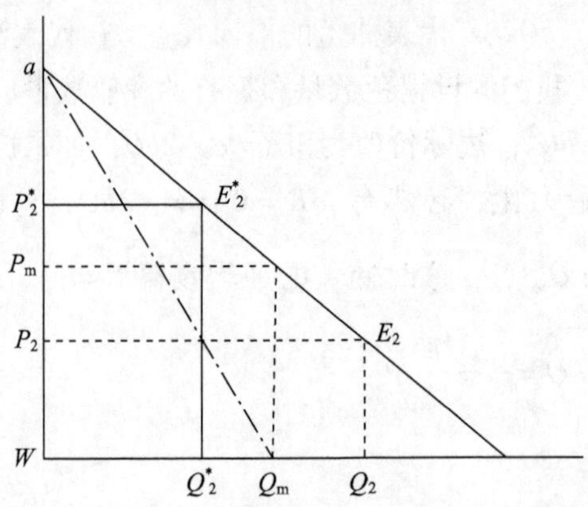

图3　两个排他性所有者、两个非排他性使用者情况下的捕鱼量及其价值

接下来，我们分析反公地悲剧的情形。假设这块海域作为不可分割的整体进行私有化产权界定，但是渔户自己不捕鱼，而是出租，按照渔船的数量收取租金。这个时候捕鱼者根据收益最大化原则来确定最佳渔船数量和每艘船的租金。假设这块海域只有一个所有者，那么他所收取的租金就和他自己投放渔船数量最优时的捕鱼平均收益相等，最优租金为 $P=\frac{a}{2}$，也即图2中的 P_m 点，这时捕鱼者的渔船数量为 $Q=\frac{(a/b)}{2}$，也即图2中的 Q_m 点；渔场主的总收益为 $TR=PQ=\frac{(a^2/b)}{4}$。

现在假设这个渔场作为不可分割的整体为两户渔民所有，捕鱼者进来捕鱼必须征得两户渔民的同意，也即向每户渔民都要交费，这两户渔民都有否决权，也即排他权。这时捕鱼者按照捕鱼的平均收益等于缴纳给两户渔场主每艘船的租金总和来确定最佳渔船量。我们假定这两户渔场主收取的租金是一样的，这时就有 $P=P_1+P_2$，且 $P_1=P_2$。两户渔场主都想租金最大化，假定他们之间互不合作，在非合作占优均衡下，有 $P_1=P_2=\frac{a}{3}$，$P=P_1+P_2=\frac{2a}{3}$，也即图3中的 P_2^* 点，超过了最优租金，这时渔船数量少于最优数量，减少为 $Q=\frac{(a/b)}{3}$，也即图3中 Q_2^* 点，这时渔场资源利用不足，租金总额为 $TR=PQ=\frac{2(a^2/b)}{9}$，小于单个所有人时的$\frac{(a^2/b)}{4}$。这种情况与这块渔场在公共产权之下两家共用且均无排他性使用权下的总收益相等。

现在假设这个不可分割的渔场由 n 人所有，每个人都要排他权，每个人都有权向捕鱼人按渔船数量收取租金，并且每个人收取的租金一样。这时就有 $P=P_1+P_2+\cdots+P_n$，且 $P_1=P_2=P_n$。假定他们都采取不合作的策略，都想自己的租金最大化，在非合作占优均衡下，就有 $P_1=P_2=P_n=\frac{a}{n+1}$，$P=\frac{na}{n+1}$，大大超过了最优租金率，但同时 $Q=\frac{(a/b)}{n+1}$，大大低于最优渔船数量，渔场资源利用严重不足，牧场租金总额为 $TR=PQ=\frac{n(a^2/b)}{(n+1)^2}$，租值几乎耗散殆尽，这与上文的公地悲剧一模一样。

通过上文的分析我们不难发现，一项不可分割的财产（权利）被多人占有，且他们都拥有排他性使用权，就会导致资源利用不足和社会福利损失，这与公地悲剧的情况如出一辙。尽管现实中由于共谋和合作的存在，上述两种悲剧并没有表现得那么极端，但是由于交易费用的存在，共谋和合作的成本很高，上述悲剧还是不同程度地存在着。需要注意的是，上文已经论及，知识产品（专利）本质上不存在过度使用的问题，其中所谓的租值耗散也可以被社会总体福利改善所抵消。Heller（1998）[11]提出反公地悲剧的概念，起初是用来描述由于政出多门、税出多门等导致交易费用上升，商业萎缩和萧条情况的。但这一模型用来解释专利丛林的危害也十分贴切。在实行模块化生产的复杂产品部门，每一个产品都包含成百上千个专利，这些专利分布在众多公司之中（绝大部分重要专利都掌握在发达国家的跨国公司手中），这就好比市场上存在众多追求利益最大化的敲诈型的寻租企业，会提高整个行业的制造成本，新技术和新知识得不到充分利用，这就造成了知识产权领域的反公地悲剧。这也明显增加后发国家的技术追赶难度，不利于产业的整体技术创新和社会福利的改进。

根据上述模型的推导，反公地悲剧导致的租值耗散，会随着参与专利许可谈判对手数量的增加而增加。为了减少谈判成本和防止租值耗散，在一些复杂产品部门（高新技术产业），很多大公司组成专利联盟，进行一揽子的技术许可协议，或者是相互之间免费交叉使用专利技术。这种专利联盟的形成，降低了专利许可谈判的交易费用，确实减少了专利丛林的危害。不过，这些专利联盟往往存在于发达国家的跨国公司之间，他们结成联盟，形成共谋垄断。对联盟外的企业索取高额专利许可费用，阻碍了发展中国家企业的技术模仿和技术创新。

五、选择性专利保护与技术追赶

我们从经济政策史的角度考察发现，当今的发达国家在它们处于追赶阶段的时候，并没有对知识产权进行强保护。相反，绝大多数的发达国家在它们发展之初对知识产权的保护是不完善的，而且保护强度是相当弱的。就算是最发达的英国和美国，直到 19 世纪中期才建立起较强的知识产权保护体系，而相对没那么发达的国家就更晚了。更为重要的是，这些国家还时常侵犯别国的知识产权，尽管在本国它们都颁布了专利法，并强调保护本国公民的知识产权。显然在这一点上发达国家使用的是双重标准，最典型的例子莫过于美国在 19 世纪晚期发起的《巴黎公约》，意在强迫其他国家完善它们的专利法，但自己却断然拒绝保护外国作家的著作权和外国公司的商标权，而与此同时其却向瑞士施加设立专利法的压力。从这一历史事实我们可以看出，任何一项制度的建立和实施都有其时空背景，我们也要特别注意李斯特很早就意识到的，要站在民族主义立场上考察经济政策的远见（张海丰，2016）[12]。因此，在现行 WTO 规则和 TRIPS 体制下，后发国家如果一味遵从发达国家主导的全球贸易规则和知识产权保护体系，那么肯定不利于自身的技术追赶，全球范围内的技术扩散也将受到影响。选择性专利保护制度是后发国家在技术追赶过程中可行的战略选择。更何况，无论是历史上，还是现在，发达国家自身就是这么做的。

（一）专利保护的强度选择

上文已经论及，"一刀切"的专利保护制度存在很多弊端，不仅会阻碍互补性创新或者更优质替代品的出现，还会产生大量的动态社会成本。尤其是对处于技术追赶阶段的后发国家，严厉的专利保护制度往往弊大于利。因此，后发国家在制定国内专利制度时，要以满足 TRIPs 的最低保护水平为原则，这样既没有违反 TRIPS 协议，也有利于本国的技术进步。草率地制定发达国家极力推荐的高强度专利保护制度，力图以此获得发达国家的技术转让是缘木求鱼之举，历史上没有哪个后发国家是依靠强专利保护实现工业化和技术追赶的。最典型的案例莫过于印度在放松专利保护之后，国内的制药业迅速崛起的事实。

印度制药业在国际通用药品（非品牌仿制药）市场中占据重要位置，不仅在仿制药，而且在新药品的研发方面也具备了较强的自主创新能力。然而印度制药业的崛起并非得益于强专利保护制度，而是印度政府有意放松专利保护的结果。在印度殖民时代旧的专利法规定，对医药要提供产品专利保护，而当时大部分医药专利掌握在外国企业手里，而且它们拒绝向印度本土企业出售生产许可证。为了打破外国企业的垄断，印度政府于 1970 年修改了专利法，废除了包括医药产品、食品和化学产品等产品专利，只授予制备方法专利，专利期也由原来的 16 年缩短为 7 年。除此之外，对专利强制实施条款的放松也迫使外国企业不得不向印度本土企业转让技术（Kumar，2002）[13]。在新专利法之下，印度药企只要找到不同于外国企业的生产工艺，就可以不经外企授权生产同样成分的医药产品。这就激发了印度药企寻找替代生产工艺的研发热情。正是在这个过程中，印度制药业培育出了强大的技术模仿能力和工艺创新能力，使其一跃成为仿制药生产和出口大国。

印度的新专利法由于对药品只提供制造工艺（方法）专利保护，而不提供产品专利保护，因此鼓励了印度药企针对外国企业还处于产品专利保护期内的品牌药品进行仿制，并积极探索成本更低的生产工艺。这帮助印度药企在国际市场上成为同样对医药产品只采取生产工艺专利保护国家的仿制药提供商。一旦发达国家的品牌药品产品专利保护期限一到，印度药企生产的廉价仿制药就可以大量进入发达国家的市场。印度遂成为世界药品出口大国，其药品贸易余额也由逆差转为顺差（见表 4）。1970 年印度十大药品零售中只有两家本土企业，然而到了 1996 年，印

度国内十大医药企业中已经有六家本土企业。1991 年时，印度本土医药企业已经占据原料药市场的 70% 和制剂 80% 的市场份额（Kumar，2002）[14]。印度药品出口的增长速度和占世界市场的份额也远高于印度的其他商品（见图 4），药品出口占印度总出口的比重由 1970～1971 年的 0.55% 上升到 1999～2000 年的 4.07%（见表 4）。

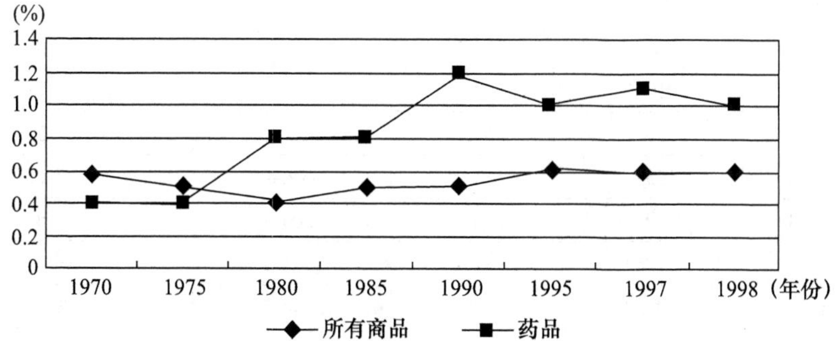

图 4　印度药品出口的增长速度和世界市场份额

资料来源：N. Kumar. Intellectual Property Rights，Technology and Economic Development：Experiences of Asian Countries，"Commission on Intellectual Property Rights" Study Paper 1b，2002.

表 4　1970～2000 年印度的药品进出口

年度	药品贸易（千万卢比）			药品出口占印度总出口百分比（%）
	出口	进口	贸易余额	
1970～1971	8.5	24.3	－15.8	0.55
1971～1972	9.6	26.6	－17	0.60
1972～1973	10.3	23.2	－12.9	0.52
1973～1974	15.1	26.4	－11.3	0.60
1974～1975	23	34.2	－11.2	0.69
1975～1976	22.2	36.3	－14.1	0.55
1976～1977	24.2	42.2	－18	0.47
1977～1978	31.5	63.6	－32.4	0.58
1978～1979	56.5	79.2	－22.7	0.99
1979～1980	87.5	73.9	13.6	1.36
1980～1981	67.4	84.6	－17.2	1.00
1981～1982	122	84.4	37.6	1.56
1982～1983	112.2	88.8	23.4	1.27
1983～1984	155.2	146.9	8.3	1.59
1984～1985	234.2	137.1	97.1	1.99

续表

年度	药品贸易（千万卢比）			药品出口占印度总出口百分比（%）
	出口	进口	贸易余额	
1985～1986	157.9	177.2	-19.3	1.45
1986～1987	161.3	213.8	-52.5	1.30
1987～1988	326.1	167.8	158.3	2.08
1988～1989	473.7	236.4	237.3	2.34
1989～1990	849.6	399.7	449.9	3.07
1990～1991	1014.1	468.4	545.7	3.11
1991～1992	1550.1	558.5	991.6	3.52
1992～1993	1533	813.2	719.8	2.86
1993～1994	2009.7	808.8	1200.9	2.88
1994～1995	2512.3	937.2	1575.1	3.04
1995～1996	3408.7	1358	2050.7	3.21
1996～1997	4341.8	1089.2	3252.6	3.65
1997～1998	5419.3	1447.1	3972.2	4.17
1998～1999	6256.07	1615.2	4640.87	4.48
1999～2000	6631.43	1502.3	5129.15	4.07

资料来源：N. Kumar. Intellectual Property Rights，Technology and Economic Development：Experiences of Asian Countries，“Commission on Intellectual Property Rights” Study Paper 1b，2002.

根据主流专利经济学的推论，降低本国专利保护的强度会造成国内研发投入的下降。然而我们在印度制药行业中并没有发现这种情况，很多证据表明，印度本土的医药企业在修改专利法之后研发投入不是降低了，而是提高了（见图5）。印度制药行业的成功案例给后发国家的启示就是，在制定本国的专利保护制度时，尽量选择保护强度小、相对宽松的制度设计方案。

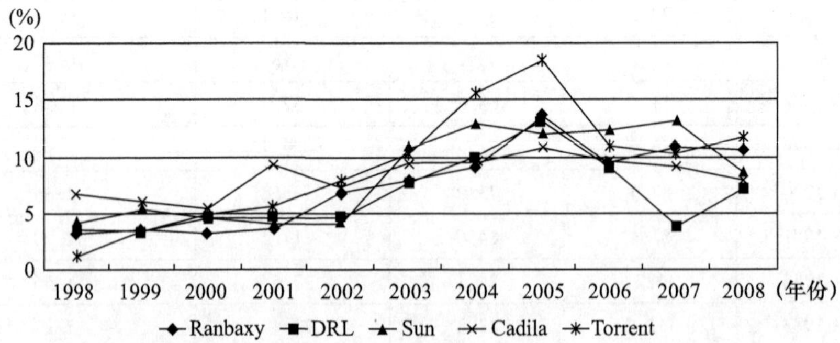

图5　1998～2008年印度本土主要药品企业R&D投入占销售额百分比

资料来源：R. Kiran，S. Mishra. Performance of the Indian Pharmaceutical Industry in PostTRIPS Period：A Firm Level Analysis［J］. International Review of Business Research Papers，2009，5（6）：148－160.

（二）专利保护的产业选择

在现实生活中我们不难发现，不同的产业创新及其扩散的速度是不一样的。以R&D强度为例，信息技术产业和制药业的R&D强度就明显高于传统的纺织业和制鞋业等。而熊彼特（1911）很早就发现不同产业的市场结构和产业动力存在着明显的差异。有的产业我们通常称为“战略性新兴产业”，或称“第二类机会窗口”（Perez and Soete，1988）产业，这些产业往往具有“创造性毁灭”的特征，通常被称为“熊彼特Ⅰ型”（《经济发展理论》）。而另一些产业的创新具有累积性的特点，其中大型企业占据主导地位，进入门槛比较高，通常被称为“熊彼特Ⅱ型”（《资本主义、社会主义与民主》）。

另一种产业差异与Nelson和Winter（1982）提出的“技术范式”有关，是指企业运行所处的学习和知识环境。一个特定的“技术轨道”（Dosi，1982）定义了企业在创新活动中所必须解决的问题的本质，它影响了技术学习模式，形成了对特定行为和组织的激励和抑制，影响了多样化产生和选择的基本过程。从更为一般的意义上讲，技术范式由机会和专有性条件、技术知识和积累程度、相关知识基础的特性等组成（Orsenigo，1996）。也就是说，技术机会反映了对给定资金搜寻投资机会的创新可能性，高的技术机会提供了从事创新活动的强大激励。在这种情况下，潜在创新者可能会频繁地开发出重要的技术创新。高的专有性意味着存在成功保护创新的方式，而低的专有性则表明一个具有广泛外部性的经济环境（Levin，1987）。创新累积性的特征是指，本期的创新会成为下期创新的起点。也即，高累积性意味着现阶段的创新企业更有可能在将来的某项技术中进行创新，并且较非创新型企业更多地遵循特定的技术轨道。技术的累积性与知识、组织和市场等因素有关，知识基础的性质对企业形成创新活动具有重要影响。技术知识包含了不同程度的特定性、意会性和互补性，这些特性在不同的产业间差异很大（Winter，1987）。技术范式的差异在产业层次上影响了对创新活动的组织，并可能导致“熊彼特Ⅰ型”和“熊彼特Ⅱ型”模式之间的根本差异。高技术机会、低专有性和低技术累积性的条件将会导致“熊彼特Ⅰ型”的出现；反之，高专有性、高技术累积性会导致“熊彼特Ⅱ型”的出现。

综上可知，专利制度对不同的产业会产生不同的影响。一般而言，专利保护对知识密集型、模仿成本低的产业成长效果比较好。这种模仿主要出现在有大规模研发项目的领域，尤其是该研发产生高度可编码化的知识，如化工行业（见表1），且反向工程的成本很低时。格兰斯坦德（Granstrands，1999）对日本大型企业问卷调查进一步印证了专利保护在不同产业间的差异（见表5）。然而很多新兴产业却是以相对低的创新成本以及“时间领先”为主要特征，这些部门的企业对“搭便车”和“伺机而动策略”不是很敏感，从而也降低了专利的重要性。正因为不同产业间对于专利保护的需求程度是不同的，所以实行“一刀切”（one - size - fit - all）的专利制度是不合适的。因此，有的学者提出了对现行专利制度进行改革的方案，提出了更加差异化的按照产业量身定做的专利制度，例如，考虑某些产业专利持续时间或特殊的新知识产权类型（Thurow，1997；Reichman，1994）。也即，根据不同产业的特性，制定选择性的专利保护制度。

表5 日本大型企业R&D对时间长度的敏感度（1992年）

当专利保护的最大时效为下列情况时，对你公司研发预算（粗略投入百分比）的影响	化学行业（9家）	电气行业（10家）	机械行业（5家）	其他（20家）
（a）增加3年	+8.5	+2.8	+0.3	+4.8
（b）减少到10年	-21.2	-3.7	-0.3	-1.7
（c）减少到0年（没有专利保护）	-59.2	-40	-5.5	-38.2

资料来源：奥弗·格兰斯坦德. 创新与知识产权［A］. 詹·法格博格，戴维·莫利，理查德·纳尔逊主编. 牛津创新手册［M］. 北京：知识产权出版社，2012：280.

（三）专利保护的时间选择

专利保护的效果在不同的产业之间存在着明显的差异，虽然学者们从市场结构、技术的本质和不同类型知识产权性质等方面来解释这种差异，但这种静态的跨产业比较却忽略了产业演进所处的阶段。也即，在产业层面，专利保护存在一个时间选择问题。经济政策史的研究还表明，当今已经完成工业化和处于技术领先地位的发达国家在其早期发展阶段，专利保护是非常薄弱的，比如德国到了19世纪70年代才建立起国内的专利体系，而荷兰和瑞士在其工业化初期的整个19世纪，国内几乎没有专利制度（Schiff，1971）[15]。而这些早期的追赶型国家完成工业化和在技术上领先之后，纷纷加强专利保护并呼吁发展中国家也这么做。因此，在一国经济发展阶段这个层面，同样存在专利保护的时间选择问题。

以美国在不同发展阶段的专利制度演化为例，根据莫维利（Mowery，2009）的研究，美国于1790年由国会建立的专利制度在很多重要的方面与当时的英国存在很大的差异。一开始美国的专利制度是不承认进口发明的专利的，美国专利法对与发明相关的“新奇”（Novelty）的界定也与英国不同，美国承认的专利要求在世界范围内都是新的，而不仅仅局限于美国国内。这导致的一个结果是，美国的企业可以轻易地获取国外的发明并热衷于模仿和改进这些发明，这些都是美国专利法所允许的。1793年通过立法对发明人的专利进行保护，但只限于美国公民，而非美国公民需要承担高昂的申请费。这一条款之后虽然逐渐放宽，但直到1861年才彻底改观。在19世纪的大部分时间里，美国的专利制度没有实质性的变化。从19世纪70年代开始，美国在很多领域逐渐取得技术领先地位，由原来的跟随者变成了领先者。这时美国的政策制定者在专利制度方面开始向其他工业化国家施压，开始积极关注美国在国际博览会（例如1873年维也纳国际博览会）上的展品被外国发明者模仿的可能性（Khan，2005）[16]。在美国的主导下，各工业化国家于1883年

签署了《巴黎公约》，规定签约国必须给予外国的专利权人以“国民待遇”，这条所谓的“互惠原则”其实是迫使签约国政府承认美国专利在该国的有效性。

1898 年，美国国会进一步修订了专利法，延长了专利保护的时间，这一修正案也适用于在外国申请的专利（Bright，1948）[17]。这一专利法修改的时间点选择可谓正当其时，因为当时美国已经从一个技术的购买者成长为一个技术提供者。随着技术的不断进步，越来越多的美国企业成为了专利拥有者，迫于这些企业对于修改专利法的压力，美国最高法院于 1908 年作出决定，专利保护不仅局限于产品生产，也适用于出于防御目的的大范围专利组合的申请（Neal and Goyder，1980）[18]。在 20 世纪前 20 年，美国还采取了一系列举措，比如增加专利局的审查员数量，简化内部审查程序，将专利局官员调派到代表美国工业利益的商务部任职，等等。上述一系列有关专利法的修订和专利管理组织的改革，都是随着美国工业化进程和技术地位改变而相应地作出调整的，美国的专利制度、产业动态和技术进步存在一种协同演化的关系。

排除上文论及的专利保护的产业差异，同一产业在其不同的成长阶段，其专利行为也是不同的。有学者在对美国半导体产业专利行为的纵向研究中发现，在半导体这样一个技术进步和新企业的成立都与其他企业的创新息息相关的产业中，专利只是企业的其中一种战略选择，除了专利之外，企业还要依靠诸如领先时间、出色的制造能力和设计能力等方式回收 R&D 投资。专利权对于那些具有累积性技术特征、自身拥有庞大的排他性专利组合的企业而言，可以在一定程度上减少外部专利拥有者的敲竹杠问题，在技术谈判时也具有一定的优势（Hall and Ziedonis，2001）[19]。但是，就算是同一个产业的不同企业，专利权的重要性也会随着时间的推移而发生变化。一般而言，产业演进到了后期阶段，研发规模通常比较大，进入壁垒常常由大企业设定，小企业很难进入。大企业会利用多种专利组合或者诉讼威胁的方式阻止潜在的竞争对手。这会导致研发的重新分工，小企业会专注于早期的研发，并将他们的新技术授权给专门从事创新过程的后期阶段的大企业，并且寻求被这些大企业收购。[20]因此，根据产业在不同阶段的演化特征，有必要选择不同的专利保护制度。

（四）专利保护的市场选择

对于后发国家而言，在制定和实行专利保护制度时，一定要清醒认识国际、国内两个不同市场对本国技术追赶和技术创新具有的不同意义。也就是说，我们要充分运用 TRIPS 协议的相关条款，制定符合本国利益的专利政策。比如 TRIPs 协议第 7 条指出了知识产权保护的目的：“知识产权的保护与行使，目的在于促进技术的革新、技术的转让与技术的传播，以利于社会及经济福利的途径、促进技术知识的生产者与使用者互利，并促进权利与义务的平衡。”TRIPs 协议显然是以一种工具主义或者说实用主义的态度来看待知识产权保护的，知识产权保护本身不是目的，而是一种达到社会目标的手段，是为了“促进技术的革新、技术的转让与技术的扩散”，知识产权的神圣性得以降低（郑思成，2001）[21]。而根据笔者在上文的分析，知识产权保护在实践中对技术创新的促进作用并没有人们想象中那么大，而且过度的知识产权保护反而会阻碍技术进步。后发国家可以根据TRIPs协议的这条规定对抗发达国家专利权人的过高要求，并制定本国相对宽松的知识产权制度。

众所周知，发达国家处于技术领先地位的跨国公司为了保障自身的垄断利益，有滥用知识产权的倾向，这对于后发国家技术追赶和技术创新非常不利。而TRIPs协议第8条第2款的规定为后发国家采取必要措施防止滥用知识产权提供了依据，它明确指出成员国“为了防止权利持有人滥用知识产权，或者采用不合理的限制贸易或技术的国家转让有不利影响的做法，可以采取适当的措施，只要该措施与本协议的规定一致”。TRIPs协议承认知识产权的行使有可能带来负面影响，其第40条第1款明确指出：“全体成员一致认为，订立与知识产权有关的许可合同常有的某些限制竞争的做法或者条件，可能对贸易产生不利的影响，并可能妨碍技术的转让与传播。”在第40条的第2、第3、第4款，协议进一步授权成员国可以采取适当措施防止滥用知识产权、防止利用知识产权寻求垄断（尹新天，2005）[22]。这些条款后发国家都可以加以利用，以促进本国的技术追赶与技术创新。此外，在司法层面上具体对待国内知识产权诉讼时，后发国家有必要采取选择性和灵活性的策略。例如，近几年苹果和摩托罗拉在专利诉讼上能够达成和解，而与三星却一直纠缠不休，同样是专利纠纷，但美国司法当局的态度迥异，原因何在？盖因苹果和摩托罗拉处于同一创新网络之中，存在一种隐性的技术联盟关系，而三星则是非本国的行业强劲对手。另外一个众所周知的案例是，长达数年的甲骨文等公司诉微软垄断案最后为何没有拆分微软？各种迹象表明，技术领先国针对国际和国内两个市场采取的是选择性专利保护策略，而不是它们鼓吹的严格知识产权保护。我们有理由相信美国的法律体系在面对不同性质（专利权人是否是本国的）的专利诉讼时，采取的是灵活的处理方式，也即“选择性专利保护”，全球这是值得后发国家借鉴的。

后发国家不仅要注重在国内制定相对宽松的专利保护制度，也要鼓励本国企业积极在国际上申请专利，以冲破发达国家的专利封锁，占领发达国家的国内市场。随着经济全球化的深入和全球价值链的迅猛发展，知识产权已经成为跨国公司占领市场、获取利润和取得竞争优势的重要工具和手段。有资料表明，全球63000家跨国公司占据全球95%的专利技术。不仅如此，凭借着自己在技术和市场方面的垄断地位，跨国公司已经完全主导了国际贸易的游戏规则制定权。联合国有关机构的研究表明，国际商品贸易和服务贸易在10年前一直引领市场潮流。但从20世纪90年代中期开始，技术贸易后来居上，并在最近10年中发展极其迅猛。而驱动这种市场生态快速生成的核心力量就是跨国公司，它们占据全球贸易额的60%和技术贸易额的70%（刘光富，2009）[23]。因此，知识产权已经成为最重要的竞争手段，谁拥有了技术专利，谁就能在国际竞争中取得优势地位。

跨国公司在全球范围内的专利布局以及模块化的生产组织形式使得后发国家的企业越来越难以在技术上追赶发达国家。以中国为例，在跨国公司大举进军中国市场的前几年，就开始有计划地向中国知识产权管理部门提交相应的专利申请。当它们的产品、技术投放中国市场时，这些专利申请正好对相关产品和技术形成有效的保护。如杜邦公司早在1990～1991年就向原国家专利局集中申请了270多项专利，当其1996年大规模在华投资设厂时，这批专利大都获得了中国的授权，并正好构成其拓展中国市场的通行证。跨国公司前几年在华申请的专利恰恰又是几年后我国国内重点发展的产业。如涉及CDMA的第三代移动通信技术产品，美国一家公司在华申请了约270件专利（张锐，2006）[24]。这些事实表明，后发国家不仅要在国内建立一个相对宽松的专利制度环境，以便对发达国家的先进技术进行模仿和工艺改进，而且更重要的是要鼓励本土企业进行原始创新，积极在国际上和发达国家申请专利，这样才能从根本上冲破发达国家的专利布局和技术封锁。概言之，后发国家要针对国际、国内两个市场对于本国企业技术创新的不同内涵，实施选择性的专利保护，最大限度地发挥国内专利制度和TRIPs协议的效用。

六、结论与讨论

第三次工业革命方兴未艾，当今世界正处于技术经济范式转变的关键时期，后发国家如果能够抓住这个难得的机会窗口，无疑有利于提升技术追赶的成功率。我们认为，在全球知识产权体制制约和发达国家普遍实施技术封锁背景下，宽松的专利保护对于后发国家在技术追赶阶段有利于吸收技术领先国的先进技术，实现“二次创新”。从全球角度看，也有利于创新的扩散和整体福利的改进，但发展到以自主创新为主和技术领先阶段后，过于宽松的专利保护制度不利于激励技术创新，反而可能对创新形成阻碍。因此，选择性专利保护，关键在于保护时机和保护产业的选择。在技术追赶阶段，采取宽松的专利保护措施有利于本国企业对国外先进技术进行模仿和消化；在产业选择方面，尽量选取战略性新兴产业进行保护，相对于成熟产业，后发国家的战略性新兴产业与技术领先国的技术差距相对较小，有利于实现追赶。总之，后发国家的专利保护制度不能太具体和详细，要为实施隐蔽的选择性专利保护留有足够的弹性和空间，以免在国际专利纠纷中陷入被动。

盲目的专利保护制度和反垄断是危险的，我们要清楚地认识“熊彼特Ⅰ型”和“熊彼特Ⅱ型”对于创新的意义，大企业在创新系统中的优势和贡献有目共睹。中国要想成功实现追赶和建设创新型国家，“必须要做发达国家做过的事，而不是像它们说的那样做”[25]。

参考文献

[1] North, D. C., R. P. Thomas. The Rise of the Western World: A New Economic History[M]. Cambridge: Cambridge University Press, 1973.

[2] Khan, B. Z., K. L. Sokoloff. History Lessons: The Early Development of Intellectual Property Institutions in the United States [J]. Journal of Economic Perspectives, 2001, 15 (3): 233-246.

[3] Mokyr, J., The Enlightened Economy: An Economic History of Britain: 1700-1850 [M]. CT: Yale University Press, 2009.

[4] Rosenberg, N. Technological Change in the Machine Tool Industry: 1840-1910 [J]. The Journal of Economic History, 1963, 23 (4): 414-443.

[5] Cohen, M. Wesley, A. Goto, A. Nagata, R. R. Nelson, J. H. Walsh. R&D Spillovers, Patents and the Incentives to Innovate in Japan and United States [J]. Research Policy, 2002, 31 (8): 1349-1367.

[6] Cohen, M. Wesley, A. Goto, A. Nagata, R. R. Nelson, J. H. Walsh. Protecting their Intellectual Assets: Appropriability Conditions and Why US Manufacturing Firms Patent (or Not). NBER Working Paper, No. 7552, 2002.

[7] 威廉·M. 兰德斯，理查德·A. 波斯纳. 知识产权法的经济结构[M]. 金海军译. 北京：北京大学出版社，2005：378-382.

[8] 托马斯·瓦莱，穆拉特·耶得祖鲁. 专利制度的社会效率与技术效率 [A] //乌韦·坎特纳，弗朗哥·马雷尔巴主编. 创新、产业动态与结构变迁 [M]. 肖兴志等译. 北京：经济科学出版社，2013：453.

[9] Heller, M., R. Eisenberg. Can Patents Deter Innovation? The Anticommons in Biomedical Research [J]. Science, 1998 (280): 698-701.

[10] Buchanan, J., J. Y. Yong. System Tragedies: Commons and Anticommons [J]. Journal of Law and Economics, 2000, 43 (1): 1-13.

[11] Heller, M. A. The Tragedy of the Anticommons: Property in the Transition from Marx to Markets [J]. Harvard Law Review, 1998, 111 (3): 621-688.

[12] 张海丰. 新制度经济学的理论缺陷及演化转向的启发式路径 [J]. 学习与实践，2016 (9)：5-15.

[13] [14] Kumar, N. Intellectual Property Rights, Technology and Economic Development: Experiences of Asian Countries, "Commission on Intellectual Property Rights" Study Paper 1b, 2002.

[15] Schiff, E. Industrialisation Without National Patent: The Netherlands 1869-1919, Switzerland, 1850-1907 [M]. Princeton University Press, 1971.

[16] Khan, B. Z. The Democratization of Invention [M]. Cambridge: Cambridge University Press, 2006: 298.

[17] Bright, A. A. The Electric-Lamp Industry [M]. New York: Macmillan, 1948: 91.

[18] Neal, A. D., D. G. Goyder. The Antitrust Laws of the United States [M]. Cambridge: Cambridge University Press, 1980: 324.

[19] Hall, B. H., R. H. Ziedonis. The Effects of Strengthening Patent Rights on Firms Engaged in Cumulative Innovation: Insights from the Semiconductor Industry [J]. Social Science Electronic Publishing, 2010 (13): 133-187.

[20] 奥弗·格兰斯坦德. 创新与知识产权 [A] //詹·法格博格，戴维·莫利，理查德·纳尔逊主编. 牛津创新手册 [M]. 北京：知识产权出版社，2012：281.

[21] 郑思成. WTO知识产权协议逐条详解 [M]. 北京：中国方正出版社，2001：42.

[22] 尹新天. 专利权的保护 [M]. 北京：知识产权出版社，2005：597-599.

[23] 刘光富主编. 自主创新之路——2008浦江创新论坛同济大学调研报告集 [M]. 北京：知识产权出版社，2009：86.

[24] 张锐. 知识产权：跨国公司VS中国企业 [J]. 上海企业，2006（4）：32-34.

[25] 张夏准. 富国陷阱——发达国家为何踢开梯子？[M]. 北京：社会科学文献出版社，2009.

创新调控政策背景下的市域房价空间分异性及其影响机制*

——以广东省为例

赖文凤　陈　菲

（暨南大学经济学院）

一、引言

20 世纪末中国的住房改革开启了房地产业的快速发展之门，在随后的城镇化及长期宽松的货币政策和地方政府的推动下，房地产迅速发展成为国民经济的支柱产业，房价也是一路飙升，在繁荣的房地产经济背后，也存在着巨大的区域发展不平衡问题，原来的全国统一的房地产调控政策越发显得不合时宜，2016 年 5 月中共中央政治局会议提出“有序消化房地产库存，注重解决区域性、结构性问题，实行差别化的调控政策”，随后央行提出“按照因地制宜、因城施策的原则，进一步完善区域性差别化住房信贷政策”，差别化信贷政策在中央层面上进一步确认，中国房地产政策开始实施“因城施政、分类调控”的政策。该政策的出台是基于城市商品房价格在空间分布上存在差异性，表现出不同的空间的房地产价格不一样。本文试图以广东省 21 个市为不同区位，分析各市房价分布的差异性，揭示房价空间分布是否呈趋同性与差异性，以及探讨房价影响因素在不同空间位置上的作用机理，为相关部门在“因城施政、分类调控”的基础上长期规范房地产市场提供经验依据，这是房地产经济研究的新领域。

二、文献回顾

目前，国内外学者对房价的研究大致可以分为两类：一是构建理论模型（刘江涛等，2012）[1]；二是注重实证分析，探索房价的影响因素，包括需求方因素（王先柱、赵奉军，2012）[2]、供给方因素（杜江等，2011）[3]和预期因素。房地产

* 基金项目：本文获广东产业发展与粤港澳台区域合作研究中心和经纬粤港澳经济中心资助。

市场具有区域性，而且区域内的城市之间存在着房价的空间联动。美国学者 Pollakowski 等（1997）[4]认为城市间住宅价格的相互影响随距离的增加而递减，在距离较远的城市，住宅价格在空间上的相互作用可能存在，也可能不存在。Pede（2011）[5]采用空间向量自回归模型的实证研究证明城市房价之间存在着明显的空间外溢效应，而且相邻城市的收入或人口等变量的变动也会冲击到房价。现如今国内运用空间计量方法研究房价问题主要集中在：一是证明房价波动存在明显的空间效应（谭政勋等，2013[6]；温海珍等，2012[7]；郑思齐等，2011[8]）；二是在空间上探索房价影响因素（王鹤，2012）[9]，从现有研究结果看，相比传统的 OLS，空间计量模型更具有优势，房价的空间格局变化实际上要比简单扩散模型更加复杂。三是房地产市场区域差异和房价波动（陈浪南、王鹤，2012）[10]，任健等（2014）[11]证明了我国城市房价具有明显的空间关联性，但同时存在明显的地区差异，不仅如此，城市房价还会受到相邻城市房价和收入的影响。龙莹（2010）[12]采用地理加权回归模型（GWR）分析影响我国房价波动的因素，并从区域差异的角度分析了各地区房价波动的空间异质性。许多国内学者利用 GWR 模型探索了不同影响因素对住宅价格的影响及其空间差异性（汤庆园等，2011[13]），并进一步运用探索性数据分析（ESDA）结合地理加权回归（GWR）等空间计量经济学方法（俞振宁、吴次芳，2016[14]；张雅杰等，2015[15]），张静等（2012）[16]构建城市住宅地价的 GWR 模型，对 1997 年、2005 年和 2008 年 3 个时间点的江苏省城市住宅地价影响因素的空间变异特征进行了探究，揭示了各影响因素对住宅地价的影响程度和区域差异，丰富和发展了城市地价影响因素时空变化规律的理论研究。

目前，用 ESDA－GWR 模型研究城市之间房价基本面影响因素的空间异质性特征，尤其是对于广东省这样的经济发展不平衡的区域来说，目前涉猎的研究者较少。本文以广东省为例，拟从两个方面进行阐述：一是首次运用 ESDA－GWR 模型系统地分析了广东省各市房价的演变特征和空间相关性以及影响因素驱动房价波动的空间差异性，为解决区域性问题实行差别化的调控政策提供依据。二是运用房地产周期理论分析房价的需求因素和供给因素在驱动不同城市房价波动上的差异，这为采取差异化的长短期调控政策和区域调控政策提供了依据。

三、指标选取、数据说明和研究方法

（一）数据说明和指标选取

（1）数据说明。数据主要来源于《广东省统计年鉴》，房价数据采用 1995～2014 年的商品房平均销售价格作为因变量，由于很多城市的房价数据并没有在该省统计年鉴中公布，而商品房销售总额和商品房销售面积可在统计年鉴中获取，商品房平均销售价格数据通过商品房销售总额除以商品房销售面积获得。需要说明的是，采用商品房平均销售价格代表各城市的房价是由于各城市的房价数据难以获得，在一定程度上反映了房地产市场的房屋交易量，但可能并没有真实反映各城市的劳动力获取商品房所支付的成本，因为在各城市的统计体系中，一些拆迁安置房和经济适用房也混在商品房销售总额和面积的计算中。本文运用 ArcGIS 和 Geoda 等统计软件来分析广东省各市房价的空间依赖性和异质性。

(2) 指标选取。房地产短期看金融，长期看人口，房地产短周期主要受利率、抵押贷款首付比、税收、土地政策等金融政策影响，长周期主要受经济增长、城市化、人口数量和结构等影响。本文分别从长周期和短周期方面来分析房价的波动。我们从以下几个方面选取其他外生控制变量（X）。需求方面：根据影响强度与数据的可获得性，我们从众多影响因素中选取人均 GDP 和城镇化率来体现房价需求方面的影响因素（董志勇等，2010）[17]。供给方面：本文选取房屋竣工面积和房地产开发投资额，这两个指标分别从房屋供给量方面和房屋供给成本方面体现了各自对房价的影响。另外，住房贷款对房地产市场的发展至关重要。因此，本文引入人民币贷款余额作为金融政策影响房地产市场的一部分，总结前人经验，在兼顾数据可获得性、各类因子的相关性和指标质量的基础上，以广东省 21 个地级市为研究对象，通过 ESDA 研究影响城市房价各变量关联特征基础上，构建地理加权回归区域房价与其影响要素的多变量关系模型，确定 X_1（人均 GDP）、X_2（城镇化率）、X_3（房屋竣工面积）、X_4（房地产开发投资额）、X_5（贷款余额）5 个指标作为自变量。指标进行分类（见表 1）。

表 1 房价影响因子分类

房地产长周期	需求因素	X_1（人均 GDP）
		X_2（城镇化率）
房地产短周期	供给因素	X_3（房屋竣工面积）
		X_4（房地产开发投资额）
	需求因素	X_5（贷款余额）

（二）研究方法

(1) 空间权重矩阵。空间权重矩阵表达了不同空间对象之间的空间布局，如邻接、拓扑和经济关系等，相应地构成了模型建立的基础。空间权重矩阵的具体形式为：

$$W=\begin{bmatrix} w_{11} & w_{12} & \cdots & w_{1n} \\ w_{21} & w_{22} & \cdots & w_{2n} \\ \vdots & \vdots & \ddots & \vdots \\ w_{n1} & w_{n2} & \cdots & w_{nn} \end{bmatrix}$$

其中，n 表示空间单元个数。如果空间单位 i 和空间单位 j 属于邻居关系，则 $w_{ij}=1$；否则，$w_{ij}=0$。通常，一个空间单元与其自身不属于邻居关系，即 $w_{ii}=0$。

一般情况下，我们依据公共边界和临界距离定义空间单元之间的邻居关系：如果空间单位 i 和空间单位 j 具有公共边界，则认为它们是邻居关系。如果空间单位 i 和空间单位 j 之间的距离位于某一给定的临界距离 d 之内，则认为它们是邻居。

（2）全局空间自相关。全局空间自相关系数表示整个研究区域的不同区域观测值在空间上的相关程度。检验全局空间自相关的方法有 Moran's I、Geary C 和 Getis' G 等，其中最常用的是 Moran's I，取值范围介于 -1 ~ 1，当 Moran's I > 0 时，表示观测值之间存在显著的正相关，这表明高的观测值倾向于和高的观测值集聚在一起，低的观测值倾向于和低的观测值集聚在一起，呈现高高集聚或低低集聚分布格局；当 Moran's I < 0 时，表示观测值之间存在显著的负相关，高的观测值倾向于和低的观测值集聚在一起，高低相异，呈现空间分散格局；当 Moran's I 接近于 0 时，表明不存在空间自相关，观测值在空间上随机排列。其计算公式为：

$$I = \frac{\sum_{i=1}^{n}\sum_{j=1}^{n} W_{ij}(x_i - \bar{x})(x_j - \bar{x})}{s^2 \sum_{i=1}^{n}\sum_{j=1}^{n} W_{ij}}$$

$$Z = \frac{I - E(I)}{\sqrt{VAR(I)}}$$

其中，S^2 为观测值方差平均值，即 $S^2 = \frac{1}{n}\sum_{i=1}^{n}(x_i - \bar{x})^2$；$\bar{x} = \frac{1}{n}\sum_{i=1}^{n} x_i$；$x_i$ 和 x_j 分别为 i 区域单元和 j 区域单元的观测值；W_{ij} 为空间权重矩阵的要素，本文采用的是邻接标准，n 为研究单位个数，这里为 21。Z 值是用来检验 n 个区域是否存在空间自相关，Z 大于 0 且显著，表示观测值趋于空间集聚，Z 小于 0 且显著，表示观测值趋于空间分散，Z 接近于 0 时表示观测值独立随机分布。

（3）局部空间自相关。局部 Moran's I 指数主要研究局部区域内邻近空间单元属性特征值之间的相关程度，计算公式如下（王劲峰等，2010）：

$$I_i = \frac{y_i - \bar{y}}{s^2}\sum_{j}^{n} w_{ij}(y_i - \bar{y})$$

其中，I_i 为局部 Moran's 指数，若 I > 0，则空间呈现正自相关；I < 0，则空间呈现负自相关；I 接近于 0，则代表不存在空间自相关，空间上随机分布。

Moran 散点图用于识别局部的空间关联模式、空间异常值和局部不平稳性等，Moran 散点图可分为四个象限，HH 象限对应高值集聚，LL 象限对应低值集聚，LH 象限对应低值被高值所环绕，HL 象限对应高值被低值所环绕。基于局部 Moran's I 指数的空间关联局域指标分析（Local Indicators of Spatial Association，LISA）方法可以得出 LISA 集群图和 LISA 显著性水平图。LISA 集群图中，局部 Moran's I 指数显著性水平在 0.05 以上的空间单元被划分为 4 种空间关联类型：低—低、高—高、低—高和高—低，用于反映广东省各市房地产经济发展水平与邻近市房地产经济发展水平的相关程度。

（4）地理加权回归模型。地理加权回归模型（Geographical Weighted Regression，GWR）是用于研究空间数据的复杂性、自相关性和变异性的新方法。GWR的实质是局部加权最小二乘法，其中的权为研究区域单元所在的地理空间位置到其他单元的地理空间位置之间的距离函数。在 GWR 模型中，回归系数不再是假定常数，而是在特定区位下利用邻近属性值进行局部回归估计得到的，随着空间位置变化而变化的变数。GWR 模型表示为：

$$y_i = \beta_0(u_i, v_i) + \sum_{j=1}^{n}\beta_j(u_i, v_i)x_{ij} + \varepsilon_i, i = 1, 2, \cdots, m; j = 1, 2, \cdots, n$$

其中，β_j（$j=1$，2，…，n）是变量 x_{ij} 在空间位置（u_i，v_i）处的局部系数，将随空间位置的变化而变化。本文运用 ArcGIS10.2 软件中的 GWR 工具，采用常用的 AIC 方法设定模型带宽，实现建模。

四、实证结果与分析

（一）空间分位图分析

为了形象地显示出广东省房价是否存在区域化集群的特征，并考察其分布是否与空间地理位置相一致。用商品房平均销售价格来反映房价的波动，根据 1995～2014 年广东省商品房销售总额和商品房销售面积的数据，利用 ArcGIS 软件进行空间分位图分析，其结果如图 1 所示。

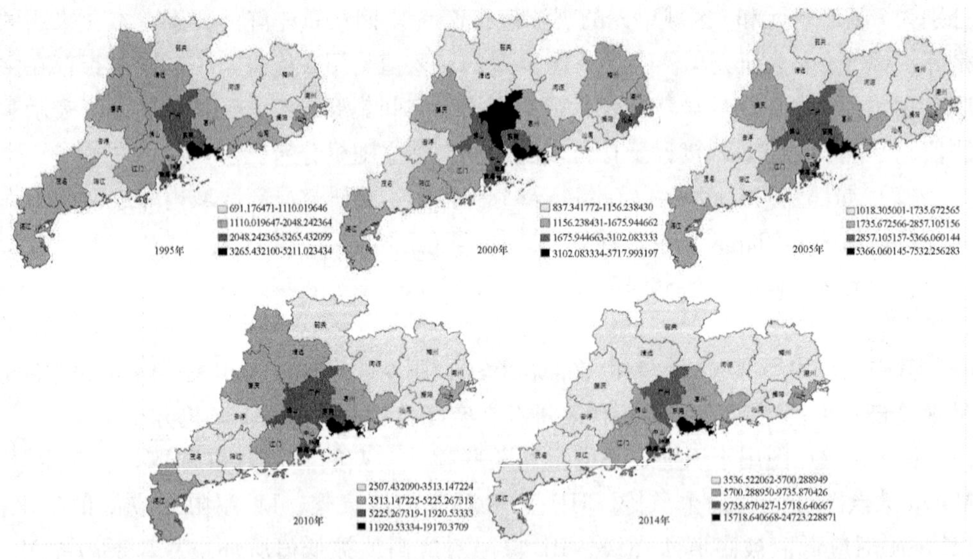

图 1　1995～2014 年广东省各市房价的空间分位图

结果表明，1995～2014 年深圳的房价始终处于最高水平，到 2010 年，广州、深圳和珠海的房价达到 10000 元/平方米以上，佛山、东莞和汕头紧随其后，这与城市经济的发展有关，从广东省房价扩展的四个阶段（1995～2000 年、2000～

2005 年、2005 ~2010 年、2010 ~2014 年）来看，逐渐形成以广州和深圳为中心的珠三角区域、以湛江为中心的粤西区域和以汕头为中心的粤东区域，房价具有一定的空间分析特征。

从房地产市场规模的演化路径来看，房价在地区的空间结构表现为一定的圈层结构，高房价地区逐渐向珠三角地区聚集，粤东、粤西和粤北的大部分城市的房价偏低，而且城市间的房价相差不大，但与珠三角区域的城市房价的差距非常大。总体而言，房价高的城市逐渐向以广州和深圳为中心的周围区域聚集，位于珠三角区域；而房价低的城市逐渐向远离广州和深圳周围区域的方向移动，位于粤东、粤西和粤北地区。总体而言，广东省房地产市场规模呈现区域的两极聚集现象，而且房价的差异性逐渐增大。

（二）全局空间自相关分析

本文利用 GeoDA 软件对广东省的房价数据进行全局空间自相关分析，结果如图 2 所示。由图 2 可知，1995 ~1998 年，广东省房价的空间自相关性呈现出剧烈的波动；1996 年房价呈现负的空间自相关特性、1997 年房价呈现正的空间自相关特性，但相关性都并不大；1998 ~2014 年，广东省房价正的空间自相关程度较为显著，即房价相似的区域（高—高或低—低）在空间上呈现区域集聚分布。这是由于 1998 年面对亚洲金融危机，政府开始实施住房制度改革，停止住房实物分配，全面实行住房分配货币化，同时建立和完善以经济适用住房为主的多层次住房供应体系，发展住房金融，培养和规范住房交易市场，开启房地产黄金发展阶段。2004 ~2014 年，广东省房价的正空间自相关程度逐渐降低，说明房价在区域上整体呈现分散的趋势。因为随后 2004 ~2007 年的房地产调整，到 2008 年国际金融危机爆发，房地产市场受到短暂冲击，但 2009 年的降低首付比、利率等政策刺激房地产市场快速恢复并趋热。2010 年宏观调控开始重新收紧，2010 ~2011 年房地产市场略有降温，2012 ~2013 年再度恢复。

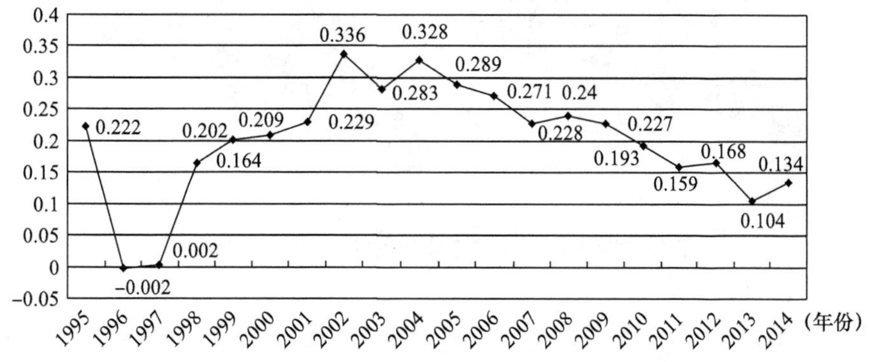

图 2　1995 ~2014 年广东省房价的 Moran's I 系数

所有 Moran's I 数值均通过 0.001 显著性检验，说明广东省珠三角区域的房价较高、非珠三角区域的房价较低，呈现出两极集聚的现象，而且从 1997 年开始，正的相关性开始逐年增加，后又波段性降低，相关性整体上是增加的，相关性最大的是在 2002 年，之后又逐渐降低，说明 1997～2002 年房价在区域上整体呈现集聚加强的趋势，但在 2002 年，广东省房价在区域上集聚程度有所降低。

（三）局部空间自相关分析

通过全局空间自相关统计量，测量数据之间的空间关联程度时，我们可以得到关于测量值总体的一种空间关联结构模式。由于计算结果是一个单一数值，我们并不能了解不同位置上的空间变异程度。为进一步衡量每个区域与周边地区的局部空间关联、空间差异程度以及空间格局的分布，本文采用 Moran 散点地图和 LISA 集群图对广东省房地产业发展规模进行空间统计分析。

（1）Moran 散点地图分析。为直接反映各市房价空间相关性的类型及空间分布状况，利用 Geoda 软件，得出 1995～2014 年广东省 21 个地级市的商品房平均销售价格的 Moran 散点地图，归纳出广东省各市房价的空间相关性类型变迁，汇总出各市房价的空间演化路径（见图 3）。

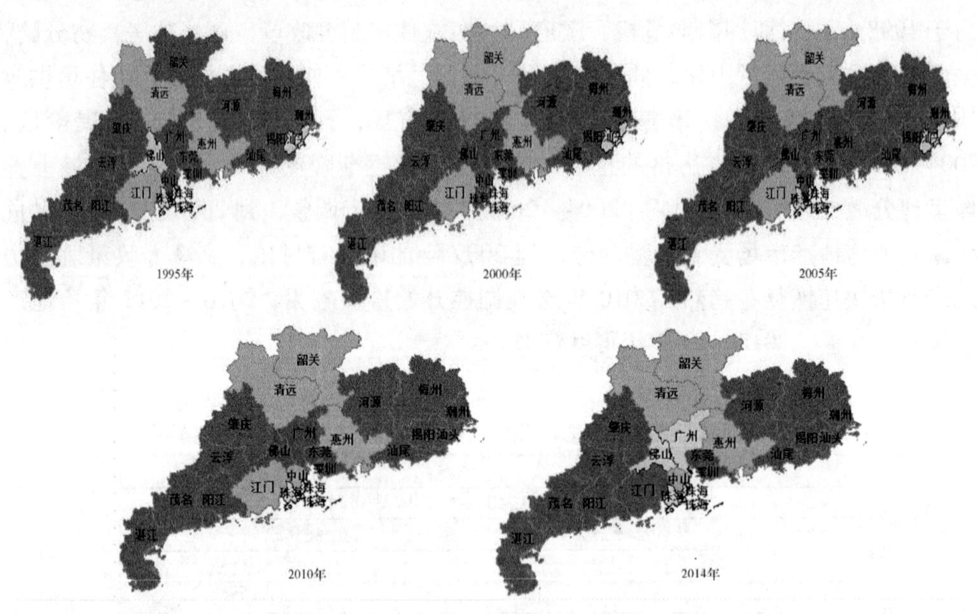

图 3　1995～2014 年广东省房价的 Moran 散点地图

从每个地级市所处的象限来看，大部分地级市的房价在这期间均处于比较稳定的状态。深圳和东莞一直处于 HH 象限，说明深圳和东莞的房价一直很高；广州从 HH 象限跨越到了 HL 象限，说明广州的房价较高，且与周边的城市房价的差距逐渐拉大；佛山和珠海在 HH 象限和 HL 象限之间跨越，说明佛山和珠海的房价在空间上处于不稳定的状态，总体上佛山和珠海的房价较高；中山从 HH 象限跨向 LH 象限，说明中山的房价呈现由高到低的趋势，并与周边城市房价的差距逐渐拉大；汕头从 HL 象限跨向 LL 象限，说明汕头房价呈现由高到低的趋势，并与周边城市房价的差距逐渐缩小；江门在 LH 象限和 LL 象限之间跨越，说明江门房价在空间上处于不稳定的状态，总体上江门的房价较低。

从四大区域来看，粤东和粤西的城市大部分处于 LL 象限，整个地区的房价普遍偏低。粤东地区的汕头房价最高；珠三角地区的广州、深圳、东莞、佛山和珠海房价都较高，但都不稳定，中山、惠州、江门和肇庆分别处于 LH 象限和 LL 象限，说明中山、惠州、江门和肇庆的房价在珠三角地区偏低，而且逐渐拉大与周边地区的空间差异程度。这说明珠三角地区房价偏高，但珠三角地区内城市间的差距比较大；而粤北地区的清远和韶关大多处于 LH 象限，其他城市均处于 LL 象限，说明清远和韶关周边地区的城市房价偏高，但粤北地区的房地产业发展规模普遍偏低。

从各象限来看，大部分象限所包含的地级市及数目都比较稳定，其中 HH 象限和 LL 象限两类明显的空间二元结构，区域体现出空间异质性，深圳和东莞处于 HH 象限，广州、佛山和珠海在 HH 象限和 HL 象限之间跨越，说明广东省房价较高的地区集中在珠三角区域。湛江、茂名、阳江、云浮、肇庆、河源、梅州、潮州、揭阳、汕尾等处于 LL 象限，说明广东省房价较低的地区集中在粤东、粤西和粤北地区，这验证了广东省的房价在空间上呈现出两极集聚的现状，清远、韶关、中山和惠州处于 LH 象限，由于周边有广州、深圳、佛山和东莞的房地产业发展规模高的地级市，而且落后于毗邻的肇庆和河源。

（2）LISA 分析。由于 Moran's I 散点图并没有给出市域房价局域显著性规模的具体数值，故有必要进一步测算局域空间自相关 LISA 显著性地图，由此深入探讨上述的空间分布格局及地理空间上的可能成因（见图 4）。为此，如下对市域房价展开空间自相关空间关联局域指标（LISA）分析（Anselin，1995）。为识别2000～2014 年广东省各市房价在局部空间上集聚的格局，本文利用 Geoda 软件，输出商品房平均销售价格的 Moran 显著性地图，并重点讨论显著性规模较高的局部空间集聚指标。

从显著集聚的程度来看，HH 象限、LH 象限和 HL 象限所包含的地级市较为稳定，LL 象限中，1995 年主要是梅州和汕尾，2000 年和 2005 年主要是梅州，2010 年增加了两个，主要是梅州、揭阳和汕头，2014 年主要是梅州。说明梅州房价显著偏低，LL 象限的集聚程度减少；HH 象限上一直是东莞，但在 1995 年中山和东莞处于 HH 象限以及在 2005 年东莞和惠州处于 HH 象限，说明 HH 象限比较稳定，东莞与其周围地区的房价显著偏高；LH 象限主要是惠州，说明惠州的房价比较低，并与周边地区的房价存在较大的差异。汕头从显著 HL 象限转变为显著 LL 象限，说明汕头房价呈现由从高到低趋势，并且与周边城市房价的差距逐渐缩小。

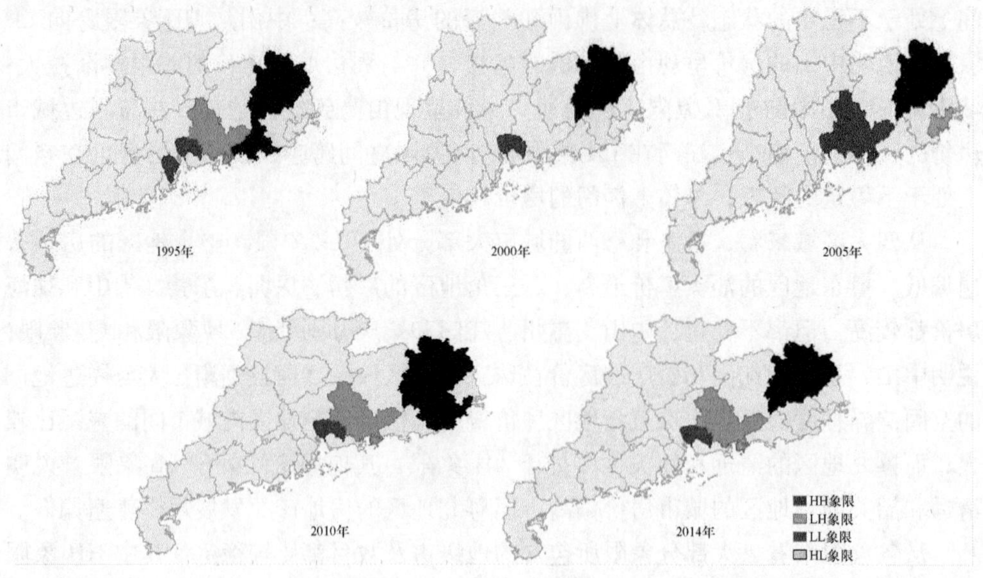

图4 1995~2014年广东省房价的Moran显著性地图

从协同发展的角度来看，处于HH象限的地级市主要是东莞，而且比较稳定，其区域的房价的协同发展效应并不明显。处于LL象限的地级市数目整体上在变，最后一年保持有1个地级市处于LL象限，其区域的房价的协同发展效应并不明显。两象限说明广东省房价在珠三角区域内存在一定的HH集聚现象，在广东省东部地区存在一定的LL集聚现象。

（四）广东省房价的地理加权回归分析（GWR）

根据以上分析结果，广东省房价在空间上表现出明显的二元结构，高房价地区逐步向以深圳和广州为核心形成的都市群聚集；粤东、粤西和粤北的大部分城市的房价偏低，而且城市间的房价相差不大，但与珠三角区域的城市房价的差距越来越大。由于广东省各市的房价表现出显著的空间聚集，并非完全随机性分布，若是采用传统的普通最小二乘法（OLS）分析房价的影响因子，忽视了空间效应对房价及其影响因子的作用，得出的估计结果及推论可能不可靠，因此，本文应用局部加权最小二乘法引入空间距离建立地理加权回归模型（GWR）对2005年、2010年和2014年广东省21个市房价的影响因子进行分析，而广东省21个市的房价在空间整体上呈现一定的扩散状态，这种显而易见的差异性又为GWR模型的构建奠定了基础。

由表2可知，增加自由参数的数目提高了拟合的优良性，AIC鼓励数据拟合的优良性，但是尽量避免出现过度拟合的情况，所以优先考虑的模型应是AIC值最小的那一个。从GWR模型的估计结果来看，局部R^2大于70%，说明GWR模型的拟合度较高。

表 2　2005 年、2010 年、2014 年 GWR 模型结果

模型参数	2005 年	2010 年	2014 年
Bandwidth	71.419	71.419	71.419
AICc	359.445	391.823	397.873
R^2	0.784	0.837	0.858
Adjusted R^2	0.712	0.783	0.810

从各自变量在各个区域的参数估计结果看，并比较各个解释变量的回归系数，发现各个解释变量对房价的影响程度不同，而且存在空间差异，同一变量对不同地区的房价影响效果的差异比较明显。城镇化率对房价的影响最为明显，图 4 右边城镇化率和房价呈现正相关关系，与实际吻合，说明城镇化率的提高会促进房价的上升，并且对房价影响的敏感程度最大值在粤西地区，而且区域随时间逐渐增大，距离粤西越远，对房价影响的敏感程度逐渐递减，广州、深圳、中山以及东莞的城镇化率对房价影响的敏感程度处于中等程度，主要是由于这些发展水平较高的地区城镇化率较高，有些地区（如深圳）的城镇化率为 100%，几乎无变动。

图 4 左边为人均 GDP 对房价产生正相关关系，但回归系数并不大，2005 年和 2010 年对房价的敏感程度比较稳定，对粤东地区的房价影响最大，距离粤东地区越远，对房价影响的敏感程度逐渐递减，但在 2014 年与之相反，人均 GDP 对粤西地区的房价最大，说明人均 GDP 对房价的影响在 2010 年和 2014 年这两个时间断面中差异最大。广东省各市城镇人口的分布与区域住房价格水平基本吻合，而人口空间的分布通常会经历三个阶段：第一个阶段主要是人口从农村向城市转移，不同规模的城市人口都在扩张，而且在总人口中的占比均在上升。这一阶段和经济快速增长、制造业快速发展相关，而城市化率还没有达到 55%。第二个阶段主要是郊区化，一些中小型城市增长放缓，而大都市人口比重继续上升，这一阶段伴随着制造业的绝对衰退、服务业的相对发展，对应的城市化水平大致在 55%～70%。第三个阶段则是城市化率超过 70% 以后，人口继续向大都市圈集中，中小型城市的人口增速缓慢。我国人口的区域分布结构正处于第二个阶段：总量放缓，区域结构分化，人口继续往大都市迁移。在房地产市场发展初期，推动因素主要来自经济高速增长、居民收入水平快速提高、城镇化率快速上升，新增大量买房需求的同时，居民购房支付能力快速上升。进入房地产市场发展中期，住房发展基本稳定下来，并且和人均 GDP 的关联度不再明显，更多受到城镇化率和人口迁移的影响。

图 5 左边房屋竣工面积在 2005 年对房价呈负相关，2010 年和 2014 年对房价呈正相关，而且对粤西地区的房价影响最大，距离粤西地区越远，对房价影响的敏感程度逐渐递减，在 2014 年对珠三角地区的城市房价的敏感程度最小，说明房屋竣工面积对房价的边际效应逐渐增加，距离粤西地区越近，效应越大，但对珠三角地区的效应最小。

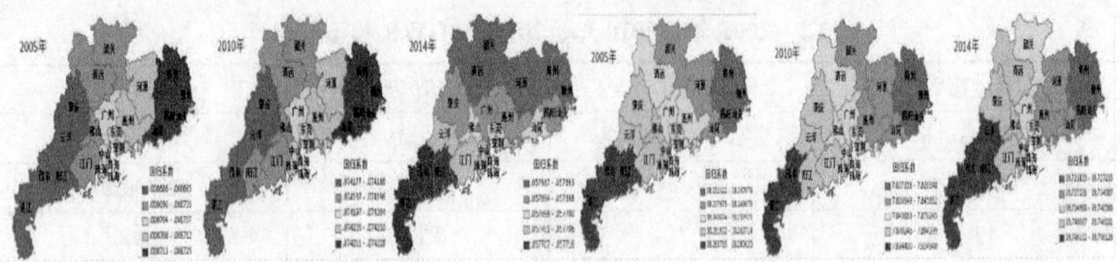

图 4　2005 年、2010 年和 2014 年人均 GDP（图左）和城镇化率（图右）回归系数空间分布

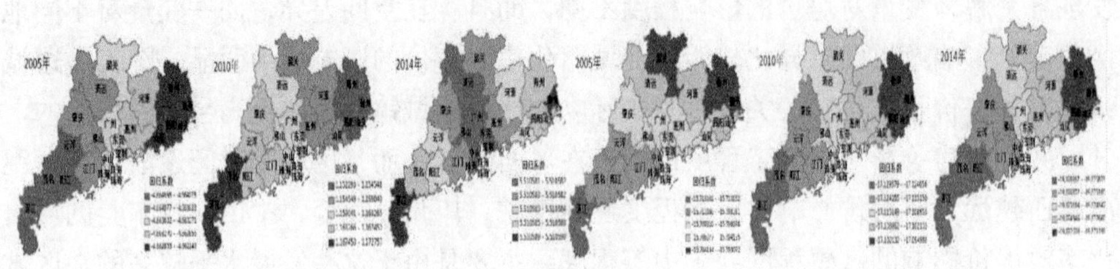

图 5　2005 年、2010 年和 2014 年房屋竣工面积（图左）和房地产开发投资额（图右）回归系数空间分布

图 5 右边房地产开发投资额对房价呈负相关，而且对房价的影响程度越来越大，符合实际情况，对梅州、潮州、汕头和揭阳的房价产生的抑制作用最大，对粤西地区的抑制作用最小。

图 6 贷款余额对房价的影响呈正相关，对粤西地区房价影响的敏感程度最大，而且最大范围逐渐向东方向增大，但影响程度逐渐减小，对粤东地区房价影响的敏感程度最小，说明贷款余额对房价的拉升作用由西向东逐渐递减。房屋竣工面积、房地产开发投资额与贷款对房价的短期影响机制：政策下调利率和抵押贷首付比，住房贷款增加，居民支付能力提高，房地产销量回升，商品房去库存，供不应求，房价上涨，则开发商资金回笼后购置土地，加快开发投资和扩大竣工面积，则房价回落。

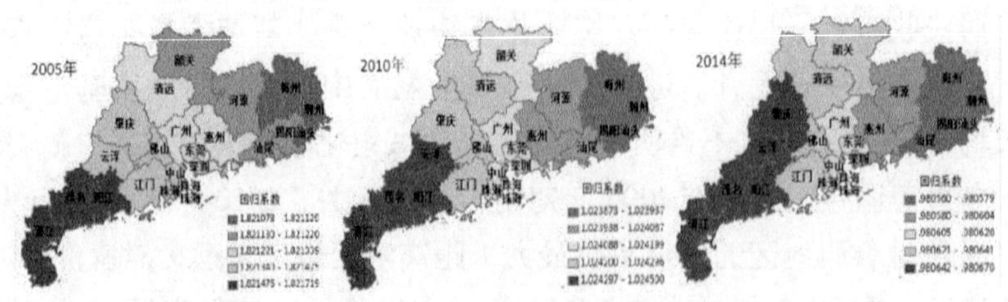

图 6　2005 年、2010 年和 2014 年贷款余额回归系数空间分布

五、结论与讨论

从房价的空间分位图来看，房价在地区的空间结构表现为一定的圈层结构，高房价地区逐渐向珠三角地区聚集；粤东、粤西和粤北的大部分城市的房价偏低，而且城市间的房价相差不大，但与珠三角区域的城市房价的差距非常大。总体而言，广东省房地产市场规模呈现区域的两极聚集现象，而且房价的差异性逐渐增大。

从全局自相关来看，广东省珠三角区域的房价较高、非珠三角区域的房价较低，呈现出两极集聚的现象；从局部自相关来看，珠三角地区房价偏高，但珠三角地区内城市间的差距比较大，而粤北地区的清远和韶关大多处于 LH 象限，其他城市均处于 LL 象限，说明清远和韶关周边地区的城市房价偏高，但粤北地区的房地产业发展规模普遍偏低。这说明广东省各市房价存在明显的空间异质性。

从房价的影响因素来看，人均 GDP 和城镇化率对房价在长周期上呈现正影响，但人均 GDP 对房价的影响程度远低于城镇化率，说明在房地产发展中后期，房价和人均 GDP 的关联度不再明显，更多受到城镇化率或人口迁移的影响，对粤西地区的影响较大。房屋竣工面积对房价刚开始呈现负影响，之后呈现正影响，房地产开发投资额对房价呈负影响，贷款余额对房价呈正影响，这三个因素都是在短周期内对房价产生影响，房屋竣工面积和贷款余额对粤西地区的城市房价影响的敏感程度最大，前者对珠三角地区的效应最小，后者对粤东地区房价影响的敏感程度最小，房地产开发投资额对梅州、潮州、汕头和揭阳的房价产生的抑制作用最大，对粤西地区的抑制作用最小。根据房价的影响因素存在明显的空间异质性，适合采用“因城施政、分类调控”的政策基调，为该政策的合理性提供理论依据，即不同城市要选择不同工具进行调控，如若要在粤西地区的城市长期内消耗库存，加快城镇化进程对其作用较大。若是短期内拉升粤西地区的城市房价，扩大房屋竣工面积、提高贷款余额以及减少房地产开发投资额对其作用最大。

参考文献

［1］刘江涛，张波，黄志刚．限购政策与房价的动态变化［J］．经济学动态，2012（3）：47－54.

［2］王先柱，赵奉军．房价波动与财政收入：传导机制与实证分析［J］．财贸经济，2012（11）：21－28.

［3］杜江．中国房地产市场发展非均衡与商品房价格因素分析［J］．中国地质大学学报，2010，10（2）：93－97.

［4］Pollakowski，H. O.，Ray，T. S.. Housing Price Diffusion Patterns at Different Aggregation Levels：An Examination of Housing Market Efficiency［J］. Journal of Housing Research，1997，8（1）：107－124.

［5］Pede，V. O.. Regional Housing Price Cycles：A Spatio－temporal Analysis Using US State－level Data. Working Papers，2011，45（5）：563－574.

[6] 谭政勋，周利．房价波动的空间效应：估计方法与我国实证［J］．数理统计与管理，2013，32（3）：401－413.

[7] 温海珍，李旭宁，张凌．城市景观对住宅价格的影响——以杭州市为例［J］．地理研究，2012，31（10）：1806－1814.

[8] 郑思齐，霍燚，曹静．中国城市居住碳排放的弹性估计与城市间差异性研究［J］．经济问题探索，2011（9）：124－130.

[9] 王鹤．基于空间计量的房地产价格影响因素分析［J］．经济评论，2012（1）：48－56.

[10] 陈浪南，王鹤．我国房地产价格区域互动的实证研究［J］．统计研究，2012，29（7）：37－43.

[11] 任健，赵奉军．房价空间关联的动力机制——基于空间 Durbin 模型的实证研究［J］．中国房地产，2014（1）：3－10.

[12] 龙莹．空间异质性与区域房地产价格波动的差异［J］．中央财经大学学报，2010（11）：80－85.

[13] 汤庆园，徐伟，艾福利．基于地理加权回归的上海市房价空间分异及其影响因子研究［J］．经济地理，2012，32（2）：52－58.

[14] 俞振宁，吴次芳．基于 ESDA－GWR 的浙江省土地城镇化空间特征及影响因素分析［J］．中国土地科学，2016，30（3）：29－36.

[15] 张雅杰，金海，谷兴，叶梁倩，邵庆军．基于 ESDA－GWR 多变量影响的经济空间格局演化［J］．经济地理，2015（3）：28－35.

[16] 张静，张丽芳，濮励杰，管驰明．基于 GWR 模型的城市住宅地价的时空演变研究［J］．地理科学，2012（7）：828－834.

[17] 董志勇，官皓，明艳．房地产价格影响因素分析：基于中国各省市的面板数据的实证研究［J］．中国地质大学学报，2010，10（2）：98－103.

地方财政促进科技与金融深度融合的理论分析与对策研究

——以成都市为例

周 灵 曾 鹦

(成都市社科院经济研究所)

科技与金融的深度融合是现代经济持续快速发展的重要推动力量[1-3]。当前，成都正处于“改革创新、转型升级”的重要时期，科技作为第一生产力，借助金融资本实现产业化和商业化的转变，是加快建设国家创新型城市和打造“西部经济核心增长极”的重要途径。然而，目前我国科技资源与金融资本的结合仍然存在一定困难，科技金融服务体系建设仍然比较滞后，因此需要借助“政府之手”突破科技与金融融合过程中的各种障碍。通过创新财政资金投入方式，充分发挥政府的引领作用和市场的决定性作用，支持科技创新与金融创新良性互动，实现科技型中小企业蓬勃发展，培育经济增长新动力，有助于服务新时期创新驱动发展战略。

一、科技与金融融合的理论分析

（一）科技金融的内涵

科技金融是科技与金融相结合的产业模式，是金融创新与科技创新的高度耦合[4]。从理论上看，科技金融是促进科技开发、成果转化和高新技术产业发展的一系列金融工具、金融制度、金融政策与金融服务的系统性安排，是由提供金融资源的政府、企业、市场、社会中介机构等各种主体及其在科技创新融资过程中的行为活动共同组成的一个体系，是国家科技创新体系和金融体系的重要组成部分。从政府角度看，科技金融是指通过创新财政科技投入方式，引导和促进银行业、证券业、保险业等金融机构及创业投资等各类资本，创新金融产品，改进服务模式，搭建服务平台，实现科技创新链条与金融资本链条的有机结合，为初创期到成熟期各发展阶段的科技企业提供融资支持和金融服务的一系列政策和制度的系统安排[5]。

综上所述，科技金融是基于科技创新的现实需求，重点着眼于促进科技开发与科技成果产业化，贯穿科技创新和企业发展的各个阶段，根据风险和收益特点，为其提供相匹配各项投融资服务的金融机构、金融工具与金融政策的组合。其整体内涵应该包括四大方面：①科技金融是一个创新过程，即企业家通过筹集金融资本将科研知识和科研成果转化为商业活动的总和；②科技金融是一种技术—经济范式，即技术革命是新经济模式的引擎（第一生产力），金融是新经济模式的燃料（第一推动力），二者相结合成为新经济模式的动力；③科技金融是将科学技术转化为金融资本的过程，即金融资本将科学技术孵化为一种财富创造工具的过程；④科技金融是使金融资本有机构成提高的过程，即同质化的金融资本通过科学技术获取高附加值回报的过程。

（二）科技金融与科技创新的内在作用

科技金融是为科技创新及其商业化和产业化提供整体金融服务的金融新业态，其核心是引导金融资源向科技企业积聚，在促进科技创新的过程中，推动金融创新和金融发展[6,7]。

（1）科技金融为科技创新提供支撑。一是科技金融为科技创新提供融资支持。科技创新的过程无论是科研阶段、实验阶段还是应用阶段都需要大量的资金，有效的融资方式为科技型中小企业提供了资金支持，可以帮助其参与市场竞争，扩大企业规模，提高竞争力。二是科技金融为科技创新降低风险。科技创新往往具有高风险性，多元化的融资模式使更多的社会资金进入科技领域，日益完善的科技抵押和科技担保体系相对减少和分担了科技创新中的风险。三是科技金融促进科技创新成果转化。科技创新存在很多不确定性，特别是在技术向产品转化的过程中。科技金融服务平台在为科技项目提供融资、指导、人员配备等一系列服务的同时，又可以在新技术的产品转化、新产品推广等市场行为中为企业提供相应的支持和帮助。

（2）科技创新促进科技金融的发展。科技金融的本质要求是金融创新，从科技创新影响金融创新角度来看，科技创新活动属于生产力范畴，对金融创新具有决定作用[8]。一是科技创新可以为科技金融拓展空间。科技金融的成长与市场空间的拓展离不开科技创新的支持，科技创新促进大量新兴产业的产生，同时促进产业转型和提升产业竞争力，可以为金融创新拓展新的制度框架和创造新的发展机遇。二是科技创新可以为金融资本提供优质的投资对象，促进金融资本增值。大量优质的科技创新成果进入产业化以后，可以为金融资本创造新的投资机会和投资目标，为金融资本带来持续的、稳定的、丰厚的投资回报，为科技金融持续成长提供根本保障。

（3）二者之间的内在机理。

第一，科技金融是科技创新的必要条件。科技创新需要科技金融的支持，完善的科技金融体系和有效的科技金融政策是科技企业取得科技创新成果和产品升级的必要条件。只有逐步完善科技金融产业，才能为科技创新创造出良好的环境，提高科技创新的效率和效益。

第二，科技创新是科技金融的实现目标。科技金融的存在是为了实现科技的创新，科技金融产业的发展要以支持和帮助国家、地区、企业的创新活力、创新能力以及创新效果为目标。只有保持高度的创新积极性和活跃性，企业才能在竞争中成长，为市场注入新鲜的血液，增强核心竞争力。

第三，二者互相促进，互相完善。科技金融和科技创新是一个密不可分的整体，科技金融对科技创新有着很强的促进作用，同时，科技创新的内在需求是完善科技金融体系和政策的最大动力。我国金融市场正处在成长阶段，金融体系和制度都存在一定的缺陷，需要不断地学习、探索加以弥补，所以二者是相互促进、相互完善的。

（三）财政支持科技金融发展的重要意义

科技金融的服务对象是科技企业，科技金融的服务主体是商业金融，科技金融的目标是要实现第一生产力和第一推动力的有效结合，提升科技创新能力和国家竞争力[9]。在科技金融体系中，创新财政科技投入方式是促进科技金融发展的核心政策，借助于财政资金的催化效应和杠杆作用，引导和支持各类资金流向具有迫切资金需求的科技企业，对促进科技金融深度融合具有重要意义[10]。

（1）有利于助推实现创新驱动发展战略。党的十八大明确提出“科技创新是提高社会生产力和综合国力的战略支撑，必须摆在国家发展全局的核心位置。”强调要坚持走中国特色自主创新道路、实施创新驱动发展战略。科技金融能为科技创新提供资金支持，特别是成果转化、企业增长、产业培育的规模化融资支持。通过创新财政科技投入方式，可以针对科技金融领域的薄弱环节和梗阻因素，弥补制约科技金融资源有效配置的短板，引导和带动金融资源向科技创新聚集，产生科技与金融互相叠加的效益，最终促进科技创新和经济发展，助推实现创新驱动发展战略。

（2）有利于促进科技与金融的有效结合。通过发挥财政的引导作用，在强化激励机制、缓解信息不对称、补偿风险、疏通梗阻环节、扩宽融资渠道等方面开展制度建设、组织培育和协调合作，可以在关键环节打通科技与金融融合的障碍，在科技与金融之间建立互动机制并使之高效运转，引导和促进金融资源与对科技资源的有效结合。通过科技与金融的深度融合，金融创新有科技创新有“输血”的功能，促进科技成果转移转化，培育科技创新企业，提升创新活力与产业竞争力；科技创新通过促进新兴产业发展，可以为金融资本增值拓展新的空间，为金融资本带来稳定的投资对象，引导金融的可持续发展。

（3）有利于弥补科技金融领域的“市场失灵”。科技型中小企业具有规模小、技术新、资产轻、信用低、风险高等显著特点，传统的商业金融出于规避风险等原因无法满足科技型中小企业的资金需求，融资难、融资贵一直是困扰科技型中小企业发展、阻碍科技成果顺利转化的瓶颈。在科技金融领域引起这种“市场失灵”的原因通常包括信息不对称、风险超出私人资本承担范围、外部性等。由于科技创新具有公共产品属性、高风险性和战略性特征，纠正和减轻市场失灵成为政府支持科技金融活动的切入点。通过财政资金的介入和引导，可以有效弥补市场失灵带来的金融服务缺口，促进科技型中小企业提高创新能力。

二、成都科技金融发展现状和存在的问题

近年来，成都紧紧围绕国家、省、市创新驱动发展战略部署，针对该市科技型中小企业融资难、融资贵问题，充分发挥财政资金的杠杆作用，改革创新投入方式，引导社会资本积极参与自主创新，初步构建了“债权融资 + 创业投资 + 上市融资”科技金融服务体系。

（一）成都科技金融发展现状

（1）建立科技企业债权融资机制。出台《成都市市级科技企业债权融资风险补偿资金池资金管理暂行办法》，设立了市级科技企业债权融资风险补偿资金池，创新推出“科创贷”金融产品。通过政府资金帮助中小型科技企业增信，为轻资产的科技企业提供信用贷款、股权质押贷款、知识产权质押贷款，解决科技企业特别是科技型中小微企业融资问题。目前，市财政累计安排 2. 3 亿元的科技债权融资风险补偿资金，已出资 2. 15 亿元，联合 8 个区（市）县，与成都银行、交通银行、民生银行等 11 家银行合作，引导共建 31. 8 亿元债权融资风险资金池，累计为 240 余家企业提供“科创贷”信用、质押贷款 6 亿元。

（2）建立青年大学生创业融资风险补偿机制。设立成都市青年大学生创业融资风险补偿资金池资金，创新推出“创业贷”金融产品。通过银行对青年大学生创业提供贷款，大学生可以利用自身信用获得贷款额度最高为 50 万元，贷款期限最长不超过 3 年。财政对青年大学生创业贷款所产生的贷款利息给予 50% 的补助，支持青年大学生创业，降低创业融资成本。目前，市级财政安排 2000 万元，推出了规模资金 1 亿元的“创业贷”产品，鼓励青年大学生创业融资信用贷款。

（3）建立科技企业创业投资机制。出台《成都市科技创业天使投资引导资金管理暂行办法》，设立科技创业天使投资引导资金。以引导性参股和跟进投资的方式，用于联合成都技术转移集团、社会力量共同组建天使投资基金和与社会天使投资机构联合投资，引导社会资本支持成都市创新创业。目前，市财政累计安排 2. 3 亿元的科技创业天使投资引导资金，引导资金出资 1. 2 亿元，联合创投机构、高校院所、孵化载体等共同出资设立 7 只天使投资基金，基金规模达 6. 626 亿元。截至目前，投资企业 16 家，投资金额 9750 万元，其中两家企业在天使基金帮助下已成功在“新三板”挂牌。

（4）建立鼓励企业上市融资机制。出台《成都市科技金融资助管理办法》，支持成都市中小企业到全国中小企业股份转让系统（新三板）挂牌融资，对在新三板交易市场挂牌的企业给予 50 万元挂牌补贴，拓宽企业融资渠道，目前已支持 95 家企业在新三板成功挂牌。

（5）进一步完善科技金融服务体系。成都财政通过天使投资补助、债权融资补助、信用评级补助、担保费补助、贷款利息补助、科技与专利保险补助等方式，积极支持天使投资人、创业投资机构以及贷款担保机构为高成长性的科技型企业提供融资服务，完善了科技金融服务体系，取得了较好成效。

（二）存在的问题

虽然成都科技金融发展取得了一定成效，对支持科技型中小企业发展起到较强的推动作用，但科技金融发展中仍然存在一些问题。

（1）财政科技投入有待形成合力。成都市每年在科技方面都投入了大量资金对重点科技研发、科技成果转化、高新技术产业化进行全面支持，主要表现为各类专项资金和贴息贷款，但这些资金分别由不同的部门制定分配政策，经费投入条块分割，影响了财政资金的使用效率。负责科技投入的部门各自有不同的投入重点，造成了资金分散与投入强度不足，没有形成重大资金推动重大科技项目的局面。

（2）政策性金融机构仍然缺乏。成都设立了专门为科技型企业提供金融服务的成都银行科技支行、建行成都科技支行等金融机构，但是这种科技银行模式没有更广的延伸至其他股份制商业银行，科技银行的合作范围也受到一定限制。很多国家包括发达国家都建立了政策性金融机构对中小企业进行扶持，通过政策性贷款、政策性担保、政策性保险、政策性基金投资等形式形成政策性金融体系。从成都实际情况看，支持科技型中小企业发展的政策性金融机构体系并不健全，缺乏服务科技型中小企业的区域性政策性金融机构，仅有一些政策性担保机构和政策性产业基金，作用非常有限，不能解决科技型中小企业面临的融资难问题。

（3）科技金融发展的支撑条件不足。科技金融发展需要有完善的中介服务机构和市场体系提供支撑，虽然成都市成立了“科创通”科技金融服务平台，但知识产权分析认定、评估交易、保护维权、投融资等服务体系仍不健全，综合性企业征信服务体系尚未完全建立，科技成果定价、评估、转移、交易的市场体系和服务于科技企业的专业化的中介机构尚不完善，有待形成和健全支撑科技金融系统发展的基础条件。

（4）科技投融资体系需要进一步健全。科技型企业的成长需要不同类型的金融产品予以支持，因此需要建立多层次的科技金融服务体系。目前成都已经初步形成了“债权融资+创业投资+上市融资”科技金融服务体系，但是，除了债权融资相对成熟并取得了较好的市场反响外，天使投资的效果离预期还有一定差距，科技担保、科技保险、知识产权质押、专利质押等金融服务功能尚处于探索阶段。因此，需要在不断探索和试点过程中总结经验，进一步提升和完善科技金融服务能力，健全多层次的投融资体系。

三、加快促进科技金融深度融合的对策建议

整体而言，促进科技金融深度融合是多种支持方式和支持渠道的组合搭配[11]，

只有各种方式和渠道共同发挥作用，才能实现良好的政策效应[12]。具体来说，建议从金融机构、金融服务和金融创新三个方面构建科技金融的支持体系。

（一）大力支持提供科技金融服务的组织机构

（1）支持成立区域政策性科技银行。以财政资金引导，联合商业银行、风投机构、证券公司、担保公司等其他金融机构，成立区域性的政策性科技银行。科技银行能够设计更加满足科技型中小企业需求的金融产品，在信贷审查、发放中有更大的权限，能够更加灵活高效地为科技型中小企业服务。

（2）以政策性金融推动科技担保和保险体系建设。加大对担保公司的政策扶持力度，通过奖励、税收优惠、宣传推介等方式，引导担保机构参与中小企业集合债、集合票据等债务融资，由担保公司为企业进行信用增级，担保费用由政府给予一定比例的补贴。鼓励担保机构以存货、知识产权、各类经营权等作为担保物，拓宽担保品范围和反担保方式，加大与投资公司、融资租赁公司、保险公司的合作，探索新的融资方式。通过政策引导符合条件的保险公司设立科技保险专营机构或部门，加快创新科技保险产品，提高科技保险服务质量，大力发展对科技型中小企业的小额贷款信用保证保险，完善保险风险补偿机制。

（3）鼓励风险投资机构投资科技企业。加大对科技风险投资机构的支持力度，通过利差补贴、特殊费用补贴、业务贴息等方式对参与科技企业投资的商业银行、创业投资公司、天使投资基金、私募股权投资机构等按照其开展科技金融相关业务的年度规模给予合理的补助，同时还可以给予适当的奖励。鼓励和引导各类创投机构利用成都的科教资源，投资高校和科研院所的产学研平台，对高校或研究机构的教师、学生、研究人员具有一定产业转化价值的科研项目给予小额风险投资，让科技创新与创业从萌芽状态就得到资金扶持，真正实现科教优势与金融优势的有效结合。

（二）建立健全多层次科技金融服务平台

（1）建立健全知识产权金融服务平台。引导建立集知识产权评估、融资担保、债权投资、股权投资以及知识产权交易于一体的知识产权金融服务体系。鼓励和支持金融机构广泛开展知识产权质押、知识产权资产证券化、专利保险等新型金融产品和服务。完善知识产权估值、质押、流转体系，引导银行与投资机构开展投贷联动，积极探索专利许可收益权质押融资等新模式。引导知识产权评估、交易、担保、拍卖、代理、法律及信息服务等机构进入知识产权金融服务市场，加快形成多方参与的知识产权金融服务体系。

（2）推动建设科技企业征信服务平台。信息不对称是导致金融市场出现低效率的重要原因之一，征信体系建设是解决信息不对称问题的主要方法。应对区域性的科技企业征信系统的数据库建设运营维护以及相关人员培训和业务开展提供资金支持，并联合其他部门（银行、工商、税务等）实现数据信息跨部门、跨区域信息共享机制，使金融机构能够更高效地为科技型中小企业提供服务。

(3) 培育和发展地方性股权交易平台。对于科技型中小企业来说，全国性的股权交易市场门槛较高，容纳企业数量有限。因此，可以利用成都（川藏）股权交易中心发展区域性科技型企业的场外交易市场，解决非上市中小企业直接融资问题。

(4) 培育科技金融中介服务机构。培育和发展科技金融中介服务市场体系是提升科技金融市场运作效率、增强透明度、法制化和规范化的重要基础。通过政府采购的方式，选择部分优质的科技金融中介机构，为科技型中小企业提供包括企业诊断、企业策划、技术评估、技术产权交易、财务规划、融资咨询等综合性服务，大力培育中介市场主体。

（三）鼓励科技型中小企业的财政金融服务创新

(1) 优化财政科技投入方式。积极探索和创新财政科技投入方式和管理机制，推动财政性金融扶持资金向社会化、市场化和杠杆化转型。对财政投入科技的各类资金进行全面整合，逐步提高后补助和间接投入的比重，减少直接资助和无偿资助。通过科技贷款风险补偿、贷款贴息、科技保险补贴、知识产权评估费补贴以及政策性银行专项科技贷款等方式，调动各类金融机构支持科技企业的积极性，实现财政与金融手段的有效联动。进一步完善和充实多层次债权、股权和上市融资相关政策体系，完善并加大优惠力度吸引金融总部经济、股权投资产业、第三方金融服务业和地方准金融业加快聚集并形成规模。

(2) 优化贷款贴息政策。探索开展根据研发项目投入时间和进度给予一定周期的贷款贴息，帮助企业做好资金运筹。完善现有对科技型中小企业的贷款贴息政策，根据贷款规模给予不同比率的贴息。

(3) 扩大财政引导基金规模。联合更多的区（市）县政府、高校院所、领军企业、创业投资机构、银行等力量，进一步做大天使投资引导基金规模，充分发挥引导基金的“杠杆效应”和“引导效应”，促进引导基金的市场化转型。

(4) 鼓励科技金融产品创新。对金融机构综合运用财政补贴、奖励等方式，推动银行与创业投资、担保、保险、证券、融资租赁等机构合作，开发和推广一系列科技金融产品并形成业务链条，重点包括信用贷款、知识产权质押贷款等创新性产品，投贷联动、贷保互动、融资融物等组合性产品，集合债券、集合票据等集合类产品，产业链融资、跨境贸易人民币结算等新兴类产品。

参考文献

[1] 习辉，黄程林．金融与科技融合发展［J］．中国金融，2016（12）：36－37.

[2] 佟金萍，陈国栋，曹倩．区域科技创新、科技金融与科技贸易的耦合协调研究［J］．金融发展研究，2016（6）：18－23.

[3] 杜册，邱茜换，高鸣．关于我国科技金融发展的分析［J］．时代金融，2016（18）：61.

[4] 肇启伟，付剑峰，刘洪江．科技金融中的关键问题——中国科技金融2014年会综述［J］．管理世界，2015（3）：164－167.

[5] 袁永，陈丽佳．科技创新与金融发展的耦合机理及政策建议［J］．科技管理研究，2014（20）：14－17.

[6] 周启运．科技金融创新体系的耦合运行机制研究［J］．金融经济，2016（12）：3－5.

[7] 周才云．浅谈促进科技金融与技术创新的融合发展［J］．当代经济，2016（11）：10－11.

[8] 封北麟．我国科技金融市场体系的构建及财政支持研究［J］．经济研究参考，2014（15）：41－45.

[9] 徐玉莲，王宏起．科技金融对技术创新的支持作用：基于Bootstrap方法的实证分析［J］．科技进步与对策，2012（3）：1－4.

[10] 黄灿，许金花．日本、德国科技金融结合机制研究［J］．南方金融，2014（10）：57－62.

[11] 中国人民银行广州分行课题组，李思敏．金融与科技融合模式：国际经验借鉴［J］．南方金融，2015（3）：4－20.

[12] 张晓燕，季健．经济新常态下金融支持科技创新问题研究——以江苏盐城市为例［J］．财会月刊，2016（2）：114－117.

国内外创新驱动发展研究现状述评与比较*

储节旺　李章超

（安徽大学管理学院）

一、引言

创新驱动发展最早由美国管理学家迈克尔·波特（2002）提出，他认为创新驱动是以高技术和新知识作为重要的资源，以增强企业的创新意识和创新能力，从而驱动经济发展[1]。我国越来越重视创新驱动发展，党的十八大明确提出“科技创新是提高社会生产力和综合国力的战略支撑”，强调要坚持实施创新驱动发展战略。2016 年 5 月，中共中央、国务院印发了《国家创新驱动发展战略纲要》，指出“创新驱动就是创新成为引领发展的第一动力”，创新转变经济发展方式，促进经济形态升级[2]。在创新重要性的前提下，本文拟对国内外创新驱动发展的研究现状进行总结、分析和比较，为创新驱动发展实践提供理论和应用保障。

二、国内研究现状分析

（一）文献资料获取方式及结果

本文选取与选题相关的关键词在中国期刊全文数据（中国知网）、中国博士学位论文数据库、中国硕士学位论文数据库、中科院学术论文数据库等数据库中进行检索，并设置发表年限为“2006～2016”，检索结果如表 1 所示。

（二）创新驱动发展研究现状分析

目前国内针对创新驱动发展的研究成果较为丰富，主要集中在理论和实践两个方面，理论方面主要是内涵、模式、路径、战略、机制等方面的研究；实践方面主要是关于创新驱动发展的对策等方面的研究。

---

*　基金项目：国家社会科学基金项目《创新驱动发展的知识情报作用机制及保障体系研究》（项目编号：16BTQ053）。

表1 国内数据库与选题相关的论文检索结果

数据库 \ 关键词	创新驱动	创新+发展	创新驱动发展	创新
中国期刊全文数据库	1325（其中核心期刊514）	2879（其中核心期刊360）	144（其中核心期刊64）	79396（其中核心期刊11220）
中国博士学位论文数据库	13	12	1	313
中国硕士学位论文数据库	33	154	2	4532
中科院学术论文数据库	1	20	1	216

注：检索时间为2016年10月25日。

（1）关于创新驱动发展的内涵研究。内涵是反映对象本质属性的思维方式，对内涵的认知程度直接反映了对象的成熟程度[3]。对于创新驱动发展的内涵研究，存在着广义和狭义之分。狭义的创新驱动发展，主要是指科技创新推动经济的发展。国内学者洪银兴（2011）等对创新驱动的内涵进行研究认为，创新驱动是推动经济增长的动力和引擎，创新驱动是科学技术成果在生产和商业上的应用和扩散，是创造新的增长要素[4]。张来武（2011）认为创新驱动发展就是从传统生产要素驱动经济增长的方式转到由科技创新驱动经济发展的方式[5]。广义的创新驱动发展不仅包含科技创新，还包含理论创新、制度创新、管理创新等，是一个创新系统。陈勇星等（2013）研究了实施创新驱动的方法，认为创新驱动发展战略的实施应包括理论创新、制度创新、科技创新、文化创新。洪银兴（2013）认为创新驱动经济发展的创新是多方面的，包括科技创新、制度创新和商业模式创新，其中科技创新是关系发展全局的核心。张银银等（2013）认为创新驱动战略是一项系统过程，包括前端驱动阶段、中端驱动阶段和后端驱动阶段[6]。总的来说，创新驱动发展是一个以科技创新为核心，理论创新、制度创新、文化创新等为配套的战略。

（2）关于创新驱动发展战略的理论研究。战略研究主要集中在模式转变、路径选择等方面，研究结果将直接作用于创新驱动发展战略的实施。洪银兴（2013）从形成新发展方式的角度，对创新驱动的发展模式进行研究，他认为创新驱动发展就是要转变技术进步模式，由以引进和模仿为主的外生模式转变为立足自主创新的内生模式[7]。马克（2013）认为从科技创新为主向全面创新为主的创新驱动模式的转变是加快形成面向未来的经济发展方式的重要保障[8]。刘忠和（2012）从技术角度对创新模式进行研究，他认为要转换技术创新模式，提高原始创新、集成创新和引进消化吸收再创新能力，注重协同创新，加强产学研技术合作[9]。创新驱动发展战略的路径选择研究对于战略实施具有重要意义，成为国内学者关注的重点。陈曦（2013）通过创新主体角度对路径选择进行研究，他认为创新驱动的基本格局中应以政府为主导，企业为主体，中介积极参与，研发机构和科研人员为创新源，通过各种方法实现各个主体协同创新[10]。陈强（2013）通过研究英国、德国的创新驱动发展路径，为我国创新驱动的路径选择提供参考。刘晖等（2014）则利用四要素螺旋模型刻画创新驱动的发展路径，用格兰杰因果检验法来检验市场需求、投入、发展效率和发展质量四要素之间的逻辑关系，认为四个要素在创新驱动路径中层层递进，缺一不可[11]。

（3）关于创新驱动发展的机制研究。从经济学角度来看，人口红利的消失和中等收入陷阱等导致要素驱动、投资驱动向创新驱动转变，创新成为影响发展的最主要因素，创新驱动发展机制成为国内学者的研究重点。任保平等（2013）认为创新驱动机制就是以改善供给为实现路径，在政策导向上实现一系列的转型[12]。李辉（2015）则从创新主体、创新能力以及吸收能力的角度，对创新驱动发展机制中的关键要素、核心层面与制约条件进行探讨[13]。张丽萍等（2014）也针对机制的制约条件展开研究，认为创新的价值导向不明确、协同程度低、管理体制滞后是制约创新驱动发展机制的三个主要问题，创新驱动发展要依靠打造政府创新公共服务链、强化市场导向、实现政产学研协同创新[14]。陈玉川（2015）则针对河南省的倒逼机制展开研究，得出河南省通过正逼机制和倒逼机制促使创新驱动发展由原来的单轨制转向双轨制，同时驱动企业进行创新发展[15]。

（4）关于创新驱动发展的理论模型研究。为了有效地描述创新驱动发展之间变量的相互关系，更好地实施创新驱动发展战略，国内学者构建了相关理论模型。黄锐等（2016）认为科技创新、创新绩效和创新环境是创新的关键环节，各环节之间驱动发展，形成一个循环的过程[16]，并构建创新驱动发展模型（见图1）。寇小妮（2015）基于创新主体理论，明确了政府、市场、企业、金融机构和高校等科研院所的创新责任，构建创新驱动发展主体的陀螺模型[17]（见图2）。李钊（2014）则将重点放在企业，基于危机理论对创新驱动发展进行研究，他认为危机是创新的根源、创新是发展的动力，据此构建基于危机的民营科技企业创新驱动发展模型[18]（见图3）。

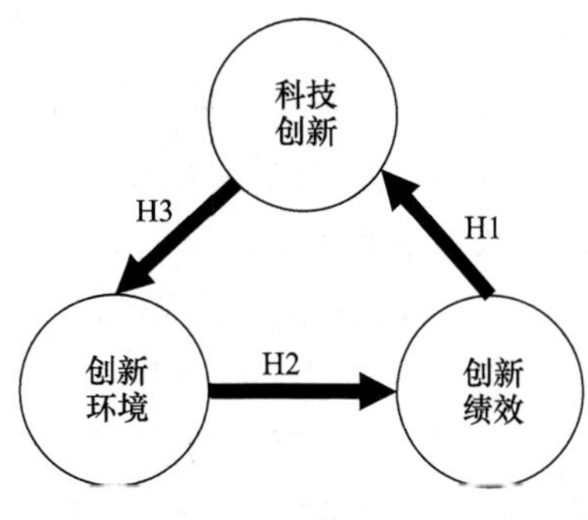

图1　创新驱动发展模型[16]

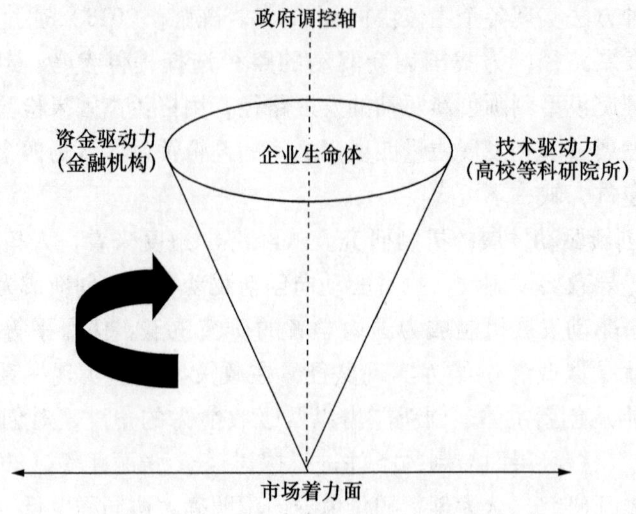

图 2 创新驱动发展主体的陀螺模型[17]

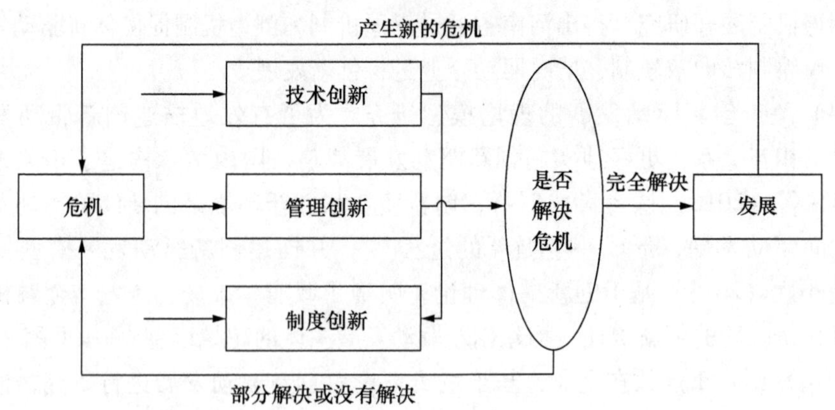

图 3 基于危机的民营科技企业创新驱动发展模型[18]

（5）关于创新驱动发展的实践研究。实施创新驱动发展战略是一项系统工程，涉及不同行业、不同领域、不同地域等各个方面。不同行业对于创新驱动发展具有不同的对策需求。李海波等（2013）以山东省创新型企业为例，对企业创新驱动发展的路径和对策展开研究，认为企业还需要突出优势特色产业，注重科技成果转化[19]。郑文范等（2014）从科技创新驱动、工程创新驱动、产业创新驱动、制度创新驱动四个方面对东北老工业基地的创新驱动力展开研究，并提出提高自主创新和集成创新能力、加速科技成果转化、深化制度改革等对策[20]。张来武（2014）则结合科技特派员制度和农村科技创业实践，对如何依靠创新驱动发展“新三农”进行探讨，他认为创新驱动发展要依靠科技创新、现代化模式转变、机制改革和信息化[21]。

三、国外研究现状分析

（一）文献资料获取方式及结果

本文以“Innovation”、“Innovation Driven”、“Innovation Driven Development”、“Innovation + Development”为关键词，在 Web of Science、ScienceDirect、EBSCO、Emerald、Proquest 博硕士学位论文库五个国外论文数据库中进行检索，检索结果如表 2 所示。

表 2　国外数据库与选题相关的论文检索结果

数据库 / 关键词	Web of Science	ScienceDirect	EBSCO	Emerald	Proquest 博硕士学位论文库
Innovation	99323（图情 3102）	7088	935	3669	8
Innovation Driven	6643（图情 215）	52	2	36	0
Innovation Driven Development	2700（图情 88）	7	0	3	0
Innovation + Development	33502（图情 1102）	539	83	539	3

注：EBSCO 数据来源于其子数据库 Library & Information Science Source；检索时间为 2016 年 10 月 31 日。

（二）创新驱动发展研究现状分析

国外针对创新驱动发展的研究起源于 20 世纪 50 年代，远远早于我国。随着全球经济发展，对于创新驱动的发展的需要和研究也逐渐成熟。关于创新驱动发展的概念、系统结构、动力机制、政策以及实践方面均有较为深入的研究。

（1）创新驱动的重要性研究。Elias G. Caarayannis 等（2015）根据创新见效时间快慢，从产量、结果和效果三个角度对创新驱动发展的重要性展开研究，得出以下结论：产量是创新的内化，成果是显而易见的，比如说新产品介绍、专利和技术转让；结果是中期成果，比如说新产品带来的收入贡献；效果则是长期成果，它增强了企业的创新能力，同时也成为了企业的创新文化，效果创新往往能使企业成为行业改革者[22]。Oluwatobl Stephen（2015）则通过尼日利亚和韩国的案例对比研究，认为创新驱动型经济相比资源导向型国家更具有竞争力和低腐败率，尼日利亚由于对自然资源的过度依赖，在竞争力、透明度和管理方面较为落后[23]。

（2）创新驱动系统的动力机制研究。Frank T. Rothaernal 等（2007）从个人、企业和网络三个层次对创新驱动发展系统的动力机制展开研究，基于层次分析中的大量相互作用研究表明创新驱动的动力介于不同层次之间，他们认为企业创新驱动力并不是以量取胜，而是需要管理者敏锐的洞察力和识别能力来判断最适合企业的创新驱动力[24]。Jan Youtie 等（2008）则重点关注高校的创新驱动力机制，通过案例研究构建以高校为核心的创新中心，认为高校在分享人力资产、知识、领导力等其他资源上更占优势[25]。William E. Baker 等（1999）对学习导向和市场导向与创新驱动发展的关系展开研究，构建创新驱动力机制的集成和拓展模型[26]。Qingyu Zhang 等（2004）引入学习能力作为中间变量影响创新驱动发展，构建创新驱动发展系统的动力机制模型，认为创新可分为渐进式创新、不连续创新和制度创新，三种创新驱动力通过不断增强个体学习、项目团队学习和组织学习能力，进而促进企业的发展[27]。知识是创新最重要的驱动力，N. Anand 等（2015）利用知识密集型企业理论、社群理论研究创造新的管理咨询公司会遇到的多种情况，通过定性研究得出社会化机构、专业知识差异化、组织支持和防御能力是创新的关键因素，而这些因素必须要结合具体途径嵌入以知识为基础的创新结构[28]。

（3）创新驱动系统的结构研究。Edquist（1997）认为创新驱动系统就是所有影响创新发展、传播和使用的重要因素，包括经济、社会、政治、组织等各个方面[29]。Elias G. Caarayannis 等（2008）构建了 21 世纪创新生态系统，认为创新驱动发展系统应该是多级、多模、多节点和多智能体系统的系统，包含创新元网络、知识元集群、知识创新结构、专业协同和协作运营[30]。Laurens Klerkx 等（2008）基于系统思想对创新驱动系统展开研究，认为创新系统是一个效仿国家创新系统、行业创新系统及技术创新系统的系统，需要各要素之间的有效协同，具体包括政策、法律、基础设施、资金、网络和市场发展等关键因素，并强调政府要在创新驱动系统中发挥好其创新中介的作用[31]。

（4）创新驱动发展的政策研究。Rosalinde Klein Woolthuisa 等（2005）基于系统故障理论构建创新系统政策框架，这种框架和市场失效框架相比更能为政府制定和评估分析政策提供支持[32]。Stuart Cunningham 等（2014）提出数据生成和分析的方法，这种方法被用来提供证据以支持从创造性产出到创造性投入的整体经济过程的政策思考[33]。Franz Todtling 等（2005）在不考虑不同企业的不同创新条件、网络和创新障碍的前提下，基于不同分类的政策意见和战略对创新政策差异性展开研究，研究表明不同问题区域和政策反应的弱创新能力可能是避免创新政策缺陷的有效方法，因此区域创新政策要与环境相适应[34]。Attila Havas 等（2010）在分析创欧盟创新政策和预期关系的前提下，运用估计测试的方法对预期和实际对创新政策产生的影响做出评价，他们认为预测法可以对创新政策的现实影响、政策通知、政策报告和政策便利性做出评价[35]。R. D. Banks 等（1995）针对环境不断恶化的问题，对创新驱动可持续发展政策展开研究，他们认为可持续的创新政策和技术的集成有利于解决环境问题，其中政府应该发挥主导作用[36]。也有国外学者对中国的创新驱动政策展开研究，F. C. Liu 等（2011）对中国 1980 ~ 2005 年颁布的 287 项以及 2006 ~ 2008 年帮助实现科学技术中长期发展的 79 项政策进行研究，他们认为中国已经将科学技术和工业集中政策的创新策略转变为一系列创新驱动经济和技术主导的配套政策，创新政策的制定主体逐渐不再局限于特定政府机构，促使中国建立不同的创新轨道[37]。

（5）创新驱动发展在具体领域的应用研究。随着理论的不断成熟，创新驱动在不同的领域逐渐得到运用。制造业领域，Guan Haiboa（2015）认为瑞典拥有极具竞争力的国际制造业归功于其不断创新、采用新技术，创新驱动发展的制造业能够使瑞典在2030年成为世界上最重要的可持续生产国家之一[38]。在电子商务领域，A. O. Cass等（2013）在创新驱动支撑电商企业的价值创造能力、管理风格、员工行为的前提下对管理者和员工对客户价值创造能力进行研究，多层次研究表明电商企业的创新能力对企业价值产生积极影响，价值提供与客户感知价值存在正相关关系，客户价值感知与企业绩效正相关，即电商企业的创新能力驱动企业发展[39]。医药卫生领域，Kamunyori Sheila等（2010）通过定性案例研究法对乌干达的医疗问题展开研究，研究结果显示在乌干达有很多机构以科学为基础的健康创新均获得了不同程度的成功，作者认为以科学为基础的健康产品创新是指导医疗卫生发展的重要手段，医疗部门要增强创新能力以解决被人忽视的疾病[40]。

（6）创新驱动发展的其他研究。除了创新驱动发展的机制、结构等方面的研究，近年来创新驱动发展的产权保护以及创新驱动的管理创造力也成为国外学者研究的热点。C. Lorenczik等（2012）基于以往发明的南—北分类，南方被限制模仿北方发明的结论，作者对创新知识产权展开研究，得出以下结论：关于研发和福利效果的知识产权的作用不是单调的，知识产权作用依赖于创新效率和创新门槛；低于创新门槛的情况下加强产权保护并不能促进创新、提高福利[41]。创新驱动的管理创造力方面，Nigel Bassett - Jones（2005）对管理创新和管理创造力之间的关系进行研究，认为管理创新和管理创造力都能够实现有效管理，管理人员可以通过接受教育等方法提升自身的管理创新能力[42]。

四、国内外研究现状对比分析

（一）国内外研究的共同点

（1）目前国内外研究内容基本相同，主要集中在创新驱动发展战略的理论基础、重要性，创新驱动发展系统结构及模型，创新驱动发展的动力机制，创新驱动发展的政策及策略，技术创新，创新主体，创新思维以及创新驱动发展的具体实践等方面。

（2）对创新驱动发展战略展开研究的学科规律基本一致。创新驱动发展的研究主要集中在经济学领域，另外还有政治和新闻传播等领域。此外，随着研究的不断深入，知识情报的核心作用逐渐引起学者的重视，图书情报与数字图书馆领域也成为研究创新驱动发展战略的主要学科之一。

（3）国内外关于创新驱动发展战略的研究思路及方法基本一致。首先，对与选题相关的文献进行研究；其次，根据研究方法（定性研究法/定量研究法）的不同，对创新驱动发展理论进行论证（构建理论模型，对得到的数据进行计算分析）；最后，对创新驱动发展战略进行总结与展望。另外笔者发现，国外学者更倾向于利用访谈法、试验法、案例分析法等研究方法。

（4）国内外关于创新驱动发展战略的研究均较为分散。主要原因有：关于创新驱动研究的学科涉猎范围较广，跨度较大，很难进行创新驱动综合研究；科研主体不同，高校学者重视理论基础，而企事业单位重视实践应用的研究；系统模型多样化，很难形成标准化创新驱动系统模型；创新驱动的研究难量化、研究角度的不同等原因都会导致研究分散。

（二）国内外研究的区别

（1）研究角度不同。国内学者更倾向于从区域角度对创新驱动发展的政策和动力机制等展开研究，国外学者的研究视角更多的是具体领域的创新发展。国内学者从宏观角度对国家创新驱动发展的战略和应用展开研究，国外学者则关注企业等微观层面的创新驱动。

（2）研究深度和广度不同。国外早在20世纪50年代就开始了对创新驱动发展的研究，而国内的研究始于20世纪90年代，国外的研究领先国内将近半个世纪。国外针对创新驱动发展的理论基础、必要性及政策等方面的研究非常成熟。理论层面，国外研究注重知识情报的协同作用，关注可持续创新驱动发展，关于创新驱动发展的研究逐渐上升到思维层面；实践层面，国外已经在制造业、医疗卫生以及服务业等众多行业和地区运用创新驱动发展战略。国内研究较晚，关于创新驱动发展的研究逐渐摆脱早期的学习和借鉴，缩小和国外的研究差距，在创新驱动发展的内涵界定、类型划分、影响因素、路径选择等方面的探索比较充分。另外，由于国外针对新技术（大数据、新媒体）和新模式（大众创新、开放创新）的研究比较早，与创新驱动发展的结合程度较高，因此，国外关于创新驱动发展的研究内容领先于国内。

（三）对创新驱动发展研究的启示

通过对国内外关于创新驱动发展战略的研究和比较分析，为了创新驱动发展战略的更好实施，学者专家仍然要加强以下几个方面的研究：一是加强知识情报对创新驱动的作用研究，为更好地实现内生创新提供知识要素。二是开展针对性研究，不同区域、不同领域对于创新驱动发展的政策、路径等都有不同的需求，针对性研究能够实现创新驱动发展战略实施的更加精准有效。三是加强创新主体研究，不同创新主体针对创新发展都有不同的作用，主体研究能够实现创新主体之间的协同，实现政产学研的有效协作，为创新驱动发展战略发挥最大作用提供保障。四是加强新模式和新技术的研究，探索创新驱动发展的新形式和新方法。

五、总结

本文对国内外创新驱动发展现状进行对比分析，发现无论是国外还是国内，对于创新驱动发展的研究都较热，国外对于创新的研究起步较国内早，研究的深度与广度都较优于国内，国内学者对创新驱动内涵界定、路径选择、模式转化等方面的探索比较充分，国外对创新驱动发展的具体应用实践、可持续发展和思维方面的研究程度更深。然而国内外对创新驱动发展的研究较为分散，没有充分结合创新相关的热点问题（新技术和新模式等）进行研究。对此，本文认为国内外学者针对创新驱动发展的研究应有针对性地从知识情报、创新主体及创新驱动等新研究方面展开。

参考文献

[1] [美] 迈克尔·波特. 国家竞争优势 [M]. 李明轩，邱如美译. 北京：华夏出版社，2002.

[2] 曹昆. 中共中央国务院印发《国家创新驱动发展战略纲要》[N]. 人民日报，2016-05-20.

[3] 张斌，魏扣，郝琦. 国内外知识库研究现状述评与比较 [J]. 图书情报知识，2016 (3): 15-25.

[4] 洪银兴. 论创新驱动经济发展 [M]. 南京：南京大学出版社，2013.

[5] 张来武. 科技创新驱动经济发展方式转变 [J]. 中国软科学，2011 (12): 1-5.

[6] 张银银，邓玲. 创新驱动传统产业向战略性新兴产业转型升级：机理与路径 [J]. 经济体制改革，2013 (5).

[7] 洪银兴. 论创新驱动经济发展战略 [J]. 经济学家，2013 (1): 5-11.

[8] 马克. 创新驱动发展：加快形成新的经济发展方式的必然选择 [J]. 社会科学战线，2013 (3): 1-8.

[9] 刘忠和. 实施创新驱动发展战略　推进经济结构战略性调整 [J]. 南京政治学院学报，2012 (6): 15-18.

[10] 陈曦. 创新驱动发展战略的路径选择 [J]. 经济问题，2013 (3): 42-45.

[11] 刘晖，刘轶芳，乔晗，胡毅，程伟，易香华. 我国战略性新兴产业创新驱动发展路径研究——基于北京市生物医药行业的经验总结 [J]. 管理评论，2014 (12): 20-28.

[12] 任保平，郭晗. 经济发展方式转变的创新驱动机制 [J]. 学术研究，2013 (2): 69-76.

[13] 李辉. 我国创新驱动发展战略长效机制的构建研究 [J]. 价值工程，2015 (22): 256-259.

[14] 张丽萍，郑庆昌，李建华. 创新驱动发展新机制探索——以晋江市为例 [J]. 福建农林大学学报（哲学社会科学版），2014 (2): 1-4.

[15] 陈玉川. 河南创新驱动发展的倒逼机制研究 [J]. 经济研究导刊，2015 (21): 144-146.

[16] 黄锐，任锦鸾，张殊，黄欣竹，王晶. 创新驱动发展机理分析与实证研究 [J]. 中国科技论坛，2016 (8): 7-13.

[17] 寇小妮. 系统思维下的创新驱动发展主体模型建构 [J]. 科技创新与生产力，2015 (10): 95-96.

[18] 李钊. 基于危机的民营科技企业创新驱动发展模型与路径研究 [J]. 管理现代化，2014 (4): 62-64.

[19] 李海波，李桂茹，裘著燕，高晓瑾，李星洲．自主创新驱动区域发展的路径与对策研究——以山东省创新型企业为例［J］．科技进步与对策，2013（2）：47 - 50.

[20] 郑文范，孙家成．论创新驱动与东北老工业基地再振兴［J］．科技进步与对策，2014（24）：41 - 44.

[21] 张来武．依靠创新驱动发展战略发展“新三农”［J］．中国软科学，2014（1）：6 - 10.

[22] Elias G. Caarayannis, D. F. J. Campbell, S. S. Rehman. “Happy Accidents”: Innovation - Driven Opportunities and Perspectives for Development in the Knowledge Economy [J]. Journal of Innovation & Entrepreneurship, 2015 (1): 1 - 16.

[23] Oluwatobi Stephen. Innovation - Driven Economic Development Model: A Way to Enable Competitiveness in Nigeria [J]. Angewandte Chemie International Edition, 2015 (2): 256 - 259.

[24] Frank T. Rothaernel, Andrew M. Hess. Building Dynamic Capabilities: Innovation Driven by Individual - , Firm - , and Network - Level [J]. Organization Science, 2007 (2): 898 - 921.

[25] Jan Youtie, Philip Shapira. Building an Innovation Hub: A Case Study of the Transformation of University Roles in Regional Technological and Economic Development [J]. Research Policy, 2008 (37): 1188 - 1204.

[26] William E. Baker, James M. Sinkula. Learning Orientation, Market Orientation, and Innovation: Integrating and Extending Models of Organizational Performance [J]. Journal of Market - Focused Management, 1999 (4): 295 - 308.

[27] Qingyu Zhang, Feen - Su Lin, Mei Cao. Innovation - Driven Learning in New Product Development: A Conceptual Model [J]. Research Library, 2004, 104 (3): 252 - 261.

[28] N. Anand, T. Morris. Knowledge - Based Innovation: Emergence and Embedding of New Practice Areas in Management Consulting Firms [J]. Academy of Management Journal, 2015, 50 (2): 406 - 428.

[29] Edquist, C. (ed.). Systems of Innovation: Technologies, Institutions and Organizations [M]. Pinter Publisher Ltd., London, 1997.

[30] Elias G. Carayannis, Aris Kaloudis, Age Mariussen. Diversity in the Knowledge Economy and Society [J]. Edward Elgar, 2008.

[31] Laurens Klerkx, Cees Leeuwis. Establishment and Embedding of Innovation Brokers at Different Innovation System Levels: Insights from the Dutch Agricultural Sector [J]. Technological Forecasting & Social Change, 2009 (76): 849 - 860.

[32] Rosalinde Klein Woolthuisa, Maureen Lankhuizenb, Victor Gilsingc. A System Failure Framework for Innovation Policy Design [J]. Technovation, 2005, 25 (6): 609 - 619.

[33] S. Cunningham, P. Higgs. Measuring Creative Employment: Implications for Innovation Policy [J]. Innovation Management Policy & Practice, 2014, 11 (2): 190 - 200.

[34] Franz Todtling, Michaela Trippl. One Size Fits All? Towards a Differentiated Regional Innovation Policy Approach [J]. Research Policy, 2005 (34): 1203 - 1219.

[35] Attila Havas, Doris Schartinger, Matthias Weber. The Impact of Foresight on Innovation Policy - Making: Recent Experiences and Future Perspectives [J]. Research Evaluation, 2010, 19 (2): 91 - 104.

[36] R. D. Banks, G. R. Heaton. An Innovation – Driven Environmental Policy [J]. National Academy of Sciences, 1995 (v12).

[37] Feng – chao Liu, Denis Fred Simon, Yu – tao Sun, Cong Cao. China's Innovation Policies: Evolution, Institutional Structure, and Trajectory [J]. Research Policy, 2011 (40): 917 – 931.

[38] Ghan Hai – bo. Made in Sweden 2030—The Swedish Practice for Research and Innovation – driven Development of Manufacturing [J]. Global Science, Technology and Economy Outlook, 2015 (9).

[39] A. O. Cass, P. Sok. Exploring Innovation Driven Value Creation in B2B Service Firms: The Roles of the Manager, Employees, and Customers in Value Creation [J]. Journal of Business Research, 2013, 66 (8): 1074 – 1084.

[40] Kamunyori Sheila, Al – Bader Sara, Sewankambo Nelson, Singer Peter A., Daar Abdallah S. Science – based Health Innovation in Uganda: Creative Strategies for Applying Research to Development [J]. BMC International Health and Human Rights, 2010, 10 (1): S5.

[41] C. Lorenczik, M. Newiak. Imitation and Innovation Driven Development under Imperfect Intellectual Property Rights [J]. European Economic Review, 2012, 56 (7): 1361 – 1375.

[42] Nicholas C. Wilson, David Stokes. Managing Creativity and Innovation: The Challenge for Cultural Entrepreneurs [J]. Journal of Small Business and Enterprise Development, 2005, 12 (3): 366 – 378.

专题二：协同创新与区域发展

中国区域发展的新格局与缩小区域差距的空间模式

程必定

（安徽省社科联）

中国区域间不平衡发展所导致的区域差距，在国内主要是城乡差距和省区差距，在国外主要是与发达国家的差距。努力缩小这三个方面的发展差距，除了加快农村地区、欠发达省区和全国经济发展外，在农村地区与城市地区之间、欠发达省区与发达地区之间，全国与发达国家之间构建有利于缩小发展差距的空间模式，从而重构中国区域发展的新格局，是中国区域经济学界应该探讨的新课题。从农村地区与城市地区之间的空间关系看，缩小城乡差距的空间模式应是城乡一体化；从欠发达省区与发达地区之间的空间关系看，缩小省区差距的空间模式应是区域一体化；从我国与发达国家的发展水平看，缩小我国与发达国家差距的空间模式应是区域经济国际化。城乡一体化、区域一体化和区域经济国际化在不同空间层次的新发展所形成的空间模式，是中国区域发展的新格局，会有利于缩小我国的城乡差距、省区差距及与发达国家之间的差距。

一、中国区域经济发展与缩小区域差距的空间模式

对发展中国家在经济发展过程中出现的区域差距，美国经济学家威廉姆森（J. G. Wiliamson）于1965年提出了“倒U”形曲线的说法，即发展中国家的经济增长与收入差距的扩大，会经历一个较长的过程，只有当经济发展到一定程度后，随着经济的增长，收入差距才开始缩小。中国的情况也是这样。据统计，从1952年到1978年，我国国民收入年均增长率为5.99%，各地区的人均收入都有提高，但东部地区是中西部地区人均收入的倍数却由1.36扩大到1.61；从1978年到2014年，我国加快了经济发展，国民生产总值年均增长率为9.76%，但东部地区人均收入是中西部地区的倍数，又进一步扩大到1.99（见表1）。看来，经济发展与区域差距扩大是一条难解的“链”，中国在尚未进入发达国家之前，能够解开这条“链”吗？

表1　我国人均收入区域差距的变化（1952～2014年）

年份	1952	1978	2014
东部地区（元）	122	404	67109
中西部地区（元）	90	251	33723
东部是中西部地区地区的倍数	1.36	1.61	1.99

注：1952年、1978年为人均国民收入，2014年为人均国民生产总值。

资料来源：国家统计局编的全国各省、自治区、直辖市历史统计资料汇编（1949～1989），《中国统计年鉴》（2015），均由中国统计出版社出版。

深入对某些局部地区的研究发现，却出现了与威廉姆森“倒U”形曲线相反的情况，即在一些局部地区，经济增长不仅没有扩大居民的收入差距，而是缩小了居民收入差距，如上海、江苏、浙江、山东四省市的情况就是如此（见表2）。上海、江苏、浙江、山东是我国的沿海发达省市，1980～2014年，四省市都保持了较高的发展速度，人均国民生产总值的差距不仅没有扩大，而且都有不同程度的缩小，其中，江苏与上海的差距缩小程度最大，18年缩小了74.87%，浙江与江苏、山东与江苏也分别缩小了9.17%、6.95%。除了沪苏浙鲁四省市之外，其他一些相邻数省间乃至更多的相邻市县间，也出现了因经济发展而人均收入差距缩小的情况。由此可以得出结论：改革开放以来，我国区域差距从总体上看是扩大了，而在一些局部地区却是缩小了。这个结论是令人鼓舞的，说明我国在尚未进入发达国家之前，在全面建成小康社会的过程中，是可以先在局部地区缩小居民收入差距，进而可以在全国范围逐步缩小区域差距。

表2　沪苏浙鲁人均国民生产总值差距变化比较（1980～2014年）

		1980年	2014年	变化
沪苏相比	苏(元)沪(元) 沪/苏	581　2738 4.7125	81874　97370 1.1893	缩小 74.87%
浙苏相比	浙(元) 浙/苏	470 1.2362	73002 1.1235	缩小 9.17%
鲁苏相比	鲁(元) 鲁/苏	404 1.4453	60879 1.3449	缩小 6.95%

资料来源：国家统计局．中国统计年鉴（1997、2015）[M]．北京：中国统计出版社，1997，2015.

为什么会出现这种情况呢？研究表明，在开放的区域经济系统，欠发达地区缩小与发达地区的差距，有两条重要的客观规律在发挥作用：一是经济发展的区域传递规律，即发达地区在经济发展中会产生对外部地区的“溢出效应”，把技术、资本、产业转移出去，形成经济增长因素向欠发达地区的传递，从而会缩小经济发展的区域差距。二是区域的内部性外部化和外部性内部化规律，即通过经济发展的区域传递，发达地区经济发展的内在积极因素逐步嫁接到欠发达地区，引起欠发达地区的内部嬗变，滋生出经济发展的内在活力，对发达地区而言是内部性外部化了，对欠发达地区而言是外部性内部化了，从而会缩小经济发展的区域差距。中国区域间不平衡发展所导致的区域间发展差距，在国内主要是城乡差距和省区差距，在国外主要是与发达国家的差距。在经济发展的区域传递和区域的内部性外部化与外部性内部化这两大重要客观规律的作用下，我国的城乡差距、省区差距和与发达国家的差距都会逐渐缩小，在缩小区域差距中会形成的不同空间模式；对缩小城乡差距而言，会形成城乡一体化的空间模式：对缩小省区差距而言，会形成区域一体化的空间模式：对缩小与发达国家的差距而言，会形成区域经济国际化的空间模式。在"十三五"期间，国家特别重视在全国、省区和县（市）域落实主体功能区制度建设，又大幅度推进"一带一路"、长江经济带、京津冀协同发展战略的"三个支撑带"及与东、中、西、东北地区"四大板块"战略组合，带动中国区域布局的战略升级，会在全国范围构建缩小区域差距的空间模式，推进中国区域经济的协调发展。

二、缩小城乡差距的空间模式：城乡一体化

城乡差距的空间结构是"二元经济"空间结构，在经济发展区域传递和区域内部性外部化与外部性内部化两大规律的作用下，城市在发展中产生的"溢出效应"会给农村地区输入新的发展因素，催发农村地区的内部嬗变，从而会带动农村地区加快发展。这样，城市向农村地区输入新的发展因素是内部性的外部化，农村地区接受城市辐射而发生的内部嬗变是外部性的内部化，两个方面又相互影响、相互促进，都有利于缩小城乡之间的差距，形成城乡一体化发展的空间模式。最早形成这种空间模式的是在城市近郊区，接着会向城市远郊区推进，然后又向僻远的农村地区拓展，城乡之间的差距就如此递进地逐步缩小，也就逐步形成城乡一体化发展的空间模式。

正因如此，改革开放以来，我国城乡之间的差距虽然逐步扩大，但在一些县（市），由于上述两大规律的作用，城乡之间的差距却是逐步缩小的，正在形成城乡一体化发展的空间模式。特别是 2000 年以来，由于城镇化发展的逐年加快和中心城功能的不断提升，城市对农村地区的带动作用逐步增强，不少县（市）城乡发展差距明显缩小，城乡一体化发展的空间模式会加快形成，尤其是中心城市周边的县①，这种情况特别明显。不仅在经济发达的沿海地区如此，在经济欠发达的中西部地区，也出现了一批城乡差距逐年缩小的县（市）。安徽省长丰县在 2000 年以后的发展变化，就是中西部地区的一个生动典型。

① 程必定．区域的内部性外部化和外部性内部化［J］．经济研究，1995（7）．

安徽省长丰县为省会合肥市所辖，区位上南连合肥，北接淮南，是典型的“城间县”。2014 年国土面积 1841.4 平方公里，人口 75.2 万，地区生产总值 333.05 亿元，财政收入 35.31 亿元，地区生产总值和财政收入在全省 60 个县中均居第 4 位，是安徽省的经济发达县。但是，该县原来却是一个国定贫困县。因为该县是 1962 年将周边几个县相连的贫困地区划入而新成立的，土地贫瘠，经济落后，长期以来都是安徽省的经济最落后县之一，1986 年被列入国定贫困县，综合经济实力在全省县级行政区中的排名，2000 年前都居末位。2000 年以后县情县力发生了重大变化：2004 年综合经济实力在全省县级行政区的排名上升了 20 位，2008 年又进入全省县级行政区前 20 位，2012 年一跃成为全省十强县，中部地区百强县。该县发展的一个突出特点是，全县经济在连续 14 年保持年均 18.7% 增长速度的基础上，城乡居民收入也大幅度提升，而城乡居民的收入差距逐年缩小（见表 3），逐步形成城乡一体化发展的空间模式。

表 3　安徽省长丰县城乡居民收入差距的演变（1978 ~ 2014 年）

年份	城镇居民人均可支配收入（元）	农民人均纯收入（元）	城乡居民收入比	人均地区生产总值及在全省县级行政区中的排名
1978	223.4	62.1	3.597	187 元，第 39 位
1990	1663.1	478.6	3.475	698 元，第 48 位
2000	3970.5	1160.7	3.421	2057 元，第 57 位
2014	23541.6	13395.2	1.757	43814 元，第 6 位

资料来源：安徽统计局编《改革开放 17 年安徽经济发展概览（1978 ~ 1995）》，《安徽统计年鉴》（2015），中国统计出版社，2015 年。

由表 3 可见，长丰县的城镇居民人均可支配收入由 2000 年的 3970.5 元提高到 2014 年的 23541.6 元，不考虑物价因素，年均增长 10.9%，农民人均纯收入由 2000 年的 1160.7 元提高到 2014 年的 13395.2 元，不考虑物价因素，年均增长 16.2%，比前者高 5.3 个百分点，正因如此，城乡居民的收入比由 3.421 倍缩小到 1.757 倍，城乡居民收入差距大幅度缩小了，城乡一体化发展程度也大幅度提高了，缩小城乡差距的城乡一体化发展空间模式基本形成。全面剖析长丰县在 2000 ~ 2014 年的发展原因可以看出，经济发展区域传递和区域内部性外部化与外部性内部化两大规律的作用，在长丰县得到了充分的发挥。

2001 年 7 月，笔者曾带领几个研究区域经济学的专家，应邀对长丰县进行智力扶贫的战略咨询，因为该县是位于合肥与淮南两市之间的“城间县”，基于这样的区位条件和合肥与淮南城市发展的外部环境，向该县提出了“融入合淮、与市俱进”的战略思路，县委、县政府采纳了这一咨询意见。一方面，在紧邻合肥市区的南部地区兴办了一个开发区，以优惠的条件和优质的服务就近承接主城区的企业转移，很快入驻大批企业，不到10年，规模以上工业企业就达200多家，工业总产值达800多亿元，进入安徽的省级开发区前列，加快了长丰县工业化的发展，大批农村劳动力到开发区务工，收入大幅度提高。另一方面，又将紧邻淮南市区的北部7个落后的农业乡镇划给淮南市，因为煤电城市淮南位于淮河南岸，北岸是采煤塌陷区，城区只能向南部发展，长丰划入的7个乡镇正好弥补了这一不足，淮南市很快在这里兴建了南部新城，又带动了长丰县城市化的发展，大批农村劳动力转移到城市服务业，开辟了新的收入来源途径，由于从南、北两个方面承接了合肥与淮南市的辐射，符合经济发展区域传递规律，对合肥与淮南市来说，向长丰的辐射与传递，使内部性外部化，扩大了发展空间；对长丰来说，接受了合肥与淮南市的辐射，使外部性内部化，经济社会结构发生了嬗变，县情县力很快就发生了巨大变化，形成城乡一体化发展的空间模式。

三、缩小省区差距的空间模式：区域一体化

区域差距的空间结构是中心区域与边缘区域的“梯度”空间结构，在省区层面，中心区域是发达省区，边缘区域是欠发达省区，发达省区与欠发达省区的发展水平就形成了由高到低的“梯度”。在经济发展区域传递规律和区域内部性外部化与外部性化内部规律的作用下，中心区域即发达省区在发展中产生的“溢出效应”，会带动边缘区域即欠发达省区加快发展，对中心区域即发达省区而言，这是内部性的外部化，开拓了发展空间；对边缘区域即欠发达省区而言，这是内部性的外部化，提升了发展水平。这样，发达省区与欠发达省区在共同发展的基础上，会逐步缩小区域差距，形成区域一体化的空间结构。随着区域一体化的发展，发达省区与欠发达省区之间的差距会进一步缩小。因此可以说，区域一体化是缩小区域差距的空间模式。

发达省区与欠发达省区缩小区域差距的区域一体化空间模式的形成，要有一定的必要条件和充分条件。必要条件最重要的是地域上的相连性，因为中心区域与边缘区域的相连性，发达省区类似于中心区域，欠发达省区类似于边缘区域，只有相连的区域，经济发展的区域传递规律以及区域内部性外部化和外部性化内部化规律的作用才会凸显，因而才可能缩小区域差距，形成区域一体化的空间模式；充分条件最重要的是省区工业化和城市化的发展，因为与发达地区相邻的欠发达地区工业化和城市化的发展，发达地区的区域传递是重要体现，也是欠发达地区内部性外部化而发生嬗变的结果。这样，欠发达地区才有能力缩小与发达地区间的差距，形成区域一体化的空间模式。

沪苏浙皖赣鄂湘7省市是长江中下游相连的地区，沪苏浙3省市是东部沿海发达地区，皖赣鄂湘4省是中部相对发达地区，自2000年以来，7省市发展差距是逐步缩小的。特别是属于中部省份的安徽正在融入以沪苏浙为主体的长三角城市群，形成区域一体化的新格局；赣鄂湘3省正在形成以武汉为核心的长江中游城市

群，区域一体化也在推进。沪苏浙皖赣鄂湘 7 省市的发展变化，是区域一体化作为缩小省区差距空间模式的具体例证。

从省区差距缩小的角度看，在地域上相连的沪苏浙皖赣鄂湘 7 省市，自 2000 年以来，人均收入差距是逐步缩小的（见表 4）。由表 4 可见，无论是长三角地区的江苏、浙江 2 省，还是中部地区的安徽、江西、湖北和湖南 4 省，2000 年以来，与上海市的人均 GDP 差距都是缩小的，当然，江苏、浙江 2 省由于是东部沿海发达省区，与上海市人均 GDP 差距的缩小更大些，中部地区的安徽、江西、湖北和湖南 4 省，与上海市人均 GDP 的差距也都有不同程度的缩小。沪苏浙皖赣鄂湘 7 省市是一个面积很大的相连地区，国土面积 91.56 万平方公里，占全国国土总面积的 9.53%，2014 年人口 39072 万，占全国总人口的 28.57%，地区生产总值 219808 亿元，占全国地区生产总值的 34.55%。这种情况表明，2000 年以后，我国区域差距的扩大虽然在总体上没有得到控制，但在一些局部地区，甚至面积很广的相连地区，省区人均 GDP 差距是逐步缩小的。

表 4　沪苏浙皖赣鄂湘人均 GDP 差距的演变（2000～2014 年）

	人均 GDP（元）			以上海为 1		
	2000 年	2010 年	2014 年	2000 年	2010 年	2014 年
上海	34547	76074	97370	1.000	1.000	1.000
江苏	11773	52840	81874	0.3408	0.7209	0.8408
浙江	13461	51711	73002	0.3896	0.6787	0.7437
安徽	4867	20888	34425	0.1408	0.2746	0.3535
江西	4851	21253	34674	0.1404	0.2794	0.3561
湖北	7188	27906	47145	0.2081	0.3668	0.4842
湖南	5639	24719	40721	0.1632	0.3249	0.4182

资料来源：国家统计局编. 中国统计年鉴（2001、2011、2015）［M］. 北京：中国统计出版社，2001，2011，2015.

为什么在沪苏浙皖赣鄂湘 7 省市这样广阔的地区，人均 GDP 差距是逐步缩小的呢？这可从经济发展的区域传递及区域内部性外部化和外部性内部化两大规律发挥的作用得到解释。在沪苏浙皖赣鄂湘 7 省市中，沪苏浙 3 省市是东部沿海发达地区，皖赣鄂湘 4 省是中部相对发达地区，前者在发展中产生的“溢出效应”沿着长江黄金水道会最先向相连的皖赣鄂湘 4 省传递，催发后者发生外部性内部化的深刻嬗变，加之 4 省自身发展因素的成长，其结果必然是工业化、城镇化的持续发展，经济总量不断增长，人均收入水平不断提高，与沪苏浙 3 省市的差距就逐步缩小。由表 5 可见，2000～2014 年，皖赣鄂湘 4 省综合工业化率的提高程度都高于沪苏浙 3 省市，分别提升了 11.44 个、16.14 个、9.1 个和 9.8 个百分点，而上海市的综合工业化率下降了 4.07 个百分点，这是进入后工业化社会的表现，江苏、浙江的综合工业化率分别提升了 8.13 个和 3.14 个百分点；同样，皖赣鄂湘 4 省的城镇化率也有显著提高，分别提升了 19.21 个、22.55 个、15.45 个和 19.53 个百分点，而沪苏浙 3 省市的城镇化率分别提升了 1.29 个、13.72 个和 16.2 个百分点，只有浙江的提升程度略高于湖北省，上海、江苏都低于皖赣鄂湘 4 省。正因为工业化和城镇化程度的大幅度提高，皖赣鄂湘 4 省的人均收入差距与沪苏浙 3 省市也逐渐缩小了。

表 5 沪苏浙皖赣鄂湘工业化、城镇化的发展演变（2000～2014 年） 单位：%

省市	2010 年				2014 年			
	工业 GDP 占比	工业从业人员占比	综合工业化率	城镇化率	工业 GDP 占比	工业从业人员占比	综合工业化率	城镇化率
上海	42.99	42.80	56.29	88.31	30.70	32.38	52.22	89.60
江苏	44.84	29.70	42.89	51.49	47.80	40.05	51.02	65.21
浙江	41.62	30.90	40.39	48.67	41.70	33.01	46.53	64.87
安徽	36.21	25.80	29.94	27.81	44.35	30.65	41.38	49.15
江西	26.94	19.40	24.49	27.67	41.58	30.09	40.63	50.22
湖北	35.50	23.30	33.06	40.22	40.17	30.74	42.19	55.67
湖南	35.50	24.70	29.81	29.75	39.76	29.78	39.61	49.28

注：综合工业化率 =（工业 GDP 占比 + 工业从业人员占比 + 城镇化率）/3。

资料来源：国家统计局编．中国统计年鉴（2001，2015）[M]．北京：中国统计出版社，2001，2015.

2000 年以来，长江中下游地区的交通基础设施建设快速发展，高速公路通达绝大多数县城，高速铁路通达绝大多数大中城市，以大城市为中心的 1 小时、2 小时经济圈也普遍形成。在这样的条件下，工业化的发展更容易拓展省区间产业的分工合作，城镇化的发展也促进了相邻城市间的同城化发展，而长江中下游地区逐渐形成的省区间产业的分工合作和相邻城市间同城化的发展，成为区域一体化的两大发展因素。于是，区域一体化在长江中下游地区正在形成。苏浙皖赣鄂湘不仅积极发展省内的区域一体化，缩小省内的发展差距，还逐步打破行政区界限，积极发展跨省区的区域一体化，这种跨省区的区域一体化，正是缩小省区差距的空间模式。

从长江中下游地区的生产力和人口布局的空间特征看，自 2010 年以来，正在形成以长三角城市群和长江中游城市群为载体的两大一体化区域板块，将会进一步缩小省区差距。比如，属于中部地区的安徽省已整体纳入长三角地区，还有 8 个地级市已纳入长三角城市群，安徽正在全面融入长三角地区和长三角城市群的一体化发展，与沪苏浙 3 省市的差距也逐步缩小。可以说，长江中下游地区沪苏浙皖赣鄂湘 7 省市正在形成的区域一体化新格局，是缩小省区差距的空间模式，未来皖赣鄂湘与沪苏浙的发展差距会进一步缩小。

四、缩小与发达国家差距的空间模式：区域经济国际化

我国与发达国家的差距主要是经济与技术发展水平的差距，在实行对外开放的国策条件下，我国承接发达国家的产业转移，是经济发展在国别间的区域传递，我国引进、消化世界先进技术和国际资本，是将发达国家经济技术的内部性外部化，转化为我国内部性的外部化，有利于提升我国的经济国际化水平，从而逐步缩小与发达国家的差距。但我国是个大国，经济国际化应向区域拓展，如果东、中、西和东北地区乃至各省区都能提高经济国际化水平，那么我国就可以更快地缩小与发达国家的差距。可以说，推进区域经济国际化，是缩小我国与发达国家差距的空间模式。

何谓区域经济国际化，至今尚无统一的界定，但从中外城市和地区国际化的演变经验看，区域经济国际化大体包括四个方面：一是贸易国际化，具有较高的外贸依存度，对国际市场有一定的控制力和较强抗风险能力；二是产业国际化，有一部分产业已深度融入世界产业体系，一些企业的技术、标准、品牌已占据世界产业高地；三是经济成分国际化，国际资本在本地投资中占有一定的比例，境外投资收益占国民收入的比例已达到较高水平；四是区域经济管理体制国际化，按国际规则行使，对外开放程度高。上述四个方面从国际贸易、产业发展、资本流动和管理体制的角度，反映一个地区或城市融入世界经济体系的程度，可以作为我国衡量区域经济国际化程度的标准。

我国自 2001 年加入世界贸易组织（WTO）以来，国际化程度不断提高，融入世界经济体系的程度也不断加深。就贸易国际化而言，2015 年全国货物进出口总额达 39720 亿美元，外贸依存度达 36.3%，是世界第二大贸易体；就产业国际化而言，我国大部分工业行业已深度参与国际分工体系，不少产品在世界细分市场中的占有率位居前列，一些高新技术产业已占据世界产业高地，如 2015 年全国高新技术产品出口额达 6584 亿美元，占货物出口总额的 28.84%；就引进外资和对外投资而言，在世界经济低位徘徊的形势下，2015 年全国吸收外商直接投资新设立企业 26575 家，比上年增长 11.8%，实际利用外商直接投资 1265 亿美元，比上年增长 6.4%，国内企业对外直接投资额 1180 亿美元，比上年增长 14.7%；就经济管理体制国际化而言，我国从实物贸易到服务贸易、从引进外资到对外投资，都遵循世界贸易组织规则，大部分国家都承认中国的市场经济地位，国际货币基金组织（IMF）决定，从 2016 年 10 月 1 日起，人民币正式加入特别提款权（SDR）货币篮子，权重为 10.92%，在 5 种货币中次于美元、欧元而居第 3 位，标志着人民币国际化有了实质性进展。此外，“丝绸之路经济带”和“21 世纪海上丝绸之路”（“一带一路”）战略顺利实施，为各省区经济走向世界创造了条件。但是，按照前述国家和地区经济国际化的四个方面标准看，我国的经济国际化还有很大差距，尤

其是区域经济国际化程度普遍很低，即使是对外开放最早的东部沿海发达地区，与发达国家和地区的经济国际化相比，也有很大差距，以至于我国在许多方面仍大大落后于发达国家，如我国的劳动生产率还不及美国的1/10。人均GDP仅居全球第80位。因此，推进区域经济国际化，构建缩小我国与发达国家差距的空间模式至关重要。

我国各省区的经济发展条件和发展水平差异很大，不同省区推进经济国际化的路径与内容都不相同，但也有共性的规律可循。从区域经济国际化的上述四个方面的标准看，各省区应以世界眼光、国际标准，从本省区的实际出发，突出特色、培育优势，聚力以下四个重点，持续推进区域经济国际化：

（1）着力培育一批本土化、有竞争力的经营国际化公司，形成一支国际化经营大军。支持优势企业"走出去"，通过直接投资、参股收购等方式跨国界扩张发展，深度融入世界经济体系。特别要利用亚洲基础设施开发机遇，向"一带一路"发展中国家和地区探索投资机会，开辟产能输出、技术输出的国际化经营，打造"国际资本、新兴市场、中国制造、区域品牌"新格局。以优势产业集群的核心企业为重点，培育一批总部植根于本省区的资本输出型跨国公司。

（2）推进开发区向国际化转型升级，打造成为长三角城市群经济国际化的"航空母舰"。2015年，我国有国家级经济开发区219个，国家级高新技术开发区145个，省级各类开发区1600多个，还有上万个县级开发区。这些开发区分布在全国各省区，是各省区的产业高地，应建设成为区域经济国际化的基地，特别是国家级开发区产业基础好、技术能力强，对区域经济的带动力量大，要按照产业国际化、贸易国际化、经济成分国际化、经济管理体制国际化的要求，努力推进这些开发区向国际化的转型升级，把省级特别是国家级开发区打造成为区域经济国际化的"航空母舰"，充分发挥这些开发区的辐射和带动作用，推进省区经济国际化的发展。

（3）高标准建设各类对外开放平台，加快营造国际化的商事环境。目前，我国各省区都建立了一些对外开放平台，如海关特殊监管区、出口加工区、保税区、海归创业园区、国家级新区、中国（上海）自由贸易区等，分布在各省区，尽管数量较多，但却存在着功能弱、分布散、作用发挥不够等问题，应以提升区域经济国际化水平为主线，从功能、政策、管理三个方面入手，高标准建设各类对外开放平台，近期应加快各类海关特殊监管区向保税区的转型升级，加快中国（上海）自由贸易区经验的复制、推广步伐，帮助更多企业更好地参与国际市场竞争。此外，要积极探索实行准入前国民待遇加负面清单管理模式，加快营造国际化的商事环境，在对外贸易和引进外资、外技等方面实现更高水平的法制化、国际化、便利化，不断完善国际化的服务体系建设，提高国际化的服务水平。

（4）探索建设一批国际化社区。随着海外资本、技术人员的大量入境和移民的涌入，我国的特大城市、大城市乃至一些中小城市，都会引入海外资本、技术及相关人员，融入世界经济体系和人文交流体系。在那些外国人聚集较多的大中城市，有必要建设一批适应他们居住的国际化社区。这些国际化社区作为来自不同国家、不同文化背景人们的社会生活共同体，应该按国际标准建设和管理，有中西交汇的建筑形态，有完备的公共服务设施，有融合亲和的社区文化。以这些国际化社区为平台，吸引更多的海外资本、技术人员进入，提升省区的国际化水平。

参考文献

[1] 魏后凯等. 中国地区发展：经济增长、制度变迁与地区差异 [M]. 北京：经济管理出版社，1994.

[2] 胡鞍钢，王绍光，康晓光. 中国地区差距报告 [M]. 沈阳：辽宁人民出版社，1995.

[3] 覃成林. 中国区域经济差异研究 [M]. 北京：中国经济人民出版社，1997.

[4] 程必定. 区域经济空间秩序 [M]. 合肥：安徽人民出版社，1998.

[5] 王小鲁，樊纲主编. 中国地区差距：20 年变化趋势和影响因素 [M]. 北京：经济科学出版社，2004.

[6] [美] J. G. Wiliamson. Regionl Lnequality and the Process of Natonal Development：A Description of the Patterns [J]. Economic Development and Cultural Change，1965，13 (4)：3 - 45.

粤港跨境区域协同创新系统研究*

谢宝剑　高洁儒

一、引言

面对全球新一轮科技革命与产业变革的重大机遇和挑战，党的十八大报告明确指出，要实施创新驱动发展战略，“以全球视野谋划和推动创新，提高原始创新、集成创新和引进消化吸收再创新能力，更加注重协同创新”。粤港双方通过整合科技创新资源，实施科技创新联合招标项目、制定人才跨境流动的便利措施、推动成果产业化、打造创新研发平台等促进科技创新举措，较好地提升粤港区域创新能力，推动地区产业和经济结构升级，增强区域竞争力（任荣伟，2015）。广东已将创新驱动战略作为推动广东经济结构调整与产业转型的核心战略，并从提高创新能力、培育创新型企业、推动新一轮技术改造和推动区域创新建设四个方面落实战略。在实施创新驱动战略中明确提出要进一步推进粤港澳科技合作的深化发展，建设好粤港科技创新走廊、深港创新圈，发挥香港的创新成果优势建设国家级科技成果孵化基地。香港特区政府也提出，应结合香港目前科研的现状和优势，对“一带一路”战略所需要的科研需求进行重点研究，要把香港在创新科技、商贸网络、资金融通等方面的优势整合在一起。香港在创新方面具有人才、知识、技术和制度等方面的优势，在科技转移方面仍有很大发展空间。

二、协同理论及其作用机理

（一）协同理论

协同理论由 Ansoff（1987）首次提出，最初是指两个企业在资源共享的基础上产生的共生互长的关系。而后 Haken（1983）系统地提出了协同理论，指出协同是指在复杂系统内各子系统由于协同行为而产生了超越各要素的单独作用效果的新的

* 基金项目：国家自然科学基金面上项目“省际边缘区域整体性治理博弈研究”（批准号：71673111）；广东省自然科学基金自由申请项目“基于区域政策视角的广东区域经济空间结构优化研究”（项目编号：2015A030313323）；广东省哲学社会科学规划项目“创新驱动战略框架下的粤港澳跨境区域协同创新体系构建研究”（项目编号：GD15CTQ01）；广东省普通高校人文社会科学重点研究基地——暨南大学广东产业发展与粤港台区域合作研究中心以及经纬粤港澳经济研究中心资助项目。

作用，即形成整个系统的联合作用。区域协同创新，是指通过区域中明确的创新目标驱动、各种创新要素聚合、相关组织间机制的强化以及各个主体的优势互补，实现整个区域的高效综合创新（张玉臣，2009；杨耀武等，2009）。

区域协同创新的内涵主要体现在以下几个方面：①通过各地区的产业联动发展，实现各地区及区域整体的产业结构与发展速度等合理化调整；②以地区间科研人才的自由流动来优化配置区域整体创新型人力资源；③以组织间合作、科技联合攻关实现区域整体创新资源的有效配置；④因地制宜地确定区域最优目标和平等互利形成跨区域协同规划（王志宝，2013）。

（二）从合作到协同：区域创新系统间的作用机理

Cooke（1992）首先提出区域创新系统的概念。而后 Lundvall（1992）在宏观层面分析技术创新对国家经济发展影响的基础上，对国家创新系统的概念做出界定，重新定义了区域创新系统的内涵。目前，Cooke 的《区域创新系统：在全球化世界中治理的作用》被广泛认为是研究区域创新系统最为详尽、权威的研究成果。他认为，区域创新系统作为国家创新系统的重要组成部分，是特定区域内由政府、企业、研发机构以及中介组织等相关技术创新和扩散主体通过技术研发、储备、转让和产业化等交互作用形成的网络系统（汪良兵，2014）。区域创新系统并不是一个孤立系统，而是与其他区域创新系统相互影响、相互作用的。各具特色的区域创新系统间通过借鉴和学习而相互影响和相互作用。根据区域间创新系统的发展水平差异，不同区域间的创新系统间的相互作用可以分为垂直型合作模式和水平型合作模式。

垂直型合作模式。垂直型合作模式是由两个区域创新系统之间的技术差距和知识存量差距产生的。技术和人才从比较先进的区域创新系统转移到相对落后地区，由于落后地区技术水平较低，两个系统之间的技术合作程度并不紧密，主要表现为两地客户之间的合作。由于落后地区能够获得技术和创新的转移，因而拥有更强烈的促成合作的愿望（汪良兵，2014）。两个区域创新系统的垂直型合作的其中一个典型就是广东与香港早期“前店后厂”的合作模式。香港在 1997 年回归前后，制造业的价值链低端部分开始通过投资的形式向广东转移，同时，香港作为创新系统合作中的先进一方，自身发展产品的设计研发、品牌包装、市场营销网络等价值链高端环节。同时，作为创新系统合作中相对落后的一方，广东依托自身生产要素的低成本优势，吸纳来自香港等地区和国家的外资，大规模发展委托设计生产，迅速成为香港的制造业加工生产基地，并在两地合作过程中，获得技术与创新的转移（程玉鸿和李强，2011）。

水平型合作模式。随着两个区域创新系统的知识存量差距与技术存量差距的缩减，区域创新系统之间的合作由垂直型向水平型转变，并在水平型的基础上不断升级称为区域间的创新协同。当两个区域创新系统经济均比较发达且差距较小，同时基础设施、知识产权保护政策和社会制度相对完善，即两个区域创新系统均为先进的区域创新系统，而且彼此的差异性和互补性可以提升通过合作提升两地的区域创新能力，所以两地具有较强的合作意愿和动力。发展水平相当的两区域创新系统在政府以及中介机构的作用下，其中一个创新系统的企业与另一个创新系统的研发机构、大学以及技术供应商联系紧密。例如，在两地合作过程中，一个区域的企业会与另一个区域的研发机构、大学和技术供应商进行积极合作来节省在该地设立生产机构所产生的研发、运输和转移等成本。同时，该企业通过与另一区域的深入合作，增强两地企业创新能力与综合竞争能力，也吸引了更多来自不同的区域创新系统的客户。粤港两地随着彼此技术合作程度深化与创新水平的缩小，已由原来的垂直型合作向水平型合作转变（王志宝，2013）。

自 2004 年以来，双方联合资助关键领域核心技术研发，投入 21 亿元人民币和 7.77 亿港元，开发新产品约 3000 项，申请发明专利约 6000 件，申请国外专利 420 件，研究出新材料约 240 种，研究创新工艺约 850 项，开发新装备约 750 项，获得授权约 2400 件，获得计算机软件著作权约 1000 项；已有香港中文大学、香港科技大学等 6 所院校在深圳注册企业 15 家，设立研发中心 8 家，累计孵化企业 300 多家，在孵企业约 200 多家，毕业企业约 100 家。①

虽然广东省与香港区域创新系统已经改变了原本落后的区域创新系统合作模式，但由于粤港区域创新系统间水平分工存在制度壁垒（知识产权保护、人才管理制度、设备管理制度、通关等），广东与香港区域创新系统的合作并未形成有效协同（汪良兵，2014）。

三、香港与广东各自创新系统比较分析

（一）香港创新系统分析

（1）香港创新系统的现状。近年来，随着特区政府对创新科技的高度重视，加上香港许多科技团队的积极努力，香港的科研实力正在不断增强，并取得了不少达到世界领先水平的成果。比如，香港在光纤技术上一直处在世界前列，香港科学园有一家公司，开发了光纤感温系统，该技术已应用在多个地区的基建设置上，包括本地电力公司的电缆、越南行车隧道的火警预报和俄罗斯的石油管道等；理工大学的科研团队研发的“光纤光栅铁路监测系统”，可以用一条光纤取代数以千计的传统温度、振动等监测器，获得了多个国际奖项，现在全球已有十多家铁路公司（包括英美公司）有意引入相关技术。

香港聚集了众多世界一流大学，香港科学园聚集了电子生物科技信息环保等高科技企业群并为科技型公司提供一站式支持服务，建立了与特色产业相匹配的各类研发中心和研究院，并且数量与规模都在迅速扩张（宿军杰，2007）。香港推动创新及科技发展的政策包括五个核心策略：为创新主体提供国际化的创新基建条件；

① 资料来源：笔者根据文献资料和广东省科技厅网站收集整理。

对产、学、研等主体提供财政资金支持，推动研发成果转化；培养创新科技人才；促进不同经济体之间的区域间创新合作；营造创新文化氛围。截至2015年1月底，研发中心批出项目728个，项目成本达40亿元。

表1 香港科技创新署相关工作一览表

资助计划	创新及科技基金
	投资研发现金回赠计划
科技基础设施	香港科技园公司
	香港科学园
	工业邨
	香港应用科技研究院有限公司（应科院）
	香港生产力促进局（生产力局）
人力资本	实习研究员计划

资料来源：香港特别行政区科技创新署《香港便览》。

（2）香港创新系统的问题与优势。相对于广东的区域创新系统，随着香港制造业的空心化，相关企业比较少参与创新活动，企业与其他创新主体是一种松散关系，香港创新比较活跃的领域主要是金融服务、中介支援服务等。尽管近年来特区政府大力鼓励创新，但效果并不明显，其创新能力对香港的国际地位产生了重要的不利影响。全球城市竞争力分析报告指出香港的竞争力虽然位列全球第7，但创新能力不足。细心分析该份报告，会发现当中香港创新能力指标只有23位，远低于其他地区（见表2）。

表2 全球城市竞争力报告（2014～2015年）

国家/经济体	2014～2015年排行		2013～2014年排行
	排行	得分	排行
瑞士	1	5.7	1
新加坡	2	5.65	2
美国	3	5.54	5
芬兰	4	5.5	3
德国	5	5.49	4
日本	6	5.47	9
中国香港	7	5.46	7
荷兰	8	5.45	8
英国	9	5.41	10
瑞典	10	5.41	6

资料来源：2014世界经济论坛，www.weforum.org/gcr.

陈广汉（2009）对香港制造业结构国际竞争力的研究表明，香港制造业不断走向低落，现在已经出现中空现象。制造业空心化导致企业的创新活动紧紧围绕服务业展开，尽管香港依托国际市场发展服务业，金融、航运物流、信息以及专业服务等国际领先，但是由于缺乏先进制造业的支撑，在服务业领域开展的创新动力不足，难以为继。香港经济发展与就业均高度依赖服务业是香港产业结构的重要特征，也是其创新不足的重要原因。

（二）广东创新系统分析

（1）广东创新系统的现状。2014 年底，根据科技部综合评价，广东区域创新能力连续 7 年稳居全国第二位。在构成区域创新能力的五个分项指标中，广东省创新绩效位居全国第一。全省 R&D 经费支出占 GDP 比重超过全国平均水平，已经达到 2.4%；技术自给率已经接近创新型国家和地区水平，目前为 70%；PCT 国际专利申请量占全国比重超过 50%；全省从事研发人员规模居全国第一，达 52 万人/年。高新技术产业产值预计达 5.18 万亿元，同比增长 15%。获得 973 首席科学家项目 9 项，连续 6 年实现丰收。2015 年 1 月召开的国家科技奖励大会上，广东省获 2014 年度国家科技奖励的成果达 46 项，创近 7 年来新高。同时，广东省新型研发机构发展很快，在创新驱动发展中发挥了重要作用（沈超和郑霞，2015）。

表 3　广东部分新型研发机构名称一览表

成立时间	机构名称	合作各方
1991 年 10 月	深圳清华大学研究院	深圳市与清华大学
2005 年 10 月	广州中国科学院工业技术研究院	广州市与中科院
2006 年 2 月	中国科学院深圳先进技术研究院	中科院、深圳市与香港中文大学
2006 年 3 月	中国科学院广州生物医药与健康研究院	中科院、广东省与广州市
2006 年	东莞华南设计院	东莞市与广东工业大学
2007 年 5 月	东莞华中科技大学制造工厂研究院	东莞市与华中科技大学
2007 年 6 月	深圳华大基因研究院	原华大基因部分员工
2007 年 8 月	东莞电子科技大学电子信息工程研究院	东莞市与广东省科技厅、东莞电子科技大学
2010 年 7 月	深圳光启高等理工研究院	
2011 年 10 月	东莞中国科学院云计算产业技术创新与育成中心	中科院与东莞市
2012 年 6 月	中山大学（古镇）半导体照明技术研究中心	中山市古镇现代照明灯饰专业镇与中山大学
2013 年 7 月	佛山中国科学院产业技术研究院	中科院与佛山市

资料来源：笔者根据文献整理。

（2）广东创新系统的问题与优势。由于广东产业结构中制造业的比例大，相应企业的创新活动也非常活跃，企业之间、企业与公共研发机构之间联系比较紧密，研发机构科技成果转化能力较强，政府通过各种途径支持企业创新的力度也比较大。但是金融机构、中介服务等参与创新活动还不足，创新资源不能有效整合，难以形成规模效益，科技创新资金来源单一，研发经费投入与产业发展不匹配，产学研结合不够紧密难以形成协同效应，区域创新系统间协调机制不健全；基础研究不足，原始创新缺乏，高层次的公共创新平台缺失；创新人才梯队和结构尚不合理，特别是高层次创新人才不足（张丽佳等，2013）。

广东省科技金融融合欠佳，金融支持创新的力度不足。信贷业务仍然是银行的主营业务，基于安全性、稳定性、流动性等目标，银行担心创新风险，通常会对创新机构和企业在贷款前层层把关，审核严格；科技保险业务发展滞后，相关险种不完善，广东金融服务科技发展方面远远滞后于香港。同时产业同构已成为珠三角区域经济发展中的显著特点（翁计传，2006）。仅从2003年、2008年与2012年广州、深圳、佛山三地制造业产值（以当年价格计算）位于前十位的行业（见表4、表5、表6）的纵向和横向对比中可以看到，产业趋同现象十分明显，产业结构趋同带来了一系列的问题，如地方政府和企业重复投入研发经费、人员、场地设备等造成巨大浪费，对创新能力提升产生负面影响。

表4　2003年广州、深圳、佛山制造业产值位于前十位的行业

排序	广州	深圳	佛山
1	交通运输设备制造业	通信设备、计算机及其他电子设备制造业	电气机械及器材制造业
2	化学原料及化学制品制造业	电气机械及器材制造业	非金属矿物制品业
3	通信设备、计算机及其他电子设备制造业	电力、热力的生产和供应业	通信设备、计算机及其他电子设备制造业
4	电气机械及器材制造业	仪器仪表及文化、办公用机械制造业	有色金属冶炼及压延加工业
5	石油加工、炼焦及核燃料加工业	石油和天然气开采业	金属制品业
6	纺织服装、鞋、帽制造业	金属制品业	塑胶制品业
7	电力、热力的生产和供应业	塑胶制品业	化学原料及化学制品制造业
8	皮革、毛皮、羽毛（绒）及其制品业	农副食品加工业	纺织业
9	塑胶制品业	印刷业和记录媒介的复制	纺织服装、鞋、帽制造业
10	纺织业	工艺品及其他制造业	交通运输设备制造业

资料来源：根据2003年三地统计年鉴整理所得。

表5 2008年广州、深圳、佛山制造业产值位于前十位的行业

排序	广州	深圳	佛山
1	交通运输设备制造业	通信设备、计算机及其他电子设备制造业	电气机械及器材制造业
2	化学原料及化学制品制造业	电气机械及器材制造业	非金属矿物制品业
3	通信设备、计算机及其他电子设备制造业	电力、热力的生产和供应业	金属制品业
4	电力、热力的生产和供应业	仪器仪表及文化、办公用机械制造业	有色金属冶炼及压延加工业
5	电气机械及器材制造业	石油和天然气开采业	通信设备、计算机及其他电子设备制造业
6	石油加工、炼焦及核燃料加工业	工艺品及其他制造业	塑胶制品业
7	黑色金属冶炼及压延加工业	塑胶制品业	电力、热力的生产和供应业
8	通用设备制造业	文教体育用品制造业	化学原料及化学制品制造业
9	金属制品业	金属制品业	通用设备制造业
10	农副食品加工业	专用设备制造业	纺织业

资料来源：根据2008年三地统计年鉴整理所得。

表6 2012年广州、深圳、佛山制造业产值位于前十位的行业

排序	广州	深圳	佛山
1	电力、热力的生产和供应业	通信设备、计算机及其他电子设备制造业	电气机械及器材制造业
2	通信设备、计算机及其他电子设备制造业	电气机械及器材制造业	金属制品业
3	化学原料及化学制品制造业	文教体育用品制造业	非金属矿物制品业
4	石油加工、炼焦及核燃料加工业	电力、热力的生产和供应业	橡胶制品业
5	电气机械及器材制造业	通用设备制造业	有色金属冶炼及压延加工业
6	通用设备制造业	专用设备制造业	通信设备、计算机及其他电子设备制造业
7	黑色金属冶炼及压延加工业	金属制品业	通用设备制造业
8	纺织服装、鞋、帽制造业	石油和天然气开采业	化学原料及化学制品制造业
9	农副食品加工业	仪器仪表及文化、办公用机械制造业	纺织业
10	食品制造业	非金属矿物制品业	塑胶制品业

资料来源：根据2012年三地统计年鉴整理所得。

香港与广东的区域创新系统存在着明显的差异，正是这种差异使得两地区域创新系统存在合作的可能。同时，由于知识产权保护、人才管理制度、设备管理制度、通关等现存问题，使得两地创新系统的互动未能达到较高的协同水平。以下第四部分通过协整模型，从两地系统的角度，分析创新能力之间的互动关系，及系统合作所达程度。再通过第五部分的空间计量分析，从整合角度分析系统能够组合内部互动情况及创新格局分布。

四、模型1——协整

（一）研究方法与变量的选取

（1）协整理论模型。协整理论（co - integration）是一种应用较为广泛的建模理论（庞皓，2006）。在进行 Granger 因果关系检验前，需确认时间序列的线性组合是否满足协整性，因此首先对变量组合进行协整性分析。若干个由单位根过程所生成的变量，若由此构成的线性组合的协整残差（或者说偏差）由稳定过程所生成，则称变量之间满足协整关系，即变量之间存在长期稳定性。由于粤港每万人专利授予量之间的协整关系检验属于单变量的协整检验，因此本文采用单变量时间序列协整检验方法。单变量时间序列协整检验方法如下用 OLS 法估计变量间线性组合$y_t=\alpha+\beta x_t+u_t$，得到$\overline{y}_t=\overline{\alpha}+\overline{\beta}x_t$，则模型残差估计值为$\varepsilon=y_t-\overline{y}_t$，利用 ADF 检验方法判断$\varepsilon$的单整性，若为稳定序列，则认为变量$y$与$x$为一阶协整。否则，继续检验$\varepsilon$的一阶差分的稳定性，判断二者的协整阶数。

（2）创新能力的衡量指标。本文使用类似于 Furman 等使用的每万人专利数作为创新能力指标（Feldman 等，1994）。Griliches（1990）认为由于有些专利并不具备经济价值，且专利与真实的创新能力水平存在偏差，未能准确反映创新能力；同时由于部分企业出于对商业技术安全性考虑或为能及时推出新产品而未申请专利，因而使用专利来衡量创新能力不足。尽管用专利数作为衡量创新能力的指标存在各种问题，但 Acs 等（1989）认为专利数据统计较为完善、标准相对客观、易于获得，且与创新密切相关，所以仍将专利作为测量科技创新能力的最优指标。由于香港在1997年6月27日开始使用现行的《专利条例》，造成1998年标准专利申请数目的飙升，造成数据的巨大波动，因而选取专利授予量作为创新能力指标更可靠。

本文使用的粤港地区专利及人口数据来自历年《广东统计年鉴》与《香港统计年刊》。经处理可以得到粤港地区每万人专利授予量（单位：件/万人），分别以 x 和 g 表示，并绘制折线图。从图1可以看出，粤港两地的创新能力总体上来看均呈上升趋势，但香港地区的创新能力存在着较大的波动，2005年之前上升趋势比较稳定，2005~2008年短暂的降低之后表现出比较平稳的态势。广东省创新能力则稳定地上升，并在2008年前后赶超香港地区。

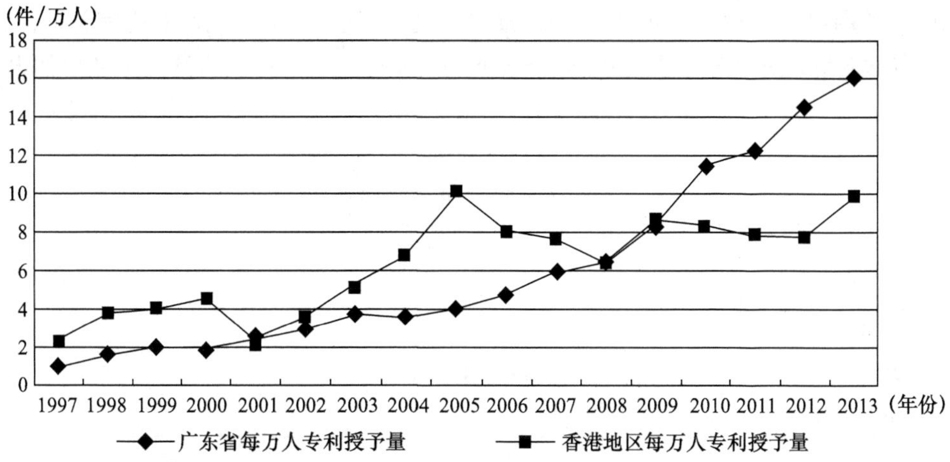

图1 1997~2013年粤港每万人专利授予量

资料来源:《广东统计年鉴》与《香港统计年刊》。

(二) 实证检验

(1) 单位根检验。在进行协整分析前,首先对变量的平稳性进行检验。当所有变量均满足平稳性检验,将不会产生伪回归。当变量不平稳时,若所有变量均满足一阶单整,则认为可能存在协整关系;若变量间的单整阶数不相等,则变量间必然不满足协整性(庞皓,2006)。考虑到对数据做对数变换不改变原来的协整关系且可消除异方差现象,因此,对粤港地区每万人专利授予量进行自然对数变换,记为 ln$x$ 和 ln$g$,建模及计量检验采用 stata12 统计软件完成,得各变量平稳性 ADF 检验结果如表7所示。

表7 每万人专利授予量的ADF检验值

变量	检验类型(C,T,K)	ADF值和	5%水平下的临界值	结论
ln$x$	(C,0,3)	-0.786	-3.000	不平稳
Δln$x$	(C,0,3)	-3.110	-3.000	平稳
ln$g$	(C,0,3)	0.207	-3.000	不平稳
Δln$g$	(C,0,2)	-3.198	-3.000	平稳

注:C,T,K分别代表检验中是否带有常数项、时间趋势项及滞后阶数,如(C,T,0)指单位根检验方程包含常数项和时间趋势项,滞后阶数为0;滞后阶数的选择为AIC最小化原则。

从表7中可以看出,变量是不平稳的,分别取一阶差分之后均达到平稳,即为一阶单整,可以判断出两者之间可能存在着协整关系。

(2) 协整检验。在进行Granger因果关系检验前,先对变量组合的协整性进行分析。由于粤港两地每万人专利授予量之间的协整关系检验为单变量的协整检验,因此，采用单变量时间序列协整检验方法来检验两地创新能力之间的协整关系，其结果如表8和表9所示。首先以 $\ln g_t = \alpha + \beta \ln x_t + \varepsilon_t$ 进行回归，得到回归结果如表8所示。

表8 ln*g* 与 ln*x* 的回归结果

Variable	Coefficient	Std. Error	t – Statistic	Prob.
C	–0.894	0.472	–1.90	0.077
ln*x*	1.369	0.262	5.22	0.000
R – squared	0.645	*Durbin – WAtson stat*		0.813
Adjusted R – squared	0.622			

从表8中可以看出，t统计量均显著，R^2 与修正 R^2 值拟合程度较好，该回归结果从统计意义上来讲是合理的。从该统计结果中提取回归方程的残差，并将该残差定义为新变量 e_t，并对 e_t 进行ADF单位根检验，检验结果如表9所示。

表9 回归残值 e_t 的单位根检验

ADF Test Statistic	–2.15
1% *Critical Value*	–2.66
5% *Critical Value*	–1.95
10% *Critical Value*	–1.60

注：此时用的回归方式为 dfuller e，nocon lags（2）。

在5%置信水平下，检验值小于临界值，则拒绝原假设，接受 e_t 为平稳的备择假设，即变量 lnx 与 lng 满足协整关系，或者说二者之间存在长期均衡关系。从变量之间的长期变化趋势来看，粤港每万人专利授予量存在着正相关的关系，即粤港两地创新能力存在着相互促进的关系。

（3）格兰杰因果检验。协整检验结果证明，在样本期内，粤港每万人专利授予量之间满足长期稳定关系，现通过格兰杰因果检验来验证是否构成因果关系，检验结果如表10所示。

表10 粤港每万人专利授予量之间的格兰杰因果关系检验

原假设 H_0	滞后阶数	F值	P值	结论
ln*x* 不是 ln*g* 的因	3	9.84	0.020**	拒绝原假设
ln*g* 不是 ln*x* 的因	3	6.35	0.096*	拒绝原假设

注：***、**、*分别表示在1%、5%、10%的统计水平下显著。

（4）小结。由表 10 可见，香港每万人专利授予量的变化是广东每万人专利授予量的格兰杰原因，说明自 1997 年以来，香港创新能力的提升明显带动了广东创新能力的提升。同时，在 10% 的显著水平下，广东每万人专利授予量的变化是香港每万人专利授予量的格兰杰原因，说明广东创新能力的提升带动香港创新能力的提升。而在 1% 的显著水平下，广东每万人专利授予量的变化并不是香港每万人专利授予量的格兰杰原因。这说明，广东创新能力的提升并未对香港创新能力有明显的提升作用。

广东与香港自 1997 年以来在创新合作上取得一定成效，推进双方创新能力提升。更多的都是广东受到了来自香港的提升影响，广东虽为香港的发展提供各种要素，但并未对香港创新能力的提升有更多的影响。可以看出，尽管 CEPA 签订以来，有多项政策出台以推进粤港联合创新，但并未形成两地创新系统的有效协同。造成这种现象的原因是多方面的：首先，粤港创新要素流动存在制度性障碍，粤港科技创新体系的体制机制差异比较大，令两地科技新资源未能有效整合。如科研经费难以跨境使用，香港特区政府财政科研经费可以有 50% 在内地使用，但内地的科研经费则无法跨境使用，对两地联合研究项目形成了障碍；两地人才不能互认专业资格；研发设备出入境关税较重等。其次，缺乏科技技术服务平台和技术转移中介机构。香港很多高校对于通过何种渠道获得科技合作的信息不够清楚；对国内政策、产业发展、企业需求等缺乏了解，粤港两地技术创新供给与技术创新需求信息不对称。

五、模型 2——粤港创新程度的空间关联性分析

本文借助于 Geoda095i 软件对粤港地区创新程度的空间关联性进行分析，从而更加直观地说明了将粤港两个创新系统整合之后的协作系统中创新程度的分布情况，为粤港地区创新发展程度的现在以及未来的发展方向提供依据。

（一）研究方法及数据来源

（1）全局空间关联性指标。莫兰在 1950 年提出了全局莫兰指数 I。它是最早应用于检验空间关联性和集聚问题的探索性空间分析的指标。它能够反映整个研究区域内，各个地域单元与邻近地域单元之间的相似性。自关联性全局莫兰指数 I（通常全局莫兰指数 I 指自关联性全局莫兰指数 I，有时也称为单变量全局莫兰指数 I）的计算公式如下：

$$I = \frac{n\sum_{i=1}^{n}\sum_{j=1}^{n} w_{ij}(x_i - \bar{x})(x_j - \bar{x})}{\sum_{i=1}^{n}\sum_{j=1}^{n} w_{ij}\sum_{i=1}^{n}(x_i - \bar{x})^2} = \frac{\sum_{i=1}^{n}\sum_{j=1}^{n} w_{ij}(x_i - \bar{x})(x_j - \bar{x})}{S^2\sum_{i=1}^{n}\sum_{j=1}^{n} w_{ij}} \tag{1}$$

由于莫兰指数 I 是空间自相关回归方程系数的估计值，其取值范围为［-1，1］。莫兰指数 I 在 0~1 取值，表示正相关，表示具有相似的属性集聚在一起（即高值相

邻接或低值相邻接)；莫兰指数 I 在 0~1 取值，为负相关，表示具有相异的属性集聚在一起（即高值与低值邻接、低值与高值邻接)；接近于 0，则表示随机分布，或不存在空间自相关性。

(2) 局部空间关联性指标。安塞林（Anselin）于 1995 年提出局部莫兰指数（简称 LISA)，用来检验局部地区是否存在变量集聚现象。地域单元 i 的局部莫兰指数用来度量该地区和其周围地域单元之间的关联性，定义为：

$$I = \frac{(x_i - \bar{x})\sum_{j=1}^{n} w_{ij}(x_j - \bar{x})}{S^2} \tag{2}$$

正的莫兰指数表示一个高值被高值所包围（高—高)，或者一个低值被低值所包围（低—低)。负的莫兰指数表示一个低值被高值所包围（低—高)，或者是一个高值被低值所包围（高—低)。

(3) 莫兰散点图。Moran 散点图常用来研究局部的空间不稳定性。Moran 散点图由 4 个象限组成，同局部 Moran 指数相比，它能够更直观具体地反映区域单元与其邻近地域之间的 4 种局部空间联系形式。其中，第一象限的“高—高”表示某一空间单元与周围单元的属性值都较高，该单元和周围单元组成的子区域为通常所说的热点区；第三象限“低—低”表示此象限内的空间单元有均质性；第四象限“高—低”表示某一空间单元属性值较高，而周围单元值较低，第二象限“低—高”与之相反，落入这两个象限的空间单元间存在着负相关，即异质性突出（万鲁河等，2011)。

(4) 数据说明。由广东地区（广州、深圳、珠海、东莞、佛山、中山、惠州、汕头、江门、茂名、肇庆、湛江、梅州、汕尾、河源、清远、韶关、揭阳、阳江、潮州、云浮）与香港特别行政区共 22 个地域单元组成的地域，对其每百万人专利授予量进行全局莫兰指数 I 和局部莫兰指数 LISA 分析，了解区域专利授予情况整体的聚焦情况和区域单元之间的关系。本文所采用的是粤港地区共 22 个地域单元组成的 shapefile 文件，如图 2 所示。为了观察自 CEPA 签订以来，广东省与香港特别行政区所组成的区域内部各区域单元的创新能力的变化情况，在这里选取 2003 年、2007 年、2010 年及 2013 年的地级市每万人均专利授权量，数据来自历年广东各市统计年鉴、历年《香港统计年刊》与广东省知识产权局统计信息。

(二) 实证研究

(1) 概况。由粤港每万人专利授予量分位图（见图 3）可以看出，每万人专利授予量被分为三个等级，其中值较高的为香港、广州、深圳、东莞、佛山、中山、江门和珠海，即创新能力较高的地区主要集中在大珠三角。而第二等级在 2003 年主要在汕头、揭阳、汕尾和茂名等非珠三角沿海城市，2003 年之后第二、第三等级分布发生较大变化。可以看出，粤港地区创新能力增长极主要分布于大珠三角中的珠江口城市。

图 2　广东省与香港特别行政区

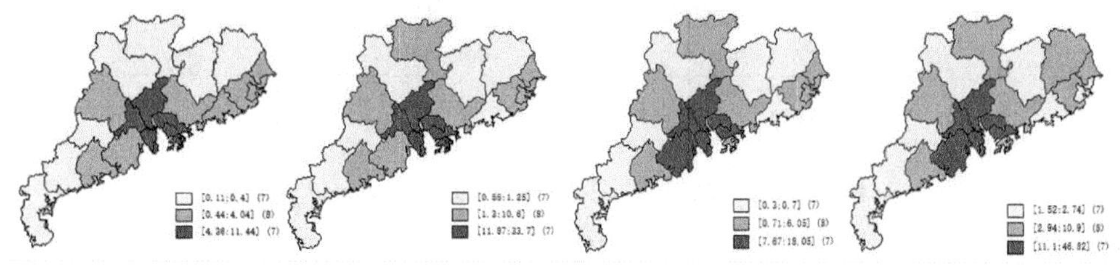

图 3　2003 年、2007 年、2010 年与 2013 年粤港每万人专利授予量分位图

（2）全局空间自相关分析。运用 Geoda095i 软件对数据进行全局空间自相关分析，得到分别以（IP03，lagged IP03）、（IP07，lagged IP07）、（IP10，lagged IP10）和（IP13，lagged IP13）为坐标的散点图（见图 4）。在图中分布在第一象限和第二象限的点为空间正相关的点数据，2003 年、2007 年、2010 年与 2013 年的 Moran's I 分别为 0.343627、0.40429、0.41612、0.443556，说明这些区域单元间具有较大的空间正相关性，及粤港组成中各区域单元间的创新能力的空间分布表现为相似值的空间集聚，并非为完全的随机性，并且这种正的相关性呈现出逐渐增长的趋势。

这说明粤港创新系统间融合加深，相互作用更加明显。通过创新合作促进了地区的创新能力的提升与创新系统的优化升级。并且，随着多方政策的进一步落实与完善，多年来合作的广度与深度进一步加深，这种正的相互影响与促进作用的程度也将不断深化。随着时间的推移，粤港两地创新系统间的融合将进一步深化，并最终达到相统一的协同状态，更有效地促进两地创新能力的提升与经济的高速发展。

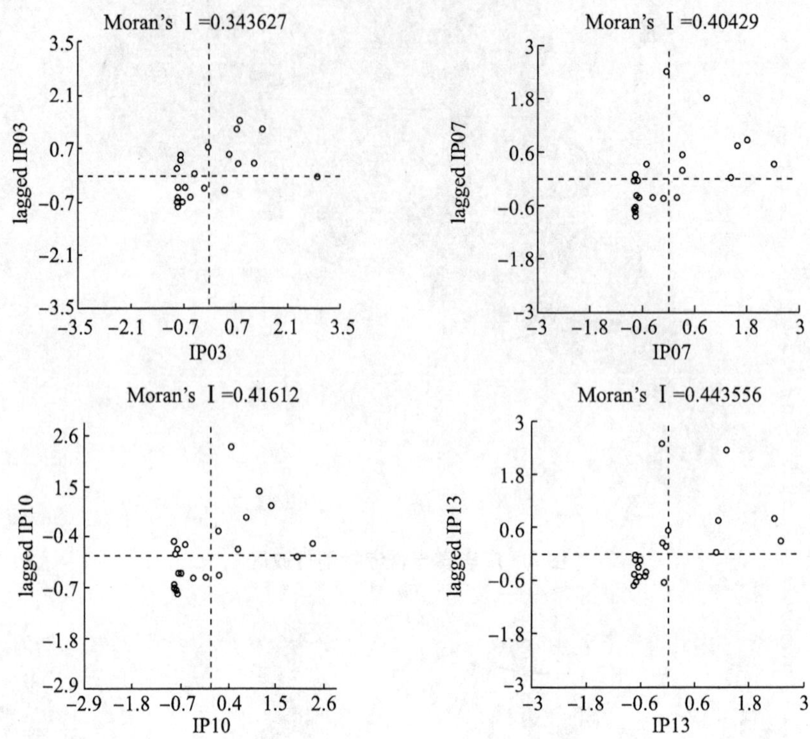

图 4　2003 年、2007 年、2010 年与 2013 年 Moran 散点图

为了检验 Moran's I 是否显著，在 Geoda 中采用蒙特卡洛模拟的方法来检验（见图 5、图 6）。可以看出，2003 年、2007 年、2010 年与 2013 年的 P 值分别为 0.009、0.012、0.008 和 0.009，说明 Moran's I 分别在 99.1%、98.8%、99.2% 和 99.1% 置信度下的空间自相关是显著的。

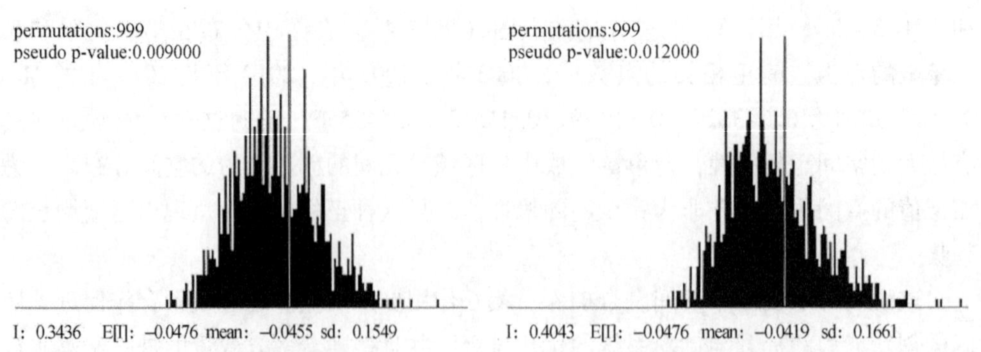

图 5　2003 年与 2007 年 Moran's I 蒙特卡洛模拟检验图

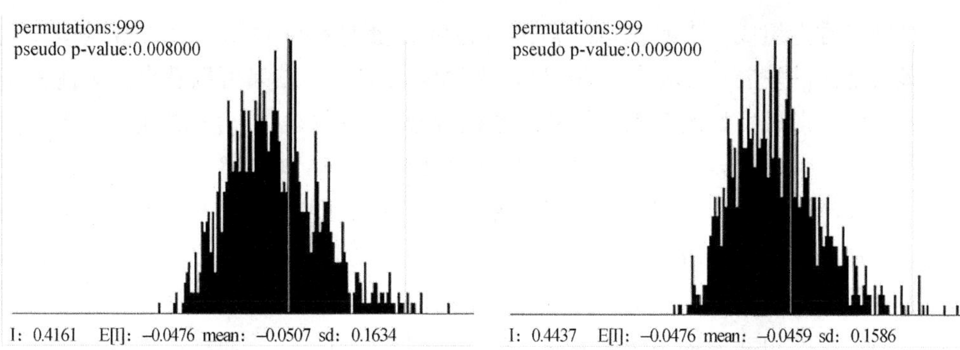

图6 2010年与2013年Moran's I蒙特卡洛模拟检验图

（3）粤港每万人专利授予量局部空间自相关分析。全局空间自相关指标Moran's I仅用于检验整个研究区域的空间模式，为了反映一个区域单元上的某一属性值与邻近单元上的属性值的相关程度，以下使用局部空间自相关指标LISA进行分析（Griliches，1990）。

为了更好地说明粤港区域中各区域单元每万人专利授予量的空间分布情况，利用Geoda生产LISA聚集图（见图7），用不同颜色渲染不同的空间自相关类别，具体标记方式见图例显示。从图中可以看出，自2003年以来，深蓝色部分主要出现在粤东与粤西地区，表明这些城市和其周边城市的创新能力都较低。例如在2003年以茂名为中心，其与周边的云浮、阳江和湛江的创新能力都比较低。值得注意的是自2003年以来，尽管广东与香港签订了一系列协议并展开了一系列促进创新协作的活动，香港始终没有成为创新能力高—高集聚的中心城市，未对周边相邻的珠三角城市产生创新能力的正的显著影响。

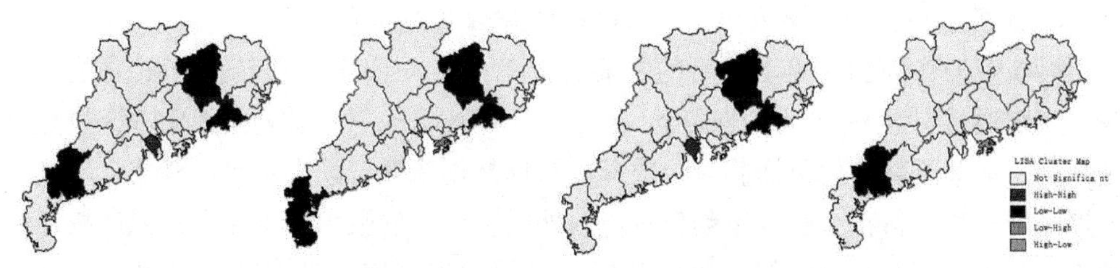

图7 2003年、2007年、2010年与2013年LISA集聚图

六、结论与对策建议

（一）结论

“广州—深圳—香港”（即“广—深—港”）发展轴作为目前大珠三角区域最发达的经济发展轴，被称为大珠三角区域的“巨型经济走廊”，由广州、深圳、佛山、东莞、香港组成，占有大珠三角区域经济总量的80%以上，其扩散效应波及带动粤港地区的发展（郑新等，2013）。由协整模型分析结果可以看出，粤港两个创新系统间已形成良好的互动。但从两系统融合和深层次协同合作的角度来看，两地并没有形成此前《珠江三角洲地区改革发展规划纲要（2008～2020年）》所提出的形成深港创新圈和以广州—深圳—香港为主轴的区域创新布局的粤港区域创新格局，两地创新系统间协作现阶段仍存在很大的改良空间。从以上分析结果可以看出，创新能力的"高—高"正相关关系区域集中在珠三角地区，而粤东与粤西地区并未与大珠三角或者是广—深—港主轴有更深入的互动，主轴线并未表现出明显的带动作用，以广—深—港为主轴的区域创新集群还未成为提高该地区区域创新能力、完善该地区区域创新体系建设的重要部分。

（二）促进粤港跨境区域协同创新的对策建议

1. 制度协同：完善知识产权保护制度

粤港两地知识产权保护制度还存在较大的差异，香港知识产权保护制度属于英美法系，而内地属于大陆法系，两地的知识产权法律制度存在很大差异。香港知识产权保护制度起步较早，具有较强的国际化和开放性特征，体系比较完备；相比之下，广东在对侵权惩罚力度、侵权成本偏低、解决举证困难、追索网络侵权等方面仍亟须加强。因此，粤港两地应通过充分协调协商，加强知识产权保护的合作（李平，2011）。在法律上强化对侵权者的处罚，提高违法成本；加强粤港跨境知识产权司法和执法力度，规范程序，秉公执法；完善知识产权公共服务体系，完善粤港两地知识产权信息沟通机制和服务机构人员的交流机制，及时沟通交流知识产权资讯，设立知识产权保护基金，免费提供粤港知识产权咨询和投诉服务。完善知识产权法律支援服务体系，建设知识产权预警系统（唐善新，2005）。

2. 服务协同：完善粤港协同创新的科技金融服务体系

科技金融作为创新驱动战略的重要支撑，是推动广东产业转型升级的重要引擎。广东通过引导基金、科技银行、新三板、科技保险等一系列措施促进科技与金融结合，成效显著，但仍面临着金融资本与科技创新融合动力不足、科技金融融合发展区域失衡、科技金融政策创新对境内外投资机构的吸引力不足、知识产权评估评价机制体制不健全以至银行难以开展纯粹的知识产权质押贷款等问题（王卫红和王颜悦，2014）。粤港两地应在抓住广东自贸区建设的机遇，发挥香港的金融优势，促进两地科技金融合作发展，并借此促进两地创新协同层级提升。广东省自贸区的建设方案明确提出了依托港澳、服务内地、面向世界，将自贸试验区建设成为粤港澳深度合作示范区的战略定位，广东自贸区试验方案在科技方面，明确了科技服务是进一步扩大对港澳服务业开放的重点领域之一，在金融领域开放创新方面，要"创新知识产权投融资及保险、风险投资、信托等金融服务，推动建立知识产权质物处置机制"（国务院关于印发中国（广东）自由贸易试验区总体方案的通知，2015）。因此，粤港科技金融要充分发挥自贸区的创新平台作用，以自贸区作为深化粤港金融市场“互联互通”的机制建设的创新平台，通过放开港澳资本准入、业务范围限制等制度创新来促进香港金融、科技人才和机构等资源向广东集聚，依托自贸区，建立华南地区知识产权运营中心和创投服务中心和适应科技金融发展的投资担保中心，发展金融保险业务。同时应发挥香港的区域资源优势，通过打造与国际接轨的营商环境来实现既能吸引国际资本与技术进入又能推动国内创新成果“走出去”的更为广阔的科技与金融融合的国际化平台（麦均洪和金江，2015）。

3. 项目协同：健全粤港科技联合招标的长效机制

自2004年粤港首次联合招标以来，两地通过公开招标的形式开展科技攻关，进一步紧密合作，充分利用资源优势，促进粤港共同发展。因此，应在加强政策评估的基础上继续开展粤港联合招标，一方面，要通过深化科技体制改革突破联合招标项目的制度瓶颈，加大项目资助力度和扩大资助广度，在项目评审理念、管理机制上不断创新，在机构职能上加强统筹协调与归口管理。另一方面，要加强联合招标项目的针对性，根据香港的创新优势以及珠三角产业结构调整升级的实际情况，在项目选择上要突出便于资源整合，推动原始创新，突出创新重点，强调成果转化。此外，要重视项目实施的评估工作，总结联合招标工作的经验教训，提炼行之有效的机制和办法作为粤港区域协同创新的经验固定下来，实现两地在协同创新上能简化环节，固化程序，稳定团队，长效合作。

4. 平台协同：建立粤港科技信息服务平台

围绕粤港科技合作需求，整合、发布粤港两地相关政策、规划、产业、技术、大学、科研机构、企业、人才等信息，逐步形成粤港产业发展数据库、技术路线图数据库、创新主体信息数据库和高端人才信息数据库。同时，建立定期信息沟通机制，按一定比例、条件组织广东企业与香港高校、研发机构开展信息沟通机制和对接匹配活动，有针对性地推动科研成果产业化。以“粤港协同创新信息服务网”为载体打造粤港科技信息服务平台，及时发布粤港科技创新供需信息，实现创新成果与产业化的无缝对接。探索成立由企业家、科研人员和财务专家组成的创新创投咨询队伍，通过服务平台为粤港协同创新提供智力支持，形成“科技研发＋成果转化＋产业孵化”的“一站式”服务模式。

5. 要素协同：促进粤港创新要素跨境便捷流动

粤港协同创新需要进一步突破资金、信息、人才等关键创新要素高效便捷流动的制度瓶颈，如在广东自贸区内先行试点允许两地联合科研项目的资助资金跨境使用，在无法改变税收制度的情况下对香港在粤科研机构的设备进口进行税收补助，允许两地符合设定条件的企业、机构跨境申请政府资助基金。发挥行业、专业技术协会等科技中介机构的作用，推进相关专业技术资质的互认，为两地创新人才交流和智力资源合法有序的流动创造前提条件。允许粤港合作科研项目的工作人员在事前确认、所属机构出具证明等条件下，办理多次往返港澳的通行证，以及香港在粤科研人员购买社会保险；允许非广东本地户籍人士和非香港居民的外籍在港工作人员，在参与粤港合作科研项目时，在两地通关方面予以便利安排等。

参考文献

［1］AnsoffH，I. Corporate Strategy（Revised Edition）. Published by Penguin Books，1987.

［2］Feldman，Maryann P. and Florida，Richard. The Geographic Sources of Innovation：Technological in frastructureand Product Innovationin the UnitedStates［J］. Annals of the Association of American Geographers，1994，84（2）：210－229.

［3］Haken H. Synergetics：AnIntroduction［J］. Published by Spring－Verlag，1983.

［4］Lundvall，B. A.，National Systems of Innovation toward a Theory of Innovation and Interative-Learning［J］，Published by Pinter Publishers，1992.

［5］Philip Cooke. Regional Innovation System：Competitive Regulation in the New Europe［J］. Gen Forum，1992，3（23）：365－382.

［6］陈广汉．香港回归后的经济转型和发展研究［M］．北京：北京大学出版社，2009.

［7］程玉鸿，李强．改革开放以来粤港产业合作关系演进的实证研究［J］．产经评论，2011（4）：86－94.

［8］李平．粤港两地政府知识产权保护的比较分析［C］．2011 年广东社会科学学术年会——地方政府职能与社会公共管理论文集．

［9］麦均洪，金江．自贸区建设与广东科技金融发展［J］．南方经济，2015（6）：126－134.

［10］庞皓．计量经济学［M］．北京：科学出版社，2014.

［11］任荣伟．经济新常态下两岸四地协同创新机制研究［J］．中国科技产业，2015（3）：53－59.

［12］沈超，郑霞．新型研发机构助力广东创新驱动发展［J］．广东科技，2015（10）：24－27.

［13］唐善新．粤港知识产权专业支援服务调查研究报告（摘要）［Z］．广东知识产权年鉴，2005：415.

［14］汪良兵．区域创新网络结构与协同演化研究［D］．中国科学技术大学，2014.

［15］万鲁河，王绍巍，陈晓红．基于 GeoDA 的哈大齐工业走廊 GDP 空间关联性［J］．地理研究，2011（6）：977－984.

［16］翁计传．珠江三角洲工业结构趋同性研究［J］．世界地理研究，2006（1）：21－26.

［17］王卫红，王颜悦．广东推进科技、金融与产业深度融合的举措、问题及对策［J］．科技管理研究，2014（20）：29－32.

［18］王志宝，孙铁山，李国平．区域协同创新研究进展与展望［J］．软科学，2013（1）：1－4.

［19］宿军杰．珠三角与香港区域创新系统合作研究［D］．广东外语外贸大学，2007.

［20］杨耀武，马学新，李健民．长江三角洲发展报告（2008）［M］．北京：人民出版社，2009.

［21］张丽佳，侯红明，李宏荣．长三角、珠三角、环渤海区域创新能力与政策比较研究

[J]．科技管理研究，2013（18）：14-18.

[22] 张玉臣．长三角区域协同创新研究[M]．北京：化学工业出版社，2009.

[23] 郑新，张丽佳，侯红明，黄宁生．基于创新集群的以广州—深圳—香港为主轴的区域创新体系建设对策研究[J]．科技管理研究，2013（23）：12-16.

城镇复合系统协同发展模型构建与实证研究*

周正柱

（上海应用技术大学）

一、引言与文献综述

城镇化过程中人口的流动，产业结构的转变，空间的重新配置，居民生活需求的上升以及社会的发展，对城市资源储量和环境质量都有积极或消极的影响。同时，生态环境在城镇化进程中也起着环境选择、资源供给或制约人口驱逐或吸引的作用（赵倩楠等，2015）。这表明城镇化中人口、经济、社会和生态复合系统协同发展是促进区域经济社会发展的重要动力，也是提升城镇化质量的重要途径。上海也不例外，城镇化率已近90%，在高度城镇化中，一方面，经济、社会和人口取得快速发展，如常住人口已从2006年的1815万上升到2015年末的2415.27万，增长33.07%；GDP已从2006年的1.0万亿元增长到2015年的2.5万亿元，增长150%。另一方面，生态环境质量有待进一步提升，如据上海环保局最新数据显示，2016年上半年，PM2.5、PM10、SO_2和NO_2平均浓度分别为54微克/立方米、69微克/立方米、16微克/立方米和46微克/立方米，与上年同期相比，虽有一定程度降低，但与要求还有一定差距。“十三五”时期，上海城镇化已进入加快转变经济发展方式、推动人口、经济、社会和生态复合系统协同发展新时期，如何在现有的基础上更好地实现城镇复合系统协调发展，已成为上海经济社会发展和城镇化进程中面临的重要课题。

关于复合系统协同发展问题研究，从现有的文献看，主要运用复合系统协同度模型，而该模型主要运用于产业创新系统（张治河等，2006；汪良兵等，2014）、技术创新系统（刘志迎等，2012；刘英基等，2015）、物流与制造业系统（孙鹏等，2012）、港城系统（范厚明等，2015）、区域协同创新能力（鲁继通，2015）

* 基金项目：2015年上海哲学社会规划课题（2015BJB001）；2016年国家社科基金项目（16BSH033）。

等，但运用于城市或城镇系统研究较少，实证分析几乎没有。李桂君等（2014）通过对小城镇交通道路、医疗卫生等六大子系统相互作用分析，构建小城镇子系统有序度模型和协同度模型，但没有进行实证分析。因此，本文基于复合系统协同度模型，对上海城镇中人口、经济、社会和生态复合系统的协同度进行测量，并探询各子系统协同发展现状，从而提出有针对性的政策建议和举措，以期提升各子系统协同发展水平，进而提升城镇化质量水平。

二、城镇复合系统协同发展理论模型

协同学（Synergetics）是德国物理学家哈肯提出的一种可以广泛应用于现代的横断学科，其研究由大量子系统以复杂的方式相互作用所构成的复合系统，如何通过子系统间的协同作用，自发地形成时间、空间或时间—空间的有序结构（Haken，2004）。因此，如何合理地对城镇系统内部子系统进行划分是运用复合系统协同度模型分析城镇系统协同发展的关键所在。为此，本文在借鉴方创琳等（2011）、魏后凯等（2013）、徐浩鸣（2014）等关于城镇化质量内涵理解基础上，认为城镇化是一个涉及经济、社会、生态等诸多复杂因素的人口迁移过程，不仅表现为人口向城镇的集中和非农业活动的集聚，还表现为城镇地域的拓展、城镇文化和生活方式的传播与扩散。因此，我们将城镇复合系统划分为人口、经济、社会和生态四个子系统，其中产业发展是城镇化的基础，通过提升产业能级，优化三次产业结构，加强产业对城镇发展的支撑作用；人口发展是城镇化的本质，通过优化人口结构、吸引产业人才入驻，不断实现高端人才集聚，加强人口对产业及城镇发展的促进作用；社会发展是城镇化的重要抓手，通过加强城镇公共交通、医疗教育、文化娱乐等公共服务设施建设，不断加快人口集聚，同时改善和提升产业发展环境；生态环境优化是城镇化的重要保障，一方面，城镇化进程的加速会通过人口、经济、资源等方面对生态环境施加压力；另一方面，生态环境则会反过来约束城镇人口增长、经济发展和社会进步等。同时，城镇化及其子系统构成相互联系、相互影响、相互制约的复杂系统，需要协同发展才能有效推进城镇可持续发展，其协同发展理论模型如图 1 所示。

三、城镇复合系统演变协同度模型构建

（一）模型设定

城镇系统演变过程，实际上就是各子系统从低级向高级、从无序向有序的不断演化过程。协同学认为系统内部变量分为慢弛豫变量和快弛豫变量，其中慢弛豫变量（序参量）决定着系统演化的特征与规律（哈肯，2005）。系统从无序走向有序的关键在于系统内部序变量之间的协调作用，它决定着系统演化的特征与规律。因此，本文在借鉴孟庆松等（2000）和邓小朱等（2016）提出的复合系统协调度模型基础上，构建人口、经济、社会和生态四个子系统有序度测度模型和城镇复合系统协同度测度模型。

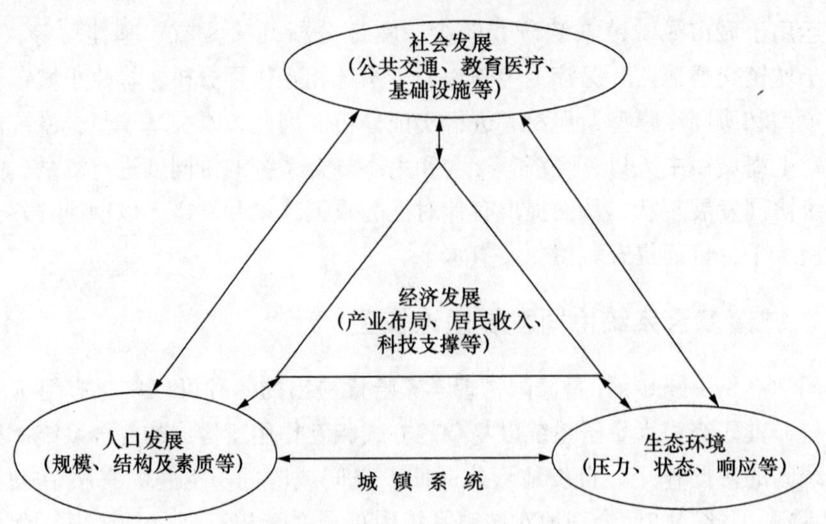

图1 城镇复合系统协同发展理论模型

（1）各子系统有序度测度模型。设城镇复合系统内部子系统为 X_j，$j \in [1, 4]$，其中 X_1、X_2、X_3 和 X_4 分别表示人口子系统、经济子系统、社会子系统和生态子系统；设子系统在发展过程中的序参量 $X_j = (X_{j1}, X_{j2}, X_{j3}, \cdots, X_{jn})$，$n \geqslant 1$，$\beta_{ji} \leqslant X_{ji} \leqslant \alpha_{ji}$，$i \in [1, n]$，其中 α_{ji} 和 β_{ji} 分别是第 j 个子系统在第 i 个序变量的上限值和下限值。这里假设 X_{j1}，X_{j2}，…，X_{jk} 的取值越大，系统的有序度越高；假设 $X_{j(k+1)}$，…，X_{jn} 取值越大，系统的有序度越低，则子系统 X_j，$j \in [1, 4]$ 的序变量分量有序度的计算公式为：

$$U_j(X_{ji}) = \begin{cases} \dfrac{X_{ji} - \beta_{ji}}{\alpha_{ji} - \beta_{ji}}, & i \in [1, k] \\ \dfrac{\alpha_{ji} - X_{ji}}{\alpha_{ji} - \beta_{ji}}, & i \in [k+1, n] \end{cases} \tag{1}$$

由式（1）可知，$U_j(X_{ji}) \in [0, 1]$，$U_j(X_{ji})$ 值越大，则表明 X_{ji} 对相应子系统的"贡献"越大。

从总体上看，各序参量分量 X_{ji} 对子系统 X_j 有序程度的"总贡献"可通过 $U_j(X_{ji})$ 集成来实现，不失一般性，本文将采用几何法来测度子系统的有序度，具体如下面的公式计算：

$$U_j(X_j) = \sqrt[n]{\prod_{i=1}^{n} U_j(X_{ji})}, j = 1,2,3,4 \tag{2}$$

由式（2）可知，$U_j(X_j)$ 值越高；子系统的有序度就越高；反之子系统的有序度就越低。

（2）复合系统协同度测度模型。假设在初始时刻 T_0，各子系统的有序度为 $U_j^0(X_j)$，而当整个复合系统发展演化到时刻 T_1，各子系统的有序度为 $U_j^1(X_j)$，则复合系统的协同演化水平为：

$$C = \rho \sqrt[4]{\left| \prod_{j=1}^{4} \left[U_j^1(X_j) - U_j^0(X_j) \right] \right|} \tag{3}$$

式中 ρ 满足以下条件：

$$\rho = \frac{\min_j \left[U_j^1(X_j) - U_j^0(X_j) \right]}{\left| \min_j \left[U_j^1(X_j) - U_j^0(X_j) \right] \right|}$$

由式（3）可知，$C \in [-1, 1]$取值越大，复合系统协调发展的程度越高；反之则越低。该系统协同度 C 综合考虑了各子系统的情况，若某一个子系统的有序程度较大，而另一子系统的有序程度较小或下降，则整个复合系统的协同演化水平将不高，此时，表现为 $C \in [-1, 0]$。

（二）序变量选择及数据来源

从现有文献来看，目前少有学者运用复合系统协同度模型对城镇系统内部各子系统协同演化问题展开实证研究，给本文序变量选择带来一定的难度。但有不少学者对城镇化水平或质量进行综合评价（李明秋等，2010；魏后凯等，2013；曹飞，2014；薛德升等，2016），围绕人口、经济、社会等子系统构建评价指标体系。因此，本文在借鉴已有的城镇化质量综合评价指标体系基础上，同时兼顾序变量内涵及数据的可获得性，对城镇复合系统内部各子系统的序变量进行选择，如表 1 所示。各指标数据主要来源于《上海统计年鉴》（2007～2016）。

表 1　城镇复合系统协同度研究的序变量选择

系统	子系统	序变量	单位
城镇系统（X）	人口子系统（X_1）	城镇人口占总人口比重（X_{11}）	%
		第二、第三产业从业人员比重（X_{12}）	%
	经济子系统（X_2）	人均 GDP（X_{21}）	元/人
		二三产业增加值占 GDP 比重（X_{22}）	%
		城镇居民人均可支配收入（X_{23}）	元
		商品房销售面积（X_{24}）	万平方米
		专利数（X_{25}）	件
	社会子系统（X_3）	每万人拥有公共交通车辆（X_{31}）	辆/万人
		每十万人口各级学校平均在校生数（X_{32}）	人
		城镇居民家庭每百户移动电话拥有量（X_{33}）	部
		人均城市道路面积（X_{34}）	平方米/人
	生态子系统（X_4）	森林覆盖率（X_{41}）	%
		城市污水日处理能力（X_{42}）	万立方米
		人均公园绿地面积（X_{43}）	平方米/人

四、城镇复合系统演变协同实证分析

（一）数据计算

第一步：为消除原始数据不同量纲的影响，对原始数据采取均值—标准差法进行标准化：

$$X'_{ij}=\frac{X_{ij}-\bar{X}_j}{S_j}(i=1,\ 2,\ \cdots,\ n;\ j=1,\ 2,\ 3,\ 4)$$

其中，X'_{ij}为标准化数据，$\bar{X}_j$表示变量X_{ij}的均值，S_j表示变量X_{ij}的标准差。原始数据标准化处理结果如表2所示。

第二步：将表2中数据代入公式（1），计算得各子系统序变量有序度，如表3所示。

第三步：将表3中数据代入公式（2），计算各子系统有序度，然后将子系统有序度代入公式（3），得复合系统协同度，如表4所示。同理，可计算两子系统协同度和三子系统协同度，如表5所示。

表4　2006～2015年子系统有序度及复合系统协同度

	人口子系统	经济子系统	社会子系统	生态子系统	协同度
年份	U_1（X_1）	U_2（X_2）	U_3（X_3）	U_4（X_4）	C
2006	0.2565	0.0808	0.3484	0.0410	—
2007	0.2119	0.2040	0.5635	0.1308	0.1015
2008	0.2361	0.3559	0.3210	0.1660	0.0748
2009	0.1429	0.3383	0.3455	0.6905	0.0678
2010	0.1651	0.4999	0.3520	0.8026	0.0402
2011	0.6898	0.4941	0.1362	0.5024	0.3639
2012	0.6479	0.4008	0.1794	0.5388	0.3204
2013	0.6479	0.5091	0.2178	0.5759	0.3290
2014	0.2103	0.7070	0.2167	0.6514	0.2384
2015	0.9541	0.9100	0.1780	0.7550	0.5151
平均值	0.4163	0.4500	0.2859	0.4854	0.2279

表 2　2006～2015 年序变量标准化处理结果

	人口子系统		经济子系统					社会子系统				生态子系统		
年份	X_{11}	X_{12}	X_{21}	X_{22}	X_{23}	X_{24}	X_{25}	X_{31}	X_{32}	X_{33}	X_{34}	X_{41}	X_{42}	X_{43}
2006	0.0280	-0.8080	-1.5709	-1.8248	-1.3747	0.7020	-1.6163	0.8778	-0.2049	-1.1512	1.8963	-1.5275	-1.5927	-1.4742
2007	-1.0007	-0.7408	-1.1626	-1.1679	-1.1672	0.4967	-1.3399	0.4910	0.6827	-0.7669	2.0061	-1.5275	-1.3111	0.1138
2008	-1.0007	-0.3936	-0.8316	-0.6569	-0.8640	1.5265	-0.7955	0.9320	0.9504	-0.7390	-0.4160	-1.5275	-1.0187	0.5108
2009	-1.2644	-0.1753	-0.4894	-0.4380	-0.5500	-0.5585	-0.7964	0.4820	1.0807	-0.6391	-0.3731	0.6547	-0.3674	1.4107
2010	-1.2644	0.4855	-0.3331	-0.2190	-0.3290	1.0305	-0.0746	0.7069	1.1337	-0.4900	-0.4226	0.6547	0.0991	1.9400
2011	0.5818	0.7991	0.1503	0.5109	-0.0210	-0.9865	0.8447	-2.8374	0.9094	-0.3561	-0.5678	0.6547	0.3504	-0.8390
2012	0.5818	0.4519	0.6040	0.5839	0.4300	-1.4018	0.8271	-0.1657	-0.8851	-0.2669	-0.5678	0.6547	0.4932	-0.7331
2013	0.5818	0.4519	0.8009	0.7299	0.8360	-1.2364	1.0723	-0.0578	-1.0660	1.1119	-0.5546	0.6547	0.5616	-0.5479
2014	1.3731	-1.9504	1.1941	1.1679	1.3171	-0.4925	0.8768	0.1222	-1.2107	1.5450	-0.5447	0.6547	1.3762	-0.4949
2015	1.3731	1.8742	1.6383	1.4599	1.7238	0.9202	1.0018	-0.0004	-1.3868	1.7522	-0.5447	0.6547	1.4095	0.1138

表 3　2006～2015 年各子系统序变量有序度

	人口子系统		经济子系统					社会子系统				生态子系统		
年份	U_1（X_{11}）	U_1（X_{12}）	U_2（X_{21}）	U_2（X_{22}）	U_2（X_{23}）	U_2（X_{24}）	U_2（X_{25}）	U_3（X_{31}）	U_3（X_{32}）	U_3（X_{33}）	U_3（X_{34}）	U_4（X_{41}）	U_4（X_{42}）	U_4（X_{43}）
2006	0.4890	0.3179	0.0445	0.0505	0.0403	0.6966	0.0547	0.9645	0.4763	0.0360	0.8904	0.0363	0.0482	0.0393
2007	0.1345	0.3339	0.1602	0.2323	0.1012	0.6329	0.1481	0.8712	0.7964	0.1564	0.9291	0.0363	0.1335	0.4621
2008	0.1345	0.4146	0.2539	0.3737	0.1902	0.9526	0.3322	0.9775	0.8930	0.1651	0.0737	0.0363	0.2220	0.5678
2009	0.0436	0.4683	0.3569	0.4343	0.2823	0.3053	0.3319	0.8690	0.9400	0.1964	0.0888	0.9727	0.4192	0.8074
2010	0.0436	0.6254	0.3951	0.4949	0.3471	0.7986	0.5759	0.9232	0.9591	0.2431	0.0713	0.9727	0.5605	0.9483
2011	0.6799	0.6999	0.5321	0.6969	0.4375	0.1724	0.8868	0.0684	0.8782	0.2850	0.0201	0.9727	0.6366	0.2048
2012	0.6799	0.6174	0.6606	0.7171	0.5698	0.0435	0.8808	0.7128	0.2310	0.3129	0.0201	0.9727	0.6798	0.2366
2013	0.6799	0.6174	0.7164	0.7576	0.6839	0.0949	0.9637	0.7388	0.1657	0.7447	0.0247	0.9727	0.7006	0.2859
2014	0.9527	0.0464	0.8278	0.8788	0.8301	0.3258	0.8976	0.7822	0.1135	0.8803	0.0282	0.9727	0.9472	0.3000
2015	0.9527	0.9555	0.9536	0.9596	0.9494	0.7644	0.9399	0.7526	0.0500	0.9451	0.0282	0.9727	0.9573	0.4621

注：序变量上限值和下限值分别取 2006～2015 年中最大值和最小值的 110%。

表5　2006~2015年各子系统间协同度

年份	C (X_1, X_2)	C (X_1, X_3)	C (X_1, X_4)	C (X_2, X_3)	C (X_2, X_4)	C (X_3, X_4)	C (X_1, X_2, X_3)	C (X_1, X_2, X_4)	C (X_1, X_3, X_4)	C (X_2, X_3, X_4)
2006	—	—	—	—	—	—	—	—	—	—
2007	0.0741	0.0979	0.0633	0.1628	0.1052	0.1390	0.1057	0.0811	0.0976	0.1005
2008	0.0749	0.0236	0.0505	0.0868	0.0585	0.0585	0.0536	0.0889	0.0412	0.0698
2009	0.1710	0.0182	0.2716	0.0273	0.0434	0.0433	0.0439	0.2668	0.0598	0.0536
2010	0.1957	0.0181	0.2638	0.0388	0.0524	0.0524	0.0517	0.3078	0.0630	0.0874
2011	0.4232	0.3032	0.4471	0.2961	0.3129	0.3129	0.3362	0.4356	0.3488	0.2855
2012	0.3539	0.2571	0.4414	0.2326	0.2900	0.2900	0.2766	0.3965	0.3205	0.2298
2013	0.4094	0.2261	0.4576	0.2365	0.2643	0.2643	0.2798	0.4476	0.3013	0.2603
2014	0.1701	0.0780	0.1679	0.2872	0.2835	0.2835	0.1562	0.2604	0.1549	0.3309
2015	0.7606	0.3448	0.7058	0.3759	0.3488	0.3488	0.4619	0.7447	0.4395	0.4300
平均值	0.2925	0.1519	0.3188	0.1938	0.1954	0.2577	0.1962	0.3366	0.2030	0.2308

（二）实证结果分析

总体而言，上海城市复合系统及子系统协同度都较低，其中人口、经济、社会和生态复合系统协同度2007~2015年均值仅为0.2279；三个子系统间协同度均值最大的是人口、经济和生态子系统，仅为0.3366，最小的是人口、经济与社会子系统，只有0.1962；两个子系统间协同度均值最大的是人口与生态子系统，为0.3188，最小的是人口与社会子系统，仅为0.1519。由此可见，上海近些年由于人口变迁与社会协同发展程度较低，影响到人口、经济与社会子系统间，以及人口、社会与生态子系统间（协同度值仅为0.2030）协同发展，进而影响到人口、经济、社会和生态复合系统协同发展；分析各子系统2006~2015年有序度均值发现，社会子系统最低，仅为0.2859，进一步分析社会子系统序变量有序度均值，发现“人均城市道路面积”序变量有序度均值最低，仅为0.2175，而且由2007年的0.9291下降到2008年的0.0737，波动较大；“每万人拥有公共交通车辆”、“每十万人口各级学校平均在校生数”和“城镇居民家庭每百户移动电话拥有量”序变量有序度水平虽较高，但波动也较显著，表明社会子系统未实现有序发展主要是由于“人均城市道路面积”序变量有序度水平较低，以及各序变量有序度波动导致。

从上海城市复合系统及子系统协同发展动态演变过程看，2007~2015年，整个复合系统及子系统协同度呈现出波动演变状态。笔者通过分析各子系统有序度在2006~2015年变动状态，发现除了经济子系统有序度呈现稳定提高态势，人口、社会及生态子系统有序度均呈现波动演变状态，其中人口子系统有序度在2009年显著降低，2011年显著提高，2014年又显著降低；社会子系统有序度在2011年显著降低；生态子系统有序度在2009年显著提高，2011年显著降低。正是人口、社会和生态子系统有序度无序变化，使得复合系统及子系统协同度呈现波动演变状态。这进一步验证了子系统有序度变化会对子系统协同度变动产生影响，进而对复合系统协同度演变产生重要影响。

从上海城市复合系统和各子系统协同发展静态来看，以2015年为例，整个复合系统及含有社会的子系统间协同度相对较低。笔者通过分析各子系统2015年有序度发现，虽然人口、经济及生态子系统有序度水平较高，分别为0.9541，0.9100和0.7550，但社会子系统有序度水平相对较低，2015年仅为0.1780，从而制约了上海城市复合系统及含有社会子系统的协同发展。

因此，无论从总体上分析，还是从动态演变和静态发展来看，社会子系统有序发展程度较低已成为制约上海城市整个复合系统及各子系统协同发展的关键因素；同时，从动态演变分析来看，人口及生态子系统有序发展程度较低也是制约整个复合系统及各子系统协同发展的重要因素。

五、主要结论与政策建议

本文在对城市复合系统中人口、经济、社会和生态相互作用分析和借鉴城镇化质量综合评价的基础上，构建了人口、经济、社会和生态复合系统序变量，采用复合系统协同度模型，基于2006~2015年上海统计数据，对上海城市复合系统及其子系统的协同度进行研究发现：①上海城市复合系统及子系统协同度都较低，其中人口、经济、社会和生态复合系统协同度均值为0.2279，三个子系统间协同度均值最大的仅为0.3366，两个子系统间协同度均值最大的也仅为0.3188；②各子系统有序度偏低，尤其是社会子系统有序度偏低程度较大，且人口、社会及生态子系统有序度呈现无序波动态势，制约了整个城市复合系统协同发展。为此，提出如下建议：

一是要充分发挥市民在城市规划、建设与管理中的主体作用，通过创新机制，增强市民在城市规划、建设与管理中的知情权、参与权和管理权，构建政府引导、社区自治和市民参与的现代化城市管理格局。如杭州从2007年开始，每年组织一次市民“城市体验日”，组织500强企业的CEO、各国驻杭州的媒体等“国际体验日”等活动。

二是要完善产业政策，不断提升经济发展水平。利用农民流转土地，开发特色农产品种植、养殖和加工基地，发展特色经济；鼓励农民和村级集体经济建立区域合作社，政府给予项目和贴息支持；深化农村集体经济股份合作制改革，做好清产核资、改制方案和股份量化方案的制定等相关工作，吸引多元化社会资本投资村级集体经济；充分利用《中国制造2025》政策契机，形成以工促农、以城带乡、工农互惠、城乡一体的新型工业化和城镇化，并在工业化和城镇化良性互动的基础上，推动信息化和工业化深度融合，推动农业现代化和城镇化相互协调发展。

三是要注重生态环境建设和资源循环利用，不断提升生态环境质量。强化排放主体责任，严格标准执法，完善生态补偿机制，加大市场化机制探索力度，形成政府、企业、公众共治的环境治理体系；加强土壤污染治理，加快构建资源整合、权责明确的土壤环境管理体系；深入开展低碳试点示范，实施节能低碳认证标识制度；大力实施城市“更新增绿”，加快形成“地区公园—社区公园—口袋公园”三级公园绿地系统和城市绿道，提高居民绿色感受度，千方百计增加绿色休闲空间；大力推进生态城市建设，加强水资源保护管理、污水处理、生活垃圾回收利用等，实现人与人、人与环境和谐共存，推进城市的可持续发展。

四是要注重民生建设，不断提升城市公共服务等级。引导中心城区品牌中小学校、三甲医院等优质社会事业资源向郊区新城分散配置；推动文化体育、娱乐、交通等重大市级功能性项目向郊区新城分布；完善覆盖城乡的住房保障制度，加快解决城乡低收入家庭住房困难问题，逐步将非户籍常住人口中的低收入住房困难家庭纳入廉租住房保障范围；完善一体化、多层次的农村居民医疗保障体系，适时推进农村合作医疗平台向城镇医疗保险平台并轨。

通过对模型应用分析上海城市复合系统协同发展问题，可以看出该模型不仅能计算出各子系统有序度，而且能测量人口、经济、社会及生态复合系统协同度与变动趋势。该模型具有普适性，可用于我国快速城镇化过程中城镇复合系统协同发展动态监测，为政府制定城镇可持续发展相关政策与制度设计提供决策参考。

参考文献

[1] Haken H. Synergetics. Instruction and Advanced Topics [M]. 3nd. Berlin: Springer, 2004: 24-45.

[2] 曹飞. 新型城镇化质量测度、仿真与提升 [J]. 财经科学，2014 (12): 69-78.

[3] 邓小朱，陈梦成. 科技成果转化制度与企业协同度研究 [J]. 科研管理，2016，37 (4): 116-125.

[4] 范厚明，马梦知，温文华，屈莉莉. 港城协同度与城市经济增长关系研究 [J]. 中国软科学，2015 (9): 96-105.

[5] 方创琳，王德利. 中国城市化发展质量的综合测度与提升路径 [J]. 地理研究，2011，30 (11): 1931-1946.

[6] 哈肯. 协同学：大自然的构成的奥秘 [M]. 凌复华译. 上海：上海人民出版社，2005.

[7] 李桂君，杜磊，李玉龙. 城镇化背景下我国小城镇发展协同度测度模型 [J]. 工程管理学报，2014 (2): 46-51.

[8] 李明秋，郎学彬. 城市化质量的内涵及其评价指标体系的构建 [J]. 中国软科学，2010 (12): 182-186.

[9] 刘英基. 高技术产业技术创新、制度创新与产业高端化协同发展研究——基于复合系统协同度模型的实证分析 [J]. 科技进步与对策，2015 (2): 66-72.

［10］刘志迎，谭敏．纵向视角下中国技术转移系统演变的协同度研究——基于复合系统协同度模型的测度［J］．科学学研究，2012（4）：534－542，533.

［11］鲁继通．京津冀区域协同创新能力测度与评价——基于复合系统协同度模型［J］．科技管理研究，2015（24）：165－170，176.

［12］孟庆松，韩文秀．复合系统协调度模型［J］．天津大学学报，2000（7）：444－446.

［13］潘家华，魏后凯．中国城市发展报告［M］．北京：社会科学文献出版社，2013.

［14］孙鹏，罗新星．区域现代物流服务业与制造业发展的协同度评价——基于湖南省数据的实证分析［J］．系统工程，2012（7）：112－116.

［15］汪良兵，洪进，赵定涛，徐中涛．中国高技术产业创新系统协同度［J］．系统工程，2014（3）：1－7.

［16］魏后凯，王业强，苏红键，郭叶波．中国城镇化质量综合评价报告［J］．经济研究参考，2013（31）：3－32.

［17］徐浩鸣．区域中心城市非线性经济系统协同度测度——以广州与深圳双中心的比较为例［J］．城市问题，2014（2）：8－17.

［18］薛德升，曾献君．中国人口城镇化质量评价及省际差异分析［J］．地理学报，2016（2）：194－204.

［19］张治河，胡树华，金鑫，谢忠泉．产业创新系统模型的构建与分析［J］．科研管理，2006，27（2）：36－39.

［20］赵倩楠，李世平．煤炭城市的城镇化与生态环境协调发展量化分析［J］．干旱区资源与环境，2015，29（9）：45－50.

我国城镇化与新农村建设的耦合发展研究

黄　鹏

（中南财经政法大学财政与税务学院）

一、引言

城乡二元结构是制约城乡发展一体化的主要障碍，中共十八届三中全会《中共中央关于全面深化改革若干重要问题的决定》提出：必须健全体制机制，形成以工促农、以城带乡、工农互惠、城乡一体的新型工业城乡关系，让广大农民平等参与现代化进程、共同分享现代化成果。进入21世纪以来，随着对人口、地域、产业及经济发展与劳动力转移的依存性，城镇化与市场化的互促性，“三农”问题亟待解决的急切性，生态保护和破坏的双重性等问题凸显，使工业化、农业现代化进程与农村发展的协调性更为明朗，农民进城务工经商快速发展。但由于农民进城后的就业、子女上学、医疗卫生等公共服务和社会保障发展滞后，影响农民进城的积极性。在农村，大量不稳定的劳动力间歇式转移城市，农村土地处于间歇式的半耕种状态，造成农业生产呈现萧条趋势，城镇化与新农村建设需要一个能将两者对接起来的机制。

二、“耦合”的提出与城乡耦合

“耦合”系指两个或两个以上体系或两种运行形式之间通过相互作用而彼此影响，形成互动关系，以至于联合起来的现象。复杂社会网络组织中的耦合，是指节点组织间的交互过程，是动态的相互交叉与影响作用。目前，学界尚未对城镇化与新农村建设的耦合（以下简称“城乡耦合”）予以专门的界定，但仍可以找到城市与农村作用关系的研究。普林斯顿（1975）首先对城乡相互作用进行了定义，他把城乡之间的相互作用归为五个类别：劳动力的流动、商品的流动、资金的流动、贸易往来、政策互利。古尔德（1985）认为城乡互动作用是“劳动力、产品、技术、信息等在城乡之间的双向流动、相互结合和再分配，这些流动和分配是社会发展过程中的特征，同时也是乡村和城市发展过程中所特有”。朗迪勒里（1985）提出了城乡联系，具体包括以下七个内容：劳动力联系、物质联系、经济联系、技术联系、信息联系、社会联系、政策联系。所谓的城乡互动联系是指劳动力、资金、技术、信息、政策服务等基础资源在城乡之间的双向流动和合理优化配置，它是随着社会发展而产生的城乡互动发展和一种地域联系关系，这种要素之间的相互作用构成了城乡之间一个庞大的有机系统，而且这种联系会不断完善和发展下去，成为彼此之间的联系纽带。他们的观点基本上是通过要素资源的城乡分配来观察分析城市发展与农村发展的关系。宁越敏（1998）认为，城乡互动发展的动力机制是中心城市的向心力和离心力。吴伟年（2002）认为，城乡要素市场的联动和城乡基础设施一体化的启动也是城乡相互作用的动力之一。张安录（2000）从自上而下的扩散力机制（国家建设的推动力、开发区发展的带动力、中心城区的辐射与扩散作用力、城市现代化及城郊企业的联动力）、自下而上的集聚力机制（乡村的推动力、城市的拉力、四周城市型规划的亲和力）、外资注入的驱动力机制和自然生态动力学机制四方面分析了城乡相互作用的机制。罗雅丽（2005）等分析了城乡一体化与政策制度的关系，认为城乡一体化各方面内容的实现都直接或间接地依赖于相关政策制度的支持，政策制度因素是城乡一体化发展的核心因素。曲亮（2004）等引入种群生态学中的共生理论，将城市和农村作为两个具有复杂相关关系的生态有机种群，通过分析二者的共生单元、共生模式、共生环境和共生界面，从一个全新的角度，提出了城乡互动发展的运作机理。高佩义（1991）通过对中外城市化的比较研究，总结了城市化三大定律（城市聚变引力定律、乡村裂变推力定律、城市文明普及率加速定律），认为这三大定律是城市扩展、乡村转型、城乡共同繁荣的动力机制。曾菊新（2002）提出了城乡网络化发展模式。他认为，城乡网络化是指城乡之间各种经济主体构成一个有序化的关联系统及其运行过程，并通过这个过程获得一种特有的网络组织功能效应。城乡网络化发展旨在使一定地域的城乡之间网络设施完备、产业内在联系密切、要素流转通畅、组织功能完善，并构成一个维系城、镇、乡网络系统共生共长的空间过程。

本文的“城乡耦合”是对城镇化与新农村建设相互依赖关系的一种度量，以表达城镇化与新农村建设两类异质类组织之间的契合、互补和兼容。城镇化与新农村建设合作过程中，城镇化与新农村建设及其各个维度彼此优势互补和相互依赖。与此同时，城镇化与新农村建设及其各个维度彼此之间能够自由运作，相互交融和自由结合。物理学上根据耦合程度由低到高排列，将耦合分为五种形式：数据耦合、特征耦合、控制耦合、公共耦合、内容耦合（见表1）。

表1 耦合的五种形式

低		耦合性		高
数据耦合	特征耦合	控制耦合	公共耦合	内容耦合

借鉴国内外学者的观点，笔者认为城乡耦合是系统与系统之间的耦合，从耦合度大小程度来看，城镇化与新农村建设属于内容耦合，有较高的耦合性（以下简称“城乡耦合”）。城乡耦合的必要性在于：一是我国的城镇化发展过快，倾向于土地的城镇化，而非人的城镇化，城镇对农民工不够友好，农民工不能享受与市民同等的公共产品与服务，某些地方城镇化甚至损害了农民的利益，需重新思考农村发展与城镇化之间的关系。二是新农村建设，建立在农民的自主参与及其收入水平的提高上，同时也有赖于农业产业升级及与农业相关的第二、第三产业的发展。显然，新农村建设需要外部力量。可以这样理解，新农村建设不能就“农”论农，农业应是现代农业，农民应是新型农民，农村则应是新农村，也正因如此，新农村建设不仅是新农村的建设，也应是新农业的发展、新农民的培养，而城镇化有助于实现这些目标。

城乡耦合的合理性：现代经济中，城市是经济发展的重心，是带动经济发展的主要载体，但我国人口大部分分布在农村。就我国经济的转型和发展，这两个实体的协调发展显得尤为重要，因此，实现新农村和城镇化互动协调发展是现代化的关键。新农村建设是解决“三农”问题的有效措施，是一项促进社会发展的大举措，其目的是缩小城乡差距，实现新农村合理健康发展。城镇化可以通过产业结构调整、合理转移剩余劳动力等来促进新农村建设。同时，新农村建设在提供了推进城镇化所需要的劳动力和相关物质基础的同时，也有利于降低由于城镇化过快发展而给城市带来的负面影响。事实上，二者在缩小城乡差距，实现城乡统筹，最终达到城乡一体化的最终目标上是一致的。城乡耦合之所以能够实现，还因它们都存在着物质、经济、人口转移、技术等诸多联系形式，而各种联系形式下又有若干具体要素（见表2）。

表2　城乡发展主要联系形式及其要素

联系形式	要素
物质联系	公路网，水运网，铁路网，生态依赖
经济联系	原材料、中间品，资本流动，生产联系，商品流动，收入流动
人口转移联系	人口暂时的和永久的迁移、工作旅行
技术联系	生产技术，通信体系
社会相互作用联系	亲戚往来，习俗、仪式、宗教活动，社会群体相互作用
服务传递联系	信用和金融网络，教育与培训，健康服务，交通服务体系
政治、行政和组织联系	政府层级机构与运作，政府预算流动，非正式政治决策链

基于上述讨论，出于简化分析，本文拟选择从劳动力转移、土地流转制度、产业发展三个重要分项研究城镇化与新农村建设的耦合机制。

三、劳动力转移耦合

美国经济学家刘易斯（1954）首先提出“无限劳动供给”。他认为，在特定历史条件下，农业部门的劳动力生产效率为零甚至为负值，同时第二、第三产业工资又比农业部门的稍高，而且假设工资水准不变，在这种情况下，就存在劳动力的无限供给。由于生产部门的工资存在差距，致使农业部门的剩余劳动力开始向城镇的工业部门转移。

乔根森（1967）在《过剩农业劳动力和两重经济发展》一书中提出，农村剩余劳动力转移的前提条件是农业剩余。当农业剩余等于零时，不存在农村剩余劳动力转移。只有当农业剩余大于零时，才有可能形成农村剩余劳动力转移。乔根森认为人口增长取决于经济增长，因此随着农业技术进步，农业剩余的规模将不断扩大，必然导致更多的农村剩余劳动力向工业部门转移，农业剩余的规模决定着工业部门的发展和农村剩余劳动力转移的规模。20 世纪 70 年代初，托达罗提出了人口迁移模式，认为应当扩大农村中的就业机会，以缩小城乡就业之间的不平衡；由于拓展城市少量的就业机会，可能引来大量的农村剩余劳动力供给，导致更多的人失业，因此开创城市就业机会无助于解决城市就业问题；政府干预城市工资水平的确定，特别是制定最低工资底线，并且对城市失业人口给予最低生活补贴，会导致要素供给的价格扭曲，引致更多的剩余劳动力进入城市，使城市的失业率更高；应当重视农业和农村的发展，鼓励农村的综合开发，增加农村的就业机会，提供教育和卫生设施，发展电力、供水和交通，改善农村的生活条件，等等，从而缓解农村人口向城市的流动。劳动力转移理论进化给我们带来了很大的启示，但启示并不必然换来实践上的跳跃，在我国以往的劳动力转移实践上，我们往往用理论截取的方式以求理论上的支撑。城镇化、新农村建设为我们综合、全面理解劳动力转移提供了实践上的契机。

城镇化和非农化与农村剩余劳动力转移关系密切。美、英、日等发达国家以及韩国、中国台湾及巴西等新兴工业化国家或地区的实践表明，农村剩余劳动力转移不仅促进了城市化，也促进了农村非农化。20 世纪 50 年代以前，由于工业化的推进，发达国家农村剩余劳动力转移主要体现为人口从农村向城市转移，城市化水平显著提高。但 50 年代后，这种情况有所改变，即农村劳动力更多地趋向于在农村内部转移，而并非涌向城市。农村剩余劳动力在农村内部转移，主要表现为农村非农化或农村城市化，城乡之间的差距进一步缩小，许多发达国家基本不存在城乡差别。这种阶段性的新变化说明，农村剩余劳动力的转移伴随城市化的演变具有时序上的规律性，其本质是高度工业化推进了农业现代化，“工业”反哺“农业”，“城市”反哺“农村”。这种阶段性的变化对于限制大量流动人口涌向城市和解决“城市病”具有积极作用。

无论城镇还是农村，都有对劳动力资源“推—拉”作用。具体来说，城镇以较高的工资收入吸引劳动力，产生拉力。同时，城镇化也鼓励产业资本与具有先进农业生产管理经营经验的群体进入农村，成为新农民或者农业产业经营者，这是“积极”的推力，还有一重推力是“消极”的，城镇因不能提供农民工足够的公共服务，导致城市拥堵，又将其“推”回农村。值得注意的是，出于环境、房价、养老等方面的考虑，有不少城市人口希望并且实际上已经居住在农村，这虽并不构成劳动力的转移，但会在一定程度上调整城乡资源配置，进而影响劳动力的流动。另外，新农村建设通过改造农村面貌，农村对农民吸引力得以增强，能够使部分外出的劳动力返乡，产生拉力。但同时，新农村建设要求生产经营规模化，减少劳动密集程度，故而也存在着“推力”。当然，拉与推的因素还有很多，比如工资率水平、文化差异度等。

劳动力转移耦合，首先要促进劳动力双向流动，“拉”、“推”耦合作用，才能促进城镇化与新农村建设的完成。但自改革开放以来，我国强调农村劳动力转出以增加城镇现代产业发展所需人力，现代产业也因此得以迅速发展，农民也通过外出务工获得工资性收入，这种收入的增长为新农村建设提供了一定的资金沉淀与积累，减少农村发展对财政的依赖，同时也能增加农民家庭收入、提高农民的生活水平。在很大程度上，城市里挣的钱还是要回到农村建房、投资、消费；同时，农民外出务工还有助于农村人均占有土地量的增加，有利于提高农业劳动生产率，但一个令人担忧的事实却是劳动力几乎一边倒的流动，形成农业生产所需人力资源的极度短缺。

农村建设对劳动力的拉力远弱于城镇，城镇对劳动力强大的虹吸效应，导致农村劳动力过度流失，农业发展乏力（当然也造成了城市的拥堵）。长期而言，这将会影响到粮食生产安全及新农村的建设，这种劳动力的转移模式不可持续。劳动力既需要从农村流向城市，也需要从城市流到农村。不能只满足城镇的发展所需劳动力资源，以及表面上城乡收入差距的缩小，而应高度重视农村劳动力过度流出对农业发展劳动力减少造成的影响。目前，需要在不减弱城镇化拉力的前提下，加强新农村建设的拉力。从辩证的角度来看，新农村建设既是目的，也是手段。新农村建设得越好，其对劳动力的拉力就越强，农村中劳动力资源越丰富，就越有利于新农村建设。新农村的建设，既包括通过对农村村落建设的加强，提高农村对农民的吸引力，也包括通过对农村产业改造、转型升级促进农民就地寻找更好更多的发展机遇。但是，这并不意味着把农民束缚在农村土地上，限制或者减缓农村劳动力向城镇转移，而是要在各方面缩小城乡差距，实现城乡之间更加均衡地发展。

以上是在流向、流量上耦合劳动力的城乡转移，在质量上，劳动力转移也存在耦合的要求。国家统计局发布的数据显示：截至 2013 年末，我国城镇常住人口 73111 万人，比上年末增加 1929 万人，城镇化率已经达到了 53.73%。而社科院发布的 2013 年《城市蓝皮书》认为，在户籍制度的隔离下，流动人口进入城市（镇）并不能享受与城市居民相同的公共产品和服务，中国真实的城镇化率仅

42.2%，两个数据相差10个百分点左右。城市（镇）一方面欢迎农村剩余劳动力参与城市建设；另一方面，城市（镇）又排斥着这些人口成为城市的稳定的常住人群，这造成了人口的候鸟式迁徙。注重城镇化的质量，就要放宽农村劳动力进城落户限制，保证其能享有与城镇居民同等的福利，以便顺利推进农村分散的耕地规模化、机械化，降低农业一般劳动力规模。从这个角度来看，城镇化水平的高低，直接制约着新农村建设能否顺利进行。当然，囿于有限的公共财政资源，不可能一步放开对进城的限制，特别是国内的一线大中城市，这就需要有序、稳步地推进城镇化，逐步取消二元结构的户籍制度。而就农村自身而言，则要不断改善和优化当地落后的投资环境，加大对农民的投资，提升农民的农业技术水平，努力提高农业生产报酬，缩小产业报酬差距，鼓励农村大学生返乡发展现代农业。城乡共同发力，才能形成劳动力耦合的良好局面。

笔者认为，农业剩余劳动力转移到城市是提高农业生产率的必要条件，但并非充分条件，所谓“必要”是指只有剩余的农业人口流出才能为农业规模化生产提供条件，所谓“充分”是指农业规模化生产不仅与农业人口数量有关，还与农村土地流转制度、三次产业结构和各产业内部结构的合理化有关，实际上，劳动力转移、农村土地流转制度、三次产业结构是三位一体、相互带动的关系。下文将作详细展开。

从城镇化与新农村建设耦合思想对劳动力合理布局无疑具有启示意义，表面上，这二者似乎在争夺农村剩余劳动力资源，相互排斥。但恰恰相反，既推进城镇化进程，又建设新农村的多线程工作模式，却能从机制上促进农村劳动力这种资源实现合理分配，打破当前的城市化霸权主义，破除劳动力只能由农村向城市单向转移的刻板认识。反过来说，若以城镇化与新农村耦合发展为目标，也必须通过劳动力双向转移才能保证二者的实现。当然，需要说明的是，从城乡统筹发展的高级形态来说，这种双向转移理应包括城市向农村转移的向度，即包括市民转换为农民。但是，在当前的城乡二元结构下，除非以政府强制动员，市民是不可能变为农民的，笔者以为的由城市向农村转移的向度，主要还是指原农民向农村的回流。

四、土地流转制度耦合

农村土地流转制度与劳动力转移及产业发展紧密关联，土地流转制度影响着劳动力转移，同时，也为农村产业的综合发展提供了生产要素基础。简单地说，土地—人—产业三者相互作用，既可相互带动，也能相互掣肘。土地与人是生产要素因素，产业则为市场（制度）因素；土地承载人与产业，人依附并改造土地与产业，而产业改变人与土地结合状态。一般来说，产业的发展与城镇市场发育程度相关，发育良好的市场机制会带来产业结构的合理化与高级化。产业结构的合理化与高级化变迁实际上就是人与土地结合方式的变迁，或者说是土地承载人与产业方式的变迁。新农村建设与城镇化建设的推进过程，正是土地承载人与产业方式的转变过程。而人、产业与土地的结合方式的改变，也意味着土地流转制度的调整。

农村土地有三重功能：保障功能、要素功能、财产功能。保障功能是基本功能，因为土地提供人们生存的基本物资，保障除了指向直接在土地上劳作的农民个体外，还指向对社会整体，它是一个生产概念，对土地能否流转没有明确要求；要素功能与财产功能属于市场价值概念，它们是更高级别功能，主要指向农民个体，其功能实现需要让土地充分流转。观察我国农村土地利用进程会发现，为了实现土地的保障功能特别是社会整体保障功能，国家土地政策总体上偏向弱化要素与财产功能（在早期甚至是要废除要素与财产功能），在改革开放前后这种政策总体上是有效的，但经过三十多年市场化改革，农民的生产观念已经发生转变，因为种粮效益过低，在人口流动限制政策解除后，他们纷纷向城市非农产业转移，尽管国家近年来不断增加农业粮食生产补贴，鼓励粮食耕种，但土地耕种率仍呈下降态势。农民生产粮食大多以保证口粮为目的，甚至有的农民干脆放弃粮食生产，而从市场直接购买口粮。与此同时，农村土地流转仍然受到了较多的限制。因此，土地闲置荒芜、土地资源浪费常见。当前出现的一个尴尬局面是：要素功能、财产功能却迟迟未能发育。而与此同时，农村土地的整体保障功能也因市场选择而被弱化，出现了所谓的“耕地红线”。

尽管农村土地流转制度不完善，但农村土地正在流转却也是不争的事实，目前，农村土地的流转可分为两大类，第一类流转土地使用性质未发生改变，具体又包括两小类，一是土地只是在村集体内部流转，二是土地使用者为村集体外的成员，第一类土地流转其使用性质未发生改变，基本上仍然作为农地使用，或者至少是农业相关用途；第二类土地流转是通过将集体土地转换成国有土地，再将土地使用权上市拍卖，土地性质由集体所有变国有城镇土地，土地使用性质发生了改变。从土地地理分布上看，第一类流转通常是远离市区的农村土地，而第二类流转前大多是城市近郊的农地或者城中村农地。

新农村建设及城镇化都与土地流转有着重要的关系，并且可以大致认为，新农村建设对应着第一类土地流转，城镇化对应着第二类土地流转。

新农村建设的实质是要改变农村粗放的生产方式、落后的生活方式。第一类土地流转对于实现土地的三重功能尤为重要。流转最直接的益处是有利于农业规模化经营，随着农业机械化程度的提高，造就了新型的农业生产能手，他们对土地的规模化要求更高。推进农村土地承包经营权流转，可使承包到户分割成块、经营零散、经济效益较低的土地资源向专业大户、种养能手集中，形成连片规模经营，促进农业产业化健康发展，提高土地的生产能力。当前出现的农地抛荒及农业补贴制度诱导失效，其根本原因在于长期以来没有完善土地流转制度。新农村建设之“新”就是要逐步改变土地资源原有的零散经营，“新”在农村土地与人的结合方式，“新”在对旧有土地存量资源的盘活。目前，我国的土地流转市场还不健全，农村土地流转主要靠农民私下交易，效率不高并且容易产生纠纷，加快农村土地流

转市场建设是农村土地制度改革的重要任务，探索建立农村集体土地使用权有偿转移使用机制，既有利于提高农村土地利用效率，也有利于鼓励农民向非农产业转移（见图1）。

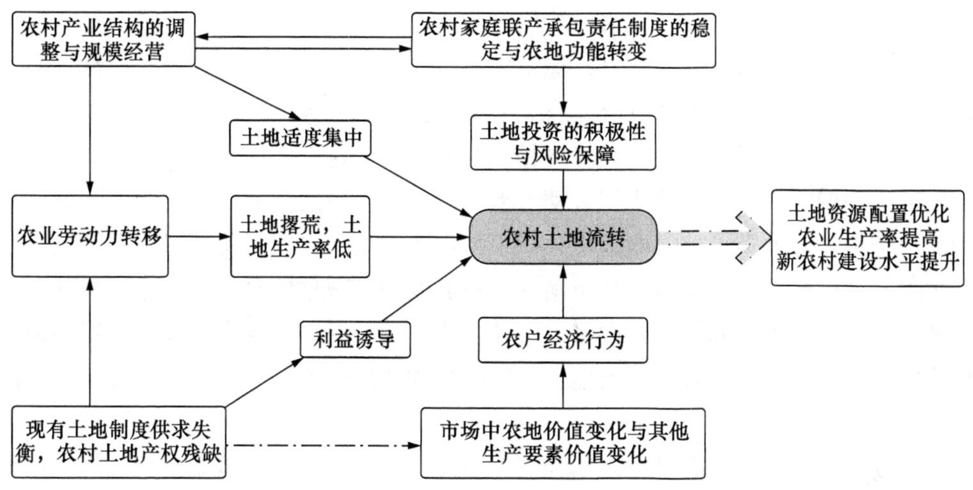

图1　农村土地流转分析

第二类流转使得农用土地变为城镇建设用地，土地的性质发生了改变，这种流转大抵是以“摊大饼”的方式强力推行城镇化的结果，农民得到了一次性补偿，但是往往并不公正。他们名义上作为农民，却永久失去农业经营的根本，说是城镇居民却又不能享受城镇居民待遇。城镇化本是要把农民变成市民，而现实操作中却把农民降级为“失地农民”，这样的城镇化不但无益于经济的健康发展，还背离了城镇化的初始目标。因此，在土地征用流转过程中，一定要合理确定土地征用的补偿标准，确保农民的合法权益不受侵害，加快推进征地制度改革。缩小征地范围，规范征地程序，完善对被征地农民合理、规范、多元保障机制。修订有关法律法规，保障农民公平分享土地增值收益，改变对被征地农民的补偿办法，除补偿农民被征收的集体土地外，还必须对农民的住房、社保、就业培训给予合理保障。因地制宜采取留地安置、补偿等多种方式，确保被征地农民长期受益。健全征地争议调处裁决机制，保障被征地农民的知情权、参与权、申诉权、监督权。另外，通过实施城乡建设用地增减挂钩政策，推进城乡建设步伐，但要确保农村节约出的建设用地优先用于农村发展，土地级差收入全部返回农民。

土地流转是新农村建设与城镇化一种必然选择，同时也是一次“惊险跳跃”，土地流转可能造成失地农民问题、粮食生产安全问题，并且由于土地流转后将可能是不可“逆”的，土地流转制度设计既不宜耽搁，又需谨慎小心。笔者认为，土地流转制度设计可分为两个阶段。第一阶段是界定农村土地产权束，对以家庭联产承包责任制下的土地产权关系再做进一步的产权束划归，在坚持和完善耕地保护制度前提下，赋予农民对承包地占有、使用、收益、流转及承包经营权抵押、担保权能。而这需要抓紧落实农村土地承包经营权确权登记颁证工作，可以确权确地，也可以确权确股不确地，确权登记颁证工作经费纳入地方财政预算，中央财政给予补助，这是土地流转制度设计的第一阶段。第二阶段是让土地以各种方式流转。在落实农村土地集体所有权的基础上，稳定农户承包权、放活土地经营权，允许承包土地的经营权向金融机构抵押融资。有关部门需抓紧研究提出具体的实施办法，建立配套的抵押资产处置机制，推动修订相关法律法规，这是土地流转制度设计的高级阶段。土地的流转制度设计要和劳动力流转相结合。可选择人口流出较多的农村作为动员土地流转的重点，一般来说，如果外出务工人口占农村总人口比例较高、收入主要来源于外出务工薪酬，甚至出现大量农业抛荒现象的村落可考虑动员其进行土地流转。相反地，如果农民大多均居住在当地且长期在家务农，并且根据当地居民收入水平来源结构，可判断当地已具备较好农业经营的基础，发展趋势良好，则不应考虑动员其流转土地。

此外，土地流转制度要与市场经济相适应，土地流转的具体规模与方式要根据各地的农村发展情况、城镇化发展的要求进行细化。土地资源作为重要的生产要素要实现其市场价值，要求土地的使用所有关系可做分离。土地资源使用方式究竟是以零碎分散经营更有利，还是以规模化经营更有利，则需尊重农民的自主选择，根据各地实现产业与市场发展情况来定。比如，有的地方的土地不具备大规模耕作条件，则可以考虑多种规模与形式的土地整合，而不应整齐划一地安排土地流转。城镇化模式选择实际上对应着当地市场发育、资源、产业发展现状。城镇化所需求的土地能否被公平有效的流转，不仅与流转制度有关，更与市场成熟程度有关，成熟的市场会产生巨大的土地动员能力。城镇化中的土地流转，关键在于通过相关市场中介组织的协调与动员，从而让农民主动配合。

随着我国市场经济的发展，农业市场化进程加速，尤其是生产要素市场的建立和成熟，为市场发挥基础性资源配置作用奠定了基础。土地作为农业生产的一种最基本要素和稀缺资源，需要同劳动力、资金、技术等生产要素一样遵循效益原则进行流动，才能实现要素间的优化组合，实现土地的高效益利用。只有土地实现有效的市场流转，劳动力的流动才会更充分，城镇化的人的因素才能更活跃，产业发展也才具有更充分的土地要素支持。

五、产业耦合

产业是城乡发展的重要支撑，产业发展会促进城乡居民收入提高与经济社会较快发展。自刘易斯二元经济模型提出后，存在着两类产业间关系的理论，第一类可称为农业受动发展论，以费景汉和拉尼斯（2004）、哈里斯特和托达罗（1970）、杨小凯（2003）为代表的经济学家认为工业部门是经济进步的主导力量，农业的发展必须依赖于工业部门，依赖于工业部门发展过程中对农业的辐射作用；另一类则可称为农业主动发展论，以舒尔茨（1999）为代表学者，他们重视农业自身的发展，强调要把农业改造成高生产率的部门，对农业进行人力资本投资是实现农业现代化最为关键的要素。Bourguignon 和 Morrisson（1998）通过计量研究表明，在其他条件不变的情况下，农业部门的经济增长对缩小收入分配差距的作用更明显，这揭示了发展中国家的政策制定者应该重视对传统农业的改造。

新中国成立后，国家以工农业产品价格剪刀差等城市倾向政策转移农业利润，加速城市部门的工业化进程，不但造成了农产品和农业生产要素市场的扭曲，还使得农村建设较之城市建设几乎停滞不前。在笔者看来，我国产业发展存在一种误区：以城乡地域来划归产业，农村发展第一产业，城镇承载第二、第三产业，不但如此，还人为地对产业进行隔离与区别对待。事实上，农业的发展在产业结构中至少有以下几点作用：一是农业的发展形成为剩余工业和服务业的发展奠定基础；二是农业的发展会形成分蘖，分蘖出的功能构成与第二、第三产业衔接的中间环节，甚至有些分蘖本身就是第二、第三产业；三是农业的发展可增加农民的收入，在一定程度上减缓农业劳动力转移对城市产业的就业压力；四是农业的发展有利于增强城镇化与新农村建设的内生动力。

当前，推进新型城镇化与新农村建设政策的提出集中体现了对过往城乡产业发展政策的反思，综合理论与现实政策，笔者提出农村产业耦合理论，所谓农村产业耦合就是以农业为载体，综合城镇与农村基因，既依赖城镇中先进的市场组织力量，又立足农村自身资源条件，减少农民长期游走在城市与农村之间，借助产业的关联带动，促进城乡经济的发展。产业耦合具有“亲农”特性，所谓“亲农”，是指农业不仅与第二、第三产业一样按市场经济规律办事，更重要的是产业耦合充分利用农村土地、人口等资源，引起农村面貌与农民传统生产方式的改变。劳动力特别是农村劳动力在地理空间会因产业耦合得以重新配置，劳动力的季节性流动会大大降低，农民在产业耦合中找到新的产业归属。从产业角度来审视新农村建设与城镇化发展可以发现，新农村建设意味着改变传统农业耕作，产业的变革是新农村建设成功的重要标志；城镇化表面上是农民变成市民的过程，而实质上则是从事的产业性质的转变。故而，产业耦合无论对新农村建设，还是对城镇化都有天然的贴合性。

产业耦合能否实现取决于两个方面：一是产业规模化；二是市场对接化。第一，产业规模化不仅是降低产品成本及增强产品竞争力的重要手段，而且规模化经营也是土地流转的一个重要动力来源，前面已经对土地的流转作了讨论。此外，更可贵的是，规模化经营使得土地与劳动力的零散结合得以打破，而农村劳动力仍可附着在农村的规模化产业上，形成一个新的生产群体——农业产业工人。这样就减少农村人力资源的过度流失，保障了粮食生产安全。第二，市场对接化，产业耦合不改变传统的农产品产出形态，但是经营方式会发生巨大改变，其典型表现就是农村产业的市场对接化。市场对接化意味着农业与相关产业的整合，耦合后的农业不再是传统意义上的狭隘农业，而是一个耦合农业。一方面，农业产业结构发生调整变化，使农村从单一的农业经济，向农业、农产品深加工、农业服务体系、农村商业网络、农业外贸体系、农村第三产业等综合性经济转化，农民致富渠道也从单一的农业转向以农为本、以农促工、以商富农，从而既解决了农业资本和部分农业剩余劳动力的出路问题，又进一步促进了农产品附加值的提高。另一方面，生产方式的调整也会带来农村社会关系的变革，人与人之间的关系不再是原来小农经济条件下以血缘、地缘为主要纽带，而是以资本为纽带，以经济关系决定人际关系。这种产业的发展路径，有利于农民的转变，这种转变可以理解为农民变成了新农民，也可以理解为农民变成了市民，因为他们已经接受了所有城市中的生产与销售的组织关系，他们已经在市场经济指挥棒下生产和生活，而这一切都不能离开对农村产业的改造。这种变迁实际上体现了城镇基因融入农村产业发展之中。通过人口从农村地区向城市空间的转移聚合是城镇化的重要表现，而以产业耦合的在农村原有地理空间的农业产业耦合，既是新农村建设的重要手段，同时亦不失为一种有效的城镇化路径。

以下是笔者对产业耦合的几点想法：

（1）健全农业社会化服务综合体系。一般认为，农村长期以来没有较强的农业社会化服务，而城镇各类组织的发育相较于农村更成熟，体系也更完整，未来可以考虑将城市部分职能转移到农村，提高农村产业的市场衔接度。而要构建农业社会化服务体系，健全经费保障机制则显得尤为重要。鉴于此，可采取财政扶持、税费优惠、信贷支持等措施引导城市资金、技术、人才、管理等社会服务资源向农村流动，促进农村社会化服务综合体系的形成。另外，在农村内部已有的组织也存在着改革再盘活的可能，比如，我国县乡两级政府农技站有近百万农技推广人员，他们是城市科研技术的推广传播者，对市场信息有较为准确的把握，是农村与城镇的产业耦合中介，但由于经费投入不足，我国大部分农技站处于瘫痪状态，同样也可以考虑，通过相关措施使其融入整个农业社会化服务体系中。再如，供销合作社具有合作社扎根农村、联系农民、点多面广的优势，可按照改造自我、服务农民的要求，创新组织体系和服务机制，把供销合作社打造成为农民生产生活服务的生力军和综合平台。

（2）抓住农产品安全需求的重要契机，升级传统农业。例如无公害农产品的生产、包装、质检、运输、管理等一系列流程改革，这种改造表面上是以标准化规范现代农业生产，保证农产品的质量安全，是农业的改造和升级。但从更深层次说，这是对农村经济运行体系的改造，也是人口从纯粹的农业劳动力转化为非农业劳动力。城镇化过程是农业人口不断转化为城镇人口、农村地域不断向城镇地域、农业活动不断转化为非农业活动的过程，随着城镇化水平的不断提高，从事第二、第三产业的人的不断增加，对农产品的需求量也会大量增加。

（3）优化农村产业结构，拉长农业生产链，发展农村服务业和乡镇企业，并按照第一、第二、第三产业互动，城乡经济相融的原则，促进城乡各产业有机联系，协调发展。以现代工业物质技术装备改造传统农业，以现代农业的发展促进第二、第三产业升级。可选择培育小城镇的主导产业，作为城镇化建设重要构成，以业兴镇，通过产业发展推动小城镇建设，培育小城镇载体功能。基于小城镇比较丰富的农产品资源，将农产品加工业和小城镇建设结合起来，形成“块状经济”，形成具有农村地区的特色工业化、城镇化增长方式，充分发挥农产品加工业和小城镇建设的双重规模效益。农产品加工产业在小城镇的聚集有得于提高工业的集约化程度、满足城镇化合理集聚的趋势，这是未来农村经济发展的一大趋势。

经过30多年市场化改革的中国城乡，市场经济的思想深入人心，尽管农村长期处于二元结构中的弱势方，但市场的思想启蒙已经完成，新农村建设与城镇化建设务必要让自身积极性得以发挥，政府要让长期以来扭曲的规则回归正常的、公平的状态，而不是继续强化政府主导性质，由政府直接决定实施哪些项目，帮扶哪些农民，这种自上而下的“点”的扶持，难以覆盖全局，政策效果难以保证，也就很难调动广大农民的积极性。实际上，地方政府往往也很难把握市场变化，产业进步是市场自主运作的结果，一味强调政府主导往往会让政府承担过多的社会责任，导致农民形成政府兜底的心态，这背离了市场化方向，不利于产业的健康发展。

参考文献

［1］费景汉、拉尼斯：《增长和发展：演进观点》，洪银兴、郑江淮译，商务印书馆，2004年。

［2］陆铭、陈钊：《城市化、城市倾向的经济政策与城乡收入差距》，《经济研究》2004年第6期。

［3］张永丽、黄祖辉：《中国农村劳动力流动研究述评》，《中国农村观察》2008年第1期。

［4］冯海发、李溦：《我国农业为工业化提供资金积累的数量研究》，《经济研究》1993年第9期。

［5］靳相木：《对改革开放以来中国农村土地制度研究的述评》，《中国农村观察》2003年第2期。

［6］陈利根、陈会广：《土地征用制度改革与创新：一个经济学分析框架》，《中国农村观察》2003年第6期。

［7］周立群、曹利群：《商品契约优于要素契约——以农业产业化经营中的契约选择为例》，《经济研究》2002年第1期。

［8］王德文、何宇鹏：《城乡差距的本质、多面性与政策含义》，《中国农村观察》2005年第3期。

［9］张安录：《城乡相互作用的动力学机制与城乡生态经济要素流转》，《城市发展研究》2000年第6期。

[10] 曲亮、郝云宏：《基于共生理论的城乡统筹机理研究》，《农业现代化研究》2004 年第 9 期。

[11] 高佩义：《中外城市化比较研究》，南开大学出版社，1991 年。

[12] 盛来运：《中国农村劳动力外出的影响因素分析》，《 中国农村观察》2007 年第 3 期。

[13] 罗雅丽、李同升：《制度因素在我国城乡一体化发展过程中的作用分析》，《人文地理》2005 年第 4 期。

[14] 徐光平：《“十二五”时期协调推进新型城镇化与新农村建设研究》，《东岳论丛》2011 年第 8 期。

[15] 李仙娥、王春艳：《国外农村剩余劳动力转移模式的比较》，《中国农村经济》2004 年第 5 期。

[16] 李同升、厍向阳：《城乡一体化发展的动力机制及其演变分析——以宝鸡市为例》，《西北大学学报》2000 年第 6 期。

[17] 崔功豪、马润潮：《中国自下而上城市化的发展及其机制》，《地理学报》1999 年第 2 期。

[18] 杨群：《以土地流转促进城镇化建设的思考》，《宁夏农林科技》2012 年第 11 期。

[19] 段杰、李江：《中国城市化进程的特点、动力机制及发展前景》，《经济地理》1999 年第 6 期。

[20] 宁越敏：《新城市化进程——90 年代中国城市化动力机制和特点探讨》，《地理学报》1998 年第 5 期。

[21] 李培祥、李成固：《论城乡互动：解决“ 三农”问题的机制与对策》，《地理科学》2003 年第 10 期。

[22] 何立胜：《试论产权制度演进中的耦合问题》，《江汉论坛》2000 年第 4 期。

[23] 周小亮：《论市场制度的三大层次及其耦合》，《学习与探索》1998 年第 1 期。

[24] 郁晓晖、张海波：《失地农民的社会认同与社会建构》，《中国农村观察》2006 第 1 期。

[25] 杨晓猛：《所有制结构与产业结构关系的耦合分析——制度变迁的次序与黑龙江省老工业基地的振兴》，《学习与探索》2004 年第 5 期。

[26] 宋湛：《劳动同质性与竞争性及制度耦合——决定集体谈判结构集散度因素的理论及对我国的启示》，《中国人力资源开发》2013 年第 13 期。

[27] 黄祖辉、王祖锁：《从不完全合约看农业产业化经营的组织方式》，《农业经济问题》2002 年第 3 期。

[28] Preston D. Rural – Urban and Inter – Settlement Interaction：Theory and Analytical Structure. Area，1975（7）：171 – 174.

[29] Bourguignon，F.，Morrisson，C. Inequality and Development：The Role of Dualism [J]. Journal of Development Economics，1998（57）：233 – 257.

长株潭军民融合自主创新示范区建设的战略定位、动力源泉与发展路径*

谢玉科　曾　立

（国防科技大学人文与社会科学学院）

党的十八大就“坚持富国与强军相统一，坚持走中国特色军民融合深度发展路子”作出战略部署；十八届三中全会对提出的国家创新区域政策，要培育新的具有自主创新能力的区域经济带作为推动经济社会发展的战略支撑；十二届全国人大三次会议将军民融合上升为国家战略，用国家意志和力量来推进国防建设和经济建设融合式发展。这一系列关于“军民融合及区域创新”的战略部署的实现，需要“区域性的经济板块”提供有力的支撑。尤其是，我国正处于由大变强的关键时期，全球新一轮科技、产业和军事革命深入推进，经济发展方式转变和战斗力生成模式转变需要实现“同步跨越”，经济结构调整步伐加快，这为长株潭军民融合自主创新示范区建设提出了迫切要求，也提供了新的机遇。

一、长株潭军民融合自主创新示范区战略定位

长株潭军民融合自主创新示范区的示范性，除了要具备国内目前已有的自主创新示范区的基本属性之外（如创新驱动引领区、深化改革先行区、新兴产业聚集区），其战略定位还应该体现出军民融合的战略含义，主要包括以下几个方面：

（一）中部地区军民融合发展的示范区

长株潭军民融合产业基础厚实，拥有丰富的优势国防科技创新资源。产业优势和资源优势是定位长株潭军民融合自主创新示范区为中部崛起示范区的主要依据。要发挥长株潭地区国防科技资源优势，提升自主创新能力，率先探索依靠军民融合自主创新以驱动经济社会发展的新模式，率先成为中部地区军民融合发展的战略新高地，率先形成中部地区军地资源共享、要素流动顺畅，以及经济建设与国防建设协调发展、良性互动的良好局面，为实现中部崛起和建设创新型国家提供示范。

---

*　基金项目：获得国家社科基金一般项目（16BGL220）、湖南省智库课题（16ZWC18）、湖南省社会科学基金一般项目（14YBA045）、国防科技大学预研项目（JC15－08－09）资助。

（二）军民融合自主创新的制度改革试验区

国家已提出建设创新型国家的目标，并且把军民融合上升为国家战略。要实现上述战略及目标，我国必须克服思想观念、利益藩篱和制度约束等方面的障碍，其中克服制度层面的障碍尤为关键。无论是军民融合深度发展还是建设创新型国家，都面临着体制性障碍、结构性矛盾和政策性问题。通过设立长株军民融合自主创新示范区，加快体制机制创新，以产业技术链为中心，组织产业技术创新战略联盟，共同探索多园多基地、产学研合作、科技金融体系建设，在金融、财税、科技成果转化、国防知识产权保护与使用、公共管理服务等方面创新军民融合的政策支持体系，努力突破国防与经济协调发展、教学科研与产业转化之间的制度“瓶颈”，为全国下一步推动军民融合自主创新的体制机制改革提供示范。

（三）贯彻湖南“一核三极四带多点”战略和引领开放开发的样板区

“十三五”期间，湖南将推行“一核三极四带多点”的发展战略。“一核”就是推进长株潭一体化，打造长江中游城市群核心引领区。“三极”就是打造岳阳、郴州、怀化三个新增长极。“四带”就是依托区位优势、交通网络、产业基础，打造京广高铁经济带、沪昆高铁经济带、环洞庭湖经济带和张吉怀精品生态文化旅游经济带。“多点”就是依托国家级新区、国家级经济技术开发区、高新技术开发区和一些特色园区，形成多个基础扎实、实力雄厚、特色明显、产城融合的新增长点。其中“一核”是支撑这一发展战略取得成功的枢纽，也是在新形势下对长株潭城市群的新定位、新使命。因此，设立军民融合自主创新示范区，完善区域性军民协同创新体系，培育发展战略性新兴产业，研发和转化一批国际领先的科技成果，做强做大一批具有全球影响力的创新型企业，打造一批国际知名的创新品牌，辐射湖南全省及周边省份，在贯彻“一核三极四点”发展战略和引领开放开发方面走在前列，更好地发挥“长株潭”的领头雁作用。

二、长株潭军民融合自主创新示范区建设的动力源泉

当前，我国正处于由大变强的关键时期，全球新一轮科技、产业和军事革命深入推进，经济发展方式转变和战斗力生成模式转变需要实现“同步跨越”，经济结构调整步伐加快，为“建设长株潭军民融合自主创新示范区”提出了迫切要求，也提供了新的动力源泉。

（一）金融危机与科技革命的强大推力

历史经验表明，每一次金融危机常常伴随着科技革命，而每一次科技革命又成为新一轮经济增长和繁荣的重要引擎。当前的金融危机正在催生重大科技革命和产业变革，大力发展军民两用技术已成为世界各国和地区经济发展的普遍趋势。信息技术、新材料技术、生物技术仍然是全球科技创新的重点领域，先进装备制造技术、第四代移动通信（4G）、物联网、节能环保技术、基因工程等技术领域受到广泛重视。长株潭地区的军民融合创新资源密集，先进装备制造、新材料、文化创

意、生物、新能源、信息和节能环保七大产业已成为全省经济的先导产业，这些产业竞争优势突出，发展潜能巨大，应充分发挥自身优势，积极参与全球新一轮竞争，抢占全球高新技术产业竞争的制高点。示范区建设是在金融危机正在重塑全球产业与科技竞争新格局背景下，我国抢占高新技术产业竞争制高点的有效手段。

（二）经济发展方式和战斗力生成模式转变的倒逼压力

未来十年，是我国加快经济发展方式和战斗力生成模式转变的关键时期，也是建设创新型经济和国防的承上启下的重要时期。加快战斗力生成模式转变，加快经济发展方式转变，走融合式发展、科学发展、可持续发展之路，是我国经济、军事、社会领域正在经历的一场深刻变革。建设长株潭军民融合自主创新示范区，有利于我国加快探索“军民融合、创新驱动、内生增长”的发展模式与路径，为转变经济发展方式和战斗力生成模式转变发挥引领作用；有利于推进新竞争优势形成和新型战斗力生长；有利于真正把科技植根于优先发展的战略地位。面对新形势新要求，国防科技大学作为军委直属院校拥有雄厚的科技实力，长株潭地区作为两型社会试验区和国家实施绿色发展、建设创新型国家的重要载体，两者必须充分利用各自技术优势和产业优势，展开全面深度合作，构建有利于军民融合自主创新的体制机制，完善区域创新体系，着力增强长株潭自主创新能力，为国家崛起、经济发展方式和战斗力生成模式转变提供技术支撑和产业支持。在我国正在经历“经济发展方式和战斗力生成模式”双重转变的关键时刻，示范区建设是推进“双重转变”以实现同步跨越的重要抓手。

（三）政府支持带来的政策动力

军民融合自主创新有赖于军地系统创新要素自由流动的渠道，有赖于科学、军民两用技术和产品之间形成顺畅的转化通道，而政府有形之手和市场无形之手两者的互补状态将决定着创新资源流动和科技成果转化的效率。由于科学属于军民两用的公共产品，因而推动军民融合自主创新需要政府更好地发挥主导作用，尤其要对前沿性、基础性和关键性科技创新加大支持力度，从政策层面为军民企业和科研机构协同创新提供所必需的创新平台、创新资金、知识储备、人员储备、基础研究成果以及关键共性技术研究成果。世界发达国家的经验表明，无论是推进科学领域军民融合创新，还是发展创新型经济，政府的支持与引导以及创新政策手段的运用发挥着关键作用。长株潭军民融合自主创新示范区建设的政府支持非常突出：首先，建成了促进军民融合自主创新的“领导高层化、决策民主化、管理专业化”体制机制，成立了区域最高领导挂帅的领导体制，做出了充分反映民意的发展决策，推行了专业化的管理模式。其次，对军民融合创新型经济进行适度干预，对自主创新加大财政支持力度，设立军民融合专项资金支持创新型企业发展，完善国防知识产权制度，鼓励扩大科技风险投资，鼓励高新技术尤其是前沿性颠覆性技术研发及其产业化、培育和壮大自主创新产品市场、完善自主创新科技人才激励机制等一系列政策措施。这些，将给长株潭军民融合自主创新示范区建设提供强劲的政策动力。

三、厚植长株潭军民融合自主创新示范区的产业载体

按照湖南省建设“一点三极四带多点”发展思路，发挥“一带一路”区位优势，坚持“产业集聚、企业集群”的原则，依托一批技术领先、综合实力较强的优势企业，培植核心引领、多极支撑、错位互补的产业载体。

（一）建成全国重要的“一枢纽三基地”

按照长株潭地区长期发展规划，依托独特区位优势，加强顶层设计，构筑“一枢纽三基地”，即综合交通枢纽、科技创新基地、先进制造业基地、现代服务业基地，支撑引领全省经济社会创新发展，形成引领中部地区崛起的核心增长极。深度挖掘长株潭三个国家高新区科技智力密集的优势，按照具有全球影响力的创新创业中心的战略目标，以大众创新、共同创新、开放创新的新模式，以提高自主创新能力和产业竞争力为核心，主攻原创性的低碳绿色技术如数字化制造技术、绿色环保产业技术、新能源技术、新材料技术，培育新的增长点，建设国际一流的长株潭高新技术创新示范区，促进湖南产业结构升级和发展方式转变，并带动和催化中西部地区创新发展。

（二）创建世界级装备产业智能化制造基地

发挥长株潭地区装备制造业基础好的比较优势，以数字化、网络化、智能化技术引领制造业新一轮的升级改造，以国家级产业园区和综合保税区为载体，以工程机械、盾构装备和轨道交通机械为支柱，整合汽车整体及配件、通用航空、高档数控装备、电机电工、3D 打印和工业设计等产业，完善智能制造技术创新体系和商业模式创新方式，打造具有全球竞争力的高端装备制造业集群基地，全面对接国家“一带一路”战略，实现湖南智能装备的全球化。深掘长株潭军民两用创新资源，重点整合现有国防科技资源，统筹规划，在卫星导航、超级计算机、海洋装备、网络空间、生物医药等重点领域构建若干重要研发基地，形成集中布局，支撑湖南创新发展，促进中部崛起。

（三）新建一批军民融合改革创新载体和平台

重视创新平台的整合功能，以平台运行最大程度地凝聚经济建设和国防建设融合发展合力，以平台发展促进全要素、多领域、高效益的军民融合深度发展格局的形成。新建一批国家经济动员中心平台、国家级创新平台和公共服务平台及两用技术产业化服务平台。加强国民经济动员中心行业、重点区域布局，积极培育海洋装备、太空、网络空间和生物安全等战略性新兴产业，围绕企业技术中心、技术转移中心等技术创新载体开展集成融合建设。具有核心竞争力的创新型产业集群基本形成，同时，打造坚实的财政金融支持平台，创新使用省财政的战略新兴产业发展基金，以股权投资方式，采用市场化手段，发挥财政资金杠杆作用，引导社会资本共同投资于优势新兴产业，按照“政府引导、市场运作、科学决策、防范风险、强化监管”的原则，通过与社会资本共同设立子基金，对先进装备制造、新材料、

文化创意、生物、新能源、信息技术等战略性新兴产业进行扶持，探索纳入省内其他新兴产业。

（四）打造一批具有竞争力的军民融合产业核心区

依托湖南优势军民融合产业基础，推进激光陀螺、固态硬盘、北斗、天河、视频监控等军民两用技术的产业转化，在长株潭建设三大军民融合产业核心区。同时，在高端装备制造、新一代信息技术、生物医药、能源环保等领域形成拥有技术主导权的产业集群和新业态，探索出较完善的协同创新体制机制，培养和聚集一批优秀人才特别是产业领军人才，基本建成世界一流科技园区。着力打造湖南特色军民融合产业链，完善以企业为主体、市场为导向、政产学研用相结合的湖南省制造业创新体系，形成一批在国内外具有较强影响力、特色鲜明、竞争力强、品牌声誉好、支撑区域经济发展能力强的军民融合优势产业集群，推动全省制造业整体创新能力全面提升。

四、建设长株潭军民融合自主创新示范区的路径选择

在建设长株潭军民融合自主创新示范区路径选择上，要建立“政产学研用”五位一体和“产业链—创新链—资金链—政策链”四链闭合的运作模式。“政产学研用”五位一体，即政府机构、企业、高等院校、科研机构和实践运用五个主体要形成一体化合作系统。同时，“产业链—创新链—资金链—政策链”要四链协同，围绕产业链部署创新链、围绕创新链部署资金链，综合运用财政、货币、产业和区域经济政策。

（一）健全完善顶层推动、上下联动的领导体制

军民两用技术创新事关国家安全和经济发展，各个环节离不开政策的引导。针对长期缺乏统筹、管理多头等问题，着眼统筹推进军民融合科技创新体系建设需要，建立健全顶层推动、上下联动的领导体制，党委和政府将军民融合科技创新体系建设纳入其统筹协调的重大事项和重要工作议事日程，负责对军民融合科技创新体系建设的重大问题进行决策和统一管理；整合省内地方、军工和军队相关工作机构的职能任务，建立统筹协调军民融合科技创新体系建设的协调机构和工作机制；地方各级党委和政府要加强对属地军民融合科技创新体系的领导，在产业发展、园区建设、条件支持中加强配套建设，推动“五位一体”和“四链闭环”各项工作的落实。

（二）加快构建军民融合、紧密衔接的创新链条

随着大量的军民两用科技创新在社会经济中的地位逐渐由服务、支撑产业经济发展向提供源头供给和发展动力转变，科技创新与产业发展之间融合更为必要，必须加快构建军民融合、紧密衔接的创新链条。针对当前基础研究、应用研究衔接不够紧密，科技与产业发展脱节，军民融合科技创新体系整体效能不高等问题，加快构建系统完备、衔接紧密、运行高效的创新链条，在制定科技创新总体规划基础研

究、应用研究、重大专项等相关规划时，整合经济发展和国防建设需求，合理布局、协调发展，实现科技计划的紧密衔接、科技成果的递交转化；落实企业作为技术创新主体的地位，发挥企业连接科技创新、市场需求等环节的桥梁与枢纽作用，推动引导所有企业平等进入所有科技创新领域，特别是为中小型科技企业参与军民融合科技创新活动提供便利，规范竞争行为，扩大竞争范围，促进科技创新和产业发展紧密结合；以高端装备、集成电路、航空动力等产业关联度高的重大关键技术创新链为试点，以战略性新兴产业发展需求为牵引，超前部署基础研究、应用研究、创新科研生产模式，创新金融支持体系，创新市场营销方式，构建市场在资源配置中起决定作用的“五位一体”军民融合科技创新体系。

（三）健全完善切实可行、行之有效的融合促进机制

针对军民融合科技创新体系各主体利益诉求和制约约束存在差异，积极探索切实有效的激励措施，使创新活动中个体利益与公共利益相一致，局部利益和整体利益相协调，充分调动积极性，激发创造性，积极探索激励手段，完善创新主体收入分配政策，健全鼓励创新创造的分配激励机制，建立职务发明奖励和收益，以技术入股、技术期权等方式激励成果转化，激发创新活力；把服务国防和经济作为相统一的价值导向和评价标准，督促军地相关部门在经济建设中贯彻国防需求；积极探索激励创新、促进转化的有效途径。打通从基础到应用、从技术到产业的运行通道，打破军地之间、军民之间创新合作、成果转化的政策壁垒，形成纵向贯通、横向一体的军民融合科技创新体系；建立适应基础研究和公益性特点的个人薪酬机制和成果奖励机制，利用风险投资、税收优惠、政策补贴、种子基金，积极探索和有力推进科技成果产业化的有效途径，尤其是加大对初创企业和中小科技企业的扶持力度。

（四）构建支撑军民融合科技创新体系建设的金融财税体系

随着创新活动的复杂性和风险不断升级，资金链更是保障创新链条各环节有效连接的关键要素，科技创新与金融创新结合更加紧密。因此，从财税、金融、政府采购等方面加强经济政策和科技政策的相互协调，形成军民融合科技创新的金融财税体系，确保军民融合科技创新体系建设的顺利实施；通过各种直接金融和间接金融方式，充分利用基金、贴息、优惠贷款、风险投资、证券交易、投资担保等方式，发挥政策性金融的激励作用，加快构建服务军民融合科技创新体系建设的金融支撑体系；政府财政投入重点支撑基础研究、社会公益研究和前沿技术中事关国防建设和经济发展的重大共性科技问题，按照公平公正原则，使参与军民融合科技创新活动的各种主体，平等享受财政投入、税收优惠和政府采购等政策支持，对掌握核心关键技术和拥有自主知识产权的创新主体要给予重点支持。

（五）充分发挥重大科技项目的引领示范作用

把国家重大科技计划和科技工程作为推动军民融合科技创新体系建设的重要抓手，进一步发挥重大科技计划和科技工程的示范作用，促进“政产学研用”五位

一体和“产业链—创新链—资金链—政策链”四链协同的模式创新，有效带动长株潭地区军民融合科技创新体系建设。深入总结“载人航天”、“北斗”等重大专项在筹划、论证、决策、运行等环节开展军民融合的成功经验，系统梳理重大科技项目推进过程中在破除体制障碍、打破封闭垄断等方面的主要做法，积极探索新形势下军民融合的创新方式，充分彰显重大专项的示范作用；继续以重大科技计划为抓手引领科技发展，在材料、制造、器件和动力等关键领域和航天、航空、信息、海洋等战略高技术领域，制定重大专项计划，引领未来科技发展，为新一轮支柱产业发展奠定坚实基础；聚集战略新兴产业发展和新型作战力量建设，在数字制造、新能源、新材料等新兴领域，以及军事航天、战略预警、信息攻防、战略投送、无人作战等军事领域，实施军民两用重大科技工程，推进军民科技向深度和广度融合。

参考文献

[1] Angeloni, Ignazio, et al. Global Currencies for Tomorrow: A European Perspective [M]. Berlin: Bruegel, 2011.

[2] Chen Xiaoli, Yin – Wong Cheung. Renminbi Going Global [J]. China & World Economy, 2011, 19 (2): 1 – 18.

[3] Dyer, Jeffrey H., Singh, Harbir. The Relational View: Co – operative Strategy and Sources of Interorganizational Competi – tiveAdvantage [J]. Academy of Management Review, 1998, 23 (4): 660 – 679.

[4] Mansfield E. Technical Change and the Rate of Imitation [J]. Econometrics, 1961 (29): 741 – 766.

[5] Markusen A. Sticky Places in Slippery Space: A Typology of Industrial Districts [J]. Economic Geography, 1996, 72 (3): 293 – 313.

[6] 徐元国．集群企业网络演进与龙头企业集团的形成机理 [J]．经济地理，2010 (9)：1494 – 1495.

[7] 叶继涛．区域优势产业军民融合理论及创新对策研究 [J]．科学学研究（增刊），2007 (6)：68 – 72.

[8] 曾立，黄朝锋等．战略性新兴产业军民融合式发展研究 [J]．科技进步与对策，2011 (12)：65 – 68.

新常态下广州与珠三角城市群区域合作创新路径探析

——对天津与环渤海城市群，上海与长三角城市群区域合作的比较借鉴

艾尚乐

（暨南大学）

在秉持“三个定位、两个率先”的定位之下，广州如何在珠三角推进城镇化的过程中发挥中心城市辐射带动作用，通过多维创新来增强区域合作动力，深化合作层次成为其当前转型发展面临的挑战。“他山之石，可以攻玉”。天津与环渤海地区、上海与长三角地区在此方面积累了诸多经验。通过全方位检视津、沪两地作为区域中心城市与周边腹地的合作关系，在此基础上高度结合广州及周边区域合作实际，择取对广州和周边区域合作关系中有实际和直接指导意义的经验是具有可行性和借鉴意义的方式。探究广州与珠三角城市群区域合作的创新路径的重要性在于有利于充分发挥其作为国家中心城市的龙头引领作用，增强城市综合承载能力，提升跨区域综合服务功能，通过探索新型城市化发展道路来推动区域间转型平台建设，为本地区乃至珠三角地区稳步推进城镇化积累经验。

一、天津与环渤海城市群区域合作分析

（一）合作模式分析

（1）构建交通网络平台。加快京沪、津秦、津保等高速轨道交通建设，打造高铁发展轴。推进区域港口间互为集装箱喂给港和船舶挂靠港，鼓励港口企业联合投资、相互参股，专业码头联建联营。

（2）构建产业合作平台。如延伸航空航天产业链，与北京、滨州等城市合作，大力发展航空航天配套产品的研发和生产；延伸石油化工和海洋化工产业链，与沧州、东营、秦皇岛等城市合作。同时，积极推动异地联建产业园区，打造承接产业转移载体。

（3）构建金融支撑平台。充分发挥滨海新区金融改革和创新的政策优势和渤海银行等区域性金融机构作用，推进“银园”、“银企”合作，建立重点项目的融资担保制度。支持天津产权交易中心、天津排放权交易所、渤海商品交易所扩展市场范围，推动异地挂牌等产权交易合作等。

（二）合作机制分析

（1）多层级架构。天津与周边区域合作基本形成了“高层协商推动、部门组织落实、企业积极参与”的合作机制。突出表现为：环渤海区域合作市长联席会、京津冀晋蒙政协论坛、京津冀都市圈工作交流会等搭建共商合作、协调发展的平台。环渤海区域合作市长联席会成员市发展到40个，共同签署了《天津倡议》、《沈阳倡议》；积极推动建立省市高层对话磋商机制、部门联动落实机制，组织召开每年一次、轮流主持的环渤海五省二市高层会谈活动，统筹区域发展战略、产业规划和重大合作事项。①

（2）多样态对接。天津在与北京区域合作中主动出击，求真务实，不图虚名。首先，发挥港口、快速交通通道和土地优势，主动为北京内外贸易提供优质服务，承接北京产业转移。其次，利用北京院校和科研机构集中、人才密集、资金充裕优势，积极引进高科技成果、人才和资金，提高自身产业水平和经济素质。最后，找准发展共同点，在共同市场、京津冀旅游圈、生态环境等方面统一协调和共同建设。

天津在与河北区域合作中注重现实、从长计议、互利互惠。首先，充分利用港口、人才、技术、市场等优势，向河北开放市场。其次，在资源利用上主动加强与河北合作，在南水北调、引黄、引滦、防风固沙、海洋保护等问题上相互沟通。最后，利用高新技术产业和现代制造业优势，主动向河北省转移衍生产业，形成集群产业带。

（三）合作特质分析

（1）合理确定滨海新区在区域合作“圈层”中的结构定位。以滨海新区为龙头，通过“十二五”规划及2020年目标的实施进一步发展壮大，增强其集聚和辐射功能。新区与天津中心城区形成紧密的产业互动关系，使全市经济呈现以海河经济带为轴线，以天津城区和滨海新区为两翼的互动、扩散的格局。

（2）通过滨海新区制造业集群和研发基地的功能扩散，打造并延长区域产业链。以天津滨海新区的六大支柱产业及若干国际一流的技术研发基地为“龙头”，着力打造并延长区域产业链条，如围绕摩托罗拉、三星、丰田等大集团，推动电子、汽车产业群形成；围绕大港石化基地和临港工业区的重大项目，推动化工产业群的形成。

（3）逐步完善滨海新区生产性服务体系，建设滨海新区生产性服务集聚区。

---

① 王爱兰．京津冀区域产业协调发展研究［J］．环渤海经济瞭望，2006（6）．

加速发展应用型工商设计与创意产业，建立滨海新区设计与创意产业园；从优化信用环境，完善金融功能，建立市场化、现代化的金融服务体系和运行机制入手，大力推动新区建设全国标志性的金融诚信示范区、金融改革开放试验区、金融创新与合作交流基地。

（4）正确处理自身发展与为环渤海区域提供服务的关系。一方面，大力发展与自身定位相匹配的服务业；另一方面，发挥对外开放度较高的“前沿阵地”作用，拓展国际会计、国际审计、国际税务、国际营销等专业服务。最终提升新区在区域对外经济贸易中的窗口、枢纽、品牌作用。

二、上海与长三角城市群区域合作分析

（一）合作模式分析

（1）“三位一体”协调。目前，长三角地区已经形成了“三级运作、统分结合、务实高效”的区域合作模式，三级运作包括决策层、协调层和执行层，决策层即“长三角地区主要领导座谈会”，每年底召开长三角地区主要领导参加的高层会议；协调层即由常务副省（市）长参加的“长三角地区合作与发展联席会议”，每年3~4月举行长三角城市经济协调会市长联席会议，将最高层会议确定的合作目标变成合作专题，确定牵头执行城市；执行层包括“联席会议办公室”、“重点合作专题组”及“长三角地区城市经济合作组”，主要由各省（市）发改委和相关部门负责，由10个专业委员会和城市经济合作协调会组成。[①]

（2）自发活动向以市场为主体的一体化转变。以建立统一开放市场经济体系为目标，重大基础设施一体化得到重点推进，港口、机场、铁路、公路和能源等对接深入开展，企业和商品市场准入、管理政策标准逐步对接，以市场为导向的基础性资源得到有效整合利用。

（3）政府单个部门向多部门及社会协作同步推进。通过联席会议、论坛、项目合作、专题研究、行业协会、企业组织等多种形式共同推进区域性合作平台建设。

（二）合作机制分析

（1）浦东新区和虹桥商务区作为带动上海和长三角发展的增长极。浦东开发始终坚持“开发浦东、振兴上海、服务全国、面向世界”的方针，定位为全国发展制高点，高端要素集聚地。同时，其辐射范围扩大到全国乃至全球，始终代表中国最高发展水平参与国际竞争。这一定位奠定了其发展模式的先发优势，即浦东发展举全国之力，始终享受最优惠发展政策，始终得到中央、部委等重大项目的落地，令其发展速度和规模始终处于领先地位。

上海从2010年起开始推动虹桥商务区建设工作，虹桥商务区定位为上海现代

① 景体华等．中国区域经济发展报告［M］．北京：社会科学文献出版社，2012：365－367.

服务业集聚区，上海国际贸易中心建设新平台，面向国际国内企业总部和贸易机构汇集地。商务区重点发展总部经济、现代商贸、会展旅游、金融服务、创意产业。它的开发，极大地推动了上海与长三角各城市的经济联系，成为上海面向西部腹地、加快发展的新增长极。

（2）长三角城市主动服务上海发展需求。改革开放初期，长三角地区也面临各城市之间产业同构，恶性竞争明显，城市之间竞争强于合作的问题。20 世纪 90 年代末期以来，上海以浦东开发为端倪，“四大中心”建设启动后，苏浙皖三省开始有意识为“老大哥”服务。具体而言，上海主动适应服务长三角、服务全国的功能定位，积极选择与现代中心城市相适应的经济发展模式和结构，增加集散功能，建设世界经济、金融、贸易和航运中心。与此相应，江浙两省周边城市选择“接轨上海”、“融入上海”。长三角区域内不同主体间已经形成一定的共同利益和共性需求，表现出较高的技术经济关联度。

（3）产业链条差异化分工。区域内部有序合理的产业分工在长三角地区各省市已形成默契和共识，上海基本上不与周边城市争“工业园区”，苏浙皖等地区城市也不争“总部经济”。现有产业布局基本上是市场自然选择的结果，这无疑反映了长三角地区较高的市场化水平，贯彻了“放水养鱼”的思路。例如，上海作为国际金融中心，其银行业多为跨国公司和人民币国际化服务，而民营经济发达的浙江地区的诸多民间银行则落户上海，集中精力服务好长三角地区大量中小企业的融资和贷款等业务。①

（三）合作特质分析

（1）出台优惠政策支持上海港发展。上海市出台大量政策支持港口发展，并从国家层面争取到大量优惠政策，如《国务院关于推进上海加快发展现代服务业和先进制造业建设国际金融中心和国际航运中心的意见》、《上海市人民政府关于印发上海市加快国际航运中心建设“十二五”规划的通知》等。

（2）构建现代航运集疏运体系。港口方面，推进洋山深水港区四期和后续工程，开通欧洲、美东、美西、南美、地中海和非洲等多条干线；内河航道方面，完成外高桥、罗泾港区进港支航道疏浚工程，推进赵家沟、大芦线、杭申线、黄浦江上游航道整治；公路交通方面，建立多单位联动的外高桥地区及周边道路交通排堵联动机制。

（3）积极发展航运服务业务。新成立的上海航运运价交易有限公司成为全球首个航运运价第三方集中交易平台，该公司陆续推出上海出口集装箱、中国沿海干散货、国际远洋干散货等运价中远期交易，填补了我国航运运价衍生品市场的空白。

---

① 沈玉芳等．长三角地区产业群、城市群和港口群协同发展研究［J］．经济地理，2010（5）．

三、广州与珠三角城市群区域合作的现状与挑战

（一）合作现状

（1）以《珠三角发展规划纲要》和《粤港合作框架协议》为指导依据，统筹构建珠三角都市圈，逐步推动区域合作常态化和机制化。依据国家大政方针和区域发展目标，广州注重开发、培育和提升综合服务功能，为区域发展提供包括产业、科技、教育、文化、医疗、体育等在内多样化服务；调整优化产业结构，提高现代服务业发展水平，促进产业高级化、高端化，为区域产业合作提供更大空间；坚持以自主创新为核心，建设国家创新型城市和华南科技创新中心，为区域创新发展提供强有力支撑；充分发挥中心城市的枢纽和门户功能，进一步提升珠三角地区交通现代化水平，实施交通设施一体化战略，构筑城市群经济辐射和扩散的主动脉。

（2）以广佛同城为突破口，构筑珠三角城市群经济活动组织和资源配置的中枢，引领珠三角城市群协调发展。基于广州的集聚和辐射效应不够强大、珠三角城市群规模成长的"广州指向"不够明显的考量，通过广佛同城增强中心城市的极化扩散功能，甚至直接形成"广佛一体增长极"，以"广佛一体增长极"来带动城市群发展，可行性和操作性强。

（3）以广佛肇经济圈为契机，发挥自身中心城市服务、辐射和带动功能，为珠三角城市群发展奠基固本。广州作为国家中心城市，可谓"一岗双责"，不仅是珠三角城市群的中心城市，还是广佛肇经济圈的辐射源。广佛肇经济圈是广州发挥中心城市服务、辐射和带动功能最现实和最重要的承接地，广州能够联手三方，完善合作机制，突破重点领域，实施产业转移，合力做大做强，发挥集群效应。

（二）现阶段的挑战

（1）"龙头"引领和辐射能力不强。虽然广州经济实力处于相对领先地位，但优势不明显，辐射能力有限，致使珠江三角洲城市群基本处于群龙无首的"诸侯争霸"多中心格局，如长期以来的广深"龙头地位"之争，这严重制约了区域整体竞争力。

（2）自身利益与区域整体利益矛盾协调处理不到位。行政区经济、分税制、简政放权等多种因素的叠加影响，促使区域内城市自行发展，追求自身利益最大化，而对区域整体利益考虑不多，这无疑加剧了区域内各城市之间过度竞争。

（3）基础条件和产业构成同质化现象突出，无法形成合理分工。区域内各城市产业定位尤其是主导产业严重趋同，致使各城市之间难以形成有效的产业协作与分工。

（4）合作过程中片面追求经济增长，可持续发展后劲不足。区域合作过程中片面追求短期的经济增长，而对增长质量、发展潜力、民生、社会服务、人口流动等领域缺乏重视，使得经济、社会难以协调、均衡发展，影响整体合作的长远性和可持续性。

（5）政府部门的组织与管理缺乏沟通与协调。以工业园区为例，受政绩考核的激励，区域内各城市积极开发工业园区，在引进外资上竞相出台优惠政策，压低地价，导致恶性竞争，资源浪费现象时有发生。不但使原有特色工业园区的集群化发展受到干扰，而且使国家利益和城市群整体利益严重受损。

（6）缺乏保障配套和持续创新机制的支撑。由于缺乏相应的保障和创新的制度安排，造成许多外部性问题无法避免。例如，珠江流域的综合整治和环境保护，缺乏相应的协作治理制度安排，各个城市都倾向于按照自行标准排污，而不承担相应的外部成本，引发一系列的生态环境问题。

四、广州与珠三角城市群区域合作创新路径分析

（一）打破行政区划壁垒，明确区域合作的龙头城市

（1）从战略高度统一思想，认识到区域合作的重要性。现行城镇行政体制下，不存在行政隶属关系的城市区域间往往存在着严重的行政分割现象，出于地方利益考虑，各地城市政府之间存在着激烈的非合作博弈，使得横向合作关系受到严重阻碍。部分城市政府在行政区域范围内构筑自我封闭、自我配套的经济结构体系，有意识地限制生产要素的跨行政区自由流动，制约了区域性统一市场形成，阻碍了区域合作机制的产生与成长。[①] 从这一现状出发，珠三角城市的区域合作，必须从更高层次上，从战略高度上形成推动区域合作的共识。在面对长三角和京津冀快速发展，苏、浙、鲁紧追不舍的局面下，广州等城市必须清醒认识到不进则退的严峻局面，从思想深处树立区域合作、协调发展意识，这是实现珠三角共建合作机制和突破合作障碍的关键。

（2）尽快确立广州在珠三角区域合作中的龙头地位。从珠三角现状来看，作为广东的两大经济中心城市，广州、深圳的关系某种层面上类似于京津关系，双方对于合作优势有着清晰认识，但又存在一定的竞争关系，在某些产业和领域甚至会出现一定的利益冲突。所以，珠三角区域合作，首先是广深间的定位与合作问题，其次才是广深与珠三角其他城市的合作问题。如果采取双中心模式，很难确定究竟谁才是推动珠三角区域合作的主导城市，甚至可能加剧广深竞争。因此，推动珠三角区域合作，发挥广州、深圳的辐射带动作用，首先必须明确省会城市广州在此方面的龙头地位，由广州统一协调珠三角各相关城市的利益诉求，以解决阻碍进一步合作的体制障碍。

（二）建立推动区域合作的有效运作架构

由于跨行政区域的合作协调机制在推进区域经济一体化过程中的重要性，在推动珠三角区域合作的过程中，必须形成这样一种有效的协同机构，并在一定的运行

① ［英］哈维·阿姆斯特朗，吉姆·泰勒．区域经济学与区域政策［M］．刘乃全等译，上海：上海人民出版社，2007.

框架下运行。

（1）广州市牵头完善层次清楚、覆盖面广的合作组织机制。第一，完善珠三角市长联席会议制度，作为区域合作的决策层，通过定期召开联席会议，负责制定区域合作与发展的重大战略、政策、目标。

第二，建立由各市常务副市长组成的协调层，负责解决基础设施建设、区域规划和生态一体化治理中的重大问题。

第三，组建由各市发改委和相关部门负责人组成的执行层，设立相应专业委员会和工作小组。包括“联席会议办公室”、“重点合作专题组”及“珠三角城市经济合作组”，负责合作政策的执行和落实。根据珠三角地区实际情况设立专业或综合职能管理机构。

第四，动员和吸收社会力量广泛参与，鼓励建立各类半官方及跨地区民间组织。如吸收省内各行业协会、大企业、有代表性的中小企业和其他社会中介组织，形成广泛的社会参与机制。

第五，设立由政府官员、企业家、海内外专家参与的珠三角城市合作论坛，围绕珠三角城市合作中的诸多问题出谋献策，同时成立专门的珠三角区域合作研究基金，以课题委托形式，由国内外专家对区域发展重大问题提供智力支持和决策咨询。

（2）设立珠三角区域协调发展共同基金。珠三角各城市根据目前经济发展水平和财政支配能力，按照比例分摊方式，设立区域协调发展共同基金，用于统筹区域内部基础设施和公共设施建设的前期论证与推进、生态建设和环境治理、产业转型升级和重大科研项目研发投资、紧缺应用型人才培养等方面的支出。同时，设立非营利性基金运营公司，负责共同基金的投放，保障基金使用符合珠三角区域一体化的整体利益。

（三）强化基础设施对接，形成区域一体化交通网络

（1）巩固广州华南区域交通中心的地位。广州要确立华南交通枢纽地位，一是要通过省里支持与协调，加快白云机场的扩建工作；二是必须加快新机场建设，通过在南沙布局第二机场，既可以将南沙发展为连接穗、港、澳和珠江口其他城市的重要交通节点和新枢纽，又可以提升广州国际和国内交通中心城市地位。

（2）积极发挥广州港在区域经济合作中的辐射带动作用。第一，广州港要积极牵头深化珠三角区域港口合作，构建优化整合的集疏运体系，通过和珠三角各港口相互参股、投资、合资建设码头和物流服务体系，以资本为纽带加强珠三角港口群内在联系，推动管理方式、技术标准、发展政策、市场规范、信息平台等机制方面的合作。

第二，在有条件和争取国家政策支持情况下，积极发展航运融资、租赁、保险、航运价格衍生品等航运金融产品；大力推动航运服务功能、国际中转功能、出口轻加工功能、航运研发功能培育。

第三，积极推进无水港建设。有计划、分步骤地在珠三角北部和粤北地区及各高铁沿线和华南内陆广大腹地积极布点，争取形成布局合理、辐射广泛、系统完整的无水港物流网络体系。

（3）加快珠三角城际环线建设。首先，加快建设珠三角城际环线，特别是广佛城际交通线。其次，着力强化城市圈交通体系，建立顺畅的城内和城际间的交通换乘体系，尽快完善以地铁或轻轨为主的大城市公共交通框架，形成以通勤铁道和城际列车为主的城际交通网。最后，加快推行珠三角交通一卡通。

（4）增强珠江口东西两岸的交通联系，以广州南沙为节点，建设跨珠江口通道。深江跨珠江通道的规划建设必须充分考虑南沙作为国家开发新区的发展空间。同时，深中通道通过南沙作为重要节点，可以将深圳前海、广州南沙、珠海横琴串联起来，对于提升三大开发区在国内的集合竞争能力，推动广东自贸区建设具有重要的现实意义。

（四）产业优势互补、协作发展，夯实区域合作基础

（1）广深等地需要错位发展，优势互补。

首先，广州必须充分发挥省会城市的优势，增强高端要素集聚、科技创新、文化引领和综合服务功能，优先发展高端服务业，加快建设先进制造业基地，大力提高自主创新能力，率先建立现代产业体系，切实增强自身辐射与带动能力。

其次，注重与深圳等城市的错位发展与产业协作，形成广阔的合作空间。应注意与深圳等区域重点城市的产业差异，选择合适的合作路径。可遵循先易后难的原则，循序渐进展开，先从第三产业合作开始，然后逐步将区域产业合作推向全方位。

最后，推动要素资源流动。如人才流动的合作，可以实行高层人才自由流动、自由迁徙。可以打破地域限制，合作建立跨区域研发机构、科技培训教育机构。

（2）推动珠三角地区的产业结构协调。珠三角的产业结构调整和优化应在一体化框架中实现。基础产业应从规模经济和区域经济一体化角度协调发展，防止出现地区分割和过度竞争。新兴产业应集中整个珠三角优势合力共同发展。对于那些已经在珠三角形成产业集聚的产业应鼓励互补发展，通过进行产品差别化竞争和合作，形成以水平分工为主的产业分工体系，提高全区域产业国际竞争力和区域创新能力。

（3）发挥产业园区在带动区域发展中的作用。广州市可在现有产业园区基础上，推进跨行政区域合作共建开发园区，促进产业转移辐射和布局优化。按照“优势互补，合作共赢；政府推动，园区为主；市场运作，多元模式”的原则，采取资金合作共建、项目合作共建和交流合作共建等多种形式，实行双向互动。

（五）以平台建设为契机，深化区域合作水平

（1）把南沙新区打造成为区域合作的重要平台。在此，将南沙新区作为今后推动区域合作的关键点，首先，从地理位置上来看位于珠三角的地理中心，是串联

珠三角东西两岸的关键节点，通过高铁、公路、港口、城铁、轨道交通及未来的新机场建设，南沙能够成为珠三角区域的新交通枢纽。其次，作为广东自由贸易区三大片区中地理区位最好，面积最大，定位更加全面的南沙新区，有能力成为珠三角区域合作的引擎和增长极。最后，作为国家级开发新区，南沙可以吸引珠三角、港澳和国内外的高端服务业、高端装备制造业、3D 打印业、新兴海洋产业、科技研发产业等大型项目落地，和珠江口东西两翼的现有产业形成分工互补，使其成为引领未来珠三角产业升级的落脚点。

(2) 以广州"2 +3 +9"平台建设为重点，带动珠三角平台经济的发展。

首先，可以在区域内着力引进和培育一批龙头平台企业。一方面，政策推动可以创造空间，营造有利于平台企业发展的环境，有利于一大批中小型专业化平台企业的培育与成长。另一方面，通过政策大力支持龙头企业发展，引进和培育一批具有较强影响力的龙头型平台企业，发挥较强的经济带动作用。

其次，结合珠三角产业转型升级，可以积极推进平台经济商业模式创新。一方面从专业化入手，寻找广州和珠三角平台经济发展的薄弱或空白区域，推动相关领域平台企业成长；另一方面从产业链入手，根据珠三角产业分工特质和发展水平，广州除引入上下游企业外，还可引入功能性企业，通过珠三角区域内其他城市发展平台的结合实现资源整合，形成平台发展的乘数效应。

最后，通过平台型人才引进和培育，促进珠三角人力资本、知识资本的跨区域流动与升值。针对平台经济发展所需的跨界、复合型人才、企业高管人员、高级研发人员等紧缺人才，通过引进和培育来增强广州和珠三角地区区域合作和产业发展的人才支撑和智力支持。

参考文献

[1] 艾伯特·赫希曼. 经济发展战略 [M]. 曹征海等译. 北京：经济科学出版社，1991.

[2] 哈维·阿姆斯特朗，吉姆·泰勒. 区域经济学与区域政策 [M]. 刘乃全等译. 上海：上海人民出版社，2007.

[3] 施用海等. 世界都市圈与中国区域经济发展 [M]. 北京：中国商务出版社，2006.

[4] 刘强. 环渤海经济圈的新增长极：天津滨海新区建设 [J]. 宏观经济管理，2006 (6).

[5] 何瑛. 环渤海地区经济一体化的思考 [J]. 中国城市经济，2007 (1).

[6] 王洪庆，朱荣林. 长三角经济一体化的实现途径新探 [J]. 经济纵横，2004 (7).

[7] 沈玉芳等. 长三角地区产业群、城市群和港口群协同发展研究 [J]. 经济地理，2010 (5).

[8] 中山大学城市与区域研究中心. 创新粤港协调合作机制研究报告 [J]. 2010-04-09.

[9] Nolan P. Transforming China: Globalization, Transition and Development [M]. London: Anthem Press, 2004.

[10] John Friedman. Four Theses In the Study of China's Urbanization [J]. International Journal

of Urban and Regional Research, 2006 (5): 440 – 451.

[11] James Simmie. Innovation and Urban Regions as National and International Nodes for the Transfer and Sharing of Knowledge [J]. Regional Studies, 2003 (37): 6 – 7.

省际科技创新协同的机理与动因分析*

陈丹宇

（杭州师范大学）

一、引言

协同学（Synergy）是德国物理学家赫尔曼·哈肯（Herman Haken，1927）[1]创立的一门跨学科理论。协同学研究的是由完全不同性质的大量子系统（如电子、原子、细胞、器官、动物乃至人类）所构成的各种系统，研究这些子系统是通过怎样的合作才在宏观尺度上产生空间、时间或功能结构的。狭义的协同，就是与竞争对立的合作、协作、互动等含义；广义的协同，既包括合作，也包括竞争[2]。

Kahn 的研究主要从企业内部探讨创新过程中的各部门和跨部门（职能）的协同问题。Kahn 在比较了互动（Interaction）和合作（Collaboration）的异同基础上，认为两者是不同的实现整合（Integration）的方式，并通过实证研究证明，合作对于产品开发绩效和产品管理绩效有显著正相关，而互动则在统计意义上没有显著正相关[3]。他的研究结果表明，如果要取得较好的创新绩效，那么企业在创新过程中不仅要重视互动（如各种会议、文档化的信息交流、相互抄送报表等），更要重视相互间的合作关系。Kahn 进一步指出，就创新绩效而言，适当的互动是必要条件但不是充分条件[4]。Kahn 还将跨职能的整合区分为互动（Interaction）、合作（Collaboration）和跨职能协调（Interfunctional Coordination）三种类型[5]。

英国卡迪夫大学的库克（Cook）在研究“区域合作优势”（The Co - operative Advantage of Region）时发现区域创新中的合作关系比竞争关系更重要，且不同的制度环境会为区域整体利益而整合，有利于形成和保持区域优势，并提出协同经济的概念[6]。Joe Tidd、John Bessant、Keith Pavitt 从市场、技术、组织三个方面强调系统整体协同对创新绩效的重要性，使创新的协同研究达到一个新的高度[7]。

在我国，以浙江大学许庆端院士为主要代表的学术研究团队，在借鉴和吸收国外同类研究成果的基础上，近几年出版发表一些研究成果，并创造性地提出“创

* 基金项目：国家社会科学基金项目（15FJL020）。

新协同”概念并建构了理论和实证研究。创新协同是指参与要素在发挥各自作用提升自身效率的基础上，通过机制性互动产生效率的质的变化，其协同效应包括价值增加和价值创造两个部分[8]。通过案例实证分析的方法，充分论证了技术、组织与文化的协同创新就成为企业走依靠技术创新发展道路所要解决的关键问题[9]。在创新理论和协同学的基础上，通过考察中兴通讯17年创新与发展历程，从理论和实证角度分析了企业创新协同，提出创新协同的技术创新主导型、制度创新主导型、技术创新与制度创新共同主导型等三种模式，并构建了相应的创新协同演化模型[10]。要平衡短期竞争优势和长期能力发展、价值创造和价值增加、市场创新和技术创新，企业的经营方式或者说创新方式必须从传统的职能整合发展到创新协同[11]。通过研究企业集团内部协同创新的关键影响因素及其与协同创新效应的关系、协同创新效应与创新绩效的相关关系，揭示了企业集团内部协同创新机理[12]。战略、文化、组织、制度、技术5个因素对创新协同绩效有显著影响[13]。

国内外现有研究中从中观层面——区域角度来研究创新协同问题还比较少见。就省际科技创新协同问题而言，现有文献研究成果给我们以较大的启示。因此，在建设创新型国家，走特色的自主创新道路的今天，面临着金融危机的冲击和市场、环境、资源等约束，在不增加或少投入创新资源的前提下，省际通过创新行为主体间分工、协作和融合等创新协同行为来提高区域创新效率，是一个值得深入研究的问题，具有学术价值。本文在借鉴现有文献研究成果的基础上，就省际科技创新协同的特殊内在机理及动因加以理论分析。

二、省际科技创新协同的特殊内在机理

（一）省际科技创新协同的内涵

对创新理论的理解有一个演化过程，总体而言，是以早期熊彼特提出的广义创新的概念到狭义的理解，近年来又“复归”到广义的理解。

最近二十多年来，对区域创新的研究百家争鸣，文献浩繁，形成以演化学派、制度学派、马克思主义学派为主要代表的区域创新理解新进展。虽然这些学派对区域创新理论的研究取得了具有较强说服力的成绩，即使尚缺乏比较一致的理论框架。但是，这些研究均以内生增长和发展理论、创新系统理论、网络理论等为理论基础，同时，对于区域创新理论取得了比较一致的观点[14]。

区域创新是一个经济—社会—技术过程，是一个由客户、厂商、各种中介组织参与并相互学习技能和交流知识的复杂过程，并受到社会环境的制约；是一个以创新网络为平台，重视各种经营团体和政府治理结构在促进创新上的作用，具有区域性、社会性的互动过程。决定区域创新的区位因素发生了较大变化，知识、技术、人才、信息基础设施等因素替代了资源禀赋、地理位置、丰富而廉价的劳动力资源等因素而成为决定区域创新的主要力量。此外，非实物因素如社会资本、社会网络等的作用凸显，并构成了区域创新环境的主要内容，而创新环境的质量和优势则决

定了区域创新的基础条件即区域吸引和留住各种流动性资源的黏性；基于对学习是最重要过程的认识，学习过程的地理邻近性和动态的空间集聚经济有利于区域创新；区域创新过程具有路径依赖及锁定特征，体现累积性质。

本文认为，从广泛的含义上理解，区域创新是发生于区域内的各种创新要素实现“新组合”的过程，所以归结为两个视角：要素和过程。要素与过程密不可分。创新要素的新组合是在创新过程中实现的，创新过程的展开充满了各种创新要素的新组合[15]。本文分析科技创新协同的同时，既考虑过程，也考虑要素的组合。

按照协同学的观点，本文创新协同的概念与其他研究者技术创新相关概念的区别不仅仅在于过程的范围和要素的多少，其本质的差异是要素组合方式和创新实现方式的不同。我们非常赞同熊彼特的创新实质为“生产要素的重新组合”的过程，但是问题在于，创新各要素之间应该有怎样的组合方式，才能获取持续创新能力。科技创新协同，就是要实现科技创新过程中创新要素的自组织，即从创新过程中一般的要素组合方式转向自组织。因此，创新协同的概念既是对熊彼特生产要素的重新组合思想的继承，更是强调要素的非线性组合和系统演化的自组合特性，是对熊彼特思想的发展。本文假设，以一个省份为区域作为研究对象，因中国的省份相对稳定，并便于数据的获得。省际科技创新协同的本质是各省份间的各种创新要素实现自组织的过程，是在空间层面上实现创新自组织增强机制。它体现三个层面的主要内涵：一是创新过程中一般的要素重新组合；二是创新过程中非线性的要素重新组合；三是创新过程中自组织的要素重新组合。因此，省际科技创新协同是更高层次的“生产要素的重新组合”，是省际科技交流与合作的最高级形态。

本文认为，省际科技创新协同指的是：以发展战略为导向，以获取协同利益为动力，以提高省际协同程度为核心，通过省际的核心要素（主体性、资源性）和支撑要素（战略、文化、制度、组织、环境）的分工、竞争和融合等作用，实现省际的整体协同效应的过程。

（二）省际科技创新协同的特殊内在机理

为进一步理解省际科技创新协同的内涵，在与以往传统意义上区域创新模式相比较中，分析和揭示省际科技创新协同新模式具有明显的特殊性。

（1）省际科技创新协同过程是一个通过省际的分工、竞争和合作机制，激活要素，优化配置的过程，目的在于追求寻找满足区域创新绩效最大化的要素匹配。不同于一般的合作与竞争，协同本身是一个过程，协同的生成要经历各创新要素从非协同关系走向协同关系的复杂过程。省际科技创新协同追求的终极目标是实现“1+1>2”的协同效应，其本质要求是实现区域创新系统中要素的优势互补、聚合放大和功效倍增，其发生作用的机理就在于各要素特定属性之间的协同作用，即要素属性之间的匹配性或互补性产生协调、同步的强相互关系，产生主宰系统发展的序参量，从而支配系统向有序方向发展，使系统的整体功能最强，产生协同效应。

（2）省际科技创新协同过程是实现要素间的非线性组合。省际科技创新协同过程中，要素所产生的最优排列组合结构具有复杂的非线性特征，这是协同效应能够产生的内在根据。协同效应形成的本质关键在于要素属性之间的组合性。与单纯要素的属性不同，组合关系中的要素属性之间具有非常重要的、复杂的非线性关系和相互作用。正是这种强相互关系和相互作用，使要素间形成特定的排列组合关系，进而形成了最佳组合的结构，这种结构最终实现了整体性的协同效应。以往，人们对创新理解为一个简单的线性过程，是对现实创新过程的高度抽象；创新协同理论凸显创新过程的非线性特征，是对现实创新过程的逼近。与线性关系的简单性相比，非线性意味着要素相互关系的复杂性。非线性现象的数学表达是非线性系统运动过程，有多种解。省际科技创新协同过程中，各种要素自身和要素之间的非线性关系复杂，要建立统一数学模型的难度较大。但是，运用博弈论的方法，借用协同学的思想实证性考察要素之间的关系是值得尝试的。

（3）省际科技创新协同过程是各要素实现交互性和同步性的过程。省际科技创新协同的目的是实现创新的协同效应，而实现创新协同效应单靠一个要素是难以实现的，需要各种创新要素相互配合，相互促进作用的互动而形成最优排列组合的结构导致系统整体的发展。省际科技创新协同的同步性体现在创新协同过程中要素的配合在时空上是同步的，时间上的同步性要求创新协同要素要紧密衔接，遵循共同的时间参考。空间上的同步性要求创新协同要素之间协调配合，克服子系统或要素之间的不协同，使系统在空间上形成协调一致的整体运动，从无序走向有序。

三、省际科技创新协同的动因

为了理解省际科技创新协同的动因，我们着重考察分析其经济学原理。

（一）获得协同剩余

省际科技创新协同过程，具有有助于整个系统稳定和有序的特性，强调在既有资源条件下通过要素的强相互作用，创造出单要素或局部所没有的整体功能的放大或倍增，从而使系统结构得到优化，产生促进整体组织有序化进程的“协同剩余”。如果系统中的要素为 $X=\{x_1, x_2, \cdots, x_n\}$，系统的整体功能为 $F(x)$，协同效应的结果为 $F(x)>f(x_1)+f(x_2)+\cdots+f(x_n)$，也就是通常表达的“2+2=5”效应。这里所造成的差值 $\Delta S=F(x)-\{f(x_1)+f(x_2)+\cdots+f(x_n)\}$ 为“协同剩余”。由于这种协同作用，从而也造成了系统产生功能倍增或效应的涌现。在我国一些省份里，存在创新资源的禀赋现象，有的地区的资源、知识存量和潜在能力没有激活，有的地区存在资源相对过剩和能力闲置的状态。资源的相对过剩也是结构性不合理的表现。创新协同是解决这一问题的有效途径。第一，通过省际创新协同，建立各省间企业战略联盟、知识联盟关系、地方政府间的共性技术的平台等，与别的地区的主体合作创新，充分利用一切可以利用的资源，产生规模经济。第二，通过各省内创新协同，优化区域内资源、要素的组合方式，激发创新资源的效能，产生

“协同经济”。

（二）共担创新成本，获得规模经济优势，提高创新效率

创新协同形成的经济学原理是，创新协同模式比传统创新模式能以更低的成本获取同样的收益或同样的成本获取更大的收益。创新是有代价的。一般来讲，创新成本包括四类：一是过程成本，包括技术搜寻成本、研发成本、试生产成本等；二是组织成本，主要是指为了实施创新而投入的人力、机构和组织管理成本；三是风险成本，主要是指由于创新的不确定性引起创新项目的失败而导致的成本增加；四是政治成本，主要是指创新者冒着政治风险而实现制度创新进而影响仕途等导致的成本。创新协同可以有效地降低创新成本，提高创新效率。其主要体现在：第一，各创新主体间的互动，信息资源共享，公共技术共同平台，有效地减少重复建设和重复研发，实现专业化分工，提高创新资源利用效率；第二，各创新组织实施主体间的协调和合作，增加彼此间的信任，从而相对降低了创新组织成本；第三，通过创新协同，不仅降低创新的不确定性，而且分摊了创新成本，因此可以避免或减少创新的风险成本；第四，由于创新者之间彼此互动和协同，使得制度创新的认可度大大增加，从而降低了政治成本。

（三）提高创新速度，缩短了创新周期

省际科技创新协同倍增主要强调实现整体性协同后，由于系统内部各子系统之间同向合作、相互配合、良性互动，消除或降低了在非协同状态下出现的一系列负面效果，从而减少或避免内耗和重复研发，充分利用了创新资源，提高了相关要素和相关系统在创新协同中的耦合度而产生互补效应，进而使系统整体效应放大，产生整体大于部分之和的效应，实现协同学意义上的协同效应。这样，各省创新系统中创新协同作用增加了创新资源的流动性和优化配置组合，进而不仅增进了区域创新效率，而且提高了创新速度，缩短了创新周期。

省际科技创新协同在此动因的推动下通常可以实现多种效应的整合，促进不同省际各不同行为主体的优势互补、合作共赢，进而形成协同效应（1 +1 >2）。具体来说：

（1）内生利益驱动效应。通过省际科技创新协同的战略目标，在利益共享基础上形成省际利益共同体，共同推进省际科技创新活动的开展。

（2）集聚资源、形成合力的竞合效应。通过集聚各省内及省间的科技创新资源，构造创新协同的社会系统和运行空间，形成规模经济和规模集群式创新效应。

（3）优势互补效应。在省际分工和比较优势的基础上，通过建构创新协同的技术系统，形成布局结构合理的产业结构和技术结构。

（4）提升组织机制效应。通过创新协同的精神动力和组织意识，在政府统筹规划和创新系统的市场调节的基础上，形成各创新主体之间的亲密合作，提高科技进步贡献率。

四、小结

本文通过对省际科技创新协同的特殊内在机理和动因的分析，发现在国际金融危机的冲击和市场、环境、资源等约束下，不增加或少投入创新资源的条件下，省际科技创新协同是增强自主创新能力、建设创新型省份、不断提升国际竞争力，也是一个省份走特色自主创新道路的明智而必然的选择。本文只是加以理论分析，其政策实证研究有待进一步探索。

参考文献

[1] Haken H. Advanced Synergetics, an introduction [M]. Berlin: Sprinner, 1987.

[2] 吴彤. 自组织方法论研究 [M]. 北京：清华大学出版社，2001.

[3] 郑刚. 基于 TIM 视角的企业技术创新过程中各要素全面协同机制研究 [D]. 浙江大学博士学位论文，2004.

[4] Cooke P. Regional innovation systems: General findings and some new evidence from biotechnology clusters [J]. Journal of Technology Transfer, 2002 (27): 133 - 145.

[5] Joe. Tidd, John Bessant, Keith Pavitt. Managing innovation: Integrating technological, market and organizational change [M] //Chichester, New York: John Wiley, 1997. Joe. Innovation management in context: Environment, organization and performance [J]. International Journal of Management Reviews, 2001.

[6] 许庆瑞，谢章澎，杨志蓉. 企业技术与制度创新协同的动态分析 [J]. 科研管理，2006, 27 (4): 117 - 120.

[7] 张钢，陈劲，许庆瑞. 技术、组织与文化的协同创新模式 [J]. 科学学研究，1997, 15 (2): 56 - 61.

[8] 许庆瑞，谢章澍. 企业创新协同及其演化模型研究 [J]. 科学学研究，2004, 22 (6): 328 - 332.

[9] 陈劲，谢芳，贾丽娜. 企业集团内部协同创新机理研究 [J]. 管理学报，2006, 3 (6): 733 - 740.

[10] 白俊红，陈玉和，李婧. 企业内部创新协同及其影响要素研究 [J]. 科学学研究，2008, 26 (2), 409 - 434.

[11] 李青等. 区域创新视角下的产业发展：理论与案例研究 [M]. 北京：商务印书馆，2004.

[12] 陈光. 企业内部创新协同研究 [D]. 吉林大学博士学位论文，2005.

[13] 饶扬德，唐喜林. 市场、技术及管理三维创新协同过程及模型研究 [J]. 科技进步与对策，2009 (13).

[14] 邹波等. "三螺旋"创新协同效应理论分析 [J]. 学术交流，2013 (11): 111 - 114.

[15] 洪勇. 企业要素创新协同模式研究 [J]. 管理案例研究与评论，2010 (10): 386 - 393.

[16] 洪银兴. 论创新驱动经济发展战略 [J]. 经济学家，2013（1）：5-11.

[17] 周佩，章道云，姚世斌. 协同创新与企业多元互动研究 [J]. 管理世界，2013（8）：181-182.

基于金融发展的京津冀经济增长差异分析*

田卫民

（河北金融学院科技金融重点实验室）

一、引言

金融发展对经济增长具有积极的促进作用，金融发展不仅可以通过便捷的商品流通、促进信用发展和自身产值的增加来促进经济增长，更为重要的是，金融发展增加了就业人数、促进了资本积累，并且提高了要素生产率，其与经济增长的正相关关系是显而易见的（King 和 Levine，1993）。

金融发展能够有效促进经济增长的观点，不仅得到了坚实的理论支撑，而且得到了广泛的实证研究的支持。Goldsmith（1969）以金融资产与 GNP 之比度量金融发展，分析了 1960～1963 年 35 个国家金融发展与经济增长的关系。Robert G. King 和 Ross Levine（1993）以金融系统的流动负债与 GDP 之比、存款货币银行资产除以存款货币银行与中央银行资产之差、金融系统分配给私人企业贷款的份额、私人部门获得的贷款与 GDP 之比四项指标度量金融发展，考察了 119 个发达国家和发展中国家 1960～1989 年的金融发展和经济增长的关系。Ross Levine 和 Sara Zervos（1998）以银行发展度量金融发展，分析了 1976～1993 年 47 个国家金融发展与经济增长的关系。Ross Levine、Norman Loayza 和 Thorsten Beck（1999）以私人企业贷款与 GDP 之比度量金融发展，运用 GMM 动态面板数据模型和截面工具变量的估计方法分析了 1960～1995 年 74 个国家金融发展与经济增长的关系。Panicos O. Demetriades 和 Khaled A. Hussein（1996）以银行存款负债与 GDP 之比、银行对私人部门贷款与 GDP 之比度量金融发展，分析了 1960 年以前非高度发达、人口在 100 万以上、至少有 27 年连续观测值的 16 个国家的金融发展与经济增长的关系。Jordan Z. Shan、Alan G. Morris 和 Fiona Sun（2001）以银行对私人部门贷款与 GDP

* 基金项目：河北省社会科学基金“金融弱化与河北省经济增长的金融支持”（批准号：HB16YJ038）。

之比度量金融发展，运用VAR模型分析了OECD 9个国家和中国1960~1998年金融发展与经济增长的关系。于成永（2016）运用元分析技术，基于45篇英文文献中623个有关金融发展与经济增长关系的方程，实证检验发现整合证据支持金融发展促进经济增长。

上述研究均得出了金融发展与经济增长正相关的结论，亦即金融发展显著促进了经济增长。我国学者以全国时间序列数据或省际面板数据对中国数据的研究同样证明了金融发展能够显著促进经济增长，例如，韩廷春（2001），赵振全、于震、杨东亮（2007），江春（2008），陈伟国、张红伟（2008），白钦先、张志文（2008），武志（2010），周立、王子明（2002），康继军、张宗益、傅蕴英（2005）等。进一步，在借鉴国外学者理论和经验研究的基础上，我国学者不仅论证了金融发展能够显著促进经济增长，而且论证了金融发展促进经济增长的途径。袁云峰、曹旭华（2007）运用Battese和Coelli的效率模型考察了1978~2004年中国各地区的金融发展与经济增长的关系，结果显示我国金融发展与经济增长效率的关系具有明显的时空特征，尽管金融发展并未促进我国技术效率的全面提升，但却通过资本积累促进了经济增长。赵勇、雷达（2010）对中国东、中、西部1979~2006年的金融发展与经济增长的关系进行了回归分析，结果显示金融相关率和私人部门信贷显著促进了人均资本形成，提高了全要素生产率，从而提高了人均产出。金融发展可以通过降低增长方式转变的门槛值来推动经济增长的集约式转变。黎欢、龚六堂（2014）对我国工业企业数据库中2005~2007年的企业数据进行了回归分析，研究发现，金融发展通过提高企业的研发投入强度、促进技术进步进而影响经济增长。

总体而言，金融发展对经济增长的影响得到了较为全面的研究，实证分析的范围遍及世界各地，研究方法几乎涉及了全部现代计量经济学方法。除了一些并不能代表金融发展的变量，如股票市场规模、货币供应量、利率等之外①，这些研究均支持了金融发展与经济增长之间的正相关关系，金融发展显著促进了经济增长。既然金融发展是经济增长的显著促进因素，那么，金融发展在多大程度上促进了北京、天津、河北的经济增长？金融发展在北京、天津、河北的经济增长差异中发挥了什么样的作用？推进京津冀协同发展应该如何促进金融发展？在京津冀协同发展上升为国家战略的背景下，对上述问题的分析和解答不仅具有积极的理论价值，更具有积极的现实意义。

本文以下部分的结构安排如下：第二部分对京津冀地区的金融发展与经济增长之间的相互关系进行统计分析；第三部分分别估计金融发展影响京津冀经济增长的方

---

① 与银行贷款相比，股票市场规模或股票筹资额仅占很小的部分，并且伴随剧烈的波动性。根据《中国统计年鉴（2015）》，2014年我国非金融企业境内股票筹资额4350亿元，仅相当于人民币新增贷款的4.45%。货币供应量可以很好地解释通货膨胀率的高低，而不适合度量金融发展。在已有的研究文献中，股票市场规模或货币供应量常常与经济增长负相关，或者不显著。

向，并计算其影响程度；第四部分计算金融发展差异对京津冀经济增长差异的贡献；最后一部分将对本文的主要结论进行归纳和总结，并基于此提出相关的政策建议。

二、京津冀金融发展与经济增长的基本统计特征

北京、天津、河北两市一省同属京畿重地，地缘相接、地域一体，但河北与北京、天津的经济发展水平存在巨大差别。2014 年北京、天津、河北的人均 GDP 分别为 99995 元、105231 元、39984 元，河北的人均 GDP 仅分别相当于北京、天津的 40% 和 38%。换句话说，北京的人均 GDP 是河北的 2.50 倍，天津的人均 GDP 是河北的 2.63 倍。这种巨大的经济增长差异既剥夺了河北共享经济发展的权利，也必将危害我国政治、经济和社会的稳定，同时限制了北京、天津在经济结构转型升级中的产业转移，从而不利于北京、天津的进一步发展。

金融发展是经济增长的重要影响因素。2014 年北京、天津、河北的人均贷款分别为 249354 元、143169 元和 37990 元，分别相当于其人均 GDP 的 249.37%、136.05% 和 95.01%。河北的人均贷款仅分别相当于北京和天津的 15.24% 和 26.54%。相对于北京和天津，河北存在严重的金融弱化现象。金融弱化现象与河北省人均 GDP 严重低于北京和天津的事实基本一致。

为进一步分析京津冀地区金融发展与经济增长的关系，本文对 1978 ~ 2014 年北京、天津和河北的数据进行了分段统计分析，具体结果如表 1 所示。由表 1 可知，北京、天津、河北三个地区的金融发展差异悬殊，其中北京的金融资源最为丰裕，样本期间内人均贷款均值为 59678 元，人均贷款 10 万元以上的观测值有 6 个，20 万元以上的有 3 个，最大观测值为 249354 元。样本期间内天津人均贷款均值为 31985 元，人均贷款 10 万元以上的观测值有 5 个，最大观测值为 143169 元。

表 1 还显示了河北省严重的金融弱化现象，样本期间内人均贷款均值为 7329 元，仅相当于北京的 12.28%，天津的 22.91%。河北 37 个观测值有 12 个在 1000 元以下，而北京仅 4 个，天津则没有观测值在 1000 元以下的。① 河北最大观测值为 37990 元，仅相当于北京的 15.24%，天津的 26.54%。北京在 5000 ~ 10000 元区段人均贷款就超过了人均 GDP，37 个观测值中有 25 个观测值人均贷款超过人均 GDP，天津的全部观测值人均贷款均超过人均 GDP，河北的全部观测值的人均贷款均低于人均 GDP。

尽管三个地区的金融发展差异悬殊，然而三个地区的金融发展均与经济增长正相关，亦即各地的金融发展均促进了各自的经济增长。由表 1 可知，随着人均贷款的增长，人均 GDP 均呈增长的态势。这一现象不论是在金融资源丰裕的北京、天

① 这反映了北京的金融发展速度远快于天津。1978 年北京人均贷款 620 元，相当于天津的 56.11%，经过五年的发展，至 1983 年，北京、天津的人均贷款基本持平，分别为 1568 元和 1592 元。此后北京的人均贷款迅猛增长，至 2014 年，北京人均贷款 249354 元，是天津的 1.74 倍。

津，还是在金融资源稀缺的河北，均重复出现了。

表1　1978～2014年京津冀金融发展与经济增长的分段统计特征

区段	观测值数量	FINA 均值	人均 GDP 均值	人均 GDP 均值增长
北京	37	59678	27883	
FINA < 1000	4	849	1421	
1000 < FINA < 5000	8	2719	2833	0.9937
5000 < FINA < 10000	3	5031	4147	0.4638
10000 < FINA < 50000	8	22548	15809	2.8122
50000 < FINA < 100000	5	78004	35879	1.2695
100000 < FINA < 200000	6	151322	66460	0.8523
FINA > 200000	3	228160	94039	0.4150
天津	37	31985	25215	
FINA < 1000	0			
1000 < FINA < 5000	13	2339	2076	
5000 < FINA < 10000	4	7588	5452	1.6262
10000 < FINA < 50000	12	25453	21519	2.9470
50000 < FINA < 100000	3	68476	56400	1.6209
FINA > 100000	5	122363	91343	0.6196
河北	37	7329	10083	
FINA < 1000	12	431	690	
1000 < FINA < 5000	12	2851	4701	5.8130
5000 < FINA < 10000	4	7318	11589	1.4652
10000 < FINA < 20000	4	13756	20978	0.8102
20000 < FINA < 30000	3	25403	33074	0.5766
FINA > 30000	2	35648	39447	0.1927

图1是京津冀三地金融发展与经济增长的散点图。图中，ln（*GDP*）为经济增长，计算指标为实际人均GDP的对数；ln（*FINA*）为金融发展，计算指标为实际人均贷款的对数。散点图进一步显示了各地区金融发展与经济增长的正相关关系，并且呈明显的线性关系。

三、金融发展对京津冀经济增长的影响

本文采取如下四个步骤来检验和计算京津冀地区金融发展对经济增长的影响方向及其影响程度：首先，确立检验它们之间相互关系的计量模型，对变量及其数据来源进行说明；其次，对变量进行平稳性检验，以避免伪回归现象的出现，在变量通过平稳性检验的基础上，对变量进行协整检验，以考察变量之间是否存在长期的

均衡关系；再次，对模型进行协整回归，以考察金融发展对经济增长的影响方向；最后，计算金融发展对经济增长的影响程度。

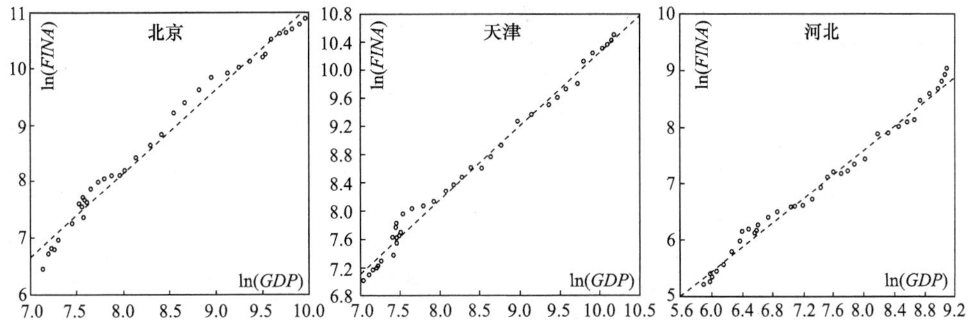

图1　京津冀金融发展与经济增长关系的散点图

（一）模型、变量和数据

本文以扩展的柯布—道格拉斯生产函数来进一步检验京津冀地区金融发展对经济增长的影响，具体模型为：

$$\ln(GDP_t) = \alpha \ln K_t + \beta \ln L_t + \gamma \ln(FINA_t) + \varepsilon_t \tag{1}$$

式中，下标 t 为时间。被解释变量 GDP 为实际人均地区生产总值，即人均地区生产总值除以以 1978 年为 1 的定基商品零售价格指数。K 为实际人均固定资产投资。全社会固定资产投资来源于国家预算内资金、国内贷款、自筹资金和其他资金，为避免重复计算，也为了将属于金融发展对经济增长的贡献从投资投入中分离出来，本文中的固定资产投资首先将全社会固定资产投资减去固定资产投资来源中的国内贷款，然后将得到的数值除以总人口，得人均固定资产投资，再除以以 1978 年为 1 的定基商品零售价格指数，得实际人均固定资产投资。L 为劳动投入，度量指标为就业人数。

就金融发展的度量指标而言，国外学者常常用私人部门得到的贷款占 GDP 之比来度量金融发展，国内学者则多数用各项贷款占 GDP 之比来度量金融发展。本文遵循国内的这一通常规则，但为与人均 GDP 一致，同时为保证所有变量均在同阶平稳，本文以人均贷款来度量金融发展，各项贷款除以总人口得人均贷款，人均贷款除以以 1978 年为 1 的定基商品零售价格指数得实际人均贷款，实际人均贷款即本文所指的金融发展。本文所有数据均来自《新中国六十年统计资料汇编》和历年《北京统计年鉴》、《天津统计年鉴》、《河北经济年鉴》。

（二）平稳性和协整检验

本文采用单位根检验来确定变量的平稳性，具体采用 ADF 方法，其模型为：

$$\Delta y_t = \alpha + \delta t + \gamma y_{t-1} + \sum_{i=1}^{p} \beta_i \Delta y_{t-i} + \mu_i \tag{2}$$

式中，α 为截距项，δt 为时间趋势项，μ_i 为白噪声，Δ 表示变量的一阶差分，最优滞后期由 AIC 准则确定，临界值采用麦金农临界值。检验结果见表 2。

表 2 变量平稳性检验结果

地区	变量	ADF 值	ADF 临界值	检验形式	单整阶数
北京	ln（*GDP*）	-1.8291	-3.5443	（C，T，1）	1
	Δln（*GDP*）	-3.1754	-2.9484	（C，0，0）	0
	ln*K*	-3.4451	-3.5485	（C，T，2）	1
	Δln*K*	-4.7996	-2.9484	（C，0，0）	0
	ln*L*	4.1497	-1.9504	（0，0，0）	1
	Δln*L*	-4.9407	-3.5443	（C，T，0）	0
	ln（*FINA*）	-2.0925	-3.5443	（C，T，1）	1
	Δln（*FINA*）	-4.1249	-2.9484	（C，0，0）	0
天津	ln（*GDP*）	-2.1020	-3.5442	（C，T，1）	1
	Δln（*GDP*）	-2.6961	-2.6128	（C，0，0）	0
	ln*K*	2.6758	-1.9507	（0，0，1）	1
	Δln*K*	-3.7965	-2.9484	（C，0，0）	0
	ln*L*	1.7887	-1.9507	（0，0，1）	1
	Δln*L*	-2.6833	-2.6129	（C，0，0）	0
	ln（*FINA*）	-1.5917	-3.5403	（C，T，0）	1
	Δln（*FINA*）	-4.8964	-2.9484	（C，0，0）	0
河北	ln（*GDP*）	-3.0627	-3.5443	（C，T，1）	1
	Δln（*GDP*）	-3.7955	-2.9484	（C，0，0）	0
	ln*K*	-1.7488	-3.5403	（C，T，0）	1
	Δln*K*	-4.7385	-2.9484	（C，0，0）	0
	ln*L*	-1.9906	-3.5628	（C，T，5）	1
	Δln*L*	-4.1877	-4.2436	（C，T，0）	0
	ln（*FINA*）	5.9573	-1.9516	（0，0，4）	1
	Δln（*FINA*）	-6.1298	-3.5577	（C，T，3）	0

在表 2 中，除天津 Δln（*GDP*）和 Δln*L* 检验的 ADF 临界值为显著性水平 10% 外，其余 ADF 临界值的显著性水平均为 5%。由表 2 可知，所有变量都是非平稳的，单整阶数为 1。这意味着这些变量之间可能存在协整关系。

表 3 以 Johansen 极大似然估计法分别对北京、天津、河北的上述变量进行协整检验，由检验结果知，在 5% 的显著性水平下，三个地区的四个变量之间均至少存在 1 个协整方程。这表明，三个地区的四个变量确实分别存在协整关系，即各变量之间存在长期的均衡关系，可以直接进行协整回归。

表3 变量协整检验结果

	特征值	迹统计量	5%临界值	P值	假设的协整方程数
北京	0.6503	55.8877	47.8561	0.0074	None*
	0.2545	19.1136	29.7971	0.4848	At most 1
天津	0.5901	57.6702	47.8561	0.0046	None*
	0.3687	26.4545	29.7971	0.1157	At most 1
河北	0.4323	42.1930	40.1749	0.0309	None*
	0.3053	22.3792	24.2760	0.0851	At most 1

（三）协整回归结果

北京、天津、河北三个地区的协整回归结果如表4所示。由表4可知，方程总体解释显著，北京和天津的回归方程在加入AR（1）项后，DW值分别为1.9890和1.9060，表明北京和天津的回归方程在加入AR项后不存在自相关。北京和天津的金融发展变量均在1%的显著性水平下为正，估计系数分别为0.5213、0.6809。这表明，金融发展与资本和劳动投入一样，均显著促进了北京、天津的经济增长。

表4 基本回归结果

变量	北京	天津	河北
C	-0.6669（-0.7230）	4.7259（3.2670）***	-2.8692（-1.4650）
lnK	0.0954（1.9891）*	0.3629（3.6107）***	0.3678（4.9170）***
lnL	0.5767（3.2402）***	-0.7683（-2.7872）***	0.7064（2.4153）**
ln（FINA）	0.5213（10.5556）***	0.6809（7.1116）***	0.3310（2.7060）***
AR（1）	0.7508（10.0749）***	0.4519（2.6940）**	
R-squared	0.9978	0.9965	0.9931
Adjusted R-squared	0.9976	0.9961	0.9925
S.E. of regression	0.0458	0.0659	0.0914
F-statistic	3579.39	2229.17	1590.39
Durbin-Watson stat	1.9890	1.9060	0.4143

河北的回归方程在加入AR项后不但不能克服自相关，反而使得个别解释变量变得不显著。有鉴于此，本文以广义最小二乘法来克服河北回归方程中的自相关。由表4第四栏的普通最小二乘法回归结果，可知其自相关系数为：

$$\hat{\rho} = 1 - \frac{DW}{2} = 1 - \frac{0.4143}{2} = 0.7929 \quad (3)$$

对原变量做广义差分变换，令：

$$GDG_t = \ln(GDP_t) - 0.7929\ln(GDP_{t-1})$$

$$GDK_t = \ln K_t - 0.7929\ln K_{t-1}$$

$$GDL_t = \ln L_t - 0.7929\ln L_{t-1}$$

$$GDF_t = \ln(FINANCE_t) - 0.7929\ln(FINANCE_{t-1}) \tag{4}$$

以 GDG_t、GDK_t、GDL_t、GDF_t（1978～2014 年）为样本再次回归。回归结果如方程（5）所示：

$$GDG_t = \underset{(5.3950)}{0.3542}GDK_t + \underset{(10.4503)}{0.3403}GDL_t + \underset{(3.6708)}{0.3355}GDF_t$$

$$\overline{R}^2 = 0.9940,\quad s.e. = 0.0571,\quad DW = 1.4427 \tag{5}$$

DW 值为 1.4427，依据判别规则，广义最小二乘法的回归结果仍然存在一阶自相关。对上述回归结果再次进行广义最小二乘法回归，其中自相关系数为 0.2787。回归结果见方程（6）：

$$GDG_t^* = \underset{(5.7050)}{0.3576}GDK_t^* + \underset{(10.3767)}{0.3701}GDL_t^* + \underset{(3.3049)}{0.2864}GDF_t^*$$

$$\overline{R}^2 = 0.9958,\ s.e. = 0.0544,\ DW = 1.7468 \tag{6}$$

方程（6）中的 DW 值为 1.7468，依据判别规则，二次广义最小二乘法的回归结果不存在自相关。回归结果显示，河北的金融发展变量在 1% 的显著性水平下为正，估计系数为 0.2864。这表明，与北京、天津一样，河北的金融发展也显著促进了经济增长。

计算各解释变量分别对北京、天津和河北经济增长的贡献，其计算公式为：

$$\eta = \frac{\Delta variable_i \times coefficient_i}{\Delta GDP} \tag{7}$$

式中，Δ 表示该变量的变化值，variable 为解释变量，coefficeint 为估计系数，Y 为被解释变量。以金融发展变量为例，金融发展 2014 年值减去 1978 年值，得到金融发展变量的变化幅度 ΔFINA，人均 GDP 2014 年值减去 1978 年值，得到人均 GDP 变量的变化幅度 ΔGDP；金融发展变量的变化幅度乘以其估计系数，得到样本期间内金融发展变量的变化所引起的人均 GDP 变量的变化，然后将该变化值除以 ΔGDP，得到样本期间内金融发展变量变化对人均 GDP 变化的贡献。具体计算结果见表 5。

表 5　各变量对经济增长的贡献

地区	变量	2014 年值	1978 年值	变量变化	估计系数	变量变化 × 估计系数	ln（GDP）变化	贡献率
北京	lnK	8.8995	5.5756	3.3239	0.0954	0.3171	2.8346	0.1119
	lnL	7.0533	6.0961	0.9572	0.5767	0.5520	2.8346	0.1947
	ln（FINA）	10.8848	6.4291	4.4557	0.5213	2.3228	2.8346	0.8194
	AR 和残差项							−0.1260

续表

地区	变量	2014年值	1978 年值	变量变化	估计系数	变量变化×估计系数	ln（GDP）变化	贡献率
天津	lnK	9.6681	5.6209	4.0472	0.3629	1.4687	3.1495	0.4663
	lnL	6.7767	5.9045	0.8722	-0.7683	-0.6701	3.1495	-0.2128
	ln（FINA）	10.4900	7.0072	3.4828	0.6809	2.3714	3.1495	0.7530
	AR 和残差项							-0.0065
河北	lnK	8.9184	4.2927	4.6257	0.3576	1.6542	3.1994	0.5170
	lnL	8.3435	7.6542	0.6893	0.3701	0.2551	3.1994	0.0797
	ln（FINA）	9.0455	5.2036	3.8419	0.2864	1.1003	3.1994	0.3439
	残差项							0.0594

由表 5 可知，对于北京而言，资本投入贡献了经济增长的 11.19%，劳动投入贡献了经济增长的 19.47%，金融发展贡献了经济增长的 81.94%，金融发展贡献了经济增长的绝大部分，并且远远大于资本投入和劳动投入对经济增长贡献的总和。对于天津而言，资本投入贡献了经济增长的 46.63%，劳动投入对于经济增长的贡献为负，其贡献率为 -21.28%，表明天津的劳动供给相对于其经济增长而言过剩，以至于对经济增长产生了负向的影响①，金融发展贡献了经济增长的 75.30%，金融发展同样贡献了经济增长的绝大部分。对于河北而言，资本投入贡献了经济增长的 51.70%，劳动投入贡献了经济增长的 7.97%，金融发展贡献了经济增长的 34.39%，尽管金融发展对于经济增长的贡献远远小于北京和天津，但它仍然对经济增长起到了相当大的作用，并且远大于劳动投入的贡献，居第二位。

对于北京、天津而言，之所以金融发展对经济增长的贡献远大于固定资本投资的贡献，是因为贷款越来越成为固定资本投资的重要来源，从 1978 年的没有贷款发展到目前的占固定资本投资的 25% 左右。将贷款从固定资本投资中分离出来后，大大减少了固定资本投资对经济增长的贡献，相应地，金融发展对经济增长的贡献大大增加。与北京、天津相比，由于金融弱化，在固定资本投资来源中，贷款仅占 5% 左右。此外，北京不仅金融发展水平高，而且增长速度快。1978 ~ 2014 年，剔除价格因素，北京的人均贷款增长了 85.07 倍，而天津和河北分别增长了 31.54 倍和 45.59 倍，这导致表 5 中第五栏北京的 ln（FINA）“变量变化”值大于天津和河北，从而金融发展对经济增长的贡献也大于天津和河北。

① 劳动投入对经济增长的贡献依赖于劳动供给的丰裕程度及其弹性系数。中国是一个人口大国，劳动力的丰裕程度远大于西方各国，因此，我国的柯布—道格拉斯生产函数不同于西方国家。已有的研究表明，我国劳动投入对经济增长的贡献常常是不显著的，甚至为负。

四、金融发展差异对京津冀经济增长差异的贡献

为具体计算河北省金融发展与北京、天津的差距而导致的河北人均 GDP 与北京、天津的差距，本文将北京、天津的金融发展分别替换河北的金融发展数据，根据方程（6）和表 5 计算出按北京、天津金融发展水平的河北人均 GDP。具体计算结果如表 6 所示。

表 6　以京津金融发展数据计算的河北省人均 GDP

年份	K	L	残差	PRICE	北京				天津			
					FINA	GDP	原差距	现差距	FINA	GDP	原差距	现差距
1978	4.2927	7.6542	0.0594	100.0	6.4291	529	0.2896	0.4208	7.0072	624	0.3213	0.5508
1979	4.2960	7.6693	0.0594	101.1	6.6974	581	0.2946	0.4278	7.0822	649	0.3223	0.5230
1980	4.2052	7.6884	0.0594	106.7	6.7866	613	0.2766	0.3970	7.1616	683	0.3147	0.5033
1981	4.4489	7.7250	0.0594	108.3	6.8015	691	0.2798	0.4528	7.1790	770	0.2929	0.5281
1982	4.7721	7.7607	0.0594	108.8	6.9451	823	0.2837	0.4925	7.2006	886	0.3227	0.6031
1983	4.7178	7.8197	0.0594	109.3	7.2356	901	0.2707	0.4637	7.2837	914	0.3383	0.5878
1984	4.7293	7.8374	0.0594	111.3	7.3540	959	0.2692	0.4240	7.3588	961	0.3287	0.5186
1985	4.8974	7.8460	0.0594	126.8	7.5299	1225	0.2720	0.4635	7.5346	1226	0.3315	0.5652
1986	4.9651	7.8734	0.0594	135.9	7.5977	1385	0.2757	0.4884	7.6121	1391	0.3325	0.5914
1987	4.9081	7.9105	0.0594	145.3	7.6419	1490	0.2924	0.4730	7.6775	1505	0.3514	0.5742
1988	5.0596	7.9403	0.0594	171.0	7.6150	1857	0.3132	0.4771	7.6317	1866	0.4016	0.6148
1989	4.8957	7.9578	0.0594	196.8	7.5895	2014	0.3301	0.4718	7.6201	2032	0.4321	0.6231
1990	4.7630	7.9914	0.0594	202.1	7.7018	2062	0.3161	0.4449	7.7530	2093	0.4201	0.6002
1991	5.0115	8.0197	0.0594	218.3	7.8631	2576	0.3143	0.4689	7.8056	2534	0.4572	0.6709
1992	5.1910	8.0412	0.0594	238.8	7.9716	3125	0.3159	0.4839	7.9533	3108	0.4553	0.6936
1993	5.6531	8.0619	0.0594	273.0	8.0377	4328	0.3350	0.5406	8.0181	4303	0.4624	0.7419
1994	5.7440	8.0741	0.0594	315.6	8.0978	5282	0.3358	0.5158	8.0524	5214	0.4437	0.6727
1995	5.9200	8.0870	0.0594	349.0	8.0920	6240	0.3502	0.4917	8.1281	6305	0.4549	0.6454
1996	6.1043	8.1017	0.0594	366.8	8.1726	7207	0.3750	0.5056	8.2694	7410	0.4555	0.6315
1997	6.2940	8.1090	0.0594	369.4	8.4181	8356	0.3657	0.5027	8.3592	8217	0.4626	0.6252
1998	6.4055	8.1218	0.0594	356.8	8.6317	8972	0.3399	0.4691	8.4703	8567	0.4564	0.6015
1999	6.5049	8.1084	0.0594	347.9	8.8207	9521	0.3199	0.4448	8.6070	8956	0.4446	0.5814
2000	6.5122	8.1273	0.0594	343.1	9.2038	10580	0.3147	0.4385	8.5991	8898	0.4375	0.5128
2001	6.5983	8.1342	0.0594	338.2	9.3756	11327	0.3058	0.4198	8.7579	9490	0.4311	0.4958
2002	6.6677	8.1418	0.0594	329.5	9.6099	12131	0.2916	0.3948	8.9346	9998	0.4189	0.4675
2003	6.8456	8.1520	0.0594	320.9	9.8180	13415	0.2948	0.3857	9.2645	11448	0.4013	0.4482
2004	7.0601	8.1653	0.0594	323.5	9.9150	15087	0.3052	0.3687	9.3581	12863	0.4084	0.4207

续表

年份	K	L	残差	PRICE	北京				天津			
					FINA	GDP	原差距	现差距	FINA	GDP	原差距	现差距
2005	7.3212	8.1800	0.0594	323.1	10.0072	17079	0.3187	0.3713	9.4901	14728	0.3878	0.3897
2006	7.5888	8.1915	0.0594	324.4	10.1269	19610	0.3225	0.3791	9.6066	16895	0.3959	0.4009
2007	7.7475	8.2066	0.0594	334.8	10.1923	21948	0.3272	0.3652	9.7243	19195	0.4099	0.4001
2008	7.9586	8.2230	0.0594	351.9	10.2413	25384	0.3564	0.3936	9.7892	22301	0.3919	0.3802
2009	8.2643	8.2408	0.0594	348.0	10.5143	30479	0.3672	0.4553	10.1229	27247	0.3928	0.4354
2010	8.3985	8.2598	0.0594	359.8	10.6181	34298	0.3882	0.4644	10.2417	30793	0.3927	0.4219
2011	8.4745	8.2846	0.0594	376.7	10.6416	37492	0.4160	0.4591	10.3046	34043	0.3986	0.3995
2012	8.6715	8.3153	0.0594	388.0	10.6961	42567	0.4182	0.4866	10.3647	38713	0.3926	0.4155
2013	8.8031	8.3390	0.0594	394.6	10.7793	46883	0.4111	0.4953	10.4189	42284	0.3887	0.4224
2014	8.9184	8.3435	0.0594	398.2	10.8848	50899	0.3999	0.5090	10.4900	45457	0.3800	0.4320
均值							0.3258	0.4515			0.3954	0.5322

以 2014 年为例，河北省实际固定资产投资的对数为 8.9184，劳动投入的对数为 8.3435，以北京市融发展数据替换河北省金融发展数据，实际人均贷款的对数为 10.88848，代入方程（6）得 9.3946；根据自然对数运算法则，可计算出人均实际 GDP 为 12023 元；根据表 5，尚有 5.94% 的残差没有被方程（6）解释，将残差计入实际人均 GDP，得实际人均 GDP 为 12782 元；实际人均 GDP 乘以价格，得现价人均 GDP 为 50899 元。以天津金融发展数据替换河北金融发展数据，运用同样的方法，可计算出现价人均 GDP 为 45457 元。也就是说，若河北省金融发展水平达到北京市的水平，则 2014 年河北省人均 GDP 可达到 50899 元；若河北省金融发展水平达到天津市的水平，则 2014 年河北省人均 GDP 可达到 45457 元。

表 6 显示了以北京、天津金融发展数据计算的河北省人均 GDP。由表 6 可知，若河北省金融发展水平达到了北京、天津的金融发展水平，则：

（1）河北省人均 GDP 将会得到较大幅度的提升。若达到北京市的金融发展水平，则 1978 ~ 2014 年河北省人均 GDP 平均提高 40.24%，最大提高 77.11%（1986 年），最小提高 10.37%（2011 年），2014 年提高 27.30%。若达到天津市的金融发展水平，则 1978 ~ 2014 年河北省人均 GDP 平均提高 36.09%，最大提高 86.92%（1982 年），最小提高 -2.98%（2008 年），2014 年提高 13.69%。

（2）河北省人均 GDP 将在全国有较大幅度的提高。2014 年河北省的人均 GDP 将由目前的 39984 元达到 50899 元，少于山东而高于吉林，人均 GDP 排位将由目前的第 18 位晋升到第 11 位；若达到天津市的金融发展水平，2014 年河北省的人均 GDP 将由目前的 39984 元达到 45475 元，远超宁夏而略低于陕西，人均 GDP 排位将由目前的第 18 位晋升到第 15 位。

（3）河北省人均 GDP 与北京、天津的差距将会得到较大幅度的缩小。1978～2014 年河北省年人均 GDP 相当于北京市的 32.58%，若金融发展达到北京市的水平，则年人均 GDP 相当于北京市的 45.15%；2014 年河北省人均 GDP 相当于北京市的 39.99%，若金融发展达到北京市的水平，河北省人均 GDP 则会相当于北京市的 50.90%。1978～2014 年河北省年人均 GDP 相当于天津市的 39.54%，若金融发展达到天津市的水平，则年人均 GDP 相当于天津市的 53.22%；2014 年河北省人均 GDP 相当于北京市的 38.00%，若金融发展达到天津市的水平，河北省人均 GDP 则会相当于天津市的 43.20%。

（4）金融发展差异较大程度地解释了京津冀经济增长差异。由上可知，河北省与北京市的经济增长差异，1978～2014 年平均有 12.57 个百分点由金融发展差异解释，2014 年有 10.91 个百分点由金融发展差异解释。河北省与天津市的经济增长差异，1978～2014 年平均有 13.68 个百分点由金融发展差异解释，2014 年有 5.2 个百分点由金融发展差异解释。

五、总结

金融发展对于经济增长具有重要的促进作用，样本期间内金融发展均显著促进了北京、天津和河北的经济增长，其中北京经济增长的 91.94% 来自金融发展，天津经济增长的 75.30% 来自金融发展，河北经济增长的 34.39% 来自金融发展。金融发展不仅是京津冀经济增长的重要推动力，也在相当程度上解释了京津冀三个地区之间的发展差异。河北省与北京市的经济增长差异，1978～2014 年平均有 12.57 个百分点由金融发展差异解释，2014 年有 10.91 个百分点由金融发展差异解释。河北省与天津市的经济增长差异，1978～2014 年平均有 13.68 个百分点由金融发展差异解释，2014 年有 5.2 个百分点由金融发展差异解释。这意味着若大力推进河北省的金融发展，将会使得河北省人均 GDP 得到较大幅度的提升，河北省人均 GDP 将在全国有较大幅度的提高，与北京、天津的人均 GDP 差距将会得到较大幅度的缩小。

与北京、天津相比，河北的金融发展存在严重的弱化现象，根据边际收益递减规律，大力促进河北的金融发展，推动更多的金融资源流向河北，能够更大程度地促进经济增长，提高金融发展支持经济增长的整体效率。经济协同发展需要推进金融协同发展，一是加快推进和整合区域金融基础设施建设，进一步发挥金融发展的规模效应和扩散效应。推进京津冀一体化的信用体系建设，共享金融风险监测、预警和防控体系，为金融发展创造良好的社会环境。二是统筹京津冀区内金融资源配置，设立由京津冀三地政府共同出资控股的区域性金融机构，推动资金投向欠发达地区和薄弱环节。三是进一步推进金融市场化，降低金融行业准入门槛，推进京津冀区域内金融机构多元化；进一步推进利率市场化，运用利率杠杆引导资金流向需求更为迫切的地方和行业，促进地区间的协同发展。四是鼓励资本在区域间流动，

允许和鼓励三地的商业银行互设分支机构，进一步提高金融发展支持经济增长的有效性，推动经济增长与金融发展良性互动。

参考文献

[1] Jordan Z. Shan, Alan G. Morris and Fiona Sun. Financial Development and Economic Growth: An Egg and Chicken Problem? [J]. Review of International Economics, 2001 (9): 443-454.

[2] Panicos O. Demetriades, Khaled A. Hussein. Does Financial Development Cause Economic Growth? Time Series Evidence from 16 Countries [J]. Journal of Development Economics, 1996 (51): 387-411.

[3] Raymond W. Goldsmith. Financial Structure and Development [M]. New Haven: Yale University Press, 1969.

[4] Robert G. King, Ross Levine. Finance and Growth: Schumpeter Might be Right [J]. Quarterly Journal of Economics, 1993, 108 (3): 717-737.

[5] Ross Levine, Norman Loayza and Thorsten Beck. Financial Intermediation and Growth: Causality and Causes [J]. Journal of Monetary Economics, 1998 (461): 31-77.

[6] Ross Levine, Sara Zervos. Stock Markets, Banks and Economic Growth [J]. American Economic Review, 1998 (88): 537-558.

[7] 白钦先，张志文. 金融发展与经济增长：中国的经验研究 [J]. 南方经济，2008 (9): 17-32.

[8] 陈伟国，张红伟. 金融发展与经济增长——基于1952~2007年中国数据的再检验[J]. 当代经济科学，2008 (3): 49-56.

[9] 韩廷春. 金融发展与经济增长：基于中国的实证分析 [J]. 经济科学，2001 (3): 31-40.

[10] 江春. 时滞，回归及预调：区域金融发展与经济增长的实证研究 [J]. 金融研究，2008 (2): 198-206.

[11] 康继军，张宗益，傅蕴英. 金融发展与经济增长之因果关系——中国、日本、韩国的经验 [J]. 金融研究，2005 (10): 20-31.

[12] 黎欢，龚六堂. 金融发展、创新研发与经济增长 [J]. 世界经济文汇，2014 (2): 1-16.

[13] 武志. 金融发展与经济增长：来自中国的经验分析 [J]. 金融研究，2010 (5): 58-68.

[14] 袁云峰，曹旭华. 金融发展与经济增长效率的关系的实证研究 [J]. 统计研究，2007 (5): 60-66.

[15] 于成永. 金融发展与经济增长关系：方向与结构差异——源自全球银行与股市的元分析证据 [J]. 南开经济研究，2016 (1): 33-57.

[16] 赵勇，雷达. 金融发展与经济增长：生产率促进抑或资本形成 [J]. 世界经济，2010 (2): 37-49.

[17] 赵振全，于震，杨东亮. 金融发展与经济增长的非线性关联研究——基于门限模型的实证检验 [J]. 数量经济技术经济研究，2007 (7): 54-62.

[18] 周立，王子明. 中国各地区金融发展与经济增长实证分析：1978~2000 [J]. 金融研究，2002 (10): 1-12.

基于夜间灯光数据的长江中游城市群城镇体系空间演化研究

张　超　王慧娟

（1. 河北工业大学经济管理学院；
2. 国务院发展研究中心信息中心）

一、引言及文献回顾

目前我国城镇化呈现出两大鲜明特征，首先在时间维度上，城镇化由“量”的扩张期向“质”的提升期转变，改革开放后头20年年均增长1.5个百分点的城市化率也于2015年迎来拐点，下降到不足1个百分点；其次，在空间维度上，城市群成为承载人口和经济活动、支撑国家经济增长的主要载体，《国家新型城镇化规划》也明确提出了未来“以城市群为推进城镇化的主体形态”的战略思路，城市群的发展将成为区域经济格局变化的直接推动力。城市群本质上是以空间集聚和空间格局为主坐标构成的综合体系，体系囊括城市实体、城市关系和相应的城市制度、文化（厉以宁，2014）。目前京津冀、长三角、珠三角等城市群为我国比较成熟的城市群，三大城市群以2.8%的国土面积集聚了全国18%的人口和36%的GDP，是支撑和引领中国经济增长的“主引擎”。而在三大城市群之外，我国还存在众多颇具发展潜力的新兴城市群，其中长江中游城市群即是其中的佼佼者，有学者甚至认为长江中游城市群有望成为继长三角、珠三角和京津冀之后，引领中国经济发展的“第四极”。对于长江中游城市群这一具备承东启西、连接南北战略地位的城市群而言，如何推进其空间结构优化是一项具有重大现实意义的问题，优良的空间结构更有利于推进城市群协调发展，作为经济社会发展的重要空间载体，城市的规模是否合理、分布结构是否完善，直接关系到城市群功能的发挥和竞争力提升。

目前，针对长江中游城市群空间结构演化的研究尚处于起步阶段，其中基于城镇人口数据和重力模型，童中贤（2016）将中游城市群内部子区域按空间连接模式划分为“成长三角”、“星座”和极核网络三种类型。基于铁路客运交通流数据和社会网络分析方法，黄洁（2016）从外部连通、内部连通两方面分析长江中游城市群铁路客运联系及其空间格局的演变，发现长江中游城市群中心化程度较低，中心城市在对内、对外经济联系上呈现“武汉最强，长沙次之，南昌最弱”格局；刘嗣明（2013）以空间结构为切入点，分别对武汉城市圈、长株潭城市群、环鄱阳湖城市群空间结构组合模式进行了研究，并提出未来应着力构建跨省多中心、网络化、生态型城市集群。

梳理已有文献发现，既有研究主要存在两大缺陷：缺陷一是在分析方法上尚缺乏对空间分析方法的运用，从而无法得到更多有关城市群空间格局特征的更多判断，针对这一点，本文尝试采用标准差椭圆、空间联系度分析等空间分析方法探讨长江中游城市群空间格局演化问题。缺陷二体现在城市规模数据采用上，在目前大数据被广泛应用于学术研究的今天，有关长江中游城市群空间格局演化方面的研究还大多基于城市人口或官方经济统计数据，这就给城市规模界定带来若干难题。首先，我国官方城市人口统计往往基于“行政边界”而非真实“城市边界”，大量非城市人口被计入城市，从而对城市规模有所贡献，而某些人口高度密集的“县域”甚至“镇域”则由于“行政等级”过低而被排除在“城市样本”之外。其次，城市人口统计数据的不真实还体现在我国“行政城市”边界的不断调整，新中国成立以来，我国先后经历了“切块设市”、“整县改市”、“地市合并”以及“撤县（镇）设区”等不同模式的行政区划调整，这直接引发我国城市规模统计数据的相应调整，导致数据上我国城市化率大幅提升，而这种调整对真实城镇体系规模变动并无太大贡献。最后，囿于数据缺失，传统人口统计数据很难捕捉到县级以下空间单元，从而使得在城镇体系研究中大量乡镇的影响被忽略。城市本质上即人口或经济活动“相对密集”的“点”，而以上三点使得传统统计数据在揭示这一经济学内涵方面显得“力不从心”，大大降低了既有研究的可信度和政策含义，对把握特定区域城镇体系规模分布及演化特征带来困难。在这方面蒋大亮（2015）基于百度指数数据探讨了长江中游城市网络格局的时空变化，做出了有益的尝试。

作为本研究重要创新，本文尝试采用 DMSP/OLS 夜间灯光数据刻画城市群内部各城市规模，该数据是一种能够直接反映多维度城市化特征的图斑数据，其与城市化水平（陈晋，2003）、GDP 密度（杨妮，2014）、人口分布（程砾瑜，2008）等的相关性在不同空间尺度下均已得到证明，在选取恰当 DN 阈值的条件下，城市规模即可由城市区域高于 DN 门槛值的灯光亮度总量或面积近似表征，从而更加有效实现城市样本萃取，更加直观勾勒出城市群空间结构演化特征，在这方面，Xi Chen（2010）、Henderson（2012）、Small（2011）率先对灯光数据如何运用到城镇体系研究这一问题进行了开创性的研究，紧随其后，吴健生（2014）、张超（2015）、王春杨（2015）等运用灯光数据对中国不同地区城镇体系进行了实证探讨。本文旨在明确界定“长江中游城市群”空间范围的基础上，尝试利用 DMSP/OLS 夜间灯光影像数据确定城市样本，对长江中游城市群城镇体系规模分布及空间演化特征进行分析。

二、数据选择及研究方法

长江中游城市群涉及湖北、湖南和江西三省，包含武汉城市圈、环长株潭城市群、环鄱阳湖城市群三大子都市区，包括24个地级市和3个省管县级市，面积约为31.7万平方公里，2014年实现GDP约6万亿元，总人口约1.21亿，城市化率约51%。数据方面，本文以1992年、1996年、2002年、2006年和2013年DMSP/OLS夜间灯光非饱和定标数据作为基础数据进行研究，选取夜间灯光强度DN>30作为城市"门槛值"，以便使长江中游城市群城镇体系规模更具区分度，即灯光强度DN>30的区域被视为城市。同时选取50平方千米作为筛选城市区域的另一项标准，以便消除局部非人口密集区单体夜光"亮点"影响，最终得到长江中游城市群夜间灯光数据分布，如图1所示。

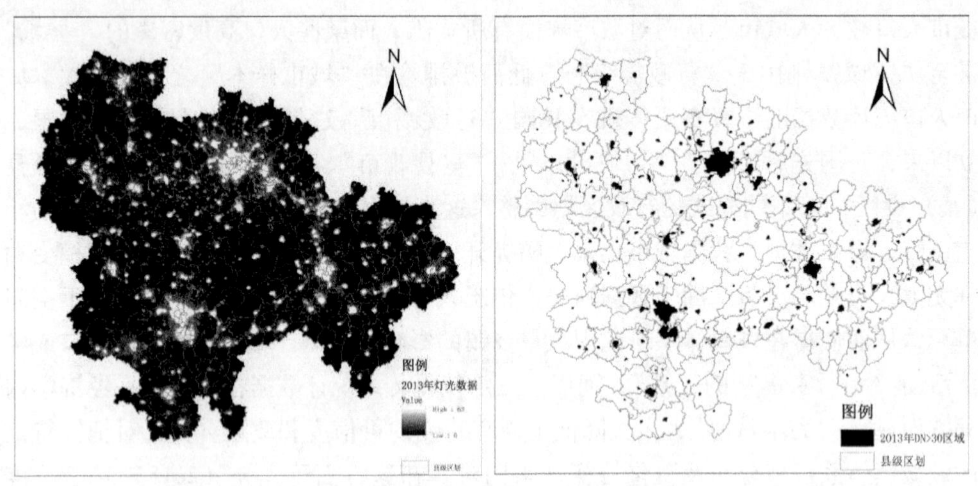

图1 长江中游城市群夜间灯光数据分布

在研究方法上，本文将分别运用ZIPF法则、标准差椭圆和空间引力模型分析长江中游城市群规模结构、空间演化方向及空间联系特征。其中ZIPF法则又被称为城市位序规模法则，其旨在阐明在某一地理范围内城市人口规模与城市位序之间的对应关系，其表达式为 $P_r = K \cdot r^{-q}$，其中 P_r 为区域内某城市人口规模，r 为城市位序，q 表征ZIPF系数，其绝对值大小反映城市规模体系集中与分散程度。标准差椭圆方法（SDE）又称利菲弗方向性分布（Standard Deviational Ellipse），最早由美国南加州大学社会学教授韦尔蒂·利菲弗提出，其旨在通过输出一个具备多种特征的椭圆来分析判断某变量空间分布及演化特征。标准差椭圆可表现离散数据集空间分布的重心、展布范围、密集性、方向和形态随时间变化的动态特征（Gangopadhyay，2009）。

在计算长江中游城市群城市空间联系过程中本文主要用引力模型的方法，该方

法源于牛顿经典力学的万有引力。本文将通过引力模型对长江中游地区城市间的空间联系强度进行定量计算，据此刻画该地区城镇体系的空间联系状态和节点结构，解析城镇体系空间格局的内在结构。其计算公式如下：$T_{ij}=K\frac{P_iP_j}{d_{ij}^b}$（$i\neq j$，$T_{ij}=0$，$i=1, 2, \cdots, n, j=1, 2, \cdots, n$），其中，$T_{ij}$是$i$，$j$两城市间引力，$P_i$，$P_j$是城市规模，$d_{ij}$为两城市间的空间直线距离。在得出引力矩阵$T_{ij}$后，选取各城市最大引力$T_i^{max}$，从而获得每个城市对应的“最大引力城市”，然后将目标城市和“最大引力城市”进行两两连线，最后得到城镇体系最大引力联结线分布图。联结线越多的城市其在城镇体系中的总吸引力越大，且具有更高的空间支配地位，从而成为城镇体系中的节点。

三、长江中游城市群城镇结构的总体特征

（一）城镇体系总体分布：以三大城市群为“核心”的中心外围格局基本形成

从空间格局来看，长江中游城市群总体形成以武汉都市圈、长株潭城市群和环鄱阳湖城市群为“核心”的中心外围结构。从1992～2013年江西、湖北、湖南夜间城市灯光分布图来看，该区域城市空间分布总体表现为一种特殊的以武汉都市圈、长株潭城市群和环鄱阳湖城市群为“核心”，以其周边区域为“外围”的C－P结构。区域灯光密度呈现出显著差异性，按批复的《长江中游城市群发展规划》所确定的范围，其中2013年长江中游城市群灯光密度为4.18/平方千米，是明显的“高密度”集聚区，而外围地区灯光密度仅为1.75/平方千米，是典型的“低密度”区域，湘赣鄂三省整体灯光密度为3.26/平方千米；从近10年灯光变动占比看，长江中游城市群区域灯光占比达79.6%，外围区域占比仅为20.4%。从变动看，尽管10年间长江中游城市群地区灯光占比稍有下降，但灯光密度达到2.53，而外围区域仅为1.16。如表1所示。

表1　长江中游城市群及周边区域灯光数据

指标	湘赣鄂三省	长江中游城市群	外围非长江中游城市群
灯光总量	1837780	1462587	375193
灯光密度	3.26	4.18	1.75
灯光密度变动	2.01	2.53	1.16
灯光占比	100.0%	79.6%	20.4%
灯光占比变动	0.0%	－2.4%	2.4%

由图2长江中游城市群夜间灯光密度分布图及LISA图可知，目前该区域呈现显著的城市集群特征，以湖北的武汉—黄石都市圈、湖南的长株潭都市圈及江西的

南昌—九江都市圈为中心，以京广铁路、沪昆铁路和长江沿线为发展主轴线的“点轴格局”特征显著。“点轴”外高灯光密度县区仅零星分布于襄阳、常德、景德镇等地。武汉—长沙—南昌三角内中央区域即汉长昌高速公路及铁路环线内区域为长江中游城市群“绿心”，该地为连接湘鄂赣的幕阜山及湘赣边界的罗霄山北段（九岭山、武功山），主要承担城市群生态涵养及旅游功能。

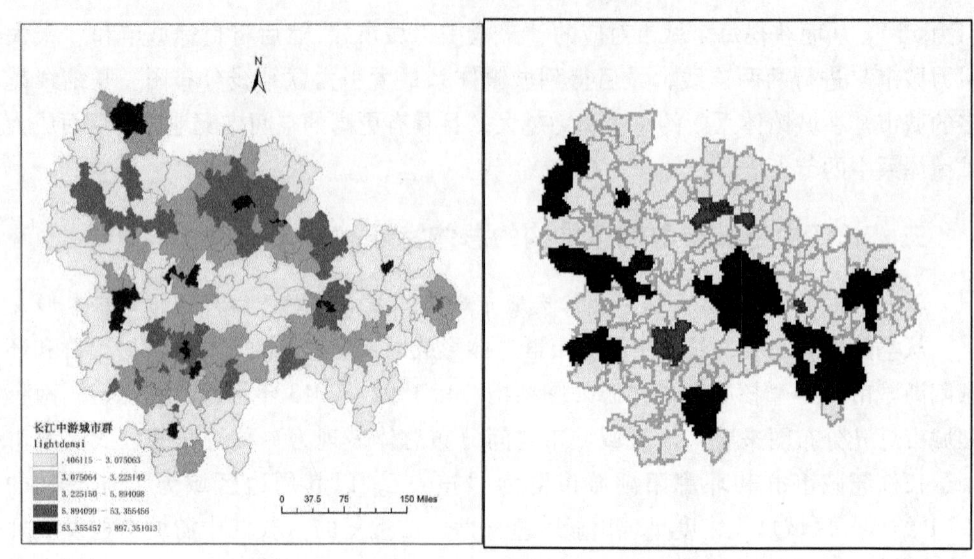

图 2　长江中游城市群夜间灯光密度分布图及 LISA 图

（二）城镇体系总体演化：城市数量显著增长，集中度持续增强

从城市群的变动趋势看，长江中游城市群城市集中度持续增强。整个区域汇集了处于不同发展阶段和不同规模的城市，各城市的区位条件、发展基础不同，其规模随时间变动的速度也各不相同。基于 1992～2013 年部分年份的城市样本（夜间灯光数据 DN>30）对长江中游城市群城市规模体系及变动趋势进行测度，结果表明：首先，从城市样本数量上看，在选取 DN 门槛为 30 条件下，长江中游城市群城市数量显著增长。由 1992 年的 35 座猛增到 2013 年的 183 座（见图 3）。其次，从 q 值的计算结果看，1992 年以来长江中游城市群城市规模对位序的回归系数 q 值的绝对值不仅均大于 1，而且大体经历了一个逐渐上升的发展过程，从 1996 年的 1.234 增加到 2010 年的 1.369（见表 2）。这说明在这一时期，长江中游城市群城镇体系“数量增长”特征显著，现状城市规模体系的地理集中度较低，并呈现逐步“集聚增长”的演化特征，即城镇体系首位度偏低，大城市的规模偏小，中小城市过多，并且这种城市规模结构呈现首位分布格局的特征在考察期内不断加强。

表2　1992～2012年夜间灯光数据DN>30城市样本下q值

年份	1992	1996	2002	2006	2013
Constant	4.9087 (0.052)***	5.0548 (0.040)***	5.5502 (0.031)***	5.8972 (0.032)***	7.4162 (0.038)***
ln*i*	-0.7606 (0.011)***	-0.7419 (0.008)***	-0.7614 (0.006)***	-0.7766 (0.006)***	-0.9105 (0.007)***
Sample	35	38	70	89	183
R^2	0.985	0.979	0.977	0.966	0.966

注：***表示在1%水平上显著。

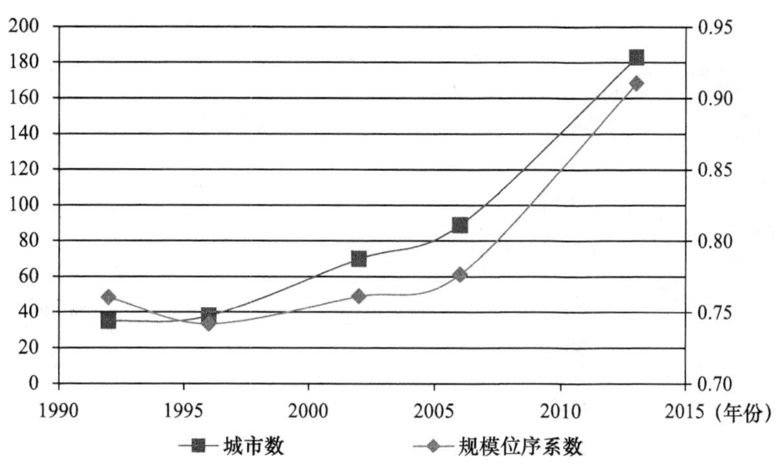

图3　基于夜间灯光数据的长江中游城市群城市数与规模位序系数

（三）城镇体系空间变动：先扩张后收缩、先向西南移动后向东北移动

通过城市群夜间灯光数据的标准差椭圆图，可以进一步明确城市群在地理空间上的变动方向和集中程度。从图4和表3可知，长江中游城市群空间分布总体呈现“西北—东南”格局，城市群规模标准差椭圆长轴伸缩幅度大大强于短轴，这表明推动长江中游城市群空间演化的主要力量来自“西北—东南”方向的城市增长。1992～2013年，长江中游城市群规模增长的空间演化呈现明显的先收缩后扩张、先向西北方向移动再向东南方向移动的特征。具体而言，2002～2013年，标准差椭圆空间范围明显增大，椭圆长轴和短轴均有所增长，且长轴增长量略大，椭圆中心坐标由113.79E，29.75N移至东南方向的114.03E，29.42N，方位角变小，椭圆东南部地区如南昌、九江、上饶、吉安和抚州等地为椭圆显著变化区域。这说明，这一时期长江中游城市群城镇体系重心逐步向东南部移动，西南部江西省环鄱阳湖地区城市规模增长快于其他区域；而西部武汉、宜昌、荆州、常德、益阳等地城市规模增长速度慢于长江中游城市群平均水平。

表3　长江中游城市群夜间灯光数据标准差椭圆数据

年份	中心坐标	长轴长度	短轴长度	椭圆面积
1992	113.79E，29.75N	205731.7	180467.8	838.2645
1996	113.69E，29.83N	212651.2	183605.4	829.0613
2002	113.81E，29.68N	219809.8	189558.2	841.6345
2006	113.96E，29.45N	223434	193387.1	859.034
2013	114.03E，29.42N	228248.4	197155.3	865.522

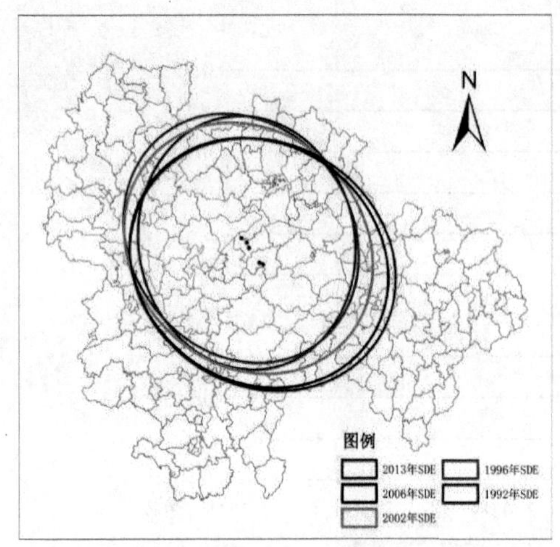

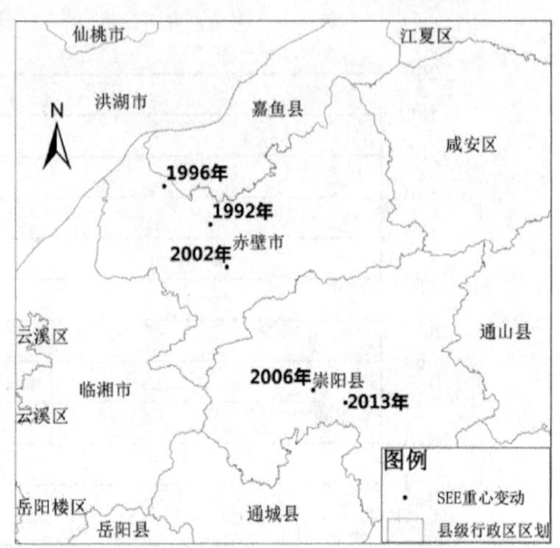

图4　长江中游城市群夜间灯光数据标准差椭圆与重心变化

四、长江中游城市群空间结构演化及分异

（一）城镇体系空间形态："三核三群五轴"结构

结合自然环境、交通通道和区位等地理要素，从夜间灯光数据判断，长江中游地区城镇体系格局可概括为"三核三群五轴"。其中"三核"指长江中游城市群以武汉、长沙、南昌为核心；"三群"分别指"武汉都市圈"、"长株潭城市群"和"环鄱阳湖城市群"；"五轴"分别指沿江、沿沪昆、沿京广、沿京九和沿二广发展轴（见表4）。其中武汉城市圈又称"1+8"城市圈，是指以武汉为圆心，包括黄石、鄂州、黄冈、孝感、咸宁、仙桃、天门、潜江8个城市所组成的城市圈，面积不到全省1/3的武汉城市圈，集中了湖北一半的人口，GDP总量、社会消费品零售总额、实际利用外资、地方财政收入均占全省的六成以上，不仅是湖北经济发展的核心区域，也是中部崛起的重要战略支点，该都市圈占整个"长江中游城市群"灯光总量的29.13%。长株潭城市群以长沙、株洲、湘潭为中心，外围分别发展常德、岳阳、衡阳、娄底4个次级城市圈，总面积9.96万平方公里，该城市群占整

个“长江中游城市群”灯光总量的27.02%。环鄱阳湖城市群范围涵盖南昌、九江、景德镇、上饶、鹰潭、抚州、宜春、新余8个设区市，该城市群占“长江中游城市群”灯光总量的23.06%。沿江发展带是长江中游城市群的核心发展轴，是连接我国长三角城市群和成渝城市群两大增长极的重要走廊，更是推进长江经济带建设的重要着力点，涵盖武汉、宜昌、荆州、岳阳、鄂州、黄冈、咸宁、黄石、九江等沿江城市，灯光总量占整个“长江中游城市群”的39.23%。沿沪昆铁路发展轴是构建贯通城市群东部和西南地区的联动发展轴，是连接我国东中西部以及“一带一路”的重要通道。其中以长沙、南昌为中心，沿线包括上饶、鹰潭、景德镇、新余、宜春、萍乡、株洲、湘潭、娄底等城市，灯光总量占整个“长江中游城市群”的34.01%。沿京广铁路发展轴则以武汉、长沙为龙头，沿线包括孝感、咸宁、岳阳、株洲、衡阳等重要节点城市，灯光总量占整个“长江中游城市群”的34.52%。沿京九铁路发展轴是联系京津冀、珠三角和海峡西岸等地区的重要通道。其中以南昌、九江为核心，沿线包含麻城、蕲春、武穴、黄梅、德安、共青城、永修、丰城、樟树、新干、峡江等中小城镇，灯光总量占整个“长江中游城市群”的12.57%。沿二广高速发展轴是沟通北部湾经济区和中原经济区、关中—天水经济区等地区的重要轴线，包含襄阳、荆门、宜昌、荆州、常德、益阳、娄底等重要节点城市，灯光总量占整个“长江中游城市群”的22.40%。长江中游城市群发展规划中也强调要依托沿江、沪昆和京广、京九、二广“两横三纵”重点发展轴线，形成沿线大中城市和小城镇合理分工、联动发展的格局，建成特色鲜明、布局合理、生态良好的现代产业密集带、新型城镇连绵带和生态文明示范带。

表4　基于夜间灯光数据的长江中游城市群主要发展核和发展轴

城市化区域	包含地区	灯光占比（2013年）
长江中游城市群	—	1
武汉都市圈	武汉、黄石、鄂州、黄冈、孝感、咸宁、仙桃、天门、潜江	29.13%
长株潭城市群	长沙、株洲、湘潭、常德、岳阳、衡阳、娄底	27.02%
环鄱阳湖城市群	南昌、九江、景德镇、上饶、鹰潭、抚州、宜春、新余	23.06%
沿江发展轴	武汉、宜昌、荆州、岳阳、鄂州、黄冈、咸宁、黄石、九江	39.23%
沿沪昆铁路发展轴	长沙、南昌、上饶、鹰潭、景德镇、新余、宜春、萍乡、株洲、湘潭、娄底	34.01%
沿京广铁路发展轴	武汉、长沙、孝感、咸宁、岳阳、株洲、衡阳	34.52%
沿京九铁路发展轴	南昌、九江、新余、抚州	12.57%
沿二广高速发展轴	襄阳、荆门、宜昌、荆州、常德、益阳、娄底	22.40%

（二）城市增长潜力区域识别：环鄱阳湖城市群、沪昆沿线及边缘城镇

不同地区灯光占比及密度变动情况直观反映城市增长空间差异，经分析如表5

所示，从夜间灯光占比变动和城市灯光密度增长看，环鄱阳湖城市群、沿沪昆铁路发展轴和沿京九铁路发展轴近10年发展最为迅猛，灯光总量占比分别达2.71%、1.90%和0.75%，而沿两广高速发展轴城市增长明显相对弱化，灯光占比下降3.57%。此外，原有城市密集区如武汉都市圈、沿京广铁路发展轴等城市增长也呈现相对弱化态势，城市灯光占比分别下降1.04%和0.39%。除此之外，区域内还有一些中小城镇表现也异常突出，在武汉、长沙、南昌三大城市周边50~100公里区域已初步形成一批中小城镇圈层，这个距离与世界银行报告指出的一小时通勤圈的距离相当，属于典型的“边缘城市”，这些城镇与中心城区之间的距离适宜，且都有紧密的联系，既能很好承接中心城市智力资源、技术及产业外溢，又能有效发挥本地土地、劳动力要素低成本优势，未来发展潜力向好（见图5）。由表6可知，环武汉、长沙、南昌的“边缘城镇带”灯光总量占比10年间分别上升9.7%、6.76%和6.85%，灯光密度分别上升为原来的2.76倍、2.9倍和3.39倍，远高于整个长江中游城市群全域灯光密度上升倍数的1.53。

表5　长江中游城市群城市灯光占比变动及灯光密度增长倍数

主要城市发展区域	灯光占比变动（2003~2013年）	灯光密度增长倍数（2003~2013年）
长江中游城市群	0	1.53
武汉都市圈	-1.04%	1.44
长株潭城市群	1.01%	1.63
环鄱阳湖城市群	2.71%	1.87
沿江发展轴	-1.51%	1.44
沿沪昆铁路发展轴	1.90%	1.68
沿京广铁路发展轴	-0.39%	1.50
沿京九铁路发展轴	0.75%	1.69
沿二广高速发展轴	-3.57%	1.18

表6　环武汉、长沙、南昌“边缘城镇带”灯光总量、占比及变动

地区	灯光总量		灯光占比		灯光占比变动	灯光密度变动倍数
	2003年	2013年	2003年	2013年	（2003~2013年）	（2003~2013年）
环武汉边缘城镇带	115487	318586	12.08%	21.78%	9.70%	2.76
环长沙边缘城镇带	72212	209422	7.55%	14.32%	6.76%	2.90
环南昌边缘城镇带	53749	182405	5.62%	12.47%	6.85%	3.39

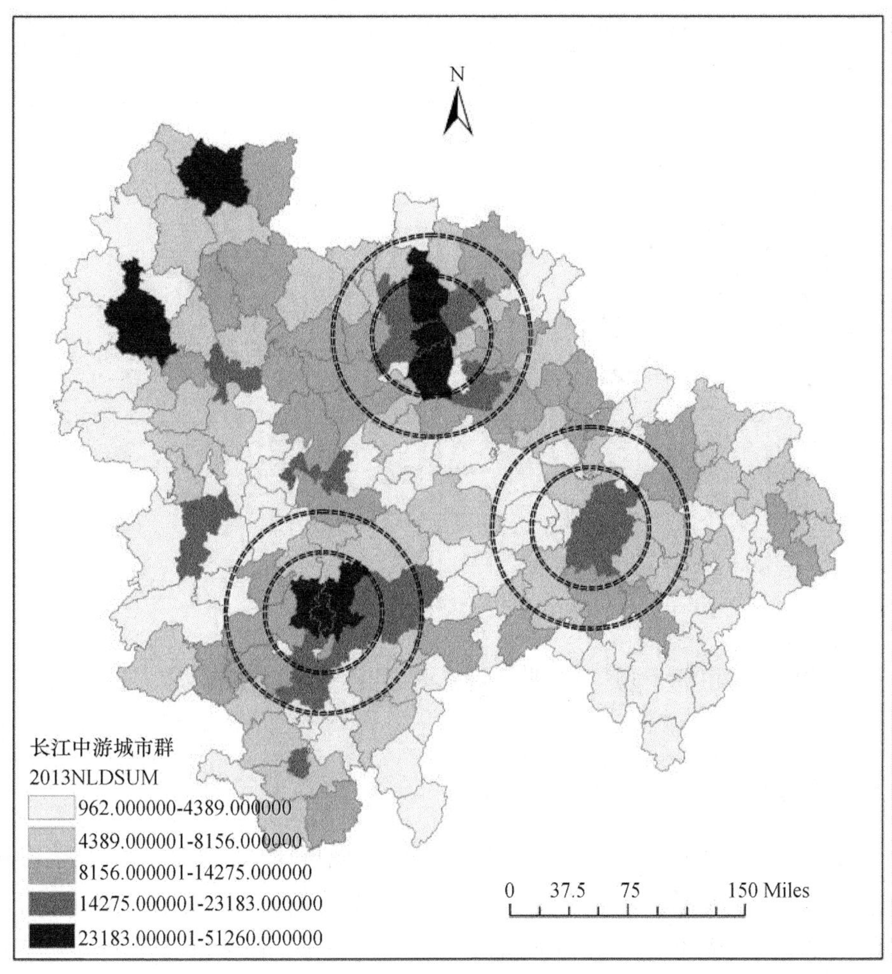

图5　环武汉、长沙、南昌“边缘城镇带”示意图

（三）内部城市组团格局演化及分异：“多极化、碎片化”特征依然显著

通过引力模型的计算，根据各个城市的最大引力联结线数目来确定节点等级，在删选掉一些低等级的联系线之后，可以得到成渝城市群引力图，如图6所示。从经济空间联系强度格局演化看，长江中游城市群城市组团“多极化、碎片化”特征显著，这一方面是由于地理空间分隔原因，另一方面也反映出武汉、长株潭、南昌等城市辐射带动能力明显不足。2003年已初步形成武汉都市圈组团、长株潭组团、南昌—九江组团、宜昌组团四大城市组团，除此之外，还有岳阳组团、常德组团、衡阳组团、萍乡—宜春—新余组团、襄阳组团、景德镇—上饶—鹰潭组团等次级组团。对比2003年和2013年长江中游城市群引力图发现，在2003~2013年发展过程中，武汉都市圈组团、长株潭组团和南昌—九江组团扩张显著，从而严重挤压了宜昌组团和萍乡—宜春—新余组团，尤其是宜昌组团，到2013年基本由主城

市组团演变为次一级城市组团。

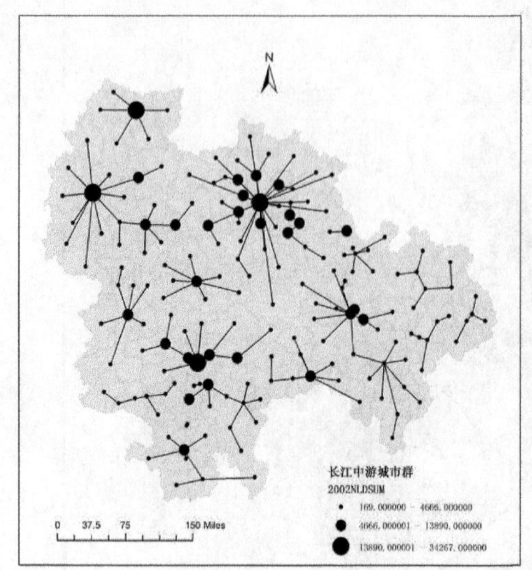

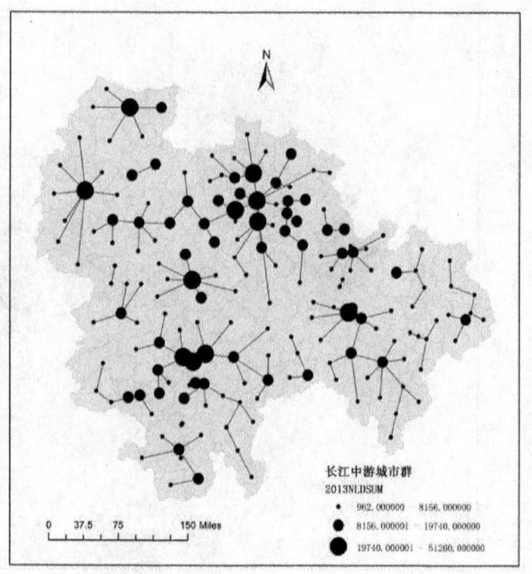

图6　基于城市夜间灯光总量的2003年、2013年长江中游城市群引力图

五、结论

本文基于DMSP/OLS夜间灯光影像数据确定城市样本，对长江中游城市群城镇体系规模分布及空间演化特征进行分析，主要结论如下：

（1）从长江中游城市群城镇体系总体空间格局看，该区域城市空间分布表现为一种特殊的以武汉都市圈、长株潭城市群和环鄱阳湖城市群为“核心”，以其周边区域为“外围”的C－P结构。同时以湖北的武汉—黄石都市圈、湖南的长株潭都市圈及江西的南昌—九江都市圈为中心，以京广铁路、沪昆铁路和长江沿线为发展主轴线的“点轴格局”特征显著。武汉—长沙—南昌三角内中央区域即汉长昌高速公路及铁路环线内区域为长江中游城市群“绿心”，主要承担城市群生态涵养及旅游功能。

（2）从城市群的变动趋势看，长江中游城市群城市集中度持续增强。长江中游城市群城镇体系“数量增长”特征显著，现状城市规模体系的地理集中度较低，并呈现逐步“集聚增长”的演化特征，即城镇体系首位度偏低，大城市的规模偏小，中小城市过多，并且这种城市规模结构呈现首位分布格局的特征在考察期内不断加强。1992～2013年，长江中游城市群规模增长的空间演化呈现明显的先收缩后扩张、先向西北方向移动再向东南方向移动的特征。西南部环鄱阳湖地区城市规模增长快于其他区域；而西部武汉、宜昌、荆州、常德、益阳等地城市规模增长速度慢于长江中游城市群平均水平。

（3）结合自然环境、交通通道和区位等地理要素，从夜间灯光数据判断，长江中游地区城镇体系格局可概括为“三核三群五轴”的空间结构。从夜间灯光占比变动和城市灯光密度增长看，环鄱阳湖城市群、沿沪昆铁路发展轴和沿京九铁路发展轴近10年发展最为迅猛，而原有城市密集区如武汉都市圈、沿京广铁路发展轴等地呈现城市增长相对弱化态势，在武汉、长沙、南昌三大城市周边50～100公里区域已初步形成一批发展潜力巨大的“边缘城镇群”。

（4）从经济空间联系强度格局演化看，长江中游城市群城市组团“多极化、碎片化”特征显著，这反映出武汉、长株潭、南昌等城市辐射带动能力明显不足。在2003～2013年发展过程中，武汉都市圈组团、长株潭组团和南昌—九江组团扩张显著，从而严重挤压了宜昌组团和萍乡—宜春—新余组团。

参考文献

［1］张超，王春杨，吕永强等．长江经济带城市体系空间结构——基于夜间灯光数据的研究［J］．城市发展研究，2015（3）：19－27.

［2］蒲英霞，马荣华，马晓冬等．长江三角洲地区城市规模分布的时空演变特征［J］．地理研究，2009，28（1）.

［3］李立勋，温锋华，许学强．改革开放以来珠三角城市规模结构及其分形特征［J］．热带地理，2007，27（3）：239－244.

［4］张虹鸥，叶玉瑶，陈绍愿．珠江三角洲城市群城市规模分布变化及其空间特征［J］．经济地理，2006，26（5）：806－809.

［5］张蕾．中国东部三大都市圈城市体系及演化机制研究［D］．复旦大学，2008.

［6］吕金嵘，王发曾，高燕喃．近20年来中原城市群城市规模结构的演变特征分析［J］．河南科学，2008，26（6）：748－751.

［7］苏飞，张平宇．辽中南城市群城市规模分布演变特征［J］．地理科学，2010，30（3）：343－349.

［8］李赖志，曾媛苑，赵维良．哈大长区域城市体系分布实证研究［J］．经济研究导刊，2014（1）：224－226.

［9］Isard W. Location and space－economy［J］. 1956.

［10］Krugman P. R.，Krugman P. The self－organizing economy［M］. Cambridge，MA：Blackwell Publishers，1996.

［11］Leamer E. E.，Levinsohn J. International trade theory：The evidence［J］. Handbook of International Economics，1995（3）：1339－1394.

［12］童中贤，曾群华．长江中游城市群空间整合进路研究［J］．城市发展研究，2016，23（1）：49－57.

［13］黄洁，钟业喜．长江中游城市群铁路客运联系及其空间格局演变［J］．世界地理研究，2016，25（2）：72－81.

［14］蒋大亮，孙烨，任航等．基于百度指数的长江中游城市群城市网络特征研究［J］．长江流域资源与环境，2015，24（10）：1654－1664.

[15] 钟小根，吕桦，江景和等．长江中游城市群的发展主轴空间演变探究［J］．湖北社会科学，2013（10）：57－60.

[16] 刘嗣明，方辉．长江中游城市群空间结构优化研究［J］．学习与实践，2013（7）：5－13.

[17] 陈晋，卓莉，史培军等．基于 DMSP/ OLS 数据的中国城市化过程研究——反映区域城市化水平的灯光指数的构建［J］．遥感学报，2003，7（3）：168－175.

[18] 杨妮，吴良林，邓树林等．基于 DMSP/OLS 夜间灯光数据的省域 GDP 统计数据空间化方法——以广西壮族自治区为例［J］．地理与地理信息科学，2014，30（4）：108－111.

[19] 程砾瑜．基于 DMSP/OLS 夜间灯光数据的中国人口分布时空变化研究［Z］．北京：中国科学院遥感应用研究所，2008.

[20] Chen X.，Nordhaus W. D. Using luminosity data as a proxy for economic statistics［J］. Proceedings of the National Academy of Sciences，2011，108（21）：8589－8594.

[21] Henderson J. V.，Storeygard A.，Weil D. N. Measuring economic growth from outer space［J］. The American Economic Review，2012，102（2）：994－1028.

[22] Small C.，Elvidge C. D.，Balk D.，et al. Spatial scaling of stable night lights［J］. Remote Sensing of Environment，2011，115（2）：269－280.

[23] Small C.，Elvidge C. D. Night on Earth：Mapping decadal changes of anthropogenic night light in Asia［J］. International Journal of Applied Earth Observation and Geoinformation，2013（22）：40－52.

[24] 吴健生，刘浩，彭建等．中国城市体系等级结构及其空间格局——基于 DMSP/OLS 夜间灯光数据的实证［J］．地理学报，2014，69（6）：759－770.

[25] 王春杨，吴国誉，张超．基于 DMSP/OLS 夜间灯光数据的成渝城市群空间结构研究［J］．城市发展研究，2015.

[26] Gangopadhyay K.，Basu B. City size distributions for India and China［J］. Physica A：Statistical Mechanics and its Applications，2009，388（13）：2682－2688.

公立产业技术研究院与区域创新集群的发展
——以成都市为例

姚 毅 余梦秋

（成都市社会科学院）

一、导论

（一）区域创新集群契合了政府和市场共同的行为诉求

在知识经济时代背景下，知识和技术的创造、获取、组合、创新、转移和扩散已成为产业创新发展的基础，传统的产业集群和知识集群呈现出向创新集群自然延伸并融合发展新趋势，创新集群已逐渐成为区域经济创新发展的重要引擎，是国家高新区二次创业和传统产业集群升级的重要目标。究其原因，主要有两个方面：一是从创新集群发展的内部子系统来看。企业是技术创新的重要主体，但需要注意的是技术创新是可供企业选择的一种市场策略，是企业追求市场效益的手段而非目的，企业的技术创新行为必须服从于其市场策略。二是从创新集群发展外部环境系统来看。政府是促进技术创新的重要推动力，但其推动技术创新的目的不在于技术创新本身，而在于实现经济的可持续发展。因此，相关的机制体制设计的关键在于找到政府和企业在技术创新这个问题上的利益联结点。推动产业集群向创新集群发展既满足政府推动地方经济发展的需要，也能降低企业技术创新和成果转化的成本，增强其技术创新和成果转化的动力。

（二）区域创新集群的发展有赖于“有效市场”和“有为政府”的协同推动

值得注意的是，创新集群的发展既不同于传统结构主义所强调的政府主导克服市场失灵以建立现代产业，也有别于新自由主义主张和推行的通过私有化、自由化、市场化克服政府失灵以建立现代市场制度，而是基于“有效市场＋有为政府”的综合考量。事实上，林毅夫所倡导的“新结构主义”，就主张一个发展中国家的技术创新和产业升级应该按其要素禀赋结构所决定的比较优势，并充分利用后发优势以“小步快跑”的方式来进行，而在这一过程中，“有效市场”和“有为政府”

两者缺一不可。究其原因在于：一方面，只有在充分竞争、完善有效的市场体系之下形成的价格信号，才能使企业家按照当时要素禀赋所决定的比较优势进行技术、产业的选择，从而使整个国家具有竞争优势。另一方面，政府需要补偿技术创新、产业升级过程中先行企业所面对的风险和不确定性，这样技术和产业才能根据比较优势的变化不断顺利进行创新和升级。

（三）公立产业技术研究院是推动区域创新集群发展的重要途径

公立产业技术研究院侧重于产业共性技术、竞争前关键技术的研发和推广，是解决市场失灵而一般由公共财政支持的技术研发机构。它一般不以盈利为目的，而是立足于为区域内众多中小企业提供关键技术平台和共性技术服务，是科技成果转化的重要环节，是区域创新体系不可或缺的重要节点。20 世纪以来，众多发达国家和地区高度重视建立公立的产业技术研究院。如德国的弗朗霍夫应用技术研究院（FHG）、美国国家标准与技术研究院（NIST）、日本工业技术研究院（AIST）、中国台湾财团法人工业技术研究院（ITRI）等。

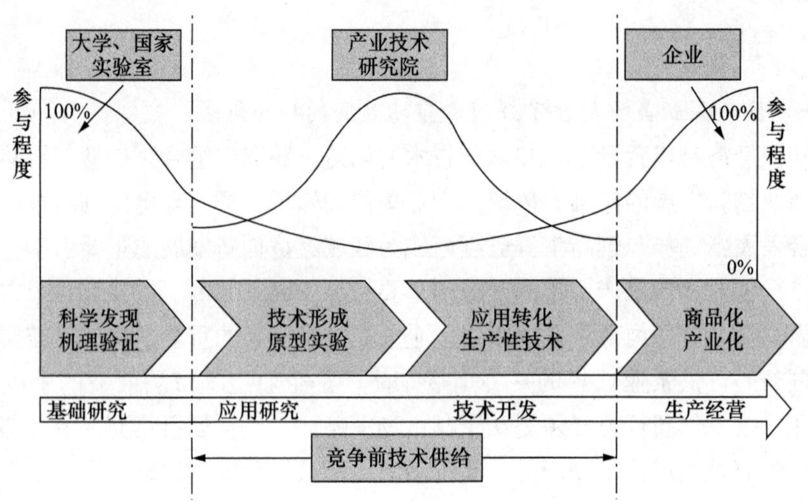

图 1　公立产业技术研究院的定位

二、成都推进创新集群发展体制机制缺陷

（一）高校和科研机构促进科技成果转化激励错位

在蓉的高校和科研机构现有的绩效评价体系一般是以获得国家经费多少、发表论文和专著的数量和质量、获得奖项的级别和数量等指标作为绩效考核内容。这种绩效评价体系强调科学知识成果化，忽略了后续的产业化和商业化，不利于科技创新成果的最终转化。

（二）技术转化促进体制和国有资产管理体制存在明显冲突

根据最新的相关知识产权法，已经明确承认了企业单位职务发明中发明团队的利益格局，赋予了其产权分成，从而对发明者形成了正向激励。但是这点没有在国有资产管理体制中得到充分体现，实践中国有资产的保值增值要求实际形成了僵化的约束，即不允许任何形式的国有资产流失，表现在技术产权上就是要求职务发明绝对的属于国有，不允许表现个人的产权需求。由于缺乏国有资产对科技成果转化的催化、成长和退出机制，导致国有资产的收敛化、沉寂化、耗散化、非共享及费用化处理方式，进而导致了国有资产的静态化、社会创新资源锁定、国有资产的沉淀及国有大型科技平台、大型设备的闲置化、低效化等问题。

（三）成都科技成果转化的平台建设数量不足、质量不高、规模不够

成都在科技成果商品化方面存在明显的短板，尤其是反映成都科技成果市场发育状况的“技术市场成交合同金额”指标与发达地区存在巨大的差距，仅为北京、上海平均水平的10%。另外，从成都科技成果转化的行业状况来看，存在着结构性的供需矛盾。从总体来看，除电子信息产业外，成都产业结构与科技资源禀赋结构契合度不高，如生物医药产业发展对科技成果的有效需求不足，机械、冶金建材、食品等产业的科技供给存在短板，汽车、新材料、新能源、节能环保、航空航天等产业的供需均不活跃。这种结构性供需矛盾表现为：一方面，在蓉高校相当部分科技创新成果只能在外地实现其产品化和商品化；另一方面，本地企业的技术需求又无法得到有效满足。

产生上述问题的根本原因在于：一是科技成果转化的平台建设滞后。这主要体现为成都科技成果转化平台数量不够、质量不高、规模不大等，尤其是缺乏类似深圳“中国高新科技成果交易会展览中心”这样具有国际水准、全国影响力的科技成果展销平台。二是科技成果转化的市场主体发育不足，主要是指成都科技成果转化中介服务体系不健全、功能较弱。这不仅使得技术知识扩散和流动不畅，进而限制科技创新成果化，而且不利于产学研对接，进而限制科技创新成果后续的产品化和商品化。

（四）政府在科技成果转化中的角色定位不清晰

（1）部分政府政策指引导致科学研究资源错配。在科技成果转化方面，虽然成都根据可持续发展战略完成了一批战略性新兴技术产品的转化与生产，但仍存在政策引导缺位和错位问题：一方面，成都结合产业实际情况制定自上而下的科技成果转化的引领方案（即产业技术路线图）尚未完成。同时，作为产业发展和科技成果转化重要引领的“产业投资指南”缺乏对于战略性新兴产业的有效引导。另一方面，“产业技术路线图”和“产业投资指南”之间缺乏有效的契合机制安排，科技成果转化的政策引领错位现象仍然存在。同时，成都科技政策引导侧重于科技创新成果化环节，对于科技创新成果产品化和商品化环节的激励政策设计尚不完善，因而导致成都科技创新成果产业化水平不足，而且使得一部分企业不以市场为

导向，而以获取政府创新扶持基金等政策资源为目的，进而导致资源浪费。

（2）科技成果转化的公共基础设施建设不足，使用效率不高。从我国实际情况来看，我国科技成果转化在成果化、产品化和商品化三个阶段的投资比例是1∶0.7∶100，而发达国家是1∶10∶100①，这表明我国科技创新产品化阶段的资金保障不足，设施建设不够。这在成都也是如此。究其原因来看，高校和科研院所作为科技创新成果化主体，所需资金相对较少，且有其固有的资金来源渠道；企业作为科技创新成果商品化的主体，虽然所需资金数量较大，但风险相对较低，企业投入动力较高；科技创新成果产品化资金保障缺乏明确的主体和来源渠道。科技成果转化投入巨大而且风险较高。在我国风投机制尚不健全的情况下，难以通过市场渠道获得充足的科技成果转化资金，对于处于种子期和初创期的企业而言尤其如此。同时，缺乏一批规模较大、水平较高、社会开放度较好的科技创新成果“中试”等产品化的公共基础设施基地以及相应的设施投入和使用机制设计，未能达到降低科技创新成果产品化成本以及风险的目的。

（五）科技成果转化的组织化程度不高

从成都产业集群发展阶段来看，成都正处于产业集聚向产业集群过渡的发展阶段。改革开放以来，成都产业发展经历了由大分散→小集中（一区一主业）→大集群发展三个阶段。目前，成都尚处于小集中向大集群过渡的发展阶段，基于产业链分工的产业集群发展还存在着数量不够、水平不高、规模不大等方面的问题，尤其缺乏具有国际水平和区域影响力的科技创新集群。

三、中外公立产业技术研究院的比较与借鉴

（一）台湾财团法人工业技术研究院

1973年，台湾“经济部”针对台湾产业主要以中小型为主、研发资源有限、创新能力不足、无法长期承受创新风险的状况，设立台湾财团法人工业技术研究院。自建院以来，台湾财团法人工业技术研究院通过开展创新研发、人才培育、智权加值、衍生公司、育成企业、技术服务与技术移转等工作，培育了70余位新兴科技产业CEO，新创及育成科技型企业225家，累计专利超过1.9万件，极大地促进了台湾技术创新和产业发展。

总体而言，台湾财团法人工业技术研究院的发展主要经历了以下三个阶段：

第一阶段初创期，20世纪70年代至80年代末。该时期，台湾财团法人工业技术研究院主要着力于引进关键技术和人才，强调企业技术吸收能力培养和科技成果转化平台建设。

第二阶段发展期，20世纪80年代末至90年代。该时期，台湾财团法人工业技术研究院主要着力于本土企业自主创新能力的提升，强调创新型企业的孵化和壮大。

---

① 史永铭．科技成果转化的障碍与对策思考［EB/OL］．人民网，2007-06-28.

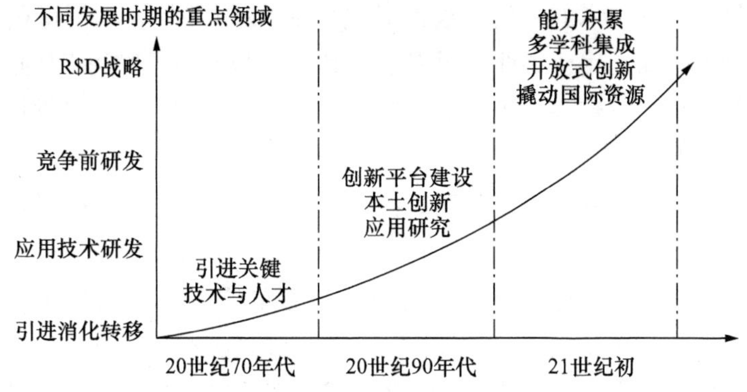

图2　台湾财团法人工业技术研究院发展演变的三个阶段

第三阶段成熟期，21 世纪初。该时期，台湾财团法人工业技术研究院主要着力于全球创新资源的整合，强调通过多学科集成和开放式创新来撬动国际创新资源，全面提升集成创新能力。

（二）德国弗朗霍夫应用技术研究院

FHG 成立于 1949 年，其目的也是产业关键技术开发，为产业界提供多学科集成解决方案。至 2010 年，FHG 拥有 18000 人的研发队伍，80 多个研究单位。2010 年，其研发经费总额达到 16.6 亿欧元。目前，FHG 拥有有效专利达到 5450 件，FHG 已成为德国乃至欧洲产业竞争力的重要源泉。

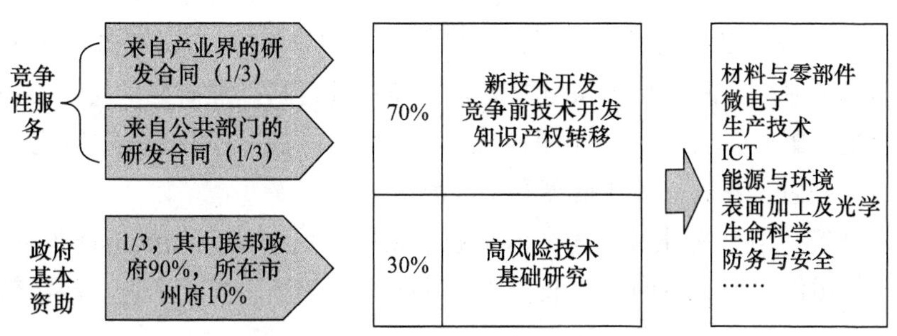

图3　德国 FHG 经费来源及用途

FHG 的特色机制包括以下几个方面：一是以“官助”保证公共研发组织性质。德国政府部门提供其基本的运行经费，以及学会下属的各个研究所得政府的科研项目，这部分经费主要通过“合同科研”方式进行转移支付，约占 FHG“合同科研”经费的 2/3 左右。这既保证了科研机构的充分自主权，也保证了政府对科研机构的有效引导和监督。二是以“民办”保证其市场化的运营效率。FHG 不隶属于任何一个政府部门，而是面向产业界开展研发工作，并力求一以贯之，直到产品达到商业化阶段。在“合同科研”经费中，约 2/3 来自“竞争性资金”。三是“非营利”

使得机构聚焦于共性技术的开发。法律规定了FHG取得的收入不得用于出资人和机构人员的分配，而是用于事业的再发展。其中，70%的经费用于新技术和竞争前技术开发以及知识产权转移，30%的经费用于高风险、前瞻性、基础性技术研究。

（三）深圳清华大学研究院

深圳清华大学研究院位于深圳高新技术产业园区，成立于1996年12月，是由深圳市政府和清华大学共同投资设立的一个高层次、开发式的官、产、学、研、资相结合的综合性实体，以企业化方式运作的事业单位，双方各占50%股份，实行理事会领导下的院长负责制。截至2008年底，研究院孵化企业480家，毕业178家。企业在孵期间，销售额平均增加了7.8倍，利润平均增加了8.1倍，发展速度是社会上同类企业的6倍，在孵企业的年销售额2008年超过150亿元，先后发起、孵化和投资了力合股份、茅台股份、拓邦电子、安泰科技、飞乐音响等上市公司，培育了和而泰、达实智能、数码视讯、海兰信、力合高科等一批即将在中小板和创业板上市的公司。

林强、王德宝（2003）总结了深圳清华大学研究院发展的经验，提出了其技术创新的四不像理论，即不同基因在新生态环境下重新聚合，诞生了新物种，繁衍了新种群，而且这个新物种与现行体制存在着差异。即研究院的创新体现为四个方面，也即四不像理论：

（1）研究院既是大学又不完全像大学，文化范畴不同。研究院的文化植根于清华大学的校风和传统，既具有大学培养人才和从事科研的功能，又要突破纯学术式的校园文化，融入深圳特色、市场经济特色和现代企业文化特色。

（2）研究院既是研究机构又不完全像科研院所，功能和研究方向不同。研究院走的不是一般科研院所从国家争取课题与经费进行基础性研究的路子，而是面向市场，为企业服务，主要从事应用性技术、科研开发和成果转化的研究，它将科研、投资、评估、咨询、人才培养等功能融为一体。

（3）研究院既是企业又不完全像企业，目标不同。研究院虽是企业孵化基地，实行企业化运作，但又不同于一般企业，着眼于孵化高新技术企业，经济效益和社会效益并重，培育科技成果的转化基地。

（4）研究院既是事业单位又与事业单位的管理体制存在差异，作为深圳市事业单位，研究院以最大限度地服务社会为宗旨，同时全面实行聘用制的企业化管理方式，实行全员劳动合同制和严格的业绩考核制度，引进竞争机制，精选优选人才，保持强劲的后续发展动力。

（四）典型案例的共性特征

总体来说，上述公立产业技术研究院具有以下几个方面共性特征：一是运营机制上，坚持官助民办的模式。即采取官助的方式规避对于技术创新供给的市场失灵现象，保证研究院的可持续运行。同时，采取市场化导向和企业化运营模式，保障机构运行效率。二是价值取向上，坚持定位于公共技术服务。即既不参与纯基础研

究，也不直接从事产品经营，主要承担企业做不了、不愿做的产业共性技术研发，经济效益和社会效益并重。三是服务重点上，注重竞争前产业技术研发。即重点研究和开发能应用于未来商业或为特殊的商业原型的早期不确定的共性技术，注重解决由于高风险性和收益的不确定性而单靠市场机制难以形成有效供给的问题。

四、探索建立成都公立产业技术研究院的对策建议

在新一轮产业和技术革命的时代背景下，产业“跨界融合、关联发展”趋势日益明显，技术创新也不再局限于单一行业或单一学科，而是涉及多学科、多行业、多主体、多环节的系统工程。成都公立产业技术研究院的建设要着眼三大战略意图，构建四大运行管理机制。

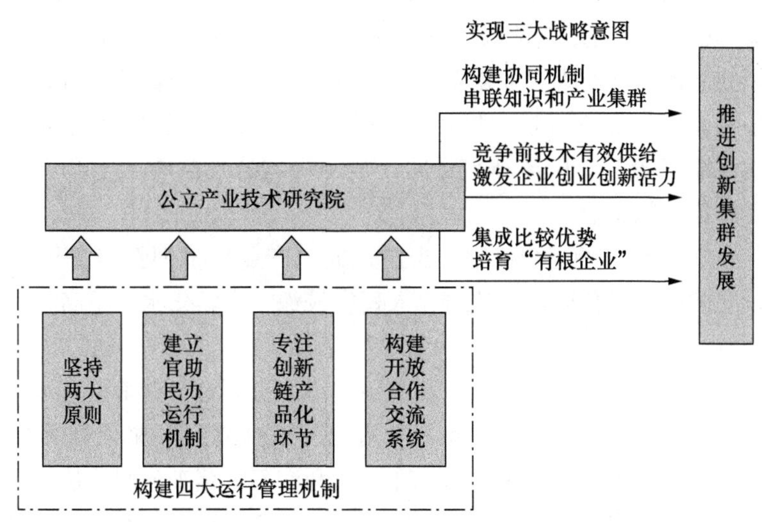

图 4　成都探索建立公立产业技术研究院的战略框架

（一）着眼于三大战略意图

（1）构建知识、创新、产业三大集群协同机制。成都公立产业技术研究院要顺应传统的产业集群和知识集群呈现出向创新集群自然延伸并融合发展的新趋势，围绕成都建设“具有国际影响力的区域创新创业中心”的发展目标，着眼于再造创新主体、整合创新资源、完善创新载体、优化创新环境，推动创新集群发展，以创新链连接知识链和产业链。

（2）激发创业创新活力。成都公立产业技术研究院要针对中小微企业研发资源有限、自主研发成本偏高、风险规避带来创新动力不足的实际，着眼于关键技术和共性技术研发、产品工艺研发、中试和量化试生产等薄弱环节，切实解决竞争前技术的市场供给不足的问题。

（3）培育基于地方比较优势的“有根企业”。成都公立产业技术研究院要针对

外来企业根植性和带动性不强的问题，着眼于“有效市场+有为政府”的综合考量，集成成都在市场容量、创新资源、交通物流、金融环境等方面的比较优势，加快培育和引进“有根企业”，形成独具地方特色，具有国内和国际影响力的本土创新集群。

（二）构建四大运行管理机制

（1）明确机构设立原则。在区域创新体系中，公立产业技术研究院是由政府主导、以民营为主、非营利性的独立法人机构，是有别于政府、企业、大学的“第四种创新力量”。

成都公立产业技术研究院的设立，应坚持两个原则：第一，要贴近产业发展的实际，专注于关键共性技术的商业化开发。聚焦工业领域辐射广、包容性强、产业带动能力强的新技术开发，着重把握新一轮科技革命和产业变革方向，瞄准《成都制造2025规划》产业重点领域的关键技术和关键环节，着力于应用性技术开发和转化，以技术的突破实现产业创新发展。第二，定位于公益性的研究机构，不与民间企业争利。以“促进科技成果转化，带动产业发展，创造经济价值，增进社会福祉”为主要任务，不以盈利为目的，强调机构的公益性，技术开发成熟能够量产后，转移给民间企业。

（2）建立官助民办的运行机制。当前，成都产业技术创新服务机构大多是由政府出资设立的投资平台公司，政府介入程度较深、市场化水平不高，是制约其作用发挥的关键因素。

成都公立产业技术研究院的设立既要解决市场机制对于竞争前技术供给不足问题，同时要避免过度的行政干预现象。一方面，以“官助”来保证其公益性服务组织的性质。其经营不以盈利为目的，即所获利润不得用于分配，从而使其投资行为不能形成投资者可变现的资产标的，经营所得只能用于组织发展，保证机构的长期存续，更好地服务于本土产业创新发展。同时，创新政府资金投入模式以及机构绩效考核机制，既要推动竞争前关键技术的有效供给，也要强化公立产业技术研究院作为知识集群和产业集群桥梁和纽带的作用。另一方面，以“民办”来提升其市场化运行效率。制订相应条例和办法，使得成都政府参与出资组建的成都公立产业技术研究院有其独立的运行机制，设立独立的议事会、执行层和监督层，避免行政过度干预，提升市场适应能力。

（3）专注于创新链的产品化环节。科技创新是涵盖科技创新的成果化、产品化和最终的商业化的全过程。但从我国实际情况来看，我国在上述三个阶段的投资比例是1∶0.7∶100，而发达国家则是1∶10∶100。由此看来，科技创新成果的产品化不足是导致我国科技成果转化率较低的关键原因。

成都科研院所和高校等创新资源独特，技术创新成果丰富，更需把握科技创新成果产品化这一关键环节，设立的成都公立产业技术研究院不仅要负责应用技术开发，还需对产品的工艺可行性、质量可靠性、成本可控性等进行探索性研究和试验，以承担新技术开发和商业化初期的大部分风险，从而提高对企业采用新技术、开发新产品的激励，提升科技成果转化效率。

（4）构建开放式合作和交流系统。“联合攻关”和“人员流动”是促进产学研用交流与合作的两个重要渠道。一方面，研究课题不仅可以与研究机构合作进行，也可以与企业进行联合技术创新与开发合作。另一方面，鼓励技术研发人员向企业转移（即兼职或“跳槽”），也鼓励科技人员辞职创办科技型企业。

对于成都而言，要紧抓“国家全面创新改革试验区”的重大机遇，坚持“开放、共享、高效”的发展导向，以设立公立产业技术研究院为契机，推动创新创业者摆脱原有体制机制的束缚，创新人才流动和设施共享机制，高效整合创新资源，促进集成创新创业活动。

参考文献

［1］林毅夫．既要有效市场，又要有为政府［N］．南方周末，2014－05－09.

［2］吴金希．论公立产业技术研究院与战略新兴产业发展［J］．中国软科学，2014（3）．

［3］丁魁礼．创新集群的本质涵义及其与产业集群的区分［J］．科技进步与对策，2010（5）．

［4］林强，王德宝．科技孵化器——大学服务于社会的理想模式［J］．中国高校科技与产业化，2003（12）．

［5］万劲波，赵兰香．创新集群发展的引导机制［N］．中国科学报，2013－12－30.

专题三：高新区创新绩效评价及提升路径

大数据背景下国家级开发区转型升级研究

——基于对新疆库尔勒云上开发区实践的思考

刘传辉[1,2]　林漳希　李　凯　李东衡

（1. 西南财经大学；2. 西华大学）

国家级开发区是我国对外开放的产物，作为优质生产要素的集聚区和区域经济增长极，经过30多年的发展实践，为我国对外开放吸引外资、促进经济增长、创新发展模式、促进科技成果转化、提高土地集约利用等起到了示范引领、促进发展的重要引擎作用，取得了巨大的成就，为我国形成全方位、宽领域、多层次的对外开放格局和区域经济发展做出了突出贡献。目前，中国共有国家级高新区146家，国家级经济技术开发区223家。

在经济新常态下，国际国内经济形势依然严峻，投资增速下滑，对外贸易出现负增长，外部环境对开发区发展形成压力。同时，开发区产业结构日趋同质化，资源禀赋和环境容量约束不断增大，粗放式发展模式难以为继，开发区进入加快转型、优化升级的关键时期。但是，如何转型和升级成为开发区普遍面临的最大现实挑战。

在国家实施创新驱动战略、“互联网+”方兴未艾的时代背景下，大数据、云计算、虚拟现实等新一代信息技术蕴藏着巨大机会和发展动能，创新、跨界、融合日益成为新的发展趋势，这为开发区的转型升级、创新发展带来前所未有的重大机遇和技术支撑。新疆库尔勒国家级经济技术开发区依托大数据、云计算等建设的全国首个云上开发区，就是在创新驱动战略及“互联网+”背景下寻求转型升级、创新发展的积极探索。

一、库尔勒经济技术开发区的现状

库尔勒经济技术开发区于2000年经新疆维吾尔自治区人民政府批准成立，规划面积140平方公里。2007年列入全国循环经济试点园区；2008年升格为自治区级高新技术产业开发区；2011年升格为国家级经济技术开发区；2013年，被命名

为国家新型工业化产业示范基地；2014 年被确定为自治区“两化融合示范区”；2015 年被命名为国家级电子商务示范基地。

（一）开发区建设的主要成绩

（1）产业结构优化升级，综合实力显著增强。16 年来，库尔勒开发区逐步形成了以纺织服装、石油天然气精深加工、现代服务业、农副产品加工业、新型建材等为代表的优势产业，电子商务、云计算、商贸物流、信息软件、文化创意、总部经济、中介服务、会展服务等新兴业态获得快速发展。截至 2016 年 1 月底，开发区共有注册企业 1041 家，其中主营业务收入 2000 万元以上的企业 49 家，主营业务收入 500 万 ~ 2000 万元的企业 54 家。2015 年，实现总产值 260 亿元，是 2010 年的 3 倍，工业产值 225 亿元，是 2010 年的 3 倍，增加值 45 亿元，是 2010 年的 2.3 倍，实现财政收入 9.4 亿元，是 2010 年的 2.9 倍；完成全社会固定资产投资 143 亿元，是 2010 年的 3.5 倍，实现进出口总额 1.8 亿美元，是 2010 年的 3.6 倍。

（2）基础设施渐趋完善，产城融合进程加快。“十二五”期间，库尔勒开发区基础配套设施获得长足发展，投资环境明显改善。“十二五”期末，累计完成基础设施投入 25 亿元，完成道路、地下市政管网等，基础设施基本覆盖，满足新增企业入驻条件。建成道路 216 公里，燃气管网 45 公里，电力管网 145 公里，通信管网 70 公里，百兆光纤 18 平方公里辐射到位。开发区坚持生态立区，环保优先，绿色发展，实施最严格的生态环境保护制度，投入 4.3 亿元用于污水治理，占到财政收入的 50% 左右。白鹭河景观带、群克污水处理工程、开发区污水处理厂等一批重点基础设施项目相继建设完工，公共绿地面积达 37.5%，开发区环境明显改观。“智慧园区”建设全面启动，电子商务产业园升级为国家级电子商务示范基地。改革城市建设投融资体制，完善公共服务体系建设，加大在供水、供气、公共交通、污水处理、垃圾处理、信息化建设等方面投入，公共服务能力显著增强，开发区日益成为宜居宜业的产业新城。

（3）招商引资成效显著，社会事业蓬勃发展。“十二五”期间，开发区坚定不移地实施优势资源转化战略和“大企业、大集团”的招大引强战略。按照“在谈项目抓签约，签约项目抓开工，开工项目抓投产，投产项目抓效益”的要求，建立健全工商、税务、金融等各服务机构，提供“一站式”服务，努力营造“亲商、安商、惠商”的良好投资环境。“十二五”期末，开发区累计引进各类投资项目 200 个，项目签约协议资金总额达 1080 亿元，执行到位资金 580 亿元。开发区文教卫体、民政、老龄、残疾人、妇女儿童工作从无到有，迅速得到开展，工会、劳动就业和社会保障工作得到加强；中小学、幼儿园以及社区医院陆续建成使用，新疆财经大学商学院一期完成建设，首届学生入读；三大社区、环卫、绿化、市政工程局、人才交流中心相继成立。农贸综合市场，中小型超市，白鹭河广场活动中心、社区广场建设，以及各类文化设施的配备等一批惠及民生的工程相继建成使用。组建“一站式”社保服务大厅并投入使用。“十二五”期末，开发区人口达 7

万人，解决就业1.5万人，园区企业参保率达90%以上。

（二）开发区存在的主要问题

库尔勒开发区在快速发展的过程中，也面临一些问题，主要有：一是经济结构有待进一步优化，经济增长主要依靠工业带动和投资拉动，资源消耗大，新兴产业发展不足，内生发展能力不强；二是中小微企业贷款融资难，金融创新不够，资金短缺制约企业发展；三是科技创新支撑力弱，技术服务平台建设滞后；四是节能减排压力较大，资源节约型和环境友好型园区建设难度增加；五是各类人才缺乏，特别是高端人才明显不足。这些问题严重影响开发区的转型升级和可持续发展，亟待加快解决。

二、库尔勒云上开发区的基本概念

（一）云上开发区的概念

库尔勒经济技术开发区在国家实施创新驱动战略和“互联网+”快速发展的时代背景下，基于对开发区转型升级的现实压力和勇于开拓的创新精神，围绕“大众创新、万众创业”的氛围培育，在国内率先提出并积极建设云上开发区。

所谓的云上开发区是指库尔勒以国家电子商务示范基地为平台，依托楼兰云、丝路e宝、人才大厦、保税库、南疆快递分拣中心等已有的电子商务资源，以互联网思维和云计算、大数据等信息技术为支撑创新发展，推动开发区产业转型升级、产业结构优化、产城融合发展，再造一个宜居宜商宜业宜游的“国家级库尔勒经济技术开发区”的统称。它以建设“一带一路”互联网集成中心为目标，包含云数据技术、云产业生态服务、云产业集群三大产业生态系统，涉及云上电子商务产业园、云上公共服务中心、云上政务、云上中小型企业服务、云上人才服务、云上物流园、云上纺织城、云上金融服务八大核心模块。

具体而言，云上开发区基于大数据支撑的三大产业生态系统主要有：一是云数据技术系统，包括基于楼兰云的云计算资源、公共应用软件系统、海量数据管理系统；二是基于云数据技术系统的云产业生态服务体系，包括云上政务、人才、金融、资讯、公共服务等；三是云上产业集群模块，除了已有的纺织服装、商贸物流、电子商务等集群，还可以增加银行、保险、交通、公共安全、国土资源、环境生态、石化、文化、旅游、健康、教育等。

（二）云上开发区的特点

（1）跨空间。云上开发区的企业通过互联网和数据资源融合，克服了地域的限制，可以从任何地方引进产业资源，也可以在任何地方开展业务。由于云计算技术的应用，企业的界限被重新定义，这样云上开发区将聚集更多专业化分工、运营敏捷、良好合作的小微企业，自然形成长尾化的产业结构布局，使得产业调整灵活，更能够适应现代国际化的市场的迅速变化，并快速演化和成长。

（2）集成性。云上开发区通过跨地区、全方位、多业态集成分散的资本、知识、技术、信息，利用大数据、云计算等技术，形成相互依赖、相互关联、相互溢出的产业生态系统，依托生产要素在“云端”的集成，推动产业由链式发展向网格式衍射，有助于新兴产业发展，也有助于传统产业升级，从而推动开发区转型发展和提质增效。

（3）开放性。云上开发区是一个开放系统，优化外部关系能力，有利于整合外部资源。通过云计算服务模式协同创新，使得各类参与主体能以较小的时间和资金成本从外部得到所需的信息、资源和匹配系统，协助各方参与技术创新与合作创新，在达成自身产品、技术创新目标的同时，又能带来管理流程、商业模式甚至行为方式的创新，并可以借助群体的智慧将这种创新过程加速。

（4）多业态。云上开发区除了目前重点支撑发展的纺织服装、商贸物流、电子商务等云上产业集群模块之外，还将充实银行、保险、交通、公共安全、国土资源、环境生态、石化、文化、旅游、健康、教育等内容。大数据的应用将成为这些企业的特色，特别是这些数据的共享、融合将带来产业增强效应，衍生新的大数据商业模式和生态。通过构建大数据产业方面的先发优势，并利用“云端”打造开发区在信息、技术、人才、产业等方面的竞争优势，实现多业态、多产业的同步交互和滚动运营，提高区域竞争力。

（5）创新性。云上开发区是一种利用以大数据为代表的信息产业为先导、推动开发区创新发展的一种模式，它需要管理运营体制创新、投资融资体制创新和产学研政协同创新等进行配套实施，保障云上开发区的顺利建设和可持续发展。所以，它需要以虚实结合、刚柔相济的创新方式，最高效地聚集人才、资本、技术等要素，并使之将开发区现有产业与云上产业有机融合，快速发展。

（6）轻量化。云上开发区的企业少了时间、空间方面的限制，其厂房设备、办公场所、企业员工等都可能不在开发区，甚至不在新疆或国内。所以，云上开发区呈现出企业资产、用地等轻量化，生产运营、市场开拓等更具灵活性，也会大大降低企业运行成本，提高生产要素效率，整体上会增强云上开发区的竞争力。

三、库尔勒云上开发区的战略定位与基本原则

（一）战略定位

围绕服务国家“一带一路”战略、新疆丝绸之路经济带核心区建设和开发区千亿元产值的目标，坚持创新、协调、绿色、开放、共享的发展理念，以“互联网+”和大数据应用为引擎，通过创新、跨界、融合，推动大数据产业在云上开发区链式发展、集群发展，推动开发区工业化、信息化双化驱动、深度融合，推动生产性服务业竞相发展，推动开发区传统产业转型升级，努力把库尔勒云上开发区建成引领西部、示范全国的大数据产业集聚区、大数据应用策源地，新常态下开发区三产深度融合、业态虚实结合、模式创新发展的时代典范，形成基于楼兰云存储并增长的大数据服务中心和面向亚欧的国际电商公共服务中心，成为南疆电子商务

和互联网企业的重要集聚地，为建设新型开发区和宜居宜业的现代产业新城提供有力支撑。

（二）基本原则

（1）政府引导，市场驱动。云上开发区尚属新概念，要充分发挥政府引导作用，特别是在建设前期，强化统筹和推进力度，优化政策环境和政务环境，营造良好营商环境，增强库尔勒云上开发区建设的吸引力。要切实发挥市场在资源配置中的决定性作用，在打造云上开发区的过程中，以相关企业作为云上开发区建设、开发的主体，以政产学研用联合的机制聚智聚才，形成推进云上开发区建设的强大市场推力和根本动力。

（2）虚实结合，产业支撑。产业是实体开发区和云上开发区最重要的支撑。云上开发区建设要避免没有产业支撑或产业空心化。要把实体开发区和云上开发区相互结合进行建设，既把大数据产业作为云上开发区的支柱产业布局，又将其作为服务实体开发区、促进现有产业转型升级、吸引新兴产业落地的重要引擎。

（3）软硬结合，夯实基础。云上开发区的建设离不开云计算服务器等硬件设施，更离不开大数据软件作为支撑；既要有实体建筑物作为发展依托，更要有优质高效的政务服务和优惠激励的政策环境作为保障；既要完善交通、学校等基础设施，更要完善教育、医疗、酒店、娱乐等生活设施以吸引人才落地扎根发展。

四、库尔勒云上开发区的模块构建

基于云上开发区云数据技术、云产业生态服务、云产业集群三大系统，构建以下八大模块。

（一）云上电子商务产业园

云上电子商务产业园是云上开发区的重要组成部分。围绕“电商综合服务、电商创业服务、产品体验服务”三大核心服务，规划建设云上接待中心、云上人才中心、云上公共服务中心、云上创业孵化基地、云上创客咖啡、云上软件产业园等，集聚苏宁易购运营中心、丝路 e 宝、南疆旅游及农牧产品体验销售馆、深圳前海农副产品国际交易中心、海宝农产品交易中心等知名互联网企业。力争打造“一带一路”电商生态集成中心、亚欧国际电商公共服务中心，成为南疆首个具有完整电商生态体系的国家电子商务示范基地。

（二）云上公共服务中心

以开发区行政服务中心为基础，引入电子商务供应商、代理商、策划服务商、制作商、行业协会、管理机构、行业媒体、投融资、会计师事务所、法律机构、跨区域虚拟注册机构等生产性服务机构。把这些相关服务机构集中在楼兰云上，通过大数据连接企业之间供需与服务，整合成南疆互联网一站式公共服务的资源池，从而降低企业运营成本，提高企业孵化效率。

（三）云上政务

云上政务，服务于民，开启“政务云+政府大数据”时代。依托楼兰云的云计算和大数据能力，建设区域性政务私有云，把政府在信息化发展规划、数据共享互通、网上政府体系、智慧园区建设等方面的政务应用进行整合和流程再造，实现政府组织和工作流程的优化重组，打通内外网面向公众提供服务，有效实现网上政务系统内外贯通，可公开的数据资源互通共享，克服传统电子政务的弊端，助力政府部门便捷、高效，实现资源共享、成本节约、管理创新。

（四）云上中小型企业服务

云上中小型企业服务包括云上企业管理、传统企业升级、跨境电商服务。以园区企业为主导，连接政府各职能部门并形成一个交集圈，打通政府与园区企业的服务环节，鼓励园区企业发展跨境贸易，引进第三方专业外贸企业为园区企业与疆内外的外贸企业之间搭建一座沟通桥梁，并将为众多的外贸环节，包括国检（检验检疫）、国税（纳税退税）、外汇局（支付结汇）、商委或外经贸委（企业备案、数据统计）等政府职能部门及银行结汇等提供一站式服务，发挥开发区保税库的作用，将外贸企业从烦琐的手续中解脱，专注于跨境业务。

（五）云上人才服务

依托于开发区的人才大厦以及已有的人才数据沉淀，发挥楼兰云的大数据应用优势，通过整合疆内外的各行业优秀人才，实现跨区域人才协同咨询合作，打破已有的当地人才招聘的“瓶颈”。云上开发区实施产业人才培养计划，专注于整合、提供基础人才、中级人才及一线高级人才的线上线下系统培训服务，为巴州企业发展、培养、储备、引进和集聚人才，让巴州人才大厦发挥更大的用处。

（六）云上物流园

以集分拨、仓储、配送为一体的南疆快递产业园为核心，以每天货物的流水为基础，通过楼兰云的大数据为相关的物流企业、配套企业、车辆调配、仓储应用等提供精准服务。这不但有效降低南疆电商、生产企业的物流成本、人力资源成本、时间成本，还为云上开发区的物流发展提供精确的数据。

（七）云上纺织服装城

作为开发区支柱产业之一的纺织服装，从原料采购、纺纱织布到印染成衣，最后进入到商品流通环节，整个产业链条开始逐步完整。随着入驻企业越来越多，其间既有大宗商品的交易，也有客户直接面对面的零售，其大数据的构建显得十分重要。云上纺织城是在“互联网+”时代，基于大数据层面建立数据体系管理，发挥互联网优化和集成作用，倒逼开发区纺织服装产业集群创新发展。

（八）云上金融服务

通过引进金融机构、保险公司、融资平台、第三方支付、银行等多元金融服务模式，以服务于开发区、巴州、南疆中小微企业为核心，以楼兰云的大数据为基础构建云上金融服务。

五、库尔勒云上开发区的政策建议

（一）管理运营体制创新

创新的云上开发区需要创新的管理运营体制。传统的开发区管理运营通常是政府主导型，即政府在产业园区开发建设中充当主角，企业充当配角。还有一些园区采取了市场主导型的管理运营模式，即以私人开发商为主体，政府提供政策倾斜，企业唱主角，政府当配角。这两者各有利弊。前者优点在于可以实现强势推进、快速开发，缺点在于存在新城开发供需不平衡、资源浪费、财政负担重等可能。后者优点在于可以降低政府的开发成本和风险，提高了社会资本的参与度，缺点是政府的规划意图得不到完全实现，削弱了政府对城市建设的主动权和控制权，容易导致城市空间的无序发展和城市规模的不确定性。

对于云上开发区而言，可以采取介于两者之间的政府市场协作型管理运营模式，即在开发方式上政府拥有全部或部分股权，由法人财团以商业形式经营自负盈亏；在管理运营方式上，在约定好责、权、利的前提下，由政府、企业、高校及专家智库等组成混合的管理运营团队。这样，既可以充分地反映政府的规划意图，发挥政府的宏观调控手段，也可以充分发挥企业的灵活经营能力，同时还可以借助专家智库力量，监督、指导和评估云上开发区的建设进度和实施效果。

（二）产学研政协同创新

产学研政协同创新是一种创新合作系统工程，是生产、学习、科学研究、实践运用的系统合作。

云上开发区是一个创新系统，从规划、开发到实施都是一个全新的过程，天然对产学研结合有内在要求。通过“内部产业平台外部化”策略，云上开发区将客观形成一个同时着力于内部协作和外部协同的发展生态系统，这样，开发区内部的企业需求可以通过外部企业实现，外部企业可能由于服务数量和规模的增长而入驻云上开发区平台，成为内部企业。云上开发区需要依托开发区实体，借助科研院所、专家智库等智力资源，整合资本、技术、人才、信息、土地等各类生产要素，建立以技术的研究、开发和应用为基础的产学研政合作模式。在云上开发区建设过程中可考虑建设以下三个体系：以企业为主体的产学研相结合的技术开发体系和大数据产品生产体系，以云上丝绸之路大数据研究院（整合高校、科研院所等）为主体的科学研究体系和专家智库指导体系，以及以政府为主体的公共服务体系，以此构建起保障云上开发区顺利实施的产业生态环境。

（三）投资融资体制创新

政府引导基金已成为企业创新的有力杠杆。库尔勒云上开发区应立足产业优势，特别是加快构建在大数据等信息产业方面的先发优势，瞄准产学研合作层次提升，积极构建以企业为主体，政府主导、学研输出、金融杠杆为一体的“产学研政”的创新体系，构建“财政投入为引导、企业投入为主体、金融资本和民间资本竞相跟进”的多元化投融资体制，最大化释放政府引导基金的效应，并且创新打造好云上金融服务，解决开发区中小微企业融资难的问题，推动云上开发区企业与资本的聚集融合和创新发展。

参考文献

[1] 陈耀，季允丰，生步兵．开发区转型升级的“扬州模式”研究［J］．南京社会科学，2011（3）．

[2] 戴桂林，张艳蕾．国家级经济技术开发区战略转型升级模式探讨［J］．东岳论丛，2011（9）．

[3] 舒先林，常城．国家级开发区转型升级和可持续发展研究：以武汉经济技术开发区为例［J］．长江大学学报（社会科学版），2012（4）．

[4] 刘静茹，石垚，周传斌，陈波．“农—工复合型”虚拟生态产业园规划研究［J］．中国人口·资源与环境，2011（3）．

加快改革创新步伐　稳步推进国家级开发区产业升级

付艺伟

（南京政治学院马克思主义理论系）

自1984年设立国家级开发区以来，经过几十年的快速发展，国家级开发区几乎都成了本地区现代制造业基地，同时也是当地高新技术产业的聚集地，成为所在城市中名副其实的新的经济增长极，其工业产值及投资密度都高于其他一般行政区十几倍、几十倍。但是，2015年全国规模以上工业企业实现利润总额同比下降2.3%，此为1998年以来首次出现负增长。近期各项数据同时表明，至少从目前看我国制造业在短期内仍将不甚乐观。制造业如何浴火重生？各类经济技术开发区被誉为是制造业主阵地，开发区如何通过供给侧改革实现产业转型升级？

回顾历史，国家级开发区作为中国对外开放战略发展的产物，对推动区域乃至全国经济实现跨越式发展起到了举足轻重的作用，但同时也存在诸多“瓶颈”问题。随着政策优势的弱化，加上国际大环境的变化，特别是国际金融危机和欧债危机的影响，使得开发区进入了一个转型升级的关键时期。而对当前特殊的战略环境，开发区如何实现转型升级就成为一个备受关注的问题。

这里就要回到供给侧中一个重要的要素——创新。创新是引领发展的第一动力。在已经公布的“十三五”规划纲要中，“创新驱动”作为一个指标大项，首次被写入了我国的五年规划。一个产业、一个地区、一个国家的创新，最终落脚点都在于作为主体和基础的企业。对于正处于转型阶段的中国而言，供给侧改革属于全新的调控政策取向；但对世界上其他发达国家而言，供给侧改革并不是新鲜事物。供给侧改革不同于以往，它更加侧重于从生产、供给端入手，提升企业产品核心竞争力来促进经济发展。这就表明，目前的供给侧改革的最终落脚点应在激发企业活力、潜力和创新能力，从而达到提高开发区整个产业的生产力和生产效率的目的上。从这点来讲，供给侧改革首先就要从作为最基本的经济单元的企业抓起。

一、供给侧结构性改革提出的时代背景

200多年来，从理论到实践，再从实践到理论，对供给侧的研究和应用跌宕起

伏，但绝不是昙花一现。供给侧经济学派的开端，经济学人普遍认为是19世纪初"萨伊定律"的提出和发展，但后来居上的凯恩斯主义对其进行了几近全盘的否定；直到20世纪70年代，供给学派又重新兴起，构成经济学史上的"供给侧"的第一次复辟而且明显带有螺旋式上升的新特点，不过后来又继续埋没在了"凯恩斯主义复辟"的浪潮中。一直到2008年美国由次贷危机而引发的全球金融危机，"供给侧学派"这才又重新以供给管理这一带有继续螺旋式上升新特点的形式重新回归至经济学人的视野。

西方学者针对经济增长和产业结构的关系进行的研究，是分析我国产业结构优化和升级的基础。库兹涅茨对总产值中各部门份额和劳动力份额做了截面分析，根据统计资料进行长期趋势考察，并分析了经济增长中产业结构变动的长期趋势，发现产业结构的转换速率与人均产值的增长速率成正比。钱纳里和赛尔坤认为，经济起飞阶段的重要标志是工业成为主体、主导产业部门的建立，现代经济增长的本质就是主导产业部门的变化。刘易斯提出了劳动力无限供给条件下的结构转换模型。拉尼斯、费景汉又用几何学的形式对该模型进行了加工，建立了拉尼斯—费景汉模型，探讨了发展中国家从二元经济走向一元现代化经济的路径。虽然探讨的角度不同，但西方学者都把经济增长和产业结构变动看作是同一过程，经济增长伴随着产业结构的变动，产业结构变动又构成了经济增长的内涵。

（一）产业结构不合理

中国经济现在已经进入到了一个非常重要的转折点，据统计，第三产业产值占比已经超过了50%。在这个过程中，我国有自身的特殊情况：我们是发展中国家，工业化并未完成，仍处在工业化时期，要继续深入推进工业化进程。目前全国产业体系依然存在"供给老化"，亟待加强产业扶持力度，弥补企业创新短板，提高战略性新兴产业培育的能力。任何一项新技术、一个新产业，都会从萌芽进入成熟和老化阶段。然而究其原因，影响供需协同机制的不是供给老化的出现，而是供给创新不足明显导致老化的供给无法更替换代。

现在，国家开发区的产业功能大部分仍停留在研发中心和生产基地。例如，北京经济技术开发区虽然吸引了不少世界500强企业入驻，但入驻的都是企业的研发中心和生产基地，企业总部仍在北京CBD，二者有很大的差别，研发中心和生产基地落户开发区，仅仅拉动地税和就业，企业总部没有在开发区纳税完税。

（二）产业配套能力弱

现代产业的发展是与分工的不断细化相伴随的，产业链不断延长，资本的迂回程度不断加深，这同时也使得各产业之间的联系日益密切。可以说，任何产业都不能脱离其他产业而孤立地存在和发展。因而，只有那些能为发达国家转出产业提供良好协作配套条件的地区，才最有可能成为承接发达国家产业转移的基地。比如目前南京、苏州开发区已成为我国重要的平板显示器件制造基地，LCD和PDP显示屏及模组生产能力已达3500多万套/年，但这些产能涉及的大批配套部件和原材料，包括玻璃基板、滤光片、背光板、驱动电路等，都被 LG、东洋电子、喜星电子等外资零部件厂家跟进配套，虽然在我们这里已形成产业链，但这个产业链就像笔记本电脑在昆山开发区一样，从上到下全部由本土企业掌控。开发区虽然工业的总量规模较大，但很多产业部门还未得到有效发展，产业配套严重不足。

（三）创新能力不强

我国开发区设立的目标是引进国外资本、先进技术与管理经验，发展高新技术产业并带动其他产业的发展，但就目前开发区的现状来看，并未能很好地实现这一目标。究其原因，主要是因为开发区所引进的大都是劳动密集型产业，处于产业链下游和末端，所谓的技术也只是简单的装配组装技术，产品附加值不高，缺乏核心竞争力。在电子信息领域，开发区基本不掌握纳米级集成电路设计与制造技术。在太阳能光伏领域，由于不掌握多晶硅大规模生产技术，国际多晶硅价格波动，导致开发区太阳能电池生产成本持续上涨。开发区虽有一批液晶生产企业但并无自己的液晶产业，原因是日韩等国几乎垄断了这一产品的所有核心技术。

（四）管委会弊端众多

传统开发区一般由政府创办，实行的是政企合一的开发和管理模式，开发区管委会既是管理者又是开发商，在开发区初创阶段，这种体制的积极作用是有利于处理和协调体制转轨过程中的各种关系与矛盾，提高开发区的开发、建设和运行效率。而当开发区逐渐发展壮大之后，其权力过于集中管委会，影响开发公司积极性、不利于公平竞争等缺点就逐步暴露出来。

开发区管委会的法律地位不明确。目前，大多数国家级开发区的行政管理体制都是管委会主导型，管委会是当地政府的派出机构，不是政府，但管委会在开发区内发挥着类似政府的作用，因而亟待对开发区管委会的性质做出明确的法律界定。

开发区管委会的管理权限不到位。由于开发区在国家法律层面上没有明确的法律地位，开发区管委会的审批权限只能是各地自行把握，采取委托或授权的方式。实际中经常出现授权不到位的情况，使得开发区在管理上缺乏力度。

开发区管委会社会事务加重，影响经济规划职能的发挥。随着开发区的发展壮大，开发区管委会已不再单纯地面临经济事务，而是面临越来越多的社会事务，包括城市管理、“三农”问题、卫生、教育等。这表明，开发区已经不再是单纯的经济功能区，而日益成为综合性区域。社会事务的增多，不仅会使开发区管委会机构臃肿，而且会分散开发区管委会有限的精力。

（五）开发区财税问题

一是擅自越权减免税。目前，一些开发区为了实现招商引资的目标，在税法规定的减免税政策之外，制定了更多的税收优惠政策。二是采取“先征后返”等手段变相减免税。由于国家经常开展减免税清查，开发区的减免税方式也相应发生变化，开始由直接减免转变为“先征后返”和地方财政补贴的方式。“先征后返”的弊端会造成财政收入的虚增。三是违规减免土地出让收入。开发区违规减免土地出让收入通常采取的方式有两种：一种是开发区违规低价出让土地，少收土地出让金；另一种是在国务院明令禁止低价出让土地的情况下，开发区按照基准地价签订土地出让合同，让企业先交土地出让金，然后开发区再以扶持企业发展的名义返还给企业，实际上是变相低价出让土地。

二、深入推进供给侧改革，全面提升企业发展水平

对于正处于产业转型升级的开发区来说，产业的升级和竞争力的提高不仅是经济持续稳定增长的基本条件，也是未来一段时期内开发区竞争力的体现和标志。产业的升级是多种因素共同作用的结果。我们可以把"供给侧"看作是从产业层面、要素层面和制度层面三个层面的供给，这就蕴含对应着"转型、创新、改革"。在我国推进"供给侧结构性改革"中，"供给侧"是这次改革的切入点，"结构性"是改革方式，"改革"才是核心命题。内在地体现出了"转型是目标、创新是手段、改革是保障"这一逻辑关系。

由要素驱动转向创新驱动。开发区在发展初期主要依靠优惠的政策、廉价的劳动力和土地来吸引企业，其发展动力主要来自投资要素的驱动，但随着经济的发展，要素投入、环境保护等方面的成本越来越高，开发区原有的主要依靠资源消耗和投资拉动的增长方式难以为继，经济增长的传统动力正逐步衰减，经济发展迫切需要由"要素驱动"向"创新驱动"转变。从目前开发区面临的阶段性困境来看，创新驱动并不仅仅是发展高新技术企业和新兴产业，更重要的是开发区要进行体制机制创新，在招商引资、土地开发、人才使用、后勤保障、融资等体制以及管委会的运行机制等方面必须进一步创新，为投资者营造良好的软环境，做好服务工作，这是开发区进一步发展的强大动力。

（一）改造提升传统产业，促进产业转型升级

2016 年 3 月 16 日，国务院总理李克强在北京人民大会堂与中外记者见面，并在回答记者提问中提到"我们说要发展'新经济'是要培育新动能，促进中国经济转型"。

产业要转型升级，第一个是加快创新。只有不断地创新才能够支持我们大步迈向产业链的高端。第二个需要做的，就是在这个过程中必须继续发展和大力扶持第三产业，发展第三产业可以更好地解决就业问题。第三个是我们的人才要更新。

以美国硅谷为首的高新技术开发区正在世界范围引领新技术革命潮流，所引出的在供给侧方面实现产品更新换代的实例更是层出不穷，如 Apple 系列产品和现在互联网概念上包括"互联网金融"这种带有颠覆性特征的供给创新。虽然用户需求一直是有的，但是"用户体验"这种完全颠覆传统的、由供给带来的升级换代的感受，显然是在供给端发力的、具有革命意义的创新。

在培育战略性新兴产业方面，制定战略性新兴产业发展规划和扶持政策，推进申报智能终端、智能制造、绿色节能建筑、公共安全等战略性新兴产业。在改造提

升优势产业方面，支持引导传统优势产业向开发区进军，实现全市产业联动发展。同时，开发区要强化创新、创业、创投、创客“四创联动”，提升企业自主创新能力，打造人才集聚高地，加快创新载体建设，提升企业核心竞争力，推动商业模式创新。

坚持走新型工业化道路，强化创新驱动，加快转变产业发展方式，建设国家新型工业化产业示范基地。

对于转轨中的开发区来说，一旦把这种物的供给形式上的“后发优势”潜力再插上制度供给创新的翅膀，把“人”与“物”贯通的新供给经济学思维体系及由此引出的政策主张有机结合，便有可能让我们的企业“站在前人的肩膀上”实现新一轮的创新发展。

（二）激活生产要素，提高全要素生产力

西方发达国家的古典经济学派早已认识到现代市场体系必须要建立在高度发达的生产要素市场基础上，突出了生产要素对经济增长的贡献。生产要素在现今的经济活动中似乎已成为一个基本范畴，涵盖了社会生产经营活动所需的各种资源，劳动力、资本、土地、企业家智慧四种要素被认为是最主要的。随着社会的发展进步，技术、信息、管理等也开始被纳入生产要素。目前开发区内要素分配不均衡主要集中在两大方面：一是自然资源，二是资本。

统筹土地经营，提高利用效率。首先，应将开发区的用地规划，纳入土地利用总体规划，根据各地区开发区实际情况，进行合理的论证，在充分考虑地区产业结构、区位特点、环境保护要求的基础上，合理确定开发区的性质、规模以及用地结构。其次，要盘活存量用地，对于已有项目用地达不到园区集约用地标准的低效用地，应逐步置换。更多地以出租方式供应土地，以缩短对发展不良的企业清退置换的周期。最后，提高管理绩效，严格执行土地招标、拍卖、挂牌出让制度，增强市场主体用地成本意识，提高全社会珍惜土地、节约用地的自觉性，杜绝企业大量圈地，分期开发现象。对闲置用地和到期项目用地积极开展跟踪管理，及时进行认定、处置。

（三）注重引导企业形成集聚，建立具有一定特色的产业集群，提高产业配套能力

由于规模效益和外部经济的作用，产业发展过程中通常会出现同类企业在某个区域空间内的集聚，形成产业集群。处于产业集群中的企业可以通过缩短供给链等获得额外的经济收益，降低生产成本和交易成本。我们在沿江开发和产业园区建设中，应积极引导产业集群的形成，通过产业集聚效应进一步扩大利用外资和吸引国际产业转移。在引进项目和资金的过程中，注意寻求可以产生集聚的核心企业，引导和组织区内外各类企业积极参与同外资企业的配套协作，形成产品配套链和产业服务链，从而带动整个区域产业结构的调整和提升，增强产业核心竞争力。

坚持走新型工业化道路，强化创新驱动，按照“产业总量规模化、产业结构

高级化、产业布局合理化、产业发展集聚化、产业竞争高端化”的要求，加快转变产业发展方式，以汽车和电子电器产业为主导，以战略性新兴产业为引擎，促进特色产业稳步发展，打造汽车整车、汽车零部件、电子电器、新兴产业四个千亿元产业板块，形成具有国际竞争力的高端化、集群化、创新型先进制造业体系。同时，依托先进制造业的发展优势，以市场为导向，以技术创新、体制创新为动力，坚持政府引导和企业运作并举，引进外资和吸引内资并举。根据开发区产业基础和发展态势，着力推进专业化分工，抓好上下游产品的延伸配套，完善产业链条。

同时要加快生产性服务业发展。这里的关键是要从思想上认识到生产性服务业发展的重要性，通过工商、税务、金融等引导性政策措施，使内化在企业单位中的生产性服务业分离出来，通过加快市场化进程，促进生产性服务业向专业化、规模化方向发展。同时，要建立健全生产性服务业的行业自律组织，制定并完善生产性服务业的行业规范与相关标准，加强行业自律管理，为生产性服务业的健康快速发展提供相应的制度与组织平台。

（四）政府应建设法治环境，而非直接干预市场

开发区部分地方政府为招商引资和政绩需要，不顾产业调控政策和地方实际，不分对象，主动为企业提供各种优惠政策。政府的盲目干预导致资源错配，落后产能迁移到有优惠政策的地方，增加了淘汰难度。

无论是构建适应新常态的能源基础设施体系，清洁低碳、安全高效的现代能源体系，还是构建能源节约型的产业体系，都要求对生产要素和稀缺资源进行重新配置，而非政府直接干涉。

市场是经济运行的承载体，市场体系的完善与否将影响生产要素和商品的流通效率，进而影响企业的生产成本和效率。开发区在向市场经济转型过程中，商品市场发育较快，但生产要素市场特别是资本市场发育比较迟缓，影响了资本的流动和最优配置。因而，要在建立和完善相关法规的前提下，加快资本市场建设，建立包括风险投资、创业板市场和主板市场等在内的多层次资本市场，政府要更多地为外来资本的间接进入提供条件。

（五）创新政府和管委会体制机制改革

建设全国体制机制创新先行区。开发区必须以“小政府、大社会，小机构、大服务”为目标，本着“精简、统一、效能”的原则，以开发区内部改革为重点，打破旧体制的条条框框，发挥开发区新优势，吸收和采纳国内外的新思维、新制度、新办法，在企业的所有制形式、筹资方式、管理机制、用工制度、经营方向及其组织结构，以及开发区的行政管理机制及其办事程序等诸多方而，都进行有效的尝试和创新，不仅使开发区体制机制优势成为开发区建设和发展强有力的助推器，而且为其他地区进一步进行体制机制创新奠定经验基础。

开发区管委会不是一级政府，其强项是经济规划。因此，当地政府对开发区管委会的授权应确保开发区管委会能履行其经济规划职能，至于行政和社会事务，应

交由当地政府承担。唯有如此，开发区与当地政府之间才能形成优势叠加，职能互补。打个形象的比喻就是：开发区与当地政府之间是鱼水关系，开发区是鱼，当地政府是活水，应以水养鱼。为此，要创新体制机制，应理顺开发区管委会与当地政府的关系。

可构建管委会和开发公司两级管理结构。管委会作为政府的派出机构，其主要职能是经济开发规划与管理，为入区企业提供政务服务，还拥有一定的行政审批权；开发公司作为独立的法人实体，按市场化来运作，主要负责公共基础设施投资和提供后勤保障服务。

健全政策支撑体系，强化后勤保障机制。完善“小政府、大社会，小机构、大服务”管理模式。保持大部门体制，实行“一对多”衔接，加强对管委会各部门职能和管理权限的整合，进一步健全部门间协作机制，有效整合政策资源、行政资源、招商资源和规划建设资源。

（六）把握机遇，迎难而上

在中国工业产能过剩、外汇资产过剩，矿产资源、油气资源对外依存度过高的背景下，“十三五”时期中央大力推进“一带一路”战略的实施，对于中国制造业尤其是开发区这样的制造业基地的转型升级是一个巨大的机遇，价值无可估量。其中“一带一路”沿线65个国家涵盖了工业化进程的所有阶段。随着“一带一路”的不断深入，国家工业化水平的提升，无论是居民消费需求还是基础设施投资，都会为开发区发展提供相当多的机会。2013年中国与其他64个国家进出口贸易总量只占所有64个国家贸易总量的11.5%，占中国贸易总量的25%。这就意味着中国与“一带一路”国家的国际产能合作才处于起步阶段，还有巨大的增值空间。

“十三五”时期也将是欧美国家和地区加速推进新一轮全球贸易、投资秩序新格局形成的重要时期。以美国为首的西方发达资本主义国家通过积极推进TPP和TTIP，正在大力筹划创建超越WTO所规范的全面性经贸自由化网络，企图构筑有利于自己国家和地区的全球贸易新秩序。

作为中国来说，应该密切关注TPP和TTIP的发展势头，及时调整方针政策并做出反应。TPP时代，我国不仅受制于美国等资本主义国家，同时在东亚区域合作和亚太区域合作方面也面临着相当大的机遇和挑战。对此，就中国而言，应该积极应对，努力争取，择机加入TPP和TTIP谈判，并积极与APEC成员开展TPP和TTIP框架外的各方面的经济合作，这样将会为开发区带来新一轮发展机会。

总而言之，开发区“转型升级”的内涵主要包括：从注重外源型经济转向内源型与外源型经济并重，更好地利用国内外两种资源、两个市场，实现内需外需平衡与全面发展。产业结构上，由制造业为主转向先进制造业和现代服务业相结合，更加注重产业结构调整和优化升级，使开发区发展为多功能综合性产业区；资源利用上，从注重数量和速度转向注重质量和效益，合理和节约利用土地、能源等各种资源，提高资源的利用效率；环境营造上，从注重基础设施的硬环境建设转向注重服务的软环境建设，在改善投资硬环境的同时为企业提供优质的服务；技术发展上，从偏重技术引进转向注重消化吸收和再创新，把引进国外先进技术与消化吸收结合起来，提高开发区自主创新能力。

开发区在开放型经济中的分量和地位举足轻重，开发区兴则开放型经济强。当前，我国经济发展进入新常态，落实新发展理念，推进供给侧结构性改革，都对开发区发展提出了新要求，开发区面临着更加艰巨的任务，肩负着更加重要的使命。目前我国已经迈过要素驱动发展阶段，开始进入创新驱动发展的新阶段，国家级开发区要将自身定位在创新驱动发展的先行区，将创新作为推动开发区发展的第一推动力。开发区要以科技体制改革为抓手，推动区内经济持续高速发展，率先实现创新驱动发展。

开发区只有焕发出创新的主体活力，才能诞生新技术、打造新产业、构建新业态、创造新模式，才能使自身更好地顺应改革需要、更好地发挥创新主体作用。从过去开发区经济发展中存在的问题来理解当前供给侧结构性改革的必要性，结合区内经济改革与发展实际，定位目前供给侧改革攻坚的重点领域和主要着力点。但还需要继续强化创新主体作用，提高区内企业创新能力和水平，以创新引领供给质量和效率的提高。这就意味着政府、企业和整个社会要联合起来，共同推进供给侧结构性改革。

参考文献

[1] 凯恩斯．就业、利息和货币通论［M］．商务印书馆，1999.

[2] 邓磊，杜爽．我国供给侧结构性改革：新动力与新挑战［J］．价格理论与实践，2015 (12)：18－20.

[3] 贾康，苏京春．探析“供给侧”经济学派所经历的两轮“否定之否定”——对“供给侧”学派的评价、学理启示及立足于中国的研讨展望［J］．财政研究，2014（8）：2－16.

[4] 冯志峰．供给侧结构性改革的理论逻辑与实践路径［J］．经济问题，2016（2）：12－17.

[5] 黄群慧，李晓华．中国工业发展“十二五”评估及“十三五”战略［J］．中国工业经济，2015（33009）：5－20.

[6] 罗涛．国家级开发区问题剖析及发展对策［J］．高科技与产业化，2013（12）：86－90.

[7] 沈岱岱，孙久文．国家级开发区产业转型与城市化问题研究——以天津为例［J］．兰州学刊，2013（7）：127－135.

[8] 黄禹铭．我国国家级开发区发展问题研究［J］．财经界（学术版），2012（10）：22.

[9] 薛冰．我国国家级开发区管理体制创新研究［D］．湖南师范大学博士学位论文，2015.

[10] 罗莲．关于国家级开发区转型背景下的攀西战略资源创新开发试验区发展的几点思考［J］．中共四川省委党校学报，2014（1）：52－54.

产业园区与城市互动发展的作用机制探析*

龚勤林　陈　说

（四川大学经济学院）

一、引言

产业园区作为吸引外商投资、扩大出口、增加就业、创新体制机制的重要载体，已成为推动区域经济增长的发动机，构建现代产业发展新体系的先行区，推动新型工业化的主战场。城市作为技术、信息、资本、人才等高端要素聚集的重要场所，则是形成新的经济发展方式的支撑点，构建区域创新体系的核心区，推进新型城镇化战略的主阵地。经济活动兼具产业空间和地域空间属性，区域经济的和谐运行就是经济活动在产业空间和地域空间上的协调推进；园区和城市分别作为产业空间和地域空间的典型代表，不仅存在着产业互补发展需求，也存在着地域空间上协同推进的需要，即实现工业化与城镇化的协同推进。党的十八大报告明确提出的“推动工业化与城镇化良性互动”落到实处，其着力点就是必须妥善处理好作为工业化主要产业聚集体的产业园区与作为城镇化主要空间载体的城市之间的互动发展。深入探究园区与城市互动发展作用机制，是优化园城互动发展路径，加快园城互动、产城一体步伐，实现“四化”同步的重要前提。

围绕产业园区与城市互动发展这一课题，国内外已有学者做了积极探索，成果丰硕，但对于园区与城市互动发展作用机制探讨却并不多。为此，本文力图在梳理国内外相关文献基础上，依据园区与城市基于经济技术联系的空间重构、产业协作和要素交流等既定事实，探讨园区与城市互动发展作用的空间融合机制、产业协作机制和要素交流机制，以期能更好地推动园区与城市的互动发展，提升园区与城市发展质量。

较之于其他相关文献，本文的创新之处在于，一是阐述了产业园区与城市互动

* 基金项目：国家社会科学基金“新型工农城乡关系统筹构建研究”（批准号 13BJL060）。教育部后期资助项目“区域产业链培育与优化研究”（批准号 14JHQ021）。

发展的内在关联，二是解析了产业园区与城市互动发展的空间融合机制、产业协作机制和要素交流机制。

二、相关文献述评

国内外学者对于园区经济与城市发展的研究颇多，归纳起来，主要集中在以下几方面：

一是论述城市拓展对园区形成和发展的影响。沙里宁（E. Searinen）① 指出城市是一个有机体，城市要实现健康、持续成长，应该从重视城市功能入手，实现城市功能的有机疏散，园区无疑是城市重要的疏散空间之一。恩温（R. Unwin，1922）② 首倡“卫星城”理论，建议在伦敦周围开辟卫星城来疏散中心城区人口，这种卫星城已具有园区发展的雏形。新城市主义（New Urbanism）倡导紧凑型城市空间发展理念，主张将第一、第二产业中占地面积较大的项目调整出城市，而将商业、办公、居住、文化和服务等功能混合分布在城区内③，实现园区与城市的集约用地布局。

二是探讨园区与城市发展之间的关系。方创琳等（2003）④ 从理论视角出发认为高科技园区与城市之间应保持动态和谐关系，并且这种动态协调度和静态协调度在理论上可以加以量化。陈家祥（2009）⑤ 和傅首清（2010）⑥ 等分别从具体园区实践的角度探讨了园城关系，前者从经济发展水平与经济结构水平、经济发展潜力、经济发展活力和宏观经济效益四个方面入手对南京城市开发区群对南京城市发展的影响作了深入剖析，后者以海淀科技园区为例，基于区域创新网络演化的五个阶段和科技产业生态环境的三个方面内涵，论证园城互促关系。张晓平等（2003）⑦ 则对开发区与城市空间结构演进类型进行了划分，将我国的开发区与城市空间结构演进类型分为双核结构、连片带状结构、多极触角结构等，并指出空间结构演进主要是由跨国公司主导的外部作用力、城市与乡村的扩散力和开发区的集聚力共同作用的结果。

三是研究园区发展与城市化进程的关系。缪尔达尔的“循环积累因果理论”

---

① 沙里宁．城市：它的发展、衰败与未来［M］．北京：中国建筑工业出版社，1986.

② 恩温．卫星城市的建设［M］．剑桥：剑桥大学出版社，1922.

③ 刘泽煊，肖玲．新城市主义思想与广州城市建设实践［J］．热带地理，2008（3）：155－160.

④ 方创琳等．高科技园区与城市协调发展的生态调控［J］．地理学报，2003，58（3）：390－397.

⑤ 陈家祥．南京城市开发区群对南京城市发展的影响分析［J］．科技进步与对策，2009（6）：30－35.

⑥ 傅首清．区域创新网络与科技产业生态环境互动机制研究——以中关村海淀科技园区为例［J］．管理世界，2010（6）：8－14.

⑦ 张晓平等．开发区与我国城市空间结构演进及其动力机制［J］．地理科学，2003，23（2）：142－149.

(Myrdal，1957)[①] 和赫希曼的“核心—边缘理论”（Hirschman，1958)[②] 即从产业发展与城市化进程的关系入手研究园城互动关系，认为是城市化和产业振兴共同驱动城市经济现代化。赵效为（2004)[③] 把大学城看作一个典型园区，认为大学城建设不仅对城市发展具有规模经济和范围经济效应，而且有助于社会资本的积累，促进城市化。龙韬等（2008)[④] 基于对天津经济技术开发区的研究认为，开发区在解决城市化、实现中心城市及城镇体系功能优化的同时，城市化发展趋势的转变也对开发区产生了巨大影响。

四是对园区与城市、区域互动发展的作用机制开展了初步的探讨。仝娟(2012)[⑤] 基于对益阳工业园区与益阳市的实证研究，总结归纳出园城互动发展的功能互补机制、技术创新机制、基础设施支撑机制、生态约束机制和政策调控机制。周杰（2011)[⑥] 基于系统动力学模型探讨了物流园区与城市发展的互动关系。刘争波（2010)[⑦] 剖析了园区与区域的系统动力因子互动作用方式或过程，进而从系统动力学角度阐述了园区经济与区域经济的互动发展机制。

学者们从各自的角度出发对园区经济与城市发展之间的内在关系都做了非常有益的探索，这为笔者后续研究的开展带来了很好的启示与铺垫。然而，现有文献中鲜有从产业空间和地域空间属性统一的视角，立足新型城镇化和新型工业化的协同推进，探讨园区与城市互动发展的作用机制，这就为本文的研究留下了可供拓展的空间。

三、园区与城市互动发展的客观必然性

园区与城市的互动发展是指资本、劳动力、技术、物质、信息、公共产品和服务等社会经济要素在园—城空间的双向流动、优化配置、互动合作、功能叠加与整合，形成促进、诱导、反馈、激励、分工、整合、集约等效应，最终实现城市经济与园区经济增值创新和协同、联动发展[⑧]。园区与城市的互动发展有其客观必然性，是“看不见的手”和“看得见的手”共同支配的结果，是经济社会发展的结果。

---

① 缪尔达尔．经济理论和不发达地区［M］．北京：北京经济学院出版社，1992.

② 赫希曼．经济发展战略［M］．北京：经济科学出版社，1992.

③ 赵效为．大学城与城市互动发展的经济学分析［D］．上海：复旦大学博士学位论文，2004.

④ 龙韬等．新型城市化地区居民城市公共空间认知与利用研究——以天津经济技术开发区为例［J］．人文地理，2008（4）：17－22.

⑤ 仝娟．工业园区与城市空间互动研究［D］．长沙：湖南师范大学硕士学位论文，2012.

⑥ 周杰．物流园区与城市互动发展研究［D］．大连：大连海事大学硕士学位论文，2011.

⑦ 刘争波．园区经济与区域经济互动发展研究［D］．长沙：长沙理工大学硕士学位论文，2010.

⑧ 向世聪．园区经济与城市经济互动发展研究文献综述［J］．湖南社会科学，2010（2）：123－128.

（一）经济活动双重空间属性的内在统一客观要求园城互动发展

经济活动既具有产业空间归属，又具有地域空间归属。[①] 区域经济发展就是经济活动在产业空间与地域空间内统筹协调、协同推进的过程。园—城经济系统作为区域经济系统的重要组成部分，也必须统筹好产业空间与地域空间的协同推进。

园区作为园—城经济系统内产业集聚发展的主要载体，承担着园—城经济系统产业支撑的重任，园区本质上即为一个产业空间占主导的地域经济体。城市作为园—城经济系统内部主要的服务经济空间集聚体，同样兼具产业空间与地域空间双重空间属性，但更多地表现为人才、创新、信息等先进要素的聚集地和资金、技术、基本公共服务等的来源地，因此城市在某种定义上更具有地域空间属性。园区作为城市的一个重要功能区，不断接受着来自城市的经济辐射，城市为园区的壮大发展、提质增效发挥着提供要素保障、公共服务和基础设施体系等重要作用。园区的产业发展和壮大则为城市地域空间优化提供了契机，往往是城市围绕着园区来拓展城市功能区。

因此，园区与城市各有侧重的产业空间和地域空间属性差异内在地要求两者互补互动发展，只有以产业空间为主导的园区与以地域空间为主导的城市互促互补发展才能推动园—城经济系统的转型升级。

（二）工业化与城镇化的协同推进内在要求园城互动发展

工业化与城镇化相辅相成，不可偏废，两者必须协同推进，互动发展。工业化是城镇化发展的原动力，通过产业引导人口流向，推动人口由零星分布向点状集聚。城镇化则是工业化的承载体与催化剂，为工业化的可持续发展提供人才、技术、资金、信息等要素保障，为工业品提供充足的市场容量和良好的生产生活基础设施。既要避免缺乏产业和人口支撑的“产业空心化”，防止“空城”、“卧城”、“鬼城”的出现，又要避免工业化过度超前发展引发的“城市空心化”和基础设施的“过度拥挤”。园区作为工业化的主战场，是工业化与城镇化耦合的重要节点，是产业集中、要素聚集的空间载体。城市作为城镇化的空间主体，是高端要素聚集、创新能力突出、人才聚拢的集聚经济体。

加快园区与城市互动发展是有效破解工业化与城镇化发展阶段错位发展“瓶颈”的重要突破口。园区与城市互动发展，一方面有利于有机疏散主城区过度拥挤的人口，避免“城市病”的发生；另一方面，有助于产业布局与人口分布的合理匹配，推动城市化与工业化协同发展。

（三）园区与城市的功能与结构差异要求园城互动发展

园区与城市结构差异明显。园区作为要素集中、产业集聚发展的重要场所，产

① 龚勤林，陈说．马克思主义视阈下的区域协调发展及对我国的启示［J］．马克思主义研究，2012(8)：90－96.

业结构以工业和生产性服务业为主，园区的就业吸纳能力较强，人员构成以年轻人为主，具有较强的产品和服务消费能力。城市作为资本、技术、劳动力、信息等要素高度聚集，规模经济和范围经济效益突出的地域空间，其产业结构以生活性服务业为主，是人们生活、休憩和娱乐的重要场所，也是优质公共服务的供应来源地。由园区与城市共同构成的园—城经济系统必然要求生产空间与生活空间的统一，这为结构差异显著的园区和城市带来了互促互补发展的可能，直接推动了园区与城市的互动发展。

（四）园区与城市功能性质的互补性推动园城互动发展

园区是一个与外界有着物质、能量、信息交换的地域经济综合体，是引导要素聚集、承接产业转移、撬动区域腾飞的增长极，也是物质财富创造的集聚区、城市发展的新城区、体制创新的示范区和对外开放的先行区。城市则是资金、技术、人才、信息等要素和非农经济活动的集聚区，是生活性和消费性经济活动的地域承载体。园区和城市在经济功能、产业性质、地域分工等方面的差异①，内在要求园区与城市围绕着构建合理的区域分工体系，强化功能分区，优化产业空间布局，实现生产空间、生活空间和生态空间的有机统一。其外在表现即是推动园区与城市良性互动，实现园—城经济系统内部资源优化配置和经济效益最大化。

四、园区与城市互动发展的作用机制

深入剖析园区与城市互动作用机制有助于我们更好地“对症下药”，有针对性地施加政策“组合拳”，推动园区与城市的互动协调发展。本文遵循空间规制、产业发展、要素支撑的内在逻辑关系，由表及里、由外到内剖析园区与城市互动发展的空间融合机制、产业协作机制和要素交流机制。

（一）园城互动发展的空间融合机制

园区的实质是“特殊政策区”——允许实行特殊经济政策和管理政策的区域，其地域范围界限实质上是相关特殊经济与管理政策的有效范围界限。② 城市作为多样化空间融合、协调发展的产物，是承载人类经济社会活动的重要场所。园区和城市同为城市经济系统的重要组成部分。随着园区要素集中、产业集聚发展的规模经济效应，基础设施和生产性服务配套体系不断趋于完善，日益演变为产业新城，对人口的吸纳能力不断强化，催生了园区生活性配套产业的发展，再加上政府空间规制的宏观经济调控，推动园区日益演变为城市的功能区，与城市的经济联系日益密切。另外，城市作为人才、资金、技术、信息等要素的聚集地，随着时间的推移，城市拥挤效应日益凸显，有机疏散城市稠密人口到产业和引导部分由于历史原因布

① 园区以生产职能为主，产业发展门类主要是工业和生产性服务业；城市以生活职能为主，产业发展门类主要是生活性服务业，两者在地域分工体系上的差别显著。

② 王慧．开发区运作机制对城市管治体系的影响效应［J］．城市规划，2006（30）：19－26.

局在城市规划区的产业活动"退城入园"势在必行，旧城改造和城市新区应运而生。而聚集人口的新区发展离不开承载产业聚集载体的园区经济的支撑，现实中往往表现为依托园区发展城市新区，郊区城市化进程不断兴起。使得园区与城市逐步朝着互动协调的有机体方向发展，推动园—城经济系统内产业功能与城市功能互促共融发展。

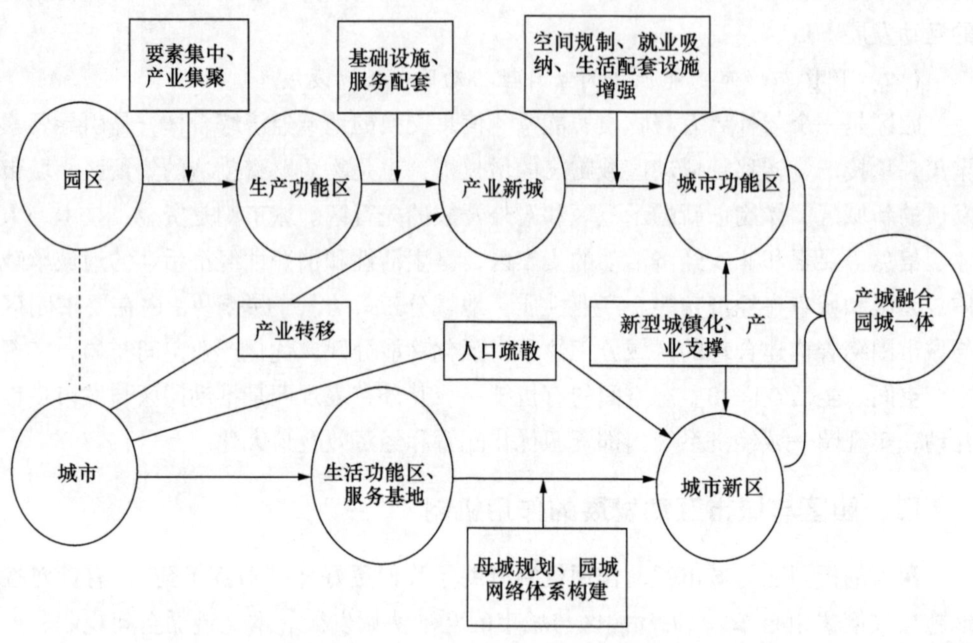

图1　园城互动发展的空间融合机制示意图

例如，自贡国家级高新技术产业开发区（以下简称"自贡高新区"）自1992年成立以来，随着进驻企业数量的增多和园区的规模经济效应，配套基础设施和生产性服务业不断趋于完善，逐步演变成一个功能完备、配套齐全的产业新城区。随着自身城市化进程的加快，人口不断向高新区聚集，自贡高新区与主城区在空间上呈向心发展趋势，园城间经济联系日益紧密，以高新区为承载体的郊区城市化加速发展，高新区与城市在空间上融为一体，高新区已然成为自贡城市功能区的重要组成部分。与此同时，不适应高新区资源环境承载力的产业企业则开始有机疏散到毗邻S305和靠近内宜高速的板仓工业园区中，依托高新区而建的自贡东北部新城和南湖新区已开工建设，园区与城市已然形成空间互融格局。

（二）园城互动发展的产业协作机制

园区是为达到特定经济发展目标的产业集聚载体，园区与城市在产业上的分工差异客观表现为园区和城市在产业链上的分工差异，园区通常作为完整产业链上的某一或某些特定职能的产业链环载体而存续，如工业园区、出口加工区、加工制造

园区等。从园城间产业链分工的角度来看，园区更多地占据着产业链上的生产、制造环节，而城市则主要承担着产业链上的产品研发（R&D）、工业设计、服务培训、市场营销、网络体系搭建等环节的中心任务。推动园区与城市互动发展是构建起一头连接城市，一头连接园区的园—城产业链（可能不是完整产业链，但至少不是断链和孤环），推进园区与城市产业有效协作和分工，着力横向、纵向、侧向延伸产业链条，形成园—城经济系统的必要前提。加快形成园城间以产业链分工为纽带的互动发展模式，是更多攫取产业链环附加价值，提质增效园—城经济系统的根本保证。

城市主要以服务型经济部门为主，本质上是一个高度组织化和服务化的经济系统，为园区经济发展提供便捷的基础设施和公共服务，同时其庞大的市场消费容量吸纳园区产品。园区与城市在产业链上的分工差异，内生驱动着两者接通、延伸和拓展园—城产业链，有机整合关联产业链条，发挥园区集聚经济、规模经济和范围经济效益，提档升级城市产业结构，推动园区与城市良性互动，实现园区经济与城市经济的双赢发展。例如，成都市借“东郊产业结构调整”（以下简称“东调”）之机实施的“退城入园”战略则是基于园城产业协作，推动园城互动发展的典型案例。成都“东调”遵循园—城产业链合理延伸发展的原则，将位于主城区的化工、航空航天、机械加工、生物医药等产业分别调整到青白江工业园区、成都经开区、成都高新西区和成都高新南区等对应园区，“东调”的结果不仅调整优化了园区和城市经济的产业结构，让园区与城市间的功能目标更为明确，推动园区独立成长和城市经济可持续发展，在增强园区与城市间产业联系和网络经济联系的同时也推动了园城良性互动。

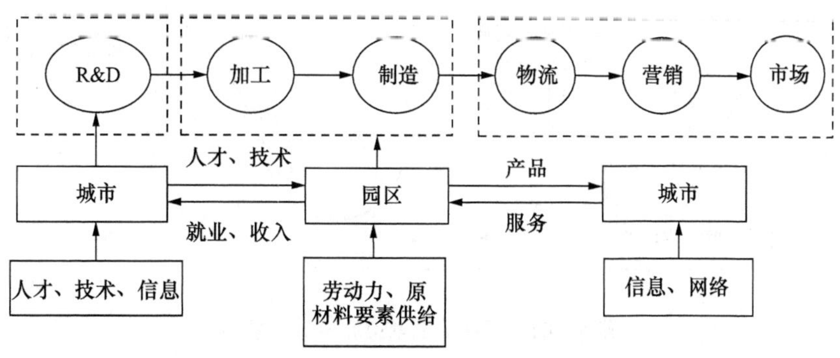

图2　园城互动的产业协作机制示意图

（三）园城互动发展的要素交流机制

园区与城市同为要素价值实现的重要场所。园区作为要素的重要消费地而存在，而城市则是先进生产要素的重要供给地和服务型经济的典型代表。园区与城市均为区域经济中的开放子系统，基于合作、共赢的发展需求使得两者无时无刻进行着物质、能量和信息的交换，客观表现为园区与城市以市场机制为纽带，通过对要素报酬收益率和优势区位的追逐来优化要素在园—城经济系统之间的地域空间和产业门类中的分布，提升园—城经济系统的整体效益，推动园区与城市经济的螺旋互动发展。

园区是将生产要素转变为物质财富的企业和产业的集聚综合体（其中，园区基础设施体系逐步趋于完善的过程本身就是物质财富的生产过程）。随着我国新型工业化的快速推进，产业园区的"新经济"特性①日益显现，推动园区经济的转型升级和发展方式转变（由要素投入向内生增长转变、由量的扩张向质的提升转变），倒逼园区对政策、资金、技术、专业化服务等要素的更高质量追求，提高园区发展质量更多依靠知识、信息、创新等先进要素的有效供给和投资软环境的营造，逐步推进园区周边地区的就近城市化，极大地改善了园区及周边的生产环境、人居环境和基本公共服务条件，为积极稳妥地推进集约、智能、绿色、低碳的新型城镇化奠定了基础。同时，新型城镇化的推进也逐步增强了城市的要素聚集能力，为园区的发展壮大和提质增效带来了契机（见图3）。

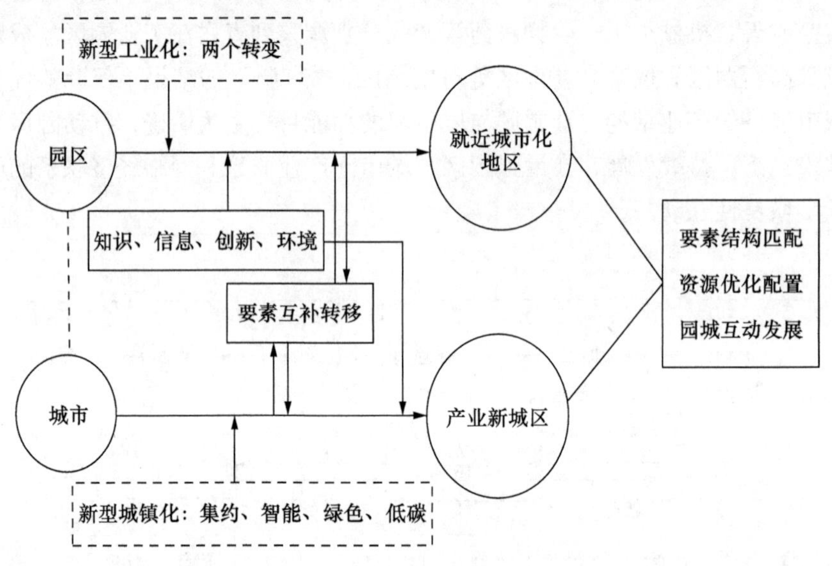

图3 园城互动的要素交流机制示意图

例如，德阳高新技术产业园区由于土地征用费用上涨和劳动力成本的上升等，

① "新经济"是信息技术革命和全球化浪潮中产生的一系列新的经济形态和经济模式的总称，具有先进技术与专业知识密集、技术与制度创新驱动、兼跨第二第三产业并以服务业居重、高度外向而趋于全球化、成长迅速、发展前景广阔、战略意义重大等特性（王慧．开发区发展与西安城市经济社会空间极化分异［J］．地理科学，2006，61（10））。

最终导致城市生产要素的外溢性冲动增强，逐渐向旌阳新区转移，城市经济发展要素向园区的转移，伴随着人口城市化与土地城市化的协同推进，为园区人才引进和加快产城一体化步伐创造了条件。随着新型工业化与新型城镇化的深入推进，园区与城市要素供需结构日益走向一体化，园城逐步融为一体。

五、研究结论与展望

从经济活动产业空间和地域空间双重空间归属的统一性、园区和城市功能性质差异的互补性、“两化”互动发展的耦合性以及政府经济调控的视角开展的分析表明，园区和城市是相互依存、相互协调、互动发展的有机体。园区与城市互动发展的空间融合、产业协作和要素交流机制揭示了园城间的互动发展是一个多层次、多维度的具有多阶段性和空间差异明显的动态变化过程。基于这一初步探讨结果，笔者认为后续研究还应深入探讨在不同发育阶段和不同空间关系条件下，园区与城市互动发展作用机制的特征，进而为优化园城互动发展路径，真正促进园城良性互动发展，制定有针对性的政策提供决策依据。

参考文献

［1］Albert N.，John T. S. The Growth of Research Triangle Park［J］. Small Business Economics，2002（20）：167－175.

［2］Richard S.，David D. Science Parks：Actors or Reactors? Canadian Science Park in their Urban Context［J］. Environment and Planning A，2000（32）：1065－1082.

［3］沙里宁．城市：它的发展、衰败与未来［M］．北京：中国建筑工业出版社，1986.

［4］霍华德．明日的田园城市［M］．金经元译．北京：商务印书馆，2010.

［5］孙万松，孙启萌．园区经济与城市核心竞争力［M］．北京：中国经济出版社，2004.

［6］王兴平等．开发区域城市的互动整合——基于长三角的实证分析［M］．南京：南京大学出版社，2013.

［7］安宁，李玥．区域科技园区——经济系统协调发展状态的实证研究［J］．科技与管理，2012（9）：54－58.

［8］傅首清．区域创新网络与科技产业生态环境互动机制研究——以中关村海淀科技园区为例［J］．管理世界，2010（6）：8－14.

［9］龚勤林，陈说．马克思主义视阈下的区域协调发展及对我国的启示［J］．马克思主义研究，2012（8）：90－96.

［10］迟梦筠，龚勤林．论产业园区与城市互动发展的时空关系及其路径［J］．云南财经大学学报，2015（3）：12－19.

［11］向世聪．论园区经济可持续发展的动力机制［J］．系统工程，2006（4）：123－128.

［12］肖玲．大学城建设对广州城市发展的促进分析［J］．地理科学，2003，23（4）：499－503.

［13］赵岩东，张文霞．集群还是堆积——对地方工业园区建设的反思［J］．中国工业经济，2008（1）：131－138.

[14] 王慧．开发区与城市互助关系的内在机理及空间效应［J］．城市规划，2003（3）：20－25.

[15] 魏后凯．大都市区新型产业分工与冲突管理——基于产业链分工的视角［J］．中国工业经济，2007（2）：29－33.

基于 DEA 方法的开发区运行效率研究

——以皖江城市带承接产业转移示范区为例

林　斐　宋盛楠

（安徽省社会科学院经济研究所）

一、引言

开发区是地方经济增长的"风向标"，也是发展质量的"标尺"。一直以来，以经济总量为导向的开发区规模扩张占据主导。然而，随着国内开发区数量增多，规模不断增大，要素约束也在加强，开发区提质增效引起关注。研究开发区的运行效率，不仅可以把握开发区资源要素的利用效率状况及存在问题，而且可以优化开发区要素配置与利用，以及制定开发区政策提供理论依据。

国内关于开发区运行效率评价方法主要有权重法、主成分分析法、层次分析法、数据包络法等。其中，数据包络分析法（DEA）是近年来在各个领域广泛用于效率研究的一种方法。该方法是通过分析投入与产出关系，反映特定发展阶段，在一定经济技术条件下，要素资源配置和经济活动产生的效果。基于各自样本，研究开发区各要素配置的效率合理性（齐二石等，2008；李淑杰，2012），以及开发区土地利用效率（白雪洁等，2008；江立武等，2010；宋丹等，2009；王贺封等，2014）、创新效率（陈铁钢等，2015；关秋红等，2014）。对开发区的 DEA 效率评价优点在于基于多个指标与多个单元，比起单投入和单产出、多输入单输出，无须输入输出之间确定的函数表达式，具有较强的客观性。目前利用 DEA 研究开发区效率，主要以同类型开发区为研究样本，多为国家级经开区或高新区，较少以一个区域不同级别开发区为样本；且注重个案分析较多，趋势性分析较少。缺少对研究方法应用评价效果的分析。

二、开发区运行效率实证研究

（一）研究对象

皖江城市带承接产业转移示范区（简称皖江示范区）包括合肥、芜湖、马鞍山、安庆、滁州、池州、铜陵、宣城 8 个地级市，自 2010 年 1 月获国务院批准，成为国内首个国家级承接产业转移示范区，规划期为2009~2015年。皖江示范区开发区在承接产业转移中发挥着重要作用，五年来皖江示范区开发区转型升级的主要成效，也就成为进入政策延展期的关键。截至2014年底，皖江示范区共有省级以上开发区108家，占全省总数的62%。国家级开发区数量由2010年的6个增至2014年的17个。全省经营（销售）收入超千亿元的3家开发区全部在皖江示范区。开发区建成区面积1047平方公里、经营（销售）收入2.5万亿元、规模以上工业增加值4561亿元、财政收入1032亿元、固定资产投资6740亿元、实际利用省外境内资金2711亿元，分别占安徽省省级及以上开发区的75%、61%、75%、74%、70%、70%，皖江示范区开发区建设成效显著。

本文选取皖江示范区47个省级以上开发区为研究案例，运用数据包络分析法（DEA）对2010~2014年开发区的投入产出的有效性，综合效率、技术效率、规模效率进行评价。

（二）研究方法与数据来源

数据包络分析法（DEA）是以比较决策单元（DMU）相对效率为基础，根据多指标投入和多指标产出对DMU进行相对有效性或效益评价的一种方式，不仅从总体上分析投入产出要素的有效性，还可以分析每个决策单元投入资源的合理性。投入导向型BCC模型：

$$(D_{BC^2}^I)\begin{cases}\min\theta = h_{BC^2}^I \\ \sum_{j=1}^{n} x_j\lambda_j \leqslant \theta x_0 \\ \sum_{j=1}^{n} y_j\lambda_j \geqslant y_0 \\ \sum_{j=1}^{n} \lambda_j = 1 \\ \lambda_j \geqslant 0, j = 1,\cdots,n, \theta \text{无限制}\end{cases}$$

其中，x_0，y_0 分别为 DMU_j 的投入、产出向量，λ_j 为权重向量，θ 为 DMU_j 的有效值，即投入与产出的有效程度。

综合效率等于规模效率和技术效率的乘积： $TE = PTE \times SE$

式中，TE表示综合效率（Technical Effciencies）、PTE表示技术效率（PTE）、SE表示规模效率（Scale Efficiencies）。

有效性判断：$\theta=1$ 时，DMU_j 为DEA有效，其投入产出最优，同时技术有效和规模有效，$\theta<1$ 时，DMU_j 是DEA无效，其生产活动既不是技术有效，也不是规模有效。

本文选取开发区建成区面积、全区从业人员、固定资产投资代表土地要素、劳动力要素与资本要素投入量，为DEA的输入指标；开发区经营收入、工业总产值、财政收入代表经济效益产出指标。2010~2014年开发区的投入产出指标数据来源于安徽省统计局。

（三）开发区运行效率评价结果分析

运用 DEAP 2.1 软件将投入产出指标数据代入 BCC 模型，计算皖江示范区 53 个省级以上开发区 2010 ~ 2014 年国家级开发区与省级开发区运行效率（综合效率、技术效率、规模效率）数值。

表 1　2010 ~ 2014 年皖江示范区省级及以上开发区效率值

年份	综合效率	技术效率	规模效率
2010	0.642	0.697	0.921
2011	0.690	0.747	0.924
2012	0.685	0.757	0.906
2013	0.705	0.780	0.904
2014	0.723	0.806	0.897

表 2　皖江示范区国家级开发区运行效率值

效率	综合效率					技术效率					规模效率				
年份	2010	2011	2012	2013	2014	2010	2011	2012	2013	2014	2010	2011	2012	2013	2014
合肥经济技术开发区	1.00	0.94	1.00	1.00	1.00	1.00	1.00	1.00	1.00	1.00	1.00	0.94	1.00	1.00	1.00
合肥高新技术产业开发区	1.00	1.00	0.88	0.81	1.00	1.00	1.00	1.00	0.95	1.00	1.00	1.00	0.88	0.85	1.00
合肥新站综合开发试验区					0.52					0.52					0.99
芜湖经济技术开发区	1.00	0.88	0.92	0.94	1.00	1.00	1.00	1.00	0.98	1.00	1.00	0.88	0.92	0.96	1.00
芜湖高新技术产业开发区	1.00	1.00	0.85	0.94	1.00	1.00	1.00	0.97	1.00	1.00	1.00	1.00	0.88	0.94	1.00
马鞍山经济技术开发区		1.00	1.00	1.00	0.78		1.00	1.00	1.00	0.84		1.00	1.00	1.00	0.93
马鞍山慈湖高新技术产业开发区		1.00	1.00	1.00	0.45			1.00	1.00	0.57		1.00	1.00	1.00	0.80
铜陵经济技术开发区		1.00	1.00	1.00	1.00		1.00	1.00		1.00		1.00	1.00		1.00
安庆经济技术开发区	1.00	1.00	1.00	1.00	0.87	1.00	1.00	1.00	1.00	1.00	1.00	1.00	1.00	1.00	0.87
桐城经济开发区				1.00	0.94				1.00	1.00				1.00	0.94
滁州经济技术开发区		0.79	1.00	0.98	0.69		0.85	1.00	0.98	0.81		0.92	1.00	0.99	0.85
六安经济技术开发区					0.87					1.00					0.87
池州经济技术开发区		1.00	0.98	1.00	0.95		1.00	1.00	1.00	1.00		1.00	1.00	1.00	0.95
宣城经济开发区					1.00					1.00					1.00
宁国经济开发区					0.80					1.00					0.80
平均值	1.00	0.961	0.963	0.97	0.836	1.00	0.984	0.997	0.99	0.906	1.00	0.971	0.967	0.98	0.92

表3 皖江示范区省级开发区运行效率值

效率	综合效率					技术效率					规模效率				
年份	2010	2011	2012	2013	2014	2010	2011	2012	2013	2014	2010	2011	2012	2013	2014
当涂经济开发区	0.85	1	1	1	1	0.85	1	1	1	1	1	1	1	1	1
含山工业园区	0.63	0.58	0.74	0.7	0.84	0.78	0.67	0.78	0.76	0.95	0.81	0.87	0.95	0.93	0.89
和县经济开发区	0.34	0.44	0.58	0.56	0.55	0.45	0.5	0.89	1	1	0.76	0.88	0.65	0.56	0.55
铜陵狮子山经济开发区	0.37	0.52	0.48	0.42	0.45	0.38	0.52	0.54	0.49	0.53	0.97	0.99	0.9	0.87	0.85
铜陵大桥经济开发区	0.4	0.64	0.8	0.7	0.68	0.43	0.69	0.98	0.84	0.76	0.93	0.93	0.81	0.84	0.89
铜陵金桥工业园区	0.87	0.71	1	1	1	0.99	0.83	1	1	1	0.88	0.86	1	1	1
明光工业园区	0.44	0.3	0.33	0.3	0.52	0.46	0.3	0.33	0.31	0.53	0.97	0.99	1	0.97	0.99
全椒经济开发区	0.59	0.65	0.69	0.64	0.48	0.59	0.65	0.73	0.68	0.49	1	1	0.95	0.94	0.99
定远经济开发区	0.47	0.24	0.25	0.26	0.49	0.5	0.27	0.26	0.27	0.56	0.94	0.9	0.99	0.93	0.87
凤台经济开发区	0.29	0.4	0.36	0.34	0.26	0.38	0.52	0.57	0.83	0.71	0.74	0.76	0.62	0.41	0.37
贵池工业园区	0.33	0.27	0.4	0.47	0.44	0.37	0.29	0.43	0.48	0.44	0.89	0.92	0.94	0.98	1
东至香隅化工产业开发区	0.69	0.8	0.93	0.86	0.85	0.82	0.99	1	1	1	0.85	0.81	0.93	0.86	0.85
宣城经济开发区	0.87	1	0.8	0.77	0.76	0.87	1	0.89	0.86	0.92	1	1	0.9	0.9	0.83
宣州经济开发区	0.36	0.45	0.91	1	1	0.37	0.45	0.92	1	1	0.97	0.99	0.99	1	1
广德经济开发区	0.7	1	0.7	0.67	0.74	0.87	1	0.75	0.68	0.83	0.81	1	0.93	0.99	0.9
安庆高新技术产业开发区	0.48	0.66	0.91	0.6	1	0.66	1	1	1	1	0.72	0.66	0.91	0.6	1
怀宁经济开发区	0.67	0.73	0.71	0.86	0.61	0.68	0.73	0.88	0.87	0.61	0.99	1	0.81	0.99	1
枞阳经济开发区	0.38	0.54	0.49	0.81	0.8	0.38	0.54	0.5	0.94	0.8	1	0.99	0.98	0.87	1
潜山经济开发区	0.57	0.63	0.69	0.66	1	0.58	0.63	0.72	0.66	1	1	1	0.96	1	1
太湖经济开发区	0.7	0.78	0.74	0.82	0.75	0.76	0.79	0.77	0.89	0.75	0.92	0.98	0.97	0.92	1
宿松经济开发区	1	1	0.48	0.63	0.54	1	1	0.52	0.65	0.56	1	1	0.92	0.96	0.97
望江经济开发区	0.84	1	0.4	0.45	0.85	1	1	0.48	0.46	0.85	0.84	1	0.84	0.99	1
安庆长江大桥经济开发区	0.93	0.92	0.82	0.8	0.77	1	0.98	0.87	0.85	0.85	0.93	0.94	0.94	0.94	0.91
裕安经济开发区	0.38	0.42	0.4	0.38	0.47	0.4	0.42	0.43	0.39	0.48	0.95	1	0.93	0.98	0.97
合肥庐阳工业园区	1	1	1	1	0.64	1	1	1	1	0.69	1	1	1	1	0.93
合肥蜀山经济开发区	0.98	0.91	0.91	0.64	0.55	0.99	0.92	0.95	0.68	0.61	0.99	0.99	0.96	0.94	0.89
合肥包河工业园区	0.91	0.88	0.64	0.66	0.71	0.91	1	0.81	0.81	0.94	1	0.88	0.79	0.81	0.75
长丰双凤经济开发区	0.66	0.69	0.61	0.6	0.49	0.73	0.89	1	1	1	0.91	0.78	0.61	0.6	0.49
肥东经济开发区	0.96	0.9	0.77	0.94	0.85	0.96	0.93	0.93	1	1	1	0.97	0.83	0.94	0.85
肥西桃花工业园区	1	1	1	1	1	1	1	1	1	1	1	1	1	1	1
巢湖经济开发区	0.53	0.47	0.32	0.34	0.26	0.56	0.49	0.33	0.34	0.31	0.94	0.96	0.97	0.99	0.84
巢湖富煌工业园区	1	1	1	0.95	0.72	1	1	1	1	1	1	1	1	0.95	0.72
庐江经济开发区	0.22	0.24	0.3	0.28	0.29	0.26	0.27	0.32	0.3	0.3	0.87	0.88	0.94	0.94	0.96
芜湖鸠江经济开发区	0.69	0.72	1	1	1	0.7	0.72	1	1	1	0.99	1	1	1	1

续表

效率	综合效率					技术效率					规模效率				
年份	2010	2011	2012	2013	2014	2010	2011	2012	2013	2014	2010	2011	2012	2013	2014
芜湖三山经济开发区	0.31	0.5	0.43	0.52	0.52	0.32	0.5	0.52	0.68	0.78	0.99	1	0.83	0.76	0.66
芜湖长江大桥经济开发区	1	0.56	1	1	0.93	1	1	1	1	1	1	0.56	1	1	0.93
新芜经济开发区	0.43	0.6	0.53	0.56	0.52	0.62	0.8	0.88	0.92	0.98	0.69	0.76	0.61	0.61	0.53
南陵工业园区	0.43	1	0.58	0.52	0.53	0.43	1	0.6	0.55	0.57	1	1	0.96	0.93	0.92
无为经济开发区	0.33	0.29	0.47	1	1	0.35	0.29	0.48	1	1	0.97	0.98	0.97	1	1
平均值	0.6	0.65	0.64	0.64	0.67	0.67	0.71	0.7	0.73	0.78	0.9	0.93	0.91	0.89	0.87

表4 2010～2014年省级开发区规模报酬变化

年份	2010	2011	2012	2013	2014
当涂经济开发区	irs	—	—	—	—
含山工业园区	irs	irs	drs	irs	irs
和县经济开发区	irs	irs	irs	irs	irs
铜陵狮子山经济开发区	irs	irs	irs	irs	irs
铜陵大桥经济开发区	irs	irs	irs	irs	irs
铜陵金桥工业园区	irs	irs	—	—	—
宣城经济开发区	irs	—	drs	drs	drs
宣州经济开发区	irs	irs	drs	—	—
广德经济开发区	drs	—	drs	drs	drs
安庆高新技术产业开发区	irs	irs	irs	irs	drs
怀宁经济开发区	drs	drs	drs	irs	drs
枞阳经济开发区	irs	irs	drs	irs	irs
潜山经济开发区	irs	—	drs	irs	—
太湖经济开发区	irs	irs	irs	irs	irs
宿松经济开发区	—	—	drs	irs	irs
望江经济开发区	drs	—	drs	drs	drs
安庆长江大桥经济开发区	irs	irs	irs	irs	drs
庐阳工业园区	—	—	—	—	drs
蜀山经济开发区	drs	drs	drs	drs	drs
包河工业园区	irs	drs	drs	drs	drs
瑶海经济开发区	—	—	—	—	drs
长丰双凤经济开发区	drs	drs	drs	drs	drs
肥东经济开发区	irs	drs	drs	drs	drs
肥西桃花工业园区	—	—	—	—	—
巢湖经济开发区	irs	irs	drs	drs	drs

续表

年份	2010	2011	2012	2013	2014
巢湖富煌工业园区	—	—	—	irs	irs
庐江经济开发区	irs	irs	irs	irs	irs
芜湖鸠江经济开发区	irs	irs	—	—	—
芜湖三山经济开发区	irs	drs	drs	drs	irs
芜湖长江大桥经济开发区	—	irs	—	—	irs
新芜经济开发区	drs	drs	drs	drs	drs
南陵工业园区	—	—	drs	drs	drs
无为经济开发区	irs	irs	irs	—	—

由上述分析可以得出以下结果：

（1）开发区效率总体变化。由表1可见，五年来皖江示范区开发区总效率呈现上升势头。总效率水平不高，效率值由2010年的0.642增加到2014年的0.723。其中，技术效率的提升较快，规模效率呈现下降势头，投入增加产出减少。技术效率低于规模效率，开发区建设存在重规模轻技术的问题，技术效率提升的空间较大，规模扩张的空间较小。这说明以要素不断投入来增加产出效率的开发区模式不可持续。

（2）国家级开发区的效率。由表2可见，国家级开发区总体表现较好。皖江示范区国家级开发区综合效率由2010年的1下降至0.836，五年来技术效率维持在1左右，规模效率由1下降至0.92。国家级开发区无论综合效率，还是技术效率和规模效率，都高出省级开发区。虽然皖江示范区开发区扩容后，国家级开发区产业集聚发展，发挥人才技术等创新要素的作用，开发区转型发展成效显著。规模效率先增后降，这受到2010年皖江示范区新一轮园区扩建，2012年以后从中央到地方强调开发区土地集约利用，要素拉动开发区规模扩张的影响。国家级开发区的效率存在区域差异，分化却不明显。一些建立时间较长的国家级开发区，如合肥经开区、合肥高新区、芜湖经开区与芜湖高新区四大开发区效率全省领先，一些新升级的国家级开发区效率略有滞后，但是国家级开发区的运行效率水平较高。

（3）省级开发区效率变化。省级开发区效率的地区差异较大。由表3可见，综合效率虽有所提升，由2010年的0.6上升至2014年的0.67，提升的幅度却不大。技术效率值也在上升，由2010年的0.67上升至2014年的0.78，上升幅度也不大。规模效率值较高，由2010年的0.93下降至2014年的0.87，呈现下降趋势。省级开发区粗放式发展模式转变。由表4可见，省级开发区的规模报酬递增（irs）与规模报酬递减（drs）并存。2010年6个省级开发区出现规模报酬递减，由2011年的7个，增加到2012年的17个，又下降到2013年的11个，再上升到2014年15个。这说明越来越多的开发区规模报酬递减，对于一些开发区规模报酬递减，表现出投入冗余与产出不足，投入收益下降，进一步阻碍其规模扩大。尤其在合肥市城区的开发区规模报酬递减明显，皖江示范区大城市城区开发区转型发展迫切。一些市县开发区处在规模报酬递增阶段，要素投入增加，收益仍有提升空间。所以，省级开发区应是提质增效的重点。

三、结论及讨论

运用DEA对开发区的效率研究，通过对2010～2014年皖江示范区省级以上开发区运行效率进行分析，可以作为促进开发区的转型发展与集约发展的依据。研究表明：

（1）运用DEA方法对开发区综合效率、技术效率和规模效率评价，主要研判开发区的要素投入产出是否有效，是相对效率的概念，与一般讲的效率概念有所不同。不同级别开发区存在着效率差距。以皖江示范区为例，17家国家级开发区的技术效率、规模效率与综合效率的水平较高，分化并不明显。30家省级开发区效率低下主要是由于投入要素配置不合理，在规模效率增长，技术效率呈下降态势，且省级开发区效率分化，一部分省级开发区效率显著，另一部分开发区处在规模不经济状态，要素没有达到优化配置状态。当然，通过开发区之间的效率比较，还可以寻找开发区发展存在的问题，从而为开发区相关政策的制定提供研究参考。

（2）运用DEA方法评价开发区效率需要注意指标与样本的选取。DEA方法的优点是注重开发区要素投入与效益产出之间的关系，选取无须量纲化的数据，避开了单一指标或者分类指标无量纲化处理的问题：第一，选取指标需要控制在一定范围。若给定一组决策单元，当指标增多时，决策单元的有效性会发生变化，若指标增多到一定程度，决策单元的有效性普遍接近。第二，研究样本不能太少，DEA提供的效率水平是相对其他决策单元而言，验证DEA方法的一种重要法则：DMU个数必须是输入输出变量数目之和的两倍以上，否则DEA效率的区别能力会变弱（Banker，1989）。第三，选择的指标要能反映开发区的效率评价的本质，避免指标的冗余重复。指标之间存在一定的因果关系。第四，建立开发区各类准确数据，由于开发区各类数据难以获取，或者获取的数据不准确，统计口径不一，都会反映对应用DEA方法开发区效率偏差与误差较大。所以，关于开发区用DEA方法效率研究的样本多是国家级开发区，这类开发区的数据更可靠。本研究也受到数据获取的影响，选择的指标有限，随着开发区统计数据的完善，应用DEA方法评价对开发区技术创新、产城融合、开放程度等可作进一步深入研究。

（3）DEA在针对开发区综合效率、技术效率和规模效率评价是一种有效的方法，可以作为推进开发区的转型发展和集约发展，制定相关政策的参考。

第一，建立效率目标为导向开发区评价体系。当下开发区主要以CDP为核心、经济总量为优先的评价体系，或以单项指标进行排序，实施开发区的效率评价。这种评价指标体系变得过于庞杂，而在开发区各类数据并不完整的情况下，受主观因素影响大。因此，构建以效率提升为导向的开发区评价体系十分必要，对开发区进行投入产出效率的综合考评，把握开发区总体运行状况，促进开发区提质增效具有重要意义。

第二，推进开发区的转型发展。将着力提升技术效率作为实现开发区转型发展的主要目标。改变开发区高投入高产出的增长模式，针对一些效率较低的省级开发区，优化与整合人力资源、资本等资源配置，与国家级开发区联合，共建园区，加快产业的集聚发展，提高开发区产业集中度和创新能力，加快园区主导产业和优势产业形成，实现差异化发展。

第三，进一步集约利用土地资源。土地集约使用的“硬约束”越来越强，迫使开发区转变土地利用的效率低下方式，尤其是省级开发区，要改变对土地、劳动力、资本要素投入的过度依赖，当下积极调控土地要素投入，缓解土地供需日趋突出的矛盾，试行差别化的土地使用税征收政策，用地指标根据开发区的效率来进行分类控制，实现开发区土地最大程度的利用。城区开发区受到传统要素的制约愈加明显，应转向人才、技术等创新要素作为支撑。

参考文献

[1] 白雪洁，姜凯，庞瑞芝. 我国主要国家级开发区的运行效率及提升路径选择 [J]. 中国工业经济，2008（8）.

[2] 齐二石等. 基于DEA方法的我国国家级经济技术开发区效率评价 [J]. 西安电子科技大学学报，2008（5）.

[3] 柳金红. 我国经济技术开发区经济运行效率研究 [D]. 大连理工大学，2013.

[4] 江立武，赵小梅. 数据包络分析法在开发区土地集约利用规模效益评价中的应用 [J]. 资源与环境，2010（3）.

[5] 李淑杰. 开发区土地集约利用的区域效应分析——以吉林省中部开发区为例 [J]. 资源与环境，2012（1）.

[6] 陈伟. 基于DEA方法的江苏省开发区土地集约利用效率分析 [J]. 国土资源科技管理，2010（6）.

[7] 刘满凤. 国家级高新技术开发区的创新效率比较研究 [J]. 江西财经大学学报，2012（3）.

[8] 刘鹤. 我国高新技术产业开发区运行效率评价研究 [J]. 科技进步与对策，2009（5）.

[9] 魏权龄. 数据包络分析法 [M]. 北京：科学出版社，2006.

[10] 王贺封，石亿邵，尹昌应. 基于DEA模型和Malmquist生产率指数的上海开发区用地效率及其变化 [J]. 地理研究，2014（9）.

高新区发展实力评价及对城市经济带动作用研究*

尹 翀 赵南哲

（山东省科技发展战略研究所）

一、引言

中国经济已进入新常态，随着供给侧结构性改革的逐步深入，科技创新在推动中国经济转型升级中发挥着中心性作用。作为国家发展高新技术产业和推动科技创新的重要平台，高新区在引领地区科技经济发展方面发挥着重要作用。《国家“十三五”规划纲要》明确了高新区在带动创新型省份、城市和区域创新中心建设方面的作用，《“十三五”国家科技创新规划》则更进一步将高新区作为体制机制改革与政策实验的载体，将技术研发、技术转移、企业孵化的创新服务与产业培育和中西部地区的高新区升级作为工作重点。

最近时期，国内高新区方面研究有两个重点：一是依旧持续性关注高新区自身发展的功能定位、产业选择、发展模式、发展绩效等方面，如产业、区域和社会角度的高新区功能[1]，高新区功能演化的过程与推动力[2]，生产效率最优的高新区主导产业选择[3]，高新区创新效率[4]等。二是在当前经济发展转型和深入推进以及贯彻“四个布局”、“一带一路”等国家战略时期，更加关注高新区对经济社会、区域、城市与产业的发展带动作用，如高新区对战略新兴产业发展中的保障、引领作用[5]，对地区经济增长的影响[6]，产业集群对高新区技术创新和高新技术产业发展的影响[7]，全要素生产率对高新区经济增长的影响[8]，高新区城镇化与工业化的相互影响[9]等。研究中侧重运用统计学、计量经济学等定量方法分析高新区能力与发展特征的差异性[10~11]，为高新区产业发展和服务体系完善提供对策与政策建议。

本文借鉴已有成果，通过建立包含规模性、绩效性、科技与人力资本贡献性、

---

* 基金项目：国家社会科学基金后期资助项目“政府科技投入支持企业技术创新的政策效应”（2015FGL004）。

基础能力、成长能力五个一级指标、27个二级指标的高新区发展实力评价指标体系，对54个高新区进行综合评价分析。进而建立回归模型，评估高新区自身实力对高新区所在城市的发展带动作用。在以上研究基础上，结合发展实力和带动能力两个角度识别出重点关注的高新区，进而从促进高新区科技服务体系与服务业同高新技术产业发展有效协同、高新区同城市经济产业发展多层联动和高新区同区域经济发展深度融合等方面，提出几点建议思考。

二、高新区发展实力指标建立与评价分析

（一）指标建立与分析过程

首先基于对高新区基本特征的描述并充分借鉴已有研究成果建立初步指标体系（指标体系Ⅰ）；将国家级高新区作为样本，以高新区的国家统计数据为基础，利用因子分析方法对初步指标的有效性进行分析，修正初步指标，建立改进指标体系（指标体系Ⅱ）；借助改进指标体系对国家级高新区进行评价分析。

（二）数据来源与指标选取

本文数据主要来源于《中国火炬统计年鉴（2013～2014）》、《中国城市统计年鉴（2013～2014）》。依据工业总产值和年末总就业人数两项，从《中国火炬统计年鉴（2014）》中的2013年114个国家级高新区目录中，选取两个指标同时位列前60位的54个高新区作为样本。

（三）指标体系Ⅰ建立

首先借鉴《国家高新区评价指标体系》（2013年修订版）和汪海凤（2012）[12]王霞等（2014）[9]等成果，从高新区发展的经济规模与效率、企业发展水平、市场效率、创新投入能力、人力资本和聚集因素六个方面来衡量高新区的综合发展实力。初步提出了由6个一级指标和31个指标项构成的高新区综合实力评价指标体系。

（四）指标体系Ⅱ建立

利用因子分析方法进行指标体系Ⅰ的改进。已有31个指标的KMO测试值为0.4，经综合考虑，将共同度较低的4个指标删除（其信息提取量较低）。选择的27个指标变量KMO检验值达到0.7以上，因子分析方法适用，这27个指标确定为二级指标。选取具有90%左右方差贡献的五因子模型。利用变量—因子方差最大法旋转后得到的5个因子，参考其实际意义，分别命名为规模性、绩效性、科技与人力资本贡献性、基础能力和成长能力。形成了包含5个一级指标和27个二级指标的高新区发展实力评价指标体系Ⅱ（见表1）。

（五）高新区发展实力评价分析

根据因子得分情况，计算54个样本总的因子得分。经计算，按照总得分从大到小排序，具体结果见表2。

表 1 高新区发展实力评价指标体系

一级指标	二级指标	计算方式
规模性	工业总产值（千元）	原始数据
	总收入（千元）	原始数据
	入统企业数（个）	原始数据
	出口创汇（千美元）	原始数据
	净利润（千元）	原始数据
	上缴税费（千元）	原始数据
	年末资产（千元）	原始数据
	年末负债（千元）	原始数据
	R&D 人员全时当量（人年）	原始数据
	年末从业人员（人）	原始数据
	R&D 人员（人）	原始数据
	高新区从业人员占所在市从业人员比重（%）	高新区年末从业人员/所在市年末从业人员
	人均出口创汇（千美元）	出口创汇/年末从业人员数
	高新区工业总产值占所在市工业总产值比重（%）	高新区工业总产值/所在市工业总产值
绩效性	人均工业总产值（千元）	工业总产值/年末从业人员数
	人均总收入（千元）	总收入/年末从业人员数
	人均净利润（千元）	净利润/年末从业人员数
	人均产品销售收入（千元）	产品销售收入/年末从业人员数
科技与人力资本贡献性	人均技术收入（千元）	技术收入/年末从业人员数
	研发投入强度（%）	R&D 经费内部支出/总收入
	人均 R&D 经费（千元）	R&D 经费内部支出/R&D 人员
	高学历从业人员比重（%）	大专以上学历从业人员数/年末从业人员数
	高级职称从业人员比重（%）	高级职称从业人员数/年末从业人员数
基础能力	人均年末资产（千元）	年末资产/年末从业人员数
	人均年末负债（千元）	年末负债/年末从业人员数
成长能力	企业增长率（%）	（t1 年企业数 - t0 年企业数）/t0 年企业数
	工业总产值增长率（%）	（t1 年工业总产值 - t0 年工业总产值）/t0 工业总产值

表 2 54 个高新区因子得分情况

所属省份	高新区	规模性	绩效性	科技与人力资本贡献性	基础能力	成长能力	总得分
北京	北京中关村	2.729	-0.118	-0.026	0.088	-0.073	2.599
上海	上海张江	0.923	0.040	0.092	-0.046	0.180	1.189

续表

所属省份	高新区	规模性	绩效性	科技与人力资本贡献性	基础能力	成长能力	总得分
江苏	南京	-0.042	0.273	-0.065	0.492	0.199	0.857
陕西	西安	0.340	0.213	0.067	0.270	-0.126	0.765
吉林	长春	0.096	0.731	-0.206	0.048	-0.039	0.631
四川	成都	0.092	0.188	0.315	-0.031	0.002	0.566
湖北	武汉	0.414	0.021	0.117	0.058	-0.054	0.556
广东	深圳	0.244	-0.086	0.260	-0.064	0.054	0.408
天津	天津滨海	0.183	0.032	0.133	-0.003	0.041	0.386
安徽	合肥	-0.052	0.224	0.166	0.021	0.013	0.371
广东	广州	0.320	-0.143	0.138	-0.125	0.018	0.207
辽宁	鞍山	-0.158	0.477	0.024	-0.077	-0.062	0.204
河南	郑州	-0.161	0.075	0.200	0.045	0.017	0.176
湖南	长沙	0.022	0.075	-0.062	0.114	-0.019	0.129
浙江	杭州	-0.061	-0.204	0.358	-0.009	0.007	0.091
广东	中山	-0.189	0.316	0.167	-0.181	-0.047	0.065
河南	洛阳	-0.268	-0.081	0.182	0.091	0.103	0.027
江苏	昆山（苏州）	-0.046	-0.241	-0.157	0.009	0.448	0.014
广东	惠州	0.205	0.194	-0.226	-0.272	0.112	0.013
江苏	苏州	0.104	-0.018	0.041	-0.195	0.062	-0.006
江苏	江阴（无锡）	-0.132	0.161	-0.137	-0.094	0.189	-0.014
山东	淄博	-0.146	0.187	-0.033	-0.002	-0.029	-0.023
山东	青岛	-0.229	0.072	0.182	-0.087	0.022	-0.041
山东	济南	-0.042	-0.092	0.074	0.045	-0.047	-0.062
辽宁	大连	-0.118	-0.118	0.173	0.015	-0.054	-0.101
湖北	襄阳	-0.132	0.075	-0.004	-0.021	-0.028	-0.110
广东	佛山	0.104	-0.085	-0.115	-0.094	0.075	-0.115
山东	潍坊	-0.156	-0.020	0.020	0.001	0.018	-0.137
湖北	宜昌	-0.217	0.085	-0.096	0.050	0.024	-0.154
福建	厦门	0.042	0.052	0.002	-0.237	-0.028	-0.169
广西	柳州	-0.225	0.104	-0.080	0.010	0.016	-0.175
重庆	重庆	-0.221	-0.161	0.072	-0.006	0.140	-0.175
黑龙江	哈尔滨	-0.227	-0.114	0.063	0.119	-0.029	-0.188
浙江	宁波	-0.178	-0.057	0.042	-0.058	0.064	-0.188
山东	济宁	-0.069	0.046	-0.209	0.020	0.005	-0.208
山西	太原	-0.271	-0.048	-0.026	0.151	-0.030	-0.224

续表

所属省份	高新区	规模性	绩效性	科技与人力资本贡献性	基础能力	成长能力	总得分
河北	石家庄	-0.397	-0.115	0.306	0.083	-0.119	-0.242
江西	南昌	-0.244	-0.040	0.020	0.001	-0.011	-0.275
广东	珠海	0.078	-0.102	-0.067	-0.124	-0.065	-0.280
辽宁	沈阳	-0.290	-0.125	0.178	0.038	-0.087	-0.286
江苏	常州	-0.007	-0.017	-0.151	-0.067	-0.045	-0.286
江苏	无锡	0.212	-0.158	-0.138	-0.154	-0.078	-0.316
贵州	贵阳	-0.026	-0.190	-0.200	0.078	0.016	-0.323
湖南	株洲	-0.166	-0.023	-0.031	-0.005	-0.120	-0.345
山东	威海	-0.125	-0.001	-0.079	-0.116	-0.034	-0.355
河北	保定	-0.286	-0.156	0.032	0.009	0.037	-0.364
湖南	湘潭	-0.174	0.024	-0.187	0.017	-0.063	-0.383
内蒙古	包头	-0.126	-0.092	-0.124	0.038	-0.155	-0.460
广西	南宁	-0.171	-0.186	-0.037	-0.034	-0.033	-0.461
甘肃	兰州	-0.204	-0.309	-0.185	0.248	-0.019	-0.469
湖北	孝感	-0.245	-0.095	-0.166	-0.002	0.038	-0.470
陕西	宝鸡	-0.043	-0.103	-0.250	0.002	-0.168	-0.562
四川	绵阳	-0.112	-0.177	-0.205	-0.040	-0.106	-0.640
吉林	吉林	-0.151	-0.192	-0.156	-0.018	-0.131	-0.648

各因子情况如下：①规模性指标（因子1）（方差贡献率43.8%），描述高新区的规模扩张效应。如北京中关村、上海张江两个高新区在总体实力上占绝对优势，样本总得分也排在前2位。②绩效性指标（因子2）（方差贡献率18.39%），描述高新区由单位就业人员产生经济效益体现出的经济绩效。在经济绩效指标排名前十位的高新区中，有4个位于地级市，1个位于县级市，总体规模都不大，而北京中关村、深圳两个高新区的经济绩效指标得分较低，表明经济绩效与总体规模没有必然联系。③科技与人力资本贡献性指标（因子3）（方差贡献率15.37%），描述高新区的科技创新和人力资本对高新区发展的内在驱动能力。杭州、成都、石家庄三个高新区在科技投入上有明显优势，样本总得分排在第十五、第六、第三十七位。④基础能力指标（因子4）（方差贡献率12.22%），描述高新区以资产和负债形式体现的基础性价值创造能力。南京、西安、兰州三个高新区在基础能力上具有明显优势，样本总得分排在第三、第四、第五十位。⑤成长能力指标（因子5）（10.2%），反映高新区企业数量和工业总产值的增加速度，体现出高新区的发展潜力。如昆山、南京、江阴三个高新区的成长能力具有明显优势，样本总得分排在第十八、第二、第二十一位。

总体来看，发达城市高新区的得分更高，如排名前十位的高新区中，有3个位于直辖市，6个位于省会城市，1个位于计划单列市；排名后十位的高新区中，只有1个位于省会城市。

三、高新区的城市发展驱动能力分析

在上述分析的基础上，进一步考察高新区对于地区的发展带动作用。

（一）基本模型建立

将高新区各因子得分作为自变量，将高新区所在城市的GDP和就业人员数作为因变量[①]，设计回归模型，用来评估高新区创新能力发展对地区城市发展的带动作用。将5个因子排列组合，进行高新区对所在市的GDP和从业人员带动作用的回归分析，依次对31种自变量组合分别进行测试。以所在市的GDP为因变量时，发现代表规模性指标、科技与人力资本贡献性指标和成长能力指标的因子1、3、5组合的回归残差（0.02）最小，自变量对因变量的解释能力最强，确定模型为：

$$GDP = 60338440 + 68394700 \times X1 + 119148055 \times X3 + 202189641 \times X5$$

（18.08）　　（8.9）　　（5.44）　　（6.12）

以所在市从业人员数为因变量时，代表总体实力指标的因子1的回归残差（0.0379）最小，自变量对因变量的解释能力最强，确定模型为：

$$LABORS = 174.8 + 234.7X1$$

（8.8）　　（5.13）

（二）计算与结果分析

根据各样本回归残差值，计算残差系数（各样本因变量无法被模型解释部分占因变量的比例）。残差系数绝对值越大，样本无法被自变量解释部分所占比例越高，样本特异性就越大，反之残差系数绝对值越接近于零，则样本被自变量解释部分比例越高，样本特异性越小。从残差变化趋势上，选取残差系数变化的临界点，识别出其发展带动作用不符合一般趋势的高新区（即GDP残差系数和就业残差系数绝对值明显较大的特殊样本，见表3），称为特异性高新区，高于临界点的为强带动高新区，低于临界点的为弱带动高新区。

表3　特异性高新区分布

城市GDP带动性		城市就业带动性	
强作用	弱作用	强作用	弱作用
宝鸡　包头　吉林 绵阳　无锡	孝感　惠州 珠海　洛阳	重庆　成都　昆山 深圳　杭州	株洲　绵阳　吉林 包头　湘潭　宝鸡

特异性高新区主要有以下特点：①宝鸡、包头、吉林、绵阳高新区定位军工、

① 因昆山和江阴属于县级市，为统一比较标准，使用其所属的地级市苏州和无锡的GDP与从业人员数作为因变量。

资源等产业，无锡则大力发展集成电路、物联网与云计算、新能源与新材料等新兴产业，五个高新区以发展高新技术的资源、能源与信息产业制造产业为主体，当前GDP带动能力强而就业带动能力相对较弱。②孝感、惠州、珠海高新区以信息制造与信息服务业为主，洛阳则定位在装备制造，四个高新区的城市GDP带动作用较弱，对地区就业拉动作用也不算强。株洲的就业带动作用弱，GDP带动作用也较一般。上述高新区总体上对城市发展带动能力较弱。③重庆、深圳两个高新区以电子信息和生物医药为主，就业带动能力强，而GDP带动作用也较强，整体对经济社会的带动作用高，对地区资本和人才的吸引力较强。成都侧重综合定位，昆山、杭州则以战略性新兴产业和现代服务业为主体，就业带动能力较强，GDP带动作用一般。

四、高新区综合能力分析

进一步对由高新区发展实力和经济带动能力共同体现的综合能力进行分析。根据样本的临界值，选取发展实力总得分最高的10个高新区和发展实力总得分最低的7个高新区分别作为发展实力强和发展实力弱的高新区。结合高新区的带动能力将17个高新区分成四类：自身发展较好且带动能力较强（Ⅰ类）、自身发展较好但带动能力较弱（Ⅱ类）、自身发展较弱但带动能力较强（Ⅲ类）、自身发展较弱且带动能力较弱（Ⅳ类）。由于得分最低的7个高新区位于中西部，普遍就业带动能力较弱，按照GDP带动能力的情况进行分类（见表4）。

表4　高新区的综合实力分布

	自身发展较强	自身发展较弱
带动能力强	上海张江、南京、成都、深圳、天津滨海	包头、宝鸡、绵阳、吉林
带动能力弱	北京中关村、西安、长春、武汉、合肥	南宁、兰州、孝感

对第Ⅰ类高新区，应当进一步宽松政策，充分鼓励其依托自身优势，发挥对区域经济社会全方位的发展带动作用，成为国家战略实施的领头兵；对第Ⅱ类高新区，应当注意促进高新区内外的人才交流与产业联动；对第Ⅲ类高新区，应当给予资金和人才方面的支持，加快促进自身实力与规模的增长；对第Ⅳ类高新区，一方面需对自身发展模式和产业定位进行调整；另一方面，需要政府的政策引导和支持。

五、研究结论与建议

（一）研究结论

经过以上分析可以得到以下结论：

（1）我国高新区发展模式多以规模扩张为主，需要加快从要素驱动转入科技创新驱动。高新区发展的评价因子中，规模性的方差贡献率占有绝大比重。而因子总得分最高的前10个高新区中，有8个规模性得分为正值，尤其是中西部的合肥、西安等高新区，虽总体规模较大，排名靠前，但科技与人力资本的贡献性较低，对地区的带动效应也不够强。高新技术产业同传统技术产业的基本区别是技术特性，但高新技术本身并不等同于高的技术创新能力，只是对创新的要求会更迫切，我国高新技术产业也需要发展内在动力与模式的转换，大力推动“双创”，发展高新技术服务产业和高新区创新创业服务体系。

（2）东部沿海地区高新区综合实力普遍高于中西部、东北地区，外部资源与政策环境同高新区综合能力发展具有重要关联性。一方面，得分排名较高的高新区多位于直辖市、省会城市和计划单列市，而一般地级市中发展相对较好的高新区，也大部分位于江苏、广东等沿海发达省份。中西部地级市高新区由于受环境与资源限制，整体实力普遍较弱。政策关注度和资源吸纳能力的提升是打破环境制约性的关键点。另一方面，高新区的发展同国家产业布局、区域经济发展战略密切相关，不仅要根据高新区发展的新形势采取新的支持策略，也需要将高新区作为国家经济改革与发展战略实施的重要载体，在区域经济发展战略研究中给予更多重视。

（3）存在一些弱发展实力、强带动作用的高新区，高新区本身的发展实力不等同于其对所在城市和地区的经济社会带动作用。科技与人力资本贡献性和成长能力是其城市发展带动力的重要因素，同自身发展实力评价的五因子结构具有显著不同。具体上，包头、宝鸡、绵阳、吉林等因子得分较低的中西部高新区对所在市的GDP带动作用较强，而西安、合肥、长春等规模相对较大的城市高新区的带动作用却偏弱。这些综合能力发展具有不平衡性的高新区需要给予较多的政策关注。此外，高新区对城市发展带动作用的分析也需要注意差别对待。在模型分析中，并未考察高新区对其他城市与地区的影响。例如，北京中关村作为我国规模最大和实力最强的高新区，虽然位于北京地区，却对全国发展都具有极强的辐射带动作用。与之不同的是，重庆和深圳高新区作为区域内的核心城市，对外部劳动力、人才的吸纳性强，就业带动效应也比较明显。

（二）建议思考

根据以上分析，对于高新区发展建议思考如下：

（1）促进高新区公共服务体系和科技服务业同高新技术产业发展的有效协同。一是在国家支持下，建立、发展和完善高新区科研资源共享信息平台、知识产权交易系统、融资服务系统和人才引进培养等基础服务体系，降低高新技术企业技术创新的公共成本，同时强化高新区科技金融服务政策导向，以政策性金融带动社会资本进入。二是深入推进公共科研机构改革，地方所属的公共科研机构定位于产业关键与共性技术的研发，降低全行业创新成本和风险，并鼓励发展产业技术创新联盟、工业研究院等新型研发组织，专注于企业特定创新需求。三是对高新区创新创业、技术交易等服务企业重点支持，着力扶植一批专业服务小微企业的技术中介机构，对知识产权代理、科技金融等专业技术服务机构进行评级打分，打造一批品牌性的中介服务机构，挂牌并奖励，发挥地区示范带动作用。

（2）促进高新区经济产业同城市经济产业发展的多层联动。一是高新区发展规划要同城市经济发展规划相协调。二是高新区作为城市功能区之一，应同其他城区合理分工协作、协调发展，优势资源向高新区集中的同时，也应协助其他城区吸纳外部资源，增强城市的整体竞争优势。三是高新技术产业应对整个城市具有产业发展的先导作用，同其他城市产业形成垂直性产业梯次，优势产业向区外延伸，强化高新区对区域经济的辐射带动作用，并打破资源阻塞，注重推动产业转移中高新区与周边区域资本、人才和信息流动，发挥高新区高新技术产业引领城市经济发展作用，实现城市产业结构优化升级。

（3）促进高新区同区域经济发展战略的深度融合。建设高新区和发展高新技术产业需要同我国西部大开发、中部崛起、振兴东北老工业基地等国家战略进行协同。而当前形势下，也需要发挥高新区在我国“一带一路”战略中的重要载体作用。自身实力较弱但发展带动能力较强的中西部高新区可以在国际科技创新合作中扮演重要角色。西北、东北地区的西安、兰州、吉林等高新区应发挥地缘优势，积极开展与中亚、西亚、欧洲国家的高新技术产业合作，引入国外优秀资源和市场机会提升自身内在的创新能力与园区影响力。西南地区的成都、绵阳、南宁等高新区可以加强同东盟地区的高新技术产业交流，建设面向南亚和东南亚的高新产业辐射中心。

参考文献

［1］曹敏娜，王兴平．高新技术产业开发区的功能定位研究——以南京高新区为例［J］．人文地理，2003，18（2）：37－41.

［2］陈家祥．国家高新区功能演化与发展对策研究——以南京高新区为例［J］．人文地理，2009，24（2）：78－83.

［3］张根明，刘韬．基于 DEA 模型的高新区主导产业选择分析［J］．技术经济与管理研究，2008（2）：19－21.

［4］谢子远．国家高新区技术创新效率影响因素研究［J］．科研管理，2011，32（11）：52－58.

［5］凌捷，苏睿．后金融危机时代高新区战略性新兴产业发展研究［J］．改革与战略，2010，26（6）：152－155.

［6］刘瑞明，赵仁杰．国家高新区推动了地区经济发展吗？——基于双重差分方法的验证［J］．管理世界，2015（8）：30－38.

［7］李凯，任晓艳，向涛．产业集群效应对技术创新能力的贡献——基于国家高新区的实证研究［J］．科学学研究，2007，25（3）：448－452.

［8］程郁，陈雪．创新驱动的经济增长——高新区全要素生产率增长的分解［J］．中国软科学，2013（11）：26－39.

[9] 王霞，王岩红，苏林等．国家高新区产城融合度指标体系的构建及评价——基于因子分析及熵值法［J］．科学学与科学技术管理，2014，35（7）：79－88.

[10] 田新豹，芦彩梅．基于因子分析的我国高新区经济发展评价研究［J］．科技进步与对策，2012，29（6）：117－122.

[11] 肖永红，张新伟，王其文．基于层次分析法的我国高新区创新能力评价研究［J］．经济问题，2012（1）：31－34.

[12] 汪海凤，赵英．我国国家高新区发展的因子聚类分析［J］．数理统计与管理，2012，31（2）：270－278.

专题四：创新能力与产业组织

我国中部六省区域创新能力的评价与对比分析

李晓飞　赵黎晨　吕可文

（河南大学黄河文明与可持续发展中心）

一、引言

2006 年中部崛起政策的实施使得中部地区地区生产总值从 2005 年的 3.34 万亿元提高到了 2014 年的 13.9 万亿元，从总量上看中部地区已经走出塌陷，但从均值来看，同全国以及东部地区相比还存在一定差距。在新的十年，中部地区作为全国的重要粮食生产基地和能源原材料基地必须深入实施创新驱动发展战略，加快科技体制改革，实现高效利用资源的生产模式。所以，对区域创新能力的评估，并找出创新能力发展的弱点对提升区域创新能力至关重要。

区域创新能力是指一个区域长时间地利用一系列的创新技术进行生产并商业化的能力。创新能力显著影响着全要素生产率（TFP）和高技术产业的发展，进而影响着地区经济差距。所以区域的发展必须把创新作为基点，形成完整的创新体制架构，塑造更多的创新驱动以提高区域创新能力。国外学者对区域创新能力的研究主要集中在四方面：概念的研究、构成要素的研究、对区域创新能力的评价研究及实证研究。最早研究区域创新能力的是美国学者 Everett M. Rogers 和 Judith K. Larsen，他们对创新能力的研究从国家创新系统的角度转向了区域层面。国内学者对区域创新能力的研究角度和方法与国外相近，主要集中在四个方面：概念的研究、构成要素的研究、对区域创新能力评价研究及提升对策的实证研究。如甄峰、黄朝永、罗守贵和黄鲁成等对区域创新能力进行了概念界定；中国科技发展战略研究小组从 2002 年开始每年出版的《中国区域创新能力报告》对中国区域创新能力的构成要素进行了深入的探讨；不同学者用不同的方法对区域创新能力进行了指标体系研究及评价。综合前人的研究我们发现，以往的研究指标选取数量不够，不能够充分反映创新能力，并且研究主要集中于创新的某一环节或某一方面。中国的经济发展进入新常态，经济发展形势已经发生变化，以往研究的借鉴价值逐渐减小，所以需要对中部地区的创新能力进行重新评估。

本文在前人研究的基础上，结合经济新常态的发展背景建立更加完善的区域创新能力评价指标体系，应用多层次因子分析法对中部地区的创新能力进行评价，并将东、中、西、东北地区的创新能力进行对比，寻求中部地区创新的短板，从而为中部地区提高区域创新能力提供政策建议。

二、研究方法与设计

（一）指标体系的建立

本文基于区域创新能力的基本理论，在总结大量的国内外研究报告和学者的研究成果基础上，遵循科学性与实用性相结合、全面性与代表性相结合、通用性与可比性相结合、静态分析与动态评价相结合的原则设计了一个能够较全面地反映我国区域创新能力综合评价的指标体系。本文将其分为三级指标，初始指标体系共包括30个评价指标，如表1所示。

表1 区域创新能力评价指标体系

一级指标	二级指标	三级指标	单位
知识创新能力 f_1	知识创造 X_0	R&D人员全时当量 X_{01}	人·年
		政府研究开发经费支出占GDP比例 X_{02}	%
		每万人发明专利授权数 X_{03}	件/万人
		国外主要检索工具收录科技论文数 X_{04}	篇
	知识流动 X_1	技术市场成交合同金额 X_{11}	万元
		人均利用外资额 X_{12}	美元/人
		购买国内技术经费支出 X_{13}	万元
企业创新能力 f_2	企业创新投入 X_2	规上企业研究开发人员全时当量 X_{21}	人·年
		科技活动经费与GDP的比例 X_{22}	万元/亿元
		每万人实用新型专利申请量 X_{23}	件/万人
		技术改造经费支出 X_{24}	万元
	企业创新产出 X_3	有产品或工艺创新活动的企业占全部企业的比重 X_{31}	%
		新产品销售收入 X_{32}	万元
		规上工业企业新产品销售收入占主营业务收入比 X_{33}	%
		高技术产业经营利润 X_{34}	亿元
区域创新环境 f_3	基础设施 X_4	公路人均拥有量 X_{41}	公里/万人
		电话普及率 X_{42}	部/百人
		互联网普及率 X_{43}	%
	市场需求 X_5	居民消费水平 X_{51}	元
		商品进出口差额 X_{52}	万美元
		政府财政支出增长额 X_{53}	亿元

续表

一级指标	二级指标	三级指标	单位
区域创新环境 f_3	劳动者素质 X_6	人均图书消费量 X_{61}	册/人
		每十万人口高等教育平均在校人数 X_{62}	人
		教育支出占公共预算总支出的比重 X_{63}	%
区域创新绩效 f_4	宏观经济 X_7	人均 GDP 水平 X_{71}	元/人
		劳动生产率 X_{72}	万元/人
	产业机构 X_8	第三产业对第一产业比重之比 X_{81}	%
		高技术产业产值占 GDP 比例 X_{82}	%
	产业国际竞争力 X_9	商品出口额与 GDP 之比 X_{91}	元/万元
		商品出口额占全国份额 X_{92}	%

（二）样本及数据选取

本文研究的是 2016 年中部六省区域创新能力情况，所以选取的是 2013 年及 2014 年的数据，这一方面是因为数据获取的限制，另一方面是由于区域创新能力需要一定的时间才能表现出来。本文选取的数据大部分来自《中国统计年鉴》，部分来自各省的统计年鉴。

（三）研究方法说明

本文先对知识创新能力、企业创新能力、区域创新环境、区域创新绩效各部分做因子分析，各部分提取出公因子后，采用回归分析法估计各部分公因子的得分系数，然后根据旋转后因子方差贡献率分别计算各部分的综合得分 f_1、f_2、f_3、f_4。再将 f_1、f_2、f_3、f_4 综合在一起，从中提取公因子，结果显示符合因子分析法的条件，并提取出一个公因子，将其命名为区域创新能力。最后得出各省市的区域创新能力得分及排名。我们把这种方法称为多层次因子分析法。

三、实证分析

首先分别得出知识创新能力、企业创新能力、区域创新环境、区域创新绩效各部分的综合得分。这里以知识创新能力为例，计算各省的知识创新能力得分。

（一）适用性分析

本文根据相关系数、KMO 测度结果和 Bartlett 球形度检验结果来检验原始数据对于因子分析的适用性，结果如表 2 所示。

由表 2 可知，KMO 值为 0.816，大于 0.8。同时，由 Bartlett 球形度检验结果可知，调整后的数据矩阵的 Bartlett 球形检验的卡方近似值为 321.151、自由度为 28、显著性水平为 0.000（小于 0.0001），因此调整后的数据对于因子分析具有较强的适用性。

表2　KMO和Bartlett检验

取样足够度的 Kaiser－Meyer－Olkin 度量		0.816
Bartlett 的球形度检验	近似卡方	321.151
	df	28
	Sig.	0.000

（二）因子提取

本文采用主成分分析法提取因子，影响因子的选取采用特征值大于1的原则，并采用方差最大正交旋转法将因子载荷矩阵旋转，输出总方差解释表（如表3所示）。由输出结果可知，特征值大于1的因子有2个，其累计贡献率达到89.085%，综合因子损失只有10.915%。根据主成分选取原则，取前2个公因子代替原来的8个指标是完全合理的。

表3　总方差解释表

成分	初始特征值			提取平方和载入			旋转平方和载入		
	合计	方差百分比	累计百分比	合计	方差百分比	累计百分比	合计	方差百分比	累计百分比
1	5.48	68.618	68.618	5.48	68.618	68.618	3.70	46.271	46.271
2	1.64	20.467	89.085	1.64	20.467	89.085	3.43	42.814	89.085

（三）因子命名解释

由旋转后因子载荷表（略）可知：公因子 f_1 对 R&D 人员全时当量、国外主要检索工具收录科技论文数、政府研究开发经费支出占 GDP 比例、每万人发明专利授权数具有较强的解释力，所以，将这个主因子命名为知识创造能力。公因子 f_2 对规上购买国内技术经费支出、人均利用外资额、技术市场成交合同金额具有较强的解释力，所以，将这个主因子命名为知识流动能力。

（四）因子得分

本文采用回归分析法估计 f_1、f_2 两个公因子的得分系数，然后根据旋转后因子方差贡献率计算综合得分F：$F=(f_1\times46.271+f_2\times42.814)/89.085$，最后可得2016年我国各省（自治区、直辖市）知识创新能力及各因子的评价结果（见表4）。

表4　2016年我国各省（自治区、直辖市）知识创新能力及各因子的评价结果

地区	知识创造能力得分	知识流动能力得分	知识创新能力得分	知识创新能力排名	地区	知识创造能力得分	知识流动能力得分	知识创新能力得分	知识创新能力排名
北京	5.0633	－0.5365	2.3721	1	湖北	0.4213	－0.2465	0.1004	15

续表

地区	知识创造能力	知识流动能力	知识创新能力	知识创新能力排名	地区	知识创造能力	知识流动能力	知识创新能力	知识创新能力排名
	得分	得分	得分			得分	得分	得分	
天津	0.2953	0.5215	0.4040	6	湖南	-0.1706	-0.3415	-0.2527	22
河北	-0.3167	-0.4369	-0.3744	21	广东	0.0698	1.1208	0.5749	2
山西	-0.3425	-0.3753	-0.3583	20	广西	-0.3774	-0.451	-0.4128	25
内蒙古	-0.5595	-0.3924	-0.4792	26	海南	-0.5511	-0.3109	-0.4357	27
辽宁	-0.0098	0.1955	0.0889	9	重庆	-0.2067	-0.2611	-0.2328	10
吉林	-0.1797	-0.5433	-0.3545	19	四川	0.3201	-0.5146	-0.0811	13
黑龙江	-0.0783	-0.5807	-0.3198	17	贵州	-0.4233	-0.5557	-0.4869	29
上海	0.3064	3.2416	1.7170	2	云南	-0.3421	-0.6080	-0.4699	28
江苏	-0.0156	3.0094	1.4382	3	西藏	-0.5742	-0.7000	-0.6347	31
浙江	0.0450	1.4303	0.7108	4	陕西	0.8460	-0.8719	0.0204	14
安徽	0.0129	-0.1786	-0.0791	12	甘肃	-0.2948	-0.6187	-0.4505	30
福建	-0.6508	0.8224	0.0572	10	青海	-0.5095	-0.6545	-0.5792	26
江西	-0.3751	-0.3093	-0.3435	18	宁夏	-0.5071	-0.5360	-0.5210	23
山东	-0.2314	0.5878	0.1623	7	新疆	-0.4403	-0.5551	-0.4954	21
河南	-0.2240	-0.3505	-0.2848	16					

（五）各省市在四项分项得分

利用同样的方法步骤可以得出各省市在企业创新能力、区域创新环境、区域创新绩效的得分与排名。并把四部分的得分 f_1、f_2、f_3、f_4 综合在一起，从中提取公因子。结果显示 f_1、f_2、f_3、f_4 符合因子分析法的条件，并提取出一个公因子，将其命名为区域创新能力，最后得出各省市的区域创新能力得分及排名。结果如表 5 所示。

表 5　2014 年我国各省（自治区、直辖市）区域创新能力综合评价结果

地区	区域创新能力		知识创新能力		企业创新能力		区域创新环境		区域创新绩效	
	得分	排名	得分	排名	得分	排名	得分	排名	得分	排名
北京	2.4093	1	2.3721	1	0.6860	6	1.6502	1	1.3476	3
天津	1.1337	6	0.4040	6	0.6781	7	0.6962	5	1.0996	5
河北	-0.4184	18	-0.3744	21	-0.2655	17	-0.1208	17	-0.3292	17
山西	-0.5552	21	-0.3583	20	-0.4864	24	-0.2192	20	-0.3789	20
内蒙古	-0.6315	24	-0.4792	26	-0.6410	29	-0.3791	26	-0.1256	11
辽宁	-0.0270	10	0.0889	9	-0.2237	15	-0.0957	15	0.1637	9

续表

地区	区域创新能力		知识创新能力		企业创新能力		区域创新环境		区域创新绩效	
	得分	排名	得分	排名	得分	排名	得分	排名	得分	排名
吉林	-0.3406	17	-0.3545	19	-0.4356	21	0.0597	11	-0.1997	12
黑龙江	-0.5666	22	-0.3198	17	-0.3859	19	-0.3834	27	-0.3474	18
上海	2.2151	2	1.7170	2	0.7821	4	1.3081	2	1.8011	1
江苏	2.0081	3	1.4382	3	1.9611	1	0.6751	6	1.1799	4
浙江	1.3634	5	0.7108	4	1.3161	3	0.7080	4	0.7843	6
安徽	-0.3043	15	-0.0791	12	0.0594	12	-0.2914	22	-0.4268	24
福建	0.3055	8	0.0572	10	0.1222	9	0.2845	7	0.2898	7
江西	-0.4457	19	-0.3435	18	-0.3377	18	-0.1841	18	-0.2889	16
山东	0.5187	7	0.1623	7	0.7585	5	0.2657	8	0.1684	8
河南	-0.3356	16	-0.2848	16	-0.0961	13	-0.1168	16	-0.3653	19
湖北	-0.0141	9	0.1004	8	0.0630	11	0.0779	10	-0.2864	15
湖南	-0.2443	13	-0.2527	15	0.2494	8	-0.1855	19	-0.4014	22
广东	1.7719	4	0.5749	5	1.7030	2	0.7204	3	1.6054	2
广西	-0.5111	20	-0.4128	22	-0.4275	20	-0.0319	12	-0.4856	25
海南	-0.5844	23	-0.4357	23	-0.4732	22	-0.0903	14	-0.5424	27
重庆	-0.0407	11	-0.2328	14	0.0732	10	-0.0812	13	0.1511	10
四川	-0.2587	14	-0.0811	13	-0.1264	14	-0.2202	21	-0.2163	13
贵州	-0.7993	27	-0.4869	27	-0.5460	26	-0.3660	25	-0.6590	29
云南	-0.8301	28	-0.4699	25	-0.4915	25	-0.4973	28	-0.6523	28
西藏	-1.4010	31	-0.6347	31	-0.8298	31	-1.3229	31	-0.6886	31
陕西	-0.0997	12	0.0204	11	-0.2580	16	0.1652	9	-0.2326	14
甘肃	-0.8313	29	-0.4505	24	-0.4861	23	-0.5087	29	-0.6662	30
青海	-1.0887	30	-0.5792	30	-0.7690	30	-0.8950	30	-0.4906	26
宁夏	-0.7211	26	-0.5210	29	-0.6172	28	-0.3165	24	-0.4134	23
新疆	-0.6765	25	-0.4954	28	-0.5554	27	-0.3047	23	-0.3943	21

四、分析与讨论

（一）中部地区区域创新能力分析与讨论

根据2014年《中国统计年鉴》的划分标准把我国划分为4大区域：东部、中部、西部、东北地区。将表5中五项内容的得分按照四大区域的划分标准进行组合，再计算得出四大区域在五项内容的平均分，如表6所示。

由表6可知，中部地区区域创新能力的平均得分为-0.3165，远远落后于东部地区（1.0723），与东北地区（-0.3114）基本持平，高于西部地区（-0.6575）。

由表5可知，中部六省的区域创新能力排名处于第9位至第21位之间，排在中部六省前面的省份中，有8个省份均位于东部地区。东部地区天然的区位优势是东部省份区域创新能力排名靠前的重要原因。在知识创新能力方面，中部地区落后于东部地区及东北地区，这与中部地区整体教育质量一般有较大关系；在企业创新能力方面，中部地区的平均得分为-0.0914，虽与东部地区相比较为落后，但在全国范围内来讲，表现还是比较突出。这可能与中西部承接东部产业转移的逐渐深入有较大关系，并且中部地区面积大，企业数量多，导致中部地区的企业创新能力略有提升。

表6　四大区域在五项内容中的平均分

区域	f_1 平均分	f_2 平均分	f_3 平均分	f_4 平均分	F 平均分
东部地区	0.6626	0.7268	0.6097	0.7404	1.0723
中部地区	-0.2030	-0.0914	-0.1532	-0.3579	-0.3165
西部地区	-0.4019	-0.4729	-0.3965	-0.4061	-0.6575
东北地区	-0.1951	-0.3484	-0.1398	-0.1278	-0.3114

在区域创新环境及区域创新绩效两方面，中部地区均落后于东部及东北地区，但与2012年相比，中部与东北地区的差距在逐渐缩小。这不仅与中部六省的创新能力的提升有关，也与东北地区近几年受传统发展模式及计划经济体制的影响，导致东北地区面临粗放型经济增长导致的环境严重破坏、经济发展活力不足、市场化程度低、企业效率低等问题有较大关系。

将2012年与2016年的创新能力得分情况进行对比我们发现，如今我国区域创新能力基本形成稳定格局：东部地区排名稳定，且领先优势逐渐扩大，但河北省创新能力较差，成为京津冀协同发展的短板；中西部地区整体仍然偏弱，且呈周期性波动；东北三省的综合排名正呈整体性逐年下滑趋势，东北老工业基地的创新有待提升，亟须激活创新能力。

（二）中部六省省间区域创新能力对比分析与讨论

我们把中部六省在五项内容的得分单独拿出来进行对比，结果如表7所示。

表7　中部六省在五项内容中的得分及总排名

	f_1 得分	f_2 得分	f_3 得分	f_4 得分	F 得分	2016 年 F 排名	2012 年 F 排名
湖北	0.1	0.063	0.078	-0.286	-0.014	9	10
湖南	-0.253	0.249	-0.186	-0.401	-0.244	13	13
安徽	-0.079	0.059	-0.291	-0.427	-0.304	15	21
河南	-0.285	-0.096	-0.117	-0.365	-0.336	16	16
江西	-0.344	-0.338	-0.184	-0.289	-0.446	19	25
山西	-0.358	-0.486	-0.219	-0.379	-0.555	21	20

中部六省在全国的排名集中在第 9 位至第 21 位之间，总体处于全国中等偏下水平。中部六省总体区域创新能力有所提升，其中安徽和江西排名提升较大；湖北、湖南、河南、山西排名则较为稳定，变化不大。中部六省中，湖北省的区域创新能力排名第一，是中部六省中唯一一个位居前十的省份。湖南位居次席，随后依次是安徽、河南、江西，山西居中部六省末席（见表 7）。

湖北省区域创新能力 2016 年的排名比 2012 年前进一名，位于全国第九。在 f_1、f_2、f_3、f_4 各部分的全国排名分别为第八、第十一、第十、第十五位。可以看出湖北省在四项内容的得分都比较高，其中知识创新能力最具优势；湖北省拥有 7 所 211 工程院校，各种高等教育院校总计 152 所，较多高质量的高校是知识技术创新与传播的源泉与重要保障。湖北省近 5 年在科学技术及创新方面投入力度较大，其中科技活动经费年均增长率为 46.51%、研发经费年均增长率为 26.81%，远高于中部六省的平均水平，科技活动经费年均增长率更是位居全国第一，这直接助推了湖北省区域创新能力的增强。但湖北省创新绩效得分较低，说明湖北省技术转化与应用能力较差，不能充分地应用技术创新。

湖南省的区域创新能力在全国排名第十三位，和 2012 年相比，湖南省在中部六省及全国范围的名次均没有发生变化。在 f_1、f_2、f_3、f_4 各部分的全国排名分别为第十五、第八、第十九、第二十二位。其中企业创新能力最具优势，排名全国第八，这与近年来湖南省承接产业转移有较大关系。湖南省承接产业转移加大了企业对固定资产的投资及对科研活动经费的投入，提高了企业专利申请量及新产品产出量。近五年湖南省的创新投入力度有所减弱，科技活动经费年均增长率为 14.19%，研发经费年均增长率为 29.62%；区域创新环境与全国相比较差，不利于湖南省创新能力的提升；并且创新绩效表现不好，说明其技术转化与应用能力较差，不能充分地应用技术创新。但湖南省创新基础较好，保证了该省区域创新能力排名的稳定。

安徽省排名有较大进步，全国排名由 2012 年的第二十一名提升到 2016 年的第十五名。中部排名也由第五跃升至第三。安徽省在 f_1、f_2、f_3、f_4 各部分的全国排名分别为第十二位、第十二位、第二十二位、第二十四位。相对其他两项，安徽省在知识创新能力及企业创新能力两方面具有优势，这与安徽在科学技术及创新方面投入力度加大有较大关系。安徽省科技活动经费年均增长率为 22.47%，全国排名第九；研发经费年均增长率为 29.59%，全国排名第七。同时，安徽省通过承接产业转移提升了其企业创新能力。但安徽省创新环境与创新绩效得分较低，给安徽省区域创新能力的提升带来了较大的障碍。

河南省 2016 年排名全国第十六名，与 2012 年相比没有变化。在 f_1、f_2、f_3、f_4 各部分的全国排名分别为第十六、第十三、第十六、第十九位。河南省高质量的高校数量较少，使得专利、论文及技术流动数量减少，知识创新能力较差。河南虽然经济总量位居全国第五，但人口较多，素质较低，人均公共物品拥有量较少，导致区域创新环境及区域创新绩效表现较差。但河南省企业创新能力连续多年排名较靠前，这与近年来国际及国内经济形势变化、沿海城市劳动力成本上升、河南省大量承接产业转移有较大关系。

江西省的区域创新能力在全国排名第十九位，和2012年相比提升了6名。江西省在f_1、f_2、f_3、f_4各部分的全国排名分别为第十八、第十八、第十八、第十六位。通过对比2012年及2016年江西省在四项分能力的得分及排名，我们可以得出江西省在四项分能力的排名均有所进步，其中企业创新能力提升明显，提升了8名。江西省科技活动经费年均增长率为35.04%，排名全国第二，这是江西省各项排名进步的最大原因。这里也能看出，经费投入是区域创新能力提升的重要影响因素。

山西省区域创新能力在全国排名第二十一位，和2012年相比变化不大，但是在全国仍处于中下游水平，排在中部六省的最后一位。究其原因，在经济新常态的大背景下，经济发展的方式由粗放型向集约型转变。山西省作为资源型大省，在经济发展的转型期面临巨大的挑战。从指标数据来看，山西省在四项内容的得分排名均较为靠后，尤其是企业创新能力方面，山西排名为全国第二十四名。在经济下行及煤炭行业陷入亏损的大背景下，高度依赖煤炭产业的山西省正处在转型期的摸索期，所以在各项企业创新能力的指标数据上表现较差，这也直接导致了山西企业创新能力较差。

五、结论与建议

在经济新常态的背景下，区域创新能力已成为中部地区获取竞争优势的决定性因素。本文建立了一套科学的评价指标体系，采用多层次因子分析法来全面评估中部地区的创新能力，并对中部六省的区域创新能力进行横向及纵向的比较分析。结果表明：中部地区的区域创新能力远远落后于东部地区，与东北地区基本持平，高于西部地区；中部地区区域创新能力整体仍然偏弱，且呈周期性波动；中部六省中，湖北省的区域创新能力最强，湖南次之，安徽、河南、江西、山西的区域创新能力相对较弱，但这四个省份与2012年相比在全国排名中均有所提升。

根据实证研究结果，中部地区区域创新能力的培育和提升可从以下方面开展：①以中部崛起战略为契机，发挥中部地区的比较优势，并逐步形成中部地区的区位优势，使区域经济发展和创新能力提升形成良性的互动；②提升知识创新能力，加大对知识创造及知识流动的创新投入力度，并通过吸引外资，学习国外的先进技术并应用到本地区本行业中，提升区域创新能力；③加强企业创新能力，最重要的是增加企业创新投入，包括加大科技活动经费投入及与科技活动相关的固定资产投资；④完善中部地区区域创新环境，即完善创新基础设施、提升市场需求及提高劳动者素质，完善区域创新能力建设的支撑体系，为提升区域创新能力提供重要保障。本文的研究结果对中部六省提升区域创新能力有一定的借鉴意义，各省应保持并发展自身优势，在得分较低的指标方面可以通过政策倾斜提升其竞争能力，最终达到提升自身综合创新能力的目的。

参考文献

［1］王宗军，毛磊，王清．我国中部地区区域创新能力评价与比较分析［J］．技术经济，2011（8）：44－50.

［2］Feldman M. P.，Florida R. The Geographic Sources of Innovation：Technological Infrastructure and Product Innovation in The United States［J］. Annals of the Association of American Geographers，1994，84（2）：210－229.

［3］中国科技发展战略研究小组．中国区域创新能力报告（2005～2006）［M］．北京：科学出版社，2006．

［4］魏守华，吴贵生，吕新雷．区域创新能力的影响因素——兼评我国创新能力的地区差距［J］．中国软科学，2010（9）：76－85.

［5］Schiumag，Lerroa. Knowledge－Based Capital in Building Regional Innovation Capacity［J］. Journal of Knowledge Management，2008，12（5）：121－136.

［6］Fritsch M. Measuring the Quality of Regional Innovation Systems－Acknowledge Production Function Approach［J］. International Regional Science Review，2002（25）：86－101.

［7］Furman J.，Porter M.，Stern S. The Determinants of National Innovative Capacity［J］. Research Policy，2002（31）：899－933.

［8］埃弗雷特·M. 罗杰斯，朱迪恩·K. 拉森．硅谷热［M］．北京：经济科学出版社，1985.

［9］甄峰，黄朝永，罗守贵．区域创新能力评价指标体系研究［J］．科学管理研究，2000，18（6）：5－8.

［10］黄鲁成．关于区域创新系统研究内容的探讨［J］．科研管理，2000（2）：43－48.

［11］任胜钢，彭建华．基于因子分析法的中国区域创新能力的评价及比较［J］．系统工程，2007（2）：87－92.

［12］刘凤朝，潘雄锋，施定国．基于集对分析法的区域自主创新能力评价研究［J］．中国软科学，2011（8）：34－46.

［13］马力，王燕燕．基于产业集群的区域创新能力评价体系研究［J］．统计与决策，2007（10）：63－64.

［14］赵希男，温馨，王艳梅．基于个性优势特征分析的区域创新能力评价与分析［J］．科学学研究，2009（3）：473－480.

［15］万勇，文豪．中国区域创新能力的评价指标体系研究［J］．中南大学学报（社会科学版），2009（5）：643－646.

［16］张目，周宗放．我国高技术产业自主创新能力评价指标体系研究［J］．科技管理研究，2010（16）：46－49.

［17］侯景新，尹卫红．区域经济分析方法［M］．北京：商务印书馆，2004：122－153.

［18］柳卸林，胡志坚．中国区域创新能力的分布与成因［J］．科学学研究，2002（5）：550－556.

[19] Diez M. A. The Evaluation of Regional Innovation and Cluster Policies: Towards a Partici - Patory Approach European [J]. Planning Studies, 2001, 9 (7): 907 - 923.

[20] 李习保. 中国区域创新能力变迁的实证分析：基于创新系统的观点 [J]. 管理世界, 2007 (12): 18 - 30.

[21] 吕可文. 知识基础、学习场与技术创新 [D]. 河南大学博士学位论文, 2013.

[22] 赵彦云, 甄峰. 我国区域自主创新和网络创新能力评价与分析 [J]. 中国人民大学学报, 2007 (4): 59 - 65.

创新能力对天生国际化企业绩效的影响分析

——基于我国创业板上市公司的证据

张晓涛　李京航

（中央财经大学国际经济与贸易学院）

20世纪80年代末以来，不同于传统的“先国内、后国外”企业国际化路径，越来越多的中小企业在刚刚成立几年内就开始在全球范围内进行资源整合和配置、生产和销售，这类企业成为企业国际化实践与研究中的一个新课题。与传统企业国际化相比，这类企业通常被称为天生国际化企业。从定性角度判断，天生国际化企业从成立之初就是国际化的，它积极在国际市场上寻找竞争优势，利用多国资源向多国销售（Oviatt和McDougall，1994）；从定量角度衡量，一般对这类企业从成立到出口的时间差以及海外销售比例等予以界定。Knight（1997）认为，天生国际化企业成立三年内就开始出口，并且出口额占总销售额达到25%或以上。天生国际化企业和传统企业相比，显现出完全不同的特征，具体表现为：天生国际化企业在成立后的较短时间内就在国际市场上销售产品；天生国际化企业的创立者往往具有丰富的海外经验和国际化的全球视野（Oviatt和McDougall，1995）；天生国际化企业具有先进的技术和创新能力，善于挖掘和利用其独特的无形资产建立自己的优势；天生国际化企业采取主动积极的国际化战略，准确定位国际市场，重视利基市场。

天生国际化现象最开始发生在发达国家或市场规模较小的国家，对其特征的发现和研究也主要集中在欧美等国，如英国（Turnbull，1987）、美国（Brush，1992）、澳大利亚（Rennie，1993）等。随着我国改革开放的进程和国际化程度的提高，天生国际化企业不仅仅出现在发达国家，我国也出现一批新兴的天生国际化企业，并可能呈现出和其他发达国家企业不同的特点。基于此，对我国天生国际化企业的讨论和研究具有现实意义。国内现有文献对我国天生国际化企业的讨论主要集中在对其特征、驱动力和企业绩效的研究，而对企业绩效的研究又主要集中在股权结构（王玉荣、李军、杨震宁，2010）、国际创业能力（王玉荣等，2010；李卫宁等，2010；张欢，2014）、学习导向（马鸿佳等，2016）、外部网络资源（侯旻、顾春梅，2016）等对天生国际化企业绩效的影响。已有的研究对天生国际化企业创新能力的关注较少，而创新能力恰恰是这类企业生产经营活动的重要特色。从研究方法上，现有研究主要是通过问卷调查、调研（李卫宁等，2010；侯旻等，2016；马鸿佳等，2016）和案例研究（周蕾、李杰，2013），使用大样本数据的实证研究较少，所得结论不具有一般性特点，数据真实性也有待考察。究其原因，主要是根据天生国际化企业的定义，在中国很难找到直接匹配的数据，如何将天生国际化企业理论创造性地运用于中国问题研究即是此类研究的重点与难点。

我国的"十三五"发展规划中，创新被摆在了国家发展全局的核心位置。国家和政府鼓励中小企业开展基础性和前沿性的创新研究，希望中小企业可以通过创新不断扩大规模，提高经营效率。"十三五"规划中也特别强调，国家和政府支持企业扩大对外投资，通过放宽境外投资限制、有序实现人民币资本账户的可兑换等为企业海外投资提供政策支持。特别是对于中小企业的融资难问题，"十三五"规划提出，要大力发展中小金融机构及普惠金融，鼓励设立各类中小企业基金、创业投资引导基金、风险投资基金等，积极引导跨国并购基金、风险投资基金的流动，支持国内中小企业与国外中小企业开展并购、合资、参股等合作，鼓励中小企业的国际化经营和海外投资。因此，对天生国际化企业创新能力的研究，有助于我国中小企业结合自身特点提高其创新效率，引导此类企业在国际化进程中找到提高企业绩效的方法和策略。同时，作为对最大发展中国家天生国际化企业实践的研究也将有利于中小企业国际化理论的丰富与拓展。

综上所述，本文将研究重点聚焦于创新能力对天生国际化企业绩效的影响，构建以研发和人力资本细分指标为代表的创新能力对企业绩效的影响机制，筛选我国创业板上市公司符合条件的企业，实证分析了研发支出、无形资产、员工受教育程度、管理者海外背景、管理者行业经验对企业财务绩效的影响。本文的创新之处在于：一是根据中国国情在我国创业板上市公司中筛选出符合我国国情的天生国际化企业，突破数据来源上的局限；二是将创新能力这一天生国际化企业重要特征的变量作为研究对象，并深入分析不同维度创新能力对企业绩效的影响。

一、创新能力对天生国际化企业绩效影响机制

（一）创新能力衡量

在对创新能力的衡量上，本文根据天生国际化企业的基本特征，将企业的创新能力分成两个方面内容：一是以货币资本衡量的企业研发投入与产出指标；二是企业人力资本质量。

首先，天生国际化企业由于规模小，无法获得规模经济的效益，只能通过技术创新和产品研发设计来与市场上其他大规模企业竞争（Rennie，1993），并且依赖创新和研发活动形成的无形资产保持自己的竞争优势。所以企业创新能力的一部分

来源于企业研发活动的投入和产出，其中研发投入表现为企业的研发费用支出，研发产出体现为企业所拥有的在财务报表中披露的独特的无形资产。之所以研发投入与产出指标都被列入考察指标，其原因在于如果研发投入没有被有效利用，并不必然对企业经营带来好的影响，同时由于研发具有周期性，研发投入可能会跨期产生成果并对企业经营产生影响。

其次，天生国际化企业的管理者多具有丰富的海外背景和行业经验（Bloodgood，1996；Madsen，1997；Saarenketo，2002），拥有广阔的国际视野和向海外市场发展的勇气和信心（Knight 和 Cavusgil，1996），这是天生国际化企业的核心无形资产（Oviatt 和 McDougall，1997），即企业的人力资本。与发达国家天生国际化管理者的特征不同，中国天生国际化企业的管理者或创立者仅有少数具备海外背景，而大多数则是有丰富的相关行业经验或国际贸易经验的本土人才，他们依据已有的经验与阅历建立和管理企业、加速企业国际化进程。因此，本文将管理者的特征分为两个方面——管理者海外背景和管理者行业经验。除了管理者的特征外，企业员工受教育程度也是天生国际化企业人力资本的重要组成部分，人力资本的质量是企业创新能力的另一方面，会对企业创新活动的方向和效果产生极大影响。

综上所述，本文将创新能力分为两大方面——研发和人力资本，其中研发又细分为研发投入和研发产出，分别用企业的研发支出费用和无形资产存量表示；人力资本细分为企业员工和管理者，分别用员工受教育程度、管理者海外背景和管理者海外经验表示。

（二）创新能力对天生国际化企业绩效影响机制

从理论机制上，以研发投入产出、人力资本为主要因素的企业创新能力对企业绩效的影响主要基于企业资源理论，又叫资源基础理论，即企业是各种各样的资源的集合体，企业特有的资源和能力是解释企业经营绩效的关键，正是因为不同企业所拥有的资源不同，即企业资源具有异质性和不可模仿性，导致不同企业的绩效不同（陈兴华，2010）。这种异质性资源也叫战略资源，具有稀缺性、有价值、难以模仿和难以替代的特性（陈兴华，2010）。天生国际化企业作为新生企业，规模较小，无法获得规模经济的效益，往往是通过不断的研发活动获得独特的技术和营销知识来克服自身的不利因素，向市场提供有竞争力的产品。这种研发活动就是企业获得战略资源的一种方式，企业必须通过持续的创新活动来保持其竞争优势。天生国际化企业特有的产品和服务可以占据一定的市场份额，但要保持这种独特性还需要依靠无形资源，无形资源一部分是企业研发活动形成的无形资产，包括专利、专有技术、商誉和商标等，使企业获得超额利润，提高其绩效；另一部分是企业为了获得独特的知识和经验而雇用的拥有特殊技能的人才，即企业的人力资本，其是能给企业带来竞争优势的特殊资源，会直接影响企业绩效（邓学芬等，2012）。这些人才包括企业雇用的有高等学历和专业技能的员工，也包括任命作为公司管理者的拥有海外资源和背景的人。同时，有行业经验和国际经验的企业领导者也能更好地利用企业中拥有国际化经历和跨文化交流能力的人力资源，促进企业保持竞争优势，对企业绩效有贡献作用。

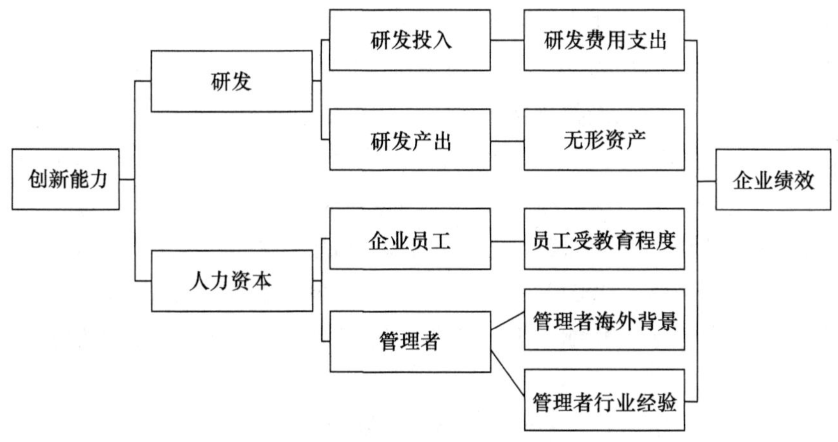

图1　天生国际化企业创新能力对企业经营绩效影响机制

资料来源：笔者整理。

关于管理层对企业绩效的影响机制，高阶理论（Hambrick 和 Mason，1984）认为，管理者团队成员作为企业的重要人力资本，会对企业战略决策产生影响，因为管理者的创新性和前瞻性的不同会影响整个管理团队在面对企业决策环境时的分析方向，导致不同企业因管理者个人特质的不同而呈现出不同的创新导向和战略导向，从而影响企业绩效。天生国际化企业目标在于国外市场，有海外背景的管理者会作出更有利于企业在国际市场上生产和经营的决策。因为这些管理者具有丰富的海外生活和工作经历，更熟悉国际市场，同时拥有熟练的跨文化交流能力，了解最先进的科学技术和管理知识，并且熟悉世界规则。而有行业经验的管理者在所属行业摸爬滚打几十年，了解企业在不同发展阶段应该选择的战略和目标，在面对外部市场的大环境变化时也能保持沉着冷静，作出适合企业的决策。所以，管理者因其个人经历背景不同而影响企业作出不同的战略决策，从而影响企业绩效。

二、模型、样本选择与数据来源

（一）模型设定及变量说明

基于本文研究的问题，构造如下的多元回归计量模型：

其中，ROA 是被解释变量，代表企业绩效，由总资产报酬率表示，反映企业每一单位资产的创造利润能力，是企业总体资产回报情况的考量。本文的企业绩效分析只考虑企业的财务绩效。RD 是研发密集度，由企业研发投入占主营业务收入的比重表示，反映企业的研发投入情况。并且，由于研发密集度对企业绩效的影响具有滞后性（鲍新中、孙晔、陶秋燕、盛晓娟，2014），需要将其滞后性进行回归，但由于研发产出成果多为实用新型和外观设计等周期较短的专利和设计，以上模型中将研发密集度只滞后一期。IAP是企业当期存在的无形资产占总资产的比例。无形资产包括专利、商标、知识产权、土地使用权、技术使用权等，其价值体现企业的创新能力和创造能力，是企业研发产出的具体体现。为了控制企业不同规模的影响，用无形资产和总资产的比例表示。EDU代表员工的受教育程度，由员工本科以上人数占总员工人数比例表示。OB代表有海外背景的管理者占总管理者人数的比例。EX代表有行业经验的管理者占总管理者人数的比例。为了控制企业的规模，本文把企业规模作为控制变量，用企业总资产表示，并且由于不同企业总资产差异很大，所以回归时对其取自然对数。除此之外，资本结构和股权结构也会影响企业绩效（沈维成，2008），所以在回归中本文也控制了资本结构和股权结构，分别用资产负债率（DAR）和股权集中度表示，变量选取与说明如表1所示。

表1　变量选取与说明

变量类型	变量名	符号	度量指标
被解释变量	企业绩效	ROA	总资产报酬率
解释变量	研发密集度	RD	研发投入/主营业务收入
	无形资产占比	IAP	无形资产/总资产
	员工受教育程度	EDU	员工本科以上学历占比
	管理者海外背景	OB	有海外背景管理者/总管理者
	管理者行业经验	EX	有行业经验管理者/总管理者
控制变量	企业规模	lnAT	总资产取自然对数
	资本结构	DAR	资产负债率
	股权结构	OC	股权集中度

（二）样本选取与数据来源

1. 样本企业选取

天生国际化企业的界定决定了样本企业选取方法，根据已有经典理论，企业成立与开始国际化的时间差和国际化程度是界定天生国际化企业的标准。传统理论中，Knight（1997）对时间差的定义是三年，国际化程度的定义是出口额占总销售额的25%或以上。为了既符合中国国情又能够有效利用高质量的公开数据库，本文放松对天生国际化企业的界定，将企业开始国际化的时间差定为三年，国际化程度定为海外销售额占总销售额的15%，选择中国创业板上市公司的数据，数据来源为Wind数据库。

中国创业板正式上市的时间为2009年10月30日，而Wind数据库中可以找到有年报披露的创业板公司最早的年份为2006年。根据本文的定义，2003年之前成立的公司我们将无法判断其是否是天生国际化企业。在具体筛选样本过程中，我们做以下几方面的处理。

(1) 对于2003年成立的企业，如果2006年没有完成在创业板上市而2007年成功上市，无法得到其2006年的数据披露，但可知道其2007年的海外销售情况，如果2007年其外销比例达到25%，根据生产的连续性，可以认定其2006年的海外销售额占总销售额的比例达到15%的可能性非常大。所以，这些企业可以认定为天生国际化企业，入选研究样本。

(2) 对于一些成立2~5年中数据变化比较明显的企业，我们也根据实际情况进行认定。例如向日葵（300111. SZ），2005年3月21日成立，2007年海外销售额占总销售额比例为14.92%，2008年为10.33%，2009年为93.75%，2010年为91.47%。从数据的变化中可以看出，向日葵企业成立之初便以海外销售为目标，虽然刚成立的三年内外销占比较小，但是从第四年开始外销比例大幅度增加，且一直保持平稳。可能是公司谈成了和国外有关公司的合作，抑或是其生产技术上有了重大创新或提高。这样的企业也可认定为天生国际化企业，入选研究样本。

(3) 对于成立三年都没有数据披露的企业，我们放松开始国际化的时间，考虑成立五年的情况，但对国际化程度严格限制。第一种情况，因为2006年有年报披露的企业数量很少，所以考虑2007年有数据披露企业的特殊情况。对于2007年外销比例达到25%以上，且在2002年之后成立的企业，认定为天生国际化企业，入选研究样本。第二种情况，企业成立三年内都没有数据披露的，根据企业成立第四年或第五年的数据进行判断，如果这两年企业的外销比例能达到25%，也可认定为天生国际化企业，入选研究样本。

(4) 对于成立五年内都没有在创业板上市，即没有数据披露的企业，则本文不予考虑。

综合考虑以上几个方面，创业板501家企业中符合条件的天生国际化企业共有56家，作为本文进行理论和实证分析的样本。

2. 数据来源及变量指标说明

企业的总资产报酬率、无形资产、总资产的数据来源于Wind数据库，数据区间为2006年到2014年。资产负债率和股权集中度来源于锐思数据库。研发密集度来源于企业年报的第三章——董事会报告。员工受教育程度、管理者海外背景和行业经验来源于各企业年报的第七章——董事、监事、高级管理人员和员工情况。在具体操作中，由于某些个别企业年报中披露的是以大专为界限划分的学历数据，综合考虑样本企业特点多数是以技术工人为主的劳动密集型企业，具有扎实专业技术的员工对其生产经营有正面意义，所以这些企业以大专以上学历代替本科以上学历。管理者特征的具体数据选择中，管理者的选择为企业董事会非独立董事和高级经理人员。选择依据是独立董事不在公司任职，与公司没有直接的业务联系，且在中国独立董事的权利往往不能充分行使，而监事也不对企业生产经营情况直接决策和负责，所以管理者的选择中不包括独立董事和监事。海外背景的认定包括海外教育经历、工作经历、有境外永久居留权；行业经验包括专业学习过相关内容且取得硕士或博士学位，有过相关课题研究经验，在相关行业工作过且在与主营业务相关的部门工作过，或者从事国际贸易多年，积累了大量经验的管理者。具体判断和计算管理者海外背景和行业经验的指标时，本文通过一一阅读各企业各年年报的第七章（董事、监事、高级管理人员和员工情况）的“董事、监事、高级管理人员最近5年的主要工作经历”部分，根据上述认定方式分析每一个管理者的海外背景和行业经验情况并手工整理，剔除独立董事和监事，计算实际管理者的数量，进而计算有海外背景和行业经验的管理者占总管理者数量的比例。

三、实证结果与分析

（一）描述性统计分析

本文是以2010年到2014年的创业板56家上市公司数据作为研究样本，对被解释变量、解释变量和控制变量进行统计性描述，如表2所示。

表2　变量的统计性描述

变量	N	最小值	最大值	均值	标准差	方差
企业绩效	270	10.9591	118.1861	10.9591	10.9977	120.9491
研发密集度	226	0.0000	0.7300	0.0604	0.0680	0.5329
无形资产占比	269	0.0025	0.2307	0.0428	0.0368	0.0014
员工受教育程度	185	0.0500	0.8700	0.2555	0.1870	0.0350
管理者海外背景	185	0.0000	0.6000	0.1205	0.1538	0.0237
管理者行业经验	185	0.2000	1.0000	0.7082	0.2011	0.0404
企业规模	270	18.5000	23.6300	20.5660	0.8640	0.7466
资本结构	270	0.0111	0.7424	0.2898	0.1866	0.0348
股权结构	254	0.2835	1.0187	0.7649	0.1578	0.0249

（二）实证结果与分析

1. 实证结果

表3是以总资产报酬率表示的企业绩效为被解释变量，研发密集度、无形资产占比、员工受教育程度、管理者海外背景、管理者行业经验为解释变量的多元回归结果。方程（1）控制了企业规模，研发密集度前的系数为负且在5%的水平上显著，说明研发密集度对企业绩效有显著的负向影响。无形资产占比的估计系数为负但是不显著，说明样本中天生国际化企业的无形资产存量对企业绩效没有显著影响。员工受教育程度的估计系数为5.856，通过了5%的显著性水平的检验，说明员工中本科以上占比每提高1%，企业的总资产报酬率会提高0.05856%。有海外背景的管理者占比的系数不显著，即对中国创业板的天生国际化企业来说，管理者

的海外背景对其绩效的影响不明显。而管理者行业经验的系数估计符号为正且通过了5%的显著性检验，说明有行业经验的管理者占比越高，企业的财务绩效水平也相应地越高。方程（2）在方程（1）的基础上又控制了资产负债率，发现估计方程的各系数数值和显著性都变化不大：研发密集度的估计系数依然为负，5%的水平上显著；无形资产占比和管理者海外背景仍旧不显著；员工受教育程度估计系数值和方程（1）相比减少一个单位，显著性水平下降到10%；管理者行业经验依旧在5%水平上显著且系数变化不大。方程（3）继续控制了股权结构，加入股权集中度的控制变量，和之前所得结论一致，研发密集度估计系数为负且显著，员工受教育程度和管理者行业经验为正且显著，无形资产占比和管理者海外背景估计系数不显著。在不断加入控制变量的过程中，自变量的估计结果和显著性水平变化不大，说明结果是稳健的和可靠的。

表3 回归结果

	(1)	(2)	(3)	(4)
变量名	ROA	ROA	ROA	ROA
L. RD	-19.08 **	-20.12 **	-18.22 **	-19.07 **
	(8.594)	(8.601)	(8.461)	(8.316)
IAP	-16.77	-14.95	-7.029	
	(12.49)	(12.52)	(12.58)	
EDU	5.856 **	4.848 *	5.222 *	5.600 **
	(2.818)	(2.901)	(2.852)	(2.722)
OB	2.351	2.31	1.285	
	(2.634)	(2.627)	(2.621)	
EX	4.214 **	4.961 **	4.149 *	4.317 **
	(2.107)	(2.168)	(2.143)	(2.124)
lnAT	-1.892 ***	-1.425 **	-0.543	-0.472
	(0.626)	(0.709)	(0.753)	(0.744)
DAR		-4.016	-5.660 *	-5.902 **
		(2.882)	(2.924)	(2.889)
OC			12.02 ***	12.94 ***
			(3.952)	(3.768)
Constant	42.76 ***	33.72 **	7.653	5.346
	(12.74)	(14.27)	(16.41)	(16.05)
观察值	166	166	163	163
R - squared	0.112	0.123	0.177	0.173

注："***"、"**"和"*"分别代表在1%、5%和10%水平上显著。

为了进一步验证回归结果的稳健性，方程（4）剔除了之前得到的对企业绩效无明显影响的变量——无形资产占比和管理者海外背景，将其他解释变量和控制变量对企业绩效做多元回归，结果如表3所示。可以看到，模型中的三个自变量和方程（1）、方程（2）、方程（3）相比估计结果、正负值和显著性依旧变化不大，几乎没有影响，方程的变化也不大，说明剔除的变量对因变量的解释没有明显的作用，也说明剩余的三个自变量对因变量的影响是显著的和稳健的。

2. 实证结论与分析

通过以上回归结果可以得出以下结论：

（1）研发密集度对天生国际化企业绩效的影响为负。企业增加研发投入反而会降低企业绩效，这可能的原因有：①样本中天生国际化企业的研发投入较低，质量也不高，没能使企业获得实际的战略资源，没有提高企业的竞争力，不足以达到提升企业绩效的作用；②创新研发活动有较长的周期，在样本周期内，研发的结果还没有发挥出作用；③企业的研发资金投入没有及时提高相关的生产经营能力，从会计角度看，研发支出费用化而不能资本化，总资产收益率会降低。

（2）员工受教育程度的提高对企业绩效的提高有正向积极作用。因为天生国际化企业的高素质高技术员工作为知识的重要载体，是其获取持续竞争力的人力资本和重要内部资源，这种资源会形成天生国际化企业独特的异质性，有利于提高企业绩效。

（3）管理者的行业经验对企业绩效也有促进作用。因为在中国创业板的上市公司中，企业的创立者和领导者一般都是在所处行业有着多年的工作或研究经验，熟悉所处行业的国内外市场和技术情况。随着改革开放进程的推进和开放程度的加大，中国一批有远见、有经验的成熟企业家纷纷尝试开拓国外市场，设立目标对准国外市场的天生国际化企业。而管理者的行业经验和远见卓识就是其企业的富有竞争力的无形资源，对企业的生产经营、研发设计、营销活动产生正向影响，促进企业绩效提高。

（4）无形资产对企业绩效没有明显的影响。原因是企业的研发投入相当大的一部分可能没有相应地使企业获得有战略意义的无形资产，企业的无形资产的质量和类别有待考察，现有企业的无形资产可能和自身经营活动无关，不会对企业绩效有显著的正向作用。

（5）管理者海外背景对企业绩效也没有明显的影响。可能的原因有：①中国创业板企业管理层中有海外背景的管理者只占据少数，数据量可能不足以得到统计上的结论；②中国天生国际化企业的国际化视野、海外交流能力等的体现不需要具有海外背景的管理者，有丰富行业经验的管理者也可以胜任；③中国天生国际化企业处在发展中市场，具有独特性，与发达国家呈现不同的特点，本土教育背景、管理背景的企业家造就了一批国际化的企业，甚至世界级的企业。

四、结论及启示

本文以中国创业板上市公司中的天生国际化企业为样本，实证分析了以研发密集度、无形资产占比、员工受教育程度、管理者海外背景和管理者行业经验五个维度表示的创新能力对天生国际化企业绩效的影响。研究发现，天生国际化企业研发密集度的提高会显著降低企业绩效，研发投入转化为生产经营能力提高的程度较低，企业的科研创新质量不高；员工受教育程度的提高或有行业经验的管理者占比的增加对天生国际化企业绩效的提高有积极作用，员工和管理者是以创新为导向的天生国际化企业的重要人力资本，高素质员工有利于提高企业的生产经营效率，有行业经验的管理者能引导企业在国际化进程中少走弯路，减少风险，不断提高自身绩效水平；而无形资产和管理者海外背景对天生国际化企业绩效没有明显的作用，可能是企业无形资产的质量不高以及在中国独特经济发展路径下海外背景的管理者未必能够提高企业绩效，可能存在"水土不服"问题。

基于以上结论，我国天生国际化企业在发展过程中应努力提升将研发投入转化成实际成果的能力，缩短研发成果产生作用的时间，尽量避免盲目地加大研发费用，提高研发资金的使用效率与研发成果商业化质量。同时，还应加强对无形资产的管理，提高无形资产的质量，加强和企业经营绩效相关的无形资产的转化。企业还应注重员工作为企业核心人力资本的作用，雇用高学历的人才，增加员工培训的经费，重视员工的培养。在管理人员的任命中，企业可以积极将具有丰富行业经验的专业人士引入到公司的管理层中，弥补企业国际化经验的不足，提高企业的管理水平，为企业进军国际市场、提高企业绩效提供便利条件。而对于有丰富海外背景的管理者，企业也可以增加其比例，尽快形成其对企业绩效的明显的促进作用。而无论哪种背景的企业管理者都应该有意识地提高自己的国际化知识、跨文化交流的能力等，将专业知识和经验与国际化视野相结合，为企业的生产经营活动和盈利能力的大幅度提高提供动力。

参考文献

[1] 鲍新中，孙晔，陶秋燕等．竞争战略、创新研发与企业绩效的关系研究［J］．中国科技论坛，2014（6）：63－69.

[2] 陈娴，徐炜，郭志勇．创业板上市公司无形资产与公司绩效的相关性研究［J］．中小企业管理与科技，2015（1）：52－53.

[3] 陈兴华．无形资产对企业经营绩效影响的实证研究［D］．石河子大学，2010.

[4] 邓学芬，黄功勋，张学英等．企业人力资本与企业绩效关系的实证研究——以高新技术企业为例［J］．宏观经济研究，2012（1）：73－79.

[5] 侯旻，顾春梅．二代浙商天生国际化企业外部网络资源对企业绩效的影响——双元能力调节效应分析［J］．商业经济与管理，2016（3）：75－87.

[6] 李卫宁，邹俐爱．天生国际企业创业导向与国际绩效的关系研究［J］．管理学报，

2010 (6): 819-824.

[7] 马鸿佳，宋春华，刘艳艳等．学习导向、国际创业能力与天生国际化企业绩效关系研究［J］．南方经济，2016 (1): 89-107.

[8] 邵红霞，方军雄．我国上市公司无形资产价值相关性研究［J］．会计研究，2006 (12).

[9] 沈维成．资本结构、股权结构与公司绩效［J］．安徽工业大学学报（社会科学版），2008，25 (4): 26-28.

[10] 王玉荣，李军，杨震宁．"天生国际化"企业：股权结构、国际创业与绩效的关系研究［J］．科学学与科学技术管理，2010，31 (8): 143-149.

[11] 尹飘扬，杨向阳．人力资本和企业绩效的相关性分析［J］．会计之友，2009 (14): 85-87.

[12] 张欢．天生国际化企业国际创业能力、动态能力与企业绩效的关系研究［D］．吉林大学，2014.

[13] 周蕾，李杰．企业家因素对天生国际化企业的影响——基于案例的研究［J］．科技创业月刊，2013，26 (12): 83-85.

[14] 朱卫平，伦蕊．高新技术企业科技投入与绩效相关性的实证分析［J］．科技管理研究，2004，24 (5): 7-9.

[15] Bloodgood J. M., Sapienza H. J., Almeida J. G. The Internationalization of New High-Potential US Ventures: Antecedents and Outcomes [J]. Entrepreneurship: Theory and Practice, 1996, 20 (4): 61-77.

[16] Brush C. G. Factors Motivating Small Companies to Internationalise: The Effect of Frim Age [M]. Boston University, 1992.

[17] Colombo M. G., Grilli L. Founders' Human Capital and the Growth of New Technology-Based Firms: A Competence-Based View [J]. Research Policy, 2005, 34 (6): 795-816.

[18] Hambrick D. C., Mason P. A. Upper Echelons: The Organization as a Reflection of Its Top Managers [J]. Academy of Management Review, 1984, 9 (2): 193-206.

[19] Hu A. G., Jefferson G. H. Returns to Research and Development in Chinese Industry: Evidence from State-Owned Enterprises in Beijing [J]. China Economic Review, 2004, 15 (1): 86-107.

[20] Knight G. A., Cavusgil S. T., Cavusgil S., et al. Export Internationalizing Research-Enrichment and Challenges [J]. The Born Global Firm: A Challenge to Traditional Internationalization Theory, 1996 (8): 11-26.

[21] Knight G. A. Emerging Paradigm for International Marketing: The Born Global Firm [D]. Michigan State University. Dept. of Marketing and Supply Chain Management, 1997.

[22] Knight G. Born Global [J]. Wiley International Encyclopedia of Marketing, 1996.

[23] Madsen T. K., Servais P. The Internationalization of Born Globals: An Evolutionary Process? [J]. International Business Review, 1997, 6 (6): 561-583.

[24] McDougall P. P., Shane S., Oviatt B. M. Explaining the Formation of International New Ventures: The Limits of Theories from International Business Research [J]. Journal of Business Ventu-

ring, 1994, 9 (6): 469 - 487.

[25] Oviatt B. M., McDougall P. P., Loper M. Global Start - ups: Entrepreneurs on a Worldwide Stage [and Executive Commentary] [J]. The Academy of Management Executive (1993 - 2005), 1995: 30 - 44.

[26] Oviatt B. M., McDougall P. P. Challenges for Internationalization Process Theory: The Case of International New Ventures [J]. MIR: Management International Review, 1997: 85 - 99.

[27] Saarenketo S. Born Globals: Internationalization of Small and Medium - Sized Knowledge - Intensive Firms [M]. Lappeenrannan Teknillinen Korkeakoulu, 2002.

[28] Turnbull P. W. A Challenge to the Stages Theory of the Internationalization Process [J]. Managing Export Entry and Expansion, 1987: 21 - 40.

[29] Weisberg J. Differential Teamwork Performance: The Impact of General and Specific Human Capital Levels [J]. International Journal of Manpower, 1996, 17 (8): 18 - 29.

众创空间出现的秘密：基于文献研究的答案

叶振宇　余柯玮

（中国社会科学院工业经济研究所）

“众创空间”是2014年开始出现的，很快引起中央有关领导的关注，时至今日仍是热度不减的政策热词。近年来，随着国家把众创空间作为实施国家创新驱动发展战略的重要平台，我国众创空间的数量呈现井喷式增长，众多类型、不同层次、多种形式的众创空间成为各地培育新经济的主战场。学术界对众创空间的研究明显滞后于实践发展的需要，特别是在众创空间的理论机制、区位布局等方面鲜有相关文献涉足。为此，本文希冀通过对国内外相关文献进行梳理，以求解众创空间出现之谜。

一、中国众创空间的崛起

科技部作为全国众创空间的业务指导单位，于2015年9月8日出台了《发展众创空间工作指引》，该文件将众创空间界定为“顺应新一轮科技革命和产业变革新趋势、有效满足网络时代大众创新创业需求的新型创业服务平台”。毛大庆（2016）认为，众创空间是利用自身丰富的社会资源，为创业者提供包括工作空间、网络空间、交流空间和资源共享空间在内的各类创业场所，为创业者提供低成本、便利化、全要素的创业服务平台。低成本是众创空间追求的最基本目标。正是这种追求导向，众创空间都是以各种形式的联合办公环境存在，为创客和初创企业集聚提供了实用的载体。无论是专家、企业界人士还是政府官员都将众创空间视为针对早期创业的重要服务载体，但现实中，众创空间往往又被地方政府当作科技孵化器来支持。跟过去的产业园区不同，众创空间是多维度的空间聚合体，包括工作空间、网络空间、社交空间、资源共享空间等，是由各类功能不同的空间共同构成的创业创新生态。同时，众创空间又承担着中介服务的功能，如创业培训、创业辅导、创业融资、创业法务、企业工商注册、知识产权交易等。由于国内“众创空间”出现得比较晚，因而相关的研究仍处于起步阶段，难以满足社会实践的需要。

我国众创空间发展历时较短，但数量较多，出现了专业服务型、培训辅导型、媒体延伸型、投资促进型、综合生态型、联合办公型等多种类型（毛大庆，2016），同时以特色小镇、高新区等较大空间为依托的众创空间呈现全国范围的扩散状态。据国家发改委发布的《2016 年中国大众创业万众创新发展报告》，我国各地众创空间的数量已达到 2300 家，其中有 136 家得到科技部备案，有超过百家的众创空间被科技部列为“国家级科技企业孵化器”，相当数量的众创空间得到各级政府的财政资助和政策支持。北京、上海、深圳、成都、重庆、武汉、杭州、厦门等城市是我国众创空间分布比较集中的地方，其中北京、上海等城市还成立了众创空间联盟。北京中关村创业大街是我国众创空间的样板，创新工场、优客工场、3W 咖啡、车库咖啡、黑马会等众创空间已探索形成各具特色的商业模式。

各级政府的利好政策是推动众创空间全面扩张的主要原因。

在国家层面，2015 年 3 月，国务院办公厅出台了《国务院办公厅关于发展众创空间推进大众创新创业的指导意见》，时隔近一年，又出台了《国务院办公厅关于加快众创空间发展服务实体经济转型升级的指导意见》。与之相配套，2015 年 9 月，科技部出台了《发展众创空间工作指引》，为进一步开展众创空间认定工作做准备。2016 年 7 月，科技部又出台了《专业化众创空间建设工作指引》，从 2016 年 7 月至 8 月先后公布了三批，共 1218 家众创空间。

在地方层面，为了尽快形成品牌效应，各地纷纷编制了众创空间发展规划和出台相应的支持政策（范海霞，2015），如《“创业中国”中关村引领工程（2015～2020 年）》、《“创业浦江”行动计划（2015～2020 年）》、《东湖国家自主创新示范区关于建设创业光谷的若干意见》、《创业青岛千帆启航工程实施方案》、《厦门市人民政府关于发展众创空间推进大众创新创业的实施意见》等。在地方政策的强力推动下，毛大庆（2016）、汤小芳（2015）等经过调查研究发现，跟欧美发达国家的众创空间相比，我国众创空间仍处于低水平的数量扩张阶段，相当大比重的众创空间缺少自生能力，高度依赖各级政府的财政补贴和优惠政策，不能有效地发挥创业创新载体的作用，有些众创空间逐渐沦为企业变相圈地或套取政府补贴的工具。

二、众创空间出现的理论探究

众创空间之所以能够出现并在全球范围内加速扩散，其背后机制值得深入探究。但无论是从创新地理学还是从集聚经济学的视角出发，我们都可以找到众创空间存在的理论依据。经验研究表明，创业创新活动比较活跃的地方往往又是高素质人才分布比较密集的地区（AnnaLee Saxenian，1996），如硅谷、128 公路等，因为这些地方的知识溢出效应较强，足以抵消集聚带来的额外成本。从既有研究来看，创新创业的微观集聚主要有以下代表性的观点：

（1）“集聚效应说”。有学者研究发现，产业集聚的地方有较大的可能性出现创新创业行为（Martin Andersson and Johan P. Larsson，2016）。例如，许多企业诞生在专业集群中，因为集群有利于降低企业可能遇到的生存风险。进一步，从单个企业的层面上看，现存企业和机构及其优势也将对初创企业的建立产生重要影响：一方面，许多创新企业的创办者均来自于现存企业；另一方面，初创企业可以充分地利用当地融资环境、现存企业的技术经验和更为浓厚的创新文化氛围，也将取得更为迅速的发展（Carlino et al.，2014）。这也就意味着，众创空间等创新集聚现象一旦初具规模，则会对初创企业保持长久的吸引力和创新“黏性”。也正因如此，至今仍有众多初创企业涌入美国“硅谷”驻扎。

（2）“示范效应说”。传统城市经济学家认为进入成本降低或创新回报的提高，会使得创新企业的净收入提高（Smith A.，1776），进而吸引更多的企业集聚。究其实质主要是沿创新创业活动的供给曲线移动，促使创新创业活动的净收入增加。至今，关于这一观点的经验证明并不充分（Glaeser E. L.，et al.，2010）。但是，Waldfogel J.（2008）解释道大城市对专门化商品有更多需求，巨大的需求将会催生生产新产品的初创企业建立并为其带来更高的净收入，进而吸引更多初创企业和创新创业活动在该地区集聚。这也从另一个侧面对上述传统观点进行了阐述。

（3）“物质环境说”。现今更多学者认为，地区创新活动的集聚和发展水平的差异实质上是由创新活动供给曲线的移动引起的。具体来说，各地区在创新活动所需要的各类投入要素上的禀赋有所不同，促使创新活动向要素更为丰富或固定成本更低的地方集聚（Glaeser E. L.，et al.，2010）。例如，物质资料、技术型人才、风险投资环境以及知识外溢，甚至政治、文化等方面的推动力和自然环境条件等外生性因素，均将对地区的创新活动发展和集聚产生影响（Chinitz B. J.，1961；Saxenian A.，et al.，1995；Glaeser E. L.，et al.，2010）。以技术型人才这一要素为例，Glaeser（2007）认为人才供给在促进创新创业活动集聚中起着关键性作用，并通过实证分析得出年长的、有技能的劳动者更有可能进行创新创业活动。特别地，40 岁左右的高技术人才是推动创新创业活动的中坚力量。至于影响人才流动和集聚的重要因素，地区的工资水平、地理位置的重要性、教育机会的差异、跨国公司等因素均会对人才集聚产生影响（Sari Pekkala Kerr，et al.，2016）。个体在进行迁移选择时，尤其是跨区迁移选择时，迁出地与迁入地的制度、教育和文化等方面的差异将会成为个体考虑的重要因素。

（4）“知识溢出说”。知识外溢也是促进创新活动集聚的重要因素。Assmanna D. 和 Stillerb J.（2014）将知识外溢分为两种形式，一种是通过模仿的过程进行相互学习，这种形式将会使某一类型的工作者积累起更多的人力资本，另一种则是创新的过程，会提高整个城市的技术效率。Luigi Guiso 等（2015）通过实证分析已发现部分创新创业能力可以通过学习获得，并且成长阶段生活在企业集聚密度更高地区的人更有可能成为双创人才。若是在已成为创业者的情况下，这类人所主导的双创活动则更有可能取得更大成功。Martin Andersson 等（2016）通过将地理信息与瑞士的雇佣信息相匹配，发现邻近地区创新企业的建立将显著地增加该地区的人离职创业的可能性，进而也反映出了邻近地区创新创业企业的建立将会通过区域间的反馈效应对本地区的创新活动集聚产生重要影响。此外，知识外溢属于一种局部效应，受到距离的限制（Carlino，et al.，2014）。距离越远，知识外溢过程中的干扰因素越多，外溢的效果也就越差；反之，距离越近，越有利于知识和创新的发展、传输以及共享。

由于当今时代知识的迅速发展，知识的不断更新导致经济要素需要不断更新，因此也形成了靠近知识“发源地”布局的趋势，例如，在大学城或其他的研究机构旁布局（Van Oort，F. G.，2014）。而众创空间则可以在相对狭小和集中的空间范围内，且多布局于著名大学或研究机构附近，为众多双创人才提供一个知识交流分享的平台，促进知识外溢和创新发展。

（5）“地理邻近说”。在创新地理研究者看来，他们认为地理邻近性是影响创新活动集聚的重要因素（Morgan K.，2012）。地理上的邻近关系不仅更有利于区域内形成规模经济和专业化的生产分工，而且大大降低了运输成本，进而促进了学习和创新过程，提高了生产效率（Myrdal，1957；Krugman，1991）。尤其是对于创新这类复杂程度高、原创性强且不易以文字传递的活动过程而言，地理邻近性更便于进行面对面交谈，其作用也显得尤为突出（Gertler，2003）。虽然随着沟通工具的多样化和信息交换技术的提高，面对面的会谈和观点交流变得不再同往日一样重要（Cairncross，2001）。但在进行复杂的、不易以符号或文字传递的知识交流，防止合作伙伴事前沟通而产生道德风险等方面，面对面交谈仍具有至关重要的作用（Leamer and Storper，2001 ；Storper and Venables，2004）。另外，随着商旅成本的上升（Hall，1998），地理邻近关系在促进创新创业活动集聚方面将起着更为重要的作用。当然，这里所指的地理邻近性绝不等同于物理距离上的邻近关系（Healy A. 和 Morgan K.，2012），实际上，地理邻近性中必然包含了社会关系维度（Boschma，2005），其不仅仅作用于降低交通成本，交换隐性知识（Morgan，2004），而在于其对加强社会关系等方面的影响。通过社会上的交流和沟通，人们能从中相互学习，进而提高自己的创新能力（Luigi Guiso，et al.，2015）。地理距离并非唯一的重要的因素，社会和文化距离同样重要。众创空间中的初创企业虽在组织结构、主营业务等多方面各有不同、各具特色，但是它们的共同之处在于认同创新创业促进产业和经济发展的理念，在这一共同认知的基础上相互交流、相互学习，不仅能为该地区营造良好的创新创业氛围，促进创新创业企业发展，而且能够鼓励和吸引更多具有相同认知和追求的创业者在此驻扎。

（6）“多样性说”。从整个经济活动的层面上看，相较于进行专业化、单一性的研发与生产活动，多样性和互补性更高的经济活动组织结构将会产生更多的创新产出（Feldman M. P.，1999）。众创空间并未对初创企业的创业方向、研发领域和经营模式加以限制，因而在这一空间中往往是各类初创企业“百花齐放”。例如北京中关村创业大街中，既有“言又几”这类创意实体书店，又有“易到用车”这类应用APP开发设计。各类活动的差异性虽大，但通过学习、分享和知识外溢，创新成果产出的可能性也就越大。

可见，上述每一种观点或假说犹如盲人摸象，都有自身的理论合理性，但只解释了现象的一个侧面。事实上，早在一百多年前，马歇尔曾就产业专门化与集聚现象做过比较精辟的论述，他认为产业投入产出间的关系、知识的溢出效应和劳动力池的存在是产业集聚的源泉（Marshall，1890）。20世纪90年代以来，新经济地理学的出现推动了这个领域的研究，经济学家们都试图想打开产业集聚的"黑箱"（Krugman，1998）。虽然理论尚不完美，但这些理论可以为众创空间的崛起提供较强的理论解释。Edward L. Glaeser和Joshua D. Gottlieb（2009）把马歇尔的三个假说简化地概括为产品运输成本节约、劳动力移动成本节约和知识流动成本节约，他认为三种成本节约导致城市成为经济活动高度集聚的空间。从这个视角去看，众创空间可以为创业者提供共享的基础设施、知识分享的机会以及与投资者形成更有成效的互动。

Gilles Duranton和Diego Puga（2004）将经济活动微观集聚机制归纳为分享、匹配和学习三个机制，如果将这些机制用于解释众创空间集聚现象，我们就可以这样理解，双创人才高度集中有利于缩短知识信息的分享成本，提高创业创新基础设施服务利用效率。同时，又由于匹配机制的作用，众创空间可以通过个性化定位、差别化规则和定制化服务与不同创业团队实现对接或组合，从而形成良性互动的关系；学习效应的存在使得众创空间更容易对不同人群产生吸引力，促进多样化知识的流动和转化。跟过去那种第一个吃螃蟹的创业家带来示范带头效应、知识溢出效应和社会网络效应相比，众创空间是创业家高度集中的地方，它更像一个创业孵化器，不会存在明显的创业梯度示范效应。此外，如果从互联网的视角来看，众创空间具有平台经济的典型特征，它把各种创新创业相关的要素和功能聚合到一个虚实结合、功能多样、互动分享的平台上，以此吸引众多创业者集聚，使他们从中收获成功的机会。如果跟分散式创业相比，依托众创空间而形成的高度集中式创业，其成功概率较高。显然，微观集聚机制可以为众创空间存在提供一个比较理想的理论分析框架，但其实现模型化仍充满着诸多的挑战。

三、众创空间区位布局的镜鉴

相比国内众创空间的刚刚兴起，发达国家创新区的发展可以为我们提供诸多的借鉴与参考。以美国20世纪50年代"硅谷"的建立为标志，美国"硅谷"很快成为具有全球影响力的信息技术和高技术产业中心，催生了一大批创新企业集聚于此，从而推动了人类社会快速步入知识经济信息化时代，世界各地也出现了不少具有全球性或区域性影响力的创新区。经过60多年的发展演变，创新区的空间布局呈现出不同的发展特点。

第一种类型的创新区分布在城市远郊地区，主要依托著名大学或科研机构的科研实力。例如，近年来发展迅速的马萨诸塞州剑桥市的肯德尔广场（Kendall Square）、费城大学城和圣路易斯等地区。最具代表性的为美国“硅谷”、北卡罗来纳州的三角研究园区和英国剑桥科技园。“硅谷”的前身为斯坦福研究园区，该研究园区设立之初的直接目的为开辟闲置空地，鼓励学生就近创业，以解决“二战”后大量毕业生的就业问题，而长远目标是促使斯坦福大学成为应用与研究中心，将大学研究与高技术产业发展相结合。而后，由于集成电路技术、半导体等多项新技术突破，该地区不断催生和吸引新的创新企业集聚。加之该区域自然环境优越、交通便利，且依托多所科研实力雄厚的世界著名大学，因而迅速发展成长约 48 公里、宽约 16 公里的狭长地带，即为现今著名的“硅谷”。相比“硅谷”的自然兴起，北卡罗来纳三角研究园区的建立稍晚，并带有显著的规划布局特征。20 世纪 50 年代末，以北卡罗来纳大学、北卡罗来纳州立大学和杜克大学为支撑点，三点连接构成的三角区域作为科学研究基地，力求借助三所大学突出的科研实力和人力优势帮助北卡罗来纳州改变其落后面貌。基地建立不久，正值 50 年代美国经济重心及联邦政府政策导向逐步向南部地区转移的好时机，加之该地区优越的地理位置、气候条件和科研基础，众多企业在三角研究园集聚落户。从重点发展化学领域，到 70 年代后，紧跟世界科技发展前沿，将其研究方向依次转向环境科学、微电子技术、生物科学和网络工程等领域，该地区紧跟市场步伐，利用雄厚的科研实力引导并占领前沿市场。英国剑桥科技园于 1970 年在剑桥大学的主导下成立，位于英国东南部的剑桥郡，毗邻英国首都伦敦，两地之间的车程仅约 1 小时。该园区以剑桥大学等著名大学、科研机构为主体对园区进行开发、投资和建设，政府部门辅助参与。剑桥科技园区发展早期主要凭借著名大学和科研机构的优势，吸引了大量跨国公司分支机构的设立。而后，随着英国政府的鼓励性措施和该地区居住、工作和生产条件的不断完善，大量剑桥毕业生在此创办富有活力的小型高技术公司，且发展迅速，进而吸引了更多高技术公司在此集聚，大大增强了该地区的创新优势和世界影响力，出现了“剑桥现象”。总的来说，“硅谷”、北卡罗来纳三角研究园和英国剑桥科技园虽然发展路径有所不同，但是三者均创建于当时自然环境优越、未被大力开发的城市远郊地区，且依托附近多所著名大学的科研实力不断发展。远郊地区环境优越，更有利于为科研工作者提供独立思考的环境。为更好地借助大学的科研和人才优势，创新创业企业自然在此集聚。由此可见，在早期阶段，著名大学、科研机构等对创新集聚现象出现的影响已十分显著，大学和科研机构也成为拥有科技优势、催生新业态，新产业集聚落户的策源地。

第二种类型的创新区主要分布在处于转型升级期的工业区附近。其中，美国波士顿南湾、西雅图的南湖联盟区、布鲁克林的海军造船厂和旧金山的米逊湾（Mission Bay）均属于此类空间布局。例如，西雅图的南湖联盟区是废旧的仓库区和工业区转型升级为著名创新集聚区的典型案例。该地区的发展主要是以一家房地产公司——Vulan 为主导收购南湖联盟地区的大量建筑之后，加以重新改造和规划，成功吸引华盛顿大学在此设立生物科学及医学园，进而推动了健康医疗和生命科学等类型的公司在此发展和聚集。亚马逊、微软等具有全球影响力的大型公司将其总部落户于此，不仅使南湖联盟地区巨大的科技和人才储备潜力得以释放，而且通过创立天使联盟等组织为发展前景广阔的初创公司提供了有力的资金支持，创业生态链逐渐完善，各类创新创业公司云集于此，并带动了区域内相关产业的迅猛发展。同样地，波士顿南湾地区周围，既没有像波士顿城市北部的众多大学林立，也没有南部纽约或费城等州市中的世界级科研机构和大学城。而南湾地区也曾一度因其地处偏僻的海港发展缓慢。但是“Big Dig”项目和波士顿港口重建项目帮助南湾地区与其他城市密切相连，加之波士顿浓厚的教育文化氛围、完善的知识储备和良好的基础设施，促使改造后的南湾地区迅速吸引了众多创新创业公司的集聚。此外，全球最大的创业孵化器 MassChallenge 和世界第一座公共创新大楼 District Hall 也为这一地区的初创企业提供了资金支持和聚会交流空间，打造了良好的创新创业环境。由此可见，在这一时期，虽然大学或科研机构雄厚的科研实力仍对创新创业的微观集聚现象有着十分重要的影响和作用，但创新集聚区的空间布局并不仅局限和完全受制于著名大学学府位置。类似于西雅图南湖联盟和波士顿南湾，那些拥有深厚的人才储备和完善的基础设施的转型工业区仍可通过改造不断吸引著名研究机构和企业集聚，进而产生创新集聚现象。它们的成功，也为创新创业企业的微观集聚区提供了一条新的发展路径。

第三种类型的创新区是以政府为主导或经政府规划而创建的。日本筑波科学城、韩国大德科技园、中国台湾新竹科技园、印度班加罗尔地区以及中国的中关村、深圳等地，在它们的发展过程中，政府的政策引导均起到了至关重要的作用。例如，日本的筑波科学城源于日本自上而下的国家级战略规划，试图将筑波打造成为以筑波大学为中心，连接周围各个研究机构，进而通过以筑波大学为核心的研发基地带动周围地区工业企业创新发展的生态创新型城市。随后，1985 年筑波世界博览会的举办更是促进了筑波城市基础设施的完善、城市功能的优化以及世界知名度的提升。但是这些优势并不足以弥补筑波科学城在高技术开发和创新机制、政府直接管理模式和园区文化等方面的不足。虽在政府政策支持和引导下，筑波科学城园成功吸引了大量的创业企业聚集，为日本的科技发展做出了不小的贡献，但是由于上述弊端的日益显现，筑波科学城亟待改造和转型。与之有所不同，我国的中关村科技园，其前身虽也为国家批准设立的北京市高新技术开发试验区，但是发展过程中，中关村科技园一方面围绕国家战略和社会经济发展需要，取得了大量的关键技术突破和创新成果，推动以软件产业、信息服务和信息制造业为代表的优势特色产业发展；另一方面，充分利用国家政策优势，紧跟世界科技发展前沿，大力吸纳留学归国创业人才，形成了下一代互联网、移动互联网和新一代移动通信、卫星应用、生物和健康、节能环保、轨道交通六大优势产业集群。近年来，顺应国家大众创业、万众创新政策，中关村创业大街吸引了黑马会、投资家、虫洞等创业投资团体，增强了中关村的创新活力。

综上所述，各类创新区的区位选择、开发模式、发展路径各有特色、各不相同，从20世纪50年代早期的创新区多分布于交通便捷的城市远郊地区，到近些年更多的集聚现象发生在工业基础深厚或市场规模较大的城市近郊甚至城市中心地区，从主要追求有利于创新工作的人才储备和科研基础，到追求工作和生活品质的双重提高，生活、住宅、工作的一体化条件等，从以著名大学产学研能力提升为最初目标，到以落后地区或工业区改造为出发点，创新创业集聚现象也在不断发生变化。但是不变的是，创新创业集聚现象无疑大大提高了各国在相关领域的研发水平和实力，并带动了区域内相关产业的迅猛发展，成为国家或地区经济增长的重要源泉。

四、结束语

现阶段，在创新驱动发展的背景下，众创空间被国家视为新旧动能转换的重要载体，且犹如雨后春笋般在全国范围内迅猛发展起来。尽管我们不能怀疑其扩张背后的政府行为因素，但其存在的理论现象却值得学术界关注和探讨。本文对国外相关文献进行梳理之后发现，众创空间就是创新创业的高度集聚之地，集聚效应、示范效应、知识溢出效应等理论假说或学术观点都能够解释众创空间的集聚现象。相比之下，从微观集聚机制的理论视角去解释众创空间现象却更具有一般的意义和学术价值。然而，由于国内外关于众创空间的研究偏重于实践层面，却忽视了其存在的理论依据，致使理论创新严重落后于现实实践。本文只是对众创空间出现的秘密进行了一次初步的探讨，下一步将通过相关的理论跟踪和实地调研继续推进这一领域的研究。

参考文献

[1] AnnaLee Saxenian. Regional Advantage: Culture and Competition in Silicon Valley and Route 128. Harvard University Press, 1996.

[2] Assmanna, D., and Stillerb, J. Knowledge Accumulation in Cities: The Role of Imitation and Innovation. ERSA conference papers. European Regional Science Association, 2014 (14): 1101.

[3] Boschma, R. Proximity and Innovation: A Critical Assessment. Regional Studies, 2005, 39 (1): 61-74.

[4] Carlino, G., Kerr, W. R. Agglomeration and Innovation. National Bureau of Economic Research. Handbook of Regional and Urban Economics, 2014 (5): 350-398.

[5] Chinitz, B. J. Contrasts in Agglomeration: New York and Pittsburgh. American Economic Review, 1961 (51): 279-289.

[6] Chandler, A. D., and Saxenian, A. Regional Advantage: Culture and Competition in Silicon Valley and Route 128. Harvard University, Cambridge, 1995: 153-156.

[7] Cairncross, F. The Death of Distance 2.0; How to Communications Revolution will Change our

Lives. Cambridge: Havard Business School Press, 2001.

[8] Glaeser, E. L., and Gottlieb, G. D. The Wealth of Cities: Agglomeration Economies and Spatial Equilibrium in the United States. Journal of Economic Literature, 2009, 47 (4): 983 – 1028.

[9] Feldman, M. P., and Audretsch, D. B. Innovation in Cities: Science – Based Diversity, Specialization and Localized Competition. European Economic Review, 1999, 43 (2): 409 – 429.

[10] Duranton, G., and Puga, D. Micro – foundations of Urban Agglomeration Economies. In J. Vernon Henderson and Jacques – Fran? ois Thisse (eds.) Handbook of Regional and Urban Economics. Amsterdam: North – Holland, 2004 (4): 2063 – 2117.

[11] Glaeser, E. L., Rosenthal, S. S., and Strange, W. C. Urban Economics and Entrepreneurship. Journal of Urban Economics, 2010, 67 (1): 1 – 14.

[12] Glaeser, E. L., Kerr, W. R., and Ponzetto, G. A. M. Clusters of Entrepreneurship. Journal of Urban Economics, 2010, 67 (1): 150 – 168.

[13] Glaeser, E. L. Entrepreneurship and the City. National Bureau of Economic Research, 2007.

[14] Guiso, L., Pistaferri, L., and Schivardi, F. Learning Entrepreneurship from Other Entrepreneurs. National Bureau of Economic Research, 2015.

[15] Gertler, M. The Undefinable Tacitness of Being (There): Tacit Knowledge and the Economic Geography of Context. Journal of Economic Geography, 2003 (3): 75 – 99.

[16] Healy, A., and Morgan, K. Spaces of Innovation: Learning, Proximity and the Ecological Turn. Regional Studies, 2012, 46 (8): 1041 – 1053.

[17] Hall, P. Cities in Civilization. Oxford: Blackwell, 1998.

[18] Kerr, S. P., Kerr, W., and özdenç, et al. Global Talent Flows. National Bureau of Economic Research, 2016.

[19] Krugman, P. Geography and Trade. MIT Press, Cambridge, 1991.

[20] Leamer, E. E. and Storper, M. The Economic Geography of the Internet Age. Journal of International Business Studies, 2001, 32 (4): 641 – 665.

[21] Myrdal, G. Economic Theory and Underdeveloped Regions. Duckworth, London, 1957.

[22] Martin Andersson and Johan P. Larsson. Local Entrepreneurship Clusters in Cities. Journal of Economic Geography, 2016 (16): 39 – 66.

[23] Marshall, A. Principles of Economics. Macmillan, London, 1890.

[24] Krugman, P. Space: The Final Frontier. The Journal of Economic Perspectives, 1998, 12 (2): 161 – 174.

[25] Smith, A. An Inquiry into the Nature and Causes of the Wealth of Nations, Bartleby, New York, 1776.

[26] Van Oort, F. G., and Lambooy, J. G. Cities, Knowledge, and Innovation. Handbook of Regional Science. Springer Berlin Heidelberg, 2014: 475 – 488.

[27] Waldfogel, J. The Median Voter and the Median Consumer: Local Private Goods and Population Composition. Journal of Urban Economics, 2008, 63 (2): 567 – 582.

[28] 范海霞. 各地众创空间发展政策比较及启示 [J]. 杭州科技, 2015 (3): 55 – 57.

[29] 雷兵, 刘蒙蒙. 创业家与产业集聚: 一个文献综述 [J]. 科技和产业, 2016 (1):

10－16.

［30］毛大庆．中国众创空间行业发展蓝皮书（2016）——中国众创空间的现状与未来［M］．杭州：浙江人民出版社，2016.

［31］汤小芳．厦门市众创空间发展调查分析［J］．厦门特区党校学报，2015（6）：25－28.

财政科技投入对区域技术创新贡献率的动态估计（2009～2014）*

夏　晶[1]　张念明[2]

（1. 湖北师范大学经济与管理学院；
2. 山东社会科学院财政金融研究所）

一、引言

党的十八届五中全会提出，要把创新放在国家发展全局的核心位置，把发展的基点放在创新上。技术创新作为一国经济持续健康发展的强劲动力与综合国力提升的内在支撑，对优化供给结构、促进经济转型升级具有重大实践价值。近年来，中国财政科技投入的力度不断加大，对技术创新能力的提升起到积极助益。2009～2014年，全国财政科技支出2.47万亿元，年均增长近20%。从支出结构看，财政科技支出越来越倚重于地方政府，地方财政科技支出占总支出的比重由2009年的47.76%上升到2014年的54.14%。另外，就经济社会发展的内在需求而言，中国对财政科技的投入强度尚有不足。近年来，财政科技支出占一般预算支出的比例长期收敛于3.5%～3.65%的窄幅区间；从投入效果来看，呈现出科技资金投入区域结构与类型结构不合理、创新资源配置效率不高、科技资金管理机制不畅等突出问题。同时，省际科技创新能力差异颇大，也对中国创新型国家建设及区域协调均衡发展构成内在约束，亟待进一步研究解决。

近年来，全要素生产率（TFP）测算及相关领域的研究成果颇多，如郑京海、胡鞍钢（2005），陶长琪、齐亚伟（2010），李春米、魏玮（2014）[1-3]运用数据包络分析法（DEA），魏峰、江永红（2013），叶德磊、邓金鹏（2010）[4-5]运用Cobb－Douglas生产函数，王志刚、龚六堂（2006），王志平（2010），张金灿、仲伟周（2015）[6-8]等运用随机前沿模型（SFA）进行了研究。此外，部分学者对某些特定行业的TFP进行了分析，如唐德祥、周雪晴等（2016）[9]测算了西南地区农

*　基金项目：国家社科基金青年项目（15CJY071）；湖北省人文社科研究基地“资源枯竭城市转型与发展研究中心”重点项目（Kf2014z03）。

业 TFP，并进行了区域差距及收敛性的实证判断，梁俊、龙少波（2015）[10]运用方向性距离函数和 Luenberger 生产率指标，对环境约束下中国区域工业 TFP 进行测算，并对其影响因素和收敛性进行了分析。在此基础上，部分学者将约束因素纳入分析框架，如屈小娥（2012）[11]将资源和环境因素，赵成柏、毛春梅（2011）[12]将碳排放因素纳入 TFP 测算框架，运用 Malmquist 指数法测算了我国区域 TFP 及其构成。

从财政科技投入的创新效应来看，国外学者 Scott（2000）、Leyden 和 Link（1991）、Czarnitzki 和 Hussinger（2004）[13-15]利用不同国家数据，认为政府研发资助有效降低了企业研发风险和成本，刺激了企业更大的 R&D 支出。在国内学者中，郭兵、罗守贵（2015）[16]分别通过静态和动态面板数据模型，对财政科技资助是否激励了上海企业科技创新进行了实证分析，并对不同类型企业进行了异质性比较；张明喜（2010）[17]基于 Granger 因果分析、脉冲响应与方差分解等方法，分析了我国财政科技投入与经济增长关系，并从完善科研经费管理制度、构建科研项目评价等方面提出具体建议。另外，马悦（2015）[18]从科技创新税收优惠体系完善视角，曹坤、周学仁、王轶（2016）[19]从技术外部性和经济外部性纠正视角，周彬、邬娟（2015）[20]从财政分权视角等分别提出地方财政科技投入的作用机制及优化措施。

上述文献对 TFP 测算及财政科技投入的创新效应进行了研究，但基于系统性和结构性思维，将其有机结合的成果较少。在 TFP 测算文献中，判断 TFP 影响因素及深化提升 TFP 水平有效举措的研究深待挖掘；同时，在界定和选择创新能力指标方面，已有研究的主观化取向偏重。本文基于有机统合的整体视角，首先测算各地区的全要素生产率，再据此分析财政科技投入对其影响机制及影响程度，以期为下一阶段财政科技投入机制改革提供参考。

本文结构安排如下：第一部分为引言与文献综述；第二部分对财政科技投入影响创新能力的作用机制进行分析；第三部分通过 Cobb - Douglas 生产函数，对 TFP 公式进行了推导，并运用固定效应方法测算了中国不同省份 TFP 值；第四部分选择省份 TFP 为创新能力指标，对财政科技投入对其影响程度进行实证分析，并引入控制变量来检验模型的平稳性；第五部分是主要结论与启示。

二、财政科技投入影响创新能力提升的作用机制

理论上，技术创新是市场经济主体为追求利润最大化的市场行为，但由于技术创新具有正外部性，如果仅有私人投资，其投入不能达到社会最优水平，因此需要政府提供支持。财政科技投入作为创新资本投入的重要内容，对技术创新的影响可源自三个效应：

（1）风险效应。由于科技创新整体风险程度较高、周期较长，通过政府研发投入，为科研活动提供良好的科研环境，包括知识产权保护的制度环境，完善的科

研公共服务平台建设等，促进信息、人才等资源共享，从而降低企业的研发风险。

（2）成本效应。政府通过财政支出直接对研发活动进行支持，提供科技创新基础设施建设，破解研发活动的资金瓶颈，降低科技创新的初始成本。

（3）激励效应。财政科技投入具有导向性基金的功能，通过进行各种创新奖励和财政补助，有利于吸引更多的私人资本投资于创新型行业和企业。

通过上述三种效应，财政支出能有效激励科技创新行为，总体效应可用图1来表示：

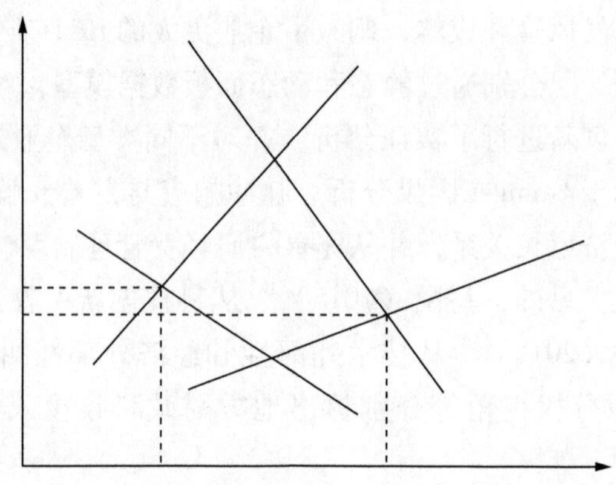

图1 财政科技投入促进科技创新的效应

图1中，横轴表示科技创新成果的数量，纵轴表示科技创新成果的价格，也可理解为科技创新所需的资源投入。创新成果与创新资源投入之间的关系可由供求曲线来表示，供给曲线和需求曲线的交点即为均衡点。在没有财政支出介入的情况下，科技创新体系的初始均衡点为 E_0，科技创新主体需要付出 P_0 的代价，得到 Q_0 数量的创新成果。

在财政科技资金投入后，根据前述作用机制，在供给侧，一方面降低了科技创新管理成本和交易成本，减少了科技创新风险，使得供给曲线斜率相对减少。另一方面，通过直接投资，增加科技创新供给数量，降低微观主体科技创新成本，使得供给曲线向右移动。综合效应下原有供给曲线 S_0 移动到 S_1；在需求侧，通过财政科技资金引导，增加科技创新收益，激励微观主体增加科技创新活动，因而需求曲线向右移动，并同时由于创新风险下降导致需求曲线的斜率相对增大，D_0 综合效应下使得需求曲线移动到 D_1，并和新供给曲线 S_1 相交形成科技创新的新均衡点 E_1。

把图中两种均衡状态做比较可以看出，在财政支出的激励作用下，科技创新的代价有所降低，而科技创新成果的数量却有所增加，从原均衡点 Q_0 增加到新均衡点 Q_1，从而发挥了激励科技创新的作用。

三、技术创新能力的测度指标：全要素生产率

（一）全要素生产率公式推导

全要素生产率（TFP）是用技术进步来解释所有不是源于要素投入原因的生产率变化，可作为技术创新能力的评价指标。本文通过 Cobb－Douglas 生产函数采用索洛剩余法来测算：

$$Y_{it}=A_{it}K_{it}^{\alpha}N_{it}^{\beta} \quad (1)$$

其中，Y_{it}、K_{it}和L_{it}分别为i地区t期产出量、资本存量投入和劳动力投入，A_{it}为i地区第t期技术进步，也叫全要素生产率，α_i和β_i为i地区资本和劳动对产出的弹性系数，假设规模报酬不变，即$\alpha+\beta=1$，对 C－D 函数取对数，式（1）变为：

$$\ln(Y_t/L_t)=\ln A_t+\alpha\ln(K_t/L_t) \quad (2)$$

令$y_t=Y_t/L_t$，$k_t=K_t/L_t$

$$\ln y_{it}=\ln A_{it}+\alpha\ln k_{it} \quad (3)$$

所以y_{it}，k_{it}的经济学意义分别是人均产出量和人均资本存量。通过引入不同地区的数据，利用回归模型测算出α，就可以算出各地区各年的全要素生产率，即技术进步率。

（二）中国全要素生产率的测算（2009～2014年）

（1）模型选择。式（3）即为中国TFP的计量模型，本文研究了2009～2014年间除西藏外的中国30个省级区域情况。其中，y_{it}和k_{it}分别用第t年i地区人均生产总值和人均资本存量来表示。资本存量根据永续盘存法计算，资产折旧率定为10%；劳动力人数采用各年平均就业人数。在面板数据模型选择中，由于研究总体包含了所有个体，并通过 Hausman 检验，得到P值为0.0381、在5%的显著性水平上拒绝随机模型的原假设，选择固定效应模型。

（2）参数估计。以中国省级面板数据为基础，考虑到不同地区的科技创新能力差异，建立了因变量 lnGDP 和自变量 lnK 之间的变截距固定效应模型，并进行回归分析，结果如表1所示。

（3）回归结果。由式（3）可知，$\ln TFP_{it}=\ln A_{it}=\ln y_{it}-\alpha_i\ln k_{it}-(1-\alpha)\ln l_{it}$，$TFP_{it}=\exp(\ln TFP_{it})$。

根据上述估计结果，可得到各省份在2009～2014年期间的TFP数值，表2显示了各省份的TFP平均值（分年度数值略）。

可以看出，2009～2014年，中国TFP呈现总体上升趋势，30个省份的平均值从2009年的0.9674提高到2014年的1.0464。这与中国改革开放特别是2001年加入世界贸易组织后，不断深化国际交流密切相关。由于经济技术全球化，中国大量引进国外先进技术，极大地促进了中国TFP的提高。同时，在经济“提质换挡”的新常态下，国家提出了供给侧结构性改革，更加注重科技创新对经济发展的推动作用，并通过财税金融等具体政策予以落实，在政策的支持鼓励下，科技创新对经济发展的贡献率越来越大。

表1　固定效应面板数据模型估计结果

变量	系数	标准差	T统计值	概率值	
C	1.906514	0.127108	14.99912	0.0000	
LOGK	0.758850	0.010847	69.95908	0.0000	
固定效应影响（截面）					
北京	0.343997	浙江	0.201428	海南	-0.092276
天津	0.137337	安徽	0.040272	重庆	0.032235
河北	-0.013616	福建	0.157703	四川	0.002339
山西	-0.126502	江西	0.010496	贵州	-0.109215
内蒙古	-0.054763	山东	0.101420	云南	-0.229066
辽宁	0.030610	河南	-0.137350	陕西	-0.079806
吉林	-0.201192	湖北	0.071486	甘肃	-0.127949
黑龙江	-0.028102	湖南	0.054458	青海	-0.292161
上海	0.309500	广东	0.368498	宁夏	-0.261930
江苏	0.211384	广西	-0.154804	新疆	-0.164430
Adjusted R-squared	0.991158	F-statistic 669.8442	S.E. of regression	0.0418	

表2　中国分省份平均TFP（2009~2014年）

地区	TFP	地区	TFP	地区	TFP
北京	1.364832	浙江	1.167938	海南	0.862599
天津	1.176904	安徽	0.979297	重庆	0.93809
河北	0.981374	福建	1.138885	四川	0.902851
山西	0.888263	江西	0.951814	贵州	0.804351
内蒙古	1.017152	山东	1.119962	云南	0.812858
辽宁	0.998946	河南	0.920477	陕西	0.878437
吉林	0.798005	湖北	1.008879	甘肃	0.809181
黑龙江	0.968831	湖南	1.026493	青海	0.74548
上海	1.366237	广东	1.491424	宁夏	0.751285
江苏	1.186872	广西	0.903876	新疆	0.769775

分省份来考察，广东、上海、北京等东部沿海省区在2014年TFP分别为1.49、1.37和1.36，属于TFP水平最高区域，湖北、湖南、江西等中部地区省份其次，而西部省份的TFP水平较低，尤其是青海、宁夏等省份TFP远远低于全国

平均水平。另外，由于工业型城市转型较为滞后，东北地区 TFP 也整体较低。总体来看，地区之间技术创新对经济发展中的贡献存在很大的差异。

四、科技投入与技术创新相关性检验：模型设定与推导

与市场失灵同源，对技术创新的财政支持也存在政府失灵的可能，尤其是在经费分配及使用过程中的“逆向选择”和“道德风险”，降低了公共资金的配置效率。因此，有必要通过实证分析来检验财政科技投入对技术创新的影响程度。

（一）变量选择

（1）被解释变量与解释变量。以前文计算的分省份全要素生产率（TFP）为被解释变量，同时，为考察回归结果的稳健性，选择三项专利授权量（Patent）作为被解释变量的替代指标。根据本文研究目的与对象，以地方财政科技投入（Fiscal）作为解释变量。

（2）控制变量。为控制其他因素的影响，本文以规模以上企业 R&D 投入（RD）、外商直接投资（FDI）和技术合同成交额（Ttrade）作为控制变量。①企业 R&D 投入是国际上通行的评价科技投入强度的核心指标，是促进技术进步的物质基础；②国家间的经济交往会带来技术的扩散，FDI 的技术溢出效应是作为中国促进技术进步的重要原因；③技术交易是科技成果转化的重要衡量指标，技术合同成交额能够反映技术市场活跃程度。

（二）模型设定

此处研究对象为 2009～2014 年中国大陆除西藏外的其他 30 个省级地区，共 180 个观测值。通过 Hausman 检验，选择固定效应面板数据模型。同时，为了消除数据的波动性，本文采取多元对数回归模型进行分析。考虑到财政科技投入对自主创新影响的滞后性，因此将财政科技投入的一期滞后变量作为自变量。根据前述分析，得到如下回归方程：

$$\ln Y_{it} = \alpha_i + \beta \ln FISCAL_{it-1} + \sum_{j=1}^{n} \gamma_i Control_{it} + \varepsilon_{it} \tag{4}$$

其中，Y_{it}是被解释变量，表示科技创新能力，可用全要素生产率表示；*FISCAL* 是解释变量，表示财政科技投入。*Control* 为影响技术创新的控制变量，包括企业 R&D 投入（RD）、外商直接投资（FDI）和技术合同成交额（TTRADE），ε_i为随机误差项。系数 α、β 和 γ 分别表示不同省份创新能力的截距项、创新能力对于财政科技投入的弹性、创新能力对于控制变量的弹性。数据来源于历年《中国统计年鉴》、《中国科技统计年鉴》等。

（三）实证结果及检验

（1）描述性统计。在回归分析前，首先需要对各变量序列进行平稳性检验，结果表明在 5% 显著性水平下，各变量取自然对数后一阶差分后平稳。其次进行协整检验，根据 Johansen 协整检验结果，变量间存在协整关系，因此可以进行后续实

证分析。表3显示了相关变量的描述性统计结果。

表3 模型变量说明与基本统计描述（2009~2014年）

变量名称	变量说明	单位	样本数	均值	标准差	最大值	最小值
TFP	全要素生产率		180	1.0158	0.1847	1.4914	0.6939
GDP	人均国内生产总值	元	180	24758	53896	133178	15107
K	人均资本存量	元	180	65045	136706	401704	34734
PATENT	专利授权数	个	180	31173.2	48910.4	269944	264
FISCAL	地方财政科技投入	亿元	180	69.991	73.837	344.94	3.76
FDI	外商直接投资	亿美元	180	1011.81	1448.39	7181	23
RD	规模以上企业研发投入	亿元	180	211.07	278.85	1376.54	1.44
TTRADE	技术合同成交额	亿元	180	177.71	420.13	3137.19	0.56

（2）面板数据回归结果。表4显示了式（4）在没有控制变量下的估计结果。从中可以看出：①全要素生产率与地方财政科技投入存在显著的正相关关系。地方财政科技投入每增加1%，则下一期的TFP会增加0.029%；②各省的截距有所不同，表明各地科技产出的基础水平存在较大差异。整体上看，中国经济发达的省份，财政科技效率较高，截距值大于0，而经济较落后的省份，科技发展水平也较落后，截距值小于0。

表4 财政科技投入对地区TFP作用模型的估计结果

变量	系数	标准差	t统计值	概率值
C	1.127423	0.032230	34.98013	0.0000
FISCAL（-1）	0.028919	0.008711	3.320017	0.0012

固定效应影响（截面）

北京	0.442927	浙江	0.250209	海南	-0.140337
天津	0.131387	安徽	0.049549	重庆	0.018073
河北	-0.035779	福建	0.156854	四川	0.006665
山西	-0.148085	江西	-0.013281	贵州	-0.120900
内蒙古	-0.099360	山东	0.110352	云南	-0.239606
辽宁	0.038517	河南	-0.148499	陕西	-0.097498
吉林	-0.214246	湖北	0.069109	甘肃	-0.157000
黑龙江	-0.054350	湖南	0.042061	青海	-0.330702
上海	0.391567	广东	0.466953	宁夏	-0.296248
江苏	0.270707	广西	-0.180780	新疆	-0.168261

Adjusted R-squared	0.968756	F-statistic	318.4599	S. E. of regression	0.0843

地方财政科技投入对 TFP 虽然产生了一定的促进作用，但影响系数值较低，表明政府财政科技投入对技术创新未能发挥出预期的促进效果，可能由以下因素导致：首先，财政支持对象存在信息不对称。由于信息“搜寻成本”较高，政府并不清楚创新主体真实的技术创新需求和发展潜力，导致选择资助对象时缺乏合理性。其次，财政投入整体效率不高。由于财政资金的无偿性，而且整体上缺乏对支出结果的绩效评估，使得经费使用存在浪费和支出结构不合理等无效率现象。比如经费使用单位冗员过多、设备更新频繁、会议安排奢侈等。再次，可能存在政府寻租现象。政府一旦缺乏有效监督机制，容易被利益集团所俘获，使得财政科技资金分配效率低下。最后，预算管理体制不健全。由于采用“基数法”，固化了财政科技支出结构、供给范围和利益分配格局，使得原来不合理的支出结构得以延续。

（3）稳健性检验。为检验估计结果的可靠性，本文同时通过加入控制变量来进行稳健性分析，检验回归结果是否随变量指标的调整而改变。

表 5　稳健性检验

变量	tfp				Lnpatent（-1）	
	模型 1	模型 2	模型 3	模型 4	模型 5	模型 6
C	0.681*** (6.369)	0.798*** (9.042)	0.669*** (6.366)	0.685*** (6.485)	2.513*** (4.152)	2.384*** (3.995)
lnfiscal（-1）	0.098*** (5.191)		0.096*** (5.189)	0.072*** (5.639)	0.489*** (4.556)	0.519*** (4.961)
lnfdi	0.088*** (3.781)	0.040** (2.171)	0.092*** (4.099)	0.098*** (4.371)	0.502*** (3.809)	0.543*** (4.252)
lnrd	0.030 (1.802)	0.018 (1.122)	0.030 (1.779)		0.360*** (3.800)	0.355*** (3.745)
lnttrade	-0.005 (-0.670)	-0.019* (-1.952)			0.052 (1.204)	
lnfiscal		0.047** (2.057)				
调整后 R^2	0.957	0.9733	0.9734	0.9729	0.9872	0.9872
D-W 统计值	0.829	1.099	1.092	1.120	1.567	1.559
样本数	180	150	150	150	150	150

在稳健性分析中，首先在解释变量中加入控制变量，除了滞后一期的财政科技投入外，选取“企业 R&D 费用”、“外商直接投资”和“技术合同成交额”来度量对地方创新程度的影响，回归结果见表 5 的模型 1。此时，财政科技投入、外商直接投资对以 TFP 为代表指标的技术创新能力产生了正向影响，但企业研发投入

和技术合同成交额两个控制指标对 TFP 的影响不显著；在模型 2 中，将模型 1 中解释变量滞后一期的财政科技投入换为当前值，其他变量不变。此外，由于模型 1 和模型 2 中有两个控制变量的回归结果不显著，通过逐步回归分析法，依次将“技术合同成交额”和“企业 R&D 费用”剔除，并分别得到模型 3 和模型 4，并在模型 4 中使各变量显著。通过比较模型 1 至模型 4 发现，所有变量的符号均没有发生变化。

其次，本文对被解释变量进行指标变更。专利申请数量是衡量一个地区科技产出水平和创新能力的重要指标，因此本文选取“三项专利授权量”代替“全要素生产率”来衡量一个地区的技术创新水平。考虑到专利从研发投入到专利授权的周期，本文用滞后一期的“三项专利授权量”指标，具体回归结果见模型 5 和模型 6。结果显示，除回归结果不显著的控制变量 lnttrade 之外，模型 5 和模型 6 其他主要变量的符号和显著性均与模型 1 至模型 4 保持一致，表明回归结果稳健。而且，通过判定系数可知方程总体性能良好。

基于最优方程（4）对回归结果可知：第一，滞后一期财政科技投入 lnfiscal(-1) 的系数为 0.072，并在 1% 水平上显著。财政科技投入每上升 1 个百分点，TFP 相应提高 0.072，说明财政科技投入刺激了地区技术创新能力的提高。第二，外商直接投资 FDI 的系数为 0.098，且在 1% 水平上显著。这对前面理论作了验证，即 FDI 的技术溢出效应是技术从发达国家转移到发展中国家的主要形式之一，对于中国这样的技术赶超型国家更是如此。

五、主要结论与启示

本文利用 2009 ~ 2014 年数据，测算了中国各省份 TFP 值，并研究了财政科技投入对以 TFP 为代表指标的技术创新的作用机制及程度。研究结论表明，财政科技投入能够显著促进技术创新，但整体贡献程度低于预期，而且不同省份的差异度较大。为进一步提升财政科技支出促进技术创新的有效性，财政投入机制可考虑从以下方面进一步完善：

（1）扩大财政科技投入规模。首先，清理、归并、整合散落于各部门的专项资金，探索建立政府投入为导向、企业投入为主体、金融借贷为支撑、社会投资为补充的多元化、多层次、多渠道的科技投入体系。地方政府应鼓励产学研合作，通过财政贴息、贷款担保、风险补偿、股权引导等多元财政资金杠杆，引导社会资本投向科技创新领域，扭转财政科技支出占财政总支出比重下降趋势。其次，改革科技预算编制体制，推行“零基预算”与“绩效预算”，提高财政科技资金的配置效率。

（2）优化财政科技投入结构。一是根据技术创新的外部性与创新成果的排他性，对基础研究、社会公益性研究和共性技术、前沿技术研发项目给予公共支持；二是通过科技专项转移支付等多种方式，增加对中西部等欠发达地区的科技投入，

缩小地区间科技发展差距。

（3）完善科技创新的税收优惠政策体系。一是制定科技税收优惠特别法。对于一些已经相对成熟的，散见于国务院、财政部、国家税务总局等部门有关科技税收优惠的通知、解释、条例、法规提升法律效力，克服政策不稳定的缺陷。在具体执行过程中，可颁布实施科技税收优惠特别法。该特别法应结合国家产业政策、地区发展政策，明确税收优惠的导向，然后制定具体的税收优惠办法，明确税收优惠的具体内容、方法及程序。二是完善科技税收优惠政策体系。对企业所得税，应细化明确优惠政策内容，如对生产线的研发费用、支付给第三方的技术开发费等项目明确是否享受优惠。同时，设立适应高新技术企业发展阶段特点的差异化税收优惠体系。根据高新技术企业技术和产业发展特点，将税收优惠的重心放在研发阶段、成果转化阶段以及对创新孵育体系支持环节。如可将专用设备投资税额抵免的政策改为享受投资抵免优惠，或允许科技型企业按其销售收入的一定比例提取科技开发基金，建立科技开发准备金制度等。

（4）构建有效的财政科技投入监管机制。科技创新应坚持"三个面向"① 的发展思路，并建立健全与之相适应的财政科技投入管理机制。首先，发挥市场在资源配置中的决定性作用，除基础研究、世界前沿和急需优先发展的科技项目外，其余的科技活动政府应交给市场，政府只应作为科技活动主体竞争的服务者和激励者，负责提供平等的竞争环境。其次，建立有效的科技集中管理体系。严格执行科研预算，改变科技经费被强制分解到多个部门，部门又分解为多个计划的"撒胡椒面"式格局。集中建立项目库、设备仪器库、科技数据库等科技信息共享系统，通过资源优化整合，使有限的科技资金和资源发挥更大作用。最后，优化科技管理流程，减少寻租空间。完善科研项目的审批机制，由专家或专业化中介机构独立评审，评审结果向社会公布。加强项目的过程监管及绩效评估工作，根据具体项目性质和特点，设计市场导向的绩效评价体系，交由第三方独立验收，并根据验收结果实施相应的奖惩措施。

参考文献

[1] 郑京海，胡鞍钢．中国改革时期省际生产率增长变化的实证分析（1979～2001 年）[J]．经济学（季刊），2005（1）：263－296.

[2] 陶长琪，齐亚伟．中国全要素生产率的空间差异及其成因分析［J］．数量经济技术经济研究，2010（1）：19－32.

[3] 李春米，魏玮．中国西北地区环境规制对全要素生产率影响的实证研究［J］．干旱区资源与环境，2014（2）：14－19.

[4] 魏峰，江永红．劳动力素质、全要素生产率与地区经济增长——基于安徽省 17 个地级

① "三个面向"是指科技创新坚持走中国特色自主创新道路，面向世界科技前沿、面向经济主战场、面向国家重大需求。

市的研究［J］．人口与经济，2013（4）：30－38.

［5］叶德磊，邓金鹏．中国三大地区全要素生产率的比较分析［J］．华东师范大学学报（哲学社会科学版），2010（1）：102－107.

［6］王志刚，龚六堂，陈玉宇．地区间生产效率与全要素生产率增长率分解（1978～2003）［J］．中国社会科学，2006（2）：55－67.

［7］王志平，陶长琪．中国区域生产效率及其影响因素实证分析——基于2001～2008年省际面板数据与随机前沿方法［J］．系统工程理论与实践，2010（10）：1762－1773.

［8］张金灿，仲伟周．基于随机前沿的中国省域碳排放效率和全要素生产率研究［J］．软科学，2015（6）：105－109.

［9］唐德祥，周雪晴．环境约束下中国西南地区农业全要素生产率度量及收敛性研究［J］．科技管理研究，2016（4）：31－42.

［10］梁俊，龙少波．环境约束下中国地区工业全要素生产率增长（2000～2012年）［J］．财经科学，2015（6）：84－96.

［11］屈小娥．考虑环境约束的中国省际全要素生产率再估算［J］．产业经济研究，2012（1）：35－44.

［12］赵成柏，毛春梅．碳排放约束下中国地区全要素生产率增长及影响因素分析［J］．中国科技论坛，2011（11）：50－58.

［13］Martins，Scott. J. T. The Nature of Innovation Market Failure and the Design of Public Support for Private Innovation［J］. Research Policy，2000，29（4）：437－447.

［14］Leyden D. and A. Link. Why are Government R&D and Private R&D Complements［J］. Applied Economics，1991（10）：1673－1681.

［15］Czarnitzki D.，Hussinger K. The Link Between R&D Subsides，R&D Spending and Technological Performance［R］. Mannheim：ZEW Discussion Paper No. 04－56，2004.

［16］郭兵，罗守贵．地方政府财政科技资助是否激励了企业的科技创新？——来自上海企业数据的经验研究［J］．上海经济研究，2015（4）：70－79.

［17］张明喜．我国财政科技投入对经济增长贡献的测度［J］．财经论丛，2010（7）：18－25.

［18］马悦．完善我国科技创新税收优惠政策的对策研究［J］．经济纵横，2015（12）：87－90.

［19］曹坤，周学仁，王轶．财政科技支出是否有助于技术创新：一个实证检验［J］．经济与管理研究，2016（3）：102－108.

［20］周彬，邬娟．财政分权视角下的地方政府科技投入［J］．中南财经政法大学学报，2015（4）：66－74.

区域“双创”综合能力评价及其空间结构演化分析

——以四川省为例

黄　寰　李　源　郭义盟

（成都理工大学）

我国经济发展逐步进入以改革推进新常态经济增长的模式，正逐渐改变过去主要依靠基础建设投资，劳动密集型制造业出口的方式，积极向依靠创新驱动转变。2015 年李克强总理在《政府工作报告》中提出“打造大众创业、万众创新和增加公共产品、公共服务‘双引擎’”，在此背景下，各省积极响应号召，相继颁布推动“双创”工作的政策制度，在全国范围内掀起了一股创新创业的热潮。随着我国改革逐渐进入深水区，摸着石头过河的工作方式已难以应对当前复杂多变局势，双创工作的有序开展离不开对局势的清晰把握。但目前国内研究主要集中在科技创新和工业技术创新等领域，对区域大众化的多主体的创新创业能力评价却鲜有涉及。因此，本文认为有必要构建一套系统的创新创业评价指标体系，对各地区的双创活动进行科学评价。

2015 年 5 月四川率先出台了《关于全面推进大众创业、万众创新的意见》，此后各市（州）也有针对性地出台了一系列的专项支持政策，全省创新创业活动得到了重要支撑和保障。随着双创工作的有序推进，当年 9 月四川跻身我国全面创新改革试验区行列，成为八大试验区中唯一一个西部省级试验区，创新创业工作也由此成为了全省的“一号工程”。因此，本文以四川省作为研究对象，运用因子分析来评价四川省各市州的创新创业情况，并提出政策建议。

一、理论基础

（一）创新创业内涵

创新理论最早可追溯到 1912 年经济学家熊彼特出版的《经济发展概论》，他认为创新是企业家对生产要素的重新组合。随着后来学者的不断研究，创新的概念和理论不断发展。美国管理学家德鲁克认为，创新是赋予资源以新的创造财富能力的行为。相对于创新理论，目前还没有发展出一个真正意义上的创业理论。自1987年*Journal of Management*正式开辟创业研究专题以来，许多学者对创业研究给予关注，但尚未形成统一的分析框架。Krueger和Brazeal认为，无论当前的资源情况如何，创业行为都是一个追求机会的过程；Carter等则认为创业行为本质上就是成立一家新的企业，具体而言则包括将一项商业计划变成一个现实企业组织这一过程中所有产生影响的事件。

（二）创新与创业的关系

王昌林认为“创新和创业是两个既有紧密联系又有区别的概念。二者在某种程度上具有互补和替代关系，创新是创业的基础和灵魂，而创业在本质上是一种创新活动”。创新是创业的基础，创业是创新价值的一种市场实现途径。但二者又是有区别的，创新涉及技术创新和制度创新，其内涵边界较创业小。创业不仅包含创新的内容，还涉及就业和社会发展以及公平正义。

（三）创新创业的影响因素

影响创业的因素主要包括创业行为和创业意愿。Bergman和Stemberg在其研究中，发现了个人联系因素和地区因素影响德国创业者的创业行为。范巍和王重鸣将个性特征、环境因素和背景因素作为影响创业意愿的三大因素。影响创新的因素有很多，包括创新主体的科学素质、地区的创新制度环境、创新的科研设施配套等方面，但核心是人的因素。不管是创新还是创业活动，都离不开人的推动，某种意义上讲，推动创新创业的发展，关键要发挥人的创造力，充分调动和激发人的创新创业积极性。

二、指标体系的构建

本文按照指标筛选的科学性、可比性、整体性及数据可获得性等原则结合因子分析法的要求，同时参考国内相关研究成果，构建了如下指标体系：

（一）双创主体

双创主体是地区创新创业工作的执行者，其数量和质量对创新创业活动会产生最直接的影响。双创主体包含三种类型，即企业、高校和科研机构、个人，以往的创新效率等分析大多只考虑了高校和企业的情况而忽视了最具创造力的个人行为。同时，双创活动虽然是大众型的，但其参与团体呈现年轻化和高素质等特点。因此，本文选取企业、高校和科研机构①及人口的情况来评价创新主体的素质，其中人口素质情况主要以地区中青年人口占比（16~59岁），大专/本科及以上学历占比来刻画（见表1）。

① 本文科研机构专指县级以上部门的科技机构。

表1 区域创新创业能力评价指标体系

<table>
<tr><th>目标层</th><th>准则层</th><th>指标层</th></tr>
<tr><td rowspan="4">双创主体</td><td rowspan="2">人口素质</td><td>中青年人口占比（%）</td></tr>
<tr><td>大专/本科及以上学历人口占比（%）</td></tr>
<tr><td>企业活力</td><td>有 R&D 活动的企业（个）</td></tr>
<tr><td>高校和科研机构活力</td><td>高校和科研机构数量（个）</td></tr>
<tr><td rowspan="8">双创环境</td><td rowspan="3">资金保障</td><td>储蓄存款（亿元）</td></tr>
<tr><td>R&D 经费支出（万元）</td></tr>
<tr><td>年度创新创业人才工作经费支出（万元）</td></tr>
<tr><td rowspan="2">硬件支持</td><td>各类孵化器总面积（平方米）</td></tr>
<tr><td>科研基础设施开放数量（家）</td></tr>
<tr><td rowspan="3">双创氛围</td><td>政策知晓度（%）</td></tr>
<tr><td>创业意愿（%）</td></tr>
<tr><td>成果转化意愿（%）</td></tr>
<tr><td rowspan="5">双创绩效</td><td rowspan="5">双创产出</td><td>专利所有权转让及许可收入（万元）</td></tr>
<tr><td>专利授权数量（件）</td></tr>
<tr><td>企业新产品销售收入（万元）</td></tr>
<tr><td>发表科技论文数（篇）</td></tr>
<tr><td>新增科技型中小企业数（家）</td></tr>
</table>

（二）双创环境

创新创业环境是地区创新能力的控制因素，它衡量了一个地区对双创的支撑力度。创新创业环境包括以金融、文化和政策支撑为主的软环境和基础设施配套等硬环境。创新创业者在初创期往往面临着较其他时期更大的风险，良好的资金供应和政策指导是实现风险规避的重要因素。在资金保障方面，本文选取居民储蓄存款来衡量创业者的原始积累，R&D 经费支出衡量地区创新投入，同时用“年度创新创业人才工作经费支出”来衡量地区对创业活动的资金支持；孵化器和科研基础设施作为创新创业活动的重要平台和工具，其功能不仅仅是提供场地和实验设备，还为活动主体提供科技咨询和转化等服务。因此，本文选用孵化器总面积和科研基础设施开放数量来衡量地区的硬件支持力度。区域的创新创业氛围是双创活动赖以生长的土壤，为其提供了自由的空间。因此，本文对创新创业环境内容进行了扩充，将双创氛围纳入了评价体系。

（三）双创绩效

双创绩效是双创活动的结果，是衡量其水平的重要指标。刘凤朝等认为“成果能力是指创新主体借助创新载体，运用创新资源向社会提供科学发现、技术发明和市场品牌的本领”。创新成果“是先前创新活动的产出，又是后续创新活动的投入，是自主创新能力的直接体现”。本文选取了专利、论文、新产品收入和新增科技型中小企业数四类指标来衡量创新活动的成效。专利是创新创业活动早期的产出，衡量了地区科技转化潜力的大小。论文是科技成果的潜在形式，体现了一个地区学术水平的高低和创新潜力的大小。新产品收入是创新创业成果转换为经济效益的直接体现。基于双创活动的内涵与阶段性特征——科技创新是创新的重要内容，也是创业成功的核心保障；初创期的企业多为中小企业，在创业产出方面，选取了新增科技型中小企业数作为评价指标。

三、研究方法

（一）数据获取

本文数据来源于《四川省统计年鉴》和《四川省科技统计年鉴》以及四川省科技厅、科学技术协会等网站，收集了 2015 年四川省 21 个市（州）创新创业数据。① 由于数据涉及多个量纲，为了避免由不同量纲造成的样本无法比较的问题，在进行数据分析前，本文对指标数据进行了 Z - score 标准化处理，其公式为：

$$Z_i = \frac{(X_i - \mu)}{\sigma}$$

X_i 为原始数据，$\mu = \frac{\sum_i^n x_i}{n}$为该组数据的平均数，$\sigma = \sqrt{\frac{1}{n}\sum_{i=1}^{n}(x_i - \mu)^2}$为该组数据的标准差。通过 Z - score 标准化处理后的数据，无量纲，其均值为 0，标准差为 1。

（二）数据处理——因子分析法

因子分析是通过对原始数据相关系数矩阵内部结构的研究，将多个指标转化为少量互不相关且不可观测的随机变量（即公因子），以提取原有指标绝大部分信息的统计方法。其基本思路是将多个变量按照其相关性特征进行分组，新形成的组，其内部变量相关性高，各组之间相关性低。每一组代表一个基本结构，即一个公共因子。因子分析的数学模型为：$X = \wedge F + \varepsilon$

$$\begin{pmatrix} x_1 \\ x_2 \\ \vdots \\ x_p \end{pmatrix} = \begin{pmatrix} a_{11} & a_{12} & \cdots & a_{1k} \\ a_{21} & a_{21} & \cdots & a_{2k} \\ \vdots & \vdots & \vdots & \vdots \\ a_{p1} & a_{p2} & \cdots & a_{pk} \end{pmatrix} \times \begin{pmatrix} f_1 \\ f_2 \\ \vdots \\ f_k \end{pmatrix} + \begin{pmatrix} \varepsilon_1 \\ \varepsilon_2 \\ \vdots \\ \varepsilon_p \end{pmatrix}$$

其中，$X = (x_1, x_2, \cdots, x_p)$ 为原指标，$F = (f_1, f_2, \cdots, f_k)$ 为 X 的公共因子，$\wedge = a_{ij}(i = 1, 2, \cdots, p; j = 1, 2, \cdots, k)$ 为因子载荷矩阵，体现公共因子

① 文中“创业意愿”、“成果转化意愿”、“政策知晓度”三类指标数据来源于 2015 年四川省科学技术协会组织开展、本文作者作为主研人员的“四川省科技工作者创新创业问卷调查”。

和原指标之间的线性紧密程度。$\varepsilon=(\varepsilon_1, \varepsilon_2, \cdots, \varepsilon_p)$ 为特殊因子，类似于多元回归中的残差。

但不是所有的变量组都能使用因子分析，其变量矩阵必须满足 KMO（Kaiser - Meyer - Olkin）检验和 Bartlett 球形检验。KMO 是用来衡量变量之间的相关性的测度值，只有当变量之间具有较强相关性时才可以进行因子分析。Bartlett 球形检验主要判别变量相关阵是否为单位阵，若判别结果为单位阵，则无法进行因子分析。本文通过 SPSS 对数据进行检测，得到如下检验结果（见表 2）：

表 2　KMO 和 Bartlett 的检验

取样足够度的 Kaiser - Meyer - Olkin 度量		0.513
Bartlett 的球形度检验	近似卡方	568.171
	df	136
	Sig.	0.000

其中 KMO 值为 0.513，变量间相关性较高；Bartlett 的球形度检验 sig. $=0.000<0.05$，即拒绝变量相关阵为单位阵的假设，通过球形度检验。因此，本文选择的变量指标适合进行因子分析。

（1）公因子的提取。本文运用 SPSS19.0 软件得出数据的相关矩阵，并计算其相关矩阵的特征值和特征向量，按照特征值大于 1 的标准提取了 3 个公因子（见表 5）。公因子的累计方差贡献率为 82.84%，信息损失率仅为 17.16%，其解释效果较好，充分反映了指标的原始信息。

表 3　解释的总方差

成分	初始特征值			提取平方和载入			旋转平方和载入		
	合计	方差百分比（%）	累计百分比（%）	合计	方差百分比（%）	累计百分比（%）	合计	方差百分比（%）	累计百分比（%）
1	10.391	61.123	61.123	10.391	61.123	61.123	10.365	60.972	60.972
2	2.47	14.529	75.652	2.47	14.529	75.652	2.485	14.617	75.589
3	1.221	7.183	82.836	1.221	7.183	82.836	1.232	7.247	82.836
4	0.864	5.084	87.919						

注：提取方法为主成分分析法。

从表 4 中可以看出，第一类因子包含了中青年人口占比、受教育程度、有 R&D 活动的企业数、高校和科研机构数量、储蓄存款、R&D 经费支出、年度创新创业人才工作经费支出、各类孵化器总面积、科研基础设施开放数量等创新投入指标，此外还包括专利所有权转让及许可收入、专利授权数量、企业新产品销售收入、发表科技论文数等创新产出指标。因此，第一类因子可以解释为“创新投入—产出因素”，方差贡献率为61.123%。第二类因子包含了政策知晓度、创业意愿和成果转化意愿三类指标，可以定义为“创新创业氛围”，方差贡献率为14.529%。第三类因子仅包含新增科技型中小企业数，因此可以将其定义为“创业成效”，方差贡献率为7.183%。

表4 旋转后的因子荷载矩阵

中青年人口占比（16~59岁）	0.520	-0.618	-0.070
受教育程度（大专/本科以上）	0.868	-0.338	-0.070
有 R&D 活动的企业数	0.965	-0.056	0.070
高校和科研机构数量	0.956	-0.090	0.063
储蓄存款	0.820	-0.233	0.047
R&D 经费支出	0.976	0.011	-0.068
年度创新创业人才工作经费支出	0.971	0.003	0.012
各类孵化器总面积	0.953	-0.071	0.164
科研基础设施开放数量	0.808	0.302	-0.185
政策知晓度	0.045	0.851	0.116
创业意愿	0.087	0.690	0.443
成果转化意愿	0.044	0.746	-0.410
专利所有权转让及许可收入	0.847	0.192	-0.092
专利授权数量	0.988	0.034	-0.046
企业新产品销售收入	0.860	0.126	-0.219
发表科技论文数	0.959	-0.087	0.091
新增科技型中小企业数	-0.029	0.091	0.836

（2）因子得分。SPSS通过回归分析计算得出各类公因子的得分值，并根据各个公因子的方差贡献率确定因子权重，从而得出综合因子得分，公式如下：

$$Y = F_1 \times \beta_1 + F_2 \times \beta_2 + \cdots + F_k \times \beta_k$$

其中，Y为综合因子得分，F_k为第k个公因子得分，β_k为第k个公因子的方差贡献率。经计算，综合得分见表5：

表5 四川省21个市州创新创业能力综合得分

地区	F_1	F_2	F_3	Y	排序
成都市	4.090	-0.450	0.474	2.469	1
绵阳市	0.932	1.412	-1.522	0.666	2

续表

地区	F_1	F_2	F_3	Y	排序
遂宁市	-0.021	1.746	-0.378	0.214	3
南充市	-0.166	0.958	1.692	0.160	4
自贡市	-0.052	1.038	-0.763	0.064	5
德阳市	0.278	-0.794	-0.147	0.044	6
资阳市	-0.418	0.586	2.579	0.015	7
攀枝花市	0.151	-1.210	0.133	-0.074	8
宜宾市	-0.128	0.543	-1.144	-0.081	9
达州市	-0.422	1.293	-0.229	-0.086	10
眉山市	-0.310	-0.371	1.870	-0.109	11
乐山市	-0.138	-0.200	-0.222	-0.129	12
内江市	-0.326	0.181	0.159	-0.162	13
广元市	-0.286	-0.058	0.263	-0.164	14
泸州市	-0.181	-0.314	-0.422	-0.186	15
广安市	-0.545	0.511	0.043	-0.255	16
巴中市	-0.538	0.364	-0.381	-0.303	17
雅安市	-0.348	-1.899	0.143	-0.478	18
阿坝州	-0.393	-1.251	-1.150	-0.504	19
凉山州	-0.633	-0.655	-0.431	-0.513	20
甘孜州	-0.549	-1.431	-0.568	-0.585	21

（3）等级分类。从表5中可以看出，全省有七个市综合得分为正值，表明其创新创业能力高于全省平均水平，其中成都综合得分最高，为2.469。为了更好地分析21个市（州）是否存在空间上的集聚关系，本文采用分层聚类中的组间连接法，按照欧氏距离（Euclidean metric）对综合得分结果进行系统聚类分析。其分析结果将21个市（州）分为了六大类。第一类：成都市；第二类：绵阳市；第三类：遂宁市、南充市、自贡市、德阳市、资阳市；第四类：攀枝花市、宜宾市、达州市、眉山市、乐山市、内江市、广元市、泸州市、广安市、巴中市；第五类：内江市、乐山市、眉山市、巴中市、资阳市、攀枝花市、广元市、广安市；第六类：雅安市、阿坝州、凉山州、甘孜州。

四、结果分析

（一）成都双创能力突出

成都双创能力综合得分为2.469，三个公因子中创新投入—产出因素的得分在21个市（州）中最高，远超第二位的绵阳。成都作为四川省的政治经济中心，其双创活动无论是金融支撑还是基础设套，都较其他地区有巨大优势。同时，作为四川建设国家全面创新改革试验区的核心城市，成都长期致力于提升自身创新创业活力。2015 年成都率先启动实施“创业天府”行动计划，大力完善金融、载体、科技转化服务，为成都的创新创业活动提供了有力的支撑。同时，“创业之城、圆梦之都”的城市创业品牌日益响亮，并成功获批“国家小微企业创新创业示范基地城市”，被誉为全国“3 +2”（“北京、上海、深圳” + “武汉、成都”）创业基地城市。

（二）创新创业能力等级空间集聚现象明显

从图 1 中可以看出，除自贡、攀枝花等个别城市以外，处于同一等级的市（州）在空间联系紧密，并呈连片分布。以创新创业能力一般的市州为例，遂宁、南充、德阳、资阳、自贡 5 市中，除了自贡，其余地区均和同一等级的市州相邻。同时，空间等级扩散现象在成都经济区和川东北经济区之间比较明显，能力等级从成都向东梯度扩散，并呈递减趋势。

（三）创新创业能力同经济水平表现出较强的正相关性

创新创业本质上是一种经济活动，其对区域经济水平有高度的依赖性。相同政策扶持下，经济较发达地区能为创新创业活动提供更加适宜的生存环境。从图 1 中可以发现，创新创业等级较高的市州多半位于经济较发达的成都经济区，例如成都、绵阳、德阳等市州均表现出了较好双创能力。而与之对应的是川西北经济区的甘孜州和阿坝州，受其经济水平影响，无论是创新环境还是创新氛围，该地区都处于落后状态。为了验证该结论，本文选取 21 个市（州）的创新创业综合得分和 GDP 总量两组变量，通过 SPSS 的相关性分析，发现地区的创新创业能力和地区的经济水平之间呈现高度相关性，在 0.01 的显著性水平下，其相关性达 0.936（见表 6）。

表 6　经济水平与创新创业能力的相关性分析

		创新创业综合得分	地区生产总值总量
创新创业综合得分	Pearson 相关性	1	0.936**
	显著性（双侧）		0.000
	N	21	21

五、政策建议——构建区域协同创新创业圈

1953 年瑞典学者 T. Hägerstrand 的《作为创新过程的空间扩散》一书问世，该书奠定了创新空间扩散理论的基础。20 世纪 60 年代末至 70 年代初，许多经济地理学家提出了创新空间扩散的思想。较为著名的是以区域经济学家理查森为代表的基于区域等级视角的扩散模式研究。这类研究将技术空间扩散模式分为两大类：一

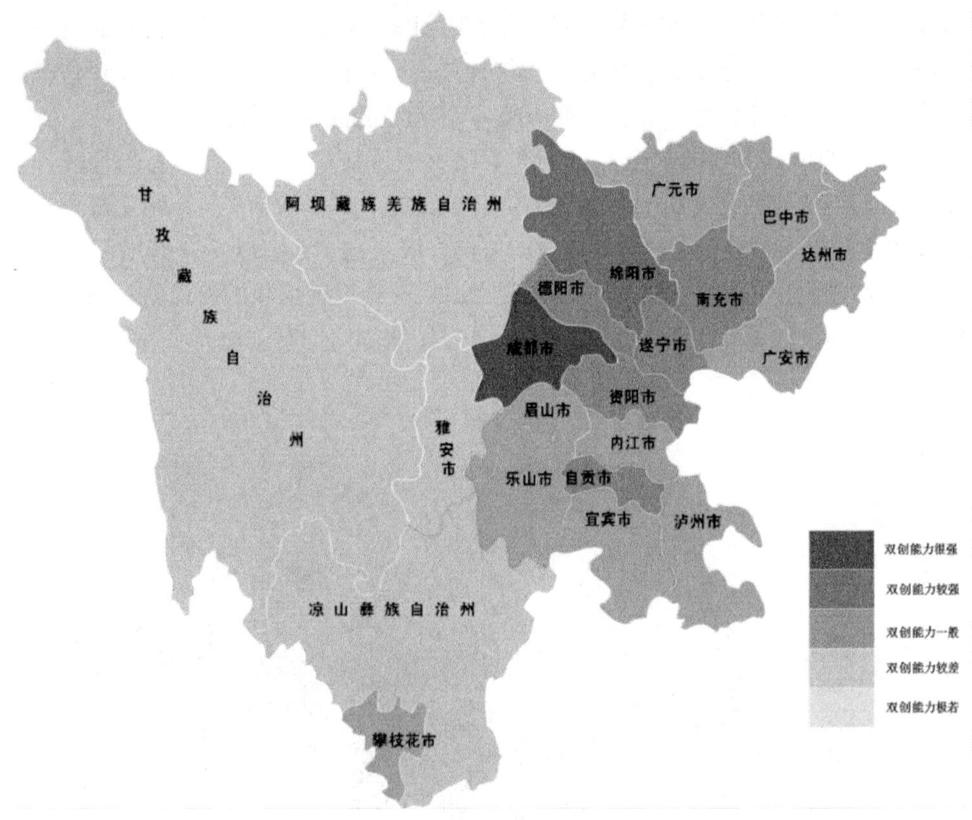

图1　四川省创新创业能力等级空间分布图

类是波浪式空间扩散模型，即创新源向四周呈放射状扩散，这主要用于描述落后地区和落后地区间的空间扩散；另一类是等级扩散模型，即从高等级中心向低等级中心的扩散。从结论中可以看出，当前在成都经济区、川南经济区和川东北经济区范围内，存在创新创业的等级扩散现象。

近年来，四川省随着双创政策的陆续落实，创新创业环境持续改善，创新创业工作取得了巨大的进步。但受区域经济发展不协调的影响，四川省的创新创业也呈现“极富极贫”的态势。目前，四川的创新创业基本是在各市内部自成体系，科技资源布局比较分散，还未形成资源的共享和协同创新网络。在区域城市增长极发展的初级阶段，城市周边地区的劳动力、资金、技术等要素会向其转移，造成其周围地区经济的衰落，即“极化效应”。成都作为四川政治经济中心，对资源的吸附能力极强，相比于其对周围市（州）的扩散效应，其极化效应更强。因此，一城独大的创新创业局面不利于四川整体创新创业良好生态的构建。“涓滴效应”认为，当城市增长极发展到一定阶段后，城市可以通过产品、资金、人才、信息的流动，对周围区域的发展产生促进、带动作用。因此，四川要想在未来创新创业竞争中获得持续优势，必须对各市（州）的资金、人才和科技等创新创业资源进行有效整合，有层次有梯度地实现从封闭、分散的创新创业体系向开放、协同的创新创业体系转变。依据各市（州）的区域发展定位，对不同市（州）采取不同的战略，缩小区域创新创业实力差距，促进四川整体创新创业能力的提高。

2015年四川被纳入国家全面创新改革试验区，其中成—德—绵为先行区。本文认为，四川省应借此契机，扩大创新创业极点的"涓滴效应"，实现"渐进式空间等级扩散"，从而推动区域创新创业的协调发展。在"创新投入—产出"方面成都、德阳和绵阳三市的得分靠前，因此应当以成—德—绵为核心打造创新创业增长极，通过创新创业的辐射和扩散作用，形成"区域协同创新创业圈"（见图2）。

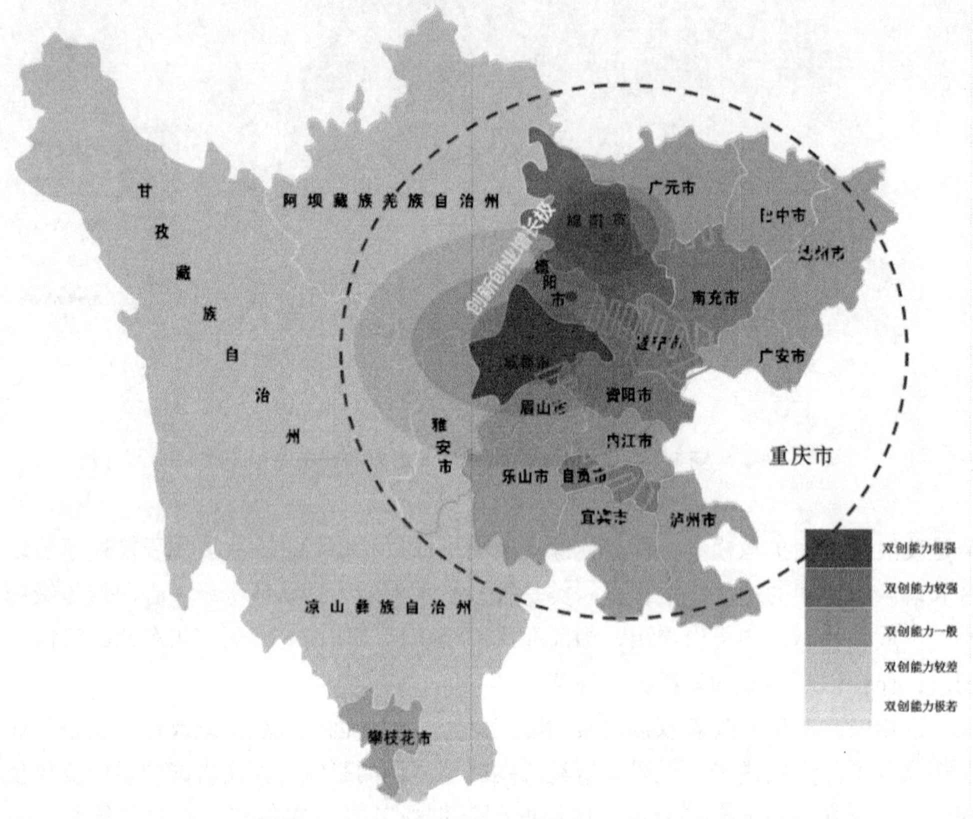

图2　区域协同创新创业圈

参考文献

[1] 朱仁宏．创业研究前沿理论探讨——定义、概念框架与研究边界[J]．管理科学，2004（8）．

[2] Krueger N. F., Brazeal D. V. Entrepreneurial Potential and Potential Entrepreneurs [J]. Entrepreneurship Theory and Practice, 1994（18）.

[3] Carter N. M., Gartner W. B., Reynolds P. D. Exploring Start - up Event Sequences [J]. Journal of Business Venturing, 1996, 11 (3).

[4] 邴浩，杜涵，罗婧．创业行为与创业意愿影响因素实证研究 [J]．科技进步与对策，2015 (1).

[5] 王昌林．大众创业万众创新的理论和现实意义 [J]．科技创业，2016 (2).

[6] Bergmann H., Sternberg R. The Changing Face of Entrepreneurship in Germany [J]. Small Business Economics, 2007, 28 (2-3).

[7] 范巍，王重鸣．创业倾向影响因素研究 [J]．心理科学，2004, 27 (5).

[8] 王元地，陈禹．区域“双创”能力评价指标体系研究 [J]．科技进步与对策，2016 (10).

[9] 刘凤朝，潘雄锋，施定国．基于集对分析法的区域自主创新能力评价研究 [J]．中国软科学，2005 (11).

[10] 马立平．统计数据标准化——无量纲化方法 [J]．北京统计，2003 (5)：34.

[11] 杜强，贾丽艳．SPSS 统计分析：从入门到精通 [M]．北京：人民邮电出版社，2011：262.

[12] T. Hägerstrand. Innovation Diffusion As a Space Process [M]. Chicago U. P., 1953.

[13] 周密．技术空间扩散理论的发展及对我国的启示 [J]．科技进步与对策，2010 (10).

科技创业环境水平的区域差异研究

赵　贞　李华晶

（北京林业大学）

现如今的知识经济时代，创业活动的异常活跃正是过去几十年来中国经济能够持续高速发展的关键原因[1]。高科技产业的发展将成为一国竞争力的主要决定因素，而高科技产业的创业已成为经济发展的原动力。科技企业创业活动的数量和质量，在很大程度上取决于创业者所处的创业环境[2]。创业过程是动态和不连续的，但其最终结果会受到很多内外部条件的制约[3]。环境的动态变化往往会给创业型企业的资源获取、整合与利用等活动及其效果带来不同程度的影响[4]。

就我国的实际情况来看，长三角、珠三角以及环渤海地区的创业环境比较好。这些研究表明，创业环境客观上存在着地区差异[5]。其中上海和北京处于第一层级，关键是这两地原本就具有战略优势，如知识、人才和资金等，其他省份很难在短时间内超越[6]。本文主要是分析科技创业环境在不同区域的水平差异，创业制度环境中哪些维度对科技创业的影响更明显，对不同省区有哪些不同程度的影响，最后给出优化区域创业环境的对策建议。

一、文献综述

（一）创业环境

创业环境，是指围绕企业的创业和发展而变化，并足以影响或制约企业发展的一切外部条件的总称[7]。创业环境包括制度环境与非制度环境，Bartholomew[8]将国家制度环境表述为一个国家可以取得科研、教育支持的制度，资金、人才的可获性以及决定创新形式的因素。正如 Ahlstrom、Bruton[9]指出的那样，创业者必须创造性地响应环境。Kostova 提出了一种三维度的“国家制度框架”，用来解释政府的政策（规制维度）、广泛共享的社会知识（认知维度）和影响一个国家的商业行为的价值系统（规范维度）[10]。非制度环境是指那些可以影响创业活动但在实践中不具有可操作性、笼统的创业环境要素，如经济环境、政治环境等[11]。

（二）科技创业环境

科技创业环境是指科技创业活动开展的空间或科技创业活动开展的条件和情

况，是个具有综合意义的概念。只有培育良好的科技创业环境，才能有效地促进科技创业活动的兴起和科技创业者的成长，从而推进区域科技产业的发展[12]。科技创业企业可以被看成一个组织，科技创业环境在企业自有资源不足时提供所需要的创业资源。因此，可以通过改善外部环境的资源供给来满足企业的资源需求[13]。科技创业环境作为一种特殊的环境范畴，有自身明显的特性：整体性、主导性、动态性和差异性[14]。

目前，学者们对于科技创业环境概念的界定大致可分为以下三类：

（1）要素组合论。如 Fogel 把创业环境描述成在创业活动中起重要作用的要素组合[15]。谢科范、彭华涛、谢冰认为，科技创业环境是对科技创业者思想的形成和创业活动的开展能够产生影响和发生作用的各种因素和条件的总和[16]。

（2）活动平台论。如叶依广认为创业环境是政府和社会为创业者创办新企业所搭建的一个公共平台，其外延包括一切影响创办新企业的政治、经济、社会因素。创业环境的功能在于鼓励创业、支持创业、服务创业、保护创业，形成一个创业型社会[17]。

（3）因素系统论。如池仁勇认为科技创业环境是指科技创业者周围的情况，是一个复杂的社会大系统[18]。周国红、陆立军认为科技型中小企业的成长环境，是指围绕科技型中小企业创业和发展变化，并足以影响或制约科技型中小企业发展的一切外部条件的总称[19]。

区域经济的发展离不开区域创业的开展，对区域创业环境的研究也就成为当前创业研究的重要组成部分。区域作为一个庞大的复合系统，结构层次复杂，子系统之间相互作用，又相互间输入和输出，且不同区域有其一定的社会性、历史性[20]。按照对科技创业主体影响程度和可控性可以将科技创业环境的构成要素分为宏观、中观和微观三个层次[21]，三个层次相互连接、彼此渗透，共同对科技创业活动发挥协同作用。

（三）研究现状

创业研究迄今为止已有一段历史，但它的理论研究仍然处于不够丰富的阶段。目前的创业研究者较多地从创业环境的某一具体方面如政府政策进行研究，从整体分析创业环境的研究还比较少。

科技创业的发展嵌套在区域制度环境之中，要了解我国高科技创业的发展现状，必然要从制度环境的差异入手。我国制度环境的地区差异主要表现为省际（省、自治区、直辖市等）的制度环境差异[22]。而我国针对科技创业与区域制度环境关系的研究尚少，本文拟通过聚类分析等研究方法对我国不同省区科技创业制度环境进行研究分析，评估我国各区域的科技创业制度环境。

二、研究设计

本文的数据来源于中国科协于 2015 年 7 ~ 8 月组织专家学者对国务院近年出台

的促进大众创业、万众创新有关政策措施的落实情况进行的课题报告。中国科协动员500余位专家赴20个省区市进行调研，通过遍布全国各地的504个科技工作者状况调查站点获取19000余份调查问卷，动员22个省区市科协提交当地评估资料，并依托百度公司、阿里研究院、中关村科技评价研究院等专业机构提供数据分析支撑。评估组基于可获得的统计数据、调查数据和网络大数据构建数据库，探索评价了2015年上半年中国27个省区市的"双创"活跃程度。

本文的研究对象是包括北京、天津、河北、山西、内蒙古、辽宁、吉林、黑龙江、上海、江苏、浙江、安徽、福建、江西、山东、河南、湖北、湖南、广东、广西、重庆、四川、贵州、云南、陕西、甘肃、新疆27个省区市。通过理论分析，结合现有的统计资料，本文从定性分析的角度建立了科技创业环境指标体系，有3个层面共9项指标（见表1）。

表1 科技创业环境指标体系

指标层	指标具体内涵			
政策知晓率	下放科技成果使用、处置和收益权	鼓励高校院所专技人员离岗创业	提高科研人员成果转化收益比例	加大对高新技术企业扶持
创业意愿	科研人员有创业规划的比例	科研人员有创业行为的比例		
社会关注度	创业类词汇搜索量	创新类词汇搜索量	政策类词汇搜索量	

三、数据分析

（一）各指标层的聚类分析

本聚类研究是对各个省区样本的聚类，采用Z－score消除数量级差，将各变量值减去均值后除以标准差，标准化后的Z分数平均值为0，标准差为1；变量个体距离采用欧式距离的计算方法。聚类方法采用层次聚类法的组间连接，即选取两类个体之间距离的平均值[23]。将数据输入SPSS20软件后，根据归并的先后顺序做出聚类谱系图，得出聚类结果如下（见图1至图4）。

科技工作者的政策知晓程度指的是科技工作者对以下12项政策的平均知晓率：拓宽创业投融资渠道，支持创业担保贷款，发展各类孵化机构，发展科技服务业，下放科技成果使用、处置和收益权，加大科研基础设施、大型科研仪器和专利信息资源等向社会开放力度，鼓励高校、科研院所专业技术人员离岗创业，提高科研人员成果转化收益比例，支持大学生创业，支持农民工返乡创业，加大对高新技术企业扶持，实施企业研发费用加计扣除。其中，以“下放科技成果使用、处置和收益权，鼓励高校院所专技人员离岗创业，提高科研人员成果转化收益比例，加大对高新技术企业扶持”为指标，可以按照指标高低依次分为三类。

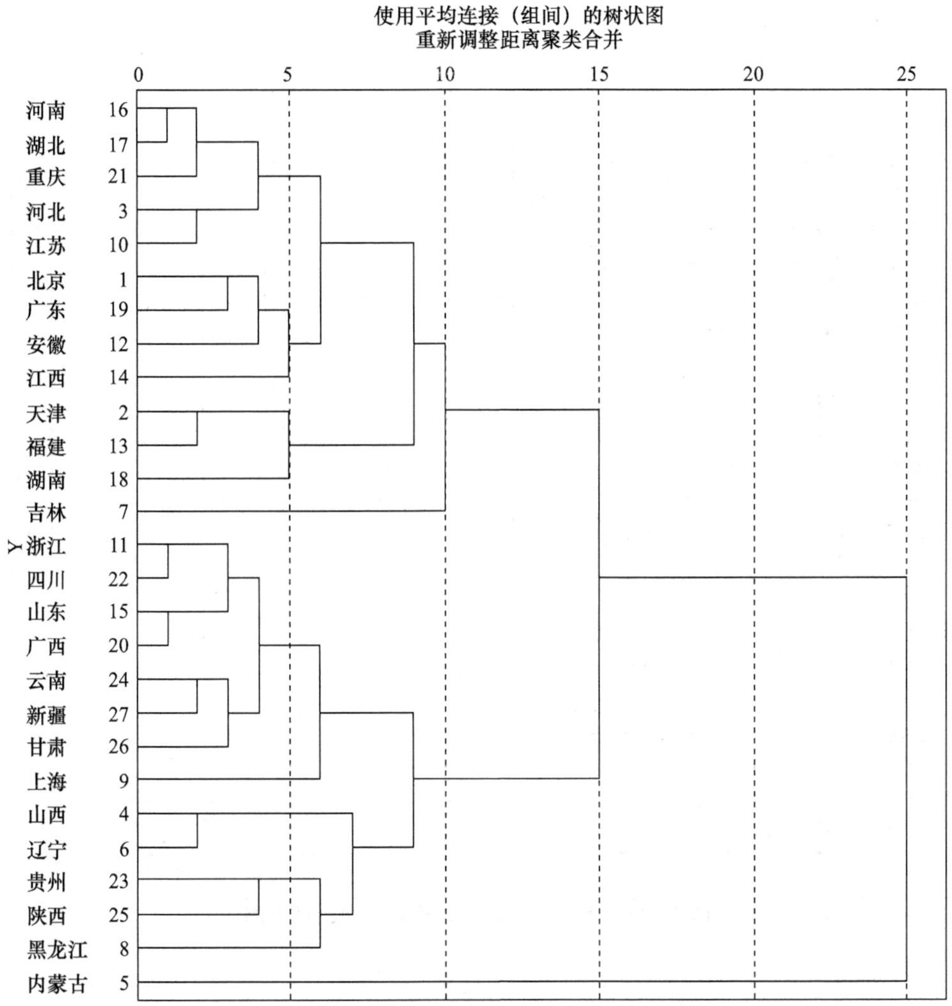

图 1　27 个省区市政策知晓率指标层聚类谱系图

创业意愿指的是在最近一年内，有创业规划的科技工作者比例与已创业的科技工作者比例之和。数据来源于科技工作者创新创业情况调查。以“科研人员有创业规划的比例、科研人员有创业行为的比例”为指标，可以按照指标高低依次分为四类。

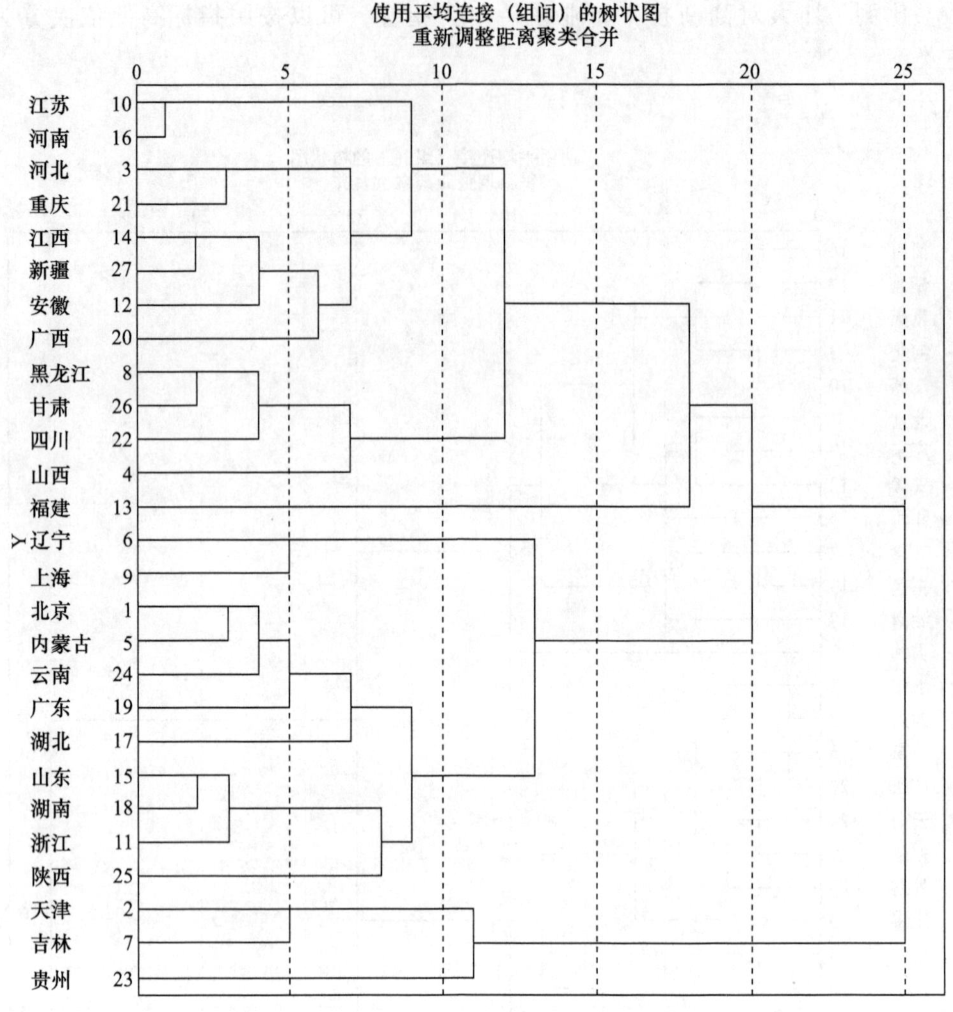

图2　27个省区市创业意愿指标层聚类谱系图

基于国家统计局的统计数据、百度提供的百度搜索大数据评估双创环境。双创环境指标由经济基础和社会关注组成。经济基础指标包括人均 GDP，社会关注指标包括创业类词汇搜索量、创新类词汇搜索量、政策类词汇搜索量。其中，以“创业类词汇搜索量、创新类词汇搜索量、政策类词汇搜索量”为指标，可以按照指标高低依次分为四类。

将这三个指标层总结，按照高低程度依次分类，结果见表2。

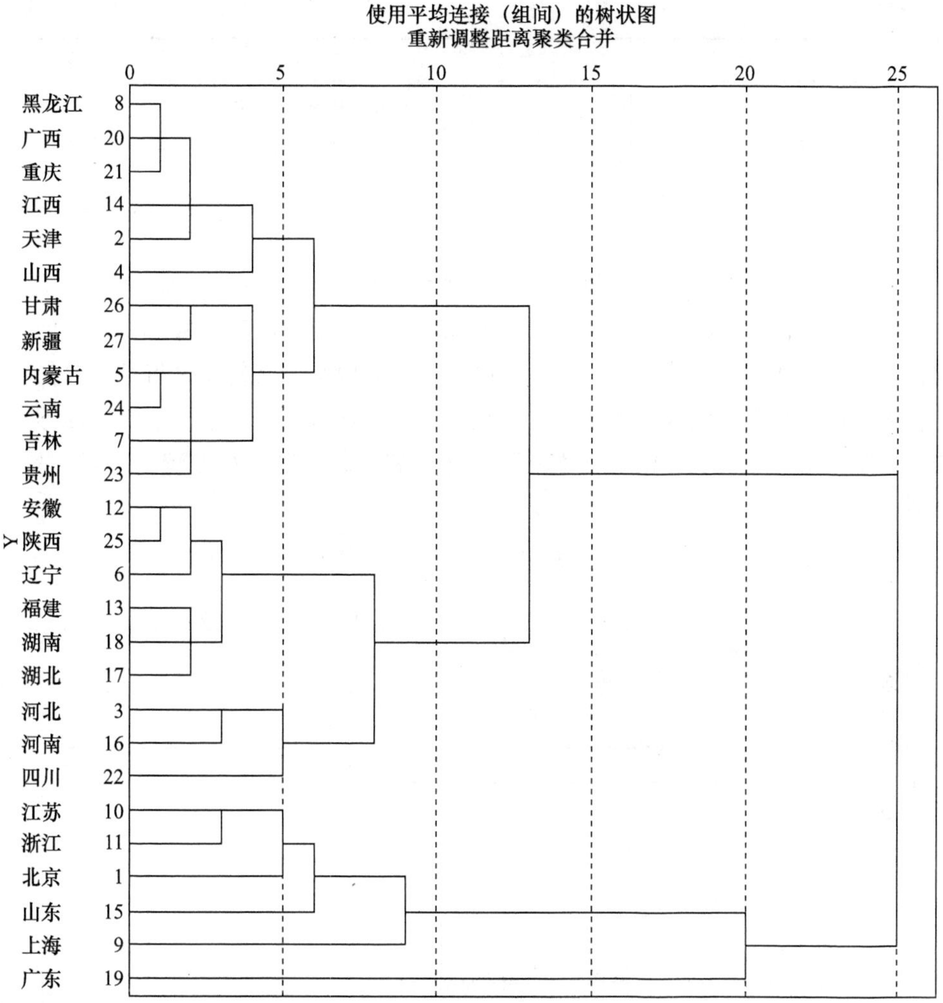

使用平均连接（组间）的树状图
重新调整距离聚类合并

0 5 10 15 20 25

黑龙江 8
广西 20
重庆 21
江西 14
天津 2
山西 4
甘肃 26
新疆 27
内蒙古 5
云南 24
吉林 7
贵州 23
安徽 12
陕西 25
辽宁 6
福建 13
湖南 18
湖北 17
河北 3
河南 16
四川 22
江苏 10
浙江 11
北京 1
山东 15
上海 9
广东 19

图 3　27 个省区市社会关注度指标层聚类谱系图

表 2　各指标层的分类情况

	第一类	第二类	第三类	第四类
政策知晓率	河南、湖北、重庆、河北、江苏、北京、广东、安徽、江西、天津、福建、湖南、吉林	剩余的其他省区市	内蒙古	
创业意愿	福建	天津、吉林、贵州	江苏、河南、新疆、黑龙江、江西、河北、重庆、甘肃、安徽、四川、广西、山西	陕西、浙江、湖南、山东、湖北、广东、云南、内蒙古、北京、上海、辽宁

续表

	第一类	第二类	第三类	第四类
社会关注度	广东	上海、山东、北京、江苏、浙江	安徽、陕西、辽宁、福建、湖南、湖北、河北、河南、四川	剩余的其他省区市

通过区域比较发现，华中地区以及华北地区大部分省区市中的科技创业工作者的政策知晓率相对比较好。内蒙古受地域和环境的影响，政策知晓率相对最低。福建、天津、吉林、贵州等地有创业意愿的比例相对较高，其他省区市相对较低。广东、华东地区和华北地区的社会关注度相对优良。该区域内北京、上海、江苏、浙江、天津、山东等均表现相对较优。西南地区和西北地区有待改善，甘肃、贵州、新疆相对落后。

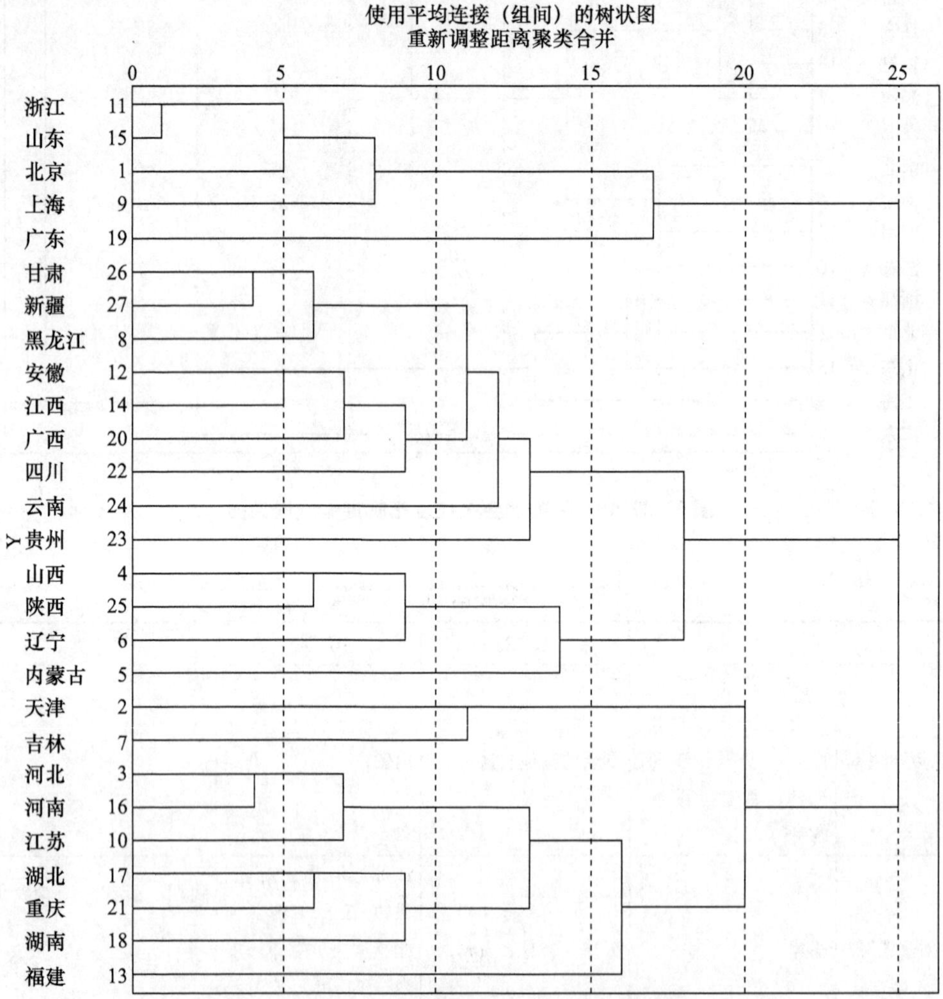

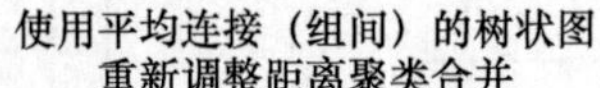

图4　27个省区市各指标层的综合结果聚类谱系图

（二）总体指标综合分析

将总体指标综合来看，全国27个省区市创业环境水平存在较大的差异，大致可以分为三类（见表3和表4）。

表3　各个指标层的综合结果分类情况

第一类	第二类	第三类
浙江、山东、北京、上海、广东	天津、吉林、河北、河南、江苏、湖北、重庆、湖南、福建	剩余的其他13个省区

表4　综合总体指标分析各类变量平均值

类别	第一类	第二类	第三类
政策知晓率	149.1	168.8	137.9
社会关注度	6588533	4222351	3059220
创业意愿	8.3	11.9	10.4

由结果分析得出：其中，政策知晓率分别是第二类的省市最高，其次是第一类，最低的是第三类；在社会关注度上，第一类的省市最高，其次是第二类，最后是第三类，这与综合指标的分类一致，说明社会关注度在各个指标中占主导地位；创业意愿上最高的是第二类的省市，其次是第三类，最后是第一类。

通过以上结果可以看出，浙江、山东、北京、上海、广东的社会关注度比较高，天津、吉林、河北、河南、江苏、湖北、重庆、湖南、福建科技创业工作者的政策知晓率和创业意愿比较高。但是，科技创业环境总体水平较高并不意味着每一个维度最好。浙江、山东、北京、上海、广东综合科技创业环境较好，但是其科技创业工作者的创业意愿的情况并不乐观。聚类分析表明，以第一类省市为标杆，第二类省市虽然政策知晓率和个人创业意愿比较高，但为提高综合能力，需适当加强社会关注的程度。第三类省区需要在各方面增强，尤其在政策知晓率和社会关注度上。

（三）典型省区市的雷达图分析

按总体指标的综合结果可以分为三类，选取第一类的浙江、山东、北京、上海、广东，第二类的福建、天津，以及第三类的内蒙古八个典型省区市进行分析，具体如下：

通过图5可以看出，沿海城市、京津地区的科技创业环境总体水平相对较高，但并不意味每一个指标层的水平都最好。其中，北京、广东、山东各指标层的水平相对比较高；上海的政策知晓率和社会关注度指标层相对较高，而创业意愿指标层相对较低；福建、天津的政策知晓率和创业意愿指标层相对较高，而社会关注度指标层相对较低，故其在整体水平上在第二类；内蒙古的各个指标层水平都较低，故其在整体水平上在第三类。

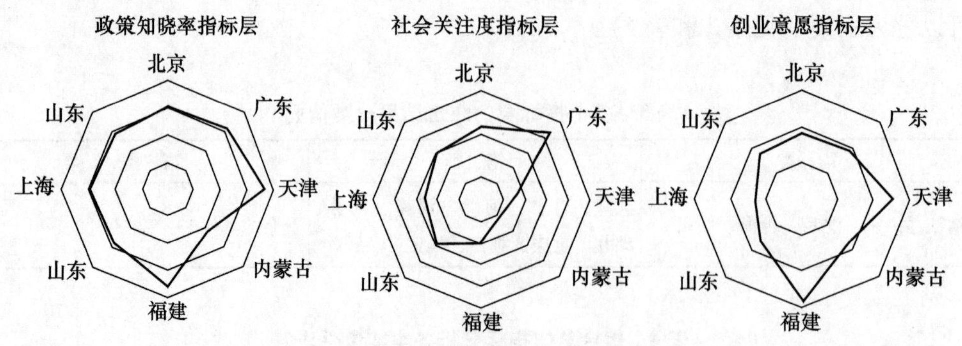

图5　典型省区市雷达图

四、结论与建议

聚类分析的结果表明，我国27个省区市的科技创业环境状况与其所在地域关系密切。产生这一现象与其政策知晓率、社会关注度和创业意愿息息相关。当前，我国科技创业环境的水平高低具有不均衡的现象，应继续发挥沿海地区的珠三角、长三角和京津产业的龙头作用，尤其要重视京津地区潜力的挖掘和对周边地区的拉动。同时，要从战略上重视东北地区和西部地区的发展，推动全国整体水平的提高。

（一）科技工作者对“双创”政策的知晓率普遍较高，离岗创业意愿低

通过聚类分析及数据分析可以看出，我国除内蒙古之外其他省区市的政策知晓率相差甚少，可以说全国的科技工作者对“双创”政策的知晓率普遍较高。科技工作者高度认同“双创”政策的重大意义，对政策的实施效果有很高期待。所以，政府应该不断加强制度安排和环境建设，既要重视企业内部治理制度的建设，也不能忽视法律环境。加大金融市场开放和政府适当干预等企业制度环境的建设，不断营造良好的制度环境氛围，以引导和推动创业导向战略，实现企业持续成长和创新[24]。

（二）社会关注度与科技创业环境综合水平最相关

通过研究数据表明，社会关注度的高低排名与科技创业环境水平的高低趋于一致。以广东省最高，上海、山东、北京、江苏、浙江相对较高，其他省区市社会关注度相对较低。这与社会综合实力息息相关。社会关注度主要取决于创业类词汇搜索量、创新类词汇搜索量、政策类词汇搜索量这三个方面。随着“互联网+”计划和“大众创业，万众创新”的推进，创业大潮迎来新的历史机遇。经济越发达，网络信息普及率会越高，搜索量和社会关注度也会越高，这有利于科技创业环境的发展。

(三)促进提高科技工作者创业意愿,部分省区市正在成为新的创业热点地区

在最近一年的政策引导下,科技工作者表现出较高的创业热情,调查发现六成科技工作者愿意创业,其中2.5%的科技工作者已经开始创业,7.7%已经有了初步的创业规划,49.1%有初步的创业意愿。实施创新驱动发展战略,要坚持把科技创新摆在国家发展全局的核心位置,既发挥好科技创新的引领作用和科技人员的骨干中坚作用,又最大限度地激发群众的无穷智慧和力量,形成“大众创业,万众创新”的新局面。除了已经成为创业热点的北京、上海、天津、广东、浙江、江苏之外,又涌现了广西、甘肃、江西、重庆等一批新的创业热点地区,这些地区愿意创业和认同“双创”政策的科技工作者比例均较高,甚至比过去的创业热点所在的省区要更高。所以,新的热点地区更需要加强创业服务支持,使创业真正落到实处。

(四)落后地区应加大科技创新力度

创造良好的科技创新环境:一是要在区域内营造浓厚的科技创新氛围;二是政府要制定一些鼓励企业加大科技投入的优惠政策和科技创新成果保护政策;三是要加大科研投入力度,为科技型人才提供良好的科研条件和完备的科研设施;四是要加快科技成果转化速度,提高科技成果转化率,充分调动科技型人才的科技创新积极性[25]。

大部分落后地区喜欢技术引进,其实引进的是旧技术。落后地区凭借的竞争优势实际上是成本优势,而低价格战略是不可持续的且无助于技术创新[26]。所以,我们需要关注的是落后地区如何培植自己的技术创新能力,如何把技术转化为其他地区没有出现的新产品[27]。

参考文献

[1] 全球创业观察中国报告 [J]. 中小企业管理与科技(下旬刊),2008 (6): 32-33.

[2] 杨贺. 科技创业成功的环境因素探析 [D]. 东北大学,2010.

[3] 周冬梅. 中国城市创业环境与创业机会研究 [D]. 电子科技大学,2007.

[4] Baum J. R., Wally S. Strategic Decision Speed and Firm Performance [J]. Strategic Management Journal, 2003, 24 (11): 1107-1129.

[5] 杨武斌. 创业环境是创业成功的外部条件 [J]. 科技创业,2004 (8): 20.

[6] 王亚歌. 我国各省区创业环境综合评价——基于因子分析方法 [J]. 时代经贸,2008, 6 (7): 6-7.

[7] 小企业如何长大·创业环境篇 [J]. 科技创业,2005 (43).

[8] Bartholomew, S. National Systems of Biotechnology Innovation: Complex Interdependence in the Global System [J]. Journal of International Business Studies, 1997.

[9] Ahlslrom D., Brulon C. D. An Institutional Perspective on The Role of Culture in Shaping, Strategic Actions by Technology focused Entrepreneurial Firm in China. Entrepreneurship: Theory and Practice, 2002, 26 (4): 53-69.

[10] Kostova Count. Institutional Profiles: Conee Ptanf Measurement [J]. Aeademy of Management Best PaPer Proeeedings, 1997: 180-189.

[11] 王占兴. 我国城市的创业制度环境研究 [D]. 厦门大学, 2009.

[12] 鲁兴启, 孙冬林. 宁波市科技创业环境建设现状及对策 [J]. 经营与管理, 2014 (3): 94-98.

[13] David B. Audretsch. Academic Entrepreneurship in a Resource - Constrained Environment [J]. International Studies in Entrepreneurship, 2012 (28).

[14] 鲁兴启, 任向超. 浅析科技创业环境及其构成要素 [J]. 科技管理研究, 2014 (19): 78-81.

[15] Fogel G. An Analysis of Entrepreneurial Environment and Enter - prise Development in Hungary [J]. Journal of Small Management, 2001, 39 (1): 103-109.

[16] 谢科范, 彭华涛, 谢冰. 高科技企业创业管理 [M]. 北京: 经济管理出版社, 2006: 47-50.

[17] 叶依广, 刘志忠. 创业环境的内涵与评价指标体系探讨 [J]. 南京社会科学, 2004 (9): 228-332.

[18] 池仁勇. 美日创业环境比较研究 [J]. 外国经济与管理, 2002, 24 (9): 13-19.

[19] 周国红, 陆立军. 科技型中小企业成长环境评价指标体系的构建 [J]. 数量经济技术经济研究, 2002 (2): 32-35.

[20] 李晓. 区域创业环境评价指标体系的优化 [J]. 统计与决策, 2009 (15): 48-49.

[21] 罗公利, 刘伟, 边伟军. 科技企业创业环境评价与建设研究 [M]. 北京: 科学出版社, 2012: 2-14.

[22] 欧湛颖. 高科技创业制度环境省际差异的定量测度 [J]. 统计与决策, 2014 (3): 103-106.

[23] 范伟, 张先进. 中国城市创业发展水平的聚类分析 [J]. 改革与战略, 2010 (9): 44-46.

[24] 刘伟, 杨贝贝, 刘严严. 新企业创业导向战略并购的区域差异影响因素分析——基于我国内地20个省市的研究 [J]. 科技进步与对策, 2014 (8): 43-47.

[25] 牛冲槐, 高祖艳, 王娟. 科技型人才聚集环境评判及优化研究 [J]. 科学学与科学技术管理, 2007 (12): 127-133.

[26] Venkataraman, S. The Distinctive Domain of Entrepreneurship Research. Advances in Entrepreneurship [J]. Firm Emergence and Growth, 1997.

[27] 隋广军, 申明浩, 宋剑波. 基于专利水平地区差异的高科技产业化问题研究 [J]. 管理世界, 2005 (8).

专题五：供给侧改革与产业转型升级

新常态下推进东北老工业基地供给侧结构性改革思考

张志元　王梓宸

（东北大学马克思主义学院）

新中国成立以来，东北老工业基地在推动国家安全和经济社会发展中发挥了重要的作用，全国六个老工业基地中有四个在东北。但在我国，老工业基地不应该理解为区域经济范畴，而是一个类型经济的概念，老工业基地按照其发展基础和特色，可以概括为资源型、原材料型、装备制造型、综合型、其他型五种类型，东北老工业基地涵盖了前四种类型。长期以来，东北老工业基地在由计划经济体制向社会主义市场经济体制转轨的过程中，出现了一系列不适应体制变化所产生的“东北现象”乃至“新东北现象”。国家振兴东北地区等老工业基地战略实施十多年来，东北老工业基地与振兴初期相比，不论是经济总量、企业技术水平、公共基础设施建设，还是抗风险能力，都有很大跃升。但在新常态下出现了经济下行压力加大、产业结构调整进展缓慢等问题困扰着东北经济发展，出现了新常态下东北地区经济所谓的“断崖式”下跌、“板块塌陷”的困局。2016 年第一季度，辽宁省经济增速全国垫底。一方面是东北老工业基地原有结构效应和体制效应的最大程度释放；另一方面是中国经济进入新常态后外部效应催化的结果。2015 年 7 月 17 日，习近平总书记在部分省区党委负责同志座谈会上的讲话又为东北老工业基地新一轮振兴吹来了强劲的东风，吹响了东北老工业基地新一轮振兴的进军号。2016 年 4 月 26 日，《中共中央国务院关于全面振兴东北地区等老工业基地的若干意见》对外发布，开启了东北老工业基地进入全面振兴的新阶段。新常态下东北老工业基地的发展，必须遵循经济社会发展规律，理性认识老工业基地全面振兴的长期性、艰巨性、复杂性，才能奋力滚石上山，全力爬坡过坎。

一、新常态下全面振兴东北老工业基地面临的难题

伴随着我国经济进入新常态发展阶段，这个曾经在我国经济发展历程中作出巨大贡献的东北老工业基地，陷入了前所未有的发展困境。东北出现的问题，是我国经济增速换挡期、结构调整阵痛期、前期刺激政策消化期“三期”叠加影响的一

个样本，当前的“新东北现象”是传统问题和新常态下问题的积累与叠加。同时，由于面临的体制机制和结构性问题，东北地区面临市场化程度不高、国企活力不足、民营经济发展不充分等一系列较为严峻的难题。

（一）东北地区竞争能力下降

2008 年全球金融危机爆发以来，东北地区难以独善其身。尤其是伴随着我国经济发展进入新常态以来，东北地区经济增速放缓，东北区域竞争能力下降，企业特别国有企业亏损逐年加大。2010 年东北地区 GDP 为 37494 亿元，占全国比重为 8.6%，到 2014 年东北地区 GDP 为 57469 亿元，占全国比重下降为 8.4%。[1] 东北地区市场化程度不高，国企比重过大且国企活力不足，民营经济发展不充分，导致了东北地区“转身难”，与其他地区相比经济发展差距逐年扩大。2013 年以来，东北三省经济增速持续放缓，下行压力较大，“倒数”成为了东北宏观经济使用频率最高的词汇之一。2015 年，辽宁、吉林、黑龙江三省地区生产总值增速分别为 3%、6.5% 和 5.7%，明显低于全国平均水平和东北自身以往十多年的平均增速。据 2016 年第一季度 31 个省区市 GDP 增速排名显示，第一季度黑龙江、吉林经济增速分别为 5.1%、6.2%，辽宁经济增速继续下探，是 2016 年全国唯一的经济增速为负的省份，只有 -1.3%。从工业为主要组成部分的第二产业看，第一季度，黑龙江、吉林、辽宁的增加值增速分别为 1.1%、5.1%、-6.9%。2015 年东北三省的私营企业总数 105 万家，还不及广东省的一半。2015 年，中国民营企业 500 强中东北三省只有 10 家，东北地区民营经济市场主体偏少、偏弱，缺乏活力。东北地区民营企业中龙头企业少，带动能力不强，已经成为制约东北振兴的一个“短板”。[2] 东北作为我国重要的老工业基地，长期依赖重化工业以及资源型产业，短期内难以摆脱这种“路径依赖”，产业结构调整缓慢，新兴产业比重比较低，产业竞争力低下，面对当前其他省区市的强势竞争，经济明显会走下坡路。[3] 另外，开放度低、开放进程滞后也是制约东北地区竞争能力提升的“短板”。

（二）传统产业衰退趋势明显

长期以来，东北地区积极贯彻重工业优先发展战略，导致原材料和能源资源储量日益减少，但目前仍以重化工业、大型国企为主，整个东北地区的原材料、装备制造业、能源等产业比重较大，东北地区经济同质性强而互补性弱，东北工业“一柱擎天”和结构单一的“二人转”状况没得到根本改变。由于制造业特别是重化工业领域面临着严重的产能过剩问题，这些行业发展短期内很难复苏。东北地区缺乏科学合理的产业结构布局，导致东北经济整体发展受阻，结构调整和转型升级仍在爬坡过坎。2013 年，东北三省三次产业结构比重为 11.6∶49.7∶38.7，第二产业占比较高，三次产业发展不协调。同时，东北地区许多资源型城市存在着对“资源路径”过度依赖的传统发展思维，接续产业发展不足，资源密集型产业随着资源的枯竭也进入衰退期。例如，黑龙江的鸡西、辽宁的阜新等煤炭富足型城市，由于缺乏科学合理的接续产业培育机制，导致地区经济社会持续发展遇到较大挑战。同时，传统优势产业竞争后劲不足，增长动力不断衰减，偏资源型、传统型、重化工型的产业结构和产品结构不适应市场需求的变化，市场空间日趋萎缩，新经济发展缓慢，新兴产业体量和增长动能尚未积聚。

东北老工业基地科技创新与经济发展融合不够，高端制造业规模偏小，没有形成强大的产业技术优势，产业价值链不完善而且仍处于价值链中低端，生产性服务业以及服务化制造业发展滞后。[4]同东南沿海地区相比，东北地方政府仍没有从资源配置的角色中完全退出来，已经影响到市场在资源配置中发挥决定性作用的效果。东北老工业基地正面临着投资逐步弱化、经营环境恶化和产能严重过剩等多重困境，东北地区处于衰退的资源密集型产业和国有企业的垄断造成的效率低下，也加剧了产能过剩局面。[5]东北老工业基地传统制造业自主创新能力缺失、结构不合理、竞争优势逐步下降、制造业生产成本处于全面快速上升通道，东北地区面临着低端制造业向低成本国家转移，高端制造业向发达国家回流等多重挤压，部分传统行业已出现全行业亏损，东北老工业基地加快结构调整和产业转型升级势在必行。

（三）体制机制障碍依然突出

由于受计划经济思想的惯性影响，东北地区思想观念不够解放，致使东北地区制造业企业在指导思想上存在僵化封闭等问题，人的思维方式、行为方式和文化观念也存在“老化”现象和严格的遵从心态，部分行业和企业经营机制僵化，“官本位”观念依然存在，各地政府倾向于过度干预微观经济活动。东北改革发展的症结主要在于国资国企改革滞后，现代企业制度缺失，生产经营效率不高。东北地区软环境建设不理想，其中一个很重要的体现就是投资软环境不匹配，审批环节多，服务意识差，工作效率低，甚至存在“吃拿卡要”现象，妨碍了招商引资和民营经济的发展。东北地区经济发展的结构性深层次矛盾进一步显现，市场机制失灵、市场发育不足和国企改革滞后，经济增长的新动力不足和旧动力减弱的结构性矛盾突出，因而产生了诸如国有企业效益总体下滑、财政负担日趋沉重等难题，形成了阶段性的“东北现象”以及“东北被谁抛弃”等现实忧虑。

东北地区的城市发展尚处于内聚发展阶段，近年来新的工业企业出现不断向城市集聚的势头。另外，地方政府长期以来形成了依靠大项目带动地区经济增长的传统思维，导致工业布局过度集中于少数大城市，使得东北地区城市工业污染十分严重。同时，产业之间缺乏相互协调，互设障碍，出现了东北独特的“孤岛式”产业结构，产业链条存在断裂现象，老工业基地改造与现行区域行政分割之间的矛盾依然存在，东北各行政区域之间缺乏分工与合作，提高了地区间商品、要素流动的成本，降低了资源配置效率，而利益共享与成本分担机制尚未建立，从根本上阻断了生产要素按经济内在联系在产业间合理地自由流动，进而影响了老工业基地经济社会的健康发展。[6]一些企业受计划经济体制的影响，不信市场信市长，权力寻租等产生的“玻璃门”现象依然存在。东北老工业基地缺乏实施全面振兴的良性制度环境，经济社会运行机制没有明确地按照市场经济的要求发生同步转变，这也正是过去有些国有企业“头痛医头、脚痛医脚”却始终不能解决问题的真正教训。

（四）东北老工业基地工业自主创新能力不强

东北老工业基地是在国家推行的单一计划经济体制下成长起来的，是我国最大的重工业基地。东北老工业基地振兴面临的困难有结构问题，更有体制问题，但最重要的是工业自主创新能力不强，在新形势下体现出缺乏自我革新和自我创新能力。东北地区能源、钢铁等部分传统产业虽遭到严重冲击，但信息技术和医药健康等新兴产业正在崛起，因此称之为“新东北现象”。[7] 东北地区作为我国重要的老工业基地，之所以“老”，之所以振兴艰难，之所以出现当今的困局，关键还在于创新驱动能力严重不足。全面振兴东北老工业基地的关键是依靠创新，基础是聚集人才。进入21世纪以来，东北地区的人才、资本、技术等产业要素的净流出趋势突出，表明区域产业转型升级的最重要的基础要素在流失，已经直接影响到东北老工业基地工业自主创新能力。

目前，东北地区无论是科技投入，还是新产品的产出，在全国都处于较低水平，经济增长新动力不足和旧动力减弱的结构性矛盾突出。可见，这些年东北经济已逐步丧失了最核心的动力要素。因此，面临大幅去产能、产业转型升级、创新驱动发展的新环境，必须不遗余力地增强东北老工业基地工业自主创新能力。但东北老工业基地还未形成创新驱动老工业基地全面振兴的体制机制，东北地区国有企业运行效率较低，民营经济发展规模小、技术含量低、发展方式粗放，深加工程度较低、附加值不高，严重影响了东北老工业基地全面振兴的进程。人才环境是当前东北老工业基地实施创新驱动发展战略的最大瓶颈，人才沉淀缺乏新项目的传统企业多，聚才创业孵化新项目的创新型企业少。东北老工业基地不仅缺乏高素质的专业化人才，而且人才布局不平衡，造成人才的极大浪费，存在着人才缺乏与人才浪费并存的现象。东北老工业基地发展到今天，依然没有摆脱“一抓就死、一放就乱”的怪圈，全面振兴东北等老工业基地缺乏主动作为的新思想、新理念、新动力，在很大程度上仍然是选择了大规模投资驱动发展模式，难以真正促进东北老工业基地自主创新能力的提升。

二、推进东北老工业基地供给侧结构性改革的现有优势

近年来，为解决东北老工业基地的体制性和结构性矛盾，中央和各有关方面采取了一系列政策措施，为推进东北老工业基地供给侧结构性改革奠定了良好的基础。

（一）东北老工业基地供给侧结构性改革的工业基础良好

曾被誉为“中国工业摇篮”的东北老工业基地，已有近百年的工业生产传统，具有较好的工业发展基础。在新中国成立初期国家在东北地区安排沈阳第一机床厂、沈阳风动工具厂、沈阳飞机制造公司等56个重点项目，奠定了东北地区良好的工业发展基础。东北老工业基地工业体系比较齐全，在机器制造业中，既有汽

车、飞机、船舶、火车等交通设备制造，又有动力、机床、矿山设备等机械制造，沈阳、大连曾经是东北传统的机械制造中心。新中国成立后，目前这种状况已经有很大的改变，逐步形成了沈阳、大连、长春、哈尔滨、齐齐哈尔这五大城市为主的机械制造中心城市。东北老工业基地的机械制造业属于东北最为发达的产业，其产值一直居全东北工业总产值中第一位。重铸东北制造业优势，既是破解东北国有经济结构战略性调整难题的最好选择，也是国家以最低的成本建设新兴工业基地的最好选择。[8]东北地区制造业经过多年发展壮大，已经成为全国重要的装备制造业产业基地，为实现东北老工业基地的全面振兴奠定了坚实基础。

（二）东北地区科技创新和人才资源潜力巨大

东北作为我国对东北亚地区开放的重要窗口，拥有大量高技术工人和科研机构，可以通过加强高校、科研院所与先进装备制造发展配套的重点学科建设，挖掘东北地区科技和人才资源所蕴藏的巨大潜力。同时，东北地区资源、产业、人才、基础设施等支撑能力较强，发展空间和潜力巨大。2016 年 4 月，由东北大学、中国（海南）改革发展研究院联合创立的“中国东北振兴研究院”获得国家发展和改革委员会批准，并积极支持研究院以“东北振兴”为主题，紧紧围绕新一轮东北振兴的战略定位和重点任务，将研究院打造成为以东北振兴理论和政策研究为特色的新型高端智库，根据党中央、国务院、东北三省各级政府政策决策需求，提供相关决策咨询服务。

2016 年 3 月 30 日，国务院总理李克强主持召开国务院常务会议，决定新设三个国家自主创新示范区，必将为东北老工业基地全面振兴提供新的动力源泉。沈阳机床集团作为东北老牌国企，身处所谓的“东北塌陷”核心区，依托一群“80 后”研发主力军成功开发出“i5”智能机床数控系统，一举打破国外在数控机床领域的长期垄断，甚至走在了德国工业 4.0 的前面。

（三）国家振兴东北老工业基地战略决策的大力支持

振兴东北地区等老工业基地战略实施 10 多年来，2003 ~ 2013 年东北三省生产总值年均增长 12.2%，经济总量由 2003 年的不足 1.3 万亿元增至 2014 年的 5.7 万亿元以上，东北老工业基地振兴取得明显成效，重大装备研制走在全国前列。全面振兴老工业基地，是实现中央提出的“五大发展理念”的重要战略举措，事关改革发展稳定的大局。2016 年 4 月 26 日，《中共中央国务院关于全面振兴东北地区等老工业基地的若干意见》正式对外发布，标志着新一轮东北振兴工作全面启动，提出到 2020 年，东北地区在重要领域和关键环节改革上取得重大成果，争取再用 10 年左右时间，东北地区实现全面振兴。

2015 年 6 月 26 日，为促进东北地区振兴发展，国家发改委发布了《关于促进东北老工业基地创新创业发展打造竞争新优势的实施意见》（发改振兴［2015］1488 号），提出构建机器人产业联盟、轨道交通装备产业技术创新联盟、航空装备产业技术创新联盟等 14 个东北地区重点产业与技术创新联盟。同时，国家发展改革委出台指导意见，鼓励辽宁在机器人及智能制造等领域开展试点，推进东北地区民营经济发展改革。这些都充分表明，中央对东北老工业基地的高度重视和关心。新一轮振兴与2003年的振兴有本质区别，当时解决的是生存问题，目前要解决的是转型发展问题。全面振兴东北经济要按照中央的部署，加大政策支持和推进落实工作力度，同时要找准形成困局的深层原因，破除导致困局的关键因素，创新东北振兴思路，争取尽快走出困局，再创东北老工业基地的新优势。[9] 2015年3月13日，《中共中央国务院关于深化体制机制改革加快实施创新驱动发展战略的若干意见》（中发［2015］8号）发布，同意沈阳等七个省市开展全面创新改革试验，努力使东北经济走出一条内涵式发展道路。东北地区要紧紧围绕创新驱动发展、"互联网+"、大众创业、万众创新、"一带一路"等国家重大战略，通过发展新经济培育新动能，助力东北老工业基地全面振兴。

面临东北经济增速分化明显的形势，2016年8月22日，国家发改委印发《推进东北地区等老工业基地振兴三年滚动实施方案（2016～2018年）》，主要从着力完善体制机制、着力推进结构调整、着力鼓励创新创业、着力保障和改善民生四个方面明确了工作任务，分年度确定了137项重点工作，还提出了配套重大项目共127项。同时在2016年8月底，党中央、国务院决定，在辽宁省、浙江省、河南省、湖北省、重庆市、四川省、陕西省新设立7个自贸试验区。东北地区的辽宁省主要是落实中央关于加快市场取向体制机制改革、推动结构调整的要求，着力打造提升东北老工业基地发展整体竞争力和对外开放水平的新引擎，这必将进一步推动东北老工业基地早日实现振兴。

（四）"中国制造2025"制造强国战略的全面实施

世界制造业中心正在由发达国家向发展中国家转移，世界到处都有"中国制造"，由于受外部市场需求不振、内部成本高企的影响，东北地区正在进入一个增长动力切换和发展方式转变的新常态阶段，振兴发展需要由"中国制造2025"制造强国战略来推动，在东北地区开展"中国制造2025"城市试点示范工作，建设若干老工业基地产业转型升级示范区和示范园区等。东北地区国企比重比较大，装备制造业已成为东北经济发展的支柱性产业，主要集中在石油、钢铁、汽车等领域。"中国制造2025"战略的根本目标是在于改变中国制造业"大而不强"的局面，东北地区具有系统完整的装备制造业发展基础、雄厚的科技实力和较强的人才优势，为东北老工业基地全面振兴带来了难得的发展机遇。东北地区制造业要积极向高端化、集聚化、智能化升级，促进装备制造等优势产业提质增效，通过科技创新再造东北新优势。如辽宁省"十三五"规划提出，全面实施《中国制造2025辽宁行动纲要》，积极对接德国工业4.0，抓好工业稳增长、降成本、增效益，推进先进制造业强省建设，进而带动东北地区建设国家高端装备、智能装备制造业战略基地和核心集聚区，这必将为东北老工业基地全面振兴奠定坚实的基础。

三、新常态下推进东北老工业基地供给侧结构性改革的路径选择

全面振兴老工业基地是一个世界性难题。新常态既是过去发展的产物，又是未来发展的条件，新常态蕴藏着新动力，新常态催生着新跨越。新常态下东北老工业基地全面振兴不完全取决于积极适应这种新常态，还取决于国家制定的战略和政策博弈，振兴东北地区等老工业基地是国家的一个重大战略。新一轮《全面振兴东北老工业基地的若干意见》提出，牢牢抓住"四个着力"，扭住振兴方向不动摇，加快构建战略性新兴产业和传统制造业并驾齐驱、现代服务业和传统服务业相互促进、信息化和工业化深度融合的产业发展新格局。[10]着力完善体制机制，突破体制机制问题始终是老工业基地发展之关键，是推动东北老工业基地振兴的治本之策；着力推进结构调整，这是老工业基地振兴发展之本，多策并举，"加减乘除"一起做；着力鼓励创新创业，这是老工业基地振兴之魂，我们需要加快形成以创新为主要引领和支撑的老工业基地振兴发展模式；着力保障改善民生，这是老工业基地振兴之基，要使民生改善和经济发展有效对接、相得益彰。新一轮东北振兴，主要是发展理念、发展方式、发展思路的转变，是一项全面系统的工程。立足于"四个着力"，客观上要求新一轮东北振兴由侧重企业和产业改造，转向全面推动经济转型、社会转型、产业转型、城市转型和生态转型，振兴领域更加全面、更加深入。[11]新一轮东北振兴要重点在"四个着力"上下功夫，不断提升东北老工业基地的发展活力、内生动力和整体竞争力。

（一）加快建立适应市场需求的现代企业制度

东北地区长期受计划经济体制的影响，企业生产按照下达的指令性计划指标完成任务，实现全社会"有计划、按比例"的经济运行和发展，不注重产品质量或发明创造，几乎没有在企业技术革新创造等方面的奖励措施。东北地区拉动经济增长的国有经济缺乏内生的动力机制，主要依靠由政府主导的投资和产业发展，其结果是严重扭曲了企业主体作为经济增长的根本动力机制和激励机制。[12]一直延续到今天，企业活力不强是东北老工业基地发展趋缓的重要原因。因此，按照中央提出推进供给侧结构性改革的战略要求，全面振兴东北老工业基地尤其需要做好"去产能、去库存、去杠杆、降成本、补短板"的工作，推进东北老工业基地全面振兴与我国新型工业化、信息化、城镇化、农业现代化进程相适应，实施以质取胜和市场多元化的发展战略，推动产业从中低端迈向中高端。建立健全企业家培育机制，激发企业家创新精神，培育精益求精的工匠精神，生产具有市场竞争力的产品。

国企改革与转型是东北地区摆脱困境的重要出路，需要稳步推进企业产权制度改革，构筑规范的法人治理结构，完善选拔任用机制和薪酬分配制度，建立与市场相适应的劳动、人事、分配制度，促进国有企业尽快实现投资主体多元化，坚决淘汰落后产能，强化法治思维，加快形成有利于落后产能退出的市场环境和长效机制，增强自我变革的内生动力，提高生产经营效率。新常态下东北老工业基地全面振兴的关键是实现动力的转换，从过度依赖“人口红利”和“资源红利”转向依靠深化改革而形成的“制度红利”，地方政府要注重制度层面简政放权，释放市场机制的驱动作用，促进东北老工业基地实现内生增长，鼓励东北地区制造业继续朝着专业化、高级化、集成化、社会化、大批量协作发展的方向迈进，建设具有国际竞争力的先进装备制造业基地和重大技术装备战略基地，形成独具东北特色的现代产业集群。

（二）加大力度培育富有竞争力的市场主体

新中国成立以来，为实现中华振兴的富民强国之梦，实现工业化成为国家和民族振兴的中心任务，从新中国成立初期到“一五”计划实施后，东北地区初步建立了工业发展基础，紧接着是1958年以来不惜代价的经济“大跃进”，从1978年实行改革开放以来，东北地区进入了工业化加速发展时期，强有力的重工业优先发展战略推动我国从“落后国家”变为“经济大国”，显著提升了我国的国际地位。[13]但东北老工业基地的工业化道路远未走完，农业劳动向非农产业主要是工业转移的过程还远未完成，需要加快推进经济发展模式转换和产业结构升级进程。由于长期受计划经济体制的影响，东北地区主要是缺乏“大市场”和“强市场”，不同的市场主体发育相对滞后，因此，东北老工业基地仍然需要实行“再工业化”战略。[14]

当前，东北地区等老工业基地要避免落入“低增长陷阱”，必须培育经济增长的新动力，彻底剪断政府和国企之间的依存关系，让企业独立地成长，如要素质量提升、资源优化配置和创新驱动发展都离不开富有竞争力的市场主体加以推进，真正激发市场经济主体的内在活力。因此，需要深化改革激发活力，加大力度培育富有竞争力的市场主体，加快形成与市场完全对接、充满内在活力的新体制和新机制，努力改变许多资源型城市“一企独大、一业独大”状况，尽快形成多点多业支撑的新格局。借力供给侧结构性改革，加快调整经济结构，着力破解体制机制障碍，促进各类企业健康发展。鼓励大型企业集团跨区域兼并重组，打造区域经济共同体，形成全国高端要素集聚区和高新技术产业基地，加快构建以企业为主体，高校、研究机构、中介服务组织共同参与的产业技术联盟和协同创新中心，将改造传统产业和培育新兴产业结合起来，将资源从缺少竞争力的产业转移到具有比较优势的产业。鼓励扩大员工持股，推进企业整体上市，加快东北地区国企改革和政府行政体制改革，清理阻碍要素自由流动的各种障碍。

东北地区等老工业基地必须真正以“壮士断腕”的勇气推进改革，才能实现跨越式发展，即在传统优势不显著的前提下，充分挖掘后发优势的潜力并努力转化为现实生产力。东北老工业基地的主要工业行业应该瞄准国际先进技术前沿，要以智能制造作为突破口，积极主动融入“中国制造2025”和“互联网+”行动计划，将国企改革与“大众创业、万众创新”紧密结合，加快推进信息化与制造技术深度融合，通过技术引进、联合开发、资源共享等途径，开展重大科技联合攻关，不断提高自主创新能力。

（三）支持创新驱动东北地区制造业转型升级

中共十八届五中全会明确提出“创新是引领发展的第一动力”。“十三五”规划纲要提出，大力推动东北老工业基地振兴，使创新真正成为东北地区发展的强大动力，促进传统优势产业提质增效。地方政府的角色定位要从生产型政府向服务型政府转变，在考虑资源、环境和区域发展阶段的基础上，制定新兴产业发展的产业政策，为培育发展新动力、实施创新驱动东北地区制造业转型升级提供政策支持。[15]东北地区要走出经济困局，要实现制造业转型升级，要再创新优势，必须把基点放在创新上，把创新作为培育东北老工业基地内生发展动力的主要生成点，重点在科技创新上下功夫，大力实施创新驱动发展战略，着力调整经济结构，改善投资环境，加快构建现代产业发展新格局。当前，新一轮科技革命和产业革命正在孕育兴起，尤其是现代信息技术与制造业日益深度融合，东北地区制造业要及时抓住发展机遇，立足现有产业基础，结合未来科技进步趋势，加大高素质技术技能人才培养和引进力度，大力提升产业层次和技术水平，推动制造业转型升级。[16]

2016 年 4 月 4 日，国务院办公厅印发《贯彻实施质量发展纲要 2016 年行动计划》（国办发〔2016〕18 号），强调要加强质量整治、淘汰落后产能和化解过剩产能。2016 年 4 月 21 日，国务院办公厅印发《促进科技成果转移转化行动方案》，提出要推动传统工业由要素驱动向创新驱动转变、由低中端生产向中高端制造转变。2016 年 5 月 30 日，习近平总书记在全国科技创新大会上指出，弘扬创新精神，培育符合创新发展要求的人才队伍，需要培养一大批勇于创新、善于创新的企业家和高技能人才。东北应充分利用自身所拥有的科研院所和知名大学的科研力量，推进技术创新工程，重视科技与人才的相互促进作用，集聚科技人才，加大人才培养和智力引进力度，以科技改革释放创新活力，让科技人员和创新人才通过创新创造价值，全面推进“数控一代”和“智能一代”产品创新工程。同时，加强与国内外技术研发机构的深度合作，在全球范围融合、吸纳与集聚创新资源，提高产学研合作水平，坚定打击知识产权侵权行为，使科技创新成为推动东北地区制造业转型升级的主要驱动力。最后，需要深化科技体制改革，完善产学研一体化机制，形成以市场为导向、企业为主体、利益兼容的激励机制，鼓励科技人才参与到东北振兴中来，加快形成以创新为主要引领和支撑的经济体系和发展模式，通过经济转型促进“经济发展—人口集聚”的良性循环。

2016 年 8 月 1 日，工信部等三部门印发《装备制造业标准化和质量提升规划》，提出要坚持标准引领，用先进标准倒逼装备制造业转型和质量升级，建设制造强国、质量强国。东北地区要继续发扬“铁人精神”和“工匠精神”，在创新驱动发展大潮中加快发展新经济，加快推进节能环保以及低碳技术的推广应用，发展新业态、应用新技术、采用新模式，带动传统装备制造业转型升级，实现东北地区产业体系的优化和升级。

（四）进一步提升东北地区开放型经济水平

2005年6月30日，《国务院办公厅关于促进东北老工业基地进一步扩大对外开放的实施意见》（国办发［2005］36号）发布，进一步加快了东北对外经济发展与合作的步伐。开放度低、开放进程滞后是东北全面振兴需要突破的主要障碍。东北地区由于第三产业发展相对滞后，而且存在政府职能错位、越位、缺位等问题，已经影响到东北地区依托国际市场加快发展的进程。新一轮《全面振兴东北老工业基地的若干意见》提出，全面深化改革、扩大开放是振兴东北老工业基地的治本之策。

东北地区地处东北亚核心区域，在“一带一路”战略中被定位为向北开放的重要窗口和通道，东北地区是建设我国向东北亚区域开展开放合作的前沿阵地。应该在东北亚地区开展经贸合作中有所作为，重点打造“中蒙俄经济走廊”，支持东北地区开发开放平台建设。[17] 精准对接国家“一带一路”发展战略，增强区域经济治理的战略定力。东北地区要充分利用好由东北亚国家共同参的唯一国家级博览会“中国—东北亚博览会”提供的机遇，推动与东北亚国家在经贸、投资、文化、科教、旅游等领域的交流与合作。

东北地区要加快融入、积极参与“一带一路”建设战略，整合区域聚合力，依托创新无限的知识经济和生态环保的绿色经济双轮驱动，构建新型的开放体系。推动以“中俄蒙经济走廊”建设为抓手，促进区域投资贸易和人文合作，为“一带一路”跨国互联互通就近提供高质量的产品和服务，构筑沿海沿边全面开放的新格局，全面提升东北地区对外开放的层次和水平，促进创新链、产业链、资本链、人才链实现“四链整合”，加快建设面向俄日韩等国家的合作平台和东北亚地区合作的中心枢纽。积极推进供给侧结构性改革，正确处理好“一带一路”跨国产能合作与制造业产业转型升级的关系。同时，东北老工业基地具有发展旅游业的水、空气、森林等良好资源，开发绿色环保产品“走出去”的发展潜力巨大，需要通过大力发展民营经济拉动第三产业的发展。东北地区需要抓住辽宁获批建设自贸试验区的契机，通过机制创新探索东北在对外开放中振兴发展的新路径，努力构建东北地区开放型经济新格局，加快实现东北老工业基地全面振兴。

参考文献

［1］闫程莉，安树伟．我国区域经济发展“十二五”回顾与“十三五”展望［J］．改革与战略，2016（3）：87-92.

［2］周洪双．促进东北老工业基地创新发展［N］．光明日报，2016-08-29（11）.

［3］孙国平．振兴东北老工业基地区域经济战略与对策研究［D］．吉林大学，2004.

［4］刘名远．新常态下“中国制造”战略升级内在机理及实现路径研究［J］．当代经济管理，2016（4）：27-34.

［5］刘德权，邢玉升．“一带一路”战略下东北地区产业结构转型升级研究［J］．求是学刊，2016（3）：60－66.

［6］张虹，韩云虹，曲赜胜，李红英．东北老工业基地经济与社会可持续发展研究［M］．北京：经济科学出版社，2011：128.

［7］李政．当前东北地区经济增长问题成因与创新转型对策［J］．经济纵横，2015（7）：14－17.

［8］宁一，冬宁．东北咋整——东北问题报告［M］．北京：当代世界出版社，2004：229－231.

［9］陈巍．东北老工业基地可持续发展战略研究［J］．经济视角，2003（11）：14－16.

［10］徐绍史．适应把握引领经济发展新常态，加大供给侧结构性改革力度，努力推动东北地区等老工业基地实现全面振兴［N］．人民日报，2016－04－27.

［11］何立峰．全面振兴东北地区等老工业基地的行动纲领［J］．求是，2016（12）．

［12］王立宏．供给侧改革的微观层面的理论解析与机制构建———兼论东北国有企业振兴策略［J］．辽宁大学学报（哲学社会科学版），2016（5）：65－71.

［13］金碚．中国工业变革振兴60年［J］．中国工业经济，2009（6）：5－16.

［14］林木西，范双涛．新常态下老工业基地如何实现全面振兴［N］．光明日报，2015－10－21（15）．

［15］甘金龙，张秀生．经济新常态下的多元化增长动力研究［J］．学术交流，2016（6）：155－160.

［16］陈耀．全面振兴东北老工业基地要创新思路再造新优势［J］．中国发展观察，2016（2）：12－14.

［17］杨荫凯，刘羽．东北地区全面振兴的新特点与推进策略［J］．区域经济评论，2016（5）：85－93.

供给侧结构性改革对提升劳动生产率的作用研究*

周卫民

（淮阴工学院商学院）

一、引言

按照习近平主席2016年1月18日的讲话精神，供给侧结构性改革，重点就是解放和发展社会生产力，用改革的办法推进结构调整，提高全要素生产率。他指出当前中国经济的问题主要是结构性问题，也就是说，中国经济存在供给结构严重错配的问题。与需求侧管理相对应，供给侧管理作为调控宏观经济的一种主要手段，关键在于解决结构性问题。因此，要通过优化要素配置和调整生产结构来提高供给体系质量和效率，从生产端入手推进供给侧结构性改革，进而推动经济增长。具体而言，就是促进产能过剩有效化解，促进产业优化重组，降低企业成本，发展战略性新兴产业和现代服务业，增加公共产品和服务供给，提高供给结构对需求变化的适应性和灵活性。简言之，供给侧结构性改革就是去产能、去库存、去杠杆、降成本、补短板。①

显然，劳动要素的使用效率与资本要素一样是生产效率中最主要的部分，而以提升生产效率为根本目的的供给侧结构性改革，首先要提升劳动生产率。因为现阶段随着劳动人口比重的下降和人口红利的消失，我国数量庞大的劳动人口要转化为可以利用的资源优势，必须有效提高每个劳动者的生产效率。对于我国存在着明显收入差距的经济结构，有必要通过结构优化和调整来带动劳动力流动，激发劳动者生产积极性，从而提升劳动生产率，因为生产积极性是影响劳动生产率的一个非常重要的因素。

---

* 基金项目：本文受国家社科基金重大项目（14ZDA023）、江苏省教育厅“青蓝工程”项目、淮安市社科类研究课题（A-16-22）资助。

① 参见习近平“在省部级主要领导干部学习贯彻党的十八届五中全会精神专题研讨班上的讲话”，人民日报，2016年1月18日。

实际上，过去三十多年，随着经济的高速增长，我国形成了差距明显的经济结构，这些差距主要表现在产业之间、城乡之间、国有非国有经济之间、东中西部区域经济之间等，导致这些差距形成的一个非常重要的原因是生产主体存在效率差异。以劳动生产率为例，我国城市与农村、工业与农业、东部区域与西部区域等之间的差距明显。根据《中国统计年鉴》数据和各地方统计年鉴数据，从产业之间差距来看，2014 年第一产业劳动生产率为 25597 元，分别为同期第二产业和第三产业劳动生产率的 22% 和 26%；从城乡差距来看，2013 年数据显示，我国农村人均纯收入只有城镇人均可支配收入的 31%；从区域差距来看，2014 年数据显示，上海、江西、贵州人均 GDP 分别为 9. 73 万元、3. 47 万元和 2. 64 万元，东部地区与中西部地区经济差距显著。而就劳动生产率的绝对量来说，我国与发达国家相比还有很大差距。

目前我国已经进入中等收入发展阶段，新常态下我国经济面临的一个中心问题就是如何成功快速地跨越中等收入陷阱。理论界并没有充分重视新常态经济下可能面临的主要风险是我国未来也有可能陷入中等收入陷阱，特别是从劳动生产率的视角分析我国生产率提升可能面临的困境。而从拉美国家和东亚国家跨越中等收入陷阱的经验比较中可以看出，劳动生产率增长率过低是部分拉美国家无法走出中等收入陷阱的决定性因素。刘志彪（2015）也认为，决定一个国家经济发展好坏的主要因素是社会生产力发展和劳动生产率提高，因此政府推进经济转型升级的政策目标和依据应该是提高社会生产率，当前我国经济下行压力持续较大的原因在于生产率的持续下降与要素成本上升的共同作用。沈坤荣（2016）认为，我国的供给主要存在供给成本过高、供给数量不足和供给质量不高等问题，要解决这些问题，关键要通过结构性改革，形成一个新的长期增长机制，切实建立起保民生的增长体系。黄益平等（2014）认为，要素市场尤其是劳动力市场的变化是推动市场模式转变和中国经济转型的主要驱动力，近期要素市场的变化是促使中国经济向“新常态”模式转变的主要原因。常修泽（2015）认为，未来中国最突出的问题是“人”的潜力没有得到充分发挥，在要素投入结构上的变革方向是进一步发挥技术进步和创新的作用。

中国劳动人口基数巨大，为了充分发挥这方面的优势，有必要探讨劳动要素生产效率相关问题。劳动力要素的投入产出问题即劳动生产效率是新常态经济条件下值得深入研究和重点关注的问题。实质上，中国存在供给结构严重错配的一个主要表现是已经形成的差距明显的经济结构，而这种差距过大的经济结构是导致劳动生产率增长率不高的关键原因。我们认为收入差距过大会导致高、低收入者之间形成收入势差和收入势能，高收入势能条件下既有的劳动力配置结构使劳动者的行为和动机不一致，群体生产协调性降低，劳动者生产积极性不高，使宏观政策无法获得一致激励而不能有效促进效率增长，从而阻碍了劳动生产率和经济总量的上升过程。因此，从供给侧考虑结构性改革问题重点就是要充分重视劳动生产率提升过程与经济结构变动过程之间的关系。事实上，通过经济结构变动、调整和优化，在市场配置的基础上充分促进劳动力流动，让劳动力组成新的生产群体，从而在一定范围内实现劳动者行为和动机的基本一致，进而提高群体协调性和激励劳动者的生产积极性，借以实现劳动生产效率增长的目标。基于此，本文主要讨论各种经济结构性变量的变动对劳动生产率提升过程所产生的影响，并使用相应的数据进行计量分析，从而分析结构性改革是否可以达到在供给侧提升劳动生产率的目的。

二、相关理论文献简评

关于经济结构对劳动生产率的影响，库兹涅茨指出第一产业的比较劳动生产率越是低于第二与第三产业，国民收入就越低。因此不发达国家要提高人均收入水平，关键是尽快提高农业劳动力的生产效率，尽可能把农业剩余劳动力转移到工业和服务业中去，以便减轻农村隐蔽性失业的非效率问题（Kuznets，1955）。刘伟（2009）深入论述了产业结构高度化即产业结构优化的本质内涵就是劳动生产率提高，一个经济体的产业结构优化在于这个经济体中劳动生产率较高的产业所占的份额较大。

中国经济增长前沿课题组（2012）认为长期经济增长是一个结构演进到均衡路径逐步达成的过程。在产业结构持续演进的过程中，第二、第三产业存在一种潜在趋势即劳动生产率趋同。现阶段中国和拉美等国家服务业劳动生产率普遍低于工业，服务业相对劳动生产率即第三产业/第二产业相对劳动生产率都显著小于1。国务院发展研究中心课题组（2010）认为非农产业的劳动生产率和农业劳动生产率的比值，反映了通过促进劳动力从农业部门向非农部门流动和重新配置而提高产出的潜力，改革开放后我国该指标在3.5～7之间，与其他国家相比，我国明显偏高。

黄益平等的一系列研究认为，中国经济出现高速增长和结构风险不断上升的根本原因，是改革期间采取的不对称市场化做法。产品市场自由化确保生产决策按经济体内供求状况做出，而要素市场扭曲，包括限制劳动力在城市和农村地区之间流动的户籍制度、向投资者提供廉价土地等，这些扭曲压低了投入成本。低投入成本，包括低劳动力成本，对于企业而言相当于一项补贴，对消费者相当于一项税收。通过压低投入成本，人为地提升了生产利润，增加了投资回报，提升了出口的竞争力。低投入成本形成了使收入从消费者家庭向企业转移的再分配机制。近些年，家户收入在很大程度上受制于停滞的工资水平，而企业利润增长比家户收入增长快得多。

随着时间的推移，低投入成本也导致了结构性问题。第一，这种显著的激励导致GDP中出口和投资比重不断上升；第二，国民收入中企业利润份额的上升会增加国民储蓄率，因为企业储蓄率一般要高于家户储蓄率；第三，低收入家庭更多地依赖工资性收入，而高收入家庭更多地依赖企业利润和投资回报，所以收入分配更为恶化；第四，由于家户收入增速慢于 GDP 增速，GDP 中消费份额不断下降；第五，能源、资本和其他资源不寻常的低成本导致企业的生产行为更加浪费（黄益平等，2014）。黄益平等研究认为，如果大多数劳动力不能进入高附加值产业，中国的经济增长不仅可能陷入迟滞不前，甚至可能面临大规模失业问题，因此应该通过教育和培训提高劳动力质量。可见，劳动力素质、人力资本拥有量、劳动力资源配置状态等都会对生产效率产生深刻影响。

综合来看，随着我国工业化进程到城市化进程的转换，现代经济结构从以产品生产配置为中心全面转向以人配置为中心（刘霞辉、张平、张晓晶，2008）。因此，以劳动力流动为中心的结构转变将是未来一段时期内经济发展的主要内容。我国劳动人口数量多，而现阶段劳动人口比重有下降趋势，因此应该适应人口结构的变化，突出人的因素与人力资本的作用，促进劳动力流动，通过劳动力流动带动其他要素资源流动，优化经济结构，以产业结构优化为主线，考虑与城乡结构、所有制结构、区域结构等变动过程相连，进而促进劳动生产率提高。

三、存在效率差异的两部门增长模型

在现代经济背景下，随着经济快速增长，收入差距总是会存在。随着经济差距的扩大，需要考虑让低效率部门的劳动力向高效率部门流动，从而尽可能减小高效率群体和低效率群体之间的收入差距，提高整体劳动生产率。国务院发展研究中心课题组（2010）在分析农民工市民化的理论模型中，认为城市和农村两个部门之间的劳动力流动可以促进经济增长与提升生产率。以下部分把这一模型进一步拓展到任何存在效率差距的两个部门之间，包括产业之间、所有制经济形式之间、区域之间和城乡之间等，分析这些存在差距的部门其劳动力从低效率部门向高效率部门转移对劳动生产率和经济增长带来的影响。通过理论模型的分析，进一步明确供给侧结构性改革的内涵在于通过对存在各种差距的结构变动和调整来提升供给侧劳动等要素的生产效率。

假定经济中存在着两个经济生产部门：低效率生产部门和高效率生产部门。设 $P = p_a + p_u$ 表示经济中的总劳动力人口数量，p_a 表示低效率部门劳动力人口数量，$p_u = p_{u1} + p_{u2}$ 表示高效率部门劳动力数量，其中 p_{u1} 表示高效率部门中原有的劳动力数量，假定这一数量是外生给定的，p_{u2} 是高效率部门由外转移而来的劳动力人口数量。假设低效率部门劳动力可以在两个部门之间自由流动。

（一）高效率部门生产

假定高效率部门劳动力和外来劳动力都生产相同的产品（假定生产工业品），其产出取决于劳动力的人力资本水平：

$$Y_{ui} = Ap_u^{\alpha} h_u^{\beta} h_{ui}^{\gamma}, \quad 0 \leqslant \alpha < 1/2, \quad \beta + \gamma \leqslant 1^{①} \tag{1}$$

① 假定 $0 \leqslant \alpha < 1/2$ 保证均衡的存在。

其中，Y_{ui}表示高效率部门中单个劳动力 i 的产出水平，$p_u = p_{u1} + p_{u2}$表示高效率部门劳动力数量，h_{ui}表示 i 的人力资本水平，h_u 表示高效率部门中人力资本的平均水平。在式（1）生产函数中 $p_u^{\alpha} h_u^{\beta}$ 表示高效率部门规模对劳动生产率的外部性（Fujita and Ogawa，1982），α 表示劳动力数量在高效率部门中的产出弹性，β 表示平均人力资本水平在高效率部门中的产出弹性，γ 表示单个劳动力的人力资本的产出弹性。

高效率部门产品的价格水平和生产效率决定高效率部门中劳动力的工资水平，即：

$$W_{ui} = \mu Y_{ui} \tag{2}$$

其中μ 为物价通胀率水平。假定高效率部门中劳动力的人力资本水平相同，则在均衡时高效率部门产品总产出水平是：

$$Y_a = \sum_i Y_{ai} = BP_a h_a^{\varepsilon+\delta} \tag{3}$$

从式（3）中可以看到，增加高效率部门的劳动力数量，会带来高效率部门总产出的规模效应。

（二）低效率部门生产

假定低效率生产部门的生产函数为：

$$Y_{ai} = Bh_a^{\varepsilon} h_{ai}^{\delta} \tag{4}$$

其中 h_{ai}和 h_a 分别表示低效率部门中单个劳动力和平均的人力资本水平。在式（4）的生产函数中，劳动力数量并没有规模效应，知识具有外溢性。低效率部门的生产效率决定其工资水平，并且假定低效率部门生产的产品的价格为标准价格，即为 1，则：

$$W_{ai} = Y_{ai} \tag{5}$$

假定低效率部门中的生产者人力资本水平也相同，因此均衡时，低效率部门的总产出水平为：

$$Y_a = \sum_i Y_{ai} = BP_a h_a^{\varepsilon+\delta} \tag{6}$$

（三）消费者行为

以高效率部门生产工业品，低效率部门生产农产品为例，假定两个经济部门内的消费者效用函数为：

$$V = (x_c + a_c^{\xi})^{\sigma} \tag{7}$$

其中，x_c 表示工业品的消费量，a_c 表示农产品的消费量，$\sigma = 1/(1-\xi)$，$0 < \xi$ 代表了农产品的价格弹性。假定工业品的效用函数为拟线性，农产品的消费没有收入效应，即家庭收入的多少并不影响他们消费农产品的数量。假定农产品的价格等于 1，于是消费者对于农产品的需求可以表示为：

$$a_c = (\xi\mu)^{\frac{1}{1-\xi}} \tag{8}$$

高效率部门原有居民、高效率部门外来居民以及低效率部门居民对工业品的消

费需求可以分别表示为：

$$\mu x_{1c}=(1-s)I_1-(\xi\mu)^{\frac{1}{1-\xi}} \tag{9}$$

$$\mu x_{2c}=(1-s)I_2-(\xi\mu)^{\frac{1}{1-\xi}} \tag{10}$$

$$\mu x_{ac}=(1-s)W_a-(\xi\mu)^{\frac{1}{1-\xi}} \tag{11}$$

其中，I_1，I_2，W_a 分别表示高效率部门原有居民、高效率部门外来居民以及低效率部门居民的实际收入水平，s 表示居民的储蓄率，以下假定居民将其收入的 s 部分用于储蓄，以形成人力资本的积累。高效率部门原有居民、高效率部门外来居民以及低效率部门居民之间收入的不同将会造成不同消费者在工业品消费上的差异。

（四）政府行为

给定居民生活在最简单的区域空间结构上，区域中的所有生产活动都集中在某区域的中心，所有居民都居住在以中心区域为圆心的同心圆内。由于居民需要支付到区域中心从事生产活动所需的往返交通费用，假定每一公里距离的交通成本是 $p\tau$，每个居民的居住面积标准化为 1，高效率部门原有居民和外来居民的居住地均匀地分布在以中心区域为圆心的同心圆上，但需要向政府缴纳房租。这样，房屋租赁市场上的均衡将会使得房租呈梯度状分布，租金从区域中心向外围逐渐递减，在中心区域房租最高，离中心区域最远的地区房租假定为零。每个居民都面临在房租与交通成本数量之间的权衡取舍。参照 Mohring（1961）的方法，可以计算得到高效率部门和低效率部门所有居民的总房租和总交通成本分别为：

$$\text{居民总租房成本}=\frac{1}{2}\mu dp_u^{3/2} \tag{12}$$

$$\text{居民总交通成本}=\mu dp_u^{3/2} \tag{13}$$

$$\text{居民人均生活成本}=\left(\frac{3}{2}\mu dp_u^{3/2}\right)\Big/p_u=\frac{3}{2}\mu dp_u^{1/2} \tag{14}$$

其中 $b=\frac{2}{3}\pi^{-1/2}\tau$，$\pi$ 表示圆周率。式（12）、式（13）、式（14）描述了居民的所有生活成本，可以看出，居民的边际生活支出会因为居住地人口的增加而增加。

为了区分原住居民和外来劳动力，假定政府对原住居民和外来人员按照不同的标准给予补贴。极端情况下，所有补贴都给原住居民，而在完全公平情况下，原住居民和外来劳动力补贴标准相同。当然，模型假定的外来劳动力享受补贴低于原住居民只是表明他们没有真正获得高效率部门居民身份。事实上高效率部门居民享有的各种待遇，例如医疗、教育、社保等公共服务方面都比低效率部门更优。因此，这种待遇上的优势使得低效率部门居民具有向高效率部门流动的原动力。为了简单分析，设低效率部门居民得到的补贴是高效率部门原住居民的 $\theta\in[0,1]$ 倍，这样 θ 越大，表示低效率部门劳动力转化为高效率部门劳动力程度越高（$\theta=0$ 表示低效率部门劳动力转化为高效率部门劳动力程度最低，$\theta=1$ 表示低效率部门劳动力与高效率部门劳动力待遇完全相同），用 θ 的差别表示因为居民身份的不同而导致的待遇差别。

这样政府市政部门的预算约束是：

$$\mu bp_u^{3/2}-Tp_{u1}-\theta Tp_{u2} \tag{15}$$

这里 T 表示高效率部门原住居民的人均补贴，$T=\frac{1}{2}\mu bp_u^{3/2}/(p_{u1}+\theta p_{u2})$，而低效率部门获得的人均补贴为 θT。

（五）高效率部门规模

从式（4）和式（6）中可以看到，低效率部门生产的农产品的总供给是 $Bh_a^{\varepsilon+\delta}p_a$，假设农产品只用于当期消费，如果总人口是 P，给定单个居民在农产品上的消费由式（8）决定，那么农产品的总消费需求是 $P(\xi p)^{1/1-\xi}$，在市场出清条件下，可得到下式：

$$Bh_a^{\varepsilon+\delta}p_a=P(\xi\mu)^{\frac{1}{1-\xi}} \tag{16}$$

在均衡状态下，低效率部门劳动力人口占总人口的比重可以表示为：

$$(p_a/P)^{\xi-1}=\xi^{-1}(Bh_a^{\varepsilon+\delta})^{-\xi}\left[Ap_u^ah_u^{\beta+\gamma}-\frac{3}{2}bp_u^{1/2}+\frac{1}{2}\theta bp_u^{3/2}/(p_{u1}+\theta p_{u2})\right] \tag{17}$$

（六）低效率部门劳动力向高效率部门转移过程中对总产出和经济的影响

总产出包括低效率部门产品和高效率部门产品，考虑到模型中是以低效率部门产品为标准化价格，因此低效率部门劳动力向高效率部门转移过程的加深会降低高效率部门产品价格，因此采用不变价格计算总产出（假设低效率部门产品和高效率部门产品价格均为1）。

$$\begin{aligned}Y&=Bh_a^{\varepsilon+\delta}p_a+Ap_u^{a+1}h_u^{\beta+\gamma}(P-p_u)+Ap_uh_u^{\beta+\gamma}+Ap_u^ah_u^{\beta+\gamma}\\&=Bh_a^{\varepsilon+\delta}P+(Ah_u^{\beta+\gamma}-Bh_a^{\varepsilon+\delta})p_u+Ap_u^ah_u^{\beta+\gamma}\end{aligned} \tag{18}$$

如果政府行为改变，调整支出结构，缩小高效率部门外来劳动力与原有劳动力待遇差别以便推动外来人口的本地化，会对部门经济规模和经济增长产生影响，可以比较 $\theta=0$ 表示低效率部门劳动力转化为高效率部门劳动力程度最低与 $\theta=1$ 表示低效率部门劳动力与高效率部门劳动力待遇完全相同两者情况下的高效率部门人口规模：

当 $\theta=0$ 时：$(p_a/P)^{\xi-1}=\xi^{-1}(Bh_a^{\varepsilon+\delta})^{-\xi}\left[Ap_u^ah\beta-\frac{3}{2}bp_u^{1/2}+\gamma_u\right]$ （19）

当 $\theta=1$ 时，$(p_a/P)^{\xi-1}=\xi^{-1}(Bh_a^{\varepsilon+\delta})^{-\xi}[Ap_u^ah\beta-bp_u^{1/2}+\gamma_u]$ （20）

比较式（19）和式（20）可以发现，高效率部门人口规模在低效率部门劳动力完全享受高效率部门待遇的情况下，高于低效率部门劳动力转化为高效率部门劳动力程度最低时的人口规模。从这个角度看，施加在高效率部门外来人口上的流动限制一定程度上降低了高效率部门人口规模的增长。因此，给低收入群体进入并享有高收入群体所适用的医疗、教育、社保等公共服务方面的平等待遇，有助于进一步扩大高效率部门的规模。

以上分析同时表明，低效率部门居民和正在由低效率部门转移到高效率部门的劳动力两者的实际收入相同，为 $Bh_a^{\varepsilon+\delta}$，而高效率部门居民实际收入为 $I_1 = Bh_a^{\varepsilon+\delta} + \frac{1-\theta}{2\ (p_{u1}+\theta p_{u2})}\mu b p_u^{3/2}$，可见当 θ 增大甚至等于 1 时，表明劳动力由低效率部门转移到高效率部门程度越高，两部门居民收入差距将相应缩小。由于模型假定高效率部门中工业品的生产效率具有人口的规模效应，或者说，高效率部门中人口数量越多，那么工业品的生产效率越高。所以，两部门之间劳动力的转移可以提高高效率部门的人口规模，发挥规模效应，提高两部门居民的收入水平。由此可以推断，缩小收入差距并不是一个简单的收入转移过程，而需要从根本的公共服务水平上加大对低效率部门的支持，提高他们的公共服务待遇水平。

实质上，我国进行供给侧结构性改革的根本目的是为了提高生产效率，有效解决生产要素和资源等“结构性错配”问题，提高供给方生产能力。而要素和资源的“结构性错配”问题主要表现在诸如产业之间、城乡之间、所有制经济部门之间、区域经济之间，存在明显的效率差距。例如，随着我国经济发展，从国家统计局数据中企业资产收益率指标看出国有企业和民营企业之间盈利能力差距继续拉大，第一产业与第二、第三产业之间的劳动生产率差距进一步扩大，农村和城市的人均收入水平、中西部和东部区域之间经济差距也日益明显。因此，让低效率部门劳动力等要素资源合适地向高效率部门转移，在加大高效率部门规模的基础上提高要素生产率。那么这种“结构性错配”问题对于劳动生产率到底会产生何种影响，而结构性改革在促进劳动生产率提升方面应该做出怎样的结构调整，有关这些问题，以下部分通过实证分析来予以解答。

四、实证分析

自改革开放以来，除了个别年度外，大部分年度经济增长率与劳动生产率增长率的变动趋势基本一致，凡是劳动生产率增长率较高的年度，经济增长率也较高；相反，劳动生产率增长率较低的年度经济增长率较低，这表明劳动生产率增长率与经济增长率之间在数量上存在正相关关系。可见推动劳动生产率增长率与促进经济平稳有效增长是完全一致的，劳动生产率提高具有引致和加速增长的长期趋势，提高劳动生产率是加速经济增长的有效途径。因此，本文研究我国劳动生产率提高的结构性影响因素，一定程度上也是我国经济增长的影响因素。上述理论模型中涉及的效率差异实质上广泛存在于我国城乡之间、产业之间、所有制部门之间和区域经济之间，等等。以下部分主要使用城乡结构、产业结构、所有制结构、区域结构等结构性数据，计量分析各个结构性因素对于劳动生产率增长的影响，并从数据计算和计量过程中综合分析和寻找提高劳动生产率的有效途径。

（一）变量设计、数据选取与说明

实证部分使用的各变量名称和替代指标如表1所示，其中被解释变量lab即劳动生产率，在数据选择时考虑使用劳动生产率绝对值（折算值）、劳动生产率折算值的年增长率、全员劳动生产率增长率、劳动产出除以劳动投入得出的劳动生产率数据等。本文采用GDP除以全国就业总人数计算出全员劳动生产率，并用GDP指数（1978=100）对全员劳动生产率进行折算。产业结构分别用第一、第二和第三产业产值增加值，并用GDP指数（1978=100）进行折算。使用了第一产业增加值与第二产业增加值比值、第一产业增加值与第三产业增加值比值、第二产业增加值与第三产业增加值比值三个比值系列数据反映产业结构变动对劳动生产率变动的影响。城市化作为社会经济变化过程，包括农业人口非农业化、城市人口规模不断扩张，城市用地不断向郊区扩展，城市数量不断增加以及城市社会、经济、技术变革进入乡村的过程。本文使用城乡人口比近似替代城市化。市场化通过改善资源配置和激励机制促进效率的提高。本文使用非国有工业企业总产值与国有工业企业总产值之比作为市场化程度的近似替代指标。有关区域结构因素选用锡尔系数近似替代。锡尔系数（Theil熵）最早是由锡尔等于1967年提出，用来反映区域差异。这里用样本期间内计算所得的全国锡尔系数反映中国区域经济差距。锡尔系数越高，反映区域经济差距越大。在研究劳动生产率变动的结构性影响因素中，考虑到在部分行业中性别因素会对生产效率产生影响，因此选择全体就业人口中男女就业人口的比值替代性别结构。在上述序列之外还引进GDP增长率数据序列。以上各个变量的原始数据均来自中国国家统计局《中国统计年鉴》和《新中国六十年统计资料汇编》，本文进行了相应计算与处理，由于样本数据的可获得性，本文使用1978~2011年相关时间序列数据进行计算。

表1　变量设计

变量名称	变量英文名称	替代指标
劳动生产率	*lab*	全员劳动生产率增长率等
城市化	*town*	城乡人口比值
市场化	*market*	非国有与国有工业企业总产值比值
	industr1	第一产业产值与第二产业产值比值
产业结构	*industr2*	第一产业产值与第三产业产值比值
	industr3	第二产业产值与第三产业产值比值
区域结构	*district*	锡尔系数
性别结构	*male*	男女人口比值

（二）实证计量过程与结果分析

1. 序列平稳性检验

首先对上述各序列进行单位根检验，以验证各序列的平稳性。序列平稳性检验详细结果见表2。序列前面加“D”代表该序列一阶差分。从表2中各个序列一阶差分后的平稳性检验结果可以看出，除了城市化一阶差分序列在5%显著水平上平稳外，其余的一阶差分序列都在1%显著水平上平稳。

表2　各序列单位根检验结果

序列	ADF检验值	临界值			结论
		1%显著性水平	5%显著性水平	10%显著性水平	
GDP增长率	-3.7998	-3.6999	-2.9763	-2.6274	平稳
D GDP增长率	-4.5368	-3.6892	-2.9713	-2.6251	平稳
劳动生产率	-2.6901	-3.6702	-2.9640	-2.6210	平稳
D劳动生产率	-4.8784	-3.6793	-2.9678	-2.6230	平稳
产业结构1	0.1031	-3.6702	-2.9640	-2.6210	不平稳
D产业结构1	-4.9552	-3.6793	-2.9678	-2.6230	平稳
产业结构2	-0.4545	-3.6702	-2.9640	-2.6210	不平稳
D产业结构2	-5.3903	-3.6793	-2.9678	-2.6230	平稳
产业结构3	-1.3040	-3.6702	-2.9640	-2.6210	不平稳
D产业结构3	-3.8900	-3.6793	-2.9678	-2.6230	平稳
城市化	2.2207	-3.6793	-2.9678	-2.6230	不平稳
D城市化	-3.0754	-3.6793	-2.9678	-2.6230	平稳
市场化	-0.4514	-3.6702	-2.9640	-2.6210	不平稳
D市场化	-5.8755	-3.6793	-2.9678	-2.6230	平稳
区域差异	-1.1030	-3.6702	-2.9640	-2.6210	不平稳
D区域差异	-4.0561	-3.6793	-2.9678	-2.6230	平稳
男女比	-1.8467	-3.6702	-2.9640	-2.6210	不平稳
D男女比	-6.0491	-3.6793	-2.9678	-2.6230	平稳

2. 协整检验与Granger因果关系检验

由上可见，各个数据序列在一阶差分后都平稳，因此使用各个序列一阶差分后的序列进行协整检验和Granger因果关系检验。根据单位根检验中时间序列达到平稳结果的差分阶数来确定滞后阶数，本文滞后阶数选择为1。协整检验结果显示除了序列产业结构 1 和序列男女比之外，序列之间存在协整关系。然后对各序列进行 Granger 因果关系检验，检验结果如表 3 所示。根据表 3 结果可知，GDP 增长率是劳动生产率增长的 Granger 原因，GDP 增长率也是第一产业增加值与第三产业增加值之比变动的 Granger 原因，劳动生产率增长率是非国有工业企业总产值与国有工业企业总产值之比变动的 Granger 原因，区域经济差异（锡尔系数）是第二产业增加值与第三产业增加值比值变动的 Granger 原因。除此之外，其他序列之间不存在 Granger 因果原因关系。

表 3 Granger 因果关系检验结果

假设	F 值	P 值
D（GDP 增长率）不是 D（劳动生产率）的 Granger 原因	8.4382	0.0018
D（GDP 增长率）不是 D（产业结构 2）的格兰杰原因	5.6395	0.0102
D（劳动生产率）不是 D（市场化）的格兰杰原因	2.9436	0.0727
D（区域差异）不是 D（产业结构 3）的格兰杰原因	2.9490	0.0724

Granger 因果关系检验实质上是检验一个变量的滞后变量是否可以引入到其他变量方程中。一个变量如果受到其他变量的滞后影响，则称它们具有 Granger 因果关系。即如果某数据序列 x 的滞后值能有效改善另一数据序列 y 的解释程度，就认为 x 是 y 的 Granger 原因。GDP 增长过程实质是经济发展过程，Granger 因果关系检验结果一定意义上表明经济发展某种程度上可以带来劳动生产率提升，以及农业与服务业产值之比的客观变化。劳动生产率增长会带来非国有与国有工业企业的比值变化，而区域经济差异的变化会带来工业与服务业产值之比的变化。

3. 回归分析及计量结果说明

上述检验结果表明可以对各序列进行回归分析。按照上文所述理论模型，在高、低效率两部门劳动力规模变动对总产出增长影响的过程中，经济总量的变动会受到两部门劳动力人口规模变动的影响，因此劳动生产率的变动也会受到高效率部门和低效率部门劳动力人口规模变动的影响，即存在效率差异的经济部门结构的变动会影响劳动生产率。综合式（18）、式（19）和式（20），我们把存在明显差距的产业之间、城乡之间、所有制经济之间和区域经济之间等结构性数据，作为解释变量，添加随机误差项 u_i 构建线性计量模型如式（21），利用普通最小二乘法（OLS）进行回归，来计量这些因素的变动对于劳动生产率的影响。式（21）中，各个变量的意义同表 1。

$$lab = \alpha + \beta_1 industr1 + \beta_2 industr2 + \beta_3 industr3 + \beta_4 town + \beta_5 market + \beta_6 district + \beta_7 male + u_i \qquad (21)$$

表4 不同模型计量结果

	模型Ⅰ	模型Ⅱ	模型Ⅲ	模型Ⅳ
产业结构1		-191.8 (-4.379)***		-0.963 (-4.834)***
产业结构2	-2567.1 (-3.242)***	29.9 (2.629)**	-939.7 (-3.595)***	
产业结构3	4103.6 (5.283)***		630.8 (2.543)**	0.114 (2.244)**
市场化	986.5 (2.262)**	-29.8 (-3.29)***	443.7 (2.729)**	-0.154 (-2.439)**
城市化	17051.7 (9.269)***	-174.7 (-3.963)***	3085.3 (4.542)***	-0.984 (-3.325)***
区域差异	-27131.1 (-6.093)***	-655.9 (-3.591)***		-4.009 (-3.32)***
constant	-4937.8 (-2.864)***	336.4 (5.22)***	-1292.7 (-2.045)*	1.769 (4.640)***
R-squared	0.984	0.551	0.954	0.517
Ad R-squared	0.981	0.461	0.947	0.421
D-W	1.789	1.58	0.68	1.774
Observations	31	31	31	31
Prob (F-statistic)	0	0.0007	0	0.0017

注：***、**、*分别表示1%、5%、10%的统计水平上显著；括号内为t统计量。

回归结果见表4。其中，模型Ⅰ到模型Ⅳ之间的不同主要在于被解释变量使用的数据不同。具体地，模型Ⅰ中被解释变量为 lab_1 即全员劳动生产率除以劳动效率（劳动产出与劳动投入价值量之比）。模型Ⅱ中被解释变量为 lab_2 即全员劳动生产率增长率。模型Ⅲ中被解释变量为 lab_3 即折算后的全员劳动生产率。模型Ⅳ中被解释变量为 lab_4 即折算后劳动生产率增长率。在各个模型的回归过程中，表示人口结构的男女人口比例序列即男女比都不显著，因此在模型回归过程中不考虑这一因素所产生的影响。

通过对数据甄别，最后选择利用劳动生产率、三次产业增加值之间比值、表示地区经济差距的锡尔系数、非国有与国有产值比值、城乡人口比值等样本数据根据计量模型式（11）进行回归，并剔除方程中存在共线性关系的相关变量，得到各个模型的回归结果，见表4。从各个模型的回归结果来看，模型Ⅰ在剔除共线性序列产业结构1即第一产业与第二产业增加值之比后，各序列系数在5%和1%水平上显著，回归方程的判决系数 $R^2=0.984$，修正的判决系数 $R^2=0.981$，D-W统计量为1.789。对模型Ⅰ回归方程的残差序列进行ADF单位根检验，结果如表5所示，在1%的置信水平下，残差序列不存在单位根，即残差序列是平稳的，也就是说这个回归方程不是伪回归。因此，该回归模型可以较好地反映产业结构、区域经济结构、市场化、城镇化等结构性因素对劳动生产率的显著影响。

表5　模型Ⅰ回归方程中残差序列单位根检验

		t - Statistic	Prob. *
Augmented Dickey - Fuller test statistic		-4.7653	0.0007
Test critical values:	1% level	-3.6793	
	5% level	-2.9678	
	10% level	-2.6230	

模型Ⅰ中被解释变量在计量过程中使用了全员劳动生产率除以劳动效率（劳动产出与劳动投入价值量之比）这一数据序列来计算。其中劳动效率即劳动产出价值量除以劳动投入的价值量。按照劳动效率等于劳动产出价值量除以劳动投入价值量的计算方法，使用相关数据进行计算。其中劳动投入使用全部就业人员的工资收入来表示，由于工资收入的可获得性，选择了1970~2011年工资收入数据，具体数据来源于《中国统计年鉴》。劳动产出等于劳动的产出份额乘以历年的GDP数值得出，模型Ⅰ中被解释变量所使用的这一比值数据序列实际上也表明劳动生产率两种计算方法得出的结果之间的差距。劳动生产率的两种计算方法即，一种是用"元/人·年"指标计算，另一种是用劳动的投入与产出均使用价值量指标计算。两种计算结果之间的差异反映在被解释变量数据序列数值的变化上，按照这个计算方法，被解释变量数据序列实质上相当于表示劳动效率的劳均收入。

因为被解释变量在计量模型中使用了全员劳动生产率除以劳动效率（劳动产出与劳动投入价值量之比）来替代。因此各个解释变量对被解释变量的影响实质是对劳动投入/劳动数量的影响，而劳动投入数据使用了劳动者的工资收入。因此，各个解释变量影响实质上是劳动生产率即劳均收入的变动。从模型Ⅰ的回归结果来看，产业结构2代表第一产业增加值与第三产业增加值比值系数为负，说明第一产业与第三产业增加值比重越高，越会引起劳动生产率下降。区域差异的系数也为负数，说明区域经济差距扩大会带来劳动生产率反向变化。

从回归结果中各个解释变量的回归系数值来看，解释变量产业结构2即第一产业增加值与第三产业增加值之比的回归系数值为-2567.1，即表明这一比值每增加1%，会带来表示劳动产出效率的劳均收入减少2567元；而代表区域经济差距的锡尔系数的解释变量即区域差异回归系数值为-27131.1，即表明这一数值每增加1个单位，会带来表示劳动产出效率的劳均收入减少27131元。产业结构3、市场化、城市化所代表的系列回归系数值为正，分别为4103.6、986.5和17051.7，这表明第二产业增加值与第三产业增加值之间比值越大劳动生产率越高，每增加1%

会带来劳均收入增加4103.6元；而非国有单位产值与国有单位产值之间比值越高劳动生产率越高，每增加1%会带来劳均收入增加986.5元；城乡人口比值越高劳动生产率也会越高，城乡人口比值每增加1%，会带来表示劳动产出效率的劳均收入增加17051.7元。

由计量结果可知，在上述各种结构化比重变动中，通过城市化提高城市人口比重对于提高劳动生产率、劳均收入是最有效的，其次是第二产业增加值与第三产业增加值比重的提升，这似乎与我国产业结构高度化即要不断提高服务业比重的现实要求相悖，造成这一结果的可能原因是我国服务业整体水平处在低端领域，而第二产业即工业制造业的附加值更高。因此，要实现产业结构高度化即提高服务业比重对生产效率的影响，需要促进服务业向更高端领域转变。非国有经济的比重提高会提高劳均收入，特别是民营经济一直是各类经济成分中最有效率的经济形式。因此，应该加大力度支持民营企业发展，不断改革国有企业，提升国企的生产效率。对于区域经济差距，虽然锡尔系数变动1个单位是非常大的变动，但是区域经济差距扩大很显然不利于劳动生产率和劳均收入整体提高。

由上述计量结果可以说明，产业结构优化即三次产业中第二产业和第三产业所占比重提高、城镇化即城镇人口规模加大、市场化即非国有经济比重提高和区域经济平衡发展这些经济结构性变化会改进劳动生产率。综合 Granger 因果关系检验结果可知，经济发展本身会带来劳动生产率的提升，但是要实现劳动生产率的更快增长，要特别注重非国有经济与国有经济之间的结构优化，加大国有企业改革力度，提高非国有经济的比重。同时，在处理区域经济差距，减小东中西部区域经济差距的过程中，应该充分考虑工业产业和服务业产业在区域经济中的结构性问题。

劳动生产率的提高在中国的经济发展历程中对经济增长做出了历史性的重大贡献，但由于中国经济结构性问题突出，产业之间、城乡之间、区域之间，甚至不同所有制经济之间差距过大，使劳动生产率增长偏离了快速通道，未来随着中国结构性改革的推进，经济差距的缩小必然会带来劳动生产率增长速度的提升，而且劳动生产率增长空间巨大。可以推知，未来劳动生产率的提高对经济增长仍然起着主导作用，其中变动劳动力资源的配置，是当前提高劳动生产率的主要途径。正如李克强总理2015年10月的一次讲话提到，需要以人为中心推进新型城镇化，配合工业化和信息化来提高社会生产率。其中，城镇化、工业化和信息化就是结构调整的过程，在这个以人为中心的结构调整中，基本原则是效率原则，而实现效率原则的最佳前提条件是劳动力等要素的自由流动。在结构性改革和结构调整过程中，必须发挥市场在配置资源中的决定性作用，因为结构调整的本质就是企业在市场中不断寻找生存、发展的方向，而政府的作用在于创造健全的、充满活力的市场经济体制。

实质上，只从产业结构或所有制结构、或城乡结构、或区域结构单方面地进行经济结构调整，无法使经济结构达到一种合理的状态，结构优化是一个各种结构同时演进并达到均衡的过程。技术变迁决定了产业的演进过程，先进技术推动了工业化，工业化带动了城市化的发展，伴随着市场化改革进程，非国有经济快速发展，劳动力出现了从农业向工业、服务业流动，农村劳动力向城镇流动，国有单位劳动力向非国有单位流动，每一次劳动力大规模流动都带来了劳动生产率的提高。因此，当前我国提高劳动生产率，乃至提高全要素生产率的关键途径应该是结构性改革，通过结构性改革进一步促进劳动力流动，提高社会流动性，激发各个群体的劳动努力和生产积极性。

五、主要结论

我国在经济增速放缓、人口红利消失和要素成本提高的环境下，只有提高要素生产率，特别是提高劳动生产率，才能有效发挥中国人口数量巨大的优势，成功实现要素数量驱动向效率驱动方式转换。在劳动生产率提升过程中，最主要的问题是有效提高劳动者的生产积极性。很显然，在我国经济结构差距明显和不均衡的现有条件下，首要的是进行结构性改革，即让劳动力可以充分自由流动，对于存在过剩产能而且生产率落后的低效率部门鼓励劳动力转移到高效率部门中去，从而达到去产能、降库存的目的；通过有效促进产业结构高度化、城镇化、市场化和区域经济协调发展，缩小各方面经济差距，促进劳动力流动并按照市场需求自由组建新的生产群体，激发生产积极性，从而提高劳动的产出效率。其中，计量结果显示要特别重视城市化和工业化，以及服务业增长对于劳动生产率提升的正面影响。

同时，要让企业家可以根据自己对市场的判断独立做出生产决策，把经济自主权真正交到企业家手中，充分发挥企业家创新创造的动力和激励能力，在企业家激励下激发劳动要素资源的生产潜力，调动全社会生产的积极性，挖掘劳动力潜能，充分提高劳动生产率。在市场配置资源起决定作用的条件下，企业家可以自主选择进入不同的产业、不同的部门和不同的区域，从而带动劳动力自由流动，如此一来经济结构将发生实质性变化，由此有力推动结构性改革进程，提高中国供给侧生产能力。总结起来，中国需要把握经济发展的大逻辑，适应新常态，充分利用市场的力量，调动企业家群体的生产能力和生产积极性，依靠我国劳动人口数量多的实际优势，通过提高劳动力素质和技能，激发劳动力生产积极性，加大存在明显差距的不同效率部门之间劳动力自由流动，不断调整和优化经济结构，最终推动我国供给侧结构性改革，促进劳动生产率大大提高。

参考文献

[1] 常修泽：《论人本形经济结构——对中国新阶段结构转型战略的新思考》，《经济社会体制比较》，2015 年第 5 期。

[2] 国务院发展研究中心课题组：《农民工市民化对扩大内需和经济增长的影响》，《经济研究》，2010 年第 6 期。

[3] 黄益平、蔡昉、彭旭、苟琴：《中国发展的新常态》，《中国经济增长与发展新模式》，

郜若素、蔡昉、宋立刚主编，科学文献出版社 2014 年版。

[4] 刘伟：《中国市场经济发展研究——市场化进程与经济增长和结构演进》，经济科学出版社 2009 年版。

[5] 刘霞辉、张平、张晓晶：《改革年代的经济增长与结构变迁》，格致出版社、上海人民出版社 2008 年版。

[6] 刘志彪：《提升生产率：新常态下经济转型升级的目标与关键措施》，《审计与经济研究》，2015 年第 4 期。

[7] 沈坤荣：《供给侧结构性改革是经济治理思路的重大调整》，《南京社会科学》，2016 年第 2 期。

[8] 中国经济增长前沿课题组：《中国经济长期增长路径、效率与潜在增长水平》，《经济研究》，2012 年第 11 期。

[9] Fujita, M. & Ogawa, H. (1982), Multiple Equilibria and Structural Transition of Non - Monocentric Configurations, *Regional Science and Urban Economics*, 12: 161 - 196.

[10] Huang, Y. P. (2004), A Labor Shortage in China, *Wall Street Journal*, A7, 6 - 8 August.

[11] Huang, Y. P. (2012), The "New Normal" of Chinese Growth, *East Asia Forum*, 14 October, http://www.eastasiaforum.org/2012/10/14/the - new - normal - of - chinese - growth/.

[12] Huang, Y. P. & Tao, K. Y. (2010), Factor Market Distortion and the Current Account Surplus in China, *Asian Economic Papers*, 9 (3): 1 - 36.

[13] Kuznets, S. (1955), Economic Growth and Income Inequality, *American Economic Review*, 45.

[14] Mohring, H. (1961), Land Values and the Measurement of Highway Benefits, *Journal of Political Economy* (June): 236 - 249.

新常态下 OFDI 对中国产业结构调整的影响

傅灵建

（宁波大学商学院）

随着十八届三中全会审议通过了《中共中央关于全面深化改革若干重大问题的决定》，中国经济正式迈进了全面深化改革的元年。[1]分析 2014 年中国宏观经济的各项指标不难发现，随着各项改革政策的实施以及国内外经济环境的不断变化，中国经济步入了“新常态”。“新常态”的突出表现是，中国的经济成长由过去二三十年的高速增长转变为现阶段的中高速增长，由以前严重依靠资源消耗、粗放的发展模式转变为依靠创新驱动、集约的发展模式。[2]事实上，中国经济“新常态”即是政府为提升经济质量、实现“两个一百年”奋斗目标的主观选择，同时也是面对当前自然生态环境恶化、资源约束日益趋紧等客观现实的应对之举。

2002 年“走出去”战略的提出大大推动中国对外直接投资的发展，十几年时间中国的 OFDI 无论在流量上还是存量上均实现了“蛙跳”式成长，对宏观经济的贡献与日俱增。[3]新常态下，中国企业 OFDI 面临新的机遇与挑战，而 OFDI 对国内经济的反作用力影响同样值得关注。实现产业结构转型升级是当前全面深化改革的重要目标之一，那么“新常态”下 OFDI 能否有力推进中国产业结构的优化调整？

一、文献综述

学者们对 OFDI 影响投资国产业结构的研究主要围绕两点：一是从理论上分析 OFDI 影响投资国产业结构的机理；二是在实证的基础上评估 OFDI 对投资国产业结构调整的效果。

理论推导方面，传统 OFDI 理论与新 OFDI 理论分别从发达国家和发展中国家两种视角，对 OFDI 影响投资国产业结构调整进行深入分析。维农的“生命周期理论”解释了发达国家 OFDI 活动的动因是为了扩展市场、延长产品生命周期、节约国内资源从而“推陈出新”，进而得出 OFDI 能够带来技术的创新、产业结构的优化升级；小岛清的“边际产业扩张论”认为，投资国通过向拥有比较优势的发展中国家转移自己的“边际产业”，实现了本国产业结构的调整与升级，与此同时促进了东道国产业结构的优化。针对发展中国家的 OFDI 行为，邓宁在细致梳理大量 OFDI 案例的基础上，提出获取“战略性资产”是发展中国家对外投资的重要动机，包括技术、管理经验以及品牌在内的战略性资产大大增强了跨国公司的竞争力，进而带动本国落后产业的发展；赤松要的“雁形模式理论”认为发展中国家从发达国家引进技术后，通过消化、吸收和再创新继而向其他落后国家转移，从而使本国产业结构实现升级。上述理论对 OFDI 影响投资国产业结构机理的描述虽有差异，但均认同 OFDI 促进了投资国产业结构的调整。

针对中国的实证研究，王英、刘思峰（2008）通过测算分析中国 OFDI 结构与产业结构的灰色关联度，得出二者紧密关联的结论，认为制造业、采矿业等领域的 OFDI 推动了国内产业结构的升级。罗丽英（2008）运用 OLS 方法建立计量模型研究了 OFDI 对国内就业状况的影响，得出 OFDI 提升了第二、第三产业就业人数比重，降低了第一产业就业人数比重的结论，因而优化了本国的产业结构。冯春晓（2009）在构建测度制造业产业结构合理化与高度化等相关指标的基础上，深入分析了制造业领域的 OFDI 对产业内部结构优化的影响，认为二者存在长期稳定的正向关联。赵伟、江东（2010）通过构建实证模型论证了 OFDI 与部分省市产业结构的升级之间密切相关，但当前中国 OFDI 无论在规模还是数量上均处于低水平，尚不足以带动产业升级。潘颖、刘辉煌（2010）通过实证研究分析了 OFDI 与国内产业结构升级之间的关系，认为 OFDI 对国内产业结构升级的促进作用存在“滞后”效应，即 OFDI 短期内对国内产业结构没有影响，而从长期来看则有较为明显的促进作用。[4]上述学者通过建立实证模型从不同角度评估了 OFDI 对国内产业结构升级的效果，由于数据处理、模型设定、研究视角存在差异，大致得出了效果显著、影响不大、短期无影响而长期较为明显的三种不同结论。

OFDI 影响投资国产业结构的机理分析，学者们得出的结论显然具有普遍性，但对比中国的实证结果不难发现，二者之间存在着一定程度的出入。中国有着自己的国情，特别在经济进入“新常态”后，OFDI 的特征、趋势将会发生新的变化，进而会对国内产业结构的调整带来新的影响。考察现阶段中国 OFDI 影响国内产业结构的影响具有一定的现实意义。

二、中国 OFDI 的发展现状分析

改革开放以来，中国 OFDI 经历了从无到有、“入世”后“蛙跳”式成长，再到今日世界第三大投资国（流量统计）的转变，三十几年的时间实现了长足的进步。高速成长的中国经济曾一度为 OFDI 的发展提供了坚实的物质基础（资本积累、技术进步等）和有利的发展环境（对外政经关系的改善与鼓励对外投资政策的出台）等，有力地推动了中国跨国公司实现快速成长。与此同时，中国 OFDI 也为宏观经济的稳定发展做出了重大贡献。不容忽视的是，当前中国 OFDI 无论在质量上还是总量上，同发达国家相比还存在着不小的差距，有许多不容忽视的问题亟

待解决。而进入新常态以后，中国 OFDI 面临着新的局面。

（一）发展概况

（1）投资规模。2014 年，中国 OFDI 流量达 1028.9 亿美元，同比增长 14.1%，蝉联全球第三大对外投资国。从存量上看，截至 2014 年底 OFDI 累计达到 6463 亿美元。观察近十年的数据不难发现（见图 1），中国 OFDI 增长迅猛，2014 年 OFDI 流量是 2005 年的 8.39 倍，年均增长率近 25%；2014 年 OFDI 存量是 2005 年的 11.3 倍，年均增长近 30 个百分点。

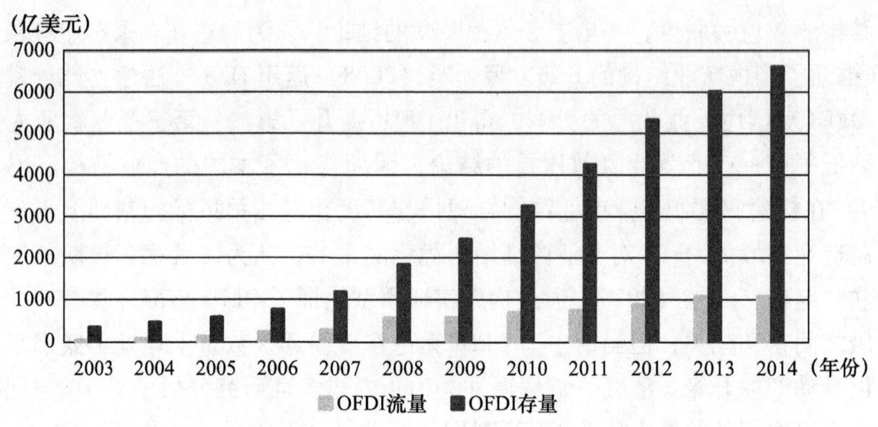

图 1　2003 ~ 2014 年中国 OFDI 流量与存量变化趋势

从海外投资的企业数量来看，2013 年底中国境内的 1.53 万家投资者在全球范围内 184 个国家和地区投资设立近 2.54 万家境外企业。虽然全球经济复苏缓慢，中国企业海外扩张势头却十分强劲。2014 年，以央企牵头的一系列大型并购接连不断，五矿资源等企业联营体以 58.5 亿美元收购秘鲁拉斯邦巴斯铜矿；国家电网公司以 21.01 亿欧元收购意大利存贷款能源网公司 35% 股权。制造业领域并购同样活跃，联想集团以 29.1 亿美元收购美国摩托罗拉公司移动手机业务；东风汽车有限公司以 10.9 亿美元收购法国标致雪铁龙集团 14.1% 股权。农业领域跨国并购取得突破，中粮集团以 15 亿美元并购新加坡来宝农业公司和以 12.9 亿美元并购荷兰尼德拉公司，成为迄今农业领域对外投资最大的两个项目。[5]

（2）投资领域。近年来，我国 OFDI 的领域越来越广泛，涉及租赁和商务服务业、采矿业、批发和零售业、建筑业、制造业、房地产业及交通运输、仓储和邮政业等 15 大类。其中，采矿业、批发零售业、租赁和商务服务业占比近六成，构成对外直接投资的主要领域。各行业中，以投资控股为主要目的的租赁与商务服务业比重最高，占 OFDI 总额的 1/4 以上，主要从事资产管理、协调运作等企业总部活动，并不涉及企业海外业务的经营，属于策略性投资。采矿业占比达 23%，体现出当前国内资源约束趋紧的形势下，跨国公司打通、拓展资源供给渠道缓解国内危机的目的。批发零售业占 OFDI 总额的 13.6%，该领域的投资主要是服务出口贸易，包括市场调研、批发销售、售后服务等环节。制造业是为数不多 OFDI 下降的行业，目前仅占 2013 年 OFDI 流量总额的 6.7%，以劳动密集型为主的制造业投资比重的下降体现出国内制造业结构的变化。[5]

（二）存在的问题

（1）海外投资经验尚浅，整合资源能力缺乏。与发达国家的跨国公司相比，中国企业海外投资的历程较短、经验不足，缺乏对国际规则、机制的深入了解，难免会水土不服，出现许多投资失败的案例。另外，改革开放以来中国企业尽管凭借自身优势积累了雄厚的财力，然而整合资源能力却未得到明显的提升。长期以来较低的国内成本和巨大的内需市场使许多中国企业缺乏向外扩张动力，然而随着近年来我国劳动成本的提高，不少企业资源整合能力欠缺的问题暴露无遗，致使现阶段中国的跨国公司半数以上的投资处于亏损状态。以 2009 年中铝集团并购澳大利亚力拓集团为例，资金雄厚的中铝集团事先虽做了很多的准备，如融资 210 亿美元、取得到澳方监管机构的批准等，无奈缺乏大型并购经验，败在公关环节等细节问题上。收购力拓之举始终未能让澳方当局摆脱中国政府操纵的猜想，并购案最终以力拓违约收场。类似中铝折戟力拓的案例近年来屡见不鲜，中国企业“走出去”尚需磨炼，应逐渐提升整合资源能力。

（2）海外风险评估不足，宏观政策有待完善。与海外丰富的资源、广阔的市场相伴的还有巨大的风险。2009 年金融海啸席卷全球以来，世界各国不仅在贸易政策上日趋保守，对待外资的态度也变得异常敏感。[6] 出于对本国产业的保护和规避外来风险的考虑，不少发达国家加强了对外资的限制和监管。此外，当前世界经济复苏缓慢，许多国家政局动荡不安，地缘政治冲突频发，导致国际总体投资环境出现了一定程度的恶化。[7] 海外投资风险的加剧未能受到中国企业的足够重视，2015 年 14 家中国企业在也门内乱中损失惨重就是很典型的案例。应对上述风险，中国政府虽通过采取财政政策、外汇政策以及签订对外投资协定等方式为企业提供多方面的服务，但同中国“蛙跳”式成长的海外投资规模相比，政府的相关政策还有待完善。特别是部分意识形态存在差异且对中国崛起存在误解误判的国家，政府还需要通过外交、经济等手段协调处理好同各方的关系，为中国企业海外投资创造良好的外部环境。

（三）新常态下的机遇与挑战

中国经济进入“新常态”有以下三个基本特征：增速方面，由以往的高速增长转变为中高速增长；发展模式方面，由规模速度型粗放的发展模式转向质量效率型集约增长；经济结构方面，由增量扩能为主转向调整存量、做优增量并存的深度调整。[8] 国内始终是跨国公司立足发展的根基，外部环境变化对其影响同样深远，对新常态下中国 OFDI 而言，面临的机遇与挑战并存。

1. 面临的机遇

新常态下，中国企业海外投资的发展机遇主要体现在以下三个方面：

（1）中国经济发展更加注重的质量和效益，企业 OFDI 的基础将会更加牢固。现阶段经济增长的速度虽然降了下来，质量和效益却得到了提升，质量效率型的发展理念将为更多的企业所推崇。以往通过低成本和低价格取胜的中国企业，逐渐向提升技术水平和管理效率转变，有助于进一步提升国内经济的效率。此外，日益完善的市场机制加速各行业的优胜劣汰，竞争使各领域优秀企业脱颖而出，在更加公平公正的舞台上实现其价值。中国企业在国内取得的进步，一方面，能够助其增加信心、积蓄能量，带动更多的 OFDI；另一方面，技术进步与管理效率的提高将大大提升 OFDI 的质量，实现更好的效益。

（2）经济结构的调整将释放更多能量，为企业 OFDI 创造更好的条件。推进增量扩能为主转向调整存量、做优增量并存的深度调整，客观上会造成不少企业生产规模的收缩，转型带来“阵痛”是难以避免的。在这个过程中，许多企业需要重新制定战略目标，消化过剩产能的同时，开发更具科技含量、更少资源消耗的新产品和新工艺，不能适应“新常态”的企业则会被淘汰出局。经济结构的调整将是一场痛苦的征程，却能够间接促进 OFDI 的发展。一方面，转型过程有助于将过剩的产能释放转向海外投资，从而扩大中国 OFDI 的规模；另一方面，残酷进程将迫使企业优化生产规模、革新盈利模式，从而提升中国 OFDI 的质量。

（3）政府推出针对性帮扶政策，有效改善企业 OFDI 的海外环境。当前，经济下行压力增大、生态环境恶化、资源束缚趋紧等问题对国内经济发展构成严峻挑战，充分利用“两个市场”、“两种资源”成为解决上述难题的关键，更是本届政府的重大关切。近几年，中央政府相继出台了一系列帮扶政策，帮助中国企业 OFDI 实现顺利发展，这些政策的效果大致从国内和国外两个方向得以实现。在国内，政府通过制定和调整包括产业、金融、财政、税收在内的宏观经济政策，减少企业负担，改善其投融资环境，对跨国公司的 OFDI 活动产生有利影响。国际上，中国政府致力于加强同世界各国的经贸联系，通过签订多边双边投资协定、建设海外投资开发区等方式，改善了中国企业海外投资的环境。

2. 面临的挑战

新常态下，中国企业的 OFDI 活动仍将面临政治风险加剧、世界经济复苏缓慢等诸多挑战，其中最严峻的挑战是国内经济环境的变化。中高速增长是经济新常态的重要特征，其显著的负面影响在于增加了企业生存发展的难度。当下，转型升级成为企业突围的必然选择，而具备升级条件、能够抵御风险、适应新环境的企业十分有限，实力雄厚的国有企业尚能应对，大部分的民营企业（特别是中小企业）则处境艰难。民营企业是我国 OFDI 的重要组成部分，其 OFDI 活动很大程度依靠国内业绩支撑，若国内转型遇到困难甚至失败，必然对其海外业务造成不利影响。近几年不少沿海地区的企业受困于国内业绩的下滑，为降低经营成本，被迫关闭或撤离海外的分公司。如何改善民营企业的生存困境，帮助其实现顺利转型，对于我国 OFDI 的整体发展至关重要。

三、国内产业结构现状

（一）整体概况

进入 21 世纪以来，我国产业结构日趋合理，逐步向现代化国家的产业格局转变。总体而言，第一产业比重不断降低，第二产业稳步发展，第三产业占比逐步提高。尤其是 2013 年，据该年度《国民经济和社会发展统计公报》显示，三大产业占比分别为 10%、43.9% 和 46.1%，第三产业 GDP 占比首次超过第二产业，“三二一”的产业格局成为了我国经济结构转型的新起点。不容忽视的是，我国仍处于工业化发展的初级阶段，“两基一柱”（即基础工业、基础设施、支柱产业）的发展水平同欧美发达国家相比差距明显，产业结构有待进一步优化。[9]

（二）存在的问题

对比发达国家，我国虽实现了“三二一”的产业格局，但第一产业和第二产业比重仍然偏高，第三产业比重明显偏低，整体结构仍需不断优化。现阶段我国产业结构存在的具体问题主要包括以下几个方面：

（1）工业结构严重失衡，转型之路困难重重。长期以来，我国的工业生产以粗放式发展为主。生产过程高能耗、高排放，产品低技术含量、低附加值，几乎成为了中国制造的标签。其中，制造业发展形势最为严峻。一方面，发达国家的再工业化给中国制造业带来极大威胁；另一方面，产能严重过剩、自主创新能力不足、国内资源约束趋紧、人力成本上涨等诸多困难极大地制约着整体工业的转型升级。此外，我国工业还存在着低水平重复建设、基础产业后劲不足等其他问题。

（2）服务业发展较慢，内部结构有待优化。从我国服务业的内部结构来看，传统类型的商业、餐饮业、交通运输业等占据了较大比重，以信息咨询、金融保险为代表的现代服务业虽发展势头强劲，但自然发育不足，同发达国家差距显著，对服务业转型调整的作用尚未充分发挥。

（3）新兴产业发展不足，承接能力面临考验。现阶段，我国三大产业的技术和知识密集程度普遍偏低。包括互联网、3D 打印等在内的部分新兴高技术产业虽实现了快速发展，但占中国经济比重还很小，承接传统产业、驱动经济发展的能力仍旧有限。新兴产业的发展任重而道远。

四、OFDI 影响产业结构转型的机理分析

新常态下，OFDI 对中国经济发展的作用与日俱增，这种影响力一方面取决于现阶段 OFDI 的整体水平；另一方面则是国内严峻的经济形势所迫。如前文所述，时至今日中国 OFDI 的规模和质量早已不可同日而语，是中国企业发展壮大的助推器。新常态下，中国经济面临前所未有的挑战，经济发展长期依赖的“三驾马车”

动力明显减弱，亟须寻找新的引擎带动经济实现转型升级。OFDI 是解决危机的重要出路。OFDI 通常由各行业领导企业所主导，这些企业同时肩负着国内产业结构转型的重任。那么，企业的海外投资是否影响国内产业结构的调整？本文认为，新常态下 OFDI 将从四个方面对国内产业结构产生深远的影响。

（一）拓宽资源引进渠道，为产业结构调整补充能量

现阶段，节能减排成为我国经济结构转型的重要指针，《节能减排“十二五”规划》对电力、钢铁、水泥、造纸等产业提出了明确的减排要求。新常态下，OFDI 作为转移落后产能的有效途径，可以从两方面改善国内各行业的能源使用状况。第一，通过投资自然资源丰富的国家，扩大石油、天然气等战略性资源以及铁矿石等原材料的进口，为企业提供充足的资源供应，缓解国内自然资源紧缺的困境，从而为产业转型升级带来稳定的资源供应。第二，对于国内缺乏节能减排条件或动力的企业，通过 OFDI 的方式将国内的工厂转移到环境容量较大的国家，既能保障企业持续运转，同时能够为国内产业结构调整带来有利影响。[10] 具体来讲，新常态下高能耗、高排放企业的“出走”，在改善环境、节约资源的同时，腾出了大量的空间帮助相关产业实现转型升级，从而在整体上改善国内的产业结构。第三，能耗型企业的海外投资有助于学习国外先进的节能减排技术，进而传导至国内，带动关联产业技术革新。

（二）加快战略资产积累，为产业结构转型增添动力

新常态下，中国经济对技术、品牌、市场营销网络等战略性资产需求与日俱增，OFDI 是获取这种特殊资源的重要渠道。根据邓宁对国际生产折衷理论的拓展，获取“战略性资产”构成了发展中国家对外投资的重要动机。战略性资产能够在短期内迅速提升跨国公司的竞争力，对发展中国家的企业而言获取这种特定资源显得尤为重要。中国是世界上最大的发展中国家，改革开放以来战略性资产日渐丰富，例如创立了海尔、华为等一系列世界知名品牌，但同发达国家相比，无论是技术水平、品牌影响力还是管理经验，中国企业均望尘莫及。因此，通过 OFDI 加速战略性资产的积累已纳入许多企业的发展战略，例如吉利并购沃尔沃获取高端品牌、和记黄埔收购英国通信运营商扩展营销网络等。跨国公司通过海外投资获取战略性资产，实现国内业务水平的提升，进而带动各自领域的产业升级。

（三）缓解人力成本压力，为产业结构升级提供支撑

中国经济长期存在着“高烧”与“低烧”并存的问题，突出表现在劳动力市场上。中国是世界上人口最多的国家，拥有着丰富的劳动力资源。进入新常态前后，随着人口结构的变化，中国的人口红利正在消失，一方面是服务于微笑曲线两端的高素质劳动者供给仍然不足；另一方面是劳动力成本的上涨使企业对初级劳动者的需求明显减弱。劳动市场供求矛盾使巨大的人口红利转变为巨大的人口压力，阻碍产业结构的调整升级。而部分劳动密集型企业通过 OFDI“走出去”则有助于缓解这一压力，改善低层次劳动市场的供求状况，进而为国内产业结构调整匹配所

需的人力资源。

（四）加速国内资本外流，给产业结构调整带来风险

中国经济增速的放缓，在很大程度上影响到国内投资和外商投资的信心。目前中国成为净对外投资国已是指日可待，这是对中国经济发展成果的肯定，但是也应看到，边际产业转移如果没能够得到新兴产业的及时补充，很可能造成国内的“产业空心化”。以东盟、非洲等地的新兴发展中国家在人力成本、自然资源禀赋、环境容量等方面都具有无可比拟的优势，根据“边际产业转移理论”和“雁形模式理论”，必将成为全球制造业转移的下一站。中国素有“世界工厂”之称，制造业在经济体系中占据重要地位。随着中国整体投资吸引力的下降，国内资本的外流和外商投资的减少很可能造成宏观环境的进一步恶化。不可否认，以互联网、3D 打印、新能源等为代表的新兴产业发展迅猛，但是这些产业是否能够填补部分制造业“出走”留下的空白，结论尚不明确。因此，OFDI 为新兴产业带来发展机遇的同时，也加剧了“产业空心化”的风险，对国内产业结构调整造成不利影响。

五、OFDI 影响产业结构调整的实证分析

（一）计量模型的建立与数据说明

衡量产业结构调整的方法主要包括了霍夫曼系数法、钱纳里标准结构法、Moore 值测定法、产业结构层次系数法等。本文选用 Moore 值作为衡量我国产业结构的指标。Moore 值测定法建立在空间向量理论的基础上，以空间向量夹角反映产业结构的变化。其公式为：

$$M^* = \cos(a) = (w_{i0} * w_{it})/({}_{i0} * {}_{it})^{1/2}$$

其中，M^* 表示 Moore 的结构变化值，即为两组向量夹角 a 的余弦，w_{i0} 表示基期第 i 产业所占比重，w_{it} 表示报告期第 i 产业所占比重。[11]

2012 年我国 GDP 增长率为 7.65%，中国经济正式步入中高速增长阶段，故 2012 年可被看作中国经济进入新常态的时间节点。本文研究的是新常态下 OFDI 对我国产业结构调整影响，故引入虚拟变量 D 反映“新常态”的前后差异，建立产业结构调整回归模型如下：

$$\ln IS_t = \beta_0 + \beta_1 \ln OFDI_t + \beta_2 D_t + \eta_t * X + \mu_t$$

式中对各变量数据均采用对数处理，以消除异方差影响，样本区间为 1995 ~ 2013 年。其中，因变量 $\ln IS$ 为产业结构调整变量；$\ln OFDI$ 为中国对外直接投资变量；X 为主控制变量，包括研发投入（RD）、人力资本（HK）和工资水平（Wage）；D 为虚拟变量，将其设置为：

$$D = \begin{cases} 0,\ (1995 \leqslant t < 2012) \\ 1,\ (2012 \leqslant t \leqslant 2013) \end{cases}$$

产业结构调整（$\ln IS$）是根据工业总产值和产品价格测算的 Moor 值，数据均来自历年《中国统计年鉴》。对外直接投资（$\ln OFDI$）以《中国对外直接投资统计

公报》发布的 OFDI 流量数据衡量，以 1995 年为基期作价格平减。研发投入（ln*RD*）以《中国统计年鉴》发布的科研支出衡量，以 1995 年为基期作价格平减。人力资本（ln*HK*）以《中国统计年鉴》发布的普通高校毕业生人数衡量。工资水平（ln*WAGE*）以《中国统计年鉴》发布的城镇制造业平均工资水平衡量，以 1995 年为基期作价格平减。

（二）相关检验

（1）平稳性检验。本文实证部分采用时间序列数据进行分析，由于时间序列的非平稳性会造成伪回归现象，在进行协整分析之前，需对各变量的平稳性进行检验。本文采用 ADF 法对各变量进行检验，检验结果见表 1：

表 1　单位根检验结果

变量	检验类型（c，T，d）	ADF 统计量	临界值（10%）	伴随概率 P	结论
ln*OFDI*	（c，T，0）	−1.741950	−3.040391	0.2257	不平稳
D（ln*OFDI*）	（c，0，0）	−2.209667	−1.774933	0.0003	平稳
ln*HK*	（c，T，0）	−1.520371	−3.040391	0.9196	不平稳
D（ln*HK*）	（c，0，0）	−2.952891	−2.585601	0.0613	平稳
ln*RD*	（c，T，0）	−1.716186	−3.052169	0.4060	不平稳
D（ln*RD*）	（c，0，0）	−4.176828	−3.265585	0.0035	平稳
ln*WAGE*	（c，T，0）	−2.932454	−3.776849	0.9610	不平稳
D（ln*WAGE*）	（c，0，0）	−5.322471	−2.142432	0.0067	平稳

注：c，T，d 分别代表所检验的方程中含有截距、时间趋势及滞后阶数；滞后阶数按 SC 最小准则确定；*D*（*X*）表示 *X* 的一阶差分。

由表 1 可知：ln*OFDI*、ln*HK*、ln*RD* 与 ln*WAGE* 的 ADF 统计量大于 10% 水平下的 ADF 检验临界值，说明这四个序列在 10% 的置信水平下都是非平稳的。进一步检验显示，D（ln*HK*）至少在 90% 的置信水平下是平稳的，而 D（ln*HK*）、D（ln*RD*）及 D（ln*WAGE*）在 99% 的置信水平下都是平稳的。说明各变量均为一阶单整时间序列，符合进一步协整检验的前提条件。

（2）协整检验。进一步采用 Johansen 协整检验法对多变量系统进行向量协整检验，检验结果见表 2 和表 3：

表 2　特征根迹（Rank Test）检验结果

Hypothesized No. of CE（s）	Eigenvalue	Trace Statistic	0.05 Critical Value	Prob. **
None *	0.975345	158.9842	69.81889	0.0000
At most 1 *	0.933672	96.03689	47.85613	0.0000
At most 2 *	0.889104	49.91346	29.79707	0.0001
At most 3	0.469544	12.52776	15.49471	0.1333
At most 4	0.097790	1.749438	3.841466	0.1859

表 3 最大特征值检验（Maximun Eigenvalue Test）结果

Hypothesized No. of CE（s）	Eigenvalue	Max - Eigen Statistic	0.05 Critical Value	Prob. **
None *	0.975345	62.94729	33.87687	0.0000
At most 1 *	0.933672	46.12343	27.58434	0.0001
At most 2 *	0.889104	37.38570	21.13162	0.0001
At most 3	0.469544	10.77832	14.26460	0.1657
At most 4	0.097790	1.749438	3.841466	0.1859

注：* 表明在 5% 的显著水平下拒绝原假设；** 表示 Mackinnon - Haug - Michelin（1999）p 值。

从协整检验的特征根迹检验和最大特征值检验的结果看出，可以在 95% 的置信水平下拒绝无协整关系的原假设，这说明各变量之间存在协整关系；对应原假设最多一个协整关系，在 95% 的置信水平下是拒绝的，这说明至少存在两个协整关系；对应原假设最多两个协整关系，在 95% 的置信水平下是拒绝的，这说明至少存在三个协整关系；对应原假设最多三个协整关系，在 95% 的置信水平下是接受的。因此，在 5% 的显著水平上存在三个协整关系。

（三）模型结果的讨论

根据上述分析，做 ln*IS* 关于各自变量的 OLS 回归，从回归结果（见表 4）来看，虚拟变量 D、ln*OFDI* 与其他变量通过了显著性检验，R^2 值约为 0.96，F 统计量约为 63.9，D. W. 统计量接近 2，整体回归效果较好。

表 4 回归模型估计结果

变量	ln*OFDI*	ln*HK*	ln*RD*	ln*WAGE*	D
估计系数	0.150465 *** (0.039032)	0.428172 *** (3.847205)	0.430065 *** (3.447686)	0.467902 *** (9.400188)	0.089504 * (1.052968)
DW 统计量	1.804666		F 统计量	62.89941	
R^2	0.959862				

注：标准误差用括弧标出。*、**、*** 分别表示 10%、5% 和 1% 的显著性水平。

产业结构调整模型为：

$$\ln ISt = -1.650465 + 0.105206\ln OFDIt + 0.428172\ln HK + 0.430065\ln RD + 0.467902\ln WAGE + 0.089504DUMMY$$

模型估计的结果可表示为：

$$\ln ISt = \begin{cases} 0.239969 + 0.105206\ln OFDIt + \eta t * X & (1995 \leqslant t < 2012) \\ 0.150465 + 0.105206\ln OFDIt + \eta t * X & (2012 \leqslant t \leqslant 2013) \end{cases}$$

回归结果表明，2012 年以后，OFDI 每增加 1%，产业结构调整指数变动 0.34%，相较于 2012 年以前的指数，上升了 0.09 个百分点，说明新常态下 OFDI

对国内产业结构调整的作用更加凸显。其原因很可能如前面所分析的那样，现阶段我国 OFDI 迎来新的发展机遇，在整体水平不断提升的同时，通过自然资源获取、战略性资产积累、劳动力配置等方式间接加速了国内产业结构的优化调整。

六、小结与展望

当前，中国经济进入新常态，内外部环境发生深刻的变化。产业结构的转型调整既是中国经济发展的内在要求，也是全面深化改革目标的重要内容。当前，被赋予新意涵的 OFDI 对国内产业结构调整转型有着不容忽视的影响力，不仅从自然资源获取、战略性资产积累、劳动力配置等角度间接促进国内产业结构的优化调整，也加剧了“产业空心化”风险。本文实证结果证实了新常态下 OFDI 对国内产业结构调整的影响更加凸显。中国经济跨入新常态的时间尚短，随着相关数据的不断完善，进一步改进实证模型显然能够得出更为准确深入的结论，这也是笔者下一阶段的研究方向。一句话，新常态下应更加重视对 OFDI 政策支持和引导，将其打造为促进产业结构调整、推动中国经济发展的新引擎。

参考文献

[1] 马浩亮．深改元年的新常态经济与新权威政治［J］．上海经济，2014（9）：8－9.

[2] 洪银兴．论中高速增长新常态及其支撑常态［J］．经济学动态，2014（11）：4－7.

[3] 阎大颖．中国企业对外直接投资的区位选择及其决定因素［J］．国际贸易问题，2013（7）：128－135.

[4] 周升起．OFDI 与投资国（地区）产业结构调整：文献综述［J］．国际贸易问题，2011（7）：135－144.

[5] 第一财经网．商务部：2014 年中国已经成为资本净输出国［EB/OL］．http：//www. yicai. com/news/2015/01/4066035. html，2015－01－21.

[6] 宋维佳．对外直接投资区位选择影响因素研究［J］．财经问题研究，2012（10）：44－50.

[7] 王海军．政治风险与中国企业对外直接投资——基于东道国与母国两个维度的实证分析［J］．财贸研究，2014（1）：110－116.

[8] 山东省习近平总书记系列重要讲话精神学习研究课题组．新常态下的经济转型发展［J］．山东社会科学，2015（4）：5－11.

[9] 朱永彬．我国产业结构演变趋势及其减排潜力分析［J］．中国软科学，2013（3）：54－63.

[10] 王永钦．中国对外直接投资区位选择的决定因素：制度、税负和资源禀赋［J］．经济研究，2014（12）：126－142.

[11] 李京晓．中国企业对外直接投资的母国宏观经济效应研究［D］．南开大学，2013.

欠发达地区产业创新平台建设路径研究

——以广西为例

张鹏飞[1]　杨　鹏[2]　张梦飞[3]

（1. 广西计算中心；2. 广西社会科学院；3. 广西师范学院）

当前，我国正在加快推进实施以“中国制造2025”和“互联网+”行动为主导的制造强国战略和网络强国战略，区域发展格局和产业发展格局正在发生深刻的变化。长期以来，欠发达地区发展滞后很重要的一个原因是产业发展水平落后，而其关键的原因是产业创新不足。因此，如何加快推进欠发达地区产业创新发展成为促进其经济发展、加快产业提质增效转型升级的关键。

一、广西产业创新平台建设现状

近年来，广西坚持创新发展，重视创新能力建设，深入实施专利倍增计划。“十二五”期间，广西建成了国家重点实验室2家、国家工程技术研究中心3家、国家工程实验室3家、国家地方联合工程研究中心（实验室）11家、国家级企业技术中心8家，广西工程技术研究中心达到213家，建设了23家千亿元产业研发中心、25家工程院、28个产业技术创新战略联盟。到2015年底，全区高新技术企业641家，比“十一五”期末增长55%；创新型企业（含试点）163家，比“十一五”期末增长49%。自治区重点实验室及培育基地由“十一五”期末的38家增加到78家。2011～2015年，全区企业技术中心所在企业开发新产品、新技术、新工艺11000多项，累计实现新产品销售收入7600多亿元。与此同时，广西创新创业服务平台不断健全，科技企业孵化器达到52家（其中国家级7家），一批众创空间在全区范围内开始建设。南宁、柳州、桂林、北海自主创新示范区建设全面启动，全区科技成果转化大行动深入实施。2015年，广西每万人口发明专利拥有量增长率、发明专利授权量增长率位居全国首位，发明专利受理量增长率位居全国第三。其中，每万人口发明专利拥有量1.81件，同比增长63.1%，全国排位年度跃升5位，由2014年末的第25位提高到第20位，比“十一五”期末上升9位。以发明专利为核心的创新能力的不断提升为产业创新发展奠定了重要基础。

二、欠发达地区产业创新平台建设中存在的突出问题

广西是欠发达地区的典型省份，其所拥有的各类科技创新资源要素都较为欠缺。近年来，广西产业创新发展取了一定的成就，但也面临着创新平台数量少、开放程度低、资金来源单一、创新人才支撑乏力、科技成果转化率及产业化率低、产业创新的社会环境不完善等，仍然是制约产业发展水平和质量提升的重要因素。

（一）创新平台数量少且开放度低

广西院校重点学科建设规模小，国家级重点实验室、工程技术研究中心少，自治区级企业技术开发中心数量不足，公共开发平台建设滞后。产业创新研发体系建设不完善，整体创新能力和创新水平仍然较低。广西现有的技术创新公共研发平台，如 25 家行业工程研究院、23 家千亿元产业研发中心等基本上都是为所依托单位服务的，未能充分发挥技术创新公共研发平台的公益性价值。2009 年以来，广西先后成立了 27 家自治区级产业技术创新战略联盟（试点），但引领协同创新的作用发挥比较有限。

（二）创新平台资金来源比较单一

欠发达地区创新平台资金投入普遍较少，且来源较为单一，主要以自有资金为主，辅助以银行贷款和政府资金支持。科研资金还是依赖数量有限的财政支持，科技成果转化缺乏畅通稳定的资金供应，特别是中小企业融资在初创期、种子期阶段，资金供应没有相应制度保障。由于资本要素市场不健全，风险资本来源有限，加上缺乏退出渠道，风险投资公司和风险投资基金发展缓慢，导致企业创新投入缺乏稳定资金来源。总体来看，通过资本市场获得创新资金的渠道仍然很不畅通。企业研发投入占比也存在显著的分化态势，不同行业、不同规模的企业间差距进一步拉大。在企业研发平台建设中重视物资投入而忽视人力资本投入的情况依然比较突出。

（三）创新人才支撑乏力

创新人才不足，特别是高端的创新型人才十分稀缺，始终是阻碍欠发达地区产业创新平台建设和发展的最主要因素。广西科技人才资源总量小，高层次创新人才短缺，国家两院院士 1300 多人中广西仅有 1 人，各领域科技领军人缺乏，企业高级工程师不足，致使高质量科技成果和专利不多。

（四）科技成果转化及产业化效率低

广西每年涌现的科技成果并不多，而且能够实现转化的成果更不多。其中，一个重要原因是高校、科研机构主要以学术价值为导向，学者们最关心的是在高水平的学术期刊上发表论文，至于科技成果能否产业化则考虑较少。另外一个重要瓶颈是，现有科技成果知识产权归属及利益分配制度不够合理，多头把关、层层审批、程序烦琐的管理规定，极大影响转化的积极性和及时性。

三、加快推进产业创新平台发展的路径研究

（一）主要思路

坚持创新、协调、绿色、开放、共享的发展理念，按照“观念创新是先导、科技创新是主线、体制创新是前提、管理创新是基础、文化创新是保障、人才创新是根本”的新思维。加快实施创新平台建设应坚持企业主体、需求导向、开放合作、人才为先、产学研一体等基本方针，以推动科技创新为核心，以破除体制机制障碍为主攻方向，不断深化改革，坚持全球视野，顺应“互联网+”时代大融合、大变革趋势，营造创新平台发展的良好环境。提高创新资源配置效率，探索建立开放型创新平台发展新模式，推动创新驱动发展，加快产业发展迈向中高端水平。

（二）主要路径

欠发达地区要加快产业创新发展，必须加大创新投入，在特色优势领域和具有较强竞争力领域加快建设一批创新发展平台、企业技术中心和研发中心，加快发展一批创新示范企业，着力完善产业链创新平台发展，打造一批符合“互联网+融合发展”的新兴创新平台，加快引进先进创新平台，完善人才支撑，推动科技创新能力不断提高。

（1）要在特色优势产业和新兴产业领域培育创建一批国家级产业创新平台。从欠发达地区产业发展实际来看，一些特色优势产业往往缺少产业创新平台支撑。广西在食品、有色金属、工程机械、内燃机、钢铁、碳酸钙、新能源汽车、海洋工程装备等领域及高性能新材料、生物医药、节能技术装备、环保设施、新一代信息技术等新兴产业均具有发展实力和发展空间。因此，必须加快培育创建一批国家级工程技术研究中心、工程实验室、工程研究中心。建设全国重要的汽车制造研发基地和内燃机制造研发基地。加快建成全国重要的铝基新材料研发生产基地、非粮生物质酶解、药用资源化学与药物分子工程等国家重点实验室。强化特种矿物材料、土方机械、非粮生物质能源等国家工程技术研究中心建设。

（2）要在具有区域竞争优势的领域加快打造一批省级创新平台。欠发达地区优势竞争领域不尽相同，要充分发挥特色优势产业的示范带动作用，就必须围绕特色优势竞争产业量身打造一批特色创新平台。广西壮族自治区级创新平台相对较少，创新能力不强。因此，要着力围绕“中国制造 2025”，建设一批符合区域优势竞争产业发展要求的省级重点创新平台。依托骨干企业和科研院所，建设自治区级重点实验室、企业技术中心、研发中心、工程技术研究中心等研发机构，打造跨领域、协同化、网络化创新平台。

（3）要加快建设和提升一批企业技术中心和研发中心。企业是产业发展的核心，欠发达地区产业创新能力不强主要表现为企业创新能力不高、产品科技含量低等。因此，加快欠发达地区产业创新平台建设，根本上就是加快企业技术中心和研究中心建设。要鼓励企业与高等院校、科研机构共建研发中心，全面提高企业主导

产品和关键技术的协同创新能力，提升企业新产品新技术新工艺研发水平，打造高水平高素质的创新团队，开发一批新产品和新技术。

(4) 要着力推动产业链创新平台建设。从欠发达地区产业发展现状来看，部分产业节点创新能力突出、产业链整体创新能力不强的问题较为突出。要依托重点企业，加快推动产业链整体创新平台建设。鼓励重点企业围绕主营业务方向，按照市场机制与其他创新主体协同聚集，形成以重点企业为核心、高校院所积极参与、辐射带动中小微企业发展的产业链创新平台。

(5) 要着力建设一批符合“互联网＋融合发展”的新兴创新平台。欠发达地区新兴产业发展相对滞后，对经济发展的支撑作用普遍不强。近年来，贵州省抢占先机把高端产业创新抓在手中，全力发展大数据、云计算、物联网，从“无”中生“有”，让贵州围绕信息技术产业绽放了活力，也为其他欠发达地区加快发展新兴产业提供了思路和参考。近年来，广西新兴产业有了初步的发展，要想有所突破，必须依托“互联网＋”等新技术新模式构建覆盖面广、结构合理、层次清晰的产业创新平台体系。要进一步鼓励发展众创、众包、众扶、众筹等形式独特的创新平台，使创新资源配置更灵活、更精准。加快建设一批“互联网＋行业协同”创新平台，推广基于互联网的产品研发、柔性制造、个性化定制等新型创新及制造模式。加强云计算、大数据、物联网等信息通信技术与制造业深度融合。结合千亿元重点产业创新平台推动互联网技术与新能源汽车、先进机器人、轨道交通、智能仪表和数控机床等行业的融合发展。

四、加快推动广西产业创新平台发展的对策建议

(一) 加快构建有利于产业创新发展的政策环境

政府强有力的支持是关键，在产业布局、产业选择时，只有专业化的政府才能进行市场化的研判、市场化的调研、市场化的决策，进行市场化的推动，促进新经济快速成长。加快构建有利于产业创新发展的政策环境，为企业创新发展提供良好的政策环境是推动产业发展的关键。当前，为加快推动科技创新和新兴产业发展壮大，推进新产业、新技术、新项目落地，加快形成发展新动能，广西壮族自治区人民政府牵头成立了自治区科技创新发展办公室和自治区新兴产业发展办公室，对推动广西破解科技创新瓶颈、加快推动科技创新和新兴产业发展提供了良好的政策环境。应加快找准产业创新平台发展方向，积极构建有利于产业创新发展的政策环境。

(二) 充分发挥企业创新发展的主体作用

充分发挥企业家的创新精神，将广西产业创新平台的建设提高到一个新的水平。要打造适宜企业家创新创业的政策环境、体制环境和工作环境。要努力造就一支适应创新驱动发展需要、规模庞大、能够引领创新创业、具有全球战略眼光和社会责任感的优秀企业家队伍。要建立正确、科学、合理的企业家评价机制，尊重企

业家的创造性劳动。要营造鼓励创新、允许试错、宽容失败的社会氛围，树立尊重企业家就是尊重先进生产力的观念。

（三）强化地区协同创新发展

欠发达地区自主创新能力、科技成果研究和转化能力均落后于发达地区，以往单纯地强调自主创新的发展模式已经难以适应和满足新一轮科技革命和产业变革的时代要求。欠发达地区需以国家大力实施科技创新为契机，整合区域科技资源，全面开放产学研合作，进一步完善创新服务平台建设，加快区域重大科技项目平台体系的合作开发建设，要大力引进发达地区尤其是科技发达地区的先进创新要素，建立协同创新平台和产业创新联盟，更好地推动欠发达地区科技创新水平的整体进步。

（四）提升创新平台建设的人才支撑

加强产业创新发展所需的人才规划和分类指导，建立从研发、转化、生产到管理的人才体系。要瞄准国际化创新平台建设，打造国际人才合作平台。要与国内高校院所深入合作推进创新平台建设，包括培养引进两院院士和长江学者等高端人才和高技术人才，形成广西产业创新人才队伍的带头人。要注重加强教育培训，建立知识型员工和技能型员工培训体系，打造一支高素质的工匠队伍。

（五）注重现有平台的资源整合

要加强对现有各类创新平台进行资源整合，努力建设功能齐全、服务周到、方便快捷、实用高效的创新平台，充分发挥好现有的工程技术研究中心、企业技术中心、千亿元产业研发中心等相关平台的作用，加大投入，提高服务效率，注重科学发展，充分发挥现有平台的引领示范作用。同时要加强相关配套服务平台建设，如投融资平台、共享信息平台、人才资源平台、技术交易平台等辅助平台的建设。

（六）激发企业自身自主创新潜力

在鼓励支持企业建立内部研发平台的同时，引导企业加强与高校院所的紧密联系，共同解决企业生产、研发过程中遇到的技术难题、存在的关键问题。企业建设创新平台应充分利用社会的公共服务平台资源，整合各类优势资源为我所用，把内部平台建成企业创新的引领机构，除充分发挥直接从事研究人员的潜能外，还要把引进、消化、吸收再创新以及企业内部所有的创新灵感、创新源泉、创新动议、小改小革等都纳入企业创新的总体规划，营造企业良好的创新氛围。

参考文献

［1］颜媛媛．经济欠发达地区科技创新模式的比较与选择［J］．改革与战略，2010（1）：105－107.

［2］郭淑兰．欠发达地区高校科技创新能力影响因素研究［J］．生产力研究，2010（2）：103－105.

［3］崔永春，龚荒．欠发达地区科技创新体系的政策制度安排［J］．中国矿业大学学报

(社会科学版), 2006 (3): 55 - 57, 65.

[4] 曹志文. 欠发达地区科技创新对策研究——以江西省为例 [J]. 农村经济与科技, 2015 (2): 191 - 192.

[5] 高学栋, 董蕾. 论依靠科技进步促进欠发达地区发展的对策 [J]. 山东行政学院学报, 2012 (4): 46 - 52.

[6] 杨行玉, 陈绪敖. 欠发达地区科技创新资源整合的路径探析 [J]. 社会科学家, 2012 (S1): 99 - 100.

[7] 俞福君, 马细珍. 我国欠发达地区高校科技创新运行机制初探 [J]. 中国城市经济, 2011 (2): 291 - 292.

[8] 梁一青. 欠发达地区如何走科技创新之路 [J]. 科技情报开发与经济, 2008 (19): 142 - 143.

[9] 杨晓年, 廖光辰. 构建欠发达地区地方科技创新体系的思考 [J]. 科技进步与对策, 2001 (2): 40 - 41.

新常态下我国产业升级的测度与方向趋势

郭俊华　刘　华

（西北大学经济管理学院）

一、引言

1978 年改革开放以来，我国经济进入了高速增长期，连续近 30 年 GDP 保持 10% 左右的增长，同时我国产业结构也不断转型升级，第一产业增加值占国内生产总值比重减少、第三产业比重增加，第二产业基本平稳，小幅度下降，2012 年第三产业比重首次超过第二产业。我国三次产业不断升级，产业结构也更加趋向合理，但较发达国家而言，我国第三产业比重仍然有待提高，第二产业与第三产业内部各行业间结构也有待调整。且目前我国经济处于新常态，面临着增长速度由高速向中高速的换挡期、结构调整更加注重质量和效益的阵痛期以及由要素驱动、投资驱动向创新驱动转移的政策刺激消化期“三期叠加”困境和“中等收入陷阱”风险，经济下滑现象明显，投资增长乏力，消费驱动缓慢，稳增长压力大，且产品生产要素成本上升，部分行业产能过剩等问题突出。

在 2015 年 11 月召开的中央财经领导小组第十一次会议上，国家总书记习近平提出了供给侧结构性改革，指出我国经济发展不仅要注重总需求的增加，还必须注重加强供给方面的改革以及质量和效率的提高，从供给侧考虑经济长期增长问题。供给侧结构性改革成为我国经济增长、突出重围的新动力与引擎，而供给侧结构性改革的核心则是产业升级，所以新时期背景下产业升级将成为我国经济增长的新动力。

本文借助产业经济学中的数学模型，对改革开放以来我国产业升级的速度和方向进行定量测度与分析，指出我国三次产业之间以及各产业内部产业升级的特点及面临的主要问题，并提出经济新常态背景下我国产业升级的方向及政策建议。

二、文献评述

关于产业升级的概念与内涵目前国内外仍没有统一的界定。国外学者一般认为产业升级就是“价值链升级”，研究较为微观化。Gereffi 在研究东亚服装产业时指出，所谓“产业升级”不仅包括产业结构的转型升级，还包括各产业由价值链低端向高端攀升的过程[1]。Humphrey 和 Schmitz 则把产业升级分为四种模式，即工艺流程升级、功能升级、价值链升级、产品升级，并指出各个模式下产业升级的具体步骤和实现路径[2]。Kaplinsky 认为产业升级就是产品种类和数量的增加、生产效率的提高以及更多的高科技活动[3]。而国内对产业升级的研究更多基于中宏观视角。李鸿阶在分析 20 世纪台湾产业结构变动时首先使用了“产业升级”一词[4]。吴崇伯在研究东盟国家的产业结构问题时指出“产业升级”就是产业结构升级[5]。

产业升级的动力。刘伟、蔡志洲证实了技术进步确实对中国产业的生产率提升、降低国民经济中间消耗的水平以及改善经济增长效率做出了贡献[6]。周海银等研究表明，人力资本的提升对产业结构高级化和第三产业比重的提高有着显著促进作用的同时影响效应受地区差异影响[7]。杨建清通过实证分析表明，我国对外直接投资与国内产业升级之间存在长期稳定的比例关系[8]。

产业升级的路径。产业升级的路径之一是比较优势，林毅夫指出一个企业的要素投入结构决定其技术结构，而要素投入结构又与本地的禀赋结构有密切的关系，只有二者相吻合才能最大程度上减小企业成本，所以一个地区或者国家要发展必须遵循比较优势的原则[9]。孙晓刚指出，要素禀赋的差异带来不同的比较优势，进而会形成不同的主导产业促进产业升级[10]。产业升级的另一个路径是价值链升级，夏先良认为中国企业通过代工方式进入国际分工可以提升自身的制造能力，进而实现从 OEM 向 ODM 乃至 OBM 的产业升级[11]。黄永明等认为，中国企业进入全球价值链的目的是通过国外企业的合作提升自身能力，进而实现本国企业产业转型升级[12]。

产业升级的测度。谭晶荣等对长江三角洲 16 个城市产业的升级速度进行 Lilien 模型测度，发现上海、杭州等发达城市的转型升级速度远比扬州、湖州等次发达城市慢[13]。高燕利用 More 值、产业结构年均变动值以及产业结构超前系数测度和分析了 1978 ~2004 年我国产业升级情况，并提出我国产业升级的制约因素和瓶颈突破措施[14]。丁焕峰等也利用上述的方法测度了我国 1978 ~2007 年产业升级，并得出相似的结果，研究发现 1990 ~2000 年我国三次产业及各产业内部升级速度最快，而 21 世纪以来产业结构调整速度则逐渐放慢[15]。李博等建立一套基于静态投入产出模型的产业结构优化升级测度方法，测度了中国产业结构的高度化水平和合理化程度。结果表明，中国产业结构的整体高度化水平和合理化程度出现先提高后降低的趋势[16]。

综上所述，现有产业升级的研究已较成熟，从概念内涵到动力、路径和测度全方位展开，但总体而言，关于产业升级的定量测度和新常态背景下的产业升级研究仍较少。本文试图通过对我国 1978 ~2014 年产业结构的定量测度和分析，探讨经济新常态时期我国产业升级的方向和路径。

三、我国产业升级的测度与判断

测度产业升级的方法和公式有很多，比如投入产出法、Lilien 测度法等，本文采用产业经济学中通用的计算方法，用 More 结构变化值、产业结构年均变动值和产业结构超前系数测定 1978~2014 年我国三次产业之间产业升级的速率和方向以及 29 个制造业行业和 14 个第三产业内部各行业的产业升级方向。

（一）产业升级速率的定量测度

More 结构变化值又称 More 值，用来测度产业结构变动程度和速率，计算公式为：

$$M = \cos(\theta) = \sum_{i=1}^{n}(w_{i0} \times w_{i1}) \Big/ \left[\sum_{i=1}^{n} w_{i0}^2 \times \sum_{i=1}^{n} w_{i1}^2\right]^{1/2} \quad (1)$$

其中，M 表示 More 结构变化值，w_{i0} 表示第 i 产业在开始期即基期所占比重，w_{i1} 表示第 i 产业在当期即报告期所占比重，n 则表示产业部门种类个数，θ 表示 More 结构变化度数，夹角 θ 的计算公式为：

$$\theta = \arccos(M) \quad (2)$$

More 结构变化值越小或 More 结构变化度数越大，则表示的产业结构变动程度越大，升级速率越快；反之，More 结构变化值越大或 More 结构变化度数越小，产业结构升级速率越慢。

产业结构年均变动值测定了产业从基期到报告期产业结构年均变化的绝对值，从而反映产业升级的速度，计算公式为：

$$k = \left[\sum_{i=1}^{n}(|q_{i1} - q_{i0}|)\right] / m \quad (3)$$

其中，k 表示产业结构年均变动值，q_{i1} 为产业 i 在报告期所占比例，q_{i0} 为产业 i 在基期所占比例，n 表示产业部门种类个数，m 为从基期到报告期的年份数。计算出的 k 值越大表明产业结构变动幅度越大，变化速率越快；反之则表明产业结构变动速率小。

利用统计数据和上述三个数学模型，分别计算了我国 1978~1990 年、1990~2000 年、2000~2010 年、2010~2014 年和 1978~2014 年五个时段内三次产业结构的 More 值、More 结构变化度数、向量夹角年均变化值以及产业结构年均变化值[17]，来反映我国产业升级的速率，计算结果见表 1。

表 1　三次产业结构变化速率

时间	More 结构变化值	More 结构变化度数（度）	向量夹角年均变化值（度）	产业结构年均变化值（%）
1978~1990 年	0.98507	9.913	0.826	1.317
1990~2000 年	0.97162	13.683	1.368	2.400

续表

时间	More 结构变化值	More 结构变化度数（度）	向量夹角年均变化值（度）	产业结构年均变化值（%）
2000～2010 年	0.99504	5.709	0.571	1.020
2010～2014 年	0.99672	4.642	1.161	1.950
1978～2014 年	0.88407	27.863	0.774	1.311

资料来源：根据《中国统计年鉴》（2015）相关数据计算整理。

表 1 中数据显示，两种产业升级速度的测定结果基本一致。1978～2014 年，我国三次产业 More 值为 0.88407，产业结构年均变化值为 1.311%，其中 1990～2000 年三次产业变化速率最快，产业结构年均变化值达到 2.4%，2000～2010 年产业结构变化速率降低，但在 2010～2014 年又逐渐回升。

（二）产业升级方向的测度

产业结构超前系数主要通过测定一个产业或行业的结构变动相对于整个经济体中的平均结构调整变动的情况来反映该产业的超前趋势和发展方向，计算公式为：

$$E_i = \alpha_i + (\alpha_i - 1)/V_t \tag{4}$$

其中，E_i 表示产业 i 的结构超前系数，α_i 表示产业 i 在报告期所占份额与基期所占份额之比，V_t 表示相同时期经济体中各产业的平均结构增长变动率。E_i 值大于 1，表示第 i 产业在经济体中超前发展，其中 E_i 值越大，产业超前发展的倾向越明显；反之，E_i 值小于 1，则表示第 i 产业相对整个经济体的平均发展滞后。其中 V_t 的计算公式为：$[\ln(GDP_{报告期}) - \ln(GDP_{基期})]/m$，式中 m 是时段年份数，GDP 使用的是现价。

利用统计数据和公式（4），计算改革开放以来五个时段的三次产业超前系数及比重变化值，计算结果见表 2。

表 2　三次产业结构变化及超前指数

时间	比重变化值（%）			超前系数		
	第一产业	第二产业	第三产业	第一产业	第二产业	第三产业
1978～1990 年	-1.2	-6.7	7.9	0.641	-0.178	3.690
1990～2000 年	-12	4.6	7.4	-2.138	1.785	2.596
2000～2010 年	-5.1	0.7	4.4	-1.808	1.160	1.895
2010～2014 年	-0.4	-3.5	3.9	0.580	0.241	1.883
1978～2014 年	-18.7	-4.9	23.6	-4.355	0.177	8.699

资料来源：根据《中国统计年鉴》（2015）相关数据计算整理。

从表 2 可以看出，在 1978～2014 年的五个时段里，第一产业的结构超前系数

均小于1，第一产业发展相对滞后，且1978～2014年，第一产业所占份额下降了18.7%；第二产业则在1990～2000年和2000～2010年两个时段内超前发展，而在其他三个时段内均滞后发展；第三产业在五个时段内均超前发展。且1978～2014年我国第一产业比重下降，第二产业比重基本持平略有下降，第三产业比重则不断上升。1978年我国三次产业结构之比为27.9∶47.6∶24.5，2014年三次产业结构之比为9.2∶42.7∶48.1，产业结构不断合理化，但相比发达国家，我国第三产业比重依然偏低。表3为2014年各国三次产业结构，从表3可知，相比发达国家和全球平均三次产业结构，我国第三产业比重仍然偏低，第一产业和第二产业比重偏高，第三产业仍是我国很长一段时间发展的方向。

表3　2014年世界各国三次产业结构

国家	第一产业比重（%）	第二产业比重（%）	第三产业比重（%）
英国	0.61	19.76	79.63
日本	1.21	26.21	72.58
德国	0.75	30.69	68.56
美国	1.45	20.50	78.05
韩国	2.34	38.23	59.42
法国	1.68	19.44	78.89
全球平均	3.09	26.42	70.49

资料来源：世界银行数据库（2015）。

表4计算了2010～2014年我国28个制造业行业比重变化值及结构超前系数。结构超前系数的计算公式与上文相似，其中 V_t 的计算公式为：$[\ln(F_{报告期})-\ln(F_{基期})]/m$，式中 F 表示制造业总产值，使用的是现价，m 是基期到报告期的年份数。

表4　制造业结构变化及超前系数（2010～2014年）

行业	比重变化值（%）	超前系数
农副食品加工业	0.842	2.353
食品制造业	0.208	2.038
饮料制造业	0.200	2.232
烟草制品业	-0.037	0.648
纺织业	-0.792	-0.556
纺织、服装、鞋帽制造业	0.168	1.769
皮革、毛皮、羽毛（绒）及其制品业	0.139	1.991
文教体育用品制造业	1.015	19.195

续表

行业	比重变化值（%）	超前系数
家具制造业	0. 038	1. 482
造纸及纸制品业	-0. 294	-0. 584
印刷业和记录媒介的复制	0. 126	2. 983
木材加工及木、竹、藤、棕、草制品业	0. 188	2. 436
石油加工、炼焦及核燃料加工业	-0. 627	-0. 195
化学原料及化学制品制造业	0. 665	1. 778
医药制造业	0. 529	3. 613
化学纤维制造业	-0. 076	0. 148
橡胶和塑料制品业	-0. 137	0. 611
通信设备、计算机及其他电子设备制造业	-0. 266	0. 731
黑色金属冶炼及压延加工业	-1. 236	-0. 334
有色金属冶炼及压延加工业	0. 155	1. 306
交通运输设备制造业	-0. 349	0. 648
通用设备制造业	-0. 870	-0. 399
专用设备制造业	0. 124	1. 324
金属制品业	0. 495	2. 390
电气机械及器材制造业	-0. 130	0. 833
工艺品及其他制造业	-0. 657	-5. 569
仪器仪表及文化、办公用机械制造业	-0. 194	-0. 705
非金属矿物制品业	0. 774	2. 362

资料来源：根据《中国统计年鉴》（2015）相关数据计算整理。

工业是第二产业的核心，而制造业又是工业的核心，所以制造业是我国未来经济发展与否的关键。从表4中可以看出，2010～2014年，我国28个制造行业中有15个行业超前发展，其中包括农副食品加工业，食品制造业，饮料制造业，纺织、服装鞋帽制造业，皮革、毛皮、羽毛及其制品业等，所占比重呈上升趋势。纺织业，造纸及纸制品业，石油加工、炼焦及核燃料加工业等14个制造行业发展滞后，所占比重呈下降趋势，尤其是通信设备、计算机及其他电子设备制造业发展滞后。2010～2014年，通信设备占制造业比重下降了0. 266%，产业超前系数仅为0. 731。信息化是全球产业发展的必然趋势，也是我国产业升级的重要动力和发展路径，所以通信设备制造业的发展至关重要，应该引起重视。而在超前发展的行业中传统制造业占大多数，生产制造业位于微笑曲线的中间组装生产即劳动密集型生产处，而我国人口红利正在逐渐消失，经济处于下滑状态，要走出困境，必须向微笑曲线价值链的两端爬升，即由组装生产向研发设计和营销品牌、售后服务的发展模式转变。

表5计算了2010~2013年我国第三产业14个行业的比重变化值和结构超前系数。结构超前系数的计算公式与上文相似，其中V_t的计算公式为：［ln（$T_{报告期}$）-ln（$T_{基期}$）］/m，式中T表示第三产业总产值，使用的是现价，m是基期到报告期的年份数。

表5　第三产业结构变化及超前系数（2010~2013年）

行业	比重变化值（%）	超前系数
交通运输、仓储和邮政业	-0.962	0.256
住宿和餐饮	0.565	-0.060
批发和零售业	0.540	1.218
信息传输、软件和信息技术服务业	-0.042	0.935
金融业	0.729	1.413
房地产业	0.003	1.000
租赁和商务服务业	0.694	2.343
科学研究和技术服务业	0.385	1.979
水利、环境和公共设施管理业	0.110	1.882
居民服务、修理和其他服务业	-0.426	0.037
教育	0.031	1.040
卫生和社会工作	0.753	2.861
文化、体育和娱乐业	-0.080	0.571
公共管理、社会保障和社会组织	-1.170	-0.036

资料来源：根据《中国统计年鉴》（2015）相关数据计算整理。

如表5所示，2010~2013年我国第三产业的14个行业中，有6个行业滞后发展，所占比重呈现下降趋势，包括交通运输、仓储和邮政业，文化、体育和娱乐业及住宿和餐饮业等，其中住宿和餐饮业，公共管理、社会保障和社会组织的结构超前系数最小，分别为-0.060，-0.036。批发和零售业、金融业、房地产业等8个行业超前发展，比重呈现上升趋势，所占比重约70%。金融业、租赁和商务服务业以及科学研究和技术服务业等生产性服务业超前发展，所占份额也在不断上升。而以批发和零售业为代表的传统服务业近几年来基本保持平稳发展，所占比重未出现明显变化。在与居民生活和发展密切相关的服务业中，房地产业、教育、卫生和社会工作发展超前，所占比重呈现上升趋势，但公共管理、社会保障和社会组织以及文化、体育和娱乐业却发展滞后。整体来看，我国第三产业内部发展形势良好，生产性服务业发展迅速，产业内部结构不断升级调整。但是信息传输、软件和信息技术服务业等信息服务业发展滞后，2013年我国信息服务业占第三产业的比重仅为4.96%，发展空间大，信息业的快速发展也将成为未来我国产业升级的一个重要路径。

总体而言，我国三次产业结构变化速率比较快，产业结构也逐渐趋向合理化，表现为第一产业占国内生产总值比重大幅度下降以及第三产业比重急剧上升，截至2014年第三产业比重达到48.1%，但相比世界平均三次产业结构，我国第三产业仍有很大的发展空间。同时，我国制造业也不断升级，但传统制造业比重依然比较大，处于产业链的低端，且通信设备等高新技术制造业发展滞后，所占比例小。第三产业内部相对升级形势良好，生产性服务业超前发展，比重不断上升，但信息服务业发展滞后，应该引起重视。

四、政策建议

（一）发挥市场主导作用，强化第三产业发展

第三产业是我国经济发展的关键性产业，也是第一、第二产业升级的方向，因此大力发展第三产业，有助于新常态下我国产业结构向更优化转型。一是必须打破现有的第三产业垄断局面，建立更加公平、规范的市场准入制度，降低准入门槛，减轻企业税费负担，让市场的竞争机制充分发挥作用[18]。二是加大对第三产业人力、资本、技术等各要素的投入，尤其要加快科技创新和人才开发及配套机制的建设，建立完善的生产性服务业高技术人才培养和引进机制。逐渐完善信息技术的基础设施，加速信息服务业的发展，抓住重点科技项目，帮助服务企业向高端技术层面转型。三是重点发展现代生产性服务业，增强生产性服务业和制造业的高度融合、互相促进作用，着力推进传统生产性服务业向现代生产性服务业的转型和升级，发挥现代生产性服务业的带动和引导作用。同时，注重发展房地产、教育、卫生等生活性服务产业，让经济发展更加利民惠民[19]。

（二）实施创新驱动战略，增强企业技术创新

中共十八大强调坚持走自主创新道路，用创新驱动经济增长。伴随着我国经济进入新常态，创新将成为我国产业向高科技升级的主动力。新形势下，我国要重视模仿创新，注重对引进高端技术的消化吸收，实现短期内由低效益、落后技术向高新技术创新的转型。确立企业技术创新的主体地位，尤其是那些具有创新能力的大企业。同时也要关注科技型中小企业的发展，科技型中小企业具有高附加值和创新性的特点，但在技术创新的初级阶段受到资金的约束，政府应该给予一定的补贴政策和激励政策的倾斜以鼓励企业进行创新[20]。注重基础科研投入和高科技人才的培养，建立完善的人才培养机制，鼓励创新成果产业化和推动产学研合作开发政策，实现科研成果的快速转化以及企业和科研机构的无缝链接。完善以专利保护为主体的知识产权法律保护制度，形成完整、全面的产权体系，激励企业不断创新。

（三）强化“互联网+”战略，实现工业化与信息化融合

“互联网+”借助信息化和互联网平台为我国传统企业的转型升级提供了新思路。传统企业应该树立互联网思维下的产业升级意识，充分发挥互联网在生产效

率、资源配置技术创新以及革新组织模式等方面的优势，实现从消费需求侧的销售、服务环节向生产供给侧的制造、管理等环节渗透，努力提高生产效率，促进生产组织方式变革。加强与互联网相关的基础设施建设，硬性的互联网基础设施建设要以用户的实际体验为出发点。政府部门一方面要积极鼓励企业尤其是传统企业加强自身网络基础设施的建设与完善；另一方面加大相关投资规模，这样既可以缓解当前经济增长下行压力，同时超前布局下一代互联网，为传统产业升级铺好路。加快相关法律法规等互联网软性基础设施的建设，填补传统产业、新兴产业在个人信息保护、网络安全等方面的不足和短板。同时要注重互联网思维人才的专业化培养，实现互联网思维人才的有效供给[21]。

(四) 融入全球价值链，加快产业转型升级

贸易全球化的快速深入和全球价值链体系的不断完善给发展中国家通过国际分工向价值链高端升级带来了机遇。新常态时期我国应坚持对外开放，积极融入全球价值链。首先，政府要破除各层面的经济闭锁，尽量削减多边层面的贸易壁垒，推动贸易自由化发展。加强法制建设和法律体系的完善，全球价值链从根本上来说是市场经济在全球的应用，而市场经济的发展依赖完善的市场规则和法律体系，所以发展中国家要想在全球价值链中占领高端产业，必须要有完善的法律来保驾护航。其次，要加快人力资本和知识资本的培育，全球价值链有助于我国更好地掌握国际最新人才和知识的需求，从而实现人力资本与知识资本的定向培育和人才的有效供给[22]。更加注重企业自身能力的培养，现有全球价值链背景下产业升级的研究都过多强调外在动力而忽视了企业自身能力和发展优势的培养，但企业的核心竞争力往往是由其自身禀赋形成的，企业必须不断提升自身的发展优势与国际竞争力。

参考文献

[1] Gereffi. International Trade and Industrial Upgrading in the Apparel Commodity Chain [J]. Journal of International Economics, 1999 (48): 37 – 70.

[2] John Humphrey, Hubert Schmitz. Governance and Upgrading: Linking Industrial Cluster and Global Value Chain Research [R]. IDS Working Paper, 120.

[3] Kaplinsky. Globalization and Unequalisation: What can be Learned from Value Chain Analysis [J]. Journal of Development Studies, 2000, 37 (2): 117 – 145.

[4] 李鸿阶. 战后台湾产业结构变化特点与发展趋势 [J]. 亚太经济, 1987 (2): 34 – 40.

[5] 吴崇伯. 论东盟国家的产业升级 [J]. 亚太经济, 1988 (1): 26 – 30.

[6] 刘伟, 蔡志洲. 技术进步、结构变动与改善国民经济中间消耗 [J]. 经济研究, 2008 (4): 4 – 14, 40.

[7] 周海银. 人力资本与产业结构升级——基于省际面板数据的检验 [J]. 东岳论丛, 2014 (9): 95 – 99.

[8] 杨建清, 周志林. 我国对外直接投资对国内产业升级影响的实证分析 [J]. 经济地

理，2013（4）：120－124.

［9］林毅夫，刘明兴．经济发展战略与中国的工业化［J］．经济研究，2004（7）：48－58.

［10］孙晓刚．从动态比较优势理论看东亚模式［J］．世界经济研究，2001（3）：19－22.

［11］夏先良．中国企业从OEM升级到OBM的商业模式抉择［J］．财贸经济，2003（9）：64－69.

［12］黄永明，何伟，聂鸣．全球价值链视角下中国纺织服装企业的升级路径选择［J］．中国工业经济，2006（5）：56－63.

［13］谭晶荣，颜敏霞，邓强，王健．产业转型升级水平测度及劳动生产效率影响因素估测——以长三角地区16个城市为例［J］．商业经济与管理，2012（5）：72－81.

［14］高燕．产业升级的测定及制约因素分析［J］．统计研究，2006（4）：47－49.

［15］丁焕峰，孙泼泼．中国产业升级测度与策略分析［J］．商业研究，2010（39705）：97－100.

［16］李博，胡进．中国产业结构优化升级的测度和比较分析［J］．管理科学，2008（2）：86－93.

［17］靖学青．上海产业升级测度及评析［J］．上海经济研究，2008（6）：53－59.

［18］周天勇，张弥．我国第三产业发展方略［J］．财经问题研究，2010（9）：3－7.

［19］张海鹏，曲婷婷．第三产业发展的国际比较及启示［J］．经济纵横，2013（5）：99－103.

［20］葛秋萍，李梅．我国创新驱动型产业升级政策研究［J］．科技进步与对策，2013：102－106.

［21］唐光海．互联网思维下制造业产业升级路径与对策研究［J］．中国集体经济，2015（3）：22－23.

［22］刘仕国，吴海英，马涛，张磊，彭莉，于建勋．利用全球价值链促进产业升级［J］．国际经济评论，2015（11501）：5－6，64－84.

中国进出口商品结构演变、合理度测度及优化研究

——基于2012年投入产出表的分析

曹旭平　朱福兴

（常熟理工学院经济与管理学院副教授）

一、引言

改革开放以来的中国对外贸易发展迅猛，进出口贸易总体平均增速远高于同期GDP平均增速，为中国经济在国际地位中的不断提升做出重大贡献。但在世界经济复苏乏力、国内经济下行压力较大、TPP与TTIP等区域性贸易规则欲改变国际贸易新秩序等诸多不利因素下，中国对外贸易发展也面临越来越大的挑战。统计显示，2015年中国货物贸易进出口总值24.59万亿元，比2014年下降7%[1]。分析当前国内外经济与外贸趋势，中国对外贸易已经由过去的高速增长阶段过渡到“稳增长、调结构”的新常态，如何保持对外贸易结构与社会、产业、经济的协调互动成为更为重要的发展目标。因此，实证分析中国进出口商品结构合理度具有重要的理论与现实意义。

什么样的进出口商品结构才能称得上合理呢？沈利生、吴振宇认为，合理的进出口商品结构通常表现为出口产品能带动本国经济快速发展、进口产品可弥补国内生产不足、对国民经济拉动和推动作用大的产品在进出口结构中比重高等；进出口商品结构的不合理通常表现为出口的产品为国内紧缺产品或初级产品、进口的是国内非紧缺产品、进口产品部分替代国内产品等[2]。进出口商品结构和产业结构是互为影响及制约的两个因素，因此对我国对外贸易产品结构进行合理度测算评价时必须结合相应的产业结构情况进行深入分析。

投入产出模型是Wassily Leontief提出的经济数量分析法，主要用新古典学派的一般均衡理论对复杂经济活动间在数量的相互关系开展研究[3]。随着后人对该模型的不断修正及优化，国外学者对投入产出法进行了广泛研究及应用。Hussain Anwar用明尼苏达州投入产出表分析了国民经济与森林工程相关产业部门间联系[4]。

Clive Hamilton 建立动态投入产出模型分析了印度尼西亚热带森林采伐可持续性，预测到 2020 年原木需求增长及其对森林退化产生的影响[5]。Cox Brian M. 和 Munn Ian A. 采用投入产出模型比较了美国南部与太平洋西北岸森林工业对地方经济的贡献度[6]。

国内有关投入产出研究相对较晚，陈锡康在 1983 年出版了《投入产出技术》专著，对投入产出法发展及其在中国的推广应用做出突出贡献[7-8]。此后，刘起运、佟仁城、陈璋、范金、沈利生、吴振宇、杨翠红、刘慧等在投入产出模型及投入占用技术理论方面做出了许多开拓性的研究，目前投入产出技术已广泛应用于教育、能源、环境、林业、消费、产业经济与对外贸易等诸多领域[9-13]。有关投入产出技术应用于进出口商品结构的研究尚处起步阶段。唐宜红等基于北京投入产出表测算了北京对外贸易商品结构合理性，发现北京对外贸易并未最大限度地支持地区经济发展[14]。耿献辉利用 2007 年投入产出表测算了中国支柱与瓶颈产业，并测算出贸易结构合理度水平[15]。薛健等利用投入产出法中的平衡关系建立进出口生产诱发模型，并测算出进出口贸易对各产业产出的影响程度[16]。以上均是利用投入产出法对进出口商品结构合理度及其与产业结构影响关系的实证研究。

本文基于最新的《中国投入产出表》，采用投入产出分析模型中的影响力系数、推动力系数、进出口占比、进出口商品结构合理度等评价指标对 2005 ~ 2014 年中国进出口商品结构及其合理度进行时间序列分析，以期发现问题及得出具有政策含义的结论，为中国进出口商品结构、产业结构优化及经济可持续健康发展提供借鉴和参考。

二、投入产出研究方法及数据来源

研究进出口商品结构合理度必须要考虑出口、进口商品结构对产业结构影响是否合理，为此必须要识别产业结构中的支柱产业与瓶颈产业，本研究采用投入产出模型识别中国经济的支柱产业和瓶颈产业，并在此基础上进行中国进出口商品结构合理度测算与分析。

（一）投入产出模型的一般形式与原理

投入产出表是开展我国进出口商品结构合理度分析与评价的数据基础，通过该表可推导出横、纵两个方向的平衡线性方程体系。

（1）横向关系的方程体系。国民经济每个产业的总产值规模等于该产业为其他产业（包括本产业）提供中间产品的价值量加上为全社会所提供的最终产品价值量。

$$\begin{cases} x_{11} + x_{12} + \cdots x_{1n} + Y_1 = X_1 \\ x_{21} + x_{22} + \cdots x_{2n} + Y_2 = X_2 \\ \qquad \ddots \\ x_{n1} + x_{n2} + \cdots x_{nn} + Y_n = X_n \end{cases} \quad \text{即} \sum_{j=1}^{n} x_{ij} + Y_i = X_i (i = 1,2,\cdots,n) \tag{1}$$

这就是国民经济投入产出模型中的分配平衡方程，其中，x_{ij}为j产业产品生产中消耗i产业的产品价值指标，Y_i为i产业向全社会所供给的最终产品价值总量，X_i为i产业总产值指标。

（2）纵向关系的方程体系。国民经济每个产业的总产值为该产业消耗中间产品价值和毛附加值相加数值，毛附加值指标主要包括固定资产折旧、劳动报酬和向社会提供的纯收入等。

$$\begin{cases} x_{11} + x_{21} + \cdots x_{n1} + G_1 = X_1 \\ x_{12} + x_{22} + \cdots x_{n2} + G_2 = X_2 \\ \qquad\qquad \ddots \\ x_{1n} + x_{2n} + \cdots x_{nn} + G_n = X_n \end{cases} \quad \text{即} \sum_{j=1}^{n} x_{ij} + G_i = X_i (i = 1,2,\cdots,n) \tag{2}$$

这就是国民经济投入产出模型中的消耗平衡方程，其中G_i为i产业的消耗毛附加值指标。

（3）投入产出模型的一般形式。产品生产的直接消耗系数对于国民经济投入产出的一般模型来说非常重要，此系数为某产业生产一个单位产品时直接消耗某产业的产品数值。

$$a_{ij} = \frac{x_{ij}}{X_j}(i, j=1, 2, \cdots, n) \tag{3}$$

其中，a_{ij}为j产业产品的生产对i产业的产品直接消耗系数，各系数组成$n \times n$阶的直接消耗系数矩阵，标记为A。直接消耗系数矩阵代入上文的分配平衡方程（式（1））就可以得到国民经济投入产出的一般模型：

$$X = (I - A)^{-1} Y \tag{4}$$

其中，X表示总产出矩阵，Y表示最终的需求矩阵，$(I - A)^{-1}$是列昂惕夫矩阵，A为直接消耗系数矩阵，I表示单位矩阵。

（二）投入产出模型的影响力系数与出口商品结构合理度指数

（1）影响力系数指标。该指标主要测试某个产业对其他产业的影响力及拉动效果，对其他产业拉动效果突出的产业都是支柱产业。设T_j为j产业的影响力系数。

$$T_j = \frac{\sum_{i=1}^{n} b_{ij}}{\frac{1}{n}\sum_{j=1}^{n}\sum_{i=1}^{n} b_{ij}}(i,j = 1,2,\cdots,n) \tag{5}$$

其中，$\sum_{i=1}^{n} b_{ij}$是列昂惕夫逆矩阵$(I - A)^{-1}$中第j列的系数相加值，也称为列和，$\frac{1}{n}\sum_{j=1}^{n}\sum_{i=1}^{n} b_{ij}$是$n$个列和平均数值，某个产业的影响力系数计算等于该产业的逆矩阵纵列系数的平均值除以所有产业的逆矩阵纵列系数的平均值所得结果数值。影响力系数计算结果大于1，反映出该产业对国民经济其他产业的需求拉动力高于所有产业的平均水平。比较各产业影响力系数的大小，影响力系数大的产业对经济贡献度也相对较大，这些产业就称为国民经济中的支柱产业。

（2）出口商品结构合理度指数。通过影响力系数可判断出国民经济中的支柱产业，但判断出口商品结构合理度必须结合商品出口情况，设 EXT_j 为 j 产业的出口商品结构合理度。

$$EXT_j = \frac{EX_j}{EX}T_j(j=1,\ 2,\ \cdots,\ n) \tag{6}$$

其中，EX_j 为第 j 产业产品出口额，EX 是全产业出口产品总和。设 EXT_j 为出口结构合理度，则 EXT 是全产业出口结构合理度之和。

$$EXT = \sum_{j=1}^{n} EXT_j \tag{7}$$

计算出的 EXT 指标越大，说明此情况下的出口商品结构合理性越强。

（三）投入产出模型的推动力系数与进口商品结构合理度指数

（1）推动力系数指标。推动力系数可用来确定中国的瓶颈产业，设 S_i 为第 i 产业推动力系数。

$$S_i = \frac{\sum_{j=1}^{n} b_{ij}}{\frac{1}{n}\sum_{i=1}^{n}\sum_{j=1}^{n} b_{ij}}(i,j=1,2,\cdots,n) \tag{8}$$

其中，$\sum_{j=1}^{n} b_{ij}$ 是列昂惕夫逆矩阵 $(I-A)^{-1}$ 中第 i 行的系数相加值，也称为行和，$\frac{1}{n}\sum_{i=1}^{n}\sum_{j=1}^{n} b_{ij}$ 是 n 个行和平均数值，某个产业的推动力系数计算其实是此产业的逆矩阵横行系数的平均值除以所有产业的逆矩阵横行系数的平均值所得结果。推动力系数计算结果大于1，反映出该产业对经济推动作用高于所有产业平均水平。推动力系数大的产业就是国民经济中的瓶颈产业。

（2）进口商品结构合理度指数。通过推动力系数可以确定出国民经济中的瓶颈产业，但判断我国进口商品结构的合理度还需结合其进口情况。如果各个产业部门的进口商品比重的排序与推动力系数的排序基本一致的话，那么此情况下的进口结构合理度就比较高。设 IMS_i 为第 i 产业进口结构合理度。

$$IMS_i = \frac{IM_i}{IM}S_i \tag{9}$$

其中，IM_i 为第 i 产业的所有产品进口额，IM 为所有产业产品的总进口，设 IMS_i 为进口商品结构合理度，则 IMS 就等于所有产业进口结构合理度之和。

$$IMS = \sum_{i=1}^{n} IMS_i \tag{10}$$

计算出的 *IMS* 越大，此情况下的进口商品结构合理性也就越强。

（四）数据来源说明

国家统计局自 1987 年起每隔 5 年对国民经济进行大规模的投入产出调查与统计，目前 2012 年的国民经济投入产出表是最新的。考虑到统计数据的局限性，本文只对 2005 ~ 2012 年中国对外贸易商品结构的演变情况进行分析，并分别测算与比较 2007 年和 2012 年中国对外贸易商品结构的合理度情况，投入产出模型分析中的直接消耗系数主要依据 2007 年和 2012 年的《中国投入产出表》。此表将我国的国民经济来源分类成机械设备制造、纺织缝纫及皮革制造、食品制造、化学、邮电运输等 17 个产业部门。

三、中国进出口商品结构演变分析

中国进出口商品结构演变主要从各产业部门净出口额结构、出口商品结构与进口商品结构三个角度来进行分析，由于最新的国民经济投入产出表来自 2012 年，下一轮的 2017 年投入产出表统计出来至少要到 2018 年或 2019 年。因此，本研究产业部门视角的中国商品进出口结构演变时间序列设定为 2005 ~ 2012 年，不同产业部门的进出口商品计算数据主要来源于 2007 年与 2012 年的投入产出表、2005 年与 2010 年的投入产出延长表。

（一）各产业部门净出口额结构演变

净出口（也称贸易余额）是指某国特定产业在一定时间内的出口总值与进口总值之差额。统计数据显示，2005 ~ 2012 年中国产业部门净出口额总体呈现上升态势，其数值从 2005 年的 9096.82 亿元上升到 2012 年的 14638.87 亿元。根据 2007 年、2012 年的国民经济投入产出表及 2005 年、2010 年投入产出延长表，计算出 2005 ~ 2012 年中国商品净出口额贡献最大的产业部门及其演变情况，如表 1 所示。

表 1　2005 ~ 2012 年中国商品净出口额位居前五名的产业部门

年份	第一大产业部门	第二大产业部门	第三大产业部门	第四大产业部门	第五大产业部门
2005	纺织缝纫及皮革制造业	批发零售住宿和餐饮业	运输邮电业	建筑材料及其他非金属矿物制品业	食品制造业
2007	纺织缝纫及皮革制造业	机械设备制造业	批发零售住宿和餐饮业	运输邮电业	建筑材料及其他非金属矿物制品业
2010	纺织缝纫及皮革制造业	批发零售住宿和餐饮业	机械设备制造业	运输邮电业	房地产业、租赁和商务服务业
2012	纺织缝纫及皮革制造业	机械设备制造业	批发零售住宿和餐饮业	运输邮电业	建筑材料及其他非金属矿物制品业

注：投入产出表中的其他制造业、其他服务业由于未明确特定产业，因此其数据未纳入排名考虑。

由表1可知：第一，2005～2012年纺织产业的净出口额稳居各产业之首，是中国外汇顺差最大产业；第二，机械设备制造业的净出口额增速是所有产业中最大的，其净出口额从2005年的422.02亿元增长到2012年的13219.28亿元，反映了此行业产品创汇能力的快速提升；第三，批发零售住宿和餐饮业、运输邮电业净出口额排名一直稳居前四名，体现了中国服务业具有较强的创汇能力，而食品制造业净出口额排名从2005年以后再也没有进入前五的位置。

（二）出口商品结构演变

统计数据显示，2005～2012年中国出口贸易额从2005年的68495.27亿元上升到2012年的136665.85亿元，8年间翻了一番。根据2007年、2012年的国民经济投入产出表及2005年、2010年投入产出延长表，计算出的2005～2012年中国商品出口额前五名的产业部门及其演变情况如表2所示。

表2 2005～2012年中国商品出口额位居前五名的产业部门

年份	第一大产业部门	占比（%）	第二大产业部门	占比（%）	第三大产业部门	占比（%）	第四大产业部门	占比（%）	第五大产业部门	占比（%）
2005	机械设备制造业	42.16	纺织缝纫及皮革制造业	14.45	化学工业	7.50	批发零售住宿和餐饮业	7.28	金属产品制造业	7.00
2007	机械设备制造业	42.35	纺织缝纫及皮革制造业	14.54	金属产品制造业	9.12	化学工业	7.58	批发零售住宿和餐饮业	4.97
2010	机械设备制造业	44.05	纺织缝纫及皮革制造业	13.21	化学工业	8.44	批发零售住宿和餐饮业	6.65	金属产品制造业	6.35
2012	机械设备制造业	43.22	纺织缝纫及皮革制造业	11.66	批发零售住宿和餐饮业	9.03	化学工业	7.23	金属产品制造业	6.40

注：同表1。

由表2可知：第一，2005～2012年机械设备制造业一直是中国最大的出口产业部门，出口占比一直保持着42%以上的份额，且呈小幅攀升之势；第二，纺织业产品出口一直稳居第二大出口产业部门的位置，但其出口占比已呈下降态势，其数值从2005年的14.45%下降到了2012年的11.66%；第三，机械设备制造业、纺织缝纫及皮革制造业、化学工业、金属产品制造业四大产业部门出口额占比长期接近于70%。

（三）进口商品结构演变

统计数据显示，2005～2012年中国进口贸易额从2005年的59398.46亿元上升到2012年的122022.98亿元，8年间的进口增幅与出口增幅基本一致，均翻了一番。根据2007年、2012年的国民经济投入产出表及2005年、2010年投入产出延长表，计算出的2005～2012年中国商品进口额前五名的产业部门及其演变情况如

表3所示。

表3 2005～2012年中国商品进口额位居前五名的产业部门

年份	第一大产业部门	占比（%）	第二大产业部门	占比（%）	第三大产业部门	占比（%）	第四大产业部门	占比（%）	第五大产业部门	占比（%）
2005	机械设备制造业	47.91	化学工业	12.70	采掘业	10.57	金属产品制造业	7.13	纺织缝纫及皮革制造业	3.45
2007	机械设备制造业	45.54	采掘业	13.97	化学工业	12.30	金属产品制造业	6.63	房地产、租赁和商务服务业	3.26
2010	机械设备制造业	41.90	采掘业	17.32	化学工业	11.71	金属产品制造业	5.76	农业	4.04
2012	机械设备制造业	37.58	采掘业	20.40	化学工业	10.09	金属产品制造业	8.00	农业	4.19

注：同表1。

由表3可知：第一，与出口产业部门第一名一致，2005～2012年机械设备制造业一直是中国最大的进口产业部门，但其进口占比却呈快速下降之势，其数值从2005年的47.91%下降至2012年的37.58%；第二，采掘业并没有出现在主要出口产业部门中，但却牢踞进口产业部门第二名的位置，并且其占比呈快速上升之势，其数值从2005年的10.57%上升至2012年的20.40%，表明中国经济快速发展过程中资源类产品的匮乏，急需从外国进口；第三，机械设备制造业、化学工业、纺织缝纫及皮革制造业、金属品制造业等工业产品进口仍然占据进口的半壁江山多，但工业品进口占比总体呈下降态势，值得关注的是，农业产品进口从2010年开始进入进口产业部门的前五名。

四、中国进出口商品结构合理度演变分析

（一）中国支柱产业与出口商品结构合理度

根据2007年与2012年国民经济投入产出表、上文投入产出模型及影响力系数公式测算得到中国17个产业影响力系数，然后对这些影响力系数与中国各产业出口占比指标值进行深入比较分析，筛选出2007年和2012年中国影响力系数与出口占比均排序居前六名的产业，其具体计算及筛选结果见表4。

（1）2012年影响力系数位居前五的产业部门依次是机械设备制造业、金属产品制造业、化学工业、纺织缝纫及皮革制造业与建筑业，这些工业制造业是中国支柱产业。优先加快发展这些支柱产业，可以最大限度地拉动国民经济稳步增长。

表4　2007年与2012年中国影响力系数及出口占比排序前6名产业部门出口商品结构合理度数据

年份	产业部门名称	影响力系数 T_j	T_j 排名	出口占比（%）	出口占比排名	出口合理度 EXT_j	EXT_j 排名	总出口合理度指数 EXT
2007	机械设备制造业	1.324	1	42.35	1	0.561	1	1.183
	金属产品制造业	1.236	2	9.12	3	0.113	3	
	化学工业	1.228	3	7.58	4	0.093	4	
	纺织缝纫及皮革制造业	1.209	4	14.54	2	0.176	2	
	建筑业	1.189	5	0.43	15	0.005	13	
	炼焦煤气及石油加工业	1.111	6	0.80	11	0.009	9	
2012	机械设备制造业	1.310	1	43.22	1	0.566	1	1.158
	金属产品制造业	1.242	2	6.40	5	0.079	4	
	化学工业	1.232	3	7.23	4	0.089	3	
	纺织缝纫及皮革制造业	1.203	4	11.66	2	0.140	2	
	建筑业	1.156	5	0.57	14	0.007	12	
	非金属矿物制品业	1.129	6	1.96	9	0.022	8	

注：为保证影响力系数及合理度测算公正，计算影响力系数与合理度时将投入产出表中的其他制造业、其他服务业数据考虑在内，但不同产业部门的影响力系数与出口额排名时未将其纳入表中。

（2）比较2007年与2012年两个阶段的影响力系数变动情况，可以发现两阶段影响力系数排名前六的产业部门前五个是重复的，且这五大产业部门的影响力系数波动不大，表明这些产业发展平稳且对国民经济的拉动作用并未减弱，后续产业并未对前五大产业形成太大冲击。2012年非金属矿物制品业替代炼焦煤气及石油加工业成为中国影响力系数第六大产业部门，说明该产业对经济的拉动能力在提高中，对于影响力系数趋势攀升的产业也值得重点关注及发展。

（3）产业出口占比排序与影响力系数排序一致性不强。比如2007年影响力系数分别排名第五、第六的建筑业、炼焦煤气及石油加工业出口占比排名仅分别为第十五名、第十一名，此类现象在2012年也存在，这种不一致直接影响出口商品合理度。当出口占比排序与影响力系数排序越趋于一致，则出口产品结构越合理，出口合理度也越大；反之出口合理度越小。表4所列产业部门中，机械设备制造业出口商品结构合理度在两阶段中都最高，而建筑业出口商品结构合理度相对较低。

（4）17个产业部门的总出口合理度从2007年的1.183下降至2012年的1.158，反映出中国出口商品结构的合理度在下滑中，主要原因是由于金属产品制造业、纺织缝纫及皮革制造业等产业出口合理度下降造成的。当然，中国出口商品总合理度下降幅度并不大，可以通过政策针对性地引导出口产品结构进行调整，要尽可能让影响力系数大的产业部门提高其在出口结构中的比重，这样有利于优化出口商品结构、提高出口合理度及更好地拉动国民经济快速发展。

（二）中国瓶颈产业与进口商品结构合理度

根据2007年与2012年国民经济投入产出表、前文投入产出模型及推动力系数公式计算出中国17个产业部门的推动力系数，通过对计算出的推动力系数和中国各产业进口占比指标值的比较，筛选出2007年和2012年我国国民经济推动力系数以及进口占比指标排序均居前六名的产业部门，具体的计算和筛选结果如表5所示。

表5　2007年与2012年中国推动力系数及进口占比排序前6名的产业部门进口商品结构合理度数据

年份	产业部门名称	推动力系数 S_i	S_i 排名	进口占比（%）	进口占比排名 IMS_i	进口合理度	IMS_i 排名	总进口合理度指数 IMS
2007	机械设备制造业	1.888	1	45.54	1	0.860	1	1.567
	化学工业	1.689	2	12.30	3	0.208	3	
	金属产品制造业	1.581	3	6.63	4	0.105	4	
	采掘业	1.567	4	13.97	2	0.219	2	
	电力热力及水生产供应业	1.277	5	0.02	17	0.0003	17	
	农业	1.016	6	3.15	6	0.032	5	
2012	采掘业	1.688	1	20.40	2	0.344	2	1.398
	化学工业	1.682	2	10.09	3	0.170	3	
	机械设备制造业	1.486	3	37.58	1	0.558	1	
	金属产品制造业	1.475	4	8.00	4	0.118	4	
	电力热力及水生产供应业	1.084	5	0.018	17	0.0002	17	
	农业	1.041	6	4.19	5	0.044	5	

注：为保证推动力系数及合理度测算公正，计算推动力系数与合理度时将投入产出表中的其他制造业、其他服务业数据考虑其中，但不同产业部门的推动力系数与进口额排名时未将其纳入表中。

（1）推动力系数大的产业是瓶颈产业，增大此类产业供给能力能推动经济快速发展。2012年推动力系数排名前五的产业依次是采掘业、化学工业、机械设备制造业、金属产品制造业、电力热力及水生产供应业。这五大产业推动力系数均大于1，说明它们对其他产业推动作用高于17个部门的平均水平。此外，2012年推动力系数大于1的产业包括上述五大产业与农业，要确保这些产业供给超过17个部门平均水平，才能保证中国经济的稳定发展。

（2）比较2007年与2012年各产业部门的推动力系数可知，采掘业推动力系数增长迅猛，超越机械设备制造业成为推动力系数最大的产业，也就是说，以资源为核心的采掘业是当前中国经济发展的最大瓶颈产业。近年来中国经济发展对资源的需求也在增加，为此国家加大了采掘业产品的进口力度，这从采掘业进口占比指标也可以看出，2007年该数值仅为13.97%，2012年就上升至20.40%，采掘业进口占比提升至所有产业的第二名，从合理度角度出发采掘业的进口占比应该进一步提升至第一名才对。与此同时，机械设备制造业、金属产品制造业的推动力系数呈下降之势，表明中国瓶颈产业在变化，而进口商品结构必须要紧紧盯住这种变化进行相应的调整。

(3) 机械设备制造业、化学工业与金属产品制造业三个产业部门在两个阶段的影响力系数与推动力系数均排名各产业前列，说明它们既是我国国民经济的支柱产业，也是瓶颈产业，这类产业部门在国民经济发展中的地位突出，要严格关注这类产业影响力系数、推动力系数的排序变动，进而相应地调整不同产业的出口、进口占比，从而提高进出口商品结构整体合理度。

(4) 两阶段推动力系数排名与进口占比排序一致性不强。比如 2012 年采掘业推动力系数排名各产业部门之首，但其进口占比并没有达到各部门之首；电力热力及水生产供应业的推动力系数排名各产业部门的第五名，但其进口占比居各产业部门最后一名。此类不一致也会直接影响各产业部门的进口商品结构合理度，同时也说明中国进口商品结构存在着进一步优化的必要性及空间。

(5) 17 个产业部门的总进口合理度从 2007 年的 1.567 下降至 2012 年的 1.398，表明中国进口商品结构合理度呈下滑趋势，主要原因是由于机械设备制造业、金属产品制造业、化学工业等产业的进口商品合理度下降所致。当然，中国进口商品总合理度下降幅度并不大，可以通过政策有针对性地引导进口产品结构进行调整，要尽可能让推动力系数大的产业部门提高其在进口结构中的比重。这样有利于优化进口商品结构、提高进口合理度及更好地推动国民经济快速发展。

五、提升中国进出口商品结构合理度的对策建议与研究思考

(一) 支柱产业出口商品结构优化对策

政府应政策鼓励及主动引导支柱产业部门的企业调整其出口商品结构，要进一步提升金属产品制造业、化学工业、建筑业等支柱产业的产品出口占比，鼓励此类行业进行出口附加值的提升，在国际市场形成特色优势并取得更多市场份额。提高影响力系数排序与出口占比排序的一致性，从而改善中国出口商品结构整体合理度水平，最大限度拉动中国经济快速发展。

(二) 瓶颈产业进口商品结构优化对策

对于推动力系数较大的瓶颈产业，政府要予以政策引导保证此类产业的进口供给。从研究结果看，中国采掘业、化学工业这两大瓶颈产业的进口依然不足，因此要进一步提升这两大产业的进口占比，这样可以提升进口占比排序与推动力系数排序的一致性程度，从而优化中国进口商品结构的整体合理度，保证这两大瓶颈产业产品供给能足够支持中国经济健康发展需要。

(三) 长期动态跟踪观测与及时采取措施优化进出口商品结构

当前国际、国内形势复杂多变，新技术、新产业层出不穷，因此中国的支柱产

业结构、影响力系数、推动力系数等也在一定时期内会发生变动与调整，与此相对应的进口与出口的商品结构优化重点也将产生变动。为此，政府必须对国民经济核心部门推动力系数、影响力系数与进口、出口占比的一致性开展长期的测算跟踪，从而及时采取相应的调整应对措施，有利于保证中国进出口商品结构合理度指数长期处于一个稳定、可控的范围。

（四）研究思考

实证研究发现，投入产出模型充分考虑了进出口商品结构与产业生产效率、产业结构的关系，技术成熟且具有较好的可操作性，能很好地发现不同产业对地区经济拉动力和推动力的大小，有利于政府协调进出口商品结构与产业结构发展和优化进出口商品结构，最大限度地挖掘经济增长潜力和进口对经济发展的贡献度。但该模型的局限在于需要有投入产出表，而现行国民经济投入产出表是每隔 5 年进行一次统计出版，并且仅仅局限于产业层面，并没有产业内部产品投入产出表，因此该模型只能从产业层面考虑进出口商品结构合理度问题。

参考文献

［1］孙亚华．2015 年我国进出口总值 24.59 万亿，同比降 7%［EB/OL］．中国林业网，http：//www.forestry.gov.cn/main/2100/content - 836172.html.［2016 - 01 - 14］（2016 - 09 - 02）．

［2］沈利生，吴振宇．外贸产品结构的合理性分析［J］．数量经济技术经济研究，2003（8）．

［3］Wassily Leontief. Quantitative Input and Output Relations in the Economic System of the United States［J］. Review of Economics and Statistics，1936，18（3）．

［4］Hussain Anwar. Inter Industry Linkages，Resource Use and Structural Change：An Input - Output Analysis of Minnesota's Forest - based Industries［D］. University of Minnesota，1996.

［5］Clive Hamilton. The Sustainability of Logging in Indonesia's Tropical Forests：A Dynamic Input - output Analysis［J］. Ecological Economy，1997，21（3）．

［6］Cox Brian M.，Munn Ian A. A Comparison of Two Input - output Approaches for Investigating Regional Economic Impacts of the Forest Products Industry in the Pacific Northwest and the South［J］. Forest Products Journal，2001，51（6）．

［7］陈锡康，李秉全．投入产出技术［M］．北京：中国广播电视出版社，1983.

［8］陈锡康．投入占用产出技术及其非线性和动态化研究［M］．北京：中国统计出版社，2004.

［9］刘起运．关于投入产出系数结构分析方法的研究［J］．统计研究，2002（2）．

［10］范金，万兴．投入产出表和社会核算矩阵更新研究述评［J］．数量经济技术经济研究，2007（5）．

［11］陈璋，张晓娣．投入产出分析若干方法论问题的研究［J］．数量经济技术经济研究，2005（9）．

［12］孟祺．我国出口商品的碳排放研究——基于投入产出方法的分析［J］．国际贸易问

题，2010（12）.

[13] 刘慧．中国消费结构合理度及其对产业结构的影响——基于投入产出模型的判断[J]．经济与管理研究，2004（1）.

[14] 唐宜红，杨琦．北京市对外贸易商品结构合理度的实证研究［J］．国际经贸探索，2007（9）.

[15] 耿献辉．我国进出口商品结构变动及其优化——基于投入产出表的实证分析［J］．经济学家，2010（8）.

[16] 薛健，吴国蔚．基于投入产出的我国进出口贸易对产业产出影响研究［J］．国际贸易问题，2010（4）.

淮河流域地区经济发展与产业转型升级研究

——以安徽为例

蒋晓岚　孔令刚

（安徽社科院发展研究所）

一、淮河流域经济研究简述

流域经济是依托水系资源开发利用的综合性开发型经济，既具有区域经济的一般属性，又具有水资源特点的专门属性。产业呈梯级层次分布，生态环境治理的联动性是流域经济互动的前提和结果。[1]相关文献从流域经济发展主体、动力、空间结构形成机理出发，研究了淮河流域资源禀赋与产业结构、运行机制与空间开发、点轴形态培育与形成等问题。

（一）淮河流域战略地位低，发展水平低

淮河流域包括河南、安徽、江苏、山东、湖北等5省35个地级市，27万平方公里，人口密度为542人/平方千米，居全国七大流域之首，劳动力、矿产、农业资源丰富，沟通南北、连接东西、区位优势明显。彭荣胜认为，应当遵循整体开发与各省开发相统一、经济开发与淮河治理相统一的原则，培育区域经济增长极，打造干流发展轴。[2]淮河流域发展存在以下问题：①战略地位低。30多年来始终落入国家重点基础设施及产业布局之外，至今仍是国家三大战略区域之中的“发展洼地”。②基础薄弱。作为国家粮食主产区的安徽，新中国成立伊始仅布局了两淮煤矿，从上海内迁部分轻工企业，落户少数国家级科技院所。③工业结构单一。安徽、河南等地煤矿开采等资源型重化工业独大的格局始终存在。④多数地区处于本省弱势边缘地位。如江苏段的宿迁、连云港、淮安3市经济总量属于全省倒数前三名。[3]

（二）工业粗放发展，资源条件与经济发展在空间上的耦合程度较低

由多极干支流组成的流域经济是多层次的网络系统，自由的要素交流和广泛的社会经济联系，是造就和修正流域工商业等子系统，形成丰富层次性和网络性的根

源所在。[1]张侃侃、郭文炯认为，流域经济的形成是自然条件和资源在空间上的耦合，并提出了淮河流域合理布局、产业结构调整、协同发展的优化模式。[4]

淮河流域全年降水量分布不均匀，6～9月降雨量占全年的70%，易出现涝旱频繁交替现象。20世纪80年代以来沿淮地区重点发展精细化工，废水排放增加，无害化处理率低，超过了水功能区自我净化能力。[5]淮河流域综合生态敏感性中度及以上，易发生土壤侵蚀、盐渍化和沙漠化、水污染、旱涝灾害、地质灾害等问题，其中安徽六安大别山、河南伏牛山区为极敏感区。[6]水资源短缺、水体污染，生态环境恶化，成为制约社会经济可持续发展的重要因素。李娜以山东淮河流域地区为研究对象，建立经济发展与水环境系统耦合发展模型，指出结构调整是减少工业污染负荷的关键，应重点控制食品、饮料和医药制造业的粗放发展。[7]

（三）经济联系与互动作用不强，有效的空间结构没有形成

近年来淮河流域地区经济分化和差异性增强，胡志华认为第二产业增加值占GDP比重及财政支出强度对地区经济增长具有显著影响。但是，流域地区之间要素传递机制运作不畅，市场混乱、行政协调乏力等问题突出，影响区域空间演化。[8]张瑾从水资源与经济发展的关系、生态环境补偿及流域经济合作等方面进行文献梳理，指出统一规划、上下游协作、示范性中心城镇兴建、区域合作开发，有利于流域经济可持续发展。[9]

二、安徽淮河流域区域经济发展特点

（一）“十二五”期间经济赶超特征明显，三次产业结构明显改善

（1）经济增速加快，与全省的发展差距趋于缩小。淮河安徽段濒临长三角和江苏沿海地区，境内有阜阳、六安、淮南、蚌埠、淮北、宿州、亳州、滁州8市，2015年地区生产总值、规模以上工业增加值、财政收入分别为8679亿元、3696亿元、1474亿元（见表1），五年年均增长分别为10.7%、17%、15%，分别高于全省0.7个、2个、1.5个百分点；规模以上工业企业8065户，占全省比重由31.1%提高到44.9%。2015年8市人口占全省58.9%，GDP占全省45.2%，人均GDP为4459.86美元，相当全省平均数的76.8%，其中蚌埠6175美元，高于全省平均水平3671美元（见表1）。

表1　2015年安徽淮河流域地级市主要经济指标及与全省比较　单位：亿元

地区	常住人口（万）	生产总值	规上工业增加值	规上工业利税	财政收入	三次产业结构
全省	6082.9	22055	9817	5320	4012	11.2∶51.5∶37.3
淮河流域	3580.7	8679	3696	1787.8	1474	16.1∶47.6∶36.3
相当全省份额（%）	58.9	45.1	37.6	33.6	36.7	第二、第三产业比重低4.9个百分点

续表

地区	常住人口（万）	生产总值	规上工业增加值	规上工业利税	财政收入	三次产业结构
蚌埠	329.8	1280	670	226.9	228	15.1:51.2:33.7
淮北	401.5	750	540	135.6	91	8:66.9:25.1
滁州	217.9	1313	610	636.5	230	17.0:53.2:29.8
淮南	343.1	771	332	84.3	131	8.8:57.4:33.8
阜阳	790.3	1267	500	249.2	200	22.6:41.5:35.9
六安	554.6	1143	429	163.0	150	19.5:46.1:34.4
宿州	475.5	1126	383	168.3	114	21.7:41.0:37.3
亳州	504.6	950	232	124.0	130	21:39.1:39.9

注[10]：根据安徽省及8市2015年、2016年上半年政府工作报告数据整理。

（2）产业结构明显改善，基本摆脱农业地区属性。2015年8市城镇化率、工业化率分别是42.9%、43.2%，分别比2010年提升5.3个、1.6个百分点。三次产业结构为16.1:47.6:36.3，其中第二、第三产业所占份额分别上升1个、3.1个百分点，与全省的差距由2010年的5.3个百分点下降为4.9个百分点（见表1）。

工业增长带逐步形成，全流域基本摆脱农业地区属性。蚌埠—宿州—定远—滁州的硅基新材料新型显示、亳州—太和—阜阳现代医药、淮北—阜阳—亳州—宿州农副产品深加工、宿州—阜阳服装鞋帽产业，形成集聚发展态势。工业结构中，煤电、化工、机械装备、纺织服装、食品加工等传统主导产业加工层次提升，电子信息、智能制造、生物医药、现代中药等战略性新兴产业从无到有不断壮大。商贸物流、金融、电子商务等服务业获得较快发展，为城镇化建设提供条件和空间。

（二）打破木桶效应，流域经济造血功能提升

（1）实施振兴皖北战略，外力介入补短板。农业大市阜阳、宿州、亳州、六安内生增长能力弱，长期以来是安徽经济发展的“锅底”。2008年《关于加快皖北和沿淮部分市县发展的若干政策意见》，推出了财政金融、基础设施建设等五大类共10条政策措施。2010年《关于进一步加快皖北地区发展的若干意见》的“新十条”，对最为困难的阜阳、宿州、亳州三市九县财政体制增量5%的上缴部分，不再上缴；企业所得税省级分成部分全部留给地方使用。同时，相关省级部门出台配套帮扶政策。2014年《关于促进皖北地区又好又快发展的若干意见》提出实施主导产业培育工程，推进信息化和工业化深度融合，促进皖北地区发展提质增效升级。以财政资金为先导，综合省发改委、创新办、科技厅、经信委及相关机构力量，增加对皖北重大项目、高附加值项目及园区政策倾斜力度，明确增量返还政策、均衡性转移支付政策及部分专项补助政策延续到2020年。

（2）以基础设施建设为切入口，优化流域发展环境。在省级相关政策支持下，

淮河干流航道整治、沿淮港口建设加快推进，淮水北调干线主体工程完工，引江济淮工程可研报告通过，根治水患及水环境优化得到保障。京沪高铁、商合杭、郑阜客专等高铁，实现8市23县全覆盖；合淮阜、淮蚌、徐明、阜徐高速，滁州至淮南、德州至上饶高速等，形成"两纵四横"骨架；蚌埠、阜阳、滁州等节点城市交通便捷，流域交通地位提升。

（3）区域结对帮扶，合作园区建设初见成效。2012年《合作共建皖北现代产业园区实施方案》启动，阜阳合肥、亳州芜湖、宿州马鞍山3个市级产业园区，蚌埠铜陵固镇、寿县蜀山、濉溪芜湖、凤阳宁国、临泉庐阳、泗县当涂6个县域产业园，形成南北合作"3+6"现代产业园区发展框架。2015年，安徽省财政安排共建园区资金9亿元。目前阜合园区光电新材料、汽车及机械制造产业；亳芜园区装备制造、食品医药；宿马园区专用汽车及机械装备制造、农产品深加工等产业初步形成集聚优势。[11]

（4）经济发展内生动力增强，造血功能初步形成。五年来8市固定资产投资、社会消费品零售总额、进出口总额、实际利用外商直接投资年均分别增长22.8%、15.6%、28.2%、31.9%，增幅分别高于全省2.5个、0.2个、13.1个、9.8个百分点。[12]

（三）差异性发展特征明显，经济梯度已经形成

（1）主导产业选择和培育方向不同，是造成地区经济发展水平差异的主要原因。流域开发过程中存在资源占有量或丰枯程度的自然梯度差，经济结构及产业层次造成的经济梯度差。20世纪80年代，淮南、淮北、蚌埠处于全省经济第一梯队；而阜阳、亳州、六安是最为落后的农业地区。但是，由于各地主导产业选择及工业结构演化升级路径不同，造成发展空间和发展趋势的不同。

工矿城市淮南、淮北经济波动较大。淮北工业以煤电、机械制造、食品加工为主，呈现低速增长、低盈利率状况（见表1）。经济增长率由2014年的6.2%下降到2016年上半年的2.5%，2016年上半年增长率也只有3.6%。淮南工业结构中煤电产业占比68%，2012年以来煤炭开采业持续亏损，造成地区生产总值持续两年3.7%以下的负增长，2016年上半年增长率为6.8%。[10]

人口大市宿州、阜阳、亳州增长潜力大。2015年三市财政收入455.7亿元，五年年均增长21.3%，高于全省7.1个百分点（见表1）。阜阳以生物医药、再生资源利用、装备制造、电商物流等新兴产业为主的工业结构，2016年上半年规上工业增加值213.44亿元，同比增长19.98%，分居全省第四、第二位；高新技术产值412.1亿元，同比增长69.78%，高于全省52.58个百分点。宿州五年内将煤电产业占比由27%调减为5.7%，食品、生物医药占比分别为28.8%、24.1%，并培育了云计算、石墨烯、3D打印、晶圆制造等新增长点，经济增速持续向好，2016年上半年新开工项目总投资增长54.3%，居全省第四位。[10]

滁州工业效益较好。2014年至2016年上半年，滁州工业增加值增速9.8%以

上，工业利润相当于 8 市总量的 35.6%（见表 1）。

六安是安徽老区、边区、生态脆弱的贫困地区，处于新旧产业急剧转换波动时期，经济增速低位徘徊。2016 年上半年规模以上工业企业增加值 173.1 亿元，增长 3.9%；战略性新兴企业产值 131.2 亿元，增长 7.9%；其中高端装备制造、生物医药、新能源、新一代信息技术等增速超过 20%。2014 年至 2016 年上半年经济增长由 7.5% 降至 5.6%，人均 GDP 水平持续全省倒数第二位。[10]

（2）差异化发展继续演进，经济梯度差已经形成。老牌工矿城市两淮已由高梯度差地区退出，蚌埠进入梯度差双高地区，阜阳、宿州经济梯度不断抬升，差异化正在拉开。

蚌埠地处淮河干流中段，是济南、上海、南昌、郑州、青岛、武汉等大城市的几何中心，具有地理区位及科教资源优势。蚌埠也是安徽最早通铁路的、最早设市的综合性中心城市。20 世纪 80 年代国家率先发展沿海地区战略，90 年代安徽实施沿江开发开放战略，使得资源及政策向“两沿”倾斜，蚌埠食品、纺织、重型机械等主导产业高级化进程受阻，交通、集散、商业中心地位急剧下降。2010 年以后随着振兴皖北、建设合芜蚌自主创新实验区两大战略推进，蚌埠科教文化资源优势及自主创新能力得到激发，工商业发展及城市建设全面提速，地区生产总值连续 6 年保持两位数增长。入选国家电子商务与物流快递协同发展试点城市、国家新型显示产业集聚发展基地、国家国际科技合作基地（玻璃设计院），新型显示、高端装备、生物医药与制造、特色电子元器件等新兴产业得到发展，成为流域高新技术产业集聚基地、企业创新研发中心、商贸物流中心，奠定了区域中心城市地位。

邻近南京的滁州具有区位、空间、生态优势，是国家级“皖江示范区”北翼城市，淮河流域重要的枢纽城市，全国智能家电集聚基地，安徽新能源汽车、健康营养产业集聚基地，区域利润中心。

阜阳是皖北城镇群重要节点城市，是全国医药产业和物流基地，安徽能源、制造业、农产品生产加工基地。

上述三市有望形成犄角发展态势，为点轴圈结构的形成和推进创造条件。

（四）新兴产业基地处于布点阶段，自主创新能力仍然较低

近三年来，淮河流域地区已布局蚌埠硅基新材料、宿州云计算等 8 个省级战略性新兴产业集聚基地，占全省的 33%；科技研发、转化、合作、服务多元化创新平台不断涌现，新兴产业加速成长。2015 年、2016 年上半年战略性新兴产业产值分别为 2542.6 亿元、1364.9 亿元，占全省份额分别为 28.5%、33.7%。但是新兴产业集聚带动效应不显著，工业结构低度化状况依然存在。2015 年 8 市原煤、平板玻璃、呢绒产量占全省 90% 以上，发电量、白酒占 75% 左右，卷烟占 58%；高耗能行业增加值占 26.2%；高新技术产品少、高附加值产品少、缺乏知名品牌、市场占有率低成为制约其工业发展的瓶颈。[10]

2016 年上半年 8 市发明专利授权量 2974 个，增速 110%，高于全省 5.2 个百

分点。但是自主创新能力仍然较低，且创新资源分布不均。2015 年省级高新区、国家高新技术企业、省级创新型试点企业、省级研发中心、发明专利拥有量、省级新产品数量等主要指标占全省总数的 19% ~32%，严重低于规上工业产值所占全省份额的 37.6%；万人有效发明专利拥有量为 2.7 件，为全省平均水平的 47%。[13] 仅蚌埠发明专利拥有量等主要创新指标位居全省第三，流域中国家级高新技术企业、省级以上企业技术（工程）中心等创新资源约 30% 集中在该市。

（五）环境容量小、融资成本高、高级要素匮乏

（1）水资源短缺和不合理的开发利用并存，压低了生态环境发展容量。流域人均水资源 500 多立方米，约为全省的 1/3、全国的 1/4；工业废水无害化处理率 40%，远低于沿海地区的 70%，水资源污染和短缺状况愈来愈严重；由于长期依赖地下水，阜阳等地地下水下降到 100 米以下；生态危机和风险防范问题越来越突出，工业及城市发展日益窘迫。[6]

（2）技术、人才、资本等高级要素集聚能力差。2015 年战略性新兴产业领军人才只有 61 人，仅占全省总数的 26%。2016 年上半年皖北民间投资数额增长 1%，比全部投资低 12.4 个百分点，比安徽平均数低 2.4 个百分点，其中淮北下降了 13.9%。[14]

（3）地方财政引导和调控经济能力较弱，资金进入实体经济渠道不畅，债务融资成本偏高。皖北振兴过程中，房地产领域吸纳了较多的社会资金，并带动房价快速上涨。以千万人口大市阜阳为例，2010 年至 2016 年上半年城区商品房均价由 3913 元/平方米增长到 6244 元/平方米，涨幅为 59.6%，均居全省第二位。[15] 由于缺乏全面系统的管理机制，政府项目债务融资成本为 8% ~9%，民间融资成本一般在 10% 左右，高于安徽平均水平，增加了企业发展成本和资金链断裂风险。[11]

三、淮河流域地区产业转型升级路径探索

（一）推进次级空间开发，加快形成点轴圈形态

流域开发依托干支流水系而展开，交通线、通讯线、能源供给线、城镇线等的布局十分重要。随着开发密度和深度推进，流域次级空间相关据点和线相互连接、不断加密，形成空间网络，产生单个点或线所不具有的集聚、叠加、发散等综合功能，显现出双核、点轴圈、板块等有效率的空间结构。2013 年蚌埠复线船闸通航千吨轮，2014 年最大的支流沙颍河全线复航，蚌埠、阜阳、颍上实现干支联运。引江济淮工程将北连沙颍河，南接芜申运河，形成平行于京杭运河的南北水运大动脉，为优化皖豫产业布局提供了支撑。未来在淮河、运河交汇处的江苏滨海建水运立交，阜阳、淮南、颍上港升级为千吨级，蚌埠港升级为万吨级，形成通江达海的黄金水道。2016 年开建的阜徐高速公路形成直达江苏连云港的出海通道；在建的淮萧客车联络线北接徐州铁路枢纽，南引阜阳枢纽与商合杭、郑阜客专及规划中的京九客专连接，至蚌埠与京沪高铁、合蚌客专衔接，将形成淮北、宿州、亳州

(蒙城)、阜阳、蚌埠之间快铁“1 小时城际网”。这些航道、高速与快铁,形成淮河上中下游便捷的运输网络,有利于发挥信阳、蚌埠、淮南、阜阳、滨海等物流节点城市作用,形成沿淮城市连通徐州等中原城市的“3 小时商务圈”。淮河流域安徽片幅员辽阔,具有形成重要次级空间的前提条件。应加速轴线开发,推进点轴圈空间结构的形成。

(1)突出经济环线开发。以千里淮堤为主线,以流域水质改善为控制指标,以国家级绿色农产品和食品基地为依托,以煤盐碱绿色化工、智能制造等新型产业为抓手,建设沿淮生态经济走廊及黄金旅游线。

(2)深化据点开发。以干线城市蚌埠、淮南为核心,颍上、凤阳、怀远、五河等为节点,重点布局新型显示、生物医药、专业化装备制造、农副产品及食品深加工、现代物流、文化旅游、高技术产业等,形成蚌埠、淮南、凤阳、定远、怀远、固镇、凤台、寿县等地“1 小时经济圈”。

(3)强化轴向开发。推进跨省跨地区协作,促进阜阳、亳州、太和、界首与河南商丘、山东菏泽的联动发展,促进滁州、来安、明光、五河县与江苏南京、盱眙、泗洪合作开发,共同打造沿淮生态经济带。淮(北)宿片区、六安片区是全国重要的煤电化工基地,安徽高端装备制造、纺织服装和农产品加工基地;应加强与蚌埠、阜阳的经济关联,以差异化发展为前提,通过分工协作、优势互补,形成整体优势。

(4)营造运行机制。为解决区域资源利用、环境治理、产业推进、要素争夺等问题和矛盾,需要宏观调控与市场机制并行。由计划、协调、组织创新及法律等要素构成的制度性协商机制主导,构造跨地跨省良好的运行环境。同时营造全社会创业创新氛围,促进市场主体形成利益、竞争和技术进步相互影响下的有效的资源配置机制,为流域次级区域空间结构形成提供保障。

(二)以整体性、关联性、生态性为导向,促进产业结构转型升级

从流域经济区段性和差异性特征出发,发展和强化专业化特色经济,有利于分工协作,形成整体优势。

(1)坚持特色定位,形成新兴产业整体发展优势。目前物联网、快速成型(如 3D 打印)、新材料、新型医疗、人工智能等新技术产业化进程加快,往往一项应用、一支团队、一个项目,可以迅速形成百亿新产品的“微市场”,不同“微市场”的聚合,可形成各具优势的区域特色产业。比如,邻近徐州的萧县张江高新区以“基金 + 项目 + 基地”模式,整合全球领军团队和项目群资源,已储备平台和渠道类高科技项目 53 个,形成具有国内先进的微创技术、设备制造及服务集群。预计五年内建成 TMT、生物医药及医疗器械、新能源新材料产业孵化基地,300 亿元产值。而宿州高新区云计算、大数据和智能终端产业,可与之形成相互支持的产业聚集发展态势。2016 年上半年,该市战略性新兴产业产值 69.2 亿元,增长 36%,全省排名第二位。[16]

（2）立足资源禀赋和产业基础，发展医药医疗等全产业链经济。以大医药、大健康、大物流的发展思路，打造、延伸、深化产业链，发展医疗医药全产业链经济。淮河流域地区拥有亳州、太和两个战略性医药产业基地，以及近20个医药、绿色食品、健康养生产业园，但是医药工业产值不足工业总额的5%，且产业链短、盈利能力不足。①建立和完善种植基地→饮片提取→中成药→保健酒→化妆品→保健品→消毒剂→中药兽药→物流、旅游的亳州中药产业发展链。②阜阳借力安徽医科大资源，优化太和“医药物流和电子商务中心，中科创新基地、医疗器械智能产业园、高端原料药公共服务平台、国际精准医学产业化示范中心，中药材基地”的产业布局，整合境内外中（西）医医疗服务、养生保健、康复养老、文化旅游、国际交流和服务贸易等资源，培育和发展医药产品质量和安全检验检测、认证评估服务，建立医疗服务与管理服务认证体系，打造精准医学全产业链、医疗健康养老服务全产业链经济。③蚌埠可依托本地医学院、工业基础及技术优势，强化与合肥、芜湖产业关联，拓展国际医药外包渠道，整合周边淮南、滁州、宿州、五河、固镇等地市生物医药及养生食品产业链，进行生物医药研发、孵化、中试、科技成果产权交易等环节强链补链，形成大健康产业链。此外，蚌埠、淮南、阜阳等中心城市，可打造船舶制造、航运、港口、渔业、旅游一体化经济。

（3）突出“现代性、关联性、先进性”，促进产业结构调整升级。①把握现代性，通过做大做强装备制造、汽车、家电、优质金属材料等主导产业，引进和培育电子信息、生物医药、智能装备、节能环保等战略性新兴产业，逐步淘汰落后产能，提升产业结构。②把握关联性，依托现有产业基础，强化新兴产业的统筹规划，每个市县发展一二个高成长的电子信息、云计算、智能制造等细分产业，以改造带动传统产业发展。依托省级临泉电子产业园等，阜阳打造两个省级两化融合示范区，两个国家级、29家省级两化融合示范企业，两化融合评估指数排名由两年前的全省末位提升至2015年的第八位。③把握先进性，以淮北凤凰山食品产业园、阜阳清真食品产业园、滁州经开区等为重点，推动地方粮食、肉制品、果蔬精深加工，打造绿色、方便、老妇幼、健康养生等功能型食品产业链，形成以现代农业为基础、战略性新兴产业为先导、先进制造业和现代服务业为支撑的现代产业体系。

（4）以市场化、产业化、国际化为取向，大力发展新兴服务业。新兴服务业是带动制造业和农业转型升级的纽带和桥梁。①发展物流、金融、服务外包、电子商务、科技服务、中介服务等生产性服务业，推进制造加工向制造服务转化。②坚持现代服务业和传统服务业并举，满足地方经济发展需求。比如，蚌埠结合县区产业定位和周边产业配套情况，发展现代物流、体育、金融和种养商务等服务业，形成大学科技园、研发创意园、商贸物流园和玉文化创意产业园等5家省级现代服务业集聚区。2016年上半年服务业增加值增长12%，高于第二产业增速2.1个百分点，服务业占比提高至45.8%。[17]

（三）通过专业化服务改善创新创业环境，壮大园区经济

开发区是新兴产业集聚的载体，项目落地的主要空间。近年来淮河流域迎来了开发区建设热潮，但是简单的经验复制造成了重复建设，同质化竞争造成优质工业项目招商难。争相给予政策和资源方面的过度优惠，最终会使发展效益大打折扣。必须转变传统发展思路，以不懈的专业化服务，营造有利于创新型企业生成和集聚的发展环境，形成园区个性化、差异化、高效化发展态势。

（1）打造激励创新创业的制度环境，为园区开展专业化服务提供政策支撑。①地方政府改变传统经济管理方式，鼓励全社会广泛参与创新，构建有利于园区创新创业的市场竞争机制；②改变政府主导型招商引资模式，将园区发展由依赖（零）低价土地等优惠政策转变到营造优质发展环境方面，将管委会工作重心由收房租转向提供专业化服务方面；③着力塑造有利于产业资源集聚的生态环境，营造有利于园区创新创业的文化氛围，形成园区之间个性化发展、错位竞争态势。

（2）完善科技中介服务体系，提升对园区科技创新和产业发展的支撑能力。①围绕园区主导产业和特色优势产业，开展产学研用合作，加速企业技术中心培育和升级；依托全国、全省科研院校创新团队，组建产业创新联盟、创新工厂。②引进和培育各类专业中介机构，加快产业孵化、科技金融、公共服务、中小企业协同创新服务等各类平台建设。③打造科技文献信息服务、科技资源与数据共享、大型科学仪器共享等公共平台，形成以市场为导向的创新成果共享机制。④构建城市及园区相互沟通的产学研合作信息平台，促进资金、技术、人才、设备等信息有效对接和顺畅流动，推动区域产学研技术创新联盟建设。

（3）探索合作园区建设，以治理模式转型提升园区发展动力。①推进园区共建。引导流域市县采取跨省飞地合作、共建园区、结对协作等多种形式，在产业集中区、集中示范园、开发区合作建设专业园。②加强项目协作。推进省域开发区在开发建设、科技攻关、委托加工、服务外包等方面合作，在规划、产业、项目、基础设施、体制机制等方面合作，加强结对园区企业用工培训、人才培养方面的联动互助。③以商会、行业协会、产业链等为纽带，鼓励园区上下游企业成立产业创新联盟，促进跨园区分工协作和产业关联。

安徽自2011年开始推动“3+6”南北合作园区共建，多数合作项目停留在传统制造行业，30%的共建园区没有规模产出，70%的产值集中在阜合产业园等3个园区。区域间发展极不均衡，利益共享机制不健全成为发展的最大障碍。建议由省政府皖北办、创新办等牵头，协调解决共建园区GDP统计、税收上缴、利益分成、税收分享、土地等问题，形成利益共享机制及操作规程。①明确园区发展过程中的亏损及各种风险的承担、合作中的退出机制。②探索托管园区的管理体制。解决这类园区不具备招商能力、不能在短期形成资本等问题。③明确共建园区与母园区之间竞争合作关系。解决共建园区与母园区主要产业交叉和重复性大、同质化程度偏高、地域优势无法体现等问题。

参考文献

[1] 覃成林．黄河流域经济空间分异与开发［M］．北京：科学出版社，2011.

[2] 彭荣胜．区域协调发展战略下的淮河流域经济空间开发研究［J］．生态经济，2012（5）．

[3] 王成．当代安徽淮河流域工业发展研究——以年鉴、方志等史料为中心［D］．安徽大学，2014.

[4] 张侃侃，郭文炯．基于空间特征、过程与机制的流域经济研究［J］．经济问题，2013（10）．

[5] 曾承，陈玲玲，蒋雪艳．淮河流域生态修复初探［N］．安徽日报，2015-08-13.

[6] 陈杰，欧阳志云，郑华，徐卫华．淮河流域脆弱生态区生态系统特征及区划［J］．中国人口·资源与环境，2010，20（10）．

[7] 李娜．山东省淮河流域经济发展与水环境耦合关系研究［D］．南京大学，2012.

[8] 胡志华．淮河流域区域经济差异的影响因素与协调发展对策研究［D］．合肥工业大学，2010.

[9] 张瑾．关于流域经济可持续发展的文献综述［J］．经济研究导刊，2014（29）．

[10] 安徽省2015年、2016年上半年政府工作报告［EB/OL］．http：//cn. chinagate. cn/reports/2016-03/05/content_ 37944313_ 5. htm；阜阳、六安、淮南、蚌埠、淮北、宿州、亳州、滁州8市2015年、2016年上半年政府工作报告［EB/OL］．http：//www. gkstk. com/article/wk-65037856811331. html.

[11] 郑莉．南北合作现代产业园区迈出新步伐［EB/OL］．http：//www. ah. gov. cn/UserData/DocHtml/1/2016/8/5/7463636167966. html.

[12] 史力．构筑统筹推进新格局［N］．安徽日报，2016-09-07.

[13] 项磊．安徽省上半年“专利增速”全国第一 “双创”动力强劲［N］．新安晚报，2016-09-05.

[14] 赵金宝．2016年上半年安徽省经济运行情况［EB/OL］．http：//finance. ifeng. com/a/20160813/14737100_ 0. shtml.

[15] 欧阳．2013年终楼市白皮书［EB/OL］．http：//news. fuyang. fang. com/2014-01-06/11842794. htm；2016年上半年阜阳房价走势：整体涨势明显［EB/OL］．http：//fuyang. loupan. com/html/news/201607/2357625. html.

[16] 陆敏．萧县样本：打造国内一流高新技术产业集群［N］．经济参考报，2016-08-10.

[17] 佚名．2016年上半年蚌埠市GDP增长10% 好于全国快于全省［EB/OL］．http：//news. bb. ahhouse. com/html/2446723. html，2016-07-26.

文化创意产业促进城市转型的机理和路径研究

尹　宏

（成都市社会科学院）

城市是现代经济发展的增长极。我国经济能否顺利迈入新常态，在很大程度上取决于城市能否加速转型和全面转型。当前，我国区域中心城市总体上步入向工业化后期攀升的发展阶段，面临要素成本上升、资本报酬递减、生态环境恶化等一系列难题，必须应对在发展中转型、在转型中发展的双重挑战。以创新驱动促进经济变革，提升城市发展质量，是适应经济新常态的理性选择。文化创意产业以创意要素为核心，渗透力强，产业关联度高，具有高智能化、高知识化、高技术化特征，本质上是创意的产业化和产业的创意化。创意要素源自于人的技能、才华和创造力，具有相对无限性，可以永续利用。世界现代城市在实现工业化之后，往往把发展文化创意产业作为构建城市经济活动新秩序的重要引擎。基于对我国城市转型面临压力的分析，本文重点剖析了文化创意产业促进城市转型的作用机理，并对文化创意产业促进城市转型的实现路径进行初步的探索。

一、我国城市转型面临的压力

城市转型的实质是通过发展方式的转变，跃升到更高级的城市形态，开始新的城市生命周期。重点是培育创新功能，推动城市主导产业的演进与更替，建构符合城市发展规律的新产业结构和经济发展模式。城市发展理念的转变、城市经济服务化、资源环境的约束、技术进步和居民消费需求的变化等是推动城市转型的主要因素[1]。过去较长一段时间内，我国以粗放型、外延式的发展方式支撑城市经济高速增长和城市空间快速扩张，在创造巨大发展成就的同时，也使城市面临越来越大的转型压力，具体表现在以下几个方面。

（一）城市转型的经济压力

我国城市转型普遍面临巨大的经济压力。第一，城市经济存在停滞和衰退的风险。“十二五”以来，我国城市经济增长的速度优势逐步减弱。尽管发展高端产业和战略性新兴产业成为区域中心城市的集体选择，但由于前一轮主导产业已处于成熟期，新一轮主导产业还没有表现出充分的竞争力，城市经济增速呈持续下滑态势。第二，城市产业的结构性问题突出。我国区域中心城市产业结构优化的步伐缓慢，服务业内部存在着低水平结构，制造业增长的质量内涵不高。2014 年，直辖市和副省级城市中，超过 1/3 的城市第三产业占比低于 50%。我国国有及规模以上非国有制造企业的增加值率介于 26% ~30%，而发达国家一般在 35% 以上[2]。制造业对第三产业的总量增长和结构优化的拉动较弱，生产性服务业发展水平不高。第三，城市创新型经济发育滞后。依赖大规模的低成本要素投入和产业内出口贸易拉动的粗放式增长，使城市创新要素长期被俘获在较低水平。创新型经济形态大多体量小，发力不稳定，竞争力不强。迫切需要提升经济结构的均衡性与多样性，实现以创新创意为核心的经济实体化和产业异质化。

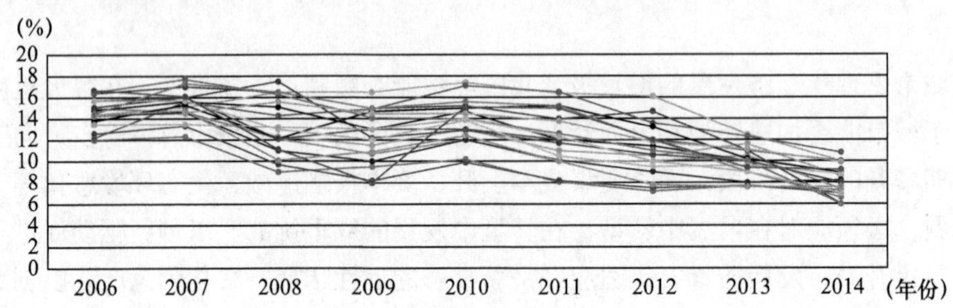

图 1　2006 ~2014 年直辖市、副省级城市 GDP 增速

资料来源：直辖市、副省级城市统计年鉴，《国民经济和社会发展统计公报》（2006 ~2014 年）。

（二）城市转型的文化压力

城市是一种贮存信息和传输信息的特殊容器[3]。注重经济增长和城市建设，相对忽视人的福利的城市化过程，引发、加剧了城市“文化病”。城市发展偏离了为人们提供美好生活的城市本质[4]。由于时间过程短，建设强度大，投入密度高，城市发展与文化建设之间的各类矛盾非常集中。一方面，城市记忆消失、城市面貌趋同、城市功能性空间相似，导致城市形态同质化。经济利益驱使下的大建设大破坏，使城市历史文化遗产受损严重。据第三次全国文物普查数据统计，已登记过的文物中消失 44073 件，城市建设是主要原因之一[5]。在城市数量和规模快速增长的同时，“去本土化”、“千城一面”的现象比比皆是。为了效仿世界城市，超大市场、商业购物中心、公共交通枢纽等无地方性功能空间快速诞生，城市的民族风格和地域特色正在消失。另一方面，城市的感染力和影响力下降。城市不仅要为人们身体的栖居提供物质场所，还要为人们的心灵栖息提供精神的空间[6]。我国已经很难找到层次清晰、结构完整、布局生动、充满人性的城市形象。不少城市盲目建设洋气十足的标志性建筑，在意识形态、文化传统、艺术观念等方面产生巨大差异，使城市品牌、城市景观变得生硬浅薄。与此同时，传统

的城市生活方式迅速消失，造成城市内在精神体系的松散和坍塌，城市文明素质不断下降。

（三）城市转型的资源环境压力

我国以资源密集开采和快速消耗支撑的城市化和工业化，使城市转型普遍面临巨大的资源环境压力。长期的外延式扩张，导致土地资源、水资源、能源资源的严重短缺。能源资源的有限性与经济增长的可持续性之间的矛盾日趋尖锐。城市用地结构不合理，一些城市开发强度过高，资源环境压力较大。根据《中国城市建设统计年鉴》公布的数据，2011 年，我国城市居住用地和工业用地规模占比居于前两位，分别为 31.5% 和 20.9%，而生态用地和公用设施用地仅为 12.2%，工业用地面积占比远高于国外 15% 的水平。2008 年，深圳的开发强度已达到 40%，东莞达到 38%，远高于中国香港（19%）、日本三大都市圈（15.6%）、法国巴黎地区（21%）和德国斯图加特（20%）的水平[7]。能源消耗、生态空间减少造成环境质量恶化，宜居性不断下降。我国绝大部分能源是由城市消耗的，城市也是最为集中的高排放区域。我国一次能源消费增速快于全球，煤炭消费占能源消费总量的 70%，而可再生能源占能源消费的比重不足 10%。不合理的能源结构，特别是燃煤过度排放，加剧了城市雾霾天气等环境污染问题。

二、文化创意产业促进城市转型的作用机理

文化创意产业不仅自身具有较高的增长率，而且能够最大限度地激发各种城市要素的潜能。一切由创意和创新带来的效率改进，通常体现在全要素生产率这个部分[8]。通过提高微观生产效率、诱引资源重新配置、优化人力资本结构、提高空间利用效率，文化创意产业提高了经济活动的全要素生产率，为创新要素的聚集提供适合的环境，进而化解城市转型难题，为城市转型创造条件。

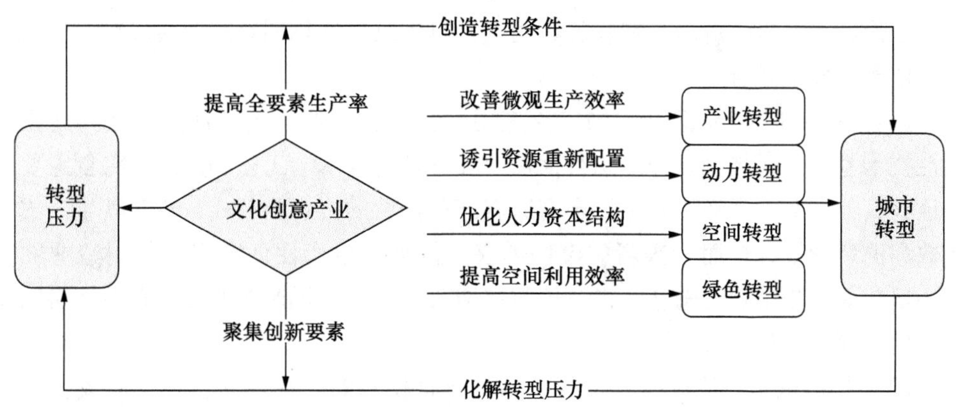

图 2　文化创意产业促进城市转型的作用机理

（一）改善微观生产效率

文化创意产业通过波及效应改善微观生产效率。文化创意是一种软性要素，代表新市场和新需求。创意要素在关联产业间扩散和转移，可以刺激新技术的应用、组织创新和管理效率的提高，进而显著改善微观生产效率。按照施加影响的方向，文化创意产业对关联产业产生逆向波及、顺向波及和交叉波及，波及效应无论在哪个方向上发生，都会通过创意要素的微观传导机制带来微观生产效率的改进。

（1）逆向波及。即在文化创意产品生产过程中，需要从其他产业获得投入品而形成的波及效应。基于物质技术的依赖关系，沿着中间产品的先行产业—先行产业的先行产业的方向，文化创意产业向其他产业产生逆向波及，带动文化装备器材、建筑建材、文化基础设施等领域，获得技术进步带来的效率改进，扩大生产可能性边界。

（2）顺向波及。即其他产业利用文化创意产品而形成的波及效应。基于投入产出的关系，沿着以文化创意产品为中间产品的后续产业—后续产业的后续产业的方向，文化创意产业向其他产业产生顺向波及，带动消费品制造、教育培训、信息服务、市场服务等领域，加速创意扩散和技术创新的速度，化解资本报酬递减的困扰。

（3）交叉波及。即文化创意产业对其他产业的波及形成交叉网络而产生的波及效应。基于功能互补的关系，沿着相关协同产业—协同产业的先行产业和后续产业的方向，文化创意产业对城市经济产生交叉波及，带动智能终端制造、文化旅游、信息平台服务等生产率贡献高的领域，实现规模扩张，形成重要的效率源泉。

（二）诱引资源重新配置

文化创意产业通过与其他产业融合获得资源重新配置效率。产业融合诱引各种资源和要素从低生产率的部门向高生产率的部门转移，富有效率的企业规模不断扩大，促使城市产业结构调整、升级和高度化，进而获得资源重新配置效率和技术进步贡献份额，使得经济增长在较长时间内得以持续。文化创意产业通过特有的机制与其他产业发生融合。

（1）渗透机制。信息技术的广泛应用使文化创意产业与其他产业之间建立了共性技术基础。科技创新开发出替代性或关联性的技术、工艺和产品，将创意要素渗透到其他产品的生产过程中，丰富原有产业经营的内容和形式，改变其生产成本函数和消费特征，进而带来新的市场需求。例如，生产性创意服务与制造业的融合、演艺业与旅游业的融合，提升价值链增值环节。知识产权的交易是渗透机制发生作用的前提条件。

（2）扩散机制。信息技术加强了不同产业技术的互联性和互换性，改变了产业间的交互关系，文化创意产业与其他产业之间相互扩散延伸，经过产业特性的交互糅合和技术标准的相互接驳，突破不同产业或同一产业内部各个行业的边界，进而相互吸纳和包容，生发出技术和信息内涵更为丰富的新兴产业。例如，传媒业与高新技术产业、信息产业融合形成数字出版、网络视频等新媒体，提高城市产业分工的复杂程度。原有产业对效益最大化的追求是扩散机制发生作用的内在动力。

（3）转换机制。文化创意产业与其他产业在产品和市场方面的相互替代或补充，改变原有产业的要素结构，使其产业属性发生改变，原本各自独立的产业协同共生[9]。如文化创意产业与传统农业融合，拓展农业的服务功能，提高综合效益，促进城市产业结构的合理化。产业扩张对发展要素的选择是转换机制发生作用的基础。

（三）优化人力资本结构

文化创意产业通过吸附创意人才积累城市人力资本、改善人力资本结构。创新驱动的核心是人才驱动，文化创意产业吸附创意人才，拉动文化消费。通过技术创新、工具创新、商业模式创新，提升城市创新能力，促进城市从要素驱动、投资驱动向创新驱动转变。

（1）提高创意人才的投资收益率。产业化的创意活动帮助创意人才实现个人价值，创造性活动产生新的、有用的创意，通过产业化生产固化于创意产品，并经由市场获得价值实现。由于创意是一种源于人的主观思维的活动，创意人才享有参与收益分配的机会，收益率超出其他要素的平均水平，刺激城市人力资本投入的增加。与此同时，创意人才在一定条件下进行创意活动，可以完成新一轮知识、技能和经验的积累，以及个人知识结构的完善和优化，从而使其人力资本得到积累和提升。

（2）创造适合创意人群的城市环境。文化创意企业管理灵活，提供大量灵活性的工作岗位。创意人群之间的互动以及对其他职业阶层的影响和带动，使得以复杂劳动为特征的城市创新性人才，凝聚成创意性职业阶层。创意人群既是创意产品的生产者和消费者，又是先进消费方式的引领者和示范者。当文化创意产品的审美价值得到社会的广泛认同，刺激大众消费需求和消费层次的提升，又会创造出适合高端创意人才的城市生活环境和生活方式。文化创意产业集聚区吸附创意人群，成为城市光滑空间的文化连接点。例如，艺术区是从事艺术原创性活动人群的聚集地，艺术群体的生存状态在一定程度上反映了城市的创新面貌。

（四）提高空间利用效率

文化创意产业通过集聚演化提高城市空间的利用效率。文化创意产业在城市空间的区位选择和极化运动，使城市空间价值得到提升，城市空间格局实现整体优化，进而破解空间资源稀缺和低效利用的难题。文化创意产业集聚演化从三个维度提高城市空间资源的利用效率。

（1）改变城市生长模式。文化创意产业在城市集聚，对土地资源的需求和空间开发强度的要求较低，利用城市存量空间吸引经济活动内聚式发展，既服务于城市经济增长，又促进城市空间高效、集约、紧凑发展，产生精明增长效应①。对于化解城市土地资源供给与发展空间需求的矛盾，提供了一种适应性更强、更具包容性的方式。

（2）重组城市空间功能。文化创意产业的集聚是新经济结构在城市空间上投射，在集聚经济效益的影响下，依循创意活动所需要的特殊文化要素，在城市内部形成各种类型的文化创意经济空间。与传统产业生产区和社区截然不同，文化创意产业空间蕴含着城市的文化经济功能和创新服务功能，能够提升不同区位的土地价值，牵引城市空间布局和整体功能趋于优化。

（3）更新城市形象。产业空间是城市空间的有机组成部分，也是城市形象识别和表达的媒介。文化创意产业空间的生成和生长，使城市空间被赋予独特的文化意义，将新经济功能的孕育与城市地域性认识的重建过程交织在一起，城市使用者的文化需求得到伸张。创意人群的商业互动和多样化社会交往活动，使城市具有显著的创意环境（Creative Milieu）、时尚的街道风情（Street Scene）、宜人性（Urban Ameity）和弥漫的创新嗡嗡声（Creative Buzz）[10]。具有地方特质的文化氛围和创意生态的形成，使城市空间的吸引力得到强化。

三、文化创意产业促进现代城市转型的现实路径

文化创意产业的兴起既是城市转型的结果，又是城市转型的驱动力量。近十余年来，我国文化创意产业取得了长足发展，但是与发达国家相比，文化创意产业在城市转型中的协调和制衡作用还非常有限。文化创意产业促进城市转型，需要从推动文化创意与实体经济融合，培育发展文化创意产业聚集区，繁荣城市创意活动，努力把文化创意产业培育成为主导产业等方面入手，进而推动城市产业转型、空间转型、动力转型和绿色转型。

（一）推动文化创意与实体经济融合，加快城市产业转型

产业转型是城市经济转型的核心。文化创意产业与城市实体经济的融合，能够促进城市产业整体效率的提升，建立资源节约、环境友好、生产效率高、注重自主创新、充分发挥人力资源优势的特色新型产业体系。可行的路径在于：

首先，推动创意要素与制造业融合，促进制造业内涵式升级。把握市场竞争的重心由产业链的控制转向对产品增值环节的控制，通过咨询策划、广告服务、文化软件服务、建筑设计服务和工业设计等生产性服务，将创意要素融入传统制造业，提高产业附加值和市场竞争力，延长产品和产业的生命周期。

其次，推动文化创意与高新技术产业融合，发展文化科技新业态。发挥城市人

① 精明增长（Smart Growth）：20世纪90年代美国规划界流行一种城市规划理念，之后逐渐被世界各国学者引用和研究。与城市蔓延（Urban Sprawl）相对应，反映了一种紧凑型的城市空间扩展和规划理念，提出了城市增长边界、交通导向发展和城市内部废弃地的再利用等基本策略。

才、技术、信息等要素结构优势，促进文化科技融合创新，培育数字出版、新媒体、电子商务、数字娱乐等新型创意业态，发挥文化创意产业的关联作用，带动城市服务业和辅助产业、基础结构的发展，提高城市服务经济的现代化水平。

最后，推动创意要素与第一产业融合，发展创意农业。将创意要素融入农业生产，促进文化创意产业与传统农业有效对接。把农业产前、产中、产后诸多环节连接成完整的产业链，形成创意农产品、农耕文化、农事活动和农业景观，拓展农业的功能。

（二）合理布局文化创意产业聚集区，带动城市空间转型

空间转型的核心是要建立高效宜人的城市空间秩序。应遵循文化创意产业空间演化的规律，科学规划布局，推动城市生产、生活、生态空间的有机融合。可行的路径在于：

第一，培育小型创意园区。小微企业是文化创意产业的主体，对空间成本比较敏感。在旧城改造、城市功能调整过程中，应注意集约利用闲置的内城空间，利用其便利区位、建筑历史和文化内涵等优势，吸引文化创意企业的集中。从而避免重复建设，使城市更新的成本得以降低，城市历史记忆得到延续，城市空间资源的组合配置效率得到提高。例如，纽约布鲁克林艺术区、德国鲁尔小城维腾、伦敦泰德现代艺术馆、巴黎乔治·蓬皮杜国家艺术文化中心，以及我国北京798艺术区、深圳田面设计之都等，都是通过发展文化创意产业实现内城空间转型的成功案例。

第二，规划培育创意新城区。将文化创意产业和其他城市功能进行复合叠加，形成空间共生关系。注意整合地域文化资源和创意创新要素，借助创意经济活动特殊的载体形态和消费生态，营造高品位的人文环境，扩大城市文化空间的再生产。相应配套信息网络、教育研究机构、公共文化设施等效率性基础设施，在较短时间内集中多样化的经济活动，实现城市功能的有机融合，优化城市空间结构。

（三）提高创意人才的数量和质量，促进城市动力转型

创新人才是城市创新驱动的核心要素。现代城市经济的发展，遵循城市吸引人才—人才聚集创新要素的基本路径。创意人才通常是具有人文素养和专业技能的高收入阶层，更加关注城市的人文环境、生态环境和生活环境。可行的路径在于：

第一，营造创意环境吸引人才。城市应努力创新公共服务，倡导包容差异和失败的文化氛围，完善博物馆、剧场、公园、公共交通、商店、咖啡馆等生活服务，提高城市的包容性、便利性和宜居性，营造适合创意人群的工作生活环境。

第二，创新教育模式培养人才。把握文化创意产业的学科交叉复合性，弥合信息技术、传播、艺术、设计等相互分离的教育板块，推动教育培训模式改革创新。推动校企互动的教育模式、跨学科教育模式和孵化培养模式，加强实践性教学环节，构建主辅结构的创意学科体系，建立孵化器对创意人才进行专业性培养。

第三，提升城市魅力留住人才。重塑转型期城市文化，倡导创业精神和创新意识，丰富和完善城市文化内涵。延续城市历史文脉，创新公共文化服务供给模式，

突出城市文化特色，满足高素质创意人才多样化的文化需求。

（四）发挥文化创意产业的主导作用，推动城市绿色转型

城市能否实现绿色转型，与主导产业的更替密切相关。文化创意产业收入弹性高、增加值高，集中了智力、知识、科技、信息等绿色要素，能够将经济增长对物质资源的依赖降到最低程度。培育文化创意产业成为主导产业，可行的路径在于：

首先，现有主导产业处于上升期的城市，应实施先导转型策略，遵循产业演进规律，积极培育文化创意产业成为新一轮主导产业。如服务经济主导的城市，应加快发展生产性创意服务，待现有主导产业进入成熟期后，接续其释放的就业空间和财富创造空间。

其次，现有主导产业处于成熟期的城市，要实施竞争转型策略，将文化创意产业作为新兴产业，创造条件加快发展。如工业经济主导的城市，应推动文化创意产业与三次产业融合，培育其成为主导产业，拉升城市进入新一轮增长周期。

最后，现有主导产业处于衰退期的城市，应实施危机转型策略，将文化创意产业作为城市发展取向，聚集高端生产要素，重构城市产业基础。如工矿型、资源型等城市，通过挖掘本地独特的创意资源，发展独具特色的文化创意行业，推动城市可持续发展。

四、结语

城市转型与国家经济转型密切相关。在我国经济迈入新常态的背景下，城市化进入一个新的阶段。城市发展需要尽快适应新常态，进入新的发展轨道和演变逻辑，理论研究也需要进入新常态，探索新思维、新视角。文化创意产业具有城市特性，是大多数国家现代城市转型的共同选择。以文化创意的优势弥补资本和资源的短缺，文化创意产业无疑为城市转型提供了一种以生产效率驱动的、有助于人的全面发展的、生态可持续的路径选择。尽管如此，市场的自动选择具有长期性和复杂性。从我国现阶段的制度环境来看，通过发展文化创意产业来推动城市加快转型和全面转型，还存在明显的体制机制的制约。具备转型条件的城市，还需要转变发展理念，避免继续走“旧常态”的老路。

参考文献

［1］魏后凯．论中国城市转型战略［J］．城市区域规划研究，2011（1）：1－19.

［2］林善浪，李圣杰．产业结构调整的迷失［J］．经济论坛，2010（3）：35－38.

［3］［美］刘易斯·芒福德．城市发展史［M］．宋俊岭，倪文彦译．北京：中国建筑工业出版社，2005：106.

［4］刘士林．文化城市与中国城市发展方式转型及创新［J］．上海交通大学学报（哲学社会科学版），2010（3）：5－13.

［5］踏寻遗珍——第三次全国文物普查工作全面完成［N］．光明日报，2012－02－02.

［6］单霁翔．从“功能城市”走向“文化城市”［M］．天津：天津大学出版社，2013：12.

［7］杨伟民．推进形成主体功能区，优化国土开发格局［J］．经济纵横，2008（5）．

［8］蔡昉．中国经济增长如何转向全要素生产率驱动［J］．中国社会科学，2013（1）：56－71.

［9］尹宏．现代城市创意经济发展研究［M］．北京：中国经济出版社，2009：190.

［10］Gertler M. S. Creative Cities：What are They for，How do They Work，and How do We Build Them？［EB/OL］．http：//www. cprn. com/documents/31348_ en. pdf，8－31.

专题六：绿色经济与区域可持续发展

环境规制有助于提高绿色技术创新效率吗？

宋德勇　弓媛媛

（华中科技大学经济学院）

一、引言

近30多年来，虽然我国经济和社会发展取得了巨大成就，但资源、能源供给短缺和日益恶化的环境污染已经成为我国经济可持续发展的瓶颈。面对粗放型发展模式所引发的资源与环境的双重压力，走“绿色增长”的经济发展道路，实现区域“绿色转型”与产业“绿色升级”是我国加快经济发展方式转变、走可持续发展道路的突破口。经济增长理论表明，技术创新是经济长期发展重要的动力来源和决定因素。因此，绿色经济增长离不开绿色技术创新。但是，由于环境问题具有负外部性，其“公共产品”的性质使其产权难以界定，需要政府通过制定和实施环境规制政策来弥补“市场失灵”的缺陷。学术界关于环境规制对绿色技术创新影响的研究并未得到一致的结论。我们不禁会提出这样的疑问，中国环境管理制度中最为重要的环境规制真的有助于提高绿色技术创新效率并推动中国经济绿色转型吗？当前，我国经济发展已经进入“新常态”，提高绿色创新能力是实现经济绿色发展的内在要求。如何实现经济增长与环境保护协调发展，需要进一步加强对环境规制与绿色技术创新之间的关系研究，这对提高我国自主创新能力，推动资源生产率的提高与环境负荷的降低，加快经济发展方式转变，促进绿色经济增长具有重要的现实意义。

二、文献综述

（一）绿色技术创新效率

关于绿色技术创新效率的研究成果较少，已有的研究大多从不同角度对绿色创新进行了界定。Braun 和 Wield（1994）① 将资源消耗与环境损失纳入到创新评价体系中，提出了绿色技术创新。自此，绿色创新开始引起了学者们的关注。一类是从降低环境污染的角度，认为绿色创新是经济组织为了避免和降低环境损害而采用新的或改良的工艺、技术、系统和产品（Beise and Rennings，2005②；Gee and McMeekin，2011③；Cooke，2010④），绿色创新是减少能源消耗、降低环境污染的创新能力；另一类是从环境绩效改进的角度，认为绿色创新是指一切能够引起环境改进的产品、流程、营销方式、组织结构以及制度安排等的创造和实施行为（OECD，2008）⑤。基于已有文献的研究，本文综合绿色创新与经济效率的内涵，认为绿色技术创新效率是考虑资源和环境约束下的创新投入要素对产出要素的贡献效率，是通过开发新的或者改良技术、工艺、系统和产品等以实现环境污染降低和提升环境绩效改进的效率，体现了传统创新效率的绿色化程度。绿色技术创新效率越高，说明减少环境不利影响和降低能耗、促进经济增长与环境系统协调发展的技术创新能力越强。

在测度模型和方法方面，学术界主要围绕两个问题进行研究：一是如何解决在传统的全要素生产率测算模型的基础上引入资源和环境因素的问题；二是采用何种方法来更加科学、合理地进行测算。在如何处理非期望产出的问题上，大多数学者支持将污染要素作为非期望产出来处理。钱丽、肖仁桥、陈忠卫（2015）将工业“三废”和 CO_2 等作为非期望产出，计算了 2003～2010 年各省份企业绿色科技研发效率。张江雪、朱磊（2012）将资源生产率和环境负荷视为产出，采用四阶段 DEA 模型对中国 2009 年省级工业企业技术创新效率进行实证研究。黄奇等（2015）⑥ 测算了中国工业企业绿色技术创新效率。但是对非期望产出要素的选择学者们还未达成一致；而研究方法主要是随机前沿参数效率模型和数据包络分析等非参数方法。总体而言，DEA 方法因无须较多的主观假设，适用于多投入、多产出的生产函数，并且不受指标量纲的影响，成为了效率测度的主要方法之一。Tone（2001）⑦ 提出了基于松弛的、非径向的 Slack－Based Model（SBM）模型，解决了

---

① Braun E.，Wield D. Regulation as a Means for the Social Control of Technology［J］. Technology Analysis & Strategic Management，1994，6（3）：259－272.

② Beise M.，Rennings K. Lead Markets and Regulation：A Framework for Analyzing the International Diffusion of Environmental Innovations［J］. Ecological Economics，2005，52（1）：5－17.

③ Gee S.，Mcmeekin A. Eco－Innovation Systems and Problem Sequences：The Contrasting Cases of US and Brazilian Biofuels［J］. Industry & Innovation，2011，18（18）：301－315.

④ Cooke P. Regional Innovation Systems：Development Opportunities from the“Green Turn”［J］. Technology Analysis & Strategic Management，2010，22（7）：831－844.

⑤ OECD. Environmental Innovation and Global Markets［M］. Paris：Organization for Economic Cooperation and Development，2008：79.

⑥ 黄奇，苗建军，李敬银等. 基于绿色增长的工业企业技术创新效率空间外溢效应研究［J］. 经济体制改革，2015（4）：109－115.

⑦ Tone K. A Slacks－based Measure of EEfficiency in Data Envelopment Analysis［J］. European Journal of Operational Research，2001，130（3）：498－509.

考虑非期望产出条件下传统效率测度面临的径向、角度的问题。此外，Chung, Färe, Grosskopf (1997)① 在传统距离函数的基础上提出了考虑非期望产出的 Malmquist - Luenberger (ML) 指数。但 ML 指数仍然存在缺陷，在计算混合性方向性距离函数时可能出现线性规划无解，且存在非传递性。随着研究的不断深入，Oh (2010)② 在研究 OECD 国家全要素生产率时设置了一个单一的贯穿全局生产技术的参考性生产前沿，提出了 Global Malmquist - Luenberger 指数 (GML)。因此，本文通过采用基于 SBM 方向性距离函数的 GML 指数来构建绿色技术创新效率的评价模型。

（二）环境规制与绿色技术创新效率

目前关于环境规制与技术创新的研究较多，但是环境规制与考虑资源环境约束下的绿色技术创新的研究起步较晚，相关文献较少。学者们主要围绕“波特假说”是否成立进行了较多的实证研究。李婉红、毕克新、孙冰 (2013)③ 研究了环境规制对污染密集型行业的绿色技术创新的影响，研究结果表明，在控制变量行业规模与创新人力资源投入时，严厉的环境规制可有效地促进绿色技术创新，但若未控制上述变量，环境规制强度与行业绿色技术创新则显著负相关，即存在“不完全环境规制现象”，也验证了“波特假说”成立的条件性。也有学者研究发现环境规制对绿色技术创新的激励作用不理想。李斌、彭星 (2013)④ 认为环境机制设计和技术创新是实现低碳绿色经济发展的关键，而现有的环境规制工具设计不能激励资本体现式技术创新，难以形成促进经济低碳绿色发展的技术创新系统。与此研究结论相似，贾军、张伟 (2014)⑤ 研究发现，环境规制的效用不理想，在显著促进了绿色技术创新的同时，也促进了非绿色技术创新。

国内外学者从环境规制与绿色技术创新的各个方面进行了大量有意义的研究，为本文的研究提供了有益的借鉴，但是仍存在一些不足和有待进一步拓展的地方，具体来说，主要表现在以下两个方面：一是绿色技术创新效率测度不够科学。目前，国内外关于绿色技术创新效率的文献还比较少，现有文献较少从绿色经济增长的视角出发，考虑资源消耗和环境污染对技术创新效率的影响。因此，本文将非期望产出纳入到测算模型中，基于 SBM 模型的 GML 指数来测度考虑资源环境约束下的绿色技术创新效率。二是环境规制与绿色技术创新效率非线性关系研究往往忽视

---

① Chung Y. H., Färe R., Grosskopf S. Productivity and Undesirable Outputs: A Directional Distance Function Approach [J]. Journal of Environmental Management, 1997, 51 (3): 229-240.

② Oh D. A Global Malmquist - Luenberger Productivity Index [J]. Journal of Productivity Analysis, 2010, 34 (3): 183-197.

③ 李婉红，毕克新，孙冰. 环境规制强度对污染密集行业绿色技术创新的影响研究 [J]. 研究与发展管理，2013 (6): 72-81.

④ 李斌，彭星. 环境机制设计、技术创新与低碳绿色经济发展 [J]. 社会科学，2013 (6): 50-57.

⑤ 贾军，张伟. 绿色技术创新中路径依赖及环境规制影响分析 [J]. 科学学与科学技术管理，2014 (5): 44-52.

了环境规制政策实施效果的滞后效应，创新研发及其成果转化同样有一定的时滞性。因此，本文充分考虑在考虑变量的滞后效应的同时研究二者的非线性关系。

综合以上分析，本研究在测算绿色技术创新效率的基础上进一步探讨不同强度的环境规制对绿色技术创新效率的非线性影响，并且考虑到环境规制绿色技术创新效应的地区差异，利用不同地区（东、中、西部）的省际面板数据对环境规制对绿色技术创新的影响进行实证分析。最后，依据研究结论为我国有效提升区域绿色技术创新效率、促进绿色经济发展提出有针对性的建议。

三、绿色技术创新效率测度

（一）测度模型

本研究首先将每个省（市、区）视为生产决策单元（DMU），假设每个 DMU 有 m 种投入 $x=(x_1,\cdots,x_m)\in R_+^m$，产生 n 种期望产出 $y=(y_1,\cdots,y_n)\in R_+^n$ 和 k 种非期望产出 $b=(b_1,\cdots,b_k)\in R_+^k$，则第 j 个省（市、区）第 t 期的投入和产出值可以表示为 $(x^{j,t},y^{j,t},b^{j,t})$，构造出测算绿色技术创新效率的生产可能性集：

$$P^t(x^t)=\{(y^t,b^t)\mid \bar{x}_{jm}^{t}\geqslant\sum_{j=1}^{J}\lambda_j^t x_{jm}^t,\bar{y}_{jn}^{t}\leqslant\sum_{j=1}^{J}\lambda_j^t y_{jn}^t,\bar{b}_{jk}^{t}\geqslant\sum_{j=1}^{J}\lambda_j^t b_{jk}^t,\lambda_j^t\geqslant 0,\forall m,n,k\} \tag{1}$$

基于 Tone 的研究，将非期望产出纳入模型，构建的 SBM 模型如下：

$$\rho^*=\min\frac{\frac{1}{m}\sum_{i=1}^{m}\frac{\bar{x}_i}{x_{i0}}}{\frac{1}{n+k}\left(\sum_{r=1}^{n}\frac{\bar{y}_r}{y_{r0}}+\sum_{l=1}^{k}\frac{\bar{b}_l}{b_{l0}}\right)}$$

$$\text{s.t.}\begin{cases}\bar{x}\geqslant\sum_{j=1,\neq 0}^{J}\lambda_j x_j\\ \bar{y}\leqslant\sum_{j=1,\neq 0}^{J}\lambda_j y_j\\ \bar{b}\leqslant\sum_{j=1,\neq 0}^{J}\lambda_j b_j\\ \bar{x}\geqslant x_0,\bar{y}\leqslant y_0,\bar{b}\geqslant b_0,\bar{y}\geqslant 0,\lambda_j\geqslant 0\end{cases} \tag{2}$$

其中，$\bar{x}$，$\bar{y}$，$\bar{b}$ 分别为投入、期望产出和非期望产出的松弛量；λ_j 是权重向量，若其和为 1 表示规模报酬可变（VRS），否则表示规模报酬不变（CRS）；目标函数 ρ^* 越大表明越有效率。

其次，为了增强决策单元的可比性，绿色创新 GML 指数需要将这些当期生产可能性集替换为全局生产可能性集 $P^g(x)$。参照 Oh(2010)的做法，设定 $P^g(x)=P^1(x^1)\cup P^2(x^2)\cup\cdots\cup P^T(x^T)$，即整个 T 期内，在整个生产集的观测数据中，设置一个单一的贯穿全局生产技术的参考生产前沿，则 $P^g(x)$ 表示如下：

$$P^g(x^t) = \{(y^t, b^t) \mid x_{jm}^t \geqslant \sum_{t=1}^{T} \sum_{j=1}^{J} \lambda_j^t x_{jm}^t, y_{jn}^t \leqslant \sum_{t=1}^{T} \sum_{j=1}^{J} \lambda_j^t y_{jn}^t, b_{jk}^t \geqslant \sum_{t=1}^{T} \sum_{j=1}^{J} \lambda_j^t b_{jk}^t, \lambda_j^t \geqslant 0\} \quad (3)$$

再次，设方向性向量为 $g = (g_y, g_b)$，$g \in R_+^n \times R_+^k$，全域方向性距离函数表示为：

$$\vec{D}^G(x, y, b; g_y, g_b) = \max\{\beta \mid y + \beta g_y, b - \beta g_b) \in P^G(x)\} \quad (4)$$

最后，基于全域 SBM 方向性距离函数的 GML 指数可表示为：

$$GML_t^{t+1}(x^t, y^t, b^t, x^{t+1}, y^{t+1}, b^{t+1}) = \frac{1 + \vec{D}^G(x^t, y^t, b^t; g_y^t, g_b^t)}{1 + \vec{D}^G(x^{t+1}, y^{t+1}, b^{t+1}; g_y^{t+1}, g_b^{t+1})} \quad (5)$$

（二）变量选取及数据处理

本研究测算绿色技术创新能力采用的是综合考虑生产要素投入、资源消耗和环境代价后的综合创新效率，体现了创新驱动和绿色发展理念的融合，因此将该模型命名为绿色技术创新效率模型。

（1）投入要素。在研究技术创新效率时，一般采用人力资本和资金两个投入指标（官建成、陈凯华，2009）。因此，本文选取 R&D 人员与 R&D 资本存量作为投入要素。R&D 人员投入选用当期的 R&D 人员数来表征，R&D 资本存量参考吴延兵（2006）① 的方法，采用永续存盘法进行计算②。其中，折旧率取值为 10%，实际 R&D 经费的计算借鉴朱平芳、徐伟民（2003）的研究方法，即 R&D 平减价格指数 =0.45 × 固定资产投资价格指数 +0.55 × 消费价格指数。根据数据的可得性，选取 2000 年为基期。

（2）期望产出。产品销售收入、专利、技术市场成交合同金额等指标是常用来衡量产出的指标。虽然专利是衡量技术创新的较好的方法（刘凤朝、沈能，2006），但其也存在一定缺陷。朱有为、徐康宁（2006）指出，专利申请或授权数把研发投入转化为知识产出，属于中间产出，这并不能反映企业研发能力的全部产出，而新产品销售收入则能很好地反映出研发成果的经济价值。基于以上考虑，本研究同时选取代表创新知识产出的专利授权数和反映创新成果的商业化水平的新产品销售收入来衡量创新产出。其中，新产品销售收入利用消费者价格指数进行平减。

（3）非期望产出。绿色技术创新效率测度的关键是考虑能耗和污染的减少。本研究选取单位 GDP 能耗、单位工业增加值工业固体废物产生量、单位工业增加

① 吴延兵 . R&D 存量、知识函数与生产效率［J］. 经济学（季刊），2006，5（4）：1129 – 1156.

② 由于篇幅限制，具体计算过程可向作者索要。

值工业废气排放量、单位工业增加值工业废水排放总量来衡量。

本研究选取我国除西藏之外的30个省（直辖市、自治区）2003～2013年与绿色技术创新效率测度的相关数据，数据主要来源于《中国统计年鉴》（2004～2014）、《中国科技统计年鉴》（2004～2014）、《中国环境统计年鉴》（2004～2014）和《中国能源统计年鉴》（2004～2014）。

四、环境规制与绿色技术创新效率实证分析

（一）模型构建及变量选择

相关文献已经检验了环境规制与绿色技术创新之间可能存在非线性关系。此外，由于我国东部地区在经济结构、资源禀赋以及经济社会发展水平上与中西部地区存在巨大差异，环境规制强度在空间分布上存在异质性（陈德敏、张瑞，2012）①，从而会对绿色技术创新效率以及经济绿色发展产生不同的影响。因此，本文提出研究假设：环境规制与绿色技术创新效率之间存在非线性关系，而且不同地区的绿色技术创新效率对环境规制的激励效应存在异质性。

（二）实证模型

在模型构建时，首先考虑到内生性的影响以及模型的动态性和延续性，而且滞后项有助于克服遗漏变量所造成的估计有偏（王文普，2013），因此本文采用滞后一阶的变量来表示环境规制强度。其次，本文采用变量的一项式以及多项式来表示被解释变量与解释变量之间可能的线性或者非线性关系，即在模型中加入滞后一阶的环境规制的二次项和三次项。再次，本研究在 Antweiler 和 Taylor（2001）的开放经济条件下环境污染的一般均衡理论模型的基础上，将内生经济增长理论与环境污染模型相结合，综合考虑经济规模、经济结构、技术进步以及贸易开放效应，并将其作为控制变量着重分析对考虑资源环境约束的绿色技术创新的作用。最后，技术进步效应可以通过自主研发以及技术引进两个方面来起作用，考虑到自主研发和技术引进对绿色技术创新效率的提升作用存在一定时滞，因此，引入滞后一期的自主研发和技术引进变量来反映过去的技术创新活动对当期的绿色技术创新效率的影响，构建的模型如式（6）所示：

$$GTI_{i,t} = \beta_0 + \beta_1 ER_{i,t-1} + \beta_2 (ER_{i,t-1})^2 + \beta_3 (ER_{i,t-1})^3 + \beta_4 Scale_{i,t} + \beta_5 ES_{i,t} + \beta_6 KS_{i,t-1} + \beta_7 TS_{i,t-1} + \beta_8 TO_{i,t} + \mu_i + \varepsilon_{i,t} \tag{6}$$

其中，i 表示省份，t 表示时期，$GTI_{i,t}$ 为被解释变量绿色技术创新效率，$ER_{i,t-1}$ 为滞后一期的环境规制，$Scale_{i,t}$ 为经济规模，$ES_{i,t}$ 表示经济结构，$KS_{i,t-1}$ 和 $TS_{i,t-1}$ 分别为滞后一期的自主研发和技术引进，用来表征技术进步效应，$TO_{i,t}$ 用来衡量贸易开放效应；μ_i 表示未观测到的个体效应，$\varepsilon_{i,t}$ 表示随机扰动项。

① 陈德敏，张瑞．环境规制对中国全要素能源效率的影响——基于省际面板数据的实证检验［J］．经济科学，2012（4）：49－65.

（三）指标度量

（1）被解释变量。绿色技术创新效率采用上文在规模报酬可变情况下由基于SBM方向性距离函数的GML指数测算出来的效率值。

（2）核心解释变量。环境规制的衡量方法存在较大的差异，主要有排污密度法、治污成本法、污染税率法、立法政策法、综合指数法。其中，综合指数法因其能够避免指标单一化而受到广泛应用。各类污染物的产生主要是由于能源消耗所带来的，尤其是化石能源消耗带来的废气、固废等。本文基于孙学敏和王杰（2014）① 的测算方法，选用单位GDP工业废水排放变化率和地区单位GDP能源消耗变化率构建综合指标来衡量环境规制强度②。

（3）控制变量。根据已有的研究基础选取的控制变量有：①经济规模。采用剔除价格因素的实际人均GDP来衡量，其中以1997年为基期，利用CPI价格指数进行平减。经济规模反映了区域经济发展水平，经济发展水平越高，可能用于技术创新的投入越高。因此，经济规模对绿色技术创新效率可能有一定的促进作用。②经济结构。用第二产业的总产值占GDP的比重表示。第二产业的总产值反映了工业企业的投入、产出及经济效益的情况。一方面，工业发展推动了相关产业的技术革新，提高了绿色技术创新效率；另一方面，工业发展占用了大量的资源和能源，并带来了一系列的环境污染和资源浪费问题。因此，经济结构效应对绿色技术创新效率的影响不确定。③自主研发知识存量。知识存量是技术创新能力和潜力的重要衡量指标，这主要是由于技术创新在很大程度上依赖于研发过程中知识和经验的积累（Griliches，1998）。现有研究大多数采用R&D支出来构建知识存量，然而这种方法忽视了大多中小企业的非正式的研发活动，同时低估了用于产品创新的R&D支出所产生的效益（杨芳，2013）。相比较而言，专利能够较好地评估技术创新产出，因此，本文研究采用专利数据来构造用于衡量自主研发的知识存量③。本文借鉴Popp（2001）的研究，综合考虑知识的陈腐率（即旧知识的老化速度）④ 和扩散率（即技术扩散）来测算⑤⑥。④国外技术引进存量。本研究参考吴延兵（2006）的研究，运用永续盘存法来计算国外技术引进存量⑦。考虑到省际技术引进的数据难以获得，本研究采用国外技术引进合同金额（万美元）来衡量技术引进的力度，以2000年为不变价用各省份相应年份的固定资产投资价格指数平减成实际值。折旧率参考吴延兵（2008）的研究取值为15%，所有时期的技术引进支

① 孙学敏，王杰．环境规制对中国企业规模分布的影响［J］．中国工业经济，2014（12）：44－56.

②③⑦ 由于篇幅限制，具体计算过程省略，如有需要可向作者索要。

④ 蔡虹、许晓雯（2005）分别通过计算基数平均使用寿命的倒数和利用专利残存件数这两种方法计算的知识陈腐化率为7%和36%，而Popp（2002）计算美国专利技术的平均陈腐化率为44%，综合考虑，本文基于杨芳（2013）的研究，采用36%的陈腐化率。

⑤ Popp D. Induced Innovation and Energy Prices［J］. American Economic Review，2002，92（1）：160－180.

⑥ 根据Popp（2002）的研究，使用文献中常用的3%。

出的平均增长率定为5%（杨芳，2013）。⑤贸易开放度。采用外商进出口总额（境内目的地、货源地）占GDP的比重来衡量对贸易开放程度，外商进出口总额的单位为亿美元，用每年的人民币对美元的汇率将其换算为亿元来计算。外商投资水平的提高一方面能带来较强的技术溢出效应；另一方面，跨国公司通过其内部化等手段将关键技术"黑匣子化"以对其核心技术进行控制，可能对国内核心技术创新能力的提升产生某种"替代"甚至是"挤出"的负面效应（李晓钟、张小蒂，2008）。

（四）数据来源

本研究所使用的数据来源于《中国统计年鉴》（2005～2014）、《中国环境年鉴》（2005～2014）、《中国能源统计年鉴》（2005～2014）、《中国科技统计年鉴》（2005～2014）和各省（直辖市、自治区）的统计年鉴。综合考虑数据的完整性以及统计口径的一致性，由于港澳台及西藏自治区的统计数据缺失值较多，故从样本中剔除。因此，本文选用2004～2013年除港澳台及西藏以外的30个省（直辖市、自治区）的面板数据来分析各变量对我国绿色技术创新效率的影响。

五、实证结果及分析

（一）数据平稳性检验

在正确设定模型和估计参数之前，需要对各个面板数据序列进行平稳性检验，采取单位根检验方法对面板数据进行平稳性检验。本文应用LLC（Levin，Lin & Chu t*）、IPS、ADF－Fisher和PP－Fisher分别进行面板数据序列的平稳性检验（见表1）。在对水平值进行检验时，除经济规模（Scale）的相伴概率均不显著、经济结构（ER）的IPS检验不显著、贸易开放度（TO）的IPS和ADF－Fisher不显著之外，各变量在不同检验方法下均在统计上显著，所以说明各变量为非平稳序列；在对差分值进行检验时，模型中的各回归变量在一阶差分的情况下均实现了平稳。除了△ES的IPS检验在5%的显著性水平下显著，其他检验均在1%的显著性水平下显著，所以拒绝原假设，即一阶差分检验均不含有单位根，模型具有良好的平稳性。

表1　面板数据平稳性检验

变量	检验方法			
	LLC	IPS	ADF－Fisher	PP－Fisher
GTI	－8.497***	－1.323*	85.514**	87.597**
ER	－13.305***	－6.216***	147.860***	127.925***
Scale	7.058	10.635	6.353	9.993
ES	－4194***	－0.166	80.768**	104.748***

续表

变量	检验方法			
	LLC	IPS	ADF - Fisher	PP - Fisher
KS	-7.284***	-2.736***	124.443***	156.639***
TS	-83.365***	-22.451***	216.948***	149.048***
TO	-4.766***	-0.916	67.283	81.295**
△GTI	-19.353***	-8.321***	190.684***	206.906***
△ER	-16.493***	-8.367***	196.659***	258.746***
△Scale	-7.862***	-3.356***	104.151***	89.220***
△ES	-7.179***	-2.011**	89.141***	92.237***
△KS	-30.174***	-14.946***	299.263***	296.299***
△TS	-34.990***	-21.185***	338.412***	335.116***
△TO	-15.135***	-6.33826***	159.218***	237.019***

注：报告结果为t统计量，*、**、***分别表示在10%、5%和1%的水平上显著；Δ表示对序列数据进行一阶差分。

（二）数据的协整关系检验

通过上文的面板单位根检验可知模型的变量序列为一阶单整，因此需要进行协整检验以判断各个变量是否存在协整关系，防止伪回归的出现。本研究采用Kao检验对面板序列数据进行检验。Kao检验的ADF统计量在1%的统计水平上显著（t统计量为-3.207），表明面板数据的各个变量之间存在显著的协整关系。

（三）模型估计结果及讨论

常用的面板数据估计方法包括聚合最小二乘回归、固定效应和随机效应等，各种方法都有其特定的假设前提，如果数据条件不符合模型的假设前提则会产生有偏的结论。为了得出较为稳健的结论，本文基于Liu，Siler，Wang等（2000）的研究，采用不同的统计检验来选择最佳的估计方法。具体来讲，采用F检验对混合回归和固定效应进行检验，利用LM检验比较采用混合回归和随机效应模型的结果，运用Hausman检验比较固定效应和随机效应的结果。模型估计结果如表2所示：①F检验的P值为0.000，在1%的显著水平上拒绝“采用混合回归”的原假设，即选择固定效应模型；②LM检验的P值为0.0000，强烈拒绝“不存在个体随机效应”的原假设，即随机效应模型优于混合回归；③Hausman检验的P值为0.0648，在10%的显著性水平下拒绝“采用随机效应模型”的原假设，即选择固定效应模型的估计结果。

（四）估计结果与讨论

从表2的回归结果可以看出，R^2值为0.5418，表明总体模型拟合度较好。从整体上来看，大部分变量的估计结果非常显著。同时，本文将30个省（直辖市、自治区）分为东、中、西部三大区域以分组检验环境规制对我国绿色技术创新的影响的空间差异，估计结果如表3所示。具体的分析如下：

表2 模型估计结果

被解释变量 GTI 解释变量	(1) 混合效应	(2) 固定效应	(3) 随机效应
RE_{t-1}	-0.322 (-0.73)	-1.020*** (-3.90)	-0.981*** (-3.79)
$(RE_{t-1})^2$	0.436 (0.83)	1.132*** (3.65)	1.097*** (3.57)
$(RE_{t-1})^3$	-0.157 (-0.83)	-0.379*** (-3.37)	-0.369*** (-3.30)
Scale	0.125×10^{-4}*** (6.55)	0.108×10^{-4}*** (4.26)	0.117×10^{-4}*** (5.83)
ES	0.549** (2.46)	0.249 (0.72)	0.324 (1.14)
KS_{t-1}	0.870×10^{-4} (0.34)	0.150×10^{-3} (0.86)	0.152×10^{-3} (0.89)
TS_{t-1}	-0.012 (-1.06)	-0.017** (-2.05)	-0.016** (-2.06)
TO	0.382*** (8.89)	0.299** (2.51)	0.340*** (4.81)
常数项	0.149 (0.73)	0.608*** (2.87)	0.530*** (2.75)
R^2	0.4927	0.5418	0.5478
样本数	270	270	270
检验统计量	F 检验：5.35*** [0.0000] LM 检验：480.06*** [0.0000] Hausman 检验：13.31* [0.0648]		

注：***、**、*分别表示估计值在1%、5%、10%的水平上显著；小括号内的数值为稳健标准误下的t统计量，中括号内为P值。

表3 分地区模型估计结果

被解释变量 GTI 解释变量	(1) 东部地区	(2) 中部地区	(3) 西部地区	(4) 中西部地区
RE_{t-1}	-2.527*** (-4.71)	1.000 (0.90)	0.116 (0.53)	-0.175 (-0.66)

续表

被解释变量 GTI / 解释变量	(1) 东部地区	(2) 中部地区	(3) 西部地区	(4) 中西部地区
$(RE_{t-1})^2$	3.116***	-1.674	-0.118	0.198
	(4.10)	(-1.14)	(-0.48)	(0.66)
$(RE_{t-1})^3$	-1.112***	0.798	0.0317	-0.0673
	(-3.43)	(1.34)	(0.37)	(-0.64)
Scale	0.142×10^{-4}***	0.185×10^{-4}***	-0.578×10^{-5}	0.108×10^{-4}***
	(4.91)	(3.36)	(-1.17)	(2.95)
ES	0.930*	0.228	0.657	0.180
	(1.82)	(0.40)	(1.60)	(0.52)
KS_{t-1}	0.478×10^{-3}	0.234×10^{-3}	-0.291×10^{-4}	0.372×10^{-4}
	(1.39)	(0.78)	(-0.19)	(0.23)
TS_{t-1}	-0.039***	-0.035**	0.429×10^{-4}	-0.017**
	(-2.79)	(-2.54)	(0.01)	(-2.25)
TO	0.405***	-0.907	0.0518	-0.122
	(4.16)	(-1.19)	(0.23)	(-0.45)
常数项	0.762**	0.451	-0.982×10^{-2}	0.445*
	(2.24)	(0.98)	(-0.04)	(1.95)
样本数	99	72	99	171

注：***、**、*分别表示估计值在1%、5%、10%的水平上显著；小括号内的数值为稳健标准误下的t统计量，中括号内为P值。

（1）滞后一期的环境规制强度变量的一次项、二次项和三次项系数符号分别是负号、正号和负号，环境规制与绿色技术创新效率之间呈倒“N”形关系，且均在1%的统计水平上显著，这与王杰和刘斌（2014）的研究结果相似，验证了环境规制与绿色技术创新效率之间存在非线性关系。滞后一期的环境规制与当期的绿色技术创新效率显著负相关，其作用系数为-1.020。一方面，可能是由于在一国或者地区的发展初期，环境规制强度较弱，环境成本相对较低，企业的创新动力不足；另一方面，政府环境规制的实施会迫使企业对污染治理进行投资，改进或者引进先进的设备、工艺等以减少污染排放，这可能在一定程度上对用于绿色技术创新的资金产生“挤出效应”。滞后一期环境规制的二次项与绿色技术创新效率显著正相关，验证了“波特假说”。即环境规制能够激发企业进行绿色低碳技术创新，所产生的知识溢出效应能够倒逼企业加强环保技术升级，环境规制的技术创新效应能够部分或者全部抵消由于环境规制标准的提升而带来的成本，从而提升绿色技术创新效率。但滞后一期环境规制的三次项显著地降低了绿色技术创新效率，这说明环境规制强度的提升在长期内未能提高技术创新水平。随着环境规制强度继续加强，企业无力承受由环境规制所带来的高昂的治污成本，由环境规制所引致的“遵循成本”效应超过了“创新引致”效应，环境规制强度的进一步加大将会降低绿色技术创新效率。此外，各个地区的环境规制的技术创新效应也存在地区异质性。由表3可知，东部地区环境规制与绿色技术创新效率之间符合倒“N”形关系，并且通过了1%的显著性检验。而在中、西部地区则呈现“N”形关系，且均不显著。环境规制在中西部并不显著的结论与沈能、刘凤朝（2012）和童伟伟、张建民（2012）的研究保持一致。然而，将中西部地区合并进行分析的时候，环境规制与绿色技术创新效率之间符合倒“N”形关系，但是不显著。这同样说明了东部与中西部地区环境规制强度存在异质性，不同地区指定合理的环境规制强度能够提升绿色技术创新效率。

（2）经济规模与绿色技术创新效率之间显著正相关。经济规模的回归系数为正，在1%的水平上显著。这与王海龙、连晓宇、林德明（2016）的研究结论一致。对于不同区域来讲，除了西部地区以外，其他地区的经济规模均在1%的显著性水平下促进绿色技术创新效率的提升。这说明了经济发展水平的提高有利于技术创新效率的提升。但西部地区的经济发展水平相对落后于东部和中部地区，其经济规模对绿色技术创新效率的提升作用并没有显现。总体而言，各地区的经济发展水平与技术创新活动密切相关，是影响中国绿色技术创新效率的重要因素。

（3）经济结构与绿色技术创新效率之间正相关，但是在统计上不显著。第二产业工业总产值占GDP的比重反映了我国工业发展水平，研究结构在一定程度上说明了我国工业发展模式的创新基础能力较为薄弱，不能显著地提升绿色技术创新效率。分地区而言，只有东部地区的经济结构与绿色技术创新效率显著正相关，在10%的显著性水平下显著。其他地区的经济结构虽然与绿色技术创新效率正相关，但在统计意义上不显著。这说明了东部地区在发展工业的同时注重生产技术和清洁技术创新，从而提升了绿色技术创新效率。

（4）自主研发知识存量各变量的系数都为正，但是在统计意义上不显著，说明知识存量对提升绿色技术创新效率或多或少有促进作用。从分区域的检验来看，除西部地区以外，其他区域的自主研发在绿色技术创新效率提升方面均起到了不同程度的促进作用，但同样没有通过显著性水平检验。这说明自主研发对技术创新虽然有正向的促进作用，但自主研发与创新的成果转化能力较弱。

（5）国外技术引进存量与绿色技术创新效率显著负相关，在5%的显著性水平下显著。分区域来看，除了西部地区的技术引进存量对绿色技术创新效率起到促进作用以外，在其他区域二者之间均呈现显著的负相关关系。二者显著负相关可能由于自主研发对国外引进技术的吸收能力较弱，不仅不能有效地吸收国外先进的技术，并将其很好地转化为自主研发，而且产生了逆向的技术扩散效应，从而抑制了国内清洁技术的创新。此外，也可能是由于引进的国外技术并非清洁技术偏向的，在促进节能减排等绿色技术创新方面并没有起到关键作用。而西部地区的国外技术引进合同金额的增加对其技术创新水平有一定的提高，这可能是由于西部地区技术创新水平相对落后，引进的国外技术大多被组织消化吸收。因此，可能在一定程度上对绿色技术创新效率起到了不显著的促进作用。

（6）贸易开放程度的回归系数为正，且在5%的显著性水平上显著，这说明绿色技术创新能力具有正的开放效应，这与 Dimelis 和 Lois（2002）的研究成果一致，对外贸易开放度对我国绿色技术创新效率产生正向影响，通过技术外溢效应来影响国内的绿色技术进步。从不同区域层面来看，贸易开放效应对不同区域的绿色技术创新效应的影响存在空间异质性。对东部地区的推动作用尤其突出，明显高于中西部地区。这可能是由于东部地区在经济发展水平、市场化进程、体制改革、科研资源投入以及科技进步环境等方面的优势使其技术吸收和转化能力相对较强。此外，外商直接投资多在东部沿海地区的区位集聚也进一步对东部地区的技术创新能力提升起到促进作用；而中部地区的进口贸易对技术引进的作用不明显，回归系数为负，但不显著。这一方面说明产生的技术外溢没有被本土企业很好地吸收；另一方面说明中部地区通过进口贸易进口的商品多停留在创新性相对较低的实用新型专利以及外观设计专利等科技产出上，加之跨国公司及其母国采用严格的措施来控制技术外溢，仅通过贸易开放很难提升核心技术创新能力，甚至存在“挤出效应”的隐患。西部地区进口贸易对技术引进的作用不明显，虽然回归系数为正，但并不显著。这与潘文卿（2003）的研究基本一致，说明现阶段西部地区经济发展水平还未跨过对外贸易起积极作用的门槛，通过进口贸易来提升技术创新效率的作用不明显。

（五）稳健性检验

为了进一步验证环境规制对绿色技术创新效率的非线性影响，考察模型估计结果的可靠性，本文进行了一系列的稳健性检验。本研究对变量作出以下调整：①本文采用规模报酬可变（VRS）情况下的 GML 累积增长率来衡量绿色技术创新效率；②考虑到环境规制的测度方法存在较大争议，而核心解释变量环境规制的测算对于模型估计结果十分重要，本文选用已有文献中较为常用的工业污染治理当年投资完成额占 GDP 的比重作为环境规制的替代变量；③鉴于已有研究对贸易开放度能否促进技术创新存在争议，为了进一步检验所选指标的稳健性，本研究采用外商投资企业注册登记投资总额[①]占 GDP 的比重来检验其关系是否仍然成立。因此，在考虑指标的相对合理性和数据的可得性的基础上回归结果见表 4。

稳健性检验的结果基本与表 2 的回归结果一致，环境规制与绿色技术创新效率呈倒“N”形关系，但不显著，其他控制变量的显著性与作用方向均与表 2 的回归结果基本一致。环境规制的三次项与绿色经济效率之间的影响呈倒“N”形，除了贸易开放度对绿色技术创新效率的正向影响的显著性略有下降之外，经济规模、经

① 外商投资企业注册登记投资总额的单位为亿美元，利用分地区年平均货币汇率换算成亿元。

济结构、自主研发存量和国外技术引进存量的方向和显著性与上述研究结果基本保持一致。因此，本文设定的模型的回归结果比较稳健。

表4 模型估计结果

解释变量	被解释变量 GTI2		
	混合效应	固定效应	随机效应
REG_{t-1}	−6.986** (−2.23)	−4.921** (−2.23)	−5.559** (−2.48)
$(REG_{t-1})^2$	17.49** (2.21)	10.07* (1.85)	11.87** (2.15)
$(REG_{t-1})^3$	−11.54** (−2.13)	−6.252* (−1.71)	−7.430** (−2.00)
Scale	0.408*** (3.00)	0.758*** (3.24)	0.753*** (3.82)
ES	0.662 (0.48)	10.68*** (4.11)	5.911*** (2.80)
KS_{t-1}	0.000163 (0.10)	0.00127 (1.04)	0.000951 (0.78)
TS_{t-1}	−0.0698 (−0.96)	−0.0921* (−1.65)	−0.102* (−1.81)
FDI	-0.686×10^{-4}*** (−4.61)	0.569×10^{-4} (1.37)	-0.334×10^{-4} (−1.16)
常数项	0.087 (0.06)	−8.297*** (−4.01)	−5.316*** (−2.84)
样本数	270	270	270
检验统计量	F 检验：F = 8.82*** LM 检验：317.42*** Hausman 检验：17.14**		

注：***、**、*分别表示估计值在1%、5%、10%的水平上显著；括号内的数值为稳健标准误下的t统计量。

六、小结及政策建议

本文运用2003～2013年中国省际面板数据，采用基于SBM方向性距离函数的GML指数测算了考虑非期望产出的中国绿色技术创新效率，并在此基础上分析环境规制对我国绿色技术创新效率的非线性关系。研究结论发现，我国环境规制强度与绿色技术创新效率之间符合倒“N”形关系。经济规模、经济结构、贸易开放度对绿色技术创新效率有显著的促进作用，但自主研发知识存量对绿色技术创新效率的提升作用并不显著，国外技术引进存量显著降低了绿色技术创新效率。分地区的研究发现，东部地区的情况与全国水平的研究结论在方向与显著性上基本保持一致，二者之间呈倒“N”形关系，而环境规制、经济规模、自主研发、国外技术引进和对外贸易对绿色技术创新效率的影响在中西部地区表现出地区差异性。

当前，我国经济发展步入新常态，走创新发展、绿色发展的道路的核心内涵就是要提升绿色创新能力，基于本文的研究结论，从以下几个方面对提升绿色技术创新效率、促进经济绿色转型增长提出建议：

（1）制定强度合适的环境规制，促进环境规制工具多样化。研究结论表明并不是越严格的环境规制越好，政府应当根据不同省份的区域发展特征与产业特性，因地制宜地确定差异化环境规制的强度，并在企业的可承受范围内及时调整、修订，不断激励企业进行绿色技术创新。

（2）推进产业结构优化升级，创新驱动经济转型发展。科技创新是推动产业结构优化升级的根本动力。应坚持以完善科技创新体系为切入点，以清洁技术创新驱动产业发展为主线，以培育和发展战略性新兴产业为重点，着力解决产业创新基础能力的薄弱环节，以破解产业转型与发展的技术瓶颈，走绿色低碳发展道路。

（3）不断提升自主创新能力，加强技术创新成果孵化。自主研发与创新是提高我国绿色技术创新效率的根本。政府应通过推进各地区市场化进程、普及大众化教育和采取鼓励技术创新的政策等来进一步强化企业进行技术创新动力和能力，实现由“投资驱动”向“创新驱动”的转变，大力推动核心技术研发，依靠提升自主创新能力来开发新产品、开拓新市场，进而提升我国整体的绿色技术创新效率。

（4）优化外商投资管理，加强对引进技术的吸收转化。企业能在多大程度上受益于因进出口贸易所带来的技术外溢效应，关键取决于我国企业对引进技术的吸收动力以及吸收能力。政府一方面应努力推进外商投资管理体制改革，建立更加开放透明的市场竞争环境；另一方面应鼓励引进投资附加值较高的外商产业，并通过加强对在华跨国公司的监督与管理以不断提高引进外资的质量。

此外，本土企业应该加强通过多种渠道学习和借鉴国外先进技术经验，尤其注重充分消化吸收引进的国外技术，并利用自主研发实现更多的成果转化，全面提升区域绿色技术创新能力。

参考文献

［1］Braun E.，Wield D. Regulation as a Means for the Social Control of Technology［J］. Technology Analysis & Strategic Management，1994，6（3）：259－272.

［2］Beise M.，Rennings K. Lead Markets and Regulation：A Framework for Analyzing the International Diffusion of Environmental Innovations［J］. Ecological Economics，2005，52（1）：5－17.

［3］Gee S.，Mcmeekin A. Eco－Innovation Systems and Problem Sequences：The Contrasting Cases of US and Brazilian Biofuels [J]. Industry & Innovation, 2011, 18 (18): 301-315.

[4] Cooke P. Regional Innovation Systems: Development Opportunities from the "Green Turn" [J]. Technology Analysis & Strategic Management, 2010, 22 (7): 831-844.

[5] OECD. Environmental Innovation and Global Markets [M]. Paris: Organization for Economic Cooperation and Development, 2008: 79.

[6] 钱丽，肖仁桥，陈忠卫．我国工业企业绿色技术创新效率及其区域差异研究——基于共同前沿理论和DEA模型 [J]．经济理论与经济管理，2015 (1): 26-43.

[7] 黄奇，苗建军，李敬银等．基于绿色增长的工业企业技术创新效率空间外溢效应研究 [J]．经济体制改革，2015 (4): 109-115.

[8] Tone K. A Slacks-based Measure of Efficiency in Data Envelopment Analysis [J]. European Journal of Operational Research, 2001, 130 (3): 498-509.

[9] Chung Y. H., Fare R., Grosskppf S. Productivity and Undesirable Outputs: A Directional Distance Function Approach [J]. Journal of Environmental Management, 1997, 51 (3): 229-240.

[10] OH D. A Global Malmquist-Luenberger Productivity Index [J]. Journal of Productivity Analysis, 2010, 34 (3): 183-197.

[11] 李婉红，毕克新，孙冰．环境规制强度对污染密集行业绿色技术创新的影响研究[J]．研究与发展管理，2013 (6): 72-81.

[12] 李斌，彭星．环境机制设计、技术创新与低碳绿色经济发展 [J]．社会科学，2013 (6): 50-57.

[13] 贾军，张伟．绿色技术创新中路径依赖及环境规制影响分析 [J]．科学学与科学技术管理，2014 (5): 44-52.

[14] 吴延兵．R&D存量、知识函数与生产效率 [J]．经济学（季刊），2006，5 (4): 1129-1156.

[15] 朱平芳，徐伟民．政府的科技激励政策对大中型工业企业R&D投入及其专利产出的影响——上海市的实证研究 [J]．经济研究，2003 (6): 45-53.

[16] 刘凤朝，沈能．基于专利结构视角的中国区域创新能力差异研究 [J]．管理评论，2006，18 (11): 43-47.

[17] 朱有为，徐康宁．中国高技术产业研发效率的实证研究 [J]．中国工业经济，2006 (11): 38-45.

[18] 陈德敏，张瑞．环境规制对中国全要素能源效率的影响——基于省际面板数据的实证检验 [J]．经济科学，2012 (4): 49-65.

[19] 王文普．环境规制与经济增长研究——作用机制与中国实证 [M]．北京：经济科学出版社，2013.

[20] Antweiler W., Taylor M. S. Is Free Trade Good for the Environment? [J]. American Economic Review, 2001, 91 (4): 877-908.

[21] 孙学敏，王杰．环境规制对中国企业规模分布的影响 [J]．中国工业经济，2014 (12): 44-56.

[22] Griliches Z. R&D and Productivity [M]. University of Chicago Press, 1998.

[23] 杨芳．技术进步对中国二氧化碳排放的影响及政策研究 [M]．北京：经济科学出版

社，2013.

[24] Popp D. C. The Effect of New Technology on Energy Consumption [J] . Resource & Energy Economics, 2001, 23 (3): 215 - 239.

[25] 蔡虹，许晓雯. 我国技术知识存量的构成与国际比较研究 [J] . 研究与发展管理，2005, 17 (4): 15 - 20.

[26] Popp D. Induced Innovation and Energy Prices [J] . American Economic Review, 2002, 92 (1): 160 - 180.

[27] 李晓钟，张小蒂. 外商直接投资对我国技术创新能力影响及地区差异分析 [J] . 中国工业经济，2008 (9): 77 - 87.

[28] 詹湘东，王保林. 区域知识管理对区域创新能力的影响研究 [J] . 管理学报，2015, 12 (5): 710 - 718.

[29] Liu X. , Siler P. , Wang C. , et al. Productivity Spillovers from Foreign Direct Investment: Evidence from UK Industry Level Panel Data [J] . Journal of International Business Studies, 2000, 31 (3): 407 - 425.

[30] 王杰，刘斌. 环境规制与企业全要素生产率——基于中国工业企业数据的经验分析 [J] . 中国工业经济，2014 (3): 44 - 56.

[31] 王海龙，连晓宇，林德明. 绿色技术创新效率对区域绿色增长绩效的影响实证分析 [J] . 科学学与科学技术管理，2016 (6): 80 - 87.

[32] Dimelis S. , Louri - Dendrinou E. Foreign Direct Investment and Efficiency Benefits: A Conditional Quantile Analysis [J] . Infectious Diseases, 2001, 38 (5): 381 - 383.

[33] 潘文卿. 外商投资对中国工业部门的外溢效应：基于面板数据的分析 [J] . 世界经济，2003 (6): 3 - 7.

基于空间梯度的我国地区绿色技术创新效率的变化趋势

——省际面板数据的经验分析

肖黎明　高军峰　刘　帅　张仙鹏

（山西师范大学经管学院）

一、引言及文献综述

改革开放以来，传统增长模式在促进我国经济迅速发展的同时，也带来了能源浪费、环境污染和生态破坏等负面效应。2008 年全球金融危机之后，这种粗放型增长方式的不可持续性逐渐使人们认识到技术创新与环境保护的重要性和迫切性。这样一来，绿色转型发展就成为一种理性使然，而对绿色技术创新效率的界定和测度则是其中的关键。

对绿色技术创新效率的测度主要是在技术创新效率的基础上做进一步拓展，目前国内外学者通常采用非参数法数据包络分析法（DEA）和参数法随机前沿分析法（SFA）。其中 DEA 由 Charnes 等[1]提出，国内学者冯宗宪等[2]、杨清可等[3]和熊婵等[4]则对其在测度技术创新效率方面做了改进。而有关绿色技术创新效率的研究相对较少，主要有李涛[5]和钱丽等[6]。而 SFA 由 Aigner[7]与 Meeusen 等[8]共同提出，应用此方法研究技术创新效率的国内学者包括史修松等[9]、朱有为等[10]、张海洋等[11]，但将其应用于对绿色技术创新研究的学者却不是很多，主要是曹霞等[12]基于区域层面的研究。由于 DEA 不需要设定具体函数形式，从而避免了主观设定生产函数的负面影响，但它却不能提供统计检验作为样本拟合度和统计性质的参考。此外，由于其边界是确定面，没有考虑测量误差和其他白噪声等的影响，因而将所有的样本观察和前沿面偏差都归因于技术无效率（牛泽东等[13]）。这样 DEA 就不能有效分析影响技术创新效率因素的内在机理。基于此，本文选择 SFA。进一步地，为避免 C－D 函数关于假设技术中性和产出弹性固定的缺陷，我们采用超越对数形式的 SFA。

关于技术创新效率影响因素方面的研究，张倩肖[14]认为在影响本地企业 R&D

溢出效应的诸因素中，只有外商直接投资才是显著的。而岳书敬[15]则认为外商直接投资、对外贸易和人力资本对技术创新效率均具有显著的正面影响。此后，刘和东[16]发现影响技术创新效率的因素在短、中、长期具有不同的效果。而孙建等[17]则用空间过滤与异质效应 SFA 进行实证分析，发现区域基础设施和市场开放度是影响技术创新效率的显著因素，但余泳泽等[18]却认为市场化程度、企业规模、政策支持和企业自身绩效对高技术产业技术创新效率具有正向影响。但在绿色视角下对技术创新效率空间差异的影响因素进行分析的文献却不多，如曹霞等[12]重点考察了环境规制强度对区域创新效率的影响。

本文在曹霞等[12]的研究基础上，使用我国 2000 ~ 2014 年的省际面板数据，基于随机前沿模型扩展的超越对数函数，对我国地区绿色技术创新效率和技术创新效率进行了测度，根据二者的不同做了对比分析。同时关注对外开放程度、环境规制强度与政府支持力度对绿色技术创新效率的影响，进而以绿色技术创新效率均值排名为基准对各地区进行空间梯度划分，考察不同梯度地区的绿色技术创新效率在 2000 ~ 2014 年的变化趋势，通过与相应梯度地区的技术创新效率进行对比，分析它们在实践过程中的差异性或趋同性特征。

二、模型构建

（一）随机前沿超越对数的产出距离函数

Battese - Coelli[19]将随机前沿生产函数设定为：

$$y_{it} = f(x_{it}, \beta)\exp(v_{it} - u_{it});\ i = 1, 2, \cdots, I;\ t = 1, 2, \cdots, T \tag{1}$$

其中，y_{it}表示 t 时期 i 省产出水平，x_{it}表示 t 时期 i 省要素投入向量。β 为待估参数向量。$f(x_{it}, \beta)$为随机前沿生产函数中的确定性前沿产出部分。随机扰动项由两部分构成：v_{it}是一般意义上的误差项，包括测量误差以及其他各种不可控的随机因素，独立分布于 $N(0, \sigma_u^2)$，且与 u_{it}不相关。u_{it}是非负的技术无效率项，衡量相对前沿的技术效率水平，服从截尾正态分布 $N^+(z_{it}\delta, \sigma_u^2)$。

技术无效率项可以表示为一组实际因素变量和随机因素变量的函数：

$$u_{it} = z_{it}\delta + W_{it} \tag{2}$$

其中，z_{it} 为技术效率的影响因素，δ 为待估参数，W_{it} 服从截尾正态分布 $N^+(0, \sigma_u^2)$，截尾点为 $z_{it}\delta$。t 时期 i 省技术效率被定义为 $TE = \exp(-u_{it})$。

由于式（1）所示的 Battese - Coelli 模型只适用于单产出的情形，Coelli 和 Perelman[20]将超越对数的产出距离函数应用于 SFA，使其可以测度多产出的效率。距离函数包括产出和投入两个角度，本文主要关注产出，因而包括 K 种投入和 M 种产出的超越对数产出距离函数可以表示为：

$$\ln D_o^t(x_{it}, y_{it}) = \alpha_0 + \sum_{k=1}^{K}\alpha_k \ln x_{kit} + \frac{1}{2}\sum_{k=1}^{K}\sum_{l=1}^{L}\alpha_{kl}\ln x_{kit}\ln x_{lit} + \sum_{k=1}^{K}\sum_{m=1}^{M}\rho_{km}\ln x_{kit}\ln y_{mit}$$

$$+\sum_{m=1}^{M}\beta\ln y_{mit}+\frac{1}{2}\sum_{m=1}^{M}\sum_{n=1}^{M}\beta_{mn}\ln y_{mit}\ln y_{nit} \tag{3}$$

其中，$D_o^t(x_{it},\ y_{it})$为t时期技术的产出距离函数，下标“o”表示产出导向。假设此函满足产出的一次齐次性，则有：

$$D_o^t(x_{it},\ \omega y_{it})=\omega D_o^t(x_{it},\ y_{it});\quad \forall\omega>0 \tag{4}$$

因此，如果选择任意一种产出，比如第M种产出y_{Mit}，并设定$\omega=1/y_{Mit}$，则有：

$$D_o^t(x_{it},\ y_{it}/y_{Mit})=D_o^t(x_{it},\ y_{it})/y_{Mit} \tag{5}$$

对式(5)两边取对数，整理可得：

$$\ln y_{Mit}=-\ln D_o^t(x_{it},\ y_{it}/y_{Mit})+\ln D_o^t(x_{it},\ y_{it}) \tag{6}$$

用TL表示式(3)的超越对数产出距离函数，将其代入式(6)等号右边第一项得：

$$\ln y_{Mit}=-TL(x_{it},\ y_{it}^*;\ \theta)+\ln D_o^t(x_{it},\ y_{it}) \tag{7}$$

其中，$y_{it}^*=y_{it}/y_{Mit}$是用y_{Mit}标准后的产出向量，$\theta=[\alpha,\ \beta,\ \rho]$为待估参数列向量。

设$u_{it}=-\ln D_o^t(x_{it},\ y_{it})$，在式(7)中引入随机项，可得类似式(1)的对数形式的随机前沿模型：

$$\begin{aligned}\ln y_{Mit}&=-TL(x_{it},y_{it}^*;\theta)+v_{it}-u_{it}\\&=\alpha_0+\sum_{k=1}^{K}\alpha_k\ln x_{kit}+\frac{1}{2}\sum_{k=1}^{K}\sum_{l=1}^{L}\alpha_{kl}\ln x_{kit}\ln x_{lit}+\sum_{k=1}^{K}\sum_{m=1}^{M-1}\rho_{\mathrm{km}}\ln x_{kit}\ln y_{mit}^*\\&\quad+\sum_{m=1}^{M}\beta\ln y_{mit}^*+\frac{1}{2}\sum_{m=1}^{M-1}\sum_{n=1}^{M-1}\beta_{mn}\ln y_{mit}^*\ln y_{nit}^*+v_{it}-u_{it}\end{aligned} \tag{8}$$

由于式(2)和式(8)采用单阶段法①，先用极大似然估计(ML)将两式中的参数一步联合估计出来，然后根据产出的一次齐次性条件②求出式(3)中的其余参数。似然函数中所构造的方差参数为$\gamma=\sigma_u^2/\sigma^2$，$\sigma^2=\sigma_u^2+\sigma_v^2$。

得到参数估计后，技术效率(产出距离函数)的测度为：

$$\begin{aligned}TE_{it}&=D_o^t(x_{it},\ y_{it})=E[\exp(-u)\mid(v_{it}-u_{it})]\\&=E[\exp(-z_{it}\delta-W_{it})\mid(v_{it}-W_{it})]\end{aligned} \tag{9}$$

（二）指标和数据处理

对技术创新效率的测度一般基于投入与产出两个角度。投入方面包括 R&D 资

---

① 两阶段法中有关无效率项的假定在两个阶段中不一致，而单阶段模型克服了此缺陷，比两阶段法更可靠。

② 产出距离函数 $D_o^t(x_{it},y_{it})$ 关于产出 y_{it} 满足产出的一次齐次性的条件为 $\sum_{m=1}^{M}\beta=1$；$\sum_{n=1}^{M}\beta_{mn}=0$，$m=1,\cdots,M$；$\sum_{m=1}^{M}\rho_{\mathrm{km}}=0,k=1,\cdots,K$。$D_o^t(x_{it},y_{it})$ 中的参数满足对称性，即 $\partial_{kl}=\partial_{lk},k,l=1,\cdots,K$；$\beta_{nm}=\beta_{mn},m,n=1,\cdots,M$。

本投入和 R&D 人力投入。由于资本产出不仅取决于当期投入，还取决于以前的存量，所以用当年 R&D 内部经费支出①作为该年投入流量，采用永续盘存法（吴延兵等，2008）估算 R&D 资本存量。考虑到我国技术创新多为应用型和模仿型，其投入产出时滞一般小于原创型，因而平均滞后期取 $\kappa=1$，具体计算公式为 $K_{it}=E_{i,t-1}+(1-\tau)K_{i,t-1}$，其中 K_{it} 表示第 t 年 i 地区的 R&D 资本存量，E_{it} 表示第 t 年 i 地区的 R&D 经费支出；折旧率取 $\tau=15\%$（Griliches，1980）。基期（1999 年）i 地区 R&D 资本存量的计算公式为 $K_{i,1999}=E_{i,1999}/(g_i+\tau)$，其中 g_i 为 i 地区样本期内 R&D 经费支出的年均增长率（复利法）。R&D 人力投入采用 R&D 人员全时当量。因此，技术创新投入的测度指标为 R&D 资本存量（K）和 R&D 人员全时当量（P）。产出方面，分别以专利申请数（A）和规模以上工业企业新产品销售收入（V）来测度研发成果和经济成果（牛泽东等[13]）。

对于绿色技术创新效率来说，不仅要考虑技术创新效率涉及的投入与产出，还应关注能源消耗和环境污染状况。本文用综合能耗产出率②来测度能源利用效率、用工业“三废”排放量的几何平均值来测度环境污染状况。尽管“三废”中的污染物也是一种产出，但其增长率若为正值，则对经济发展不利，因而可将其看作投入成本。因此测度绿色技术创新效率的投入指标为 R&D 资本存量、R&D 人员全时当量和工业“三废”排放总量的几何平均值（G）。而产出指标为专利申请数、规模以上工业企业新产品销售收入和综合能耗产出率（R）。

（三）绿色技术创新效率的影响因素

影响绿色技术创新效率的因素有很多，而本文从地区的外部差异性视角，同时关注效率和环境因素，并基于已有研究，主要分析以下三个关键变量。

（1）地区对外开放程度（进出口贸易总额/GDP，用 OD_{it} 表示）。现阶段中国仍处于发展中国家水平，与发达国家在技术水平方面还存在一定差距，考虑到技术的外溢效应，对外开放应有利于我国引进国外先进技术。此外，国内企业在国际市场上与国外先进企业同台竞争，也有利于我国产品在全球价值链中的提高。因此，对外开放有利于获取技术溢出效应，从而有利于技术创新效率的提升。但对外开放对于本国环境的影响，学术界却有“促进论”、“抑制论”和“双刃剑论”等不同说法，当然也有“越落后越引进，越引进越落后”的所谓现代化陷阱（何洁，2000；蒋殿春，2004）。不过，本文认为对外开放度的正面效应要大于负面效应，因此有：

假设（1）：地区对外开放程度（OD_{it}）对本地区绿色技术创新效率具有积极影响。

---

① 以 1999 年为基期的研发价格指数对其进行平减。研发价格指数 $RPI=0.75PPI+0.25CPI$。后文中的规模以上工业企业新产品销售收入、规模以上工业企业总产值则用以 1999 年为基期的 PPI 进行平减。

② 综合能耗产出率等于规模以上工业企业总产值与能源消耗总量之比（元/吨标准煤）。

（2）地区环境规制强度（ERI_{it}）。一般来说，在环境污染治理初期，需投入大量资金，会导致成本增加，从而对绿色技术创新效率产生负面影响。然而，随着生态环境的改善，绿色创新活动的产出将会增加，从而会抵消环境治理成本，同时还会激发创新主体主动进行绿色技术创新，形成良性循环，最终导致绿色技术创新效率提高。对于环境规制强度的测度方法，以往文献主要从政策和投入两方面考虑，本文则关注投入方面，因而采用 Gray（1987）、Berman 和 Bui（2001）、Lanoie（2008）等人的处理方法，以环境污染治理投资额占当地 GDP 的比重来测度环境规制强度。因此有：

假设（2）：地区环境规制强度（ERI_{it}）与当地绿色技术创新效率之间呈现“U”形关系。

（3）地方政府支持力度（GII_{it}）。地方政府是技术创新活动有效开展的重要支持机构（白俊红等，2009）。其中政府资助与地区技术创新密切相关。但政府支持对技术创新具有正反两方面的作用：适度的政府支持能降低企业和个人的创新投入成本，减少其在过程中存在的风险，有利于提高技术创新的积极性；而过度的政府投入则会挤出企业和个人对技术创新的投资，从而强化其对政府支持的依赖性。综合考虑，政府支持力度对技术创新效率的影响应表现为一种倒“U”形关系。本文采用政府资金占 R&D 经费内部支出的比重来表示政府支持力度①。因此有：

假设（3）：地方政府支持力度（GII_{it}）对其绿色技术创新效率的影响表现为倒“U”形关系。

各地区的研发经费内部支出、研发人员全时当量、专利申请数、规模以上工业企业总产值、规模以上工业企业新产品销售收入、研发经费来源成分等数据来自历年《中国科技统计年鉴》；美元兑人民币汇率均价、各地区进出口、GDP 数据来自历年《中国统计年鉴》；各地区工业“三废”排放量、环境污染治理投资数据来自历年《中国环境统计年鉴》；各地区能源消费量来自历年《中国能源统计年鉴》。考虑到“各地区研究与发展经费内部支出”1999 年才在《中国科技统计年鉴》中首次使用，最新数据截至 2014 年；又因西藏的相关数据缺失过多，因而本文以我国大陆地区（除西藏外）30 个省（直辖市、自治区）2000～2014 年的相关数据作为样本，对绿色技术创新效率和技术创新效率分别进行空间梯度划分，考察二者变化趋势的异同，分析其中的梯度随时间变动的差异化或趋同性特征，进而借助无效率方程研究地区绿色技术创新效率的影响因素。

（四）计量模型

测度绿色技术创新效率时应考虑时滞，借鉴已有研究，本文将时滞期设为一年（朱有为等，2006；史修松等，2009）；再用专利申请数（A）分别将规模以上工业

① 由于未能找到 2008 年以前政府资金占 R&D 经费内部支出的数据，所以 2000～2008 年该指标用政府资金占科技活动经费总筹资的比例代替。

企业新产品销售收入（V）和综合能耗产出率（R）标准化为 V^*、R^*。根据式(8)，测度绿色技术创新效率与技术创新效率的随机前沿实证模型分别为：

$$\begin{aligned}\ln A = &\alpha_0 + \alpha_1 \ln K_{i,t-1} + \alpha_2 \ln P_{i,t-1} + \alpha_3 \ln G_{i,t-1} \\ &+ \frac{1}{2}\alpha_{11}(\ln K_{i,t-1})^2 + \frac{1}{2}\alpha_{22}(\ln P_{i,t-1})^2 + \frac{1}{2}\alpha_{33}(\ln G_{i,t-1})^2 \\ &+ \alpha_{12}\ln K_{i,t-1}\ln P_{i,t-1} + \alpha_{13}\ln K_{i,t-1}\ln G_{i,t-1} \\ &+ \alpha_{23}\ln P_{i,t-1}\ln G_{i,t-1} + \beta_1 \ln V_{it}^* + \beta_2 \ln R_{it}^* \\ &+ \frac{1}{2}\beta_{11}(\ln V_{it}^*)^2 + \frac{1}{2}\beta_{22}(\ln R_{it}^*)^2 + \beta_{12}\ln V_{it}^* \ln R_{it}^* \\ &+ \rho_{11}\ln K_{i,t-1}\ln V_{it}^* + \rho_{21}\ln P_{i,t-1}\ln V_{it}^* + \rho_{31}\ln G_{i,t-1}\ln V_{it}^* \\ &+ \rho_{12}\ln K_{i,t-1}\ln R_{it}^* + \rho_{22}\ln P_{i,t-1}\ln R_{it}^* + \rho_{32}\ln G_{i,t-1}\ln R_{it}^* + v_{it} - u_{it}\end{aligned} \tag{10}$$

$$\begin{aligned}\ln A = &\alpha_0 + \alpha_1 \ln K_{i,t-1} + \alpha_2 \ln P_{i,t-1} + \frac{1}{2}\alpha_{11}(\ln K_{i,t-1})^2 + \frac{1}{2}\alpha_{22}(\ln P_{i,t-1})^2 \\ &+ \alpha_{12}\ln K_{i,t-1}\ln P_{i,t-1} + \beta_1 \ln V_{it}^* + \frac{1}{2}\beta_{11}(\ln V_{it}^*)^2 + \rho_{11}\ln K_{i,t-1}\ln V_{it}^* \\ &+ \rho_{21}\ln P_{i,t-1}\ln V_{it}^* + v_{it} - u_{it}\end{aligned} \tag{11}$$

分析影响因素时，在式(2)的无效率方程中引入时间变量，计量模型为：

$$u_{it} = \delta_0 + \delta_1 T + \delta_2 OD_{it} + \delta_3 ERI_{it} + \delta_4 (ERI)_{it}^2 + \delta_5 GII_{it} + \delta_6 (GII)_{it}^2 + W_{it} \tag{12}$$

三、实证及结果分析

（一）测度结果及对比分析

使用 Frontier4. 1 软件对式（10）、式（11）和式（12）的随机前沿模型进行估计，再根据产出的一次齐次性条件计算出其余参数的估计值，最终得到绿色技术创新效率及其影响因素的估计结果（见表 1）、技术创新效率的估计结果（见表 2）。

表 1　绿色技术创新效率及其影响因素的估计结果

变量	估计系数	变量	估计系数
常数 [α_0]	4. 6652*** (3. 0942)	$\ln P_{i,t-1}\ln V_{it}$ [ρ_{21}]	0. 1843*** (2. 6951)
$\ln K_{i,t-1}$ [α_1]	1. 4411** (2. 2157)	$\ln G_{i,t-1}\ln V_{it}$ [ρ_{31}]	-0. 1185*** (-2. 9877)
$\ln P_{i,t-1}$ [α_2]	0. 5817 (0. 3630)	$\ln K_{i,t-1}\ln R_{it}$ [ρ_{12}]	0. 0788 (1. 0916)
$\ln G_{i,t-1}$ [α_3]	2. 3069** (-2. 0832)	$\ln P_{i,t-1}\ln R_{it}$ [ρ_{22}]	-0. 0944 (-1. 0517)

续表

变量	估计系数	变量	估计系数
$(\ln K_{i,t-1})^2$ [$0.5\alpha_{11}$]	0.2214*** (5.1724)	$\ln G_{i,t-1}\ln R_{it}$ [ρ_{32}]	0.1229** (2.0525)
$(\ln P_{i,t-1})^2$ [$0.5\alpha_{22}$]	0.0183 (0.2119)	$\ln K_{i,t-1}\ln A_{it}$ [ρ_{13}]	***-0.0051***
$(\ln G_{i,t-1})^2$ [$0.5\alpha_{33}$]	-0.0904*** (-3.8241)	$\ln P_{i,t-1}\ln A_{it}$ [ρ_{23}]	***-0.0899***
$\ln K_{i,t-1}\ln P_{i,t-1}$ [α_{12}]	-0.3769*** (-3.2773)	$\ln G_{i,t-1}\ln A_{it}$ [ρ_{33}]	***-0.1144***
$\ln K_{i,t-1}\ln G_{i,t-1}$ [α_{13}]	-0.1021** (-1.9941)	常数 [δ_0]	0.3613*** (2.8677)
$\ln P_{i,t-1}\ln G_{i,t-1}$ [α_{23}]	0.4785*** (6.2531)	T [δ_1]	-0.0779*** (-13.0954)
$\ln V_{it}$ [β_1]	0.4943** (2.1669)	OD_{it} [δ_2]	-0.8499*** (-8.8749)
$\ln R_{it}$ [β_2]	0.3396** (2.0333)	ERI_{it} [δ_3]	0.1531** (2.0805)
$\ln A_{it}$ [β_3]	0.1661	$(ERI)_{it}^2$ [δ_4]	-0.0197*** (-3.0829)
$(\ln V_{it})^2$ [$0.5\beta_{11}$]	0.0147 (0.5291)	GII_{it} [δ_5]	-5.0514*** (-8.7300)
$(\ln R_{it})^2$ [$0.5\beta_{22}$]	0.0396* (1.8099)	$(GII)_{it}^2$ [δ_6]	5.4702** (6.3701)
$(\ln A_{it})^2$ [$0.5\beta_{33}$]	***0.3322***	对数似然值	94.1318
$\ln V_{it}\ln R_{it}$ [β_{12}]	0.1118** (2.0419)	σ^2	0.4661*** (11.8660)
$\ln V_{it}\ln A_{it}$ [β_{13}]	***-0.1412***	γ	0.9802*** (61.8841)
$\ln R_{it}\ln A_{it}$ [β_{23}]	***-0.1910***	LR 值	340.7085
$\ln K_{i,t-1}\ln V_{it}$ [ρ_{11}]	-0.0737 (-1.5580)	GITE 均值	0.6128

注：*** 表示 $p<0.01$，** 表示 $p<0.05$，* 表示 $p<0.10$；括号内为 t 统计值；斜体加粗表示用齐次线性条件计算所得。

表 2 技术创新效率的估计结果

变量	系数	变量	系数
常数 [α_0]	-3.8023* (1.8377)	$\ln V_{it}\ln A_{it}$ [β_{12}]	***-0.1428***
$\ln K_{i,t-1}$ [α_1]	3.3129*** (6.6388)	$\ln K_{i,t-1}\ln V_{it}^*$ [ρ_{11}]	-0.1239* (-1.8911)
$\ln P_{i,t-1}$ [α_2]	1.5706*** (3.0532)	$\ln P_{i,t-1}\ln V_{it}^*$ [ρ_{21}]	0.2334*** (4.0232)
$(\ln K_{i,t-1})^2$ [$0.5\alpha_{11}$]	0.1845*** (2.7955)	$\ln K_{i,t-1}\ln A_{it}$ [ρ_{12}]	***0.1239***
$(\ln P_{i,t-1})^2$ [$0.5\alpha_{22}$]	0.3725*** (3.3883)	$\ln P_{i,t-1}\ln A_{it}$ [ρ_{22}]	***-0.2334***
$\ln K_{i,t-1}\ln P_{i,t-1}$ [α_{12}]	-0.5067*** (-2.9802)	对数似然值	-269.8212
$\ln V_{it}$ [β_1]	0.7680* (1.8756)	σ^2	0.8397*** (15.7630)
$\ln A_{it}$ [β_2]	***0.2320***	γ	0.9748*** (124.6648)
$(\ln V_{it})^2$ [$0.5\beta_{11}$]	0.0714** (2.1089)	LR 值	59.8514
$(\ln A_{it})^2$ [$0.5\beta_{22}$]	***0.0714***	ITE 均值	0.7231

注：*** 表示 $p<0.01$，** 表示 $p<0.05$，* 表示 $p<0.10$；括号内为 t 统计值；斜体加粗表示用齐次线性条件计算所得。

从表 1 和表 2 中可以发现，产出距离函数和无效率方程的系数估计值均具有较好的统计显著性，整体回归效果较好。尤其是绿色技术创新效率和技术创新效率随机前沿模型的 γ 估计值分别达到 0.9802 和 0.9748，且在统计上具有显著性，说明绿色技术创新和技术创新的无效率在我国普遍存在。同时，对数似然函数值和 LR 检验也表明模型具有较强的解释力。总之，随机前沿生产函数模型在总体上是有效的。

本文以创新产出中专利占比的简单算术平均作为权重，计算我国 30 个省（直辖市、自治区）的整体绿色技术创新效率和技术创新效率。为了详细考察我国绿色技术创新效率在实践过程中的变化轨迹，按从高到低的空间梯度将各地区划分为三个等级。绿色技术创新效率排名前十位的地区有北京、天津、上海、江苏、浙江、福建、江西、山东、广东和广西，其均值为第一梯度值；排名中间十位的地区有河北、辽宁、吉林、安徽、河南、湖北、湖南、海南、重庆和新疆，其均值为第二梯度值；排名后十位的地区有山西、内蒙古、黑龙江、四川、贵州、云南、陕西、甘肃、青海和宁夏，其均值为第三梯度值①，同时将全国均值作为比较梯度值。为了便于对比分析，将相关梯度中各地区的技术创新效率均值作为相应的对照梯度值。梯度值与对照梯度值的变化趋势如图 1 所示。

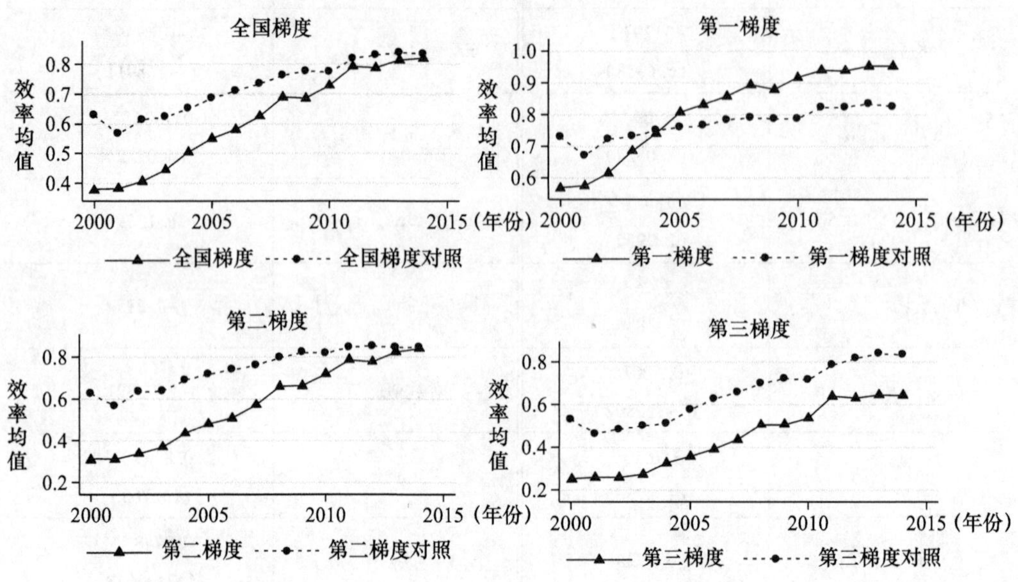

图 1　全国和第一、第二、第三梯度绿色技术创新效率和技术创新效率的变化趋势

从图 1 中可以看出，总体而言，2000～2014 年我国 30 个省（直辖市、自治区）（除西藏以及港澳台地区）的绿色技术创新效率和技术创新效率分别为 0.6128 和 0.7231，前者明显低于后者，说明我国经济发展模式整体上还表现为“粗放型”。从整体随时间的变化轨迹看，绿色技术创新效率呈现出较快的上升趋势，从 2000 年的 0.3797 增长到 2014 年的 0.8202；而技术创新效率虽然也在上升，但速度却较慢（从 0.6290 上升到 0.8350）。这表明，随着时间的推进，二者之间的差距在逐渐缩小。很明显，十五年来我国技术创新效率有了较为显著的改进，加之绿色技术创新效率与其差距在不断缩小，表明我国经济发展模式正在逐渐从“粗放污染型”向“节能绿色型”转变。

从图 1 中可以看出，绿色技术创新效率排名前十的第一梯度地区，十五年来的绿色技术创新效率和技术创新效率的上升速度均较快。其中绿色技术创新效率从 2000 年的 0.5702 上升到 2013 年的 0.9526，仅 2014 年略有下降（0.9521）。更为重要的是，2005 年以后，这十个地区的绿色技术创新效率已经超过了其技术创新效率。与此同时，绿色技术创新效率随机前沿模型测度出的环境污染程度和综合能

① 由于考虑的是均值，每个梯度中的地区没有按照绿色技术创新效率值的大小进行排序。

耗产出率的一次项系数分别为 -2.3069 和 0.3396，且均通过了显著性检验。这不仅表明这些地区的技术创新能力在快速提升，还意味着它们在“绿色发展”方面已经走在了全国其他地区的前面，较为成功地进行了绿色发展转型。

对于绿色技术创新效率排名中间十位的地区，尽管它们的绿色技术创新效率和技术创新效率随着时间的推移也在上升，同时二者之间的差距也在不断缩小，但截至 2014 年，这些地区的绿色技术创新效率仍未能超过其技术创新效率。这种情况表明这些地区的技术创新效率及其经济发展模式的整体趋势不错，而且在节能环保方面的投入也在不断加大，但力度仍然不够，从粗放污染到节能环保的完全转型还有待时日。

相对于其他地区，绿色技术创新效率排名后十位的地区，不仅绿色技术创新效率低（平均只有 0.4449，第一梯度和第二梯度的均值分别为 0.8103 和 0.5726），而且其增长速度也较慢，十五年中仅从 0.3570 上升到 0.6445，且这些年其绿色技术创新效率和技术创新效率之间的差距并未表现出缩小趋势。尤其是 2011 ~ 2014 年，其绿色技术创新效率均值几乎没有发生过变化，整体上并未显示出追赶的迹象。更为严重的是，这些地区的技术创新效率均值并不算低，虽然还未超过第一梯度地区，但在不少年份已经赶上甚至超过第二梯度地区了，说明这些地区多年来的发展模式一直表现为典型的“粗放污染型”，而绿色转型发展明显滞后。进一步看，第三梯度的这些地区，要么属于资源型区域（山西、内蒙古和黑龙江），要么位于西部地区（四川、贵州、云南、陕西、青海和宁夏），但这并不是其绿色技术创新效率低下的主要原因，因为其中有些省份仍表现出较高的绿色技术创新效率（如广西位于第一梯度，重庆、新疆位于第二梯度）。因此，第三梯度地区绿色技术创新效率低下的关键原因可能在于它们的节能环保意识薄弱，绿色发展投入力度太小。

（二）绿色技术创新效率的影响因素分析

从随机前沿模型测度的我国 30 个省（直辖市、自治区）2000 ~ 2014 年的绿色技术创新效率及其影响因素的结果看，其均值为 0.6128，表明我国绿色技术创新活动存在一定程度的无效率现象，还有约 39% 的提升空间。而就各具体影响因素而言，时间变量的回归系数为 -0.0779，且在 1% 的水平下具有显著性，表明地区绿色技术创新效率具有明显的时间趋势，即随着时间的推移，绿色技术创新效率在不断地提升，但技术创新效率却不是一个自然增长过程（牛泽东等[13]），这也意味着我国各地区在绿色技术创新活动中的投入力度在不断增大，而且也取得了一定的效果，从“粗放污染型”向“节能绿色型”转变的趋势日益凸显。

地区对外开放程度的回归系数为 -0.8449，且在 1% 的水平下显著，表明地区开放程度与当地绿色技术创新效率呈显著的正相关性。这也意味着对外开放对于技术创新效率提升的正面效应要大于其在资源利用和环境污染方面的负面效应。原因在于，长期以来，我国的技术创新效率都比较低下，同时环境污染也一直存在，尤其是资源浪费现象较为突出。而恰恰是与发达国家技术在创新能力上的这种差距，使得我国在开放条件下能够很好地利用各种外源技术对于技术创新能力的正向溢出效应。

环境规制强度回归的一次项、二次项系数分别为0.1531和-0.0197，且二次项系数在1%的水平下显著，表明环境规制强度与其绿色技术创新效率呈显著的“U”形关系，即在环境污染的治理初期，需要投入大量资金来处理污染问题，因而导致成本增加，从而对绿色技术创新效率产生不利影响。然而，随着生态环境的改善，绿色创新活动的产出增加将会抵消环境治理成本，同时激发各地区进行绿色技术创新的主动性，形成良性循环，最终导致绿色技术创新效率的提高。

政府支持力度回归的一次项、二次项系数分别为-5.0514和5.4702，且都在1%的水平下显著，表明政府支持力度与绿色技术创新效率呈现显著的倒“U”形关系，尤其是在创新活动初期，由于个人和企业无法承担“高投资”与“高风险”的内外压力，政府投资就显得比较重要。不过，随着政府投资力度的不断加大，创新活动的产出也在不断增加，其盈利性将逐渐凸显，而个人和企业投资者出于逐利性，可能会主动进行投资。这时，政府若还继续追加投资，“看得见的手”的内在缺陷就难免会导致“粗放型”和无效率，反而对绿色技术创新效率不利。

四、结论和建议

本文基于产出距离函数超越对数的随机前沿分析法，以2000~2014年我国30个省（直辖市、自治区）的面板数据为样本，具体测算了各地区的绿色技术创新效率和技术创新效率，同时关注影响绿色技术创新效率的相关因素。进而基于空间梯度的视角，以绿色技术创新效率排名前十位、中间十位和后十位的标准，将我国30个地区划分为三个梯度，并用对应梯度地区的技术创新效率均值对其变化趋势进行了对照分析，得出以下主要结论：

（1）我国2000~2014年各地区的绿色技术创新效率和技术创新效率的均值都呈现出上升趋势，且绿色技术创新效率的上升速度要快于技术创新效率，二者差距的缩小趋势较为明显。

（2）位于第一梯度地区的绿色技术创新效率上升较快，2005年以后的绿色技术创新效率均值已从整体上超过了其技术创新效率均值，说明它们已经较为成功地实现了由“粗放污染”向“节能环保”的绿色转型。位于第二梯度地区的绿色技术创新效率均值与其技术创新效率均值也存在一定的趋同趋势。而位于第三梯度地区的技术创新效率均值并不算低，但其绿色技术创新效率均值却比较低，且二者多年来并未表现出明显的缩小趋势，说明我国绿色技术创新效率与技术创新效率的差距主要来自于这些地区。

（3）地区对外开放程度对绿色技术创新效率具有显著的促进作用，环境规制强度与绿色技术创新效率呈现出显著的“U”形关系，政府支持力度与绿色技术创新效率呈现出显著的倒“U”形关系。

根据以上结论，有如下一些建议：

（1）关注地区绿色技术创新驱动的发展战略，加快培育具有地区特色的创新主体；合理开发利用资源，提高综合能耗产出率，减少环境污染物的排放，促进经济社会整体的节能、绿色及可持续性发展。

（2）第三梯度的地区应在自主创新和发展节能环保、绿色创新方面加快步伐，以促使其绿色技术创新效率持续提升。第三梯度中的资源型地区、西部地区要借鉴第一、第二梯度的转型经验，进而基于自身特点，探索出一条具有区域特色的节能环保、绿色生态的可持续发展道路。而位于第一、第二梯度的地区也要主动利用自身优势补充第三梯度地区的劣势，以第三梯度的优势弥补自身劣势，做到优势互补、互相促进、均衡发展。此外，政府也要积极推动第三梯度地区的经济转型，为其资源节约、节能减排的绿色发展提供相应的政策支持。

（3）在引进国际先进技术的同时，更要关注其节能环保的理念和经验。在国际经济交往中，要学会在合作中竞争，坚持互惠互利、双赢合作。引入国外先进技术后，要善于学习、消化和吸收，通过“二次创新”来提高自身的绿色技术创新效率。

（4）在环境规制初期，出于成本和风险的考虑，政府应该发挥其关键的导向作用。首先，在考察地区政府官员政绩时，不仅要看经济数据，更要关注节能环保和绿色生态方面的成绩。其次，环境税征收时要执行等级制度，变线性税率为非线性税率。最后，培育地区绿色创新意识，尤其是对于第三梯度地区，使其对环境规制由被动接受逐渐转变为主动参与。

（5）对于绿色技术创新效率较低的地区，政府应加大其投资力度，发挥引领和示范作用。而随着绿色技术创新效率的提高，政府则应逐渐退出，将决策权力让位于市场，让“看不见的手”来主导当地的技术创新，以走出高效、节能和绿色的可持续发展道路。

参考文献

［1］Charnes A.，Cooper W. W.，Rhodes E. Measuring the Efficiency of Decision Making Units［J］. *European Journal of Operational Research*，1978（2）：429－444.

［2］冯宗宪，王青，侯晓辉．政府投入、市场化程度与中国工业的技术创新效率［J］．数量经济技术经济研究，2011（10）：6－17.

［3］杨清可，段学军．基于 DEA－Malmquist 模型的高新技术产业发展效率的时空测度与省际差异研究［J］．经济地理，2014（7）：103－110.

［4］熊婵，买忆媛，何晓斌，肖仁桥．基于 DEA 方法的中国高科技创业企业运营效率研究［J］．管理科学，2014（2）：26－37.

［5］李涛．资源约束下中国碳减排与经济增长的双赢绩效研究［J］．经济学（季刊），2013（2）：667－692.

[6] 钱丽，肖仁桥，任忠卫．环境约束、技术差距与企业创新效率 [J]．科学学研究，2015 (3)：378 - 397.

[7] Aignier R. D.，Lovel C. A. K.，Schmidt P. Formulation and Estimation of Stochastic Frontier Production Models [J]．*Journal of Econometrics*，1977 (6)：21 - 37.

[8] Meeusen W.，Broeck J. Efficiency Estimation from Cobb - Douglas Production Functions with Composed Error [J]．*International Economic Review*，1977 (18)：435 - 444.

[9] 史修松，赵曙东，吴福象．中国区域创新效率及其空间差异研究 [J]．数量经济技术经济研究，2009 (3)：45 - 55.

[10] 朱有为，徐康宁．中国高技术产业研发效率的实证研究 [J]．中国工业经济，2006 (11)：38 - 45.

[11] 张海洋，史进川．中国省际工业新产品技术效率研究 [J]．经济研究，2011 (1)：83 - 96.

[12] 曹霞，于娟．绿色低碳视角下中国区域创新效率研究 [J]．中国人口·资源与环境，2015 (5)：10 - 19.

[13] 牛泽东，张倩肖．中国装备制造业的技术创新效率 [J]．数量经济技术经济研究，2012 (11)：51 - 67.

[14] 张倩肖．外商直接投资、市场竞争及对我国制造业的技术外溢效应 [J]．经济学家，2007 (3)：60 - 65.

[15] 岳书敬．中国区域研发效率差异及其影响因素 [J]．科研管理，2008 (5)：173 - 179.

[16] 刘和东．中国区域研发效率及其影响因素研究 [J]．科学学研究，2011 (4)：548 - 556.

[17] 孙建，吴丽萍．中国区域创新效率及影响因素研究 [J]．科技与经济，2012 (2)：25 - 29.

[18] 余泳泽，刘大勇．我国区域创新效率的空间外溢效应与价值链外溢效应 [J]．管理世界，2013 (7)：6 - 20.

[19] Battese G. E.，Coelli T. J. A Model for Technical Inefficiency Effects in a Stochastic Frontier Production for Panel Date [J]．*Empirical Economics*，1995 (20)：25 - 332.

[20] Coelli T. J.，Perelman S. A Comparison of Parametric and Non - parametric Distance Functions：With Application to European Railways [J]．*European Journal of Operational Research*，1999 (17)：326 - 339.

陕西渭河流域经济与生态建设协调发展评价研究

杨冬民　李永卓　李鹏伟

（西安理工大学经济与管理学院）

流域经济与生态建设能否协调发展是国内外专家学者研究的重点领域。渭河流域居住着63%的陕西人口，其经济发展和生态建设对陕西至关重要。近年来，随着经济社会的发展，工业化、城市化的快速推进，渭河流域生态环境问题日趋严重。加强陕西渭河流域生态建设的同时，还要兼顾流域经济的发展，因而两者协调发展评价研究至关重要。

一、模型构建与指标数据说明

（一）流域经济与生态建设子系统内部协调度测算模型

本文在对渭河流域经济与生态建设子系统内部协调度进行测算时，选择序参量协调度评价模型。基本思路与步骤如下：

（1）选择系统内部序参量 $e_i=(e_{i1}, e_{i2}, \cdots, e_{in})$，其中，$n \geqslant 2$，$\beta_{ij} \leqslant e_{ij} \leqslant \alpha_{ij}$，$i=[1, n]$，序参量 $e_i=(e_{i1}, e_{i2}, \cdots, e_{in})$ 是反映系统综合发展水平的一系列评价指标。设（$e_1, e_2, \cdots, e_k$）的取值越大，系统的有序度越高，呈正相关关系；设（$e_{k+1}, e_{k+2}, \cdots, e_n$）的取值越小，系统有序度越高，呈负相关关系。

（2）计算系统序参量有序度：

$$u_i(e_{ij})=\begin{cases}\dfrac{e_{ij}-\beta_{ij}}{\alpha_{ij}-\beta_{ij}}, & i\in[1, k]\\[2ex] \dfrac{\alpha_{ij}-e_{ij}}{\alpha_{ij}-\beta_{ij}}, & i\in[k+1, n]\end{cases} \tag{1}$$

显然，$u(e_i)\in[0, 1]$，且 $u(e_i)$ 越大，序参量 e_i 对系统的有序的“贡献”越大。

（3）计算系统有序度。计算系统有序度的方法有几何平均法和线性加权求和法，本文采用后者，线性加权求和法公式如下：

$$u_i(e_{ij}) = \sum_{i-1}^{n} \lambda_i u_i(e_{ij}) \tag{2}$$

其中，λ_i 为序参量 e_i 在指标体系中的重要性程度。$\lambda_i \in [0, 1]$，$\sum_{i-1}^{n}\lambda_i = 1$。

（二）流域经济与生态建设子系统之间协调度测算模型

系统之间的协调度，指的是一个系统的实际发展水平与该系统受其他系统影响下的应该达到的发展水平之间的关联程度。本文把主成分分析法、回归拟合模型以及灰色关联法进行综合集成构建流域经济系统与生态建设系统之间的协调度模型。主要思路和步骤如下：

（1）用主成分分析法计算流域经济系统与生态经济系统的综合发展指数 X 和 Y，具体计算方法如下：

对原始数据进行标准化处理。采用 Z—score 标准化方法，对收集的原始数据统一进行无量纲化处理。具体公式如下：

$$Z_{ij} = \frac{x_{ij} - \bar{x}_i}{s_i}(i = 1, 2, \cdots, n; j = 1, 2, 3, \cdots, p)$$

其中，$s_i = \sqrt{\frac{1}{n-1}\sum_{i=1}^{n}(x_{ij} - \bar{x}_i)^2}$，$\bar{x}_i = \frac{1}{n}\sum_{i=1}^{n}x_{ij}$

根据公式可求得流域经济系统标准化数据，即 $X^* = (X_1^*, X_2^*, X_3^*, \cdots, X_p^*)$，生态建设系统标准化数据，即 $Y^* = (Y_1^*, Y_2^*, Y_3^*, \cdots, Y_p^*)$。

求相关系数矩阵的特征值与相应的特征向量。根据公式取得标准化的数据，分别建立流域经济系统与生态建设系统相关指标集的相关系数矩阵，从而进一步确认指标数据信息浓缩的必要性。

$$R = \begin{bmatrix} r_{11} & r_{12} & \cdots & r_{1p} \\ r_{21} & r_{22} & \cdots & r_{2p} \\ \vdots & \vdots & \ddots & \vdots \\ r_{p1} & r_{p2} & \cdots & r_{pp} \end{bmatrix}$$

根据相关系数矩阵 R，运用特征方程公式 $|R - \lambda I| = 0$，求得相关系数矩阵 R 的特征根 $(\lambda_1, \lambda_2, \lambda_3, \cdots, \lambda_p)$，并对特征值按照从大到小进行排序，即 $\lambda_1 \geqslant \lambda_2 \geqslant \lambda_3 \cdots \geqslant \lambda_p \geqslant 0$。对相关系数矩阵 R 进行相应的正交化得到相应的特征向量，即流域经济 $e = (e_1, e_2, e_3, \cdots, e_p)$ 与生态建设 $u = (u_1, u_2, u_3, \cdots, u_p)$。

确定主成分个数。主成分载荷矩阵中的数据与该成分对应的特征值按照公式 $\lambda_i / \sum_i^p \lambda_i$ 计算出该主成分的方差贡献率，从而得到每个主成分中不同指标对应的系数。根据特征值大于 1 且 $\sum^m \alpha \geqslant 85\%$ 的原则，选择前 n 个主成分。得到以下结果：

流域经济系统 $F_i = e_1X_1^* + e_2X_2^* + e_3X_3^* + \cdots + e_pX_p^*$

生态建设系统 $F_i = u_1Y_1^* + u_2Y_2^* + u_3Y_3^* + \cdots + u_pY_p^*$

计算两系统的综合评价指数。根据前面计算的 m 个主成分，以方差贡献率为权数，分别计算出流域经济与生态建设发展综合水平得分。如果流域经济发展综合水平得分越高，表明该区域流域经济发展程度越高；反之，则越低。如果生态建设发展综合得分越高，表明流域经济发展程度越好；反之，则越差。

流域经济系统综合水平得分 $S(x)=\alpha_1 F_1+\alpha_2 F_2+\cdots+\alpha_m F_m$

生态建设系统综合水平得分 $S(y)=\beta_1 F_1+\beta_2 F_2+\cdots+\beta_m F_m$

（2）利用回归拟合模型确定流域经济与生态经济两个子系统的综合发展指数预测值，即协调值。计算流域经济系统协调值：以 X 为因变量，Y 为自变量，回归拟合得到并选取合适的方程 $X=f(Y)$，代入流域经济系统综合发展指数 X，就可得到协调值。同理，以 Y 为因变量，X 为自变量，回归拟合得到并选取合适的拟合关系方程 $Y=f(X)$，代入生态建设系统综合发展指数。

（3）利用模糊隶属度评价模型，计算流域经济系统与生态建设系统二者之间的协调度。构建二者隶属度评价模型，具体计算公式为：

$$U(i,\ j)-\frac{\min\{u(i/j),\ u(j/i)\}}{\max\{u(i/j),\ u(j/i)\}}$$

其中，$U(i,\ j)$ 为流域经济系统与生态建设系统发展水平协调值；$u(i/j)$ 为流域经济系统对生态建设系统协调发展的协调值；$u(j/i)$ 为生态建设系统对生态建设系统协调发展的协调值。

$$u(i/j)=\exp\left[-\frac{(x-x^*)^2}{s_1^2}\right]$$

其中，x 为流域经济系统综合发展指数预测值；x^* 为生态建设系统对流域经济最佳综合发展预测值；s_1^2 为流域经济系统综合发展值的均方差。

同理：

$$u(i/j)=\exp\left[-\frac{(y-y^*)^2}{s_2^2}\right]$$

其中，y 为生态建设系统综合发展指数预测值；y 为流域经济系统对生态建设最佳综合发展预测值；s_2^2 为生态建设系统综合发展值的均方差。

$U(i,\ j)\in\lfloor 0,\ 1\rfloor$ 越趋近于 1，说明流域经济与生态建设发展越协调；反之，越不协调。

（三）指标和数据说明

陕西渭河流域经济及生态建设系统是由多种因素综合影响形成的，要想评价陕西渭河流域经济与生态建设发展是否协调，需以陕西渭河流域四市的经济与生态建设协调发展为主要目的，综合考虑能够影响流域经济与生态建设的因素，具体指标如表 1、表 2 所示。

流域经济评价指标分别从经济总量、经济结构和经济效益三个方面来具体反映，以反映陕西渭河流域经济发展的真实状况。生态建设也从三个方面体现，分别是生态经济、生态社会和生态环境，生态经济主要反映流域生态建设过程中经济的发展情况以及发展经济所消耗的能量和经费情况。生态社会则从人口情况、就业情况以及社会建设方面评价社会的发展状况。生态环境则从绿化以及污染物的处理情况来具体反映环境的变化情况。流域经济评价指标和生态建设评价指标的数据均来自《陕西省统计年鉴》（2005～2014）、《陕西省环境统计公报》（2005～2014）、《城市统计年鉴》（2005～2014）。个别年份数据的缺失采用相邻年份值插值法补齐。

表1　陕西渭河流域经济子系统评价指标体系

一级指标	二级指标	三级指标	符号
流域经济评价指标	经济总量	GDP	$X1$
		工业总产值	$X2$
		进出口总额	$X3$
	经济结构	第二产业占 GDP 比重	$X4$
		第三产业占 GDP 比重	$X5$
	经济效益	生产总值指数	$X6$
		固定资产投资额	$X7$
		消费品零售总额	$X8$

表2　陕西渭河流域生态建设子系统评价指标体系

一级指标	二级指标	三级指标	符号
生态建设评价指标	生态经济	人均 GDP	$Y1$
		GDP 增长率	$Y2$
		单位 GDP 能耗	$Y3$
		科教经费占总支出的比重	$Y4$
	生态社会	人口自然增长率	$Y5$
		人口密度	$Y6$
		就业率	$Y7$
		城市维护建设资金支出	$Y8$
		社会保障支出占 GDP 比重	$Y9$
	生态环境	人均公共绿地	$Y10$
		绿化覆盖率	$Y11$
		生活垃圾无害化处理率	$Y12$
		工业固体废弃物无害化处理率	$Y13$
		污水处理率	$Y14$
		"三废"综合利用产品产值	$Y15$

二、实证检验

1. 流域经济子系统内部协调度测算

运用式（1）计算得到四市流域经济序参量有序度，再通过式（2）计算出流域经济系统内部协调度。利用 Matlab 编程，计算各城市流域经济的内部协调度如表 3 所示。

表 3　陕西渭河流域四市经济子系统内部协调度

年份	宝鸡	咸阳	西安	渭南
2005	0. 384	0. 060	0. 471	0. 237
2006	0. 295	0. 373	0. 503	0. 447
2007	0. 302	0. 341	0. 597	0. 458
2008	0. 432	0. 275	0. 562	0. 489
2009	0. 568	0. 615	0. 663	0. 565
2010	0. 667	0. 505	0. 539	0. 592
2011	0. 750	0. 554	0. 515	0. 597
2012	0. 791	0. 776	0. 689	0. 678
2013	0. 885	0. 833	0. 723	0. 654
2014	0. 908	0. 864	0. 894	0. 815

由表 3 可知，2005 ~ 2014 年，陕西渭河流域的四个城市的流域经济均得到发展，从纵向上看，各个城市的流域经济的内部协调度总体上呈增长态势；从横向上看，四个城市的流域经济内部协调度仍存在差异，且涨幅也不尽相同。

2. 生态建设子系统内部协调度测算

生态建设子系统内部协调度的测算利用 Matlab 编程方法，计算各城市生态建设的内部协调度如表 4 所示。

表 4　陕西渭河流域四市生态建设内部协调度

年份	宝鸡	咸阳	西安	渭南
2005	0. 379	0. 212	0. 474	0. 332
2006	0. 366	0. 510	0. 536	0. 578
2007	0. 374	0. 635	0. 633	0. 602
2008	0. 545	0. 474	0. 656	0. 586
2009	0. 659	0. 791	0. 672	0. 644
2010	0. 772	0. 634	0. 763	0. 685
2011	0. 759	0. 695	0. 958	0. 681
2012	0. 813	0. 708	0. 862	0. 665
2013	0. 787	0. 682	0. 972	0. 759
2014	0. 761	0. 721	0. 969	0. 699

为了更直观地比较分析，把表4用折线图表示如下：

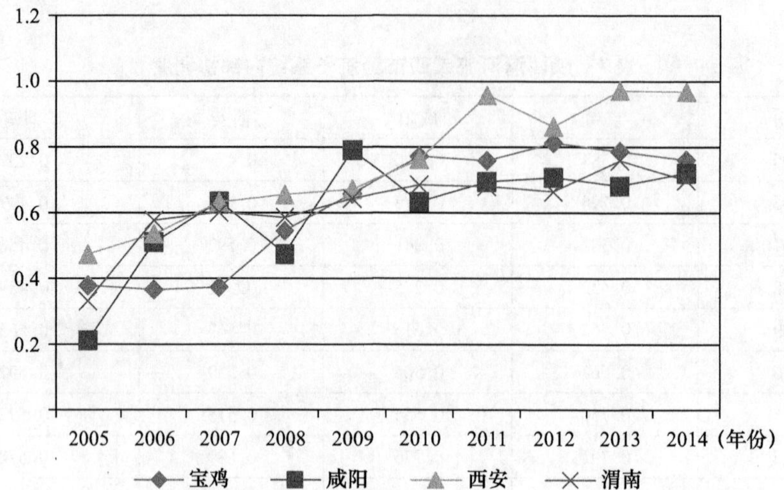

图1　陕西渭河流域四市生态建设子系统内部协调度折线图

由表4、图1可知，2005~2014年，陕西渭河流域的四个城市的生态均得到较大发展，从纵向上看，各个城市的生态建设的内部协调度总体上呈增长态势；从横向上看，四个城市的生态建设内部协调度仍存在差异，且涨幅也不尽相同。

三、陕西渭河流域经济与生态建设系统之间协调度评价

（一）流域经济和生态建设综合发展指数的计算

（1）流域经济综合发展指数的计算。用主成分分析法分别计算流域经济的综合发展指数 X。在计算之前首先对原始数据进行标准化处理，以消除原始数据量纲不同所造成统计结果不准确的影响。

样本相关系数矩阵。利用SPSS23.0计算表转化指标的相关系数 R 矩阵，下面分别是流域经济的相关矩阵，如表5所示。

表5　相关系数矩阵

	Y1	Y2	Y3	Y4	Y5	Y6	Y7	Y8
X1	1.000	0.950	0.951	-0.262	0.641	-0.359	0.986	0.980
X2	0.950	1.000	0.839	-0.043	0.408	-0.372	0.971	0.873
X3	0.951	0.839	1.000	-0.404	0.765	-0.341	0.911	0.978
X4	-0.262	-0.043	-0.404	1.000	-0.793	-0.011	-0.170	-0.371
X5	0.641	0.408	0.765	-0.793	1.000	-0.069	0.541	0.747

续表

	Y1	Y2	Y3	Y4	Y5	Y6	Y7	Y8
X6	-0.359	-0.372	-0.341	-0.011	-0.069	1.000	-0.440	-0.331
X7	0.986	0.971	0.911	-0.170	0.541	-0.440	1.000	0.945
X8	0.980	0.873	0.978	-0.371	0.747	-0.331	0.945	1.000

从表5看，除了X4外，各相关系数均大于0.3，说明各指标间相关性很强，信息耦合度高，为了避免共线性问题，利用主成分分析法提取成分。

KMO和Bartlett检验结果。为了确定能够进行因子分析，利用SPSS23.0对数据进行KMO检验与Bartlett球形检验，见表6。

表6　流域经济的KMO检验和Bartlett球形检验

取样足够度的Kaiser－Meyer－Olkin度量		0.750
Bartlett的球形检验	近似卡方	685.540
	df.	28
	Sig.	0.000

由表6可知，KMO的检验统计量均大于0.6，说明取样充足。而Bartlett球形检验的P值小于0.001，说明所选评价指标适合进行因子分析。

解释的总方差。根据特征根大于1的原则，抽取出2个公共因子。2个公共因子的方差累计贡献率为87.655%（大于85%），说明它们可以反映原始数据的大部分信息（见表7）。

表7　流域经济公共因子的方差贡献率

成分	初始特征值			提取载荷平方和		
	总计	方差百分比	累计百分比	总计	方差百分比	累计百分比
1	5.496	68.695	68.695	5.496	68.695	68.695
2	1.517	18.960	87.655	1.517	18.960	87.655
3	0.770	9.624	97.279			
4	0.145	1.812	99.090			
5	0.044	0.553	99.643			
6	0.022	0.273	99.916			
7	0.006	0.074	99.990			
8	0.001	0.010	100.000			

碎石图。为了更清晰地看出抽取的公共因子，呈现碎石图，如图2所示。

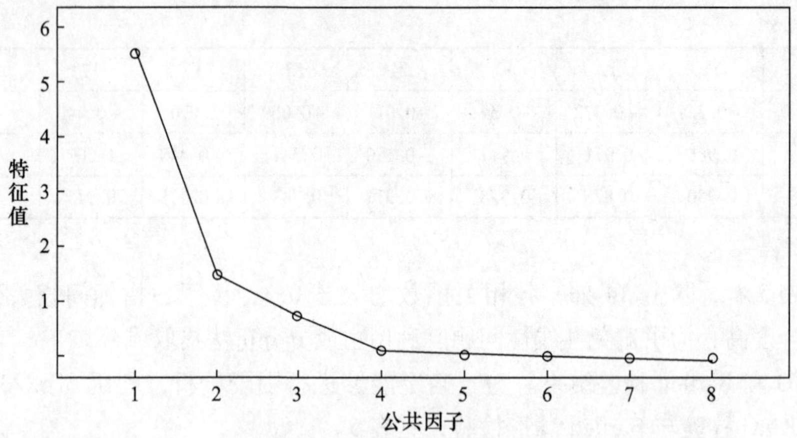

图 2　因子载荷碎石图

从图 2 可以看出，在 $n=2$ 时出现拐点，第一主成分和第二主成分的特征值均大于 1，其他主成分特征值均小于 1，进一步验证了主成分为 2 个，第一主成分和第二主成分能概括绝大部分信息。

因子载荷矩阵与旋转后的因子载荷矩阵。为了更好地解释指标变量，采用方差最大化方法将因子矩阵进行旋转，表 8 为流域经济的因子载荷矩阵及旋转后的因子载荷矩阵。

表 8　流域经济的因子载荷矩阵及旋转后的因子载荷矩阵

	载荷矩阵		旋转后的载荷矩阵	
	1	2	1	2
X1	0.983	0.127	0.933	0.336
X2	0.894	0.359	0.959	0.089
X3	0.977	-0.052	0.846	0.493
X4	-0.402	0.843	0.027	-0.933
X5	0.744	-0.625	0.377	0.896
X6	-0.403	-0.452	-0.565	0.218
X7	0.959	0.252	0.968	0.214
X8	0.989	-0.014	0.873	0.464

得到主成分综合模型。借助因子载荷矩阵，可以得到两个主成分的特征向量，得到主成分表达式：

$F_1 = 0.197X_1 + 0.253X_2 + 0.142X_3 + 0.189X_4 - 0.068X_5 - 0.201X_6 + 0.231X_7 + 0.156X_8$

$F_2 = 0.007X_1 - 0.136X_2 + 0.112X_3 - 0.528X_4 + 0.429X_5 + 0.232X_6 - 0.068X_7 + 0.090X_8$

其中，*Xi* 为标准化后数据，然后以每个主成分所对应的特征值占所提取主成分总的特征值之和的比例作为权重，计算流域经济的主成分综合模型：

$S(x) = 0.784F_1 + 0.216F_2$

各城市流域经济综合发展指数见表 9。

表 9　各城市流域经济综合发展指数

年份	宝鸡	咸阳	西安	渭南
2005	-0.592	-0.612	-0.134	-0.631
2006	-0.548	-0.511	-0.043	-0.642
2007	-0.611	-0.510	0.064	-0.716
2008	-0.589	-0.651	0.287	-0.777
2009	-0.498	-0.455	0.646	-0.552
2010	-0.271	-0.352	1.040	-0.521
2011	-0.349	-0.192	1.366	-0.412
2012	-0.213	-0.065	1.829	-0.279
2013	-0.165	0.189	2.326	-0.022
2014	0.446	0.573	2.589	0.195

（2）生态建设综合发展指数的计算。用主成分分析法分别计算生态建设系统的综合发展指数 *Y*。在计算之前首先对原始数据进行标准化处理，以消除原始数据量纲不同所造成的统计结果不准确的影响。

样本相关系数矩阵。利用 SPSS23.0 计算指标的相关系数 *R* 矩阵，下面分别是生态建设系统的相关矩阵，如表 10 所示。

表 10　相关系数矩阵

	Y1	Y2	Y3	Y4	Y5	Y6	Y7	Y8	Y9	Y10	Y11	Y12	Y13	Y14	Y15
Y1	1.000	-0.263	-0.701	-0.500	-0.144	0.383	0.422	0.783	0.333	0.460	0.415	0.444	0.402	0.706	0.189
Y2	-0.263	1.000	0.050	0.134	-0.100	-0.134	-0.281	-0.340	0.330	0.175	-0.098	-0.062	-0.004	-0.033	0.039
Y3	-0.701	0.050	1.000	0.422	0.209	-0.258	-0.026	-0.426	-0.128	-0.575	-0.376	-0.283	-0.587	-0.528	-0.015
Y4	-0.500	0.134	0.422	1.000	-0.228	-0.661	-0.523	-0.630	-0.018	0.110	-0.288	-0.022	-0.311	-0.228	0.154
Y5	-0.144	-0.100	0.209	-0.228	1.000	0.524	-0.069	0.307	-0.558	-0.646	0.117	-0.272	0.065	-0.543	-0.635
Y6	0.383	-0.134	-0.258	-0.661	0.524	1.000	0.418	0.648	-0.093	-0.326	0.042	-0.391	0.684	-0.157	-0.082
Y7	0.422	-0.281	-0.026	-0.523	-0.069	0.418	1.000	0.597	0.326	-0.205	0.141	0.113	0.151	0.287	0.255
Y8	0.783	-0.340	-0.426	-0.630	0.307	0.648	0.597	1.000	0.084	-0.021	0.426	0.195	0.338	0.337	-0.119

续表

	Y1	Y2	Y3	Y4	Y5	Y6	Y7	Y8	Y9	Y10	Y11	Y12	Y13	Y14	Y15
Y9	0.333	0.330	-0.128	-0.018	-0.558	-0.093	0.326	0.084	1.000	0.464	-0.095	0.225	0.115	0.573	0.653
Y10	0.460	0.175	-0.575	0.110	-0.646	-0.326	-0.205	-0.021	0.464	1.000	-0.005	0.505	0.164	0.658	0.446
Y11	0.415	-0.098	-0.376	-0.288	0.117	0.042	0.141	0.426	-0.095	-0.005	1.000	0.330	-0.106	0.263	-0.488
Y12	0.444	-0.062	-0.283	-0.022	-0.272	-0.391	0.113	0.195	0.225	0.505	0.330	1.000	-0.333	0.677	0.029
Y13	0.402	-0.004	-0.587	-0.311	0.065	0.684	0.151	0.338	0.115	0.164	-0.106	-0.333	1.000	0.074	0.295
Y14	0.706	-0.033	-0.528	-0.228	-0.543	-0.157	0.287	0.337	0.573	0.658	0.263	0.677	0.074	1.000	0.455
Y15	0.189	0.039	-0.015	0.154	-0.635	-0.082	0.255	-0.119	0.653	0.446	-0.488	0.029	0.295	0.455	1.000

从表10看，除了部分数据外，各相关系数较高，为了避免共线性问题，利用主成分分析法提取成分。

KMO和Bartlett检验结果。为了确定能够进行因子分析，利用SPSS23.0对数据进行KMO检验与Bartlett球形检验，见表11。

表11　生态建设的KMO检验和Bartlett球形检验

取样足够度的Kaiser－Meyer－Olkin度量		0.636
Bartlett的球形检验	近似卡方	543.226
	df.	105
	Sig.	0.000

由表11可知，KMO的检验统计量均大于0.6，说明取样充足。而Bartlett球形检验的P值小于0.001，说明所选评价指标适合进行因子分析。

解释的总方差。根据特征根大于1的原则，抽取出5个公共因子。5个公共因子的方差累计贡献率为86.580%（大于85%），说明它们可以反映原始数据的大部分信息（见表12）。

表12　生态建设公共因子的方差贡献率

成分	初始特征值			提取载荷平方和		
	总计	方差百分比	累计百分比	总计	方差百分比	累计百分比
1	4.616	30.776	30.776	4.616	30.776	30.776
2	3.720	24.797	55.573	3.720	24.797	55.573
3	2.112	14.080	69.653	2.112	14.080	69.653
4	1.506	10.041	79.694	1.506	10.041	79.694
5	1.033	6.886	86.580	1.033	6.886	86.580

续表

成分	初始特征值			提取载荷平方和		
	总计	方差百分比	累计百分比	总计	方差百分比	累计百分比
6	0.567	3.780	90.360			
7	0.482	3.214	93.575			
8	0.266	1.776	95.350			
9	0.213	1.423	96.773			
10	0.167	1.116	97.889			
11	0.120	0.801	98.691			
12	0.080	0.533	99.223			
13	0.047	0.312	99.535			
14	0.042	0.278	99.813			
15	0.028	0.187	100.000			

碎石图。为了更清晰地看出抽取的公共因子，呈现碎石图，如图3所示。

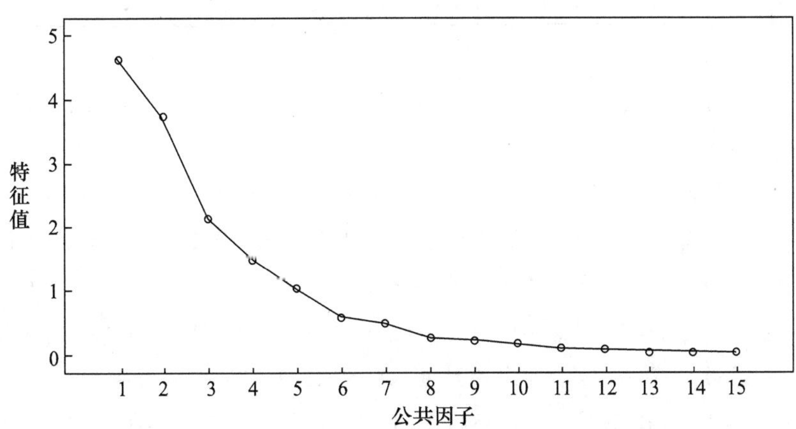

图3　因子载荷碎石图

从图3可以看出，在 $n=5$ 时出现拐点，第一主成分至第五主成分的特征值均大于1，其他主成分特征值均小于1，进一步验证了主成分为5个，它们能概括绝大部分信息。

为了更好地解释指标变量，采用方差最大化方法将因子矩阵进行旋转，表13为生态建设的因子载荷矩阵及旋转后的因子载荷矩阵。

表 13　生态建设的因子载荷矩阵及旋转后的因子载荷矩阵

	载荷矩阵					旋转后的载荷矩阵				
	1	2	3	4	5	1	2	3	4	5
Y1	0.935	-0.133	-0.108	-0.038	-0.096	0.605	0.225	0.592	0.340	-0.176
Y2	-0.159	0.326	0.182	-0.351	0.816	-0.188	0.091	0.005	-0.053	0.953
Y3	-0.749	0.051	0.090	0.580	0.110	-0.243	-0.026	-0.911	-0.171	-0.010
Y4	-0.553	0.583	-0.036	-0.066	-0.223	-0.799	0.143	-0.201	-0.018	-0.052
Y5	-0.315	-0.803	-0.124	-0.090	0.107	0.294	-0.773	-0.165	-0.260	-0.003
Y6	0.332	-0.798	0.437	-0.087	0.076	0.763	-0.226	0.220	-0.519	-0.005
Y7	0.517	-0.301	0.195	0.691	0.106	0.812	0.337	-0.269	0.077	-0.183
Y8	0.703	-0.583	-0.097	0.160	0.015	0.850	-0.106	0.263	0.169	-0.196
Y9	0.498	0.523	0.351	0.242	0.395	0.215	0.800	0.031	0.151	0.386
Y10	0.546	0.665	-0.045	-0.381	-0.107	-0.257	0.524	0.661	0.336	0.091
Y11	0.360	-0.274	-0.683	-0.084	0.229	0.329	-0.421	0.210	0.629	0.081
Y12	0.475	0.387	-0.624	0.150	0.011	0.013	0.197	0.167	0.844	-0.082
Y13	0.448	-0.308	0.620	-0.468	-0.139	0.356	0.123	0.651	-0.594	0.014
Y14	0.813	0.433	-0.174	0.101	0.018	0.241	0.571	0.405	0.583	-0.020
Y15	0.339	0.564	0.640	0.242	-0.167	-0.015	0.932	0.069	-0.221	-0.078

得到主成分综合模型。借助因子载荷矩阵，可以得到两个主成分的特征向量，得到主成分表达式：

$F_1=0.106Y_1+0.062Y_2+0.064Y_3-0.249Y_4+0.093Y_5+0.209Y_6+0.325Y_7+0.228Y_8+0.159Y_9-0.162Y_{10}+0.087Y_{11}-0.007Y_{12}+0.008Y_{13}+0.051Y_{14}+0.007Y_{15}$

$F_2=0.028Y_1-0.027Y_2+0.094Y_3+0.044Y_4-0.229Y_5-0.038Y_6+0.191Y_7-0.032Y_8+0.261Y_9+0.076Y_{10}-0.209Y_{11}+0.001Y_{12}+0.027Y_{13}+0.132Y_{14}+0.347Y_{15}$

$F_3=0.158Y_1-0.017Y_2-0.418Y_3+0.019Y_4-0.024Y_5+0.064Y_6-0.317Y_7-0.003Y_8-0.144Y_9+0.295Y_{10}+0.034Y_{11}-0.018Y_{12}+0.329Y_{13}+0.050Y_{14}-0.174Y_{15}$

$F_4=0.080Y_1+0.015Y_2+0.012Y_3-0.019Y_4-0.039Y_5-0.220Y_6+0.048Y_7+0.065Y_8+0.034Y_9+0.045Y_{10}+0.298Y_{11}+0.340Y_{12}-0.330Y_{13}+0.183Y_{14}-0.174Y_{15}$

$F_5=-0.104Y_1+0.831Y_2-0.004Y_3-0.152Y_4+0.075Y_5+0.071Y_6-0.060Y_7-0.063Y_8+0.339Y_9+0.004Y_{10}+0.164Y_{11}-0.048Y_{12}-0.010Y_{13}-0.008Y_{14}-0.141Y_{15}$

其中，Y_i 为标准化后数据，然后以每个主成分所对应的特征值占所提取主成分总的特征值之和的比例作为权重，计算生态建设的主成分综合模型：

$S(y)=0.355F_1+0.286F_2+0.163F_3+0.116F_4+0.080F_5$

各城市生态建设综合发展指数见表 14。

表 14　各城市生态建设综合发展指数

年份	宝鸡	咸阳	西安	渭南
2005	-0.513	-1.021	-0.318	-1.042
2006	-0.476	-0.813	-0.184	-0.742
2007	-0.298	-0.643	0.152	-0.534
2008	-0.248	-0.448	0.358	-0.188
2009	0.027	-0.452	0.408	0.122
2010	0.247	-0.158	0.548	0.273
2011	0.202	-0.175	0.608	0.379
2012	0.181	-0.025	0.667	0.334
2013	0.121	0.243	0.935	0.607
2014	0.225	0.040	0.941	0.661

（二）流域经济子系统与生态建设子系统协调值的测算

通过回归拟合模型确定流域经济系统与生态建设系统的综合发展指数预测值，即协调值。下面以西安市为例，运用软件 SPSS23.0 分别计算西安市经济系统与生态建设系统的协调值。

以流域经济综合发展指数 X 为因变量，以生态建设综合发展指数 Y 为自变量，进行回归拟合，得到三次回归拟合方程：$X = -0.204 + 0.851Y + 3.905Y^2 - 1.856Y^3$，$R^2 = 0.976$，代入 Y 计算可得流域经济综合发展协调值 X'；同理，以生态建设综合发展指数 Y 为因变量，以流域经济综合发展指数 X 为自变量，进行回归拟合，得到三次回归拟合方程：$Y = -0.057 + 1.310X - 0.869X^2 + 0.202X^3$，$R^2 = 0.962$，代入 X 计算可得生态建设综合发展协调值 Y'。计算结果汇总如表 15 所示：

表 15　西安流域经济与生态建设系统协调值

年份	流域经济 X	生态建设 Y	协调值 X'	协调值 Y'
2005	-0.134	-0.318	-0.020	-0.249
2006	-0.043	-0.184	-0.217	-0.115
2007	0.064	0.152	0.009	0.023
2008	0.287	0.358	0.516	0.252
2009	0.646	0.408	0.667	0.481
2010	1.040	0.548	1.130	0.593
2011	1.366	0.608	1.340	0.626
2012	1.829	0.667	1.550	0.668
2013	2.326	0.935	2.488	0.831
2014	2.589	0.941	2.508	1.015

依照同样的方法，也可以得到陕西渭河流域宝鸡市、咸阳市和渭南市的经济与生态建设系统协调值。

（三）流域经济系统与生态建设系统之间协调度的测算

依据模糊隶属度模型，分别计算各市流域经济对生态建设系统协调发展的协调值，即协调系数，用ζ表示陕西渭河流域四市生态建设对流域经济系统协调发展的协调值，这里用ζ'表示。经过计算得到四市流域经济与生态建设系统协调系数汇总表，具体计算结果如表16所示。

表16　陕西渭河流域四市经济系统与生态建设系统协调系数

年份	宝鸡		咸阳		西安		渭南	
	ζ	ζ'	ζ	ζ'	ζ	ζ'	ζ	ζ'
2005	0. 999	0. 926	0. 974	0. 702	0. 955	0. 981	0. 999	0. 149
2006	0. 999	0. 766	0. 985	0. 845	0. 995	0. 981	1. 000	0. 573
2007	1. 000	0. 912	0. 954	0. 994	0. 924	0. 937	0. 996	0. 990
2008	1. 000	0. 951	0. 999	0. 685	0. 999	0. 957	0. 997	0. 595
2009	0. 900	0. 961	0. 940	0. 975	0. 988	0. 979	0. 996	0. 685
2010	0. 920	0. 989	0. 999	0. 813	0. 999	0. 992	0. 993	0. 544
2011	0. 996	0. 993	0. 989	0. 998	0. 889	0. 999	0. 978	0. 785
2012	0. 981	1. 000	0. 965	0. 992	0. 961	1. 000	0. 995	0. 965
2013	0. 678	0. 991	0. 718	1. 000	0. 990	0. 958	0. 998	0. 892
2014	0. 991	0. 822	0. 981	1. 000	1. 000	0. 979	0. 999	0. 980

针对表16得出的协调系数值，利用公式计算两系统之间的协调度。具体结果如表17所示。

表17　陕西渭河流域四市经济与生态建设系统之间协调度

年份	宝鸡	咸阳	西安	渭南
2005	0. 927	0. 721	0. 973	0. 149
2006	0. 767	0. 858	0. 986	0. 573
2007	0. 912	0. 960	0. 986	0. 994
2008	0. 951	0. 686	0. 958	0. 597
2009	0. 937	0. 964	0. 991	0. 688
2010	0. 930	0. 814	0. 993	0. 544
2011	0. 997	0. 991	0. 890	0. 803
2012	0. 981	0. 973	0. 961	0. 970
2013	0. 684	0. 718	0. 968	0. 894
2014	0. 829	0. 981	0. 979	0. 981

由表17的数据可以看出，2005～2014年，陕西渭河流域四个城市的流域经济与生态系统之间的协调度总体呈上升趋势，但期间均出现过波动，尤其是渭南的波动最大，这可能与城市的发展策略有关系。同时，由于各个城市的流域经济及生态系统建设情况不同，所以出现的时间也不尽相同。这也说明，在不同时期，流域经济与生态系统建设的发展并非亦步亦趋，两个系统有一方过快或过慢都会致使协调度发生波动。这也就启示我们，流域的生态建设发展要因地制宜，采取不同的发展战略，同时也要注重两个系统的协调发展。

四、政策建议

（一）改进生态建设管理体制

充分发挥环境影响评价尤其是规划环评在渭河流域总体规划、土地利用规划、区域资源开发、产业结构调整等重大决策制定与实施中的作用，使生态建设的发展综合决策规范化、制度化；完善经济与生态建设协调机制。各级政府主要领导和有关部门主要负责人是本区域和本系统生态建设的第一责任人，政府和部门都要有主要领导分管生态建设工作，确保认识到位、责任到位、措施到位、投入到位；建立生态建设保护领导责任考核制。把生态建设纳入领导班子和领导干部考核的重要内容，并将考核情况作为干部选拔任用和奖惩的依据之一。

（二）完善生态建设保护政策和法规

既要积极宣传贯彻国家现有的各项生态建设的法律法规，又要根据国家有关资源与环境的法律法规，结合本地实际情况，研究制定配套的地方性法规与实施办法，促进流域生态建设发展。例如，制定垃圾处理产业化、环保产业市场、排污权交易、污染物排放监督管理、取水许可监督管理、城市垃圾处理收费、生态示范区建设管理等相关政策规定，积极推行生态环境保护行政执法责任制。

（三）优化产业结构布局

流域经济与生态建设能否协调发展与产业结构的合理性密不可分，第二产业的比重直接影响废水、废物、废气的排放，进而影响生态建设的发展。基于此，提出以下调整产业结构的整体思路：首先，应发挥区域间产业优势及区位优势，积极吸收现代化、科学化的技术及管理经验，改造传统产业，走新型工业化、城市化的低能耗发展路线，逐步实现以第三产业为主的产业发展战略。其次，加快产业结构调整和升级，在实现新兴技术产业、高新技术产业发展的同时，带动传统产业的转型与升级，以降低污染能耗；不断加强偏远落后城市与发达地区的交流与合作，通过不同的优惠政策实现招商引资，合理利用地区资源，提升区域生态建设的发展水平。

参考文献

[1] Maldonado B., Caballero J., Delgado－Salinas A., et al. Relationship between Use Value

and Ecological Importance of Floristic Resources of Seasonally Dry Tropical Forest in the Balsas River Basin, México [J]. Economic Botany, 2013, 67 (1): 17-29.

[2] Bata I. M. G., Chiriac S. E. The Ecological And Economic Construction of Forest Space - A First Step Towards Sustainability [J]. Managerial Challenges of the Contemporary Society, 2011 (2): 4.

[3] Derissen S., Quaas M. F., Baumgärtner S. The Relationship between Resilience and Sustainability of Ecological - economic Systems [J]. Ecological Economics, 2011, 70 (6): 1121-1128.

[4] 黄德林，陈宏波，李晓琼. 协同治理：创新节能减排参与机制的新思路 [J]. 中国行政管理，2012 (1).

[5] 燕继荣. 协同治理：公共事务治理新趋向 [J]. 人民论坛·学术前沿，2012 (17): 58-62.

[6] 田培杰. 协同治理概念考辨 [J]. 上海大学学报（社会科学版），2014 (1): 124-140.

[7] Villa F., Wilson M. A., Groot R. D., et al. Designing an Integrated Knowledge Base to Support Ecosystem Services Valuation [J]. Ecological Economics, 2002, 41 (3): 445-456.

[8] Wier M., Hasler B. Accounting for Nitrogen in Denmark—A Structural Decomposition Analysis [J]. Ecological Economics, 1999, 30 (2): 317-331.

[9] Rodríguez - Campos L., Berson M., Walker - Egea C., et al. Evaluation of a Civic Education Project: An Application of the Model for Collaborative Evaluations [J]. International Journal of Interdisciplinary Social Sciences, 2012 (7): 75-88.

技术创新、环境规制与能源效率*

杨志江[1]　罗掌华[2]　龙游宇[1]

（1. 韶关学院经济与管理学院；2. 广西生态工程职业技术学院）

能源过度消耗积累的生态环境恶化问题在中国正尖锐地暴露出来，环境保护已成为重要的民生问题。中国大部分地区的资源环境承载力已经达到或接近上限[1]，经济增长与环境保护的矛盾成为当前构建和谐社会的关键制约因素。要突破严苛的能源环境约束，实现经济社会的可持续发展，必须致力于提高能源效率，推动经济增长向低能耗、低排放和高产出的绿色发展方式转变。

技术进步被认为是提高能源效率的重要途径之一，甚至是提升能源效率的主要动力。研究技术进步影响能源效率的成果颇为丰富，其中一些文献是运用指数分解法、结构分解法等不同的分解方法进行考察，也有文献是运用计量回归分析方法进行探讨[2]。在运用计量模型分析的文献中，部分文献选用 R&D 投入作为技术进步的衡量指标验证了技术创新对能源效率的影响。在有关中国行业或地区数据的实证研究中，王班班和齐绍洲[2]、Huifeng Pan 等[3]的研究支持 R&D 投入有助于提高能源效率，而孙广生等[4]、罗会军等[5]的研究则认为 R&D 投入对能源效率没有促进作用，甚至还有负面影响。这些文献进行了有价值的研究，但是并没有得到一致的结论，而且对其实证结果也没有给出具有说服力的解释。那么，中国的 R&D 投入是否促进了能源效率提高？如果估计结果是否定的，它背后的形成机制是什么？什么因素又能改变技术创新对能源效率的影响？这三个问题形成了本文研究的出发点。

为更好地回答上述三个问题，我们对现有文献做了如下拓展：一是构建了技术创新、环境规制与能源效率的理论模型，并在理论研究的指导下，对后面的检验结果进行了深入分析。实证分析应具有坚实的理论基础，但现有文献集中于实证分析，缺乏相应的理论探讨，这也导致对实证结果难以给出具有说服力的解释。二是采用基于方向距离函数的全局 DEA 模型测算能源效率。DEA 是当前测算能源效率

---

* 基金项目：教育部人文社会科学研究规划基金项目“创新的节能减排效应分析：基于环境全要素生产率的分析框架”（14YJC630169）的阶段性成果。

的主流方法，且现有文献主要是采用当期DEA或序列DEA。然而，当期DEA容易出现“技术退步”现象，而序列DEA在形式上又不满足可传递性要求，上述缺陷均会制约能源效率的跨期可比性，进而影响能源效率计量回归的准确性。全局DEA模型不仅可以克服上述缺陷，还可以避免数据短期波动可能对生产前沿的影响。三是在回归分析中注重规范性，考虑了设定模型存在遗漏变量、R&D投入与能源效率具有双向因果关系而可能引起的内生性问题，并判断了回归残差的平稳性，而目前的研究对这两个方面缺乏考虑。四是考察了环境规制能否改变技术创新对能源效率影响的程度与方向。技术创新能否提高能源效率关键在于其偏向性①，而它又会受到环境规制的约束和激励，即环境规制会影响技术创新与能源效率的关系，但现有文献都止步于验证技术创新对能源效率的影响。

在目前中国强调自主创新和环境规制的背景下，本文从理论和实证两个方面探讨技术创新、环境规制影响能源效率的机制，不仅是对该领域研究的有益补充，对于促进中国经济走上绿色发展道路也具有重要的现实意义。

一、技术创新、环境规制对能源效率的作用辨析

在现有研究基础上，本文提出了技术创新、环境规制影响能源效率的理论模型，如图1所示。

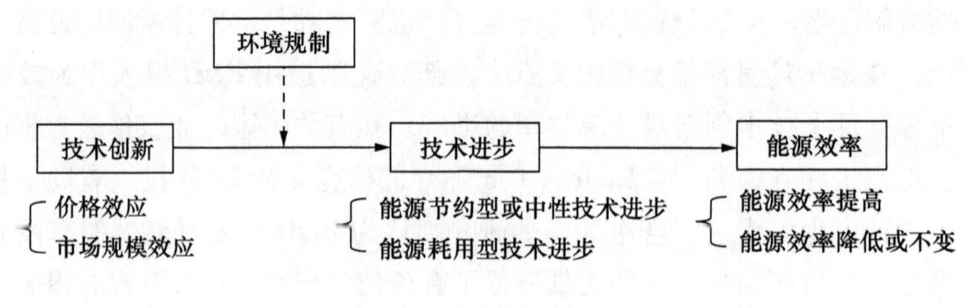

图1　理论模型

（一）技术创新对能源效率的影响

技术进步是提高能源效率的主要动力。这一判断中的技术进步主要指能源节约型技术进步。能源要素边际生产率的提高（假设资本、劳动力等其他要素的边际生产率不变），或者能源要素的边际生产率相对于其他要素有更大的提高，都可能引起其他要素对能源要素的替代，进而可以降低能源的相对投入，实现能源节约型技术进步。这种技术进步在产出和其他要素不变时可以降低能源消耗量，因此能够显著促进能源效率提高。其实，中性技术进步的实现，虽然只是使得各要素（包括能源）的边际生产率同比例提高，但由于每一单位产出所消耗的能源量减少，

① 在本文中，技术创新的偏向性是指技术创新所推动技术进步的偏向性。

也能实现能源效率的改善。然而，能源耗用型技术进步的实现是由于其他要素的边际生产率比能源要素有更大提高，或者其他要素的边际生产率提高而能源要素的边际生产率不变。这种技术进步可能会引起能源要素对其他要素的替代，进而使得能源投入份额增加，那么能源效率将会降低或者保持不变。因此，只有能源节约型和中性技术进步能够提高能源效率，而能源耗用型技术进步则会降低能源效率或者使其维持不变。

受技术进步偏向的影响，技术创新对能源效率的促进作用是不确定的。技术创新主要推动了能源节约型或中性技术进步，技术创新将对能源效率具有显著促进作用。如果技术创新主要是实现了能源耗用型技术进步，技术创新将对能源效率没有显著促进作用，甚至还有负面作用。技术创新的偏向性主要受"价格效应"和"市场规模效应"的影响[6]。前者指技术创新偏向于提高相对稀缺生产要素的边际生产率，即节约相对昂贵的生产要素；后者指技术创新偏向于节约相对丰裕（便宜）的生产要素。对于相对稀缺的能源要素，如果"市场规模效应"大于"价格效应"，技术创新将偏向于能源耗用；如果"市场规模效应"等于"价格效应"，正负两种效应恰好相抵，技术创新将推动中性技术进步；如果"市场规模效应"小于"价格效应"，技术创新将偏向于能源节约。在能源价格明显偏低和过分追求市场规模扩张的情况下，"市场规模效应"有可能大于"价格效应"。这样，技术创新将主要推动能源耗用型技术进步，进而难以显著促进能源效率提高。另外，技术创新的偏向具有路径依赖性[7]。如果地区的技术创新表现出较为明显的耗能偏向（节能偏向），在外界条件不变时，技术创新会加强并延续这种偏向，从而"锁定"现有的耗能偏向（节能偏向）。

（二）环境规制的影响

技术创新的偏向性是决定其能否提高能源效率的关键因素，而它又会受到环境规制政策的激励和约束。环境规制政策主要分为"市场激励型"政策（包括环境税费、节能减排补贴等）和"命令控制型"政策（包括排放限额、环境标准等）。"市场激励型"政策将能源环境成本内部化，使得能源要素的使用存在机会成本。这里的机会成本主要指能源消耗增加势必带来更多污染排放，而污染排放增加意味着环境税费提高或者节能减排补贴减少等。如果该机会成本大于零，能源要素的相对价格就会提高，进而通过"价格效应"将激励企业开展节能偏向的技术创新（简称节能技术创新）。"命令控制型"政策的实施使得能源使用面临强制性的外部约束，市场主体的污染排放一旦超过环境标准或排放限额，就需要缴纳超标或超额罚款，甚至被迫停工停产并带来利润损失等，这也可能增加能源要素使用的机会成本。当然，能源环境成本内部化或者能源使用存在外部约束都有利于抑制市场主体的投资冲动和规模盲目扩张，弱化"市场规模效应"对能源要素的影响，从而有利于刺激企业进行节能技术创新。因此，合理制定与实施环境规制政策，能够引导技术创新偏向往节能方向发展，进而推进能源节约型技术进步，并提高技术创新对能源效率的促进作用。

二、验证方法

（一）模型设计

在理论分析的基础上，本文接下来实证分析技术创新及环境规制影响能源效率的机制。在实证模型中，我们首先引入技术创新变量（RD），以检验技术创新本身是否对能源效率（EE）有促进作用，然后通过引入环境规制与技术创新的乘积项（ER×RD）来考察环境规制能否改变技术创新对能源效率的影响。参照罗会军等[5]的研究，在计量模型中均纳入了控制变量产业结构（IS）、能源消费结构（CS）和对外开放程度（OPEN）。之所以没有考虑能源价格变量，主要是考虑到中国能源主要依靠非市场化定价，能源价格并不能充分地反映市场需求[8]。为此，初步构建的模型形式如下：

$$EE_{jt} = \alpha_0 + \delta_1 RD_{jt} + \delta_2 IS_{jt} + \delta_3 CS_{jt} + \delta_4 OPEN_{jt} + \eta_j + \mu_i + \omega_{jt} \tag{1}$$

$$EE_{jt} = \alpha_0 + \delta_1 ER \times RD_{jt} + \delta_2 IS_{jt} + \delta_3 CS_{jt} + \delta_4 OPEN_{jt} + \eta_j + \mu_t + \omega_{jt} \tag{2}$$

其中，η_j 和 μ_t 分别表示未观察到的地区固定效应和时间固定效应；ω_{jt} 为残差，反映影响能源效率的其他因素。为消除异方差影响，对各解释变量均取自然对数。通过比较模型（1）中 RD 变量与模型（2）中 ER×RD 变量在回归系数符号和显著性水平方面的差异，我们可以作出如下判断：如果 RD 的回归系数显著为正，而 ER×RD 的回归系数没有显著为正，意味着技术创新本身对能源效率有显著促进作用，而环境规制并没有提高技术创新对能源效率的促进作用；如果 RD 的回归系数没有显著为正，而 ER×RD 的回归系数显著为正，表明技术创新对能源效率的促进作用取决于环境规制；如果 RD、ER×RD 的回归系数均显著为正（或没有显著为正），意味着技术创新本身对能源效率有（或没有）显著促进作用，环境规制也有助于（或无助于）提高技术创新对能源效率的促进作用。

在实证检验中，模型的内生性是决定检验结果可靠性的重要因素。由于以下原因设定的模型可能存在内生性问题：一是遗漏变量。能源效率的影响因素涉及诸多方面，设定模型可能存在遗漏变量，而遗漏变量有可能与其他解释变量相关。二是双向因果关系。技术创新通过技术进步可能影响能源效率；另外，能源效率较高的地区一般受到的环境规制更为严厉，也具有更高的生产技术水平与创新能力，这些因素又可能促使地区加大技术创新投入。针对遗漏变量问题，我们在解释变量中加入了被解释变量的一阶滞后项 EE_{jt-1}，这样处理既能反映能源效率的滞后效应①，又能考虑影响能源效率的其他因素，进而可以降低模型的设定误差。于是构建的动态模型形式如下：

① 技术进步、产业结构的演变都具有路径依赖性，因此地区当期的能源效率水平在不同程度上会受到过去能源效率水平的影响。

$$EE_{jt} = \alpha_0 + \delta_1 EE_{jt-1} + \delta_2 RD_{jt} + \delta_3 IS_{jt} + \delta_4 CS_{jt} + \delta_5 OPEN_{jt} + \eta_j + \mu_t + \omega_{jt} \quad (3)$$

$$EE_{jt} = \alpha_0 + \delta_1 EE_{jt-1} + \delta_2 ER \times RD_{jt} + \delta_3 IS_{jt} + \delta_4 CS_{jt} + \delta_5 OPEN_{jt} + \eta_j + \mu_t + \omega_{jt} \quad (4)$$

针对技术创新与能源效率可能存在的双向因果关系，采用广义矩估计（GMM）对模型进行动态估计。该方法允许随机误差项存在异方差和序列相关，也无须知道随机误差项的准确分布信息，因而可以得到更为准确的估计。为辨别模型设定的合理性，本文对模型设定进行 Sargan 检验，并检验残差的平稳性。

（二）变量与数据来源

考虑到数据的可获得性，本文样本选定为中国 1998 ~ 2013 年 29 个省区的面板数据。西藏的数据多有缺失，分析中将其略去，并将重庆市的数据合并至四川省。实证模型中各变量是根据《中国统计年鉴》（1999 ~ 2014）、《中国环境统计年鉴》（1999 ~ 2014）、《中国能源统计年鉴》（1999 ~ 2014）和《中国科技统计年鉴》（1999 ~ 2014）提供的数据整理与测算得到。

（1）被解释变量。本文的被解释变量为能源效率。为避免当前 DEA 和序列 DEA 难以刻画能源效率长期变化趋势的不足，真实地反映生产过程中的能源浪费程度或可节能空间，在借鉴已有文献[9]的基础上，本文基于中国 1998 ~ 2013 年 29 个省区的面板数据，构建基于方向性距离函数的全局 DEA 模型测算能源效率。假设在时期 t（$t = 1, \cdots, 16$）第 j（$j = 1, \cdots, 29$）个省区使用 M 种非能源投入 x 和 N 种能源投入 e，生产出 Q 种期望产出 y 和 H 种非期望产出 b，模型表达形式为：

$$\min\theta = [D_1(k_{j^0}^{t^0}, l_{j^0}^{t^0}, e_{j^0}^{t^0}, y_{j^0}^{t^0}, b_{j^0}^{t^0})]^{-1}$$

$$\begin{aligned}
\text{s.t.}\quad & \sum_{t=1}^{16}\sum_{j=1}^{29} x_{mj}^{t}\lambda_j^t \leqslant x_{mj^0}^{t^0}, m = 1, \cdots, M \\
& \sum_{t=1}^{16}\sum_{j=1}^{29} e_{nj}^{t}\lambda_j^t \leqslant \theta e_{nj^0}^{t^0}, n = 1, \cdots, N \\
& \sum_{t=1}^{16}\sum_{j=1}^{29} y_{qj}^{t}\lambda_j^t \geqslant y_{qj^0}^{t^0}, q = 1, \cdots, Q \\
& \sum_{t=1}^{16}\sum_{j=1}^{29} b_{hj}^{t}\lambda_j^t = b_{hj^0}^{t^0}, h = 1, \cdots, H \\
& \lambda_j^t \geqslant 0; t^0 \in (1,16), j^0 \in (1,29)
\end{aligned} \quad (5)$$

其中，j^0 和 t^0 分别代表受评的省区和时期。方向性距离函数表示在非能源投入、期望产出和非期望产出保持不变时，能源投入可缩减的最大可能比例。根据跨期生产前沿的思想，任何省区（或时期）都是采用样本期间所有投入—产出数据所构建的单一生产前沿进行效率评价。为区分有效省区的效率，基于超效率 DEA 模型测算能源效率。

本文使用 MaxDEA 6.3 软件对能源效率进行测算。非能源投入主要考虑劳动力投入和资本投入，劳动力投入用各省区的从业人数表示，资本投入用资本存量表示。采用目前常用的“永续盘存法”估算资本存量，并根据张军等（2004）[10]的推算数据及公式，顺延计算得到各省区 1998～2013 年的资本存量。由于各省区的能源消费结构存在差异，能源投入指标选用折算成标准煤的能源消费量表示。期望产出指标选用各省区的 GDP 表示，并采用地区生产总值指数对各省区的 GDP 进行价格平减。借鉴 Watanabe 和 Tanaka（2007）[11]及涂正革（2008）[12]，非期望产出指标选用二氧化硫（SO_2）和化学需氧量（COD）表示。

（2）解释变量。技术创新对能源效率的影响具有滞后性，即不仅会影响当期的能源效率，还会影响以后若干时期的能源效率。为此，采用各省区的 R&D 资本存量来度量技术创新。对于 R&D 资本存量，同样采用"永续盘存法"估算，计算公式为：$RD_{i1}=E_{i1}(1+g)/(g+\delta)$，$RD_{it}=E_{it}+(1-\delta)RD_{it-1}$。其中，$RD_{i1}$、$RD_{it}$分别表示基期（1998 年）R&D 资本存量和第 t 年 R&D 资本存量，E 表示 R&D 经费支出，δ 为 R&D 资本折旧率，g 为样本期之前的所有时期的 R&D 经费支出平均增长率。按照通常做法，δ、g 分别取值 15%、5%，并假设 R&D 经费价格指数 = 0.55×消费价格指数 +0.45×固定资产投资价格指数[13]。

中国目前没有全面实施环境税、排污权交易等政策，征收的排污费也仅能反映污染排放的部分成本[14]，污染总量控制、环境影响评价等政策也不方便直接作为衡量指标。因此，考虑数据的可获得性和指标的相对合理性，一是参照原毅军和谢荣辉[15]的算法，选用工业废水排放达标率、二氧化硫去除率和固体废弃物综合利用率 3 个指标的综合得分值（$ER1$），以各省区的治污努力程度间接测度环境规制强度；二是采用 GDP 与能源投入的比值（$ER2$），以各省区的规制效果间接测度环境规制强度①。在控制变量中，参照多数文献做法，采用工业增加值占 GDP 比重作为产业结构的度量指标，能源消费结构选取煤炭占总能源消费的比重的比值来度量，而对外开放程度采用进出口总额占 GDP 的比重作为度量指标。

三、实证结果及分析

中国各地区在能源环境约束、技术创新能力和经济发展水平等方面存在较大差异，技术创新及环境规制对能源效率的影响机制也应该表现出地区异质性。因此，我们按照东部、中部、西部进行分组检验。在实验检验中，考虑到系统 GMM 能够利用更多样本信息，比差分 GMM 的估计效果可能更理想，因此采用系统 GMM 进行估计。运用一步系统 GMM 和两步系统 GMM 分别对模型（3）和模型（4）进行了估计，基于 ER1 的模型（3）估计结果见表 1，基于 ER1 的模型（4）估计结果见表 2。由表 1 和表 2 可以看出，自相关检验均接受不存在二阶序列相关的零假设，Sargan 检验接受所有工具变量均有效的零假设。为检验系统 GMM 估计是否为谬误回归，运用 ADF、LLS 和 PP 等方法对表 1 和表 2 的估计结果进行了面板残差单位根检验，检验结果表明残差序列均是平稳的。上述检验分析表明工具变量是有

① Sonia Ben Kheder（2008）、李勃昕等（2013）均采用了该指标。

效的，模型设定具有合理性。

模型（3）的估计结果显示，东部 *RD* 变量的系数估计值为正，但是不显著，而中部和西部的 *RD* 变量的系数估计值为负，西部还在 5% 水平下显著，意味着三大地区的技术创新对能源效率都没有显著促进作用，且中西部地区的技术创新还表现出明显的耗能偏向。近年来，在中西部不少省区，钢铁、非金属矿产、化工和电力等高能耗产业的快速发展也反映出生产技术的高能耗特征。为什么三大地区的技术创新对能源效率都没有显著促进作用呢？究其原因可能在于以下两个方面：

一是非市场化定价导致能源价格明显偏低。中国政府多年来一直在推进能源定价体制改革，但目前仍以非市场化定价为主，长期扭曲且严重偏低的能源价格并没有真实反映能源要素的稀缺程度[16]，而“价格效应”的长期抑制势必会误导技术创新对能源价格的反应，造成技术创新没能偏向于能源节约。

二是地区过分追求经济增长。在“GDP 增长速度”束缚下，中国各地区投资存在明显的粗放扩张行为。投资过快增长通过“市场规模效应”会促使技术创新与相对丰裕的生产要素相匹配，而忽视能源要素生产率的提高，从而导致技术创新偏向于能源消耗。“市场规模效应”强化了技术创新的耗能偏向，“价格效应”又弱化了技术创新的节能偏向，因而技术创新主要推动了能源耗用性技术进步。作为技术进步的重要推动力量——技术创新没能显著提高能源效率，这既不利于节能减排任务的完成，也无法实现环境可持续发展。因此，随着创新驱动发展战略的实施，有效促使技术创新偏向往节能方向演变，成为实现环境保护与生产率增长“双赢”发展的关键。

表1　模型（3）的实证检验结果

	东部地区		中部地区		西部地区	
	一步系统法	二步系统法	一步系统法	二步系统法	一步系统法	二步系统法
EE_{jt-1}	0.207 (1.17)	0.098 (1.02)	0.565*** (5.72)	0.497*** (5.32)	0.628*** (6.24)	0.575*** (5.19)
RD	0.047 (1.25)	0.032 (1.56)	-0.021 (-0.67)	-0.017 (-0.91)	-0.022** (-2.12)	-0.016** (-2.45)
IS	0.029** (2.04)	0.014 (1.61)	-0.062** (-2.57)	-0.035** (-2.18)	-0.018** (-2.16)	-0.013* (1.89)
CS	-0.117*** (-3.18)	-0.144*** (-2.82)	-0.095*** (-2.80)	-0.147*** (-3.13)	0.082 (0.95)	0.081 (1.12)
OPEN	0.209*** (3.23)	0.426** (2.14)	0.521*** (3.71)	0.334*** (2.83)	0.519** (2.28)	0.418* (1.94)
AR 检验 P 值	0.357	0.273	0.155	0.416	0.186	0.429
Sargan 检验 P 值	0.291	0.194	0.262	0.493	0.503	0.482
样本量	176	176	144	144	144	144

注：括号中的数据为参数估计的 t 值；***、**、* 分别表示在 1%、5% 和 10% 水平下显著。

表2 模型（4）的实证检验结果

	东部地区		中部地区		西部地区	
	一步系统法	二步系统法	一步系统法	二步系统法	一步系统法	二步系统法
EE_{jt-1}	0.269* (1.85)	0.126 (1.38)	0.517*** (6.43)	0.581*** (5.62)	0.541*** (6.34)	0.516*** (6.19)
$ER \times RD$	0.012*** (2.58)	0.019** (2.23)	0.037 (0.97)	−0.025 (−0.39)	−0.007 (−0.26)	−0.013 (−0.94)
IS	0.041 (1.57)	0.056 (1.38)	−0.050 (−1.20)	−0.026* (−1.74)	−0.023** (−2.42)	−0.029*** (−2.66)
CS	−0.245*** (−4.25)	−0.194*** (−2.63)	−0.116*** (−3.35)	−0.272*** (−4.07)	−0.134 (−0.53)	−0.076 (−0.26)
$OPEN$	0.373*** (3.27)	0.287*** (3.90)	0.414*** (4.22)	0.506*** (3.45)	0.417*** (3.46)	0.382*** (2.68)
AR 检验 P 值	0.278	0.114	0.213	0.350	0.233	0.342
Sargan 检验 P 值	0.326	0.237	0.337	0.414	0.385	0.374
样本量	176	176	144	144	144	144

注：括号中的数据为参数估计的 t 值；***、**、* 分别表示在 1%、5% 和 10% 水平下显著。

模型（4）的估计结果显示，东部地区 $ER \times RD$ 变量的系数估计值为正，且至少在 5% 水平下显著，表明环境规制能够改变技术创新对能源效率的影响，有助于提高技术创新对能源效率的促进作用。从中部和西部地区来看，$ER \times RD$ 变量的系数均不显著，多数还为负，表明环境规制没能改变技术创新对能源效率的影响，反而在一定程度上削弱了技术创新对能源效率的促进作用。结合模型（3）中 RD 变量与模型（4）中 $ER \times RD$ 变量的估计结果，进一步可以作出判断：在东部地区，技术创新对能源效率的促进作用取决于环境规制，即技术创新只有在一定的环境规制下对能源效率才具有显著的促进作用；在中西部地区，技术创新本身对能源效率没有显著促进作用，环境规制也无助于提高技术创新对能源效率的促进作用。因此，在东部地区，通过环境规制促使技术创新偏向往节能方向发展的作用已得到体现，政府实施一定的环境规制非常必要。在中西部地区，环境规制效果并没有体现出来，但是技术创新的耗能偏向明显。如何通过环境规制改变技术创新的偏向，有效发挥技术创新对能源效率的积极效应，是当前中西部地区实现可持续发展需要解决的重点问题。

需要进一步解释的是，环境规制在改变技术创新对能源效率的影响上为何存在地区差异。这主要是由于中国的环境规制政策在地区间没有被均衡地实施，环境规制强度存在显著地区差异①。东部沿海地区的率先发展过度依赖于高耗能、高污染的传统发展方式，使其面临的能源环境问题比其他任何地区都更为严重，东部理所当然成为环境规制最为严厉的地区。出于经济发展水平、节能潜力和环境容量等因素考虑，中国政府在中西部实施的环境规制比较宽松。宽松的环境规制对企业的约束或激励作用较弱，往往难以刺激企业对费用高昂的节能技术进行研发创新，且企业会倾向于通过治污投入（污染末端治理）来促进污染减排，进而可以尽快达到政府排污要求。治污投入增加可能挤占节能技术创新的投入，这反而会削弱技术创新对能源效率的促进作用。宽松的环境规制还使地区吸引高耗能、高污染（肮脏）产业和驱逐高新技术（清洁）产业[17]，这可能进一步加剧技术创新的耗能偏向。

在较为严厉的环境规制下，由于只允许少量污染排放，边际治污成本较高，企业仅靠污染末端治理难以达到排污要求或治污成本很高，这会倒逼企业加强节能技术创新，以期通过清洁生产实现污染的“源头控制”，满足政府较高的排污要求。严厉的环境规制还会迫使大量高耗能、高污染企业被淘汰或转移，剩下的优势企业也往往更加注重节能技术创新。正是由于严厉的环境规制刺激了节能技术创新，转变了技术创新的耗能偏向，技术创新对能源效率才具有促进作用。环境规制强度的差异使得企业在选择达到排污要求的路径——依靠清洁生产还是污染末端治理——存在不同，导致环境规制在改变技术创新对能源效率的影响上存在地区差异。

为了考察估计结果的稳健性，我们采用 *ER*2 衡量环境规制强度以及 R&D 经费支出占 GDP 比重衡量 R&D 投入，对模型进行了回归估计。稳健性估计结果显示，不管是模型（3）还是模型（4），不管是东部、中部还是西部，*RD*、$ER \times RD$ 变量系数的符号和显著性（鉴于篇幅所限，估计结果未列出）与表 1 或表 2 中的对应结果都较为接近。能源效率的滞后项（EE_{jt-1}）均为正，中部、西部地区还显著，这意味着当期能源效率与前期能源效率之间存在“传导效应”，这在一定程度上说明技术进步具有路径依赖性。控制变量非本文关注重点，在此没有进行论述。

四、结论与建议

理论分析表明，受技术进步偏向的影响，技术创新并非一定能够促进能源效率提高，而合理的环境规制可以改变技术创新对能源效率的影响。依据中国省际 1998～2013 年的面板数据，运用广义矩估计（GMM）进行检验发现，东部、中部和西部三大地区的技术创新对能源效率均没有显著正影响，这一结果支持了技术创新并非一定能够促进能源效率提高的理论假设，也意味着中国当前技术创新主要推动了能源耗用性技术进步。环境规制的实施有助于提高东部地区技术创新对能源效率的促进作用，但并没能改变中部地区或西部地区的技术创新对能源效率的影响。

① 从环境规制强度衡量指标 *ER*1 来看，东部（0.705）要明显高于中部（0.486）或西部（0.323）；从 *ER*2 来看，东部（1.018）同样要明显高于中部（0.704）或西部（0.539）。

能源价格明显偏低和过分追求经济增长可能是三大地区技术创新没能显著提高能源效率的主因，而环境规制效果存在地区差异可能是由于不同的环境规制强度。

本文的政策含义有以下几方面：首先，需要重视发挥技术创新的节能减排效应。目前中国环境保护与经济增长的矛盾严重凸显，而技术创新是缓解这一“两难”格局的关键路径，但非常遗憾的是，本文研究发现中国当前的技术创新对能源效率并没有显著的促进作用。因此，在创新驱动发展战略的实施中，既需提高技术创新对经济增长的贡献，更需发挥技术创新对节能减排的促进作用，依靠技术创新去解决经济发展面临的能源环境问题，这对于环境可持续发展具有重要意义。其次，需要实施环境规制以改变技术创新的偏向。中国当前技术创新仍表现出明显的耗能偏向，政府实施环境规制非常必要，环境规制促使技术创新偏向往节能方向发展也在东部得到了体现。最后，需要提高环境规制强度。为刺激节能技术创新，在适度提高东部环境规制强度的同时，需要较大幅度地提高中西部的环境规制强度。然而，较大幅度提高环境规制强度在短期内不利于中西部的经济发展，中西部依靠自身的努力也难以达到规制要求，这就需要国家加大技术和财政的支援力度，帮扶实施节能技术补贴、排污费返还、环境税返还等政策，通过鼓励研发或引进先进节能技术来达到更高的污染排放要求。当然，环境规制强度也存在合理区间，政府不能盲目地提高，且应根据地区的经济与环境状况，对其进行动态调整，从而能够持续地刺激节能技术创新。

此外，需要指出的是，本文的实证分析较为规范，但仍存在以下不足：第一，目前常用的环境规制强度衡量指标均存在片面性、滞后性等不合理问题，本文所选取指标同样存在。第二，本文只是分析技术创新在一定的环境规制政策下影响能源效率的机制，而技术进步的具体路径有很多，例如FDI技术溢出、对外贸易等。这些问题将是进一步研究的重点。

参考文献

［1］中华人民共和国环保部．国务院关于2015年度环境状况和环境保护目标完成情况的报告［EB/OL］．中国日报网，2016－04－25.

［2］王班班，齐绍洲．有偏技术进步、要素替代与中国工业能源强度［J］．经济研究，2014（2）：115－127.

［3］Huifeng Pan，Haiyun Zhang，Xulu Zhang. China's Provincial Industrial Energy Efficiency and its Determinants［J］. Mathematical and Computer Modelling，2013（58）：1032－1039.

［4］孙广生，杨先明，黄祎．中国工业行业的能源效率（1987～2005）——变化趋势、节能潜力与影响因素研究［J］．中国软科学，2011（11）：29－39.

［5］罗会军，范如国，罗明．中国能源效率的测度及演化分析［J］．数量经济技术经济研究，2015（5）：54－71.

［6］Acemoglu Daron. Directed Technical Change［J］. Review of Economic Studies，2002，69（4）：781－809.

[7] Acemoglu Daron, Philippe Aghion, David Hémous. The Environment and Directed Technical Change in a North – South Model [J]. Oxford Review of Economic Policy, 2014, 30 (3): 513 – 530.

[8] 王兵，张技辉，张华. 环境约束下中国省际全要素能源效率实证研究 [J]. 经济评论，2011 (4): 31 – 43.

[9] 张伟，朱启贵，李汉文. 能源使用、碳排放与我国全要素碳减排效率 [J]. 经济研究，2013 (10): 138 – 150.

[10] 张军，吴桂英，张吉鹏. 中国省际物质资本存量估算：1952 ~ 2000 [J]. 经济研究，2004 (10): 35 – 44.

[11] Michio Watanabe, Katsuya Tanaka. Efficiency Analysis of Chinese Industry: A Directional Distance Function Approach [J]. Energy Policy, 2007, 35 (12): 6323 – 6331.

[12] 涂正革. 环境、资源与工业增长的协调性 [J]. 经济研究，2008 (2): 93 – 105.

[13] 白俊红，江可申，李婧. 中国地区研发创新的技术效率与技术进步 [J]. 科研管理，2010，31 (6): 8 – 19.

[14] 景维民，张璐. 环境管制、对外开放与中国工业的绿色技术进步 [J]. 经济研究，2014 (9): 34 – 47.

[15] 原毅军，谢荣辉. 环境规制的产业结构调整效应研究——基于中国省际面板数据的实证检验 [J]. 中国工业经济，2014 (8): 57 – 69.

[16] 原鹏飞，吴吉林. 能源价格上涨情景下能源消费与经济波动的综合特征 [J]. 统计研究，2011，28 (9): 57 – 65.

[17] 金祥荣，谭立力. 环境政策差异与区域产业转移——一个新经济地理学视角的理论分析 [J]. 浙江大学学报（人文社会科学版），2012，42 (5): 51 – 60.

绿色理念下资源型区域产业转型与技术创新的协同发展

——基于山西11个地级市的经验分析

肖黎明[1]　景　睿[2]　杨赛楠[1]

（1. 山西师范大学经济与管理学院；2. 北京理工大学管理与经济学院）

一、引言

产业转型是经济转型的关键环节，技术创新则是推动产业转型的重要力量，尤其是在全球产业调整、国内经济转型加速及资源环境约束凸显的现实背景下，如何以技术创新驱动产业转型，以产业转型带动技术创新，是我国主动适应新常态、顺应发展新理念的关键。而资源型区域产业转型是我国产业整体调整的重要组成部分，现实中资源型区域的产业体系通常表现为对自然资源的高度依赖，这种以资源为基础的产业体系不仅持续性较差、创新能力较低，而且还会挤占现代制造业和高技术产业的生产要素与发展空间，使资源型区域陷入低水平的“资源诅咒”陷阱。由此可见，资源型区域产业转型面临的经济、社会、生态问题更复杂。因此，如何重塑区域创新体系、提高创新能力，进而通过产业与技术创新之联系促进区域产业转型，是资源型区域跨越发展瓶颈需解决的重要问题。

作为现代经济增长的重要源泉，产业转型与技术创新不仅对经济发展产生重要影响，而且二者本身也相互作用、相互影响。创新有利于提高某些行业的生产率并为其带来超额利润，促使资源逐渐向这些行业倾斜，进而引起产业结构变动。而产业转型则会使生产要素于新环境下重新配置，期间创新资源重置必然会对创新产出产生影响。同时，产业结构的某些特征也会诱发技术创新，提高创新效益并推动新一轮创新。现实中，资源型区域产业转型与技术创新的互动更为复杂。这主要是由于资源产业对自然资源的依赖程度过高，使产业结构处于扭曲状态，而资源开发对区域技术创新也具有挤出效应，且这种高收益还会吸引更多的劳动力要素从事技术密集度低的初级生产活动，并将其锁定在对劳动技能要求较低的自然资源部门。因此，资源产业转型过程中，技术创新不仅对产业结构演进具有重要而复杂的影响，而且其中也包含复杂的技术过程。

首先，技术创新使资源产业有可能采用新设备、新工艺及新技术改变其生产状况，促使原有生产部门和产品更新换代，甚至创造出全新的产业和产品。于是技术创新使这些传统产业以新的形态出现在产业结构中，使整个产业结构内涵具有新内容。因此，技术创新不仅能改造原有资源产业，同时还会促使新兴产业形成和发展。但目前资源型区域技术创新并未成为其经济发展的重要动力，因而如何通过技术选择与资本深化推动产业升级是资源型城市实现非资源依赖型经济增长方式的关键。然而传统技术创新通常以经济利益为导向，未能将生态文明融入其发展理念，从而无法完全解决资源浪费及环境污染问题，也使经济系统与生态系统的协调受阻。因此，资源型区域转型过程中应遵循生态文明理念，选择绿色转型模式，借助绿色创新激励机制，增强区域经济增长动力，实现资源型产业转型。

其次，产业结构优化的集成化效应能有效吸引系统内外部的创新成果，提升集群整体技术创新能力。因为产业集聚可节约交易成本、共享资源，且在企业技术创新过程中还会伴随技术溢出，从而带动整个集群的技术发展。此外，产业转型也表现为产业结构从劳动密集型向资本密集型再向技术密集型演进的趋势，而高技术产业的发展则反映了区域高技术资本积累程度，这可能会通过“干中学”等方式促进技术创新。

很明显，上述学术成果为本文提供了重要的逻辑起点和理论支撑。事实上，区域产业转型与技术创新的协同并非简单的相互作用，但学者在研究产业转型时，多从其作用机制和影响因素角度进行分析，而对产业转型与技术创新关系的探讨，通常也仅限于技术创新对产业结构的单向影响。此外，资源型区域长期的非理性发展，导致其经济、社会、生态问题突出，但从生态文明视角切入来研究产业转型与技术创新协同发展的还不多见。因此，本文从资源型区域产业转型和技术创新的相互作用入手，借助结构方程模型量化二者关联程度，通过分析二者协同发展的影响因素，以期求得资源型区域的可持续发展。

二、资源型区域产业转型与技术创新的协同发展：绿色理念

经过长期积累和发展，资源型区域通常会建立起以资源开发为主导，围绕资源产业而形成加工、贸易及服务等相关产业为主体的产业体系。这种对当地煤炭、石油等矿产资源存在明显依赖性的产业结构体系，给区域经济、社会及生态发展带来诸多问题。因此，应通过绿色技术创新使资源型区域摆脱发展困境，这是因为绿色技术创新是对传统技术的拓展和提升，融入了生态文明理念，是生态文明视域下技术创新的崭新活动。因此，本文从绿色理念切入，构建符合资源型区域特征的绿色产业转型及绿色技术创新评价体系。以区域特定资源状况为前提、以经济发展程度为支撑、以绿色技术创新为动力，寻求适合本地区的产业转型与技术创新协同发展路径。

（一）作用路径

(1) 创新产出是直接推动产业转型的重要力量。作为技术创新能力的体现，创新产出主要表现为工业专利增加、能源消耗减少及劳动生产率提高。设备更新、技术人员增加及溢出效应增强有利于创新产出增加，企业劳动生产率提高。而技术更新又能改善产品生产过程，实现绿色生产，促进废弃物循环使用，并减少能耗。创新产出增加还会促进要素产业内（间）的重新配置，优化相关产业的要素结构，使其流向创新能力强的部门，为技术提升快的产业提供发展基础。当这些产出增长相对快的行业获得更高利润后，其在产业中的份额也得到增加，进而实现产业结构调整。同时，伴随着经济发展和技术创新，居民生活水平得到改善，会影响个人消费结构，而消费需求的改变不仅能为某些转型后的传统产业提供发展契机，还能催生出新产业。此外，创新产出增加也有利于促进产业集聚。且资源产业绿色技术创新能力的提升，还能通过技术经济联系带动其上下游及相关产业创新，强化各产业（部门）联系，优化技术创新溢出路径。此外，由绿色技术创新推动的产业链延伸，不仅能扩大范围经济效应，促进相关产业发展，实现产业多元化，还可提高中间投入产出品的质量，增加产品附加值，密切产业联系，推进产业链的纵向一体化。因此有如下假设：

H1a：创新投入对创新产出有显著正效应。

H1b：创新产出增加有利于促进产业内（间）要素重新配置，打破要素锁定效应。

H1c：创新产出增加有利于推动产业集聚。

(2) 产业转型有利于创新投入增加，加快投入到产出的速度，提高创新能力。产业转型也是技术创新的关键动力，因为产业转型后的结构效应能强化产业间的技术经济关联效应，在上下游产业及相关产业间形成互为激励的创新循环模式，从而放大资源产业的技术创新效应。而随着资源产业内及产业间联系的加强，产业规模优势显现，不同部门生产率差异会形成正向“追赶和被追赶”的激励效应，同时还会促使它们采用更符合生态文明的绿色技术，不断放大整个集群内的创新效应。而产业集聚有利于提高集群内部企业的创新积极性。通过促进要素在产业内及产业间的合理流动与重新配置，进而带动劳动力和资本结构发生相应转换，为吸引更高层次的绿色技术创新的发生和实现提供可能。此外，这种以区域绿色技术创新提升为基础的产业发展有利于增强开放程度，而随后外资流入会直接或间接影响其技术能力。考虑到成本因素，外资企业会采取合资或构建本土供应系统等方式降低门槛效应，这会直接提升资源产业及上游供应商的技术水平。而且，外资进入会通过竞争激励、示范、人员流动效应等溢出优势技术，间接促进产业技术创新能力提升。由此可见，转型后资源产业的重新发展与新兴产业的快速成长会促进经济大幅增长，故提出如下假设：

H2a：产业转型有利于促进创新投入增加。

H2b：产业集聚有利于提高创新投入。

H2c：产业内（间）要素流动有利于促进产业结构调整。

H2d：产业集聚有利于推动产业结构调整。

（3）外部环境对产业转型、技术创新具有显著影响，而环境改善有利于创新能力提升及产业转型加速。同时，考虑环境因素也体现了将绿色理念融入产业转型与技术创新过程中。经济发展为产业带来丰厚利润，其中部分转化为技术投入，尽管短期内这并不能转化为新技术，但这种效应会不断累积，有利于企业后续发展。而经济发展会使当地财政收入增加，促使政府增加科研及教育支出，这有利于培养产业发展所需专业人才，逐步提升区域整体创新能力。此外，环境改善也有利于加速产业转型。

环境改善通过促进产业内部要素流动来优化产业结构，因为产业转型是一个动态概念，产业面临的外部环境会不断变化，需要根据自身条件及外部环境选择产业模式。当产业所处外部环境发生变化时，会使政府、企业家重新调整产业发展政策与战略，进而影响产业内（间）的要素投入，促使产业结构发生变化。当然，基于绿色理念，资源型区域的政府、企业家会改进现有企业发展模式，积极利用先进技术、机器设备减少废弃物排放，提高资源使用效率，同时还会发展围绕废弃物资源化的绿色环保产业，通过改善原有资源产业及发展新产业实现产业结构调整。

环境改善还能推动产业集聚。这是因为国家政策支持、外部经济发展、基础设施改善会促使产业园区完善，为产业集聚提供外部支持。不论资源产业集聚还是非资源产业集聚，都有利于产业结构调整。原因在于资源产业结构单一、产业联系较小，一旦形成集聚产业，不仅能延伸资源产业链，提高资源产品技术含量，增强资源产业竞争力，同时还能促进制造业与相关配套产业快速发展。而非资源产业尤其是新兴或优势产业的集聚，能使要素从资源产业中快速移出，改变原有的要素结构，使优势要素向快速发展的集群产业转移，且集群产业内部也会形成相互促进、相互竞争的激励模式。这不仅能为集群内的企业提供发展平台，加强内部企业的合作，还会逐渐淘汰那些跟不上集群整体发展水平的产业，据此提出以下假设：

H3a：外部环境改善有利于提高创新投入。

H3b：外部环境改善有利于促进产业内（间）要素流动。

H3c：外部环境改善有利于推动产业集聚。

（二）影响因素

资源型区域产业转型与技术创新协同发展的影响因素可从政府支持、金融及经济发展水平等方面分析。政策支持能创造良好的创新环境，因为政府支持不仅体现其对科教的支持力度，反映当地对技术创新的重视程度，还能体现政策方向。通过加大环保及社会保障支出，在强化生态环境治理的同时，还能完善社会保障及就业体系，使资源产业工人的失业得以缓解，而利用再就业培训，则可逐步解决因产业转型引发的社会问题，有利于提高或改善目前产业的技术创新水平及产业转型能力。而区域基础设施完善尤其是交通设施完善，能为企业提供相应的基础配套设施，完善运输通道，还有利于外资或国内发达地区的资金流入，进而通过技术溢出效应将区外资金、先进技术和设备及人才吸引到企业，促进本土企业更好地进行技术创新。

当然，交通设施快速发展及物流业体系完善还可加强企业的区外或跨国商品、技术及管理模式的交流，这样不仅能打破区域限制，使企业拥有更好的发展平台，还能促使企业不断进行创新或调整发展战略，以适应变化市场需求，提高企业竞争力。人力资本则反映当地教育情况，由于高校人才是科研人员的基础，能代表科技研发的储备力量。尤其是当高校与企业进行合作时，不仅有利于高校部分创新成果快速转化为市场所需产品，还能为企业科研提供新的思路和方法。对外开放也是影响产业转型与技术创新协同发展的重要因素，因为地区开放程度越高、与区外交易越频繁，就越能通过资金、商品及人才流动将新技术、新思想、新模式引入企业，以推动技术创新。同时，伴随着全球产业结构调整，国内部分高能耗、高污染、低产出的企业会逐步被淘汰，而一些低水平的加工组装业也会被更高水平的现代制造业所替代，促使国内企业为保持市场份额、扩大市场优势不断进行技术创新。

相对于国有部门而言，目前更具发展活力的非国有部门从金融机构获得贷款困难，这些都可能会影响中小企业甚至一些大企业技术研发或产业转型进程，使一些好项目被搁置，割断企业发展的有效衔接，造成产业结构扭曲。因此，有必要完善金融机构的借贷制度，使那些积极进行创新与转型的企业能及时获得充足的资金支持。同样，经济发展也是影响产业转型与技术创新的重要因素，它为产业带来丰厚利润，其一部分转化为技术投入以扩大创新规模。同时，经济发展也有利于增加当地财政收入，能使政府加大科研及教育支出，以此提升区域整体创新能力。而经济发展水平提升，使人们的生活理念更趋健康，更加追求环保、绿色要义，且个人收入提高，会使其需求层次提升，这些都会影响产业结构变动。而随着经济的发展，政府会更加关注社会保障，以此解决产业转型带来的失业问题，减少转型的社会阻力。

三、经验分析

（一）数据来源与变量替代

本文以山西为例，分析资源型区域产业转型与技术创新的协同发展，主要是由于，作为资源大省，山西 11 个地级市中有 10 个为资源型城市（太原除外），资源产业产值占全省工业产值 90% 以上，能较好地反映资源型区域特点。考虑到吕梁 2003 年才撤地设市，部分数据缺失，为保证数据的完整性和连续性，本文选择 2004 ~ 2014 年的时间序列数据进行分析。相关数据根据各年《山西统计年鉴》和《中国城市统计年鉴》的原始数据整理计算而得，指标设定如表 1 所示。

表1　指标定义及测度

		变量	含义	测度方法
技术创新	创新投入 I1	X1	反映地区科技人员情况	科技活动人员数/从业人员
		X2	反映地区机器设备投入情况	固定资产投资中设备工器具购置所占比重
		X3	反映外资溢出效应对创新的作用	实际利用外资额/GDP
	创新产出 I2	X4	反映专利产出情况	每10万人专利数
		X5	反映工业劳动生产率情况	工业增加值/工业平均就业人数
		X6	反映能源节约情况	单位生产总值能源消耗
产业转型	要素结构 I3	X7	反映工业要素流动情况	利用 Lilien 指数测算劳动力在工业各部门的流动速度
		X8		工业资产中固定资产所占比重
	产业集聚 I4	X9	反映产业集聚状况	第二产业就业人数/土地面积
		X10		（地区工业生产总值/地区生产总值的比重）/（山西省工业生产总值/山西省生产总值）
	产业结构 I5	X11	反映资源产业发展状况	采掘业就业人数/总就业人数
		X12	反映产业结构合理化程度	第三产业生产总值/第二产业生产总值
	外部环境 I6	X13	反映地区经济发展水平	人均 GDP
		X14	反映政府支持力度	教育与社会保障支出/政府财政支出
		X15	反映地区基础设施建设情况	公路里程数/土地面积
		X16	反映地区对外开放程度	进出口总额/GDP

（二）结果分析

数据处理过程中，考虑到创新投入与产出间的时滞性，利用创新投入滞后一期数据，同时将人均 GDP 以 2004 年为基期折算为实际值。基于重新整理的数据，经过结构方程理论特定的参数检验和模型修正后，计算得到各项参数的估计值，结果表 2 所示。

由表 2 可知，技术创新对产业转型影响为负且具有显著性，表明目前山西的技术创新还不足以支撑其产业转型，一定程度上还可能会阻碍产业转型。作为典型的资源型区域，山西创新基础薄弱、创新机制缺失、创新主体缺位，加之产业结构畸形产生的创新挤出，导致其技术创新严重不足。2014 年山西工业专利申请数仅占全国的 0.7%，近年来山西研发人员数量及研发经费支出分别不到全国的 1.5% 和 2%，仅略高于西部一些地区。且山西工业研发人员主要集中于资源产业链的初级部门，占全省科研人员总数的 40%，其有效专利数仅占全省的 5.8%。省内的创新活动主要集中于太原，其他 10 个主要资源型城市的科技人员、经费投入及创新产出则较少。表明山西整体创新投入较少、投入结构不合理，同时还意味着资源产业创新投入与其产出不匹配，占有大量资源却不能有效利用，这在很大程度上阻碍其产业转型。

表2 结构方程模型回归结果

路径	系数	路径	系数	路径	系数
X1←I1	0.480***	X10←I4	0.881	I3←I2	-2.881**
X2←I1	0.390	X11←I5	-0.308***	I4←I2	-2.174**
X3←I1	-0.301***	X12←I5	0.893	I4←I3	-1.479**
X4←I2	0.841***	X13←I6	1.104***	I5←I3	0.353**
X5←I2	0.390	X14←I6	0.333**	I5←I4	1.201***
X6←I2	-0.663***	X15←I6	0.504	I2←I4	0.254
X7←I3	-0.070	X16←I6	0.413***	I2←I5	0.042
X8←I3	0.756	I1←I6	-0.893***	I3←I6	2.085**
X9←I4	-0.173**	I2←I1	-1.050***	I4←I6	1.109

注：*、**、***分别代表显著性水平为0.05、0.03、0.001的检验水平。

同时，山西依赖自然资源形成的产业结构，诱发企业放弃研发而从事初级生产，在挤出创新的同时又锁定大量资源，割断了技术创新与产业发展的联系。当然，由于初级部门的创新一般表现为机器设备更新，尽管能增加资源开采力度，但也会增加破坏程度，很明显这种创新不利于产业结构调整。因此，如何在区域及产业内合理分配创新投入、提高投入产出率、重建技术与产业之联系，是山西产业转型需解决的关键问题。

产业转型对技术创新存在正效应但不显著。由表2可知，产业结构调整与产业集聚对创新投入的影响为正（分别为0.254、0.042），且要素流动及产业集聚促进了产业结构优化，表明产业转型一定程度上促进了企业创新投入增加。目前山西以第二产业尤其是采掘业为主，部分城市采掘业仍占有大量资源（如大同、阳泉、晋城），但采掘业就业人数却逐年下降，加之第三产业不断发展，有利于打破资源产业对生产要素的锁定效应，促使创新资源流入具有发展潜力的制造业或服务业。目前山西重新进行产业规划，整合煤炭产业，以煤化工、装备制造、材料工业、旅游业作为四大新型支柱产业。这既延伸了原有资源产业，又发展了新兴产业，通过加快资源产业中的要素向新支柱产业流动，以增加这些产业的创新投入、提升其创新能力。同时，产业集聚也有利于增加创新投入。2008年以来，山西不仅调整煤炭行业、淘汰落后产能、合并规模较大且具发展优势的煤炭企业，还积极发展工业园区，形成产业集群。集群中的企业通过相互合作与竞争，不仅能增强产业集群的竞争力，还能吸引外部甚至国外优势资源以增强内部企业的创新能力，最终带动整个集群发展。

外部环境改善有利于产业转型，但对技术创新的影响为负。基础设施不断完善及对外交流逐步增加，能使产业结构逐步优化，尤其对资源型区域而言，全球产业结构调整倒逼国内产业转型，使其淘汰落后的高污染、高能耗产业，而国外先进的产业组织模式及企业管理方式也会影响国内企业。因此，山西应利用目前外部环境改善对产业的积极影响推动其产业转型。而外部环境对技术创新的负影响可能也是导致山西创新水平不高的原因。虽然近年来各级政府的科教支出不断增长，但其结构却不尽合理，对教育的支持远高于科学研究。政府支持教育有利于培养科研人才储备，能间接提升技术创新能力，但从人才积累到科研人员培养是一个漫长的过程。而政府对科学技术投入却能直接推动技术进步，这样政府作为企业科研的重要支撑，不仅能为其提供政策优惠，还能为其科研项目提供资金支持，这些都会增强企业的创新实力。而且，由政府牵头实施的创新项目或技术引进，能考虑到技术的适用性，使中小企业能迅速采用新技术。因此，政府应合理分配财政支出，以此提高外部环境改善对技术创新的促进作用。

（三）影响因素分析

对于影响因素，首先利用协同度模型测算山西 11 个地级市产业转型与技术创新的协同度。随后运用面板数据模型量化分析协同度的影响因素，最后利用面板聚类分析①对山西 11 个城市进行分类，检验不同类别城市影响因素的具体情况。影响因素包括 7 个指标，除结构方程模型中环境因素涉及的 4 个指标，还有金融支持、人力资本、环境规制强度。金融支持的测量主要参照周永涛（2010）的方法，用非国有部门贷款额占 GDP 的比重表示，人力资本则用每万人在校大学生数来衡量，环境规制强度借鉴傅京燕等（2010）构建综合指数的方法，通过对废水、废气、废渣等污染物赋予不同权重，计算出总的环境规制强度。而协同度测算及聚类分析涉及的指标相同，即结构方程分析中产业转型与技术创新的指标。通过聚类分析，可将山西 11 个城市划分为 3 类，第一类包括太原、大同、晋城、阳泉，其产业转型与技术创新的协同度相对较高，但却处于初级阶段；第二类包括运城、长治、晋中，其协同度相对于第一类城市较低；第三类包括忻州、朔州、临汾、吕梁，其协同程度整体偏低，甚至小于零。根据城市分类，对影响因素进行回归分析，结果如表 3 所示。

（1）整体分析。由表 3 的回归结果可知，模型的拟合度均较高，且 F 值也通过检验，表明模型的解释能力较强。

经济发展水平。就山西整体而言，经济发展对协同度的影响显著为正，表明经济发展水平提高有利于山西产业转型与技术创新的协同发展。随着人均收入水平的提高，人们的需求层次及结构会发生变化，而资源产业的发展模式明显不能满足生态文明建设及人们日益增强的环保需求。因此，山西近年来不断调整产业结构、发展新工业园区，同时提高工业技术水平、降低工业能耗、减少污染生产与排放，显著提升了其环境质量。

① 面板聚类分析主要参照肖泽磊等（2009）的方法，先对初始面板数据降维，形成综合评价矩阵后再对其进行聚类分析，具体计算过程不再赘述。

表3 影响因素回归结果

变量＼城市	整体	第一类城市	第二类城市	第三类城市
C	−0.171*** (−3.763)	−1.463*** (−9.278)	−0.485** (−2.733)	−0.189** (−2.086)
经济发展	0.018*** (3.621)	0.032* (1.995)	0.037*** (3.648)	0.026** (2.352)
政府支持	−0.014* (−1.736)	−0.003 (−0.359)	−0.026*** (−2.918)	−0.015 (−1.133)
开放程度	−0.007* (−1.860)	−0.027*** (−10.369)	−0.002 (−0.457)	0.003 (0.304)
人力资本	−0.007*** (−3.029)	0.031** (3.323)	0.007 (0.690)	−0.005 (−1.605)
基础设施	0.003 (0.314)	0.187*** (3.833)	0.006 (0.788)	−0.005 (−0.232)
金融支持	−0.009** (−2.072)	−0.041*** (−6.081)	0.006 (0.788)	−0.0001 (−0.012)
环境规制强度	0.025*** (4.808)	0.070*** (4.779)	0.021 (1.256)	0.019* (1.768)
调整后 R^2	0.710	0.910	0.626	0.651
F值	16.678	33.134	6.385	8.271

注：*、**、***分别表示在10%、5%、1%水平下显著。

政府支持。政府支持对产业转型与技术创新的影响显著为负，这可能与政府对教育、科学技术、社会保障和就业的整体支出比重较低、增长较慢有关（该比例一直保持在30%左右，且近两年有所降低），而一些城市的政府支持程度不仅波动较大，而且还在降低（如朔州、临汾等），这可能会影响该指标的正向效应。同时，财政支出结构不合理也可能导致该指标为负。山西科教支出比重不足20%，其中科技支出最高仅为2%，明显低于全国水平（2014年为3.5%），而绝大部分城市的科技支出不足1%，加之利用教育培养科技人才耗时较长，显然无法满足产业转型对新技术的迫切要求，甚至会阻碍产业转型。当然，产业转型通常会产生失业等社会问题，而资源型区域产业转型这种负面影响可能更大，这是因为资源产业的初级部门锁定了大量低水平劳动力（如大同、阳泉等市采掘业就业人数比重平均在30%以上），而提高工人技能、推动再就业、解决失业带来的生活问题，都要求社会保障体系的完善，但目前大部分城市的社会保障和就业支出却逐年减少，势必会影响资源产业调整、新技术使用及新型产业发展。

开放程度。贸易往来增加反而不利于资源型区域产业转型与技术创新的协同发展。这种负效应可能与指标选择有关，进出口贸易总额虽能通过与国外往来体现开放程度，但这不一定能为产业转型提供支持，因为山西以出口初级制成品为主，且其进口商品中主要是矿产品，而更具溢出效应的机器设备及关键零部件的进口则较少。同时，山西进出口贸易主要集中在太原，其次是运城，而其他9市仅占全省贸易总额的25%左右，这种不合理的开放格局可能会影响国外新技术溢出及本地产业结构优化。此外，外资企业出于对资源获取或高利润追求而与资源型区域进行合作，使其投资主要集中于初级开采部门，尽管这能增加资源开采力度，但却不会对资源产业链延伸及产品深加工发挥积极作用。因此，政府若不能合理引导资金流向，就只会加大其对资源产业负面影响。

人力资本。人力资本系数为负且具有显著性，这可能是由于高校人才结构在某种程度上不满足工业技术创新需求，且资源型城市的产学研联系较弱，使一些研究脱离实际，难以形成商业价值。同时，人力资本的间接作用也可能会导致负效应，人力资本投资有利于工业积累科研人才，但只有当科研人员将知识转化为技术时，才能促使企业转型，然而从人才培养到将技术应用于产业发展的过程较长，这可能会影响到作用发挥。当然，人才及高校分布不均匀也可能会影响到资源型区域产业转型与技术创新的协同。山西高校主要集中在太原，尽管其他城市也在进行着人力资本积累，但因其基数较小、培养结构失衡、专业技术人才缺乏，导致产业转型与技术创新的人才储备不足，这些都会削弱人力资本的作用。

基础设施。基础设施的影响为正却不显著，说明目前基础设施建设对产业发展的促进作用还不明显。近年来，山西全面推进交通设施建设，加快建设9个高速公路项目，并增加旅游公路建设投资，这不仅有利于省内外的商品流动，吸引外资流入，同时还能促进新兴产业（如旅游业）发展，但道路建设对经济发展的促进作用具有时滞性，可能影响其效应发挥。然而公路运输只是基础设施的一部分，因此不能仅用公路里程的增长代替其他方面（如工业供水、供电网络是否完善等），这可能会使基础设施的作用被低估。尤其是资源型区域，因其交通线多用于资源产品运输且超负荷运转，使道路使用周期短且损坏严重，其修复或重建都需要一定时间，可能会影响到产品运输、迟滞产业转型。

金融支持。金融支持对产业转型与技术创新的影响显著为负，表明金融制度改革效应仍未显现。目前山西金融机构的贷款主要集中在国有部门，除太原外，其他城市非国有部门的贷款均相对不足，这不利于新兴中小企业的发展，同时还会使那些发展前景（资质）差的国有企业为避免破产而争相借款，它们占有大量资源却不能开展实质性的生产活动，阻碍产业转型。

环境规制强度。环境规制强度增加有利于产业转型与技术创新的协同发展。长期依赖资源产业的畸形发展使得山西环境污染及生态破坏严重，为此山西省委提出六大发展战略。2014年各地政府全面推进环评审批制、强化企业主体责任，实现多角度环境监督机制，环境质量有了明显改善，这不仅能迫使高污染企业采用新技术减排，还能减少煤炭等能源消耗，使资源产业链向下游延伸，发展电力、燃气或其他衍生品行业，化解资源利用与环境保护的矛盾。

（2）对比分析。整体而言，三类城市各有优势，但均存在改进的需求。在人力资本、基础设施建设及环境规制方面，第一类城市优势较明显，对其产业转型与技术创新的协同发展具有较强促进作用；第二类城市的系数为正但不显著，表明人力资本、基础设施等的正效应仍未完全发挥，原因在于这些城市的基础设施建设相对滞后且人力资本累积不足，可能会影响产业转型与新技术培育，弱化其正效应；第三类城市的系数均为负，朔州市人力资本积累较差，直到2012年才有高等教育在校生，同时基础设施建设较慢。在经济发展水平及金融支持方面，第一类城市由于金融支持的内部差异较大而使其负效应明显。第二类城市具有一定优势，虽然金融方面的影响还不是很明显。第三类城市金融支持程度普遍较低（30%左右），其中忻州下降明显。而在政府支持、对外开放方面，三类城市均需继续努力。政府应合理分配财政支出比例、提高科技及社会保障支出，加强资源产业下岗工人的入职培训或再就业指导，为其提供失业基本保障，同时鼓励非资源行业开展职前培训。此外，各地政府也要继续扩大对外开放，理性选择外资企业，合理引导资金流向，引入竞争机制，完善企业管理模式，培养技术人才，提高市场竞争力。

四、政策建议

基于以上分析，本文认为，就山西省政府而言，应在掌控全局的基础上明确发展及产业转型方向。而各地则应根据自身发展特点制定相应的产业规划，切忌因盲目扶持或承接外部产业而造成技术及产业断层。此外，还应完善市场竞争机制、健全相关法律法规体系、提高资源企业的市场参与度与竞争度，辅助以配套的财税及产业政策，引导企业改变经营战略及发展规划。

（1）第一类城市主要在于调整政府支出结构、完善金融制度、优化开放结构。尽管目前政府已加强对教育、科技及社会保障的投资，但其结构并不合理，科技支出比重过低，社会保障支出仍不足以解决产业转型引发的社会问题。当然，这并不意味着要削减教育支出，而是要在保证教育支出的基础上，适当增加科技与社会保障支出比例，关键是要做好产业的技术使用、技术承接，解决失业工人安置、培训及再就业问题。同时，除太原外，其余3市的金融支持程度仍较低，因此还应继续推进金融体制改革，增加非国有部门的贷款额度，尤其是向政府支持的中小企业提供优惠快捷贷款，以金融创新活跃市场，促进产业多元化及新型产业发展；开通资源产业绿色融资渠道，以多种融资方式支持不同发展程度的资源产业，支持其技术研发、新产品开发及产业链延伸。在简化融资审批、降低贷款门槛的同时，强化融资监管体系及信用机制，降低金融机构与产业间因信息不对称而诱发的风险。此外，以产业结构调整来优化进出口商品结构，提高技术密集型商品出口比例，增加进口高技术含量产品；还需完善外资审核制度，避免因盲目引资而导致资源浪费及产业扭曲；引导外资流向新型产业及资源产业链中技术密集部门，减少因追求短期利润而流入区域的“热钱”，为区域绿色发展预留资金。

（2）第二类城市产业转型与技术创新协同发展的关键在于提高政府支持力度、扩大对外开放，同时强化人力资本、基础设施建设及金融支持对协同发展的正效应。与一类城市不同，二三类城市的政府支出及对外开放程度均较低，因此应加大教育、科技及社会保障支出，加强国际交流与合作，吸引外资流入。完善资源型区域产业配套设施及基础设施，适当考虑引入社会闲置资本，通过发售政府债券等方式募集资金，既能提升资金利用效率，还能强化设施建设力度。优化人才培养结构，确保资源产业转型升级及新型产业发展的人才需求，避免人才结构失衡导致技术创新人力匮乏；完善就业培训体系及失业保障制度，加强失业人员及初级产业职工的再培训，拓展就业空间，提高劳动技能。

（3）除加大政府支持力度与开放程度外，第三类城市还需逐步扭转人力资本、基础设施及金融支持对产业转型与技术创新的负效应。这些城市高等院校相对较少、人才积累缓慢，因此更应注重人才培养质量。全方位培养人才，不仅要培养新型产业所需人才，还要关注资源产业专业技术人才的培养，避免人才断层及人才结构扭曲，以新思维、新模式培养学术型、科研型人才，增加专业性技术人才数量，提供产业多元化发展所需的复合型人才。优化企业尤其是资源企业中的技术人员创新环境，激发其创新意愿，以物质与精神相结合的激励措施使其留下来。此外，加强基础设施建设，尽管忻州等市公路通车里程较长，但与其地域面积比例失衡，且部分道路运输压力较大，许多运输车辆为避免交通稽查选择夜间上路，这在很大程度上增加了运输风险及道路损坏程度。因此，在完善道路建设的同时还需合理规划资源产品运输线路，避免道路反复修葺。

总之，资源型区域产业转型与技术创新协同发展的关键在于两方面。一方面，完善资源型区域绿色技术创新体制、优化创新环境、培养创新人才。资源型区域转型关键在于重塑区域创新环境，为本土及外资企业营造良好的创新氛围，构建区域创新网络，加快发展官产学研四位一体的创新模式，建立以资源产业为核心、高等院校与科研机构共同参与的技术创新机制。另一方面，强化产业间的经济技术联系、加强上下游产业合作、加快技术扩散与传播、延长和拓宽产业链、发展前后向关联项目，实现纵向一体化，提升产业协同能力。此外，合理规划产业园区、推动资源产业集聚、加强集群内部技术创新，进一步实现资源产业整合、淘汰落后产业、改造传统产业，形成高效的产业体系，同时将环保、废弃物处理等绿色产业引入园区，为资源产业发展提供配套服务。

参考文献

［1］Bradbury，J. H. & I. St – Martin. Winding Down in a Quebec Mining Town：A Case Study of Schefferville［J］. The Canadian Geographer，1983，27（2）：128 – 144.

[2] Papyrakis, E. & R. Gerlagh. Natural Resource, Innovation and Growth [R]. FEEM Working Paper, 2004, No. 129. 04, Fondazion Eni Enrico Mattei.

[3] Fagerberg, D., David, C. Mowery & B. Verspagen. The Evolution of Norway's National Innovation System [J]. Science and Public Policy, 2009, 36 (6): 431-444.

[4] Cainelli, G & N. De Liso. Innovation in Industrial Districts: Evidence from Italy [J]. Industry and Innovation, Taylor & Francis Journals, 2005, 12 (3): 383-398.

[5] Michael Peneder. Industry Classifications: Aim, Scope and Techniques [J]. Journal of Industry, Competition and Trade, Springer, 2003, 3 (1): 109-129.

[6] 罗丞，杨雪燕．技术创新与我国产业结构调整 [J]．兰州学刊，2002 (3)：18-20.

[7] 曹瑄玮，马骏．资源型区域的创新——从路径依赖到路径创造 [J]．中国软科学，2007 (7)：152-157.

[8] 王鹏，赵捷．产业结构调整与区域创新互动关系研究——基于我国 2002~2008 年的省际数据 [J]．产业经济研究，2011 (4)：53-60.

[9] 马强，远德玉．技术创新与产业结构的演化 [J]．社会科学辑刊，2004 (2)：27-31.

[10] 张复明．资源型区域面临的发展难题及其破解思路 [J]．中国软科学，2011 (6)：1-9.

[11] 黄茂兴，李军军．技术选择、产业结构升级与经济增长 [J]．经济研究，2009 (7)：143-151.

[12] 曾国平，王燕飞．中国金融发展与产业结构变迁 [J]．财贸经济，2007 (8)：12-19，128.

[13] 刘启华，樊飞，戈海军，许丙胜．技术科学发展与产业结构变迁相关性统计研究[J]．科学学研究，2005 (2)：160-168.

[14] 张米尔，孔令伟．资源型城市产业转型的模式选择 [J]．西安交通大学学报（社会科学版），2003 (1)：29-39.

[15] 孙永平，叶初升．自然资源丰裕与产业结构扭曲：影响机制与多维测度 [J]．南京社会科学，2012 (6)：1-8.

[16] 安虎森，周亚雄，薄文广．技术创新与特定要素约束视域的“资源诅咒”假说探析——基于我国的经验观察 [J]．南开经济研究，2012 (6)：100-115.

从经济人到生态人：企业污染治理行为的博弈分析*

张　璐

（西安外国语大学）

一、引言

自工业革命以来，人类创造出以往任何一个时代都无法比拟的巨大财富，然而经济在高速发展的同时，也带来了诸如气候变暖、臭氧层破坏、酸雨蔓延、海洋赤潮等严峻的环境污染和生态破坏问题。如何正确对待自然，如何确保社会可持续发展，确保社会文明的顺序演进，其中人的素质问题是一个至关重要的因素。目前国内外对环境污染问题的分析大多集中于从经济增长、产业结构、城市化、对外贸易等经济视角入手，以及从环境法规、环境技术、政府环境投资等政府环境管理角度分析，但是这直接忽略了经济学中的“理性经济人”假设，脱离了企业追逐利润最大化的“经济人”本质。所以，我们认为企业产生环境污染问题的内在根源是企业的目标——经济利益最大化的驱动，试图通过提出“生态人”假说来克服传统“理性经济人”假设的缺陷，即企业只有从单纯追求经济利益目标的“经济人”转向追求生态、经济复合目标的“生态人”，才能实现其行为的真正生态化转变，推动经济社会的可持续发展。故本文的研究，旨在对现有污染问题的分析做有益的理论补充，其最终目的是为污染治理问题的解决探索一条新的路径。

二、从“经济人”到“生态人”

（一）“经济人”假设基本特征及历史缺陷

一般基本假设是经济学研究的基础。从经济事实及其历史过程来看，不同的经

*　基金项目：陕西省教育厅科研计划专项项目“大数据背景下基于机器学习算法的陕西省经济增长研究”（16JK1620）；西安市社科规划项目“西安—新疆—中亚经济走廊沿岸企业协同发展影响因素研究”（16J149）；西安外国语大学科研基金项目“劳动人口素质提升与陕西经济发展方式转变的实证研究”（15XWA02）。

济学假设起源于不同的哲学观和方法论，而且这些哲学观和方法论构成经济理论体系以及相关理论分析的逻辑起点。经济学对人的假设不是一成不变的，它们或是通过对实践的观察所归纳，或是为了建立理论体系的方便而人为设定，是一个逐步发展和完善的过程。然而，正是与现实的吻合程度和对历史的阐释能力以及对经济社会发展的预见性决定了这些假设的科学性和生命力。

古典经济学创立者亚当·斯密提出“经济人”假设，他认为“经济人”是自利的，出于利己的动机，作为生产者，他要以最低生产成本生产产品，实现利润最大化；作为消费者，他要在支出限定下实现效用最大化；作为要素所有者，他要把要素提供给出价最高的厂商，实现报酬最大化。至此，“经济人”的利己本性发展为最大化原则。但是，“经济人”假设使传统经济学在发展过程中一直隐含了“个人利益”同构的思想，从而导致传统经济学无法消除其内在矛盾，即把创造市场奇迹归功于利己主义的动机，甚至不区分损人的利己主义与依托市场通过利他行为才能实现的利己主义。这就使得传统经济学在根本上存在着理论局限，反映在认识上，则典型地表现为征服自然的人类中心主义价值观；反映在实践中，则突出地表现为人类自己引发的日趋严重的生态环境危机。这也就不难理解在“经济人”假设充斥着整个市场经济的时候，追求利润最大化的企业会考虑自身的利益成本而将环境污染问题抛给社会，从而带来了严峻的环境污染和生态破坏问题。

因此，我们需要对“经济人”假设进行批判分析。经济人假设是有深刻的社会基础的，它是在新兴的资产者要求大力发展商品经济、资本主义经济关系起步发展的历史背景条件下提出来的，它是一定历史条件下的产物，反映了商品社会中人的经济行为的基本特征，在市场经济下具有客观性，它还在一定程度上化解着不确定性和复杂性对经济学研究所带来的困难，使科学的经济分析成为可能。但其自身存在着难以克服的局限性，亟须对经济行为主体的性质进行新的界定，在结合经济人的假设学说形成的历史逻辑以及把握生态环境与人类活动之间的关系基础上，进行行为规律的探讨，提出新的假设条件——“生态人”假设，这可能将经济学带入一个新的发展阶段。

（二）“生态人”假设的逻辑起点和分析基础

“生态人”的概念是针对“理性经济人”而言的，它是现实社会经济状况和人类可持续发展的要求使然，旨在克服“经济人”假设本身无法弥补的缺陷，建立一种既有利于人的全面发展，又有利于人类社会可持续发展的全新的价值判断标准，进而转变企业的一些不合理行为。徐嵩龄认为一个“生态人”应具有双重素质，不仅要有充分的生态伦理学素养，还要具备与其职业活动及生活方式相应的生态环境知识。具体来分析：

(1) 我们知道包括经济活动在内的人类所有活动自始至终得益于且受制于生态系统，但在不同的发展阶段，制约经济社会发展的主导因素并不完全相同。在生产力水平低，人口稀少的时代，自然资本相对丰富，稀缺的是人造资本，然而随着生产力水平的不断提升，资源不断消耗，自然资本越来越稀缺，成为制约人类社会发展的主导因素。生态系统内部本可以通过物质循环、能量转换、系统演进等过程来保持着动态的自我平衡，并在动态演进到一定程度时，进入一个自我调节、持续稳定的状态。但企业为了追逐个体利益的最大化而导致环境的负外部性问题越来越严重，破坏了生态系统的内部均衡。

（2）可持续发展要求我们不仅要考虑当代人的利益，还要给后代留下足够的发展空间，因此资源配置问题不仅是短时期内的配置，而且是长期代际之间的配置，这需要当代人为了子孙后代的需要而约束或减少当前的消费，但追逐个体利益最大化的“经济人”是很难担当此重任的。

（3）在不同的发展阶段，衡量居民生活质量的主导指标也并不是一成不变的。在生产力水平低，物质资源欠缺的时代，公众着眼于稀缺的是物质产品，对生态环境的关注有限。但随着生产力提升和生产技术的发展，物质产品的极大丰富，生态环境成为公众衡量自身生活质量的主导指标之一。这样，就形成了公众追求生态环境效用最大化与企业追逐经济效用最大化之间的矛盾，而传统的“经济人”假设是很难解决这一矛盾的。

“生态人”假设是经济学对人性认识的一个根本性变化和新的发展，它突破了传统经济学关于“经济人”假设的局限性，并对“经济人”假设作出重大修正，提出人类既受益于经济系统，又受益于生态系统，更受益于二者的协调。他们不仅珍视个体的生命，而且还关心种群的延续；对于他们来讲，货币是价值，生态环境也是价值；当代人的福利要保障，后代人的福利也不可忽视。“生态人”是人的社会性和自然性的统一体现，是人与人的关系和人与自然的关系的综合体现。这一假设的提出为市场经济主体观念的转变提供了思想保证，更为解决居民追求生态环境效用最大化与企业追逐经济效用最大化这一矛盾提供了可能。

三、“生态人”假设下的企业污染治理行为的博弈分析

为便于对“生态人”企业污染治理问题进行分析，我们在进行“生态人”假设下的企业污染治理行为的博弈分析之前，有必要对传统“经济人”假设下企业治理污染行为进行博弈论证分析，即分别建立“经济人”和“生态人”两种假设下的企业污染治理的博弈模型，通过对比分析来说明问题。

（一）“经济人”假设下的企业排污治理行为的博弈分析

（1）模型的假设条件与博弈收益矩阵的建立。“经济人”假设下的博弈模型的建立是在一定的假设前提之下，假设条件如下：①假定经济生活中只有一个企业（可以把全部企业看作一个大企业），同时把受到企业排污影响的公众看作一个整体，即博弈双方为企业和公众。②在企业和公众之间的博弈当中，企业针对污染有治理和不治理两个策略选择，公众则有抵制（主要是通过法律等手段）和默许两种策略选择。③假设公众只要坚决抵制，企业污染的行为就会被发现，就要向公众

支付一定的补偿，假设博弈双方对彼此的收益都有充分的了解，即基本模型中的参与人的信息是完全的。④假设企业进行污染治理而发生的排污技术与设备等的投资成本为 C_1，企业不进行污染治理而发生的排污成本为 C_2，$C_1>C_2$。公众抵制企业的污染行为所需付出的成本为 C_3；公众默许企业的污染行为自身所要承担的成本为 C_4，$C_3>C_4$。当企业选择对污染进行治理后再排放时，公众通过抵制能够获得的法定赔偿额为 V_1，当企业选择不对污染进行治理而直接排放时，公众通过抵制能够获得的法定赔偿额为 V_2，$V_1<V_2$。

因此，可以建立企业和公众博弈的收益矩阵，如表 1 所示。

表 1　在“经济人”的假设下企业和公众博弈的收益矩阵

公众	企业	
	不治理	治理
抵制	$(V_2-C_3,\ -V_2-C_2)$	$(V_1-C_3,\ -V_1-C_1)$
默许	$(-V_2-C_4,\ -C_2)$	$(-V_1-C_4,\ -C_1)$

假定公众选择默许的策略($2V_1<C_3-C_4$，$2V_2<C_3-C_4$)，此时从企业的角度来看，由于 $-C_2>-C_1$，所以企业出于趋利的角度，一定会选择不治理污染，即均衡策略是(默许，不治理)。

假定公众选择抵制的策略($2V_1>C_3-C_4$，$2V_2>C_3-C_4$)，此时从企业的角度来看，企业综合考虑赔偿额以及成本两方面的因素，会面临两种选择：若企业治理污染的成本加上支付的补偿额大于不治理污染时的成本加上补偿额，即 $-V_2-C_2>-V_1-C_1$，企业选择不治理污染，即此时的均衡策略为(抵制，不治理)；反之，企业则选择治理污染的策略，即均衡策略为(抵制，治理)。

显然企业的选择与公众的行为和反应密切相关，说明这个博弈模型中不存在纯策略纳什均衡，只有混合策略的纳什均衡。

(2)求解博弈模型的混合策略的纳什均衡。

在给定公众抵制的概率为 q_1 的情况下，分别计算企业选择不治理污染和治理污染时的期望收益，其中企业不治理时，$p_1=1$，企业治理时，$p_1=0$。于是有：

$U(q_1,\ 1)=(-V_2-C_2)q_1-C_2(1-q_1)$

$U(q_1,\ 0)=(-V_1-C_1)q_1-C_1(1-q_1)$

当 $U(q_1,\ 1)=U(q_1,\ 0)$ 时，$q_1^*=C_2-C_1/V_1-V_2$。此时，企业选择治理污染和不治理污染的期望收益相同。也就是说，当公众选择抵制的概率是 q_1^*，那么此时企业的最优战略是不治理污染，也可能是治理污染。

当 $U(q_1,\ 1)>U(q_1,\ 0)$，$q_1<q_1^*$，此时，企业选择不治理污染的期望收益大于治理污染的期望收益。也就是说，当公众选择抵制的概率小于 q_1^* 时，那么此时企业的最优战略是不治理污染。

当 $U(q_1, 1) < U(q_1, 0)$，$q_1 > q_1^*$，此时，企业选择不治理污染的期望收益大于治理污染的期望收益。也就是说，当公众选择抵制的概率大于 q_1^* 时，那么此时企业的最优战略是治理污染。

在给定企业不治理的概率为 p_1 的情况下，分别计算公众选择抵制和默许的期望收益，其中公众抵制时，$q_1 = 1$，公众默许时，$q_1 = 0$。于是有：

$U(1, p_1) = (V_2 - C_3)p_1 + (V_1 - C_3)(1 - p_1)$

$U(0, p_1) = (-V_2 - C_4)p_1 + (-V_1 - C_4)(1 - p_1)$

当 $U(1, p_1) = U(0, p_1)$，$p_1^* = 2V_1 + C_4 - C_3/2(V_1 - V_2)$，此时，公众选择抵制和默许的期望收益相同。也就是说，当企业选择了不治理污染的概率是 p_1^*，那么此时公众的最优战略是抵制，也可能是默许。

当 $U(1, p_1) > U(0, p_1)$，$p_1 > p_1^*$，此时，公众选择抵制的期望收益大于默许的期望收益。也就是说，当企业选择不治理污染的概率大于 p_1^* 时，那么此时公众的最优战略是抵制。

当 $U(1, p_1) < U(0, p_1)$，$p_1 < p_1^*$，此时，公众选择抵制的期望收益小于默许的期望收益。也就是说，当企业选择不治理污染的概率小于 p_1^* 时，那么此时公众的最优战略是默许。

综上所述，该博弈模型的混合策略纳什均衡是：

$(q_1^*, p_1^*) = (C_2 - C_1/V_1 - V_2, 2V_1 + C_4 - C_3/2(V_1 - V_2))$

从该均衡解可以得出当企业认为公众抵制的可能性为 q_1^*，企业选择不治理污染的可能性为 p_1^*；反过来，当公众认为企业不治理污染的可能性为 p_1^*，公众的最优选择抵制的可能性为 q_1^*。

（二）“生态人”假设下的企业排污治理行为分析

（1）模型的假设条件与博弈收益矩阵的建立。关于“生态人”假设条件下的企业污染治理的博弈分析，其假设条件与“经济人”假设基本相同。所不同的是，基于“生态人”假设条件下的企业收益不再只是单纯的利润，而是兼顾生态环境的生态效益最大化。生态效益指标用 E 表示，参照 WBCSD 对生态效益指标的定义，$E = \pi/I$，其中 π 表示产品或服务价值指标，I 为环境负荷指数。则企业对污染治理时产生的生态收益为 E_1，企业对污染不治理时的生态收益为 E_2，$E_1 > E_2$。

此时，建立的企业和公众之间的博弈收益矩阵见表 2：

表 2　在“生态人”的假设下企业和公众博弈的收益矩阵

公众	企业	
	不治理	治理
抵制	$(V_2 - C_3, E_2 - V_2 - C_2)$	$(V_1 - C_3, E_1 - V_1 - C_1)$
默许	$(-V_2 - C_4, E_2 - C_2)$	$(V_1 - C_4, E_1 - C_1)$

假定公众选择默许的策略时($2V_1 < C_3 - C_4$，$2V_2 < C_3 - C_4$)，此时从企业的角度来看，企业会结合生态效益和排污成本两方面的因素，面临两种选择：若企业治理污染产生的生态效益扣除所花费的成本小于企业不治理污染产生的生态效益减去所花费的成本，即 $E_1 - C_1 < E_2 - C_2$，企业会选择不治理的策略，即(默许，不治理)；反之，企业会选择治理的策略，即(默许，治理)。

假定公众选择抵制的策略时，即 $2V_1 > C_3 - C_4$，$2V_2 > C_3 - C_4$，此时从企业的角度来看，企业会结合生态效益、赔偿金额以及成本三方面的因素，面临两种选择：若企业治理污染产生的生态效益扣除赔偿金和排污成本小于企业不治理污染产生的生态效益减去赔偿金和排污成本，即 $E_1 - V_1 - C_1 < E_2 - V_2 - C_2$，企业会选择不治理的策略，即(抵制，不治理)；反之，企业会选择治理的策略，即(抵制，治理)。

(2)求解博弈模型的混合策略的纳什均衡。

在给定公众抵制的概率为 q_2 的情况下，分别计算企业选择不治理污染和治理污染时的期望收益，其中企业不治理时，$p_2 = 1$，企业治理时，$p_2 = 0$。于是有：

$U(q_2, 1) = (E_2 - V_2 - C_2)q_2 + (E_2 - C_2)(1 - q_2)$

$U(q_2, 0) = (E_1 - V_1 - C_1)q_2 + (E_1 - C_1)(1 - q_2)$

当 $U(q_2, 1) = U(q_2, 0)$，$q_2^* = (C_2 - C_1) - (E_2 - E_1)/V_1 - V_2$，此时，企业选择治理污染和不治理污染的期望收益相同。也就是说，当公众选择抵制的概率是 q_2^*，那么此时企业的最优战略是不治理污染，也可能是治理污染。

当 $U(q_1, 1) > U(q_1, 0)$，$q_1 < q_1^*$，此时，企业选择不治理污染的期望收益大于治理污染的期望收益。也就是说，当公众选择抵制的概率小于 q_2^* 时，那么此时企业的最优战略是不治理污染。

当 $U(q_1, 1) < U(q_1, 0)$，$q_1 > q_1^*$，此时，企业选择不治理污染的期望收益大于治理污染的期望收益。也就是说，当公众选择抵制的概率大于 q_2^* 时，那么此时企业的最优战略是治理污染。

当给定企业不治理的概率为 p_2 时，“生态人”假设下得出来的结果与在“经济人”假设下的结果一样。即 $p_2^* = 2V_1 + C_4 - C_3/2(V_1 - V_2)$。

综上所述，该博弈模型的混合策略纳什均衡是：

$(q_2^*, p_2^*) = ((C_2 - C_1) - (E_2 - E_1)/V_1 - V_2, 2V_1 + C_4 - C_3/2(V_1 - V_2))$

从该均衡解可以得出当企业认为公众抵制的可能性为 q_2^*，企业选择不治理污染的可能性为 p_2^*；反过来，当公众认为企业不治理污染的可能性为 p_2^*，公众的最优选择抵制可能性为 q_2^*。

四、结论

通过前文博弈分析，对比结果可以发现二者之间呈现出一些相同特征，当然也

存在着显著的差异。

(1)两种不同假设下的相同特征表现在以下几个方面：

若给定企业不治理污染的概率为 p 时，“生态人”假设下公众所获得的期望收益(抵制策略与默许策略)与在“经济人”假设下的结果一样。即：

$U_1(1, p) = U_2(1, p) = (V_2 - C_3)p + (V_1 - C_3)(1 - p)$

$U_1(0, p) = U_2(0, p) = (-V_2 - C_4)p + (-V_1 - C_4)(1 - p)$

同时，均衡解 $p^* = p_1^* = p_2^* = 2V_1 + C_4 - C_3/2(V_1 - V_2)$，可以看出，无论是“经济人”企业还是“生态人”企业其不治理污染的概率范围都是$(0, p^*)$，其中 p^* 的取值大小与 V_1、V_2、C_3、C_4 相关。因此，可以通过改变 V_1、V_2、C_3、C_4 的大小来缩小企业不治理污染的概率范围。

“经济人”假设下和“生态人”假设下企业所获得的期望收益(治理污染策略与不治理污染策略)的大小都与公众选择抵制策略的概率 q 相关。其中：

$q_1^* = C_2 - C_1/V_1 - V_2$

$q_2^* = (C_2 - C_1) - (E_2 - E_1)/V_1 - V_2$

可以看出，$C_2 - C_1$ 与 $V_1 - V_2$ 的取值大小会影响 q_1^*、q_2^* 的取值，即企业治理污染与不治理的成本之差，以及企业治理污染与不治理污染所需要支付给公众的补偿额之差会影响公众选择抵制策略的概率 q，进而会影响到企业的期望收益。因此，通过改变 $C_2 - C_1$ 与 $V_1 - V_2$ 的大小来改变公众选择抵制策略的概率范围，来提高企业的期望收益。

显然，上述“经济人”假设和“生态人”假设下的这些相同特征，在一定程度上佐证了“生态人”假设不是对“经济人”假设的全盘否定，而是以“经济人”为基础，对“经济人”进行的有益补充和完善。

(2)两种不同假设下的差异主要表现在以下几个方面：

在公众默许的情况下，对于“经济人”企业来讲，只考虑成本的因素来决定是否治理污染，由于 $C_1 > C_2$，所以他们一定会选择不治理污染，即只要居民选择默许策略，“经济人”企业就不会治理污染。而“生态人”企业会根据其生态效益与成本的比较，选择治理污染排污还是不治理污染，若 $E_1 - C_1 < E_2 - C_2$，企业则会自觉采取污染治理的行为。

在“经济人”假设下，当公众选择抵制的概率 q 大于 q_1^*，即 $q > q_1^*$ 时，对企业而言，最优的选择策略是治理污染；在“生态人”的假设下，当公众选择抵制的概率 q 大于 q_2^*，即 $q > q_2^*$ 时，企业会选择治理污染。由于 $q_2^* < q_1^*$，说明同样使企业选择治理污染，“生态人”假设条件下的对公众抵制概率要求的下限比“经济人”假设的更低一些，即对公众抵制的要求更宽松一些，更容易达到。因此，当公众抵制的概率增加时，“生态人”企业比“经济人”企业更先选择治理污染。这样，公众在“生态人”的假设下，其发挥的作用更加显著。

在前文分析中，可以看到很多指标都与生态效益 E_1、E_2 相关，而 E_1、E_2 的大小取决于政府对环境负担指数 I 的核算与规定，亦是政府能够通过对 I 的调动来有效监管企业的污染治理行为。这样政府在“生态人”的假设下，更能有效地发挥其主动性。

从以上差异分析可以看出，与“经济人”假设下的条件相比，“生态人”假设下的企业进行污染治理的条件要宽松得多，表明关于企业治理污染问题，“生态人”假设是对“经济人”假设的进一步优化。

总之，我们可以明确地得出结论，即“生态人”企业的污染治理更符合经济、环境持续协调发展的要求。“经济人”利润最大化的目标驱动是导致企业污染行为的根本原因，企业由追逐利益最大化目标的“经济人”转向寻求经济、生态双重目标最优化的“生态人”，治理污染的问题才能从根本上得到解决。

参考文献

[1] 张维迎．博弈论与信息经济学［M］．上海：上海三联书店，1996.

[2] 韩贵锋，马乃喜．环境保护低效率的博弈探析［J］．生态经济，2001（6）．

[3] 马小明．环境管制政策的局限性与变革［J］．中国人口·资源与环境，2005（6）．

[4] 陈孝兵．现代“经济人”批判［J］．中南财经政法大学学报，2002（2）．

[5] 尚宇红．环境污染问题的经济博弈分析［J］．理论探索，2005（6）．

[6] 黄爱宝．政府作为“理性生态人”：内涵、结构与功能分析［J］．社会科学家，2006（5）．

[7] 徐篙龄．我国环境政策分析与建议［J］．生态环境与保护，1999（3）．

[8] 赵红梅，孙米强．长江三角洲环境污染治理的博弈分析［J］．环境与可持续发展，2006（5）．

[9] 蒋满元．博弈论与越界污染治理［J］．环境技术，2003（5）．

[10] 赵汀阳．博弈问题的哲学分析［J］．读书，2003（2）．

[11] 于振英，于海燕．环保中的博弈论［J］．资源开发与市场，2000（3）．

生态收益、环境认知与绿色行为*

王　敏

（西安外国语大学）

一、引言

全球自然环境变化已是不争的事实，世界各地区都将受到自然环境变化的影响，IPCC 报告、STERN 报告、联合国千年生态报告、全球环境展望、IGBP 报告等从科学角度使人们意识到，自然环境恶化已成为人类社会可持续发展面临的重大挑战，将给人类生产与生活带来巨大威胁。全球自然环境变化是由人类活动和自然过程相互交织的系统驱动所造成的一系列陆地、海洋与大气的生物物理变化，主要包括全球变暖、臭氧层空洞、酸雨、森林破坏与生物多样性减少、荒漠化与水资源短缺、海洋污染与危险物的越境转移等。

2016 年，我们经历了历史上最热的一年。2005 ~ 2015 年全球地表平均温度上升了 0.74℃，是有记录以来最热的 10 年。20 世纪后 50 年北半球平均温度是近 1300 年中最高的。气候变暖，造成北极海冰面积明显减小，北半球积雪面积明显减小，山地冰川和格陵兰冰盖加速融化，北半球多年冻土层正在融化。海洋升温引起海水膨胀，20 世纪全球平均海平面上升约 0.17 米。气候变暖导致极端气候事件趋多、趋强。20 世纪 50 年代以来，全球许多地区热浪频繁来袭，强降水事件和局部洪涝频率增大，风暴强度加大。尤其是 70 年代以来，热带和副热带地区的干旱更频繁、更持久、更严重，影响范围不断扩大。台风和飓风强度增强，强台风频率增大，由 70 年代初不到 20% 增加到 21 世纪初的 35% 以上。在过去的 20 年里，全球变暖效应已导致世界上一些主要的农业生产减产，甚至灭绝，2005 ~ 2015 年，由于气温升高，小麦、玉米、大麦的全球产量每年合计减少 5000 万吨左右。荒漠化与水资源短缺已导致全球一些地区水土流失严重，面临巨大的生活饮水问题。

---

* 基金项目：陕西省教育厅科研计划专项项目“大数据背景下基于机器学习算法的陕西省经济增长研究”（16JK1620）；西安市社科规划项目“西安—新疆—中亚经济走廊沿岸企业协同发展影响因素研究”（16J149）；西安外国语大学科研基金项目“劳动人口素质提升与陕西经济发展方式转变的实证研究”（15XWA02）。

自然环境变化，究其原因，是由于人类活动造成的，这不仅威胁到中国甚至世界的生态建设，而且使人类的生产与生活发生重大变化，增大了人类生产与生活的风险。在全球自然环境日益恶化的背景下，“适应将成为人类解决不可避免的自然环境变化的必经之路”（IPCC，2007）。同时，认知自然环境变化对人类的影响，抛弃崇尚人类活动以经济利益最大化的“经济人”思想，构建具有生态意识、生态良知和生态理性的“生态经济人”行为是人类应对环境变化的必然要求。环境意识作为一种社会意识，对环境问题的解决至关重要，其高低已成为衡量一个国家或地区环境保护水平的重要标志之一，这已引起各国政府部门和研究机构的重视。以《中国期刊全文数据库》为统计源，1990～2015 年关于自然环境变化的调查达 126 次，总体呈现逐年递增趋势。本文选取西安市、沈阳市和上海市三个地区不同时间的调查数据，来分析公民对自然环境变化的认知情况，基于认知进一步分析“生态经济人”行为的产生和发展，从行为意识层面探讨人类自然环境保护问题，以便促使人类对自然环境保护问题进行更为深入的思考。

二、基于生态收益认知的“生态经济人”行为分析

基于人类对自然环境变化的认知分析，人类对自然环境变化无论是环境关注度、环境意识还是环保行为方面都有不同程度的提高，但是还需进一步提高公众的环境意识，促进其环保行为的养成。这一切都说明，传统的以崇尚以经济利益最大化为目的的“经济人”必须向具有生态意识、生态良知和生态理性的“生态经济人”转变，才能从根本上遏制人类对自然环境的破坏。下面就“经济人”向“生态经济人”转变进行分析。

（一）“经济人”与“生态经济人”比较

在工业革命之前，生产力虽然低下，但是对于自然环境却是一件好事，简单的劳动工具和较少的人口很难对自然环境造成大的破坏，因而无知的人类把这些自然资源想象成为无限无尽的资源，贪婪地掠取、肆意地浪费，这也是亚当·斯密“经济人”假设理论提出的客观经济环境。

如今工业革命给人类社会和生态环境带来的巨大改变有目共睹，“经济人”假设理论引领的社会变革让人们获得了丰富的物质满足。然而，工业革命也赋予了人类一把宰杀自然的屠刀，使得人类面临着有史以来最为严重的自然环境恶化的危机。人类如果想持续地生存发展下去，有必要再进行一次深刻的社会变革，而社会变革的罪魁祸首就是“经济人”思想。现在人类生存环境被雾霾、污水、辐射、污染所包围，再不顾一切地只追求物质利益显然是不明智的，人们已经越来越认识到人与自然环境的不可分割性，更多的人自愿自发地开始了行为意识的转变。

所以，一个能够引领社会发展的新的思想破茧而出，这就是生态经济思想，在生态经济思想之下，既要追求人类活动经济目标最大化，也要探寻人类的生态环境可持续。因此，本文提出了“生态经济人”的思考。“生态经济人”不同于以往的

"经济人"，"经济人"是市场经济下的主体假设，在经济活动中以追求自身利益最大化为目标，具有利己特征。而"生态经济人"是具有生态意识、生态良知和生态理性的"经济人"，在经济活动中在追求自身利益最大化的同时，考虑对自然环境和他人的外部性影响，具有利他特征。"经济人"是为了满足自己的物质资料的需求，"生态经济人"则是在寻求自然环境保护和经济发展的基础上的自身生存发展，两者有本质的不同，前者是不惜破坏生态平衡而追求物质利益满足，而后者则是在保护自然环境的前提下追求自我满足。

传统经济学理论忽视了自然环境对经济之基础性的决定性作用，因而传统经济学的根本缺陷是无根性：只见经济不见自然，脱离自然生态系统之根；只见"经济人"不见伦理人，脱离生存伦理的根基。这些根本缺陷使其误导工业经济、市场经济而对自然生态系统造成破坏，导致了经济增长不可持续，需要对其进行根本超越，构建与新的循环经济相适应的"生态经济人"行为。在人类行为上计算投入与产出的效率问题，要扣除对自然环境破坏和对他人影响的代价或成本，主张在追求经济利益的同时，要具有生态意识、生态良知和生态理性，使人类的行为由传统经济学的"经济人"向"生态经济人"转变。

（二）"生态经济人"动态模型

具体而言，"生态经济人"形成问题可归结为两点：一是"生态经济人"是怎样出现和发展的；二是"生态经济人"行为的稳定性。本文在西蒙提出的有限理性模型的基础上，通过一个动态模型来解释"生态经济人"行为的出现和发展。

（1）模型假设。假设有两类人，即"经济人"和"生态经济人"。"生态经济人"的行为可以使他人获得 b 的收益，但"生态经济人"本人必须付出 c 的代价。我们假设 $b>c$，即"生态经济人"行为对社会带来的总收益大于总成本，只有这样才对社会有利，并应得到鼓励。当人群中的两个个体相遇时，他们的收益矩阵可通过表 1 来表示。

表 1　"生态经济人"行为的收益矩阵

	A（生态经济人）	S（经济人）
A（生态经济人）	$(b-c,\ b-c)$	$(-c,\ b)$
S（经济人）	$(b,\ -c)$	$(0,\ 0)$

（2）"经济人"假设无法解释"生态经济人"行为。首先，在"经济人"的假设下对该博弈进行分析。在这个博弈中，选择"经济人"行为 S 是一个占优策略，因此，唯一的纯策略纳什均衡是（S，S）。然而，当双方都选择"经济人"行为时，他们的收益都是 0。这要比他们都选择"生态经济人"行为时的收益（$b-c$）来得小。这就是我们常说的"囚徒困境"博弈。

假设在第 t 期"生态经济人"在人群中所占的比例为 qt，则在随机配对博弈后，第 t 期“生态经济人”和“经济人”各自的期望收益分别为：

“生态经济人”的收益 $=qt(b-c)+(1-qt)(-c)=qtb-c$

“经济人”的收益 $=qtb+(1-qt)0=qtb$

可以看出，“生态经济人”的收益比“经济人”的收益小。按照“经济人”的假设，人们只会选择对自身经济利益最大化的行为，即使社会上原本存在一定比例的“生态经济人”，他们也会因为无法与“经济人”竞争而逐渐消亡。因此，在主流经济学的话语中，“生态经济人”的存在是无法得到解释的。

（3）有限理性和生态经济行为的稳定性。下面建立一个基于有限理性的模型来对人类存在的生态经济行为进行解释。由于只具有有限理性，人们并不是总在追求自身利益的最大化，而是常常通过模仿别人的行为来改进自己的行为。假设在每期的博弈结束后，人群中有一部分人会模仿别人的行为，选择性地改变自己的行为。假定这部分有模仿倾向的人在人群中所占的比例为 β。而在这部分人中，有占 α 比例的人倾向于模仿人群中大多数人的行为（$\alpha>0.5$），而其余占（$1-\alpha$）比例的人则倾向于模仿人群中收益最高的行为。

在这种假设条件下，“生态经济人”在人群中所占的初始比例 q_0 对模型的动态演化就有很大的影响。下面对 q_0 分情况进行讨论：

当 $q_0<0.5$ 时：

此时“生态经济人”行为既不是占多数的行为，也不是收益最高的行为。因此具有模仿倾向的那部分利他者都会模仿“经济人”的行为，从而成为利己的“经济人”。因为：

$q_1=(1-\beta)q_0$

进而有：$q_{t+1}=(1-\beta)q_t$

解这个差分方程可得：

$q_{t+1}=q_0(1-\beta)^t$

在这种情况下，人群中“生态经济人”所占的比例会越来越少，最终趋于零。

当 $q_0>=0.5$ 时：

此时，人群中“生态经济人”行为是占多数的行为，但不是收益最高的行为。下期人群中利他者所占的比例可表示为：

$q_1=q_0+\beta[(1-q_t)\alpha]-\beta[q_0(1-\alpha)]$

进而有：$q_{t+1}=q_t+\beta[(1-q_t)\alpha]-\beta[q_t(1-\alpha)]$

解之可得：

$q_t=(q_0-\alpha)(1-\beta)^t+\alpha$

在模仿行为的作用下，每期都有一部分“经济人”变成“生态经济人”，同时也有一部分“生态经济人”变为“经济人”。当 $q_0\geqslant\alpha$ 时，“经济人”的比例逐渐下降；而当 $q_0<\alpha$ 时，“生态经济人”的比例逐渐上升，但不管 q_0 如何取值，“经

济人”的比例会随着时间的推移趋近于α。

综上所述，当“经济人”在人群中的比例占优势时，在从众心理的驱动下，“经济人”的比例会随时间的推移而逐渐固定下来。这说明模型中的“经济人”行为具有稳健性，可以抵御少数变异者的入侵。但该模型同样告诉我们，当人群中的“生态经济人”很少时，“生态经济人”所占的比例将逐渐下降而最终趋于消亡。也就是说，该模型只能解决前文所述的第二个问题，但无法说明“生态经济人”行为是怎样在一个不利的环境中得到发展的。

让我们设想一个由“经济人”构成的群体，由于政府奖惩等因素，群体中出现了少数的“生态经济人”。有什么样的机制能使群体中“生态经济人”的比例逐渐上升？

（4）加入惩罚机制的模型与“生态经济人”行为的出现和发展。假设人群中出现了一个类似政府的机构，这个机构观察人们的行为，并对其中的“经济人”行为进行惩罚。惩罚将使“经济人”遭受 p 的损失，且 $p>c$（即保证“经济人”受到的惩罚大于其行为的收益）。

此时“生态经济人”和“经济人”的收益如下：

利他者的收益 $=q_t(b-c)+(1-qt)=q_tb-c$

利己者的收益 $=q_tb+(1-q_t)0-p=q_tb-p$

这时，“生态经济人”的收益比“经济人”的收益来得高。

下面我们同样对“经济人”在人群中的初始比例 q_0 进行讨论：

当 $q_0<0.5$ 时：此时“经济人”行为的收益较高，但并不是大多数人的行为。有：

$$q_1 \ \ =q_0+\beta(1-q_0)(1-\alpha)+\beta q_0\alpha$$

进而有：$q_t+1=qt+\beta(1-q_t)(1-\alpha)+\beta q_t\alpha$

解之可得：$qt=(q_0-1+\alpha)(1-\beta)^t+(1-\alpha)$

随着时间的推移，“经济人”的比例会趋近于 $1-\alpha$。

当 $q_0 \geqslant 0.5$ 时：此时的“经济人”行为既是收益最高的行为，也是大多数人的行为。有：

$$q_1=q_0+\beta(1-q_0)$$

进而有：$q_{t+1}=q_t+\beta(1-q_t)$

解之可得：$q_t=1-(1-\beta)^t(1-q_0)$

通过模型分析可知，当社会上人们的生态经济意识较低时，政府应对自私的经济行为加以惩罚，以改变“生态经济人”与“经济人”竞争时所处的不利局面，从而促进“生态经济人”比例的上升。而当一个社会的“生态经济人”比例达到一定程度时，在模仿机制的作用下，即使没有惩罚机制的存在，“生态经济人”比例也会维持在一个比较高的程度。

三、生态经济人环境认知的实证分析

（一）研究方法

通过对西安市环保局、沈阳市环保局和上海市环保局的调研，经过专家指导确立研究目标，采用随机抽样和随机发放问卷调查的方法，于2015年10月在中国西安、沈阳和上海三地常住市民中随机发放问卷调查，累计发放问卷630份，实际回收有效问卷593份，实际回收率为94.13%；调查样本的基本情况见表2。通过调查数据的综合分析，来研究三地公民对自然环境变化的认知情况，以及三地公民面对自然环境的变化，自身行为的变化。调查数据借助社会统计软件包SPSS进行处理与分析。

表2 调查样本基本情况

类别	地区			文化程度			性别		年龄		
	西安	沈阳	上海	高中及以下	大专至本科	硕士及以上	男	女	30岁以下	30~50岁	50岁以上
样本数（人）	190	193	210	108	426	59	300	338	189	298	106
比例（%）	32.1	32.5	35.4	18.21	71.84	9.95	49.41	50.59	31.87	50.25	17.88

建立由1个综合指标、3个一级指标、10个二级指标和20个三级指标组成的评价指标体系，采用DELPHI法，取其平均值得到各级指标的权重值（见表3），各级指标相对于上一级指标而言，其权重系数之和等于1。指标赋值在定量评估中采用等级分制赋值，从高到低分别赋予20、18、15、13、10、8、5。

表3 对自然环境变化认知程度的评价指标体系

综合指标	一级评价指标	权重	二级评价指标	权重	三级评价指标	权重
人类对自然环境变化的认知程度	环境关注度	0.3682	环境污染状况感受	0.4166	空气质量感受	0.2646
					夏季气温变化	0.2562
					灾害次数变化	0.2146
					环境状况变化	0.2646
			环境状况及其变化趋势感受	0.3146	未来夏季气温预计	0.2688
					目前环境状况感受	0.3146
					未来环境状况感受	0.4166
			自身在环保中的作用	0.2688	全球变化影响因素	0.2688
					个人在环保中的作用	0.4166
					环保与生活的关系	0.3146

续表

综合指标	一级评价指标	权重	二级评价指标	权重	三级评价指标	权重
人类对自然环境变化的认知程度	环保意识	0.3064	周围人环保意识	0.4862	周围人环保意识	1
			自身环保意识	0.5138	自身环保意识	1
	环保行为	0.3254	参与环保活动的总体水平	0.4862	乱丢垃圾的现象	0.5138
					禁止使用方便饭盒	0.4862
			为环保支付意愿	0.5138	为环保支付意愿	1

综合指标、一级指标、二级指标的评价值由如下公式计算得出：

$$S^{-} = \sum_{i=1}^{n} W_i \times A_i^{-} \qquad A_i^{-} = \frac{1}{M} \times \sum_{x=1}^{M} A_x$$

其中，S^{-}为各级指标的平均分值，n 为下一级指标的数目，A_i 为各指标的分值，W_i 为各指标的权重值，M 为调查问卷数，A_x 为样本单体的得分数。以 SPSS 为主要工具进行数据处理和统计。

根据统计结果得到综合指标及一级指标分值。综合指标满分 20 分，分值越高说明对环境变化认知程度的总体水平越高（见表 4）。在综合指标中，上海公民的得分略高于沈阳和西安（73.29% >73.01% >72.95%）。在一级指标中，沈阳公民的环境关注度和环保意识较西安和上海公民高，上海公民的环保行为和对政府环境工作的评价较西安和沈阳公民高。

表 4　综合指标及一级指标得分情况

	综合指标		一级指标					
	公民对环境变化的认知程度		环境关注度		环保意识		环保行为	
	得分	比例（%）	得分	比例（%）	得分	比例（%）	得分	比例（%）
西安	14.59	72.95	4.41	77.18	3.20	67.36	3.49	69.31
沈阳	14.60	73.01	4.52	79.30	3.32	68.68	3.61	70.93
上海	14.66	73.29	4.30	75.39	3.17	66.77	3.62	71.81

（二）人类对自然环境变化的认知分析

1. 人类对自然环境关注度分析

（1）对环境污染状况的感受。调查表明，对于家庭居住地的空气质量，55.32%的人认为有不同程度的污染，其中西安、沈阳和上海该指标分别为 54.05%、59.76%和 57.62%，整体上呈现一致性。

对于最近几年的夏季气温，96.13%的人认为有不同程度升高，其中西安、沈阳和上海该指标分别为 96.87%、97.89%和 94.76%，整体上呈现一致性。

对于最近几年发生的灾害次数，82.30%的人认为有不同程度增加，其中西安、沈阳和上海该指标分别为83.29%、82.56%和80.47%，整体上呈现一致性。

对于家庭居住地五年以来的环境状况，31.19%的人认为有不同程度好转，35.25%的人认为没有改变，33.56%的人认为有不同程度恶化。其中西安、沈阳和上海分别有31.59%、28.63%和14.29%的人认为有些好转，分别有28.72%、35.62%和47.14%的人认为没有改变，存在一定差异性。

总体来看，三地公民对全球环境变化的关注程度较高，普遍认为环境污染状况不容乐观。对于居住地的环境变化认识存在一定的差异性。

（2）对环境状况及其变化趋势的感受。调查表明，96.63%的人认为未来夏季气温还会有不同程度升高，其中西安、沈阳和上海该指标分别为96.34%、98.3%和97.14%，仅1.69%的人认为不会有变化，其中西安、沈阳和上海该指标分别为1.57%、1.29%和1.90%，整体上呈现一致性。

对于家庭居住地目前的环境状况，66.68%的人表示能够接受，12.65%的人表示非常满意，其中西安、沈阳和上海分别有65.54%、66.97%和69.05%的人表示能够接受，11.23%、14.52%和15.24%的人表示非常满意，整体上呈现一致性。

值得注意的是，对于未来家庭居住地的环境状况，35.25%的人认为不会改变，34.40%的人认为会有不同程度好转，其中西安、沈阳和上海分别有30.29%、35.23%和44.29%的人认为不会改变，44.12%、43.56%和16.66%的人认为会有不同程度好转，存在一定差异性。

由此可见，尽管三地公民普遍认为环境污染状况不容乐观，但是能够接受目前的环境状况，对于环境状况的变化趋势期待值较高，其中西安和沈阳公民的期待值高于上海。

（3）对自身在环境保护中作用的认识。对比全球变化的影响因素，79.77%的人认为人为因素占主导力量，其中西安、沈阳和上海该指标分别为83.81%、80.64%和72.3%。另外有2.02%的人不清楚哪个作用力更大，其中西安、沈阳和上海该指标分别为0.52%、1.23%和4.76%，存在一定差异性。

同时，84.15%的人认为个人在环境保护中的作用比较大，15.85%的人认为关系不大甚至没有关系。73.36%的人认为环境保护与日常生活有切实关系，1.01%的人认为完全没有关系，其中西安、沈阳和上海分别有78.59%、75.62%和63.81%的人认为有切实关系，但是认为没有直接关系的比例存在一定差异性。

以上数据说明，三地公民都能够明确人为因素对于全球自然环境影响的主导力量，同时也能明确个人对于环境保护的重要性。但是，西安和沈阳公民比上海公民更明确人为因素的主导力量和环境保护与日常生活的切实关系。

2. 人类对周围人和自身环境意识的评价

调查表明，65.60%的人认为周围人的环境意识水平一般，其中西安、沈阳和上海该指标分别为66.32%、65.46%和64.29%。对自身环境意识的评价认为很强，能够经常谈到并以身作则的比例为19.05%，其中西安、沈阳和上海该指标分别为20.10%、20.30%和17.15%。而只是谈谈并不会付诸行动的比例达56.32%，其中西安、沈阳和上海该指标分别为54.31%、56.50%和60%。综合调查结果表明，公民的实际环境保护意识不强。

3. 人类的绿色环保行为分析

（1）参与绿色环保活动的总体水平。调查结果显示：对于大街上乱丢垃圾的现象，仅3.71%的人表示能够当场劝阻，其中西安、沈阳和上海该指标分别为4.18%、3.82%和2.86%。21.43%的人表示自己不会乱丢，其中西安、沈阳和上海该指标分别为24.02%、22.36%和16.67%。面对此现象不好意思劝阻的比例最大，达70.49%，其中西安、沈阳和上海该指标分别为67.62%、70.23%和75.71%。同时，4.38%的人会经常乱丢垃圾并认为很正常，其中西安、沈阳和上海该指标分别为4.18%、4.52%和4.38%。

对于禁止使用方便饭盒、一次性筷子，49.07%的人表示十分赞同并且能积极配合，其中西安、沈阳和上海该指标分别为50.13%、49.68%和47.14%。46.21%的人表示无所谓，其中西安、沈阳和上海该指标分别为45.95%、46.56%和46.67%。还有4.72%的人认为不应该禁止，其中西安、沈阳和上海该指标分别为3.92%、4.81%和6.19%，存在一定差异性。

分析表明，大部分公民有一定的环保意识，但是对环境破坏行为还是表现出漠视的态度，公民参与环保活动的总体水平较低，其中西安和沈阳公民参与环境保护活动的积极性比上海略高。

（2）公民为环境保护的支付意愿。调查表明，60.01%的人表示愿意为环境保护支付更多的钱，其中西安、沈阳和上海该指标分别为49.61%、59.26%和73.34%，还有5.23%的人表示坚决反对，其中西安、沈阳和上海该指标分别为7.05%、5.34%和1.90%。对比分析表明，上海公民为环境保护的支付意愿比西安和沈阳略高。

四、结论与启示

“生态经济人”形成动态模型启示我们，当人类对自然环境保护意识较低时，政府应加大对自然环境破坏行为的惩罚，从而促进公民自然环境保护意识和行为的提高。当人类自然环境保护达到一定程度时，在从众行为的作用下，人们对自然环境的保护意识和行为都会维持在一个比较高的水平，人群中“生态经济人”行为趋于稳定。

人类已经普遍关注到全球自然环境变化这一基本事实，在全球自然环境变化人为因素的主导性、环境污染的严重性、环境治理的迫切性、环保教育的有效性、目标群体的广泛性上已经基本达成共识。但是对于环境状况好转的期待值、参与绿色环保活动的积极性、人为因素的主导力量认识、环境保护与日常生活的切实关系认识、为环境保护的支付意愿等方面存在一定差异，还需要进一步提高人类的环保意识和行为。

参考文献

[1] 时光，董岩．关于“生态经济人”的思考［J］．劳动保障世界，2013（10）：126－127.

[2] 曹世雄等．关于我国国民环境的态度调查［J］．生态学报，2008（2）：736－742.

[3] 吕亚荣，陈淑芬．农民对气候变化的认知及适应性行为分析［J］．中国农村经济，2010（7）：75－86.

[4] 张丽，周清华．循环经济的价值回归——生态理性经济人假设［J］．学术界，2009（6）：69－72.

[5] 林而达等．气候变化国家评估报告（Ⅱ）：气候变化的影响与适应［J］．气候变化研究进展，2006（2）：56－59.

[6] 闫国东等．公民对全球环境变化的响应［J］．中国人口·资源与环境，2008，18（3）：64－68.

[7] 张春玲．“生态经济人”构建略论［J］．改革与战略，2014，30（6）：19－22.

[8] 王健，彭晓娟．有限理性与利他行为的动态模型［J］．北方论丛，2008，211（5）：148－152.

河南省绿色创新与经济增长关系的实证分析

赵黎晨

（河南大学黄河文明与可持续发展研究中心）

一、引言

绿色创新是一种以环境优化、能源节约、创新发展为核心的发展理念，与循环经济、低碳经济、生态创新、绿色发展等概念有许多相似之处。从能源角度看，绿色创新是通过节能、降耗、减排等方式结合新技术实现创新经济效益的过程；从创新的角度看，绿色创新是技术的进步，利用新流程、新产品、新系统来减轻企业发展带来的外部性；从环境角度看，绿色创新是在经济战略中引入生态思想并实现环境创新或环境绩效改进。国外研究表明，绿色创新是一个综合性的过程，主要通过环保产业创新和制度创新、能源环境技术创新、节能减排技术创新等环节持续减少物料消耗和污染排放量，用智力资源取代部分物质资源，实现经济发展模式由“资源驱动”向“创新驱动”转变，最终实现发展观念和生产方式的根本性转变。

在经济增长与绿色创新关系的实证研究中，国内学者汪旭晖、高雯雯等支持绿色创新和经济增长之间存在长期的协整关系，马林、黄夔对绿色创新能力、溢出效应、经济增长三者的关系进行研究，应用协整检验、误差修正模型和格兰杰因果关系检验等计量方法研究证明，三者之间存在长期稳定关系，绿色创新能力和创新溢出效应内部变量间不仅是协同演进的，而且两者协同演进为经济增长提供内在驱动力。同时，经济增长也会反过来促进两者的不断升级。但是，大多学者主要针对绿色创新的一个维度，采用全国层面的数据进行实证分析。由于区域经济的发展程度差异性较大，基于全国数据的研究会掩盖差异性。从方法上来说，主要侧重于协整关系和 Granger 因果关系的分析，而脉冲响应函数和方差分解可以发现经济增长的动态变化特征，更加深入地了解经济增长和绿色创新的关系。

本文基于此，利用 1999～2014 年河南省的时间序列数据，对绿色创新和经济增长的关系进行多变量的实证分析。

二、指标选取、数据来源描述

（一）指标选取

在已有的研究基础上，对于因变量经济增长（记为*EG*）的衡量选取《经济学人》2010年提出的用于评估中国GDP增长量的克强指数，即工业用电量、铁路货运量和银行中长期贷款三个指标的综合指数来衡量，根据花旗银行的分配权重对三者所占比重进行分配，铁路货运增长率占25%，银行贷款增长率占35%，工业用电增长率占40%。铁路作为我国货运的最大载体，铁路货运量的多少既能反映经济运行的现状，又可反映经济运行的效率。银行贷款在我国间接融资中占比较大，故银行中长期贷款多少可反映市场对当前经济的信心，判断未来经济的风险度。现代工业的生产与能源消耗密切相关，工业耗电量可以准确地反映我国工业生产的活跃度、工厂的开工率。因此，使用克强指数反映河南省的经济状况更为客观，挤掉了统计数字的水分，更精确地反映河南省的经济现状。评价自变量绿色创新的指标从能源、环境、创新3个角度进行选取，分别选取能源消费总量、工业废气排放量、专利授权量（分别记为*EC*、*INDG*、*NPI*）三个变量对绿色创新进行评价。具体数据见表1。

表1　河南省1999～2014年经济增长与绿色创新的相关数据

年份	工业用电量（亿千瓦时）	铁路货运量（万吨）	银行中长期贷款（亿元）	EG（%）	EC（万吨标准煤）	INDG（亿标立方米）	NPI（件）
1999	457.39	9657.00	532.93				
2000	501.72	10172.00	585.27	8.65	7919.00	7436.35	2766
2001	558.61	11196.00	867.94	23.96	8244.00	9238.45	2582
2002	616.82	12148.00	1109.34	16.03	9055.00	10637.21	2590
2003	774.60	12711.00	1420.97	21.22	10595.00	11992.00	2961
2004	994.17	14732.00	1774.20	24.01	13074.00	13102.72	3318
2005	1141.87	14806.00	1968.43	9.90	14624.61	15498.49	3748
2006	1260.16	15190.29	2367.69	11.89	16233.49	16770.00	5242
2007	1441.03	16010.33	2764.59	12.96	17837.79	18890.00	6998
2008	1552.57	16225.17	3087.88	7.52	18975.56	20264.00	9133
2009	1601.87	13856.02	4569.09	14.41	19750.63	22186.00	11425
2010	1816.93	14224.00	7067.23	25.17	21437.76	22709.00	16539
2011	2079.12	14312.00	7781.75	9.47	23061.88	40790.90	19259
2012	2116.67	12779.00	8602.33	1.74	23647.13	35001.92	26833
2013	2237.96	12762.00	9780.00	7.05	24755.94	37665.26	29482
2014	2361.34	11577.00	11947.63	7.64	22889.85	39628.66	33366

（二）数据来源及描述

本文研究数据来自《河南省统计年鉴》（1999～2014）、1999～2014年的《河南省统计公报》。为了尽量避免数据的异方差性，减少数据的波动性，对原始数据做取对数的处理，将对数化后的经济增长、能源消费总量、工业废气排放量、专利授权量四个变量序列记为lnEG、lnEC、lnINDG、lnNPI。

三、实证分析

（一）平稳性检验

在做计量分析前，观察经济增长、能源消耗总量、工业废气排放量、专利授权量取对数后的时序图，可以定性地判断出两组指标数据均为不平稳序列，为了确定变量的不平稳性，我们采用ADF单位根检验来判断变量的平稳性，以避免“伪回归”现象，在检验单位根平稳性过程中，我们采用SIC值来选取最佳滞后阶数。

由表2可知，变量lnEG、lnEC、lnINDG、lnNPI的ADF统计量都大于临界值，且P值均大于0.05，所以原数据序列是非平稳的，存在单位根；而变量的二阶差分$\triangle^2$lnEG、$\triangle^2$lnEC、$\triangle^2$lnINEG、$\triangle^2$lnNPI的ADF统计量均小于临界值，且P值均大于0.05，表明四个变量序列在5%的水平下是平稳的。因此，变量lnEG、lnEC、lnINEG、lnNPI均为二阶单整变量。

表2　单位根检验结果

指标	ADF统计量值	5%水平临界值	p值	平稳性检验结果
lnEG	-2.423778529	-3.098896405	0.153180477	非平稳
lnEC	-2.496264996	-3.098896405	0.136793842	非平稳
lnINDG	0.277930434	-3.175351907	0.964356205	非平稳
lnNPI	1.107715469	-3.098896405	0.995078436	非平稳
$\triangle^2$lnEG	-4.196698189	-3.21269639	0.011559254	平稳
$\triangle^2$lnEC	-2.827918418	-1.974027637	0.008891513	平稳
$\triangle^2$lnINDG	-3.945681345	-1.982343682	0.001196465	平稳
$\triangle^2$lnNPI	-6.226431812	-1.974027637	0.0000000000	平稳

（二）VAR模型建立

在经济理论上，严格来说经济增长与绿色创新之间不存在动态关系的定义，不能建立结构模型来研究二者关系，向量自回归模型是非结构化的多方程模型，多用于相关时间序列的随机扰动对变量系统的动态影响。因此，本文在分析经济增长和绿色创新的关系时可用VAR模型进行拟合。

根据平稳性检验的结果，变量是二阶单整的，但是在变量时间跨度不够大的情况下若用二阶差分的数据进行VAR模型的拟合，会出现数据失真的现象，所以根据原数据取对数后的数据利用 Eviews 软件建立 VAR 模型，根据“赤池”信息准则确定最优滞后长度为 2，采用最小二乘法估计模型，得到如下方程：

$$
\begin{aligned}
(\ln EG)_t = & -0.0314 + 0.4518\ (\ln EG)_{t-1} - 0.0330\ (\ln EG)_{t-2} \\
& - 3.4307\ (\ln EC)_{t-1} + 3.8864\ (\ln EC)_{t-2} - 3.0336\ (\ln INDG)_{t-1} \\
& + 3.5924\ (\ln INDG)_{)t-2} - 2.0184\ (\ln NPI)_{t-1} + 1.1772\ (\ln NPI)_{t-2}
\end{aligned}
$$

$$
\begin{aligned}
(\ln EC)_t = & 0.6457 + 0.0728(\ln EG)_{t-1} + 0.0373(\ln EG)_{t-2} + 0.2385(\ln EC)_{t-1} \\
& + 0.3045(\ln EC)_{t-2} + 0.1524(\ln INDG)_{t-1} + 0.3146(\ln INDG)_{)t-2} \\
& + 0.1780(\ln NPI)_{t-1} - 2.2905(\ln NPI)_{t-2}(\ln INDG)_t = 2.8263 \\
& + 0.1431(\ln EG)_{t-1} + 0.1116(\ln EG)_{t-2} + 0.3450(\ln EC)_{t-1} \\
& - 0.3987(\ln EC)_{t-2} - 0.1906(\ln INDG)_{t-1} + 0.4213(\ln INDG)_{)t-2} \\
& + 0.4719(\ln NPI)_{t-1} + 0.0634(\ln NPI)_{t-2}
\end{aligned}
$$

$$
\begin{aligned}
(\ln NPI)_t = & -7.5232 + 0.1505(\ln EG)_{t-1} + 0.0367(\ln EG)_{t-2} - 0.1848(\ln EC)_{t-1} \\
& + 2.2312(\ln EC)_{t-2} + 0.5458(\ln INDG)_{t-1} + 0.3712(\ln INDG)_{)t-2} \\
& + 0.4646(\ln NPI)_{t-1} - 0.0540(\ln NPI)_{t-2}
\end{aligned}
$$

VAR 模型各参数的显著性检验结果显示，以上四个方程的估计系数的 t 统计量值在统计上均是显著的，四个方程的拟合优度分别是：$R_1^2 = 0.8340$，$R_2^2 = 0.9963$，$R_3^2 = 0.9857$，$R_4^2 = 0.9990$，方程的整体拟合度较高。

通过以上四个方程可以看出 lnEC 同 lnEG、lnINDG 的滞后值联系较大，但与自身的滞后值的联系较小；lnEG 同自身的滞后值联系较为密切，与 lnNPI 的滞后二阶联系最为密切；lnINDG 与自身的滞后值最为相关，其次与 lnEG 的联系也较为密切；lnNPI 与 lnEG 的滞后二阶联系最为密切，同时与 lnINDG 滞后一阶也有较大的联系。

（三）协整检验

要确定多个变量是否存在长期稳定的协整关系，就必须进行协整检验。本文在四个变量的情况下应采用 Johansen 协整检验，协整检验的结果如表 3 所示。

表 3　协整检验结果

原假设	迹检验			最大特征根		
	统计量	5%临界值	P 值	统计量	5%临界值	P 值
None *	187.9329	47.8561	0.0000	133.0302	27.58433	0.0000
At most 1 *	54.90267	29.7970	0.0000	40.30629	21.13161	0.0000
At most 2	14.59638	15.49471	0.0679	13.24992	14.26460	0.0718
At most 3	1.346454	3.841465	0.2458	1.346454	3.841465	0.2459

从表 3 的协整检验结果可以看出，在 5%的显著水平下四个变量间存在三个协整关系，协整关系式为：lnEG = 0.704lnNPI − 1.9124lnINDG + 0.3767lnEC。

根据以上协整方程，可以得到经济增长、能源消耗总量、专利授权量、工业废气排放量之间存在长期的协整关系。从协整关系来看，lnEG 与 lnINDG 之间关系是负向关系，与 lnNPI 和 lnEC 呈正向关系。

从协整方程式关系看出：第一，能源消耗每增加 1%，经济增长 0.3767%，说明河南省是能源驱动型的经济增长模式，随着产业结构的不断调整，能源利用效率提高成效显著，河南省应该转变粗放型的经济增长方式，走绿色发展之路，提高经济的质量。第二，专利授权量每增加 1%，经济增长 0.704%，这说明加大创新研发对经济增长的促进作用较大，利用技术进步来提高劳动、资本的生产效率，能够推动经济的持续增长。第三，工业废气排放量每降低 1%，经济增长增加 1.9124%，这表明工业废气排放量减缓了河南省经济增长的速度，坚持绿色发展能够更好地促进河南省经济的增长。因此，从长期来看，河南省应该转变依靠增加生产要素来提高经济增长的粗放型经济增长模式，转向集约型经济增长方式，这样更有利于长期促进经济增长。技术水平的提高，有利于高级研发劳动的出现，进一步促进技术知识的外溢，推动经济的持续增长。

（四）Granger 因果检验

从协整检验的结果可知，经济增长、能源消耗总量、专利授权量、工业废气排放量之间存在长期的均衡关系，但是变量之间是否存在因果关系，需要进一步的因果检验。因此，本文进行 Granger 因果检验，因果检验结果见表 4。

表 4　Granger 因果检验结果

Null Hypothesis:	Obs	F - Statistic	Prob.
LNEC does not Granger Cause LNEG	13	1.861235996	0.216911777
LNEG does not Granger Cause LNEC		2.06435212	0.189278953
LNINDG does not Granger Cause LNEG	13	12.48628419	0.003465364
LNEG does not Granger Cause LNINDG		4.632825855	0.046092264
LNNPI does not Granger Cause LNEG	13	5.321456383	0.033908211
LNEG does not Granger Cause LNNPI		0.721337947	0.515204461
LNINDG does not Granger Cause LNEC	13	0.232664348	0.797599081
LNEC does not Granger Cause LNINDG		0.613408899	0.565134954
LNNPI does not Granger Cause LNEC	13	3.343974997	0.088006593
LNEC does not Granger Cause LNNPI		8.54326825	0.010341824
LNNPI does not Granger Cause LNINDG	13	4.339077264	0.052938054
LNINDG does not Granger Cause LNNPI		4.005848963	0.062317554

从 Granger 因果检验的结果可以得出，对于河南省来说工业废气排放量是引起

其经济增长的原因，经济增长也是引起工业废气排放量的原因，专利授权数量是引起经济增长的原因。但是，经济增长对专利授权量的影响却不显著，能源消耗对专利授权量的影响十分显著，而其他变量之间却不构成因果关系。由此可见，工业废气排放量同经济增长之间的联系较为密切，工业的快速发展，产业结构的合理能够推动河南省的经济持续增长，而能源消耗对经济增长的促进作用却不显著。所以，集约型的经济增长方式、产业结构合理化能够促进河南省的经济增长。

（五）基于VAR模型的脉冲响应函数与方差分解分析

（1）脉冲响应函数。在VAR模型的估计结果上采用AR根估计的方法进行平稳性检验。AR根估计的原理是，如果VAR模型所有根模的倒数都小于1，则该模型是稳定的；反之，该模型是不稳定的。

从图1可以看出，AR根估计所有根模都在单位圆内，即VAR模型所有根模的倒数都小于1，所以VAR模型是稳定的，得到的结果是有效的。基于VAR模型的稳定有效性，可以使用VAR模型的脉冲响应分析经济增长和绿色创新各指标间的冲击响应，刻画出各变量间的动态关系。

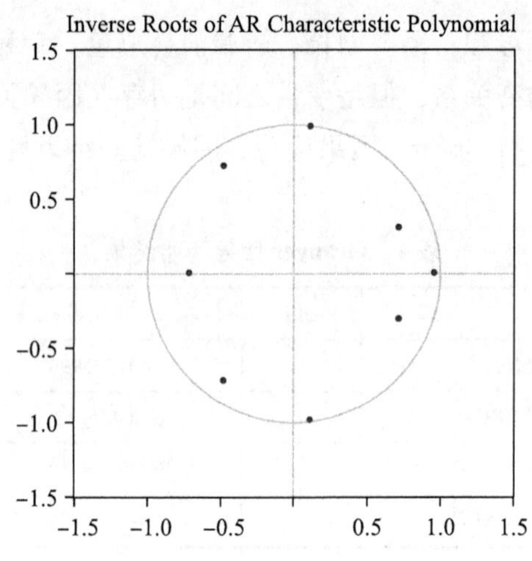

图1　VAR模型根模显示图

从图2可以看出，能源消费总量对经济增长在第1~8期都存在一个正向冲击，在第9期存在一个负向冲击，但负向影响较小，不超过0.1，能源消费量对经济增长的冲击较不稳定；工业废气排放量对经济增长的冲击呈现类似周期性的波动，正向冲击较为明显在0~0.8内波动，在第4期和第8期达到最大值0.8，负向冲击值较小，在−0.4~0之间波动，第5期和第9期达到最小0.4；专利授权量对经济增长的冲击始终为正，从长期来看专利授权量对经济增长存在一个正向影响，在第6期达到最大值0.7。

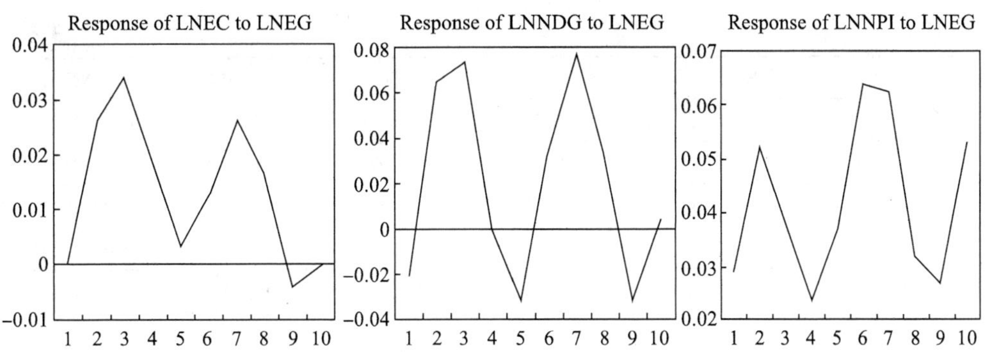

图 2　能源消费总量、工业废气排放量、专利授权数量对经济增长的脉冲响应函数

（2）方差分解。脉冲响应函数描述了 VAR 模型三个自变量能源消费总量、工业废气排放量、专利授权量对因变量经济增长的影响，如果要分析一个结构冲击对内生变量变化的贡献度，评价不同结构冲击的重要性，需要进一步进行方差分解分析，方差分解进一步评价各内生变量对预测方差的贡献度。从表 5 经济增长 15 期的方差分解的结果中可以得到内生变量对标准差的贡献比例，在第一期中，经济增长对自身的贡献率最大，但对自身的贡献率是逐渐递减的，到第 2 期骤降到 53%，到第 10 期下降到 63%，之后呈现出平稳性，这表明影响经济增长的最大因素仍是其自身。其次对经济增长较为明显的影响因素是能源消耗总量，它对经济增长的贡献率呈上升趋势，到第 11 期方差解释率上升为 35%，之后的方差解释率也呈现平稳的趋势。而工业废气排放量和专利授权数的方差解释率均低于能源消耗总量，到第 15 期的方差贡献率分别为 4% 和 0. 003%，这与前面脉冲响应函数的分析结果基本一致。

表 5　经济增长的方差分解结果

Period	S. E.	LNEG	LNEC	LNINDG	LNNPI
1	0. 033553565	100	0	0	0
2	0. 051042532	73. 61760727	26. 24174876	0. 138864054	0. 001779911
3	0. 066439391	53. 40892242	41. 58218073	5. 00593026	0. 002966595
4	0. 086337666	68. 15265259	28. 82867973	3. 015076164	0. 003591511
5	0. 086758958	67. 57816051	28. 66869767	3. 749584591	0. 003557234
6	0. 088470685	65. 24220724	29. 50133548	5. 253034485	0. 003422801
7	0. 096824494	63. 61233922	31. 95383958	4. 430909705	0. 00291149
8	0. 099429599	62. 77570567	32. 99356938	4. 227850612	0. 002874332
9	0. 099698217	62. 58070814	32. 98966888	4. 426667835	0. 002955143
10	0. 099704718	62. 57568899	32. 98607522	4. 4350636	0. 003172186

续表

Period	S. E.	LNEG	LNEC	LNINDG	LNNPI
11	0. 101442805	60. 53465797	35. 1190047	4. 343082255	0. 003255071
12	0. 104456724	59. 87569018	36. 01032299	4. 110751528	0. 003235298
13	0. 105221257	60. 44409216	35. 49141487	4. 061240715	0. 003252252
14	0. 105790548	60. 57092126	35. 33230501	4. 093418792	0. 003354934
15	0. 106512623	59. 77914581	36. 07555661	4. 141894087	0. 003403497

四、结论

本文根据 1999 ~2014 年河南省的数据建立了 VAR 模型，对河南省的经济增长和绿色创新的关系进行了实证分析，在 VAR 模型的基础上进一步进行了广义脉冲响应和方差分解的分析，从而得出以下结论：经济增长对工业废气排放量影响显著，工业废气排放量对经济增长的作用也较明显，根据协整关系式二者呈负相关关系；能源消耗总量与经济增长虽然不存在明显的因果关系，但是从协整关系式中我们可以得知二者呈正相关关系；专利授权数量也是引起经济增长的原因之一，所以应该加大在绿色创新方面的科研投入。在对河南省的经济增长和绿色创新的动态关系的研究中发现，河南省的粗放式的经济增长方式使得能源消耗总量对经济增长的冲击较大，但是在能源需求越来越多的情况下，应该向集约式经济发展模式转变，鼓励绿色创新，提高能源等生产要素的利用率，有利于河南省经济的持续增长。

参考文献

［1］李治国，周德田．基于 VAR 模型的经济增长与环境污染关系实证分析——以山东省为例［J］．企业经济，2013（8）：11 -16.

［2］张振刚，白争辉，陈志明．绿色创新与经济增长的多变量协整关系研究——基于 1989 ~2011 年广东省数据［J］．科技进步与对策，2014（10）：24 -30.

［3］张钢，张小军．国外绿色创新研究脉络梳理与展望［J］．外国经济与管理，2011（8）：25 -32.

［4］朱孔来，李静静，乐菲菲．中国城镇化进程与经济增长关系的实证研究［J］．统计研究，2011（9）：80 -87.

［5］李怀政．环境规制、技术进步与出口贸易扩张——基于我国 28 个工业大类 VAR 模型的脉冲响应与方差分解［J］．国际贸易问题，2011（12）：130 -137.

［6］刘克庆．我国货币增长与通货膨胀关系研究——基于 VAR 模型的脉冲响应和方差分解分析［J］．上海金融学院学报，2012（1）：54 -60.

［7］刘克庆．我国货币增长与通货膨胀的关系研究——基于 VAR 模型的脉冲响应和方差分解分析［J］．西部经济管理论坛，2012（1）：36 -40.

［8］任耀，牛冲槐，牛彤，姚西龙．绿色创新效率的理论模型与实证研究［J］．管理世

界，2014（7）：176－177.

［9］钟晓君．外商直接投资与我国进出口贸易关系研究——基于 VAR 模型的脉冲响应函数和方差分解方法分析［J］．统计教育，2009（6）：14－20.

［10］韩晶．中国区域绿色创新效率研究［J］．财经问题研究，2012（11）：130－137.

［11］马林，黄夔．绿色创新能力及其溢出效应与经济增长实证研究：基于协同演进视角［J］．生态经济（学术版），2014（1）：197－202.

基于 DEA－VRS 的区域“全碳效率”评价*

——以我国 30 个省域为例

张雪花[1]　韩成吉　刘文莹　张宝安[2]

（1. 天津工业大学环境经济研究所；2. 河北环境工程学院）

一、研究背景

20 世纪以来，人类社会空前发展，经济水平高速提升，科学技术突飞猛进。然而，与此同时出现了大量的环境污染和生态退化问题，资源耗竭、环境恶化及全球气候变暖状况日益加剧。经济发展和控制温室气体排放之间的矛盾与日俱增，碳减排势在必行。排放份额及碳效率评价成为当前研究热点，引起了政府及专家学者的关注，多种量化分析和评价模型应运而生。如云系统碳排放框架综合评价法[1]、生态足迹评价法[2]、非意愿变量三阶段评价法[3]、熵值法[4]、变异系数法[5]、聚类分析评价法[6]、Mailmquist 指数法[7]、随机前沿模型[8]和 DEA 评价法[9]等，这些模型和方法先后被应用于实践。其中，DEA 模型是碳效率量化评价的有效工具之一，已用于海洋业[10]、煤炭业[11]、土地利用结构[12]及发展中国家整体碳排放[13]等方面的碳效率评价，为行业内及区域间的碳效率比较分析提供了有效工具，但当前研究尚存在以下不足：①较多关注经济产出，仅以经济产出水平衡量碳效率水平，而忽视了福利提升与人口承载提升因素；②由于 DEA 模型对样本数量至少要大指标数量 2 倍的严格限制，较多采取压缩指标数量的方法，由于略去了部分关键指标，从而很难全面反映系统的真实情况。

为解决以上问题，本文从经济产出、福利提升和人口承载三个方面构建产出效率指标，选取 28 个关键生产要素作为投入指标，构建碳效率评价指标体系，以“全碳效率”命名之；并将主成分分析法与 DEA 方法相结合，首先运用主成分分

* 基金项目：天津市哲学社会科学项目（TJLJ15008）“绿色化视角下天津市低碳经济发展对周边地区辐射带动作用研究”；国家社会科学基金资助项目（12BJY025）“全碳效率”测度与区域生态经济评价研究。

析法对投入指标进行精简降维，其次运用 DEA－VRS 模型进行“全碳效率”评价。

二、评价方法

（一）基于主成分分析的降维

主成分分析法（Principal Component Analysis，PCA）是一种常用的降维方法。该方法可以通过主成分分析把多个变量转变为少数几个综合变量。原则上，这几个综合变量应包含原信息量的85%以上，而且这些综合变量（即主成分）所包含的信息互不迭代，即各主成分之间互不相关。主成分分析法的步骤如下：

首先，对原始数据进行标准化处理，以消除原始数据在量纲上的影响。其中：x_{ij}表示第 i 个样本的第 j 个指标值，则原始数据矩阵为 $X=(x_{ij})_{nm}$。另设 x_{max}为第 j 指标的最大值，x_{min}为第 j 指标的最小值。具体的标准化方法如下：

$$\text{正指标标准化值}=(x_{ij}-x_{min})/(x_{max}-x_{min}) \tag{1}$$

$$\text{负指标标准化值}=(x_{max}-x_{ij})/(x_{max}-x_{min}) \tag{2}$$

其次，计算标准化后的两两指标之间的相关系数，得到相关系数矩阵 $R=(r_{ij})_{mm}$。计算公式如下：

$$r_{ij}=\frac{\sum_{p=1}^{n}(x_{pi}^{*}-\overline{x_i^{*}})(x_{pj}^{*}-\overline{x_j^{*}})}{\sqrt{\sum_{p=1}^{n}(x_{pi}^{*}-\overline{x_i^{*}})^2\sum_{p=1}^{n}(x_{pj}^{*}-\overline{x_j^{*}})^2}},i,j=1,2,\cdots,p \tag{3}$$

由此得到相关系数矩阵的特征值和特征向量。R 的特征值为 λ_p；而 R 的特征向量为 $\lambda_p^{\tau}=\lambda_{p1}$，$\lambda_{p2}$，…，$\lambda_{pm}$，$p=1$，2，…，$m$。

最后，计算主成分贡献率及累计贡献率，并以此为基础确定主成分的个数。一般选取累计贡献率大于等于 85% 的特征值 λ_1、λ_2、…、λ_m 所对应的第一，第二，…,第 m（$m\leqslant p$）个主成分。

（二）基于 DEA－VRS 的效率评价

数据包络分析（the Data Envelopment Analysis，DEA）模型是全要素效率评价的有效工具之一，适用于多输出多输入的有效性综合评价问题。根据测算中规模报酬是否可变，可以将 DEA 模型区分为规模报酬不变的 DEA（Data Envelopment Analysis－Constant Returns to Scale，DEA－CRS）模型和规模报酬可变的 DEA（Data Envelopment Analysis－Variable Returns to Scale，DEA－VRS）模型。

本文采用 DEA－VRS 模型进行“全碳效率”评价。DEA－VRS 模型是在规模报酬可变为前提下，将综合效率分解为纯技术效率和规模效率，利用线性组合方式来评估效率。该模型在测算时不仅考虑了投入产出效率，还考虑了不同规模效率对地区“全碳效率”的影响。其基本模型如下：

假设有 n 个决策单元的 DMU_j $\{j=1, 2, \cdots, n\}$，每个 DMU_j 都有 m 种类型的投入 $x_j=\{x_{1j}, x_{2j}, \cdots, x_{mj}\}$ 和 s 种类型的输出 $y_j=\{y_{1j}, y_{2j}, \cdots, y_{sj}\}$，对 j_0 个

DMU 进行效率评价的模型为：

$$\max\theta$$

$$\text{s. t. } \sum_{j=1}^{n}\lambda_j x_j \leqslant x_0$$

$$\sum_{j=1}^{n}\lambda_j y_j \geqslant \theta y_0 \qquad \lambda_j \geqslant 0, \quad j = 1,2,\Lambda,n$$

$$\sum \lambda_j = 1 \tag{4}$$

其中，$s_i(i=1, 2, \cdots, n)$表示第 j 个决策单元 DMU_j 的第 i 个输入量；$t(t=1, 2, \cdots, p)$表示第 j 个决策单元 DMU_j 的第 i 个输出量。θ 是一个大于 0 小于 1 的标量，λ 是一个构成 $n\times l$ 的常数向量。

（三）评价指标选取

由于不同地区的生产、消费、能源、交通、技术、市政水平、空间布局和环境等各方面发展状况不同，采用相对量指标能够便于体现地区差异，将不同地区放在统一的平面上进行“全碳效率”的分析和评价。因此，本文以相对量作为选择评价指标的基准。区域“全碳效率”评价指标体系如图 1 所示。

（1）投入指标。从低碳生产状况、低碳消费状况、能源低碳化状况、交通低碳化程度、低碳技术实现程度、市政建设低碳化水平、城市空间布局的低碳化程度和城市低碳化建设对环境的影响程度八个方面选取 28 个具体指标进行指标的选取和构建。具体如下：

人均 GDP、第三产业占比、城市化率和城镇登记失业率四个反映低碳生产状况的指标；恩格尔系数、能源消费弹性系数和人均生物质资源碳耗用三个体现低碳消费状况的指标；能源碳排量占比、单位工业增加值能源碳排量承载和人均能源碳排量三个表征能源低碳化状况的指标；人均道路面积、每万人公共交通拥有量和城市道路网密度三个用以衡量交通低碳化程度的指标；R&D 经费投入强度、工业废水排放达标率、工业固体废弃物综合利用率和再生水利用率四个反映低碳技术实现程度的指标；城市污水处理率、生活垃圾无害化处理率和燃气普及率用三个表征市政建设低碳化水平的指标；人均公共绿地面积、人均建成区面积、建成区绿化覆盖率和自然保护区占辖区面积四个衡量城市空间布局的低碳化程度的指标；环保投资指数、空气质量优良率、废弃物碳排量占比和单位工业增加值废弃物碳排量承载四个指标用以反映城市低碳化建设对环境的影响程度。

（2）产出指标。以往的碳效率评价的文献在产出指标选取时仅关注经济产出，以经济产出水平衡量碳效率水平，存在以下不足：①碳环境容量不同于一般的生产资料，它具有公共资源属性，具有一定的福利性质，而碳效率研究仅聚焦于经济产出与碳排之间的关系，没有反映个人碳耗用情况；②从发展的公平性考虑，一个人过多地占用碳环境容量，就意味着侵占了其他人的资源福利，这是不公平的。

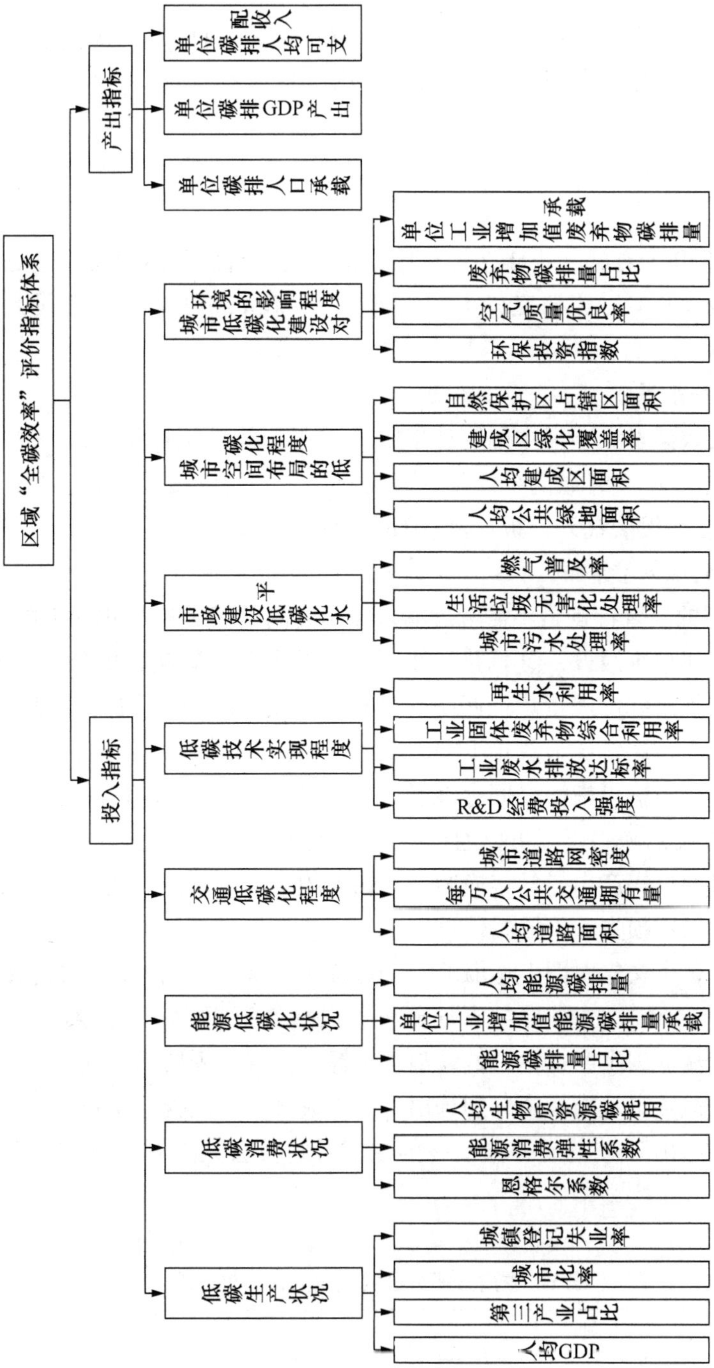

- 区域“全碳效率”评价指标体系
  - 投入指标
    - 低碳生产状况
      - 人均GDP
      - 第三产业占比
      - 城市化率
      - 城镇登记失业率
    - 低碳消费状况
      - 恩格尔系数
      - 能源消费弹性系数
      - 人均生物质资源碳耗用
    - 能源低碳化状况
      - 能源碳排量占比
      - 单位工业增加值能源碳排量承载
      - 人均能源碳排量
    - 交通低碳化程度
      - 人均道路面积
      - 每万人公共交通拥有量
      - 城市道路网密度
    - 低碳技术实现程度
      - R&D经费投入强度
      - 工业废水排放达标率
      - 工业固体废弃物综合利用率
      - 再生水利用率
    - 市政建设低碳化水平
      - 城市污水处理率
      - 生活垃圾无害化处理率
      - 燃气普及率
    - 城市空间布局的低碳化程度
      - 人均公共绿地面积
      - 人均建成区面积
      - 建成区绿化覆盖率
      - 自然保护区占辖区面积
    - 城市低碳化建设对环境的影响程度
      - 环保投资指数
      - 空气质量优良率
      - 废弃物碳排量占比
      - 单位工业增加值废弃物碳排量承载
  - 产出指标
    - 单位碳排人口承载
    - 单位碳排GDP产出
    - 单位碳排人均可支配收入

图1　区域“全碳效率”评价指标体系

综上所述，从福利绩效和发展的公平性视角来看，将经济产出、福利提升和人口承载等因素共同融入碳排放效率的评价，可以更为客观地评价一个区域的碳效率，也便于在大尺度减排目标确定的前提下，公平地核定某个区域的减排指标。鉴于此，本文从经济产出、福利提升和人口承载 3 个方面出发，构建单位碳排 GDP 产出、单位碳排人均可支配收入和单位碳排人口承载三个相对量“全碳效率”产出指标。

三、应用研究

选取我国 30 个省域（由于在计算中，港、澳、台及西藏自治区的数据缺失较多，因此未包含其中）为研究样本，进行 2011 年和 2014 年的全碳投入产出效率评价。

（一）数据来源

指标相关数据来源于《中国统计年鉴》、《中国能源统计年鉴》、《中国环境统计年鉴》和我国 30 个省域的统计年鉴等资料，此外还参阅了各省、市、自治区的《国民经济与社会发展统计公报》和《环境统计公报》。

（二）确定投入指标值

DEA 模型的显著特点是不需考虑输入输出之间的函数表达式，不需预估参数，也不需进行任何权重假设，这就排除了很多主观因素的影响；此外，应用 DEA 模型在建模前无须对数据进行量纲归一化处理。但是，在应用 DEA 模型时也有一些需要注意的地方，通常认为决策变量（DMU）的个数应不少于输入输出指标数量的两倍；如果输入输出指标之间存在较大的相关性，将会对 DEA 的评价结果产生影响[14]。而这几点缺陷正好可以通过主成分分析法进行弥补。运用主成分分析法，可以通过降维将投入产出指标转换为互不相关的几个主成分，既克服了指标之间的相关性，同时又不损失太多原始信息。

鉴于以上，本文先对图 1 选取的八个方面下的 28 个具体指标进行无量纲化处理，然后应用 SPSS21.0 进行主成分分析。根据特征根大于 1，累计贡献率大于 85% 的原则，从低碳生产指标、低碳消费指标、低碳能源指标、低碳交通指标、低碳技术指标、低碳市政指标中分别选出 2 个主成分，从低碳空间布局指标和低碳环境指标中分别选出 3 个主成分。最终的主成分得分公式及投入指标值计算如表 1 所示：

表 1　主成分得分公式及投入指标值计算

指标	计算公式
P_{11}	$X_{11}\times0.92+X_{12}\times0.895+X_{13}\times0.918+X_{14}\times0.568$
P_{12}	$X_{11}\times(-0.315)+X_{12}\times0.176-X_{13}\times0.349+X_{14}\times0.797$

续表

指标	计算公式
P_{21}	$X_{21}\times 0.623+X_{22}\times 0.752-X_{23}\times 0.62$
P_{22}	$X_{21}\times 0.67+X_{22}\times 0.004+X_{23}\times 0.679$
P_{31}	$X_{31}\times 0.944+X_{32}\times 0.641+X_{33}\times 0.936$
P_{32}	$X_{31}\times(-0.245)+X_{32}\times 0.768+X_{33}\times(-0.278)$
P_{41}	$X_{41}\times 0.911-X_{42}\times 0.002+X_{43}\times 0.91$
P_{42}	$X_{41}\times(-0.157)+X_{42}\times 0.993+X_{43}\times 0.16$
P_{51}	$X_{51}\times 0.758+X_{52}\times 0.852+X_{53}\times 0.824+X_{54}\times 0.138$
P_{52}	$X_{51}\times 0.544+X_{52}\times(-0.316)-X_{53}\times 0.352+X_{54}\times 0.957$
P_{61}	$X_{61}\times 0.779+X_{62}\times 0.739+X_{63}\times 0.836$
P_{62}	$X_{61}\times(-0.501)+X_{62}\times 0.639-X_{63}\times 0.098$
P_{71}	$X_{71}\times 0.8+X_{72}\times 0.42+X_{73}\times 0.901-X_{74}\times 0.715$
P_{72}	$X_{71}\times 0.248+X_{72}\times 0.83-X_{73}\times 0.144+X_{74}\times 0.585$
P_{73}	$X_{71}\times 0.534-X_{72}\times 0.35-X_{73}\times 0.119+X_{74}\times 0.241$
P_{81}	$X_{81}\times(-0.741)+X_{82}\times 0.784+X_{83}\times 0.87+X_{84}\times 0.117$
P_{82}	$X_{81}\times 0.456+X_{82}\times 0.436+X_{83}\times 0.119-X_{84}\times 0.922$
P_{83}	$X_{81}\times 0.493+X_{82}\times 0.124+X_{83}\times 0.263+X_{84}\times 0.336$
低碳生产指标 F_1	$(P_{11}\times 70.302+P_{12}\times 22.193)/92.495$
低碳消费指标 F_2	$(P_{21}\times 56.596+P_{22}\times 30.316)/86.912$
低碳能源指标 F_3	$(P_{31}\times 72.586+P_{32}\times 24.237)/96.823$
低碳交通指标 F_4	$(P_{41}\times 55.278+P_{42}\times 34.51)/89.788$
低碳技术指标 F_5	$(P_{51}\times 51.015+P_{52}\times 35.885)/86.9$
低碳市政指标 F_6	$(P_{61}\times 61.76+P_{62}\times 22.287)/84.047$
低碳空间布局指标 F_7	$(P_{71}\times 53.461+P_{72}\times 27.845+P_{73}\times 11.993)/93.299$
低碳环境指标 F_8	$(P_{81}\times 48.387+P_{82}\times 31.585+P_{83}\times 11.004)/90.076$

注：X_{ij}为所提取主成分 P_{ij}的具体指标，F_i 为精简后的八个投入指标值（即综合得分）。

（三）“全碳效率”评价

运用 DEA－xp1 软件进行我国 30 个省域 2011 年和 2014 年的“全碳效率”评价，并将我国 30 个省域的低碳评价结果绘制成图 2、图 3。

图 2、图 3 中，网点部分为 DEA 无效区，斜线部分为 DEA 有效区，白色部分为 DEA 弱有效区；三角形标注的是规模报酬不变区，棱形标注的是规模报酬递增区，圆形标注的是规模报酬递减区。

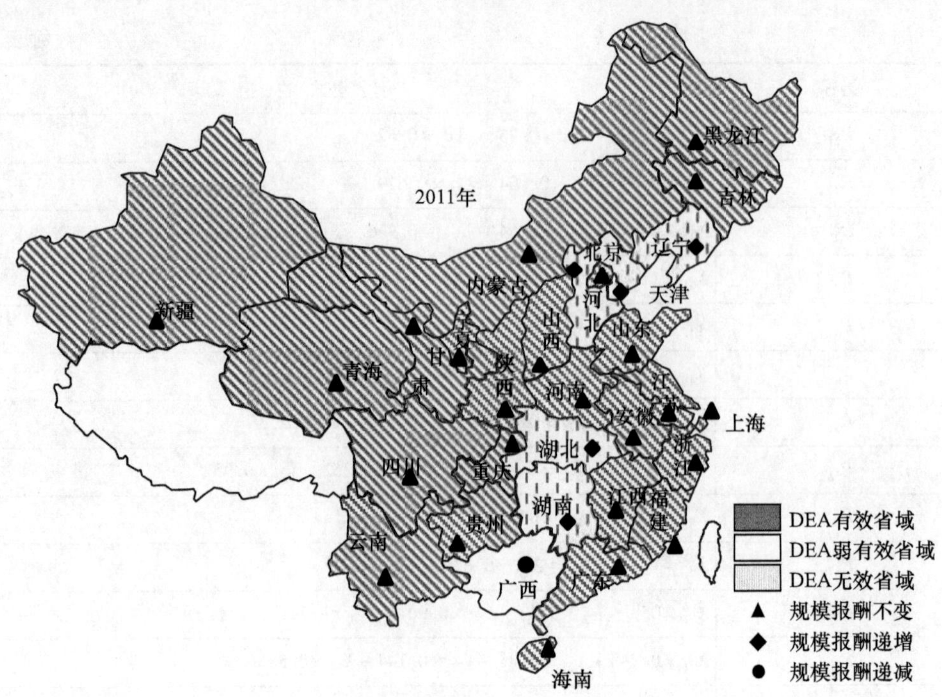

图 2　2011 年我国 30 个省域“全碳效率”分布情况

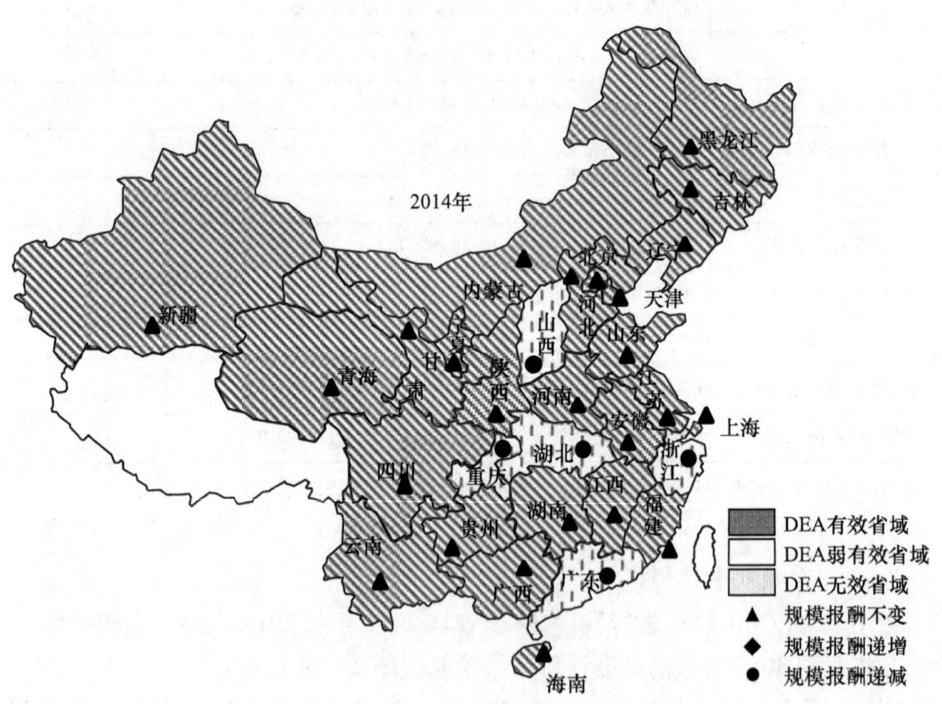

图 3　2014 年我国 30 个省域“全碳效率”分布情况

由图2、图3 可知，DEA 有效省域，2011 年为24 个，2014 年略有上升，为25 个；DEA 弱有效省域，2011 年为 1 个，2014 年无弱有效省域；DEA 无效省域，2011 年为5 个，2014 年为5 个。

2011 年 DEA 有效集包括北京、山西、内蒙古、吉林、黑龙江、上海、江苏、浙江、安徽、福建、江西、山东、河南、广东、海南、重庆、四川、贵州、云南、陕西、甘肃、青海、宁夏和新疆24 个省域，广西表现为 DEA 弱有效，剩余的包括天津、河北在内的5 个省域为 DEA 无效集；2014 年 DEA 有效集包括北京、天津、河北、内蒙古、辽宁、吉林、黑龙江、上海、江苏、安徽、福建、江西、山东、河南、湖南、广西、海南、四川、贵州、云南、陕西、甘肃、青海、宁夏和新疆25 个省域，不存在 DEA 弱有效的省域，剩余的山西、浙江、湖北、广东和重庆5 个省域为 DEA 无效集。

四、结论

本文构建了包含28 个投入要素和能够体现经济产出、福利提升和人口承载产出情况的区域“全碳效率”评价的指标体系，并针对 DEA 模型在处理输入输出数据方面的局限，采用主成分分析法进行降维，再通过 DEA－VRS 模型对我国 2011 年和2014 年各省域的“全碳效率”进行评价。从方法上看，主成分分析和 DEA 模型正好可以实现优势互补，既保证了指标体系的完整性，又满足了 DEA 模型对数据的要求，体现了“全碳效率”评价之“全”的思想。评价结果也表明，综合运用主成分分析和 DEA 分析的方法比直接使用 DEA 方法更为科学有效。

参考文献

［1］Garg，Saurabh Kumar，Chee Shin Yeo，Rajkumar Buyya. Green Cloud Framework for Improving Carbon Efficiency of Clouds［J］. Euro－Par 2011 Parallel Processing，Springer Berlin Heidelberg，2011：491－502.

［2］刘巽浩，徐文修，李增嘉．农田生态系统碳足迹法：误区、改进与应用——兼析中国集约农作碳效率（续）［J］．中国农业资源与区划，2014，35（1）：1－7.

［3］张焕芳．中国30 个省域建筑业生产与碳排效率差异分析研究［D］．长安大学，2014.

［4］王媛，程曦，殷培红等．影响中国碳排放绩效的区域特征研究［J］．自然资源学报，2013，28（7）：1106－1116.

［5］孙久文，姚鹏．低碳经济发展水平评价及区域比较分析——以新疆为例［J］．地域研究与开发，2014（3）：127－132，147.

［6］周跃云，赵先超，丁梦．基于 OWA－TOPIS 模型的湖南省能源碳排放经济效率聚类分析［J］．湖南工业大学学报（社会科学版），2014（3）：1－4.

［7］袁鹏．基于物质平衡原则的中国工业碳排放绩效分析［J］．中国人口·资源与环境，2015（4）：9－20.

［8］Herrala R.，Goel R. K. Global CO_2 Efficiency：Country－wise Estimates Using a Stochastic

Cost Frontier [J]. Energy Policy, 2012 (45): 762-770.

[9] 张雪花, 刘文莹. 基于 DEA 模型的中国四个直辖市碳效率评价 [J]. 统计与决策, 2015 (2): 71-74.

[10] 徐胜, 司登奎. 蓝色经济区海洋产业碳排放绩效研究 [J]. 地域研究与开发, 2014 (3): 122-126.

[11] 孙慧, 赵淑英. 基于 DEA 的黑龙江省煤炭产业链低碳效率测度及优化策略 [J]. 经济论坛, 2012 (5): 38-40.

[12] 朱巧娴, 梅昀, 陈银蓉, 韩啸. 基于碳排放测算的湖北省土地利用结构效率的 DEA 模型分析与空间分异研究 [J]. 经济地理, 2015 (12): 176-184.

[13] 张兵仿. 全要素二氧化碳效率评价指标研究 [D]. 华北电力大学, 2011.

[14] 马勇, 刘军. 长江中游城市群产业生态化效率研究 [J]. 经济地理, 2015 (6): 124-129.

专题七：“一带一路”战略与珠江—西江经济带发展

自贸区对“一带一路”的支撑作用：蜘蛛网和珍珠链效应*

张祥建

（上海财经大学中国自由贸易试验区协同创新中心）

一、引言

自贸区和“一带一路”是推进中国崛起和深化改革开放的全局性战略，具有密切的内在关联性，形成了双轮驱动的新格局，将大大提升中国在世界经济中的地位和影响力。自从习近平主席在2013年提出“一带一路”合作发展倡议，取得了一定的成就，越来越多的国家加入到这一国际性的合作项目中。面对未来全球经济发展相关挑战，自贸区建设成为“一带一路”国际发展战略中的重要内容，需要我国不断地创新经济发展理论、经济模式、发展规则以及控制理念，不断地加快“一带一路”和自贸区的对接速度，全面提升“一带一路”和自贸区的发展水平。

从全球格局来看，自贸区和“一带一路”正在重塑国际经贸新规则，重构国际经济新格局。美欧等世界主要经济体为了维护自身的主导地位，试图提高新型贸易规则的标准，通过加快推进多边、双边自贸区建设，重塑世界经济贸易格局①。同时，国际金融危机以来，全球经济增长虽然出现部分复苏迹象，但仍然表现出发展动力不足、整体需求疲软的局面。各国都在想方设法推动贸易与投资，以摆脱经济低迷的困境。在多边贸易机制没有太多进展的背景下，发达经济体转向区域经济一体化。与此同时，中国经济发展也进入了新常态，在全球贸易体系新一轮重构和国内经济增速调整的双重挑战下，中国更加需要扩大对外开放。自贸区和“一带

* 基金项目：本文得到国家自然科学基金项目（71272010、71302050），“中国（上海）、（天津）、（广东）、（福建）自由贸易试验区第三方评估”和上海财经大学创新团队支持计划资助。

① 当前，发达国家或经济体诸如美国、欧洲等正在加快推进自贸区战略实施，不断拓展经贸领域，并主导达成“跨太平洋伙伴关系协定”（TPP）和“跨大西洋贸易与投资伙伴协议”（TTIP）等大型自贸协定，试图制定新贸易规则。这些新型贸易规则不再局限于贸易，而是更多关注贸易、投资、服务三者的融合，触角越来越多地伸向国内，例如国内市场的准入条件以及竞争环境等方面。全球经济一体化发展正处于以自由贸易协定（以下简称自贸协定）为代表的经济浪潮之中。

一路"正是突破上述压力的重大战略设计。

自贸区对"一带一路"战略形成强大的支撑效应。随着"一带一路"战略的推进，一系列国家间自贸区谈判取得突破性进展，一批国内自贸园区兴起，商品、资本和劳动力开始自由流动，我国对外开放新格局正在形成。"一带一路"建设和自由贸易区建设是党中央、国务院顺应全球发展格局新变化，统筹国内国际两个大局，着眼长远培育我国国际竞争新优势的重大战略部署，是我国推进新一轮改革开放的重大平台。"一带一路"和自贸区建设将促使我国成为经济全球化最积极的参与者和最坚定的支持者，在构建新一轮全方位的对外开放中，我国将更加注重在国际规则制定中发出更多的中国声音和注入更多的中国元素。

在上述背景下，我们有必要了解：自贸区与"一带一路"如何在战略上实现对接？自贸区在宏观层面和微观层面是如何支持"一带一路"战略的？目前的四个自贸区如何融入"一带一路"战略中？在未来如何进一步促进自贸区与"一带一路"对接融合？

基于战略的视角，本文探讨了自贸区与"一带一路"对接效应，分析了国家间自贸区（FTA）和自贸园区（FTZ）对"一带一路"的支撑效应，并解析了目前国内四个自贸区与"一带一路"的融合发展状况。在未来很长的一段时间内，自贸区与"一带一路"的融合发展将是我国的重大战略，本文的研究将有助于为自贸区与"一带一路"的对接融合提供借鉴作用。

二、自贸区与"一带一路"的战略对接

自贸区与"一带一路"战略与有着紧密联系，具有战略上的协同性，自贸区为"一带一路"提供支撑，"一带一路"为自贸区提供发展空间。加强彼此间的有机对接和战略联动，将为我国新一轮对外开放提供有力支撑。通过构建自由贸易区平台①，促进贸易的便利化和投资自由化，形成高标准贸易规则，与"一带一路"战略进行对接，形成良性互动发展的局面。

"一带一路"战略的主体任务和目标是"政策沟通、道路联通、贸易畅通、货币流通、民心相通"，推进落实"一带一路"战略较为可行的途径是在国内外以一些核心区域和重要节点作为战略支撑，这些重要节点就是自贸区。自贸区是我国与

---

① 自贸区分两种：一种叫自由贸易园区，英文是 FTZ（Free Trade Zone），它包括几十平方公里或几百平方公里的面积很小的范围，是在一国里面设定的一个特殊经济区；另一种是跨国自贸区 FTA（Free Trade Aera），是跨境的，是两个或两个以上独立关税区通过谈判而设立的自由贸易安排。这两种自贸区的形式都可以作为推进"一带一路"战略的平台。自贸区分为两类：一类为双边或多边自贸区（FTA），另一类则为国内自贸区，通常也被称作自由贸易园区（FTZ）。前者指不同国家或地区之间通过签署双边或多边自贸协定，在两个或多个独立关税领土区间相互取消关税或其他贸易限制而结成自由贸易区或集团，例如以美国主导的 TPP 和美欧主导的 TTIP 自贸协定构成的多边自贸区；后者则为非 WTO 架构下的自由贸易试验区，通常是位于所在国的国家主权范围内，以贸易为主的经济性特区，例如我国的中国（上海）自贸区、广东自贸区、福建自贸区以及天津自贸区。

世界各国交流和沟通的主要区域，对于我国社会经济的发展具有至关重要的作用。无论是“一带一路”发展战略还是自贸区发展战略，其核心目标是一致的，因此两者具有共同点，对接工作就成为了当前和未来发展的核心和重点。自贸区与“一带一路”在战略上形成深度融合的格局，将两者有效地联系起来能够形成相互促进、相互影响的发展模式。

“一带一路”战略核心要点是东西互济、陆海统筹，要连接起来，这些节点地区特别重要，这就构成一个大的环路，陆上和海上将来会无缝连接。由于“一带一路”涉及国家众多，向东涉及亚太经济圈，向西紧连欧洲经济圈，沿线国家多达60多个，人口占世界总人口的60%，要实现这一目标的时空范围广、跨度大、周期长。“一带一路”战略陆上要依托大通道，以沿线中心城市作为支撑，以自由贸易合作区作为平台，以新亚欧大陆桥以及经济合作走廊作为轴线。海上以重要港口为节点，以交通运输大通道为依托，以中亚、中印缅两个经济走廊作为着力点。

自贸区战略与“一带一路”天然契合，“一带一路”战略的纵深推进有望进一步推动国内更多的双边、多边自贸区落地。“一带一路”与自贸区建设是“一体两面，相互配套”的关系，共同构成我国新对外开放格局，前者侧重以基础设施为先导促进沿线经济体互联互通，而后者则以降低贸易门槛、提升贸易便利化水平加快域内经济一体化为主要内容。“一带一路”为中国提供了一个包容、开放的对外发展平台，能够把快速发展的中国经济同“一带一路”沿线国家的利益结合起来，形成共商、共建、共享的良好合作关系，实现互利共赢。而加快实施自由贸易区战略，是适应经济全球化新趋势的客观要求，是全面深化改革、构建开放型经济新体制的必然选择，也是我国积极运筹对外关系、实现对外战略目标的重要手段①。“一带一路”战略促进开放需要便捷的政策平台，这就为设立更多的双边、多边自贸园区提供了更多可能性。

如果说“一带一路”是从构建对外开放新格局的战略高度出发，那么自贸试验区则是在投资自由化、贸易便利化、金融国际化、行政管理简化等具体方面先行先试，为中国与国际贸易谈判积累经验。如果我们将“一带一路”战略作为改革开放新格局中的核心，那么自贸区的贸易便利化、自由化、国际化、管理简化就是自贸区关注的重点。通过自贸区战略建设跨国产业链，形成沿边境线的跨国产业带，进一步建立健全区域合作的供应链、产业链和价值链。将双边贸易、物流、技术研发、人才交流等一同并入建设发展，形成产业发展和经贸合作的新高地和大物联网，实现真正意义的“一带一路”大战略格局。

“一带一路”重中之重是经济合作，这是推动“一带一路”强大的动力和活

---

① 自由贸易区是以开放促改革的国家战略，加快实施自由贸易区战略，是我国新一轮对外开放的重要内容。党的十七大把自由贸易区建设上升为国家战略，党的十八大提出要加快实施自由贸易区战略。党的十八届三中全会提出要以周边为基础加快实施自由贸易区战略，形成面向全球的高标准自由贸易区网络。

力。经济合作中的一个重中之重就是自贸区建设。自贸区建设牵涉很多方面，包括我们的金融合作、投资合作等，实际上也是“一带一路”制度化建设。在这个中国改革开放的新版图中，如果把“一带一路”看作是横向铺开的话，那么自贸区的意义就在于纵向深入。加快实施自由贸易区战略是我国积极参与国际经贸规则制定、争取全球经济治理制度性权力的重要平台，中国不能当旁观者、跟随者，而是要做参与者、引领者。

总之，“一带一路”将以自贸区形式推动，经由国内自贸园区和国际自由贸易区建设的加速而逐步落地，“一带一路”构想与自贸区战略有着紧密联系，加强彼此间的有机对接和战略联动，将为我国新一轮对外开放提供有力支撑。

三、宏观支撑作用：“一带一路”沿线自贸区（FTA）的蜘蛛网效应

“一带一路”促进跨区域自由贸易区的建立。我国实施的“一带一路”战略既涉及西欧、日韩等发达国家，也涉及中亚、东欧等原苏东国家，同时还涉及南亚、西亚、非洲等第三世界国家，若能借此把东亚和欧亚这两大区域连接起来，就有可能与欧盟、北美构成三足鼎立的态势，缓解局部压力。因此，在新的国际经贸背景下，我国的自贸区建设除了继续承担着对外开放的责任，更应当为中国经济“走出去”作出有效探索。借助“一带一路”国家战略，逐渐形成立足周边、辐射“一带一路”沿线区域、最终面向全球的自贸区网络。依托自贸区建设提供的国际合作平台，以及“一带一路”的地缘需求，试图在不断摸索过程中找出适宜的区域合作方式。“一带一路”区域大合作的载体就是自贸区，有望形成世界级自贸区群。“一带一路”合作绝不是五六十个国家和中国的双边合作，而是一个区域合作。中国要在“一带一路”沿线建设自贸区，构筑起立足周边、辐射沿线国家和地区、面向全球的自贸区网络，以此来作为推动贸易自由化和投资自由化的载体和支点，从而为“一带一路”提供“世界性的运作平台”。

自贸区为“一带一路”战略构建高标准贸易规则提供了强大的支撑①。加快实施自由贸易区战略是我国积极参与国际经贸规则制定、争取全球经济治理制度性权力的重要平台，中国不能当旁观者、跟随者，而是要做参与者、引领者，善于通过自由贸易区建设增强我国国际竞争力，在国际规则制定中发出更多中国声音、注入更多中国元素，维护和拓展我国发展利益。打造包括邻近国家和地区、涵盖“一带一路”沿线国家以及辐射五大洲重要国家的全球自由贸易区网络，使我国大部分对外贸易、双向投资实现自由化和便利化。

① 国际经贸新规则的特点之一是从边境上措施向边境后措施转移，边境上措施主要“强调通过削减或取消关税，实现制成品的自由贸易”，而边境后措施则包括国内规制、技术贸易壁垒、知识产权、竞争政策等非关税壁垒，由此，在高标准自贸区谈判中增加了许多新议题。

自贸区建设顺应世界经济大潮流，以适应国际经贸体系深刻的变革①。以“一带一路”和自贸区建设为核心的新对外开放战略，在拓展新的外部空间、实现互联互通的同时，将把我国经济发展提升到新的层次，实现对全球资源更为有效的利用，进一步获得全球化红利，创造新的经济增长活力。随着中韩自贸协定和中澳自贸协定的正式签署，中国作为国际商贸中心、国际研发中心、国际制造业中心和国际金融中心的地位进一步得到巩固，中国正从商品贸易为主，进入资本、技术带动的全方位国际合作时代。

我国现阶段的自由贸易区发展水平较低，对外开放总体水平远远低于 TPP 和 TTIP 的新标准和新规则，在自贸区建设和国际经贸规则制定中面临被边缘化的风险和压力，顺应国际形势加快建设高标准自贸区网络迫在眉睫。我国要以自贸区战略为切入口，从以周边为基础加快实施自由贸易区战略，过渡到面向全球的高标准自由贸易区网络，构建利益共同体。

“一带一路”将形成全球第三大贸易轴心，并构筑新的雁阵模式，有望构建新的全球经济大循环②。根据劳动力成本和各国的自然资源禀赋相对比较优势，我国劳动力密集型行业和资本密集型行业有望依次转移到“一带一路”周边及沿线国家，带动沿线国家产业升级和工业化水平提升，构筑以我国为雁首的新雁阵模式。自贸区战略将极大地促进中国与沿线国家的双向投资。加快构建面向亚欧的自贸区网路，促进双边/多边 FTA 或 BIT 协定谈判，落实推动多/双边直接投资政策，并在此基础上建立自由、公平、公正的全球开放性多边贸易和投资体系建设。最终建成“一带一路”高标准自贸区网络，充分挖掘“一带一路”区域国家经济互补性，建立和健全供应链、产业链和价值链，重构全球经济与贸易增长新格局。

目前，我国在建自贸区 20 个，涉及 32 个国家和地区。其中，已签署自贸协定 14 个，涉及 22 个国家和地区，分别是我国与东盟、新加坡、巴基斯坦、新西兰、智利、秘鲁、哥斯达黎加、冰岛、瑞士、韩国和澳大利亚的自贸协定，内地与中国香港、中国澳门的更紧密经贸关系安排（CEPA），以及大陆与中国台湾的海峡两岸经济合作框架协议（ECFA），目前均已实施。正在谈判的自贸协定 6 个，涉及 21 个国家，分别是我国与海湾合作委员会（GCC）、斯里兰卡和挪威的自贸协定，

① 据世界贸易组织统计，自 20 世纪 90 年代开始，全世界签署的自贸协定的数目不断增多，截至 2014 年，全球签署的双边或区域自贸协定数目高达 583 个，正在实施的自贸协定也有 381 个之多，这些自贸协定构成了全球紧密关联的自由贸易区（自贸区）网络，其目标是在世界局部形成不同关税区间共同产品市场，力求实现不同关税区间的贸易自由。当前，世界上正在进行几个重要的自贸协定谈判，即“跨太平洋伙伴关系协议”（TPP）、“跨大西洋贸易与投资伙伴协议”（TTIP）和“诸边服务贸易”（PSA），以上三大自由贸易协定汇集了全球最主要的经济体，协议一旦通过，将会对世界贸易规则、多边贸易体系乃至全球经济和政治的格局产生深远的影响。

② FTA 建设谈成以后的重中之重是产业合作，实施 FTA 以后的重中之重是产业合作。因为产业合作有利于双方的产业升级或者产业结构的调整，是对方非常高兴看到的事情，所以要着重落实产业合作，利用开放的市场和零关税加强产业合作，打造优势互补的产业链，形成更多的贸易创造。

中日韩自贸协定，区域全面经济合作伙伴关系（RCEP）协定，以及打造中国—东盟自贸协定（"10+1"）升级版。未来逐步形成立足周边、辐射"一带一路"区域、面向全球的高标准自贸区网络，并最终建成"一带一路"自由贸易区(FTA)。

四、微观支撑作用："一带一路"沿线自贸园区（FTZ）的珍珠链效应

自贸园区（FTZ）是"一带一路"的基础平台和重要节点。"一带一路"的核心要点在于东西互济、陆海统筹，要连接成线、发展成带。其推进落实，较为可行的途径是将国内外一些核心区域和重要节点作为战略支撑，形成"一带一路"战略的发展平台和重要开放窗口。"一带一路"战略将以推动建设自由贸易园区或港区的形式推动经济走廊建设。"一带一路"沿线一些地位重要、腹地广阔的交通节点，都可能成为"一带一路"建设的重要支撑点，在自贸区向全国推广的过程中，这些地区则有着较大的潜力。

"一带一路"是世界上跨度最长也最具发展潜力的经济合作带，其中较为重要的支持来源于我国和国外的一些核心区域以及重要节点，这些核心区域和重要节点中又以自贸区最为重要。各个自贸区如同一颗颗"珍珠"，而"一带一路"如同两条"丝线"，二者形成合力，结成"珍珠链"，从而串联成一个快速发展的经济发展带。二者相得益彰，"一带一路"战略为对外开放构建新的平台，深化与沿线国家双边区域经济合作，而自贸区则在投资自由化、贸易便利化、金融国际化、行政管理简化等具体方面先行先试，为国内经济转型升级、参与国际贸易谈判积累经验，促进"一带一路"战略目标的实现。

"一带一路"发展战略要和自贸区的发展战略形成一个对接的关系，从而形成一股强大的合力，发挥对"一带一路"相关区域和沿线国家的要素集聚、经济辐射与联动作用。实施自贸区战略，不仅是我国为应对全球自贸新格局采取的积极主动开放的重大改革，更是为探索中国对外开放新的路径作出的尝试，促进我国经济增长方式合理化转变，优化经济结构，逐步与国际经济接轨。积极推进"一带一路"沿线自由贸易区，积极同"一带一路"沿线国家商建自由贸易区，形成"一带一路"大市场，将"一带一路"打造成畅通之路、商贸之路、开放之路。

以"一带一路"沿线城市为核心构建自贸区，正成为"一带一路"战略实施的纽带和引擎，重塑国际产业发展的合作模式。自贸区可以充分利用区位和政策优势，寻找和"一带一路"沿线区域之间产业合作与融合的机会。各地蓬勃发展的自贸区正在以政策优势和强大辐射能力为"一带一路"战略的实施插上翅膀。

自贸区是"一带一路"新开放格局下先行先试的载体。推动沿线地区发展港口经济和自由贸易园（港）区，为建设"一带一路"提供先行先试的载体。"一带一路"的持续发展需要若干沿路港口经济区作为支撑。我国要用好自由贸易园

（港）区这一区域合作平台，加快沿线地区自由贸易园（港）区建设，着力消除现有开放领域当中的体制机制障碍和壁垒，扩大市场准入，推动重点领域对外开放。

随着“一带一路”战略的不断推进，中国的自贸区战略不仅要在国内建设以上海自贸区为代表的若干个自贸区，为中国进一步深化改革提供尝试、总结经验的机会，而且要与当前和未来重要的经贸合作伙伴在贸易、投资等领域建立自贸区，为经贸合作伙伴增强双边经贸活动能力、提升资源跨境配置效率提供更为重要的平台。自贸区将成为“一带一路”上的重要支点，为其快速发展提供“能量”。“一带一路”国内段的一些区位优势明显、腹地广阔、潜力较大的交通节点地区，可能成为新的自贸区，发挥对“一带一路”国内相关区域和沿线国家的要素集聚、经济辐射与联动作用。

目前，我国在上海、广东、天津、福建建立了四个自贸园区，在投资自由化、贸易便利化、金融国际化、行政管理简化（以下简称“四化”）等方面先行先试，对“一带一路”战略形成了有力的支撑。下一步，山东、河南、湖北、陕西、甘肃、新疆、重庆等中东西部地区省份也将陆续获准开始第三批自贸区的试验。第三批自贸试验区将重点突出两方面任务：一是与“一带一路”等国家战略更加紧密对接，使自贸试验区成为“一带一路”的重要抓手；二是探索内陆地区发展的新路径，引领内陆开放新高潮。自贸区的诸多探索也可以合理运用在我国与“一带一路”沿线国家的自贸区建设实践中，以“一带一路”沿线国家特别是我国周边国家和地区为依托，推动建设高标准的自贸区网络，促进沿线国家合作，推动贸易便利化和投资自由化。

五、自贸区与“一带一路”的融合发展

“一带一路”战略的推进，离不开自贸区的支持，因此，自贸区是加快实现“一带一路”战略的重大举措。2014 年 12 月经国务院批准，以上海自贸试验区试点内容为主体，依次在广东、天津、福建的特定区域加设三个自由贸易园区，结合地方经济发展特色，不断拓展新的试点内容。“一带一路”和自贸区的战略对接已经是我国四大自贸区的发展趋势。上海和广东、福建、天津新设的自贸区为中国东部沿海打开了四扇全新的窗口，形成中国自贸区“雁阵”，为“一带一路”战略带来巨大的支撑效应。

（一）上海自贸区

上海自贸区于 2013 年 9 月 29 日正式成立，并于 2014 年 12 月 28 日进行扩区，将面积扩展到 120. 72 平方公里。上海自贸区涵盖上海外高桥保税区、上海外高桥保税物流园区、洋山保税港区、上海浦东机场综合保税区 4 个海关特殊监管区域（28. 78 平方公里）以及陆家嘴金融片区（34. 26 平方公里）、世博片区、金桥开发片区（20. 48 平方公里）、张江高科技片区（37. 2 平方公里）（见表 1）。金融创新

既是上海四个中心建设的重中之重，也是上海自贸区辐射浦东、扩区浦东的重中之重。

表1　上海自贸区的定位

片区	定位
综合保税区片区	外高桥保税区根据自贸试验区产业经济发展目标，依托原自贸试验区产业发展基础，原自贸区将加快发展国际贸易、金融服务、航运服务、专业服务、高端制造五大产业集群，重点集聚总部经济、平台经济、“四新”经济三大业态 外高桥保税区依托区域先发优势，联动森兰区域，打造成为以国际贸易服务、金融服务、专业服务功能为主，商业、商务、文化、休闲多元功能集成的综合性功能集聚区 外高桥保税物流园区依托外高桥港区和外高桥保税区，打造成为国际物流服务功能区 洋山保税港区充分利用洋山深水港得天独厚的深水岸线和航道条件，联动临港地区（包括南汇新城），依托自贸试验区和国际航运发展综合试验区的政策叠加优势，打造成为具有全球竞争力的国际航运服务和离岸服务功能区 浦东机场综合保税区充分依托浦东国际机场的亚太航空枢纽地位，发挥国际客流、商流、物流密集的独特优势，与周边国际旅游度假区等区域联动发展，在强化国际航空服务功能的同时，拓展高端商业、贸易等功能，打造成为具有全球竞争力和吸引力的国际航空服务和现代商贸功能区
陆家嘴金融片区	是上海国际金融中心的核心区域、上海国际航运中心的高端服务区、上海国际贸易中心的现代商贸集聚区。这里将探索建立与国际通行规则相衔接的金融制度体系，与总部经济等现代服务业发展相适应的制度安排，持续推进投资便利化、贸易自由化、金融国际化和监管制度创新，加快形成更加国际化、市场化、法治化的营商环境。陆家嘴金融片区还包含了世博前滩地区
世博片区	是上海新一轮发展的重点区域，正在打造总部经济、航运金融、文化体育旅游业、高端服务业集聚区
金桥开发片区	是上海重要的先进制造业核心功能区、生产性服务业集聚区、战略性新兴产业先行区和生态工业示范区。这里将以创新政府管理和金融制度、打造贸易便利化营商环境、培育能代表国家参与国际竞争的战略性新兴产业为重点，不断提升经济发展活力和创新能力
张江高科技片区	是上海贯彻落实创新型国家战略的核心基地。这里将推动上海自贸试验区建设与张江国家自主创新示范区建设深度联动，提升张江园区创新力，重点在国家科学中心、发展“四新”经济、科技创新公共服务平台、科技金融、人才高地和综合环境优化等重点领域开展探索创新

进入2.0版本的上海自贸区与“一带一路”都是国家战略，彼此是相辅相成、相互支撑的关系。第一，上海自贸区居于“海上丝绸之路”物理空间的节点，随

着贸易便利化等改革措施的进一步落地，将在沿江沿海运输、国际中转航运、口岸贸易通关等方面发挥更大的作用。第二，上海自贸区居于对外扩大开放的前沿，面向全球尤其是“一带一路”沿线国家和地区进一步扩大开放，承担着以开放促改革、以政府职能转变促营商环境优化的重要使命。第三，上海自贸区居于吸纳国际要素与输出中国要素的交汇点，一方面，全球包括“一带一路”国家和地区的资本、人才、技术等要素通过上海自贸区的扩大开放更加方便地进入中国、分享中国崛起的开放红利；另一方面，国内要素通过上海自贸区这个桥头堡走向国际、辐射全球，特别是为“一带一路”提供金融资本、人才技术、高端装备等方面的重要支撑。第四，上海自贸区居于营造接轨国际的营商环境与创设引领全球的规则体系的交汇点，一方面要适应后 WTO 时代国际贸易投资规则的新变化、新要求，进一步优化营商环境、增强客户体验度；另一方面要在“一带一路”建设过程中，更加注重在国际规则制定中发出中国声音、注入中国元素。

上海自贸区将率先建立符合国际化、市场化、法治化要求的投资和贸易规则体系，使自贸区成为我国进一步融入经济全球化的重要载体，推动“一带一路”建设。在“一带一路”建设中，上海自贸区将利用国内外两种资源和两个市场，在欧亚互联互通、海上丝绸之路等国家战略中，发挥辐射带动的核心作用，把好的改革开放经验向有关区域推广，促进有关区域市场开放、贸易便利化等。通过为“一带一路”资金融通、贸易便利、人才流动等提供载体和平台等方式，强化上海在“一带一路”建设中的国际合作桥头堡作用。

特别在金融方面，上海自贸区作为人民币国际化重要输出地和货币回流的重要承载地，能够发挥很大的作用。作为中国金融核心聚集区，陆家嘴被纳入扩区版图后，将在“一带一路”沿线国家双边本币的互换和结算、中国金融机构参与境外发行人民币债券和外币债券、发挥各国主权基金的作用等方面进一步改革与开放。

（二）广东自贸区

广东自贸区设立于 2014 年 12 月，涵盖三个片区：广州南沙新区片区、深圳前海蛇口片区、珠海横琴新区片区，总面积 116.2 平方公里（见表 2）。广东自贸区面向港澳台深度融合，将建立粤港澳金融合作创新体制、粤港澳服务贸易自由化，以及通过制度创新推动粤港澳交易规则的对接，带动珠三角地区发展。

表 2　广东自贸区功能定位

片区	定位
南沙新区片区	将面向全球进一步扩大开放，在构建符合国际高标准的投资贸易规则体系上先行先试，重点发展生产性服务业、航运物流、特色金融以及高端制造业，建设具有世界先进水平的综合服务枢纽，打造成国际性高端生产性服务业要素集聚高地

续表

片区	定位
前海蛇口片区	依托深港深度合作，以国际化金融开放和创新为特色，重点发展科技服务、信息服务、现代金融等高端服务业，建设我国金融业对外开放试验示范窗口、世界服务贸易重要基地和国际性枢纽港
横琴新区片区	依托粤澳深度合作，重点发展旅游休闲健康、文化科教和高新技术等产业，建设成为文化教育开放先导区和国际商务服务休闲旅游基地，发挥促进澳门经济适度多元发展新载体、新高地的作用

广东自贸区提出的“毗邻港澳”和“面向世界”两个方针是相互统一的，毗邻港澳是广东最大的特色和优势，但广东自贸区还要面向世界，广东自贸区将充分发挥毗邻港澳的优势，对接高标准的国际规则体系，建设国际化、市场化和法治化的营商环境。而“面向世界”，正好与“一带一路”战略的目标不谋而合。广东自贸试验区立足于打造新型国际投资贸易规则试验区，在国际投资、贸易、知识产权等领域探索对接国际高标准规则体系，积极参与“一带一路”建设，推动与港澳地区、海丝沿线国家和地区的经贸往来，在投资贸易、货物通关、商品检验检疫、质量标准、电子商务、基础设施建设等领域建立合作机制。有效对接国家“一带一路”战略，推动广东与“21世纪海上丝绸之路”沿线国家和地区的贸易往来和投资合作，着力打造“21世纪海上丝绸之路”的重要枢纽和引擎。

通过对接“一带一路”战略，广东自贸区创新与“一带一路”沿线国家和地区合作机制，打造“一带一路”重要的国际贸易门户、对外投资窗口、现代物流枢纽和金融服务中心，搭建与国际投资贸易通行规则相衔接的基本制度框架。各个片区都有自己的功能定位，在对接“一带一路”战略方面各有侧重点。其中，前海在金融创新和人民币国际化方面肩负重任①，横琴新区发展定位于发展七大战略性新兴产业②，南沙可以发展加工制造业、物流业、贸易、港口、教育、旅游等产

① 前海是体制机制的创新区，自贸试验区的主要目的也是探索投资金融贸易监管制度、行政管理制度的创新；前海是现代服务业的集聚区，需要一个国际化的营商环境和贸易便利、投资自由的经营氛围，需要自贸区做支撑点；前海是深港合作区，而香港就是全球最成功的自贸区，广东自贸区的成立将推动前海与香港接轨，与国际惯例接轨；前海是珠三角产业引领区，其所处的粤港澳大湾区，在海上丝绸之路占据核心位置，而自贸区安排把深港合作往前推行了一步，自贸区成立后，前海的金融、贸易、航运服务等将为蛇口片区注入新的活力，以开发开放带动蛇口转型升级，依托粤港澳大湾区，共同打造海上丝绸之路上的金融创新中心、对外投资枢纽、国际贸易门户、现代物流枢纽、专业服务基地和国际交往平台。前海蛇口自贸区可以利用紧邻港澳的优势，成为国内企业“走出去”的通道，也成为国外投资“走进来”的通道。

② 横琴对接国家“一带一路”战略有三大路径：通过巴西建立自贸平台，打通拉丁美洲自贸通道；通过与葡萄牙建立自贸平台，打通欧洲自贸通道；通过与安哥拉建立自贸平台，打通非洲自贸通道。三条路线的最终目标就是将横琴和澳门连在一起，作为国家实施“一带一路”战略的重要支点，打造成中国与葡语系国家和拉美国家经贸合作的桥头堡。自贸区建设既是横琴落实国家“一带一路”战略的一个重要环节，也是引导内地企业、个人与葡语系国家和地区展开双向合作与交流的重要窗口和平台。

业，白云空港在“境内关外”、保税展示等方面则享有税收优惠的政策。

借助自贸区平台的逐渐完善，助推广东以更加开放的姿态融入“一带一路”格局。发挥自贸区国际商品中转集散功能，建立海上丝绸之路沿线国家、港澳地区特色商品展销与免税购物中心。积极扩大人民币跨境业务创新，推动人民币作为与沿线国家和地区跨境大额贸易计价、结算的主要货币，加快人民币国际化进程。发挥自贸试验区国际商品中转集散功能，建立“21 世纪海上丝绸之路”沿线国家和地区商品展示、销售、采购中心。

（三）福建自贸区

福建自贸区总面积 118.04 平方公里，包括平潭片区（43 平方公里）、厦门片区（43.78 平方公里）、福州片区（31.26 平方公里）（见表 3）。其中，平潭自贸区是福建自贸区的核心，平潭自贸区将重点建设自由港和国际旅游岛。而福州是自贸区和国家级新区双覆盖的城市。福建自贸区着重进一步深化两岸经济合作。

表 3　福建自贸区的功能定位

片区	定位
福州片区	重点建设先进制造业基地、“21 世纪海上丝绸之路”沿线国家和地区交流合作的重要平台、两岸服务贸易与金融创新合作示范区
厦门片区	重点建设两岸新兴产业和现代服务业合作示范区、东南国际航运中心、两岸区域性金融服务中心和两岸贸易中心
平潭片区	重点建设两岸共同家园和国际旅游岛，在投资贸易和资金人员往来方面实施更加自由便利的措施

福建自贸区是“一区多园”的模式，将成为福建参与建设“一带一路”的新载体，有助于福建全面拓展与海上丝绸之路沿线国家的交流合作，为建设 21 世纪海上丝绸之路探索新途径。充分发挥对外开放前沿优势，建设 21 世纪海上丝绸之路核心区，打造面向 21 世纪海上丝绸之路沿线国家和地区开放合作新高地。福建自由贸易试验区的核心任务是加快制度创新，建立与国际投资贸易规则相适应的新体制，营造国际化、市场化、法治化的营商环境。

福建作为“海上丝绸之路”的重要发祥地，建设区位独特、优势明显、潜力巨大。最大特色是立足深化两岸经济合作，率先推进与台湾地区投资贸易自由，推动台湾先进制造业、战略性新兴产业、现代服务业等产业在自贸试验区内集聚发展，重点承接台湾地区产业转移。围绕立足两岸、服务全国、面向世界的战略要求，充分发挥改革先行优势，营造国际化、市场化、法治化营商环境，把自贸试验区建设成为改革创新试验田。充分发挥对台优势，率先推进与台湾地区投资贸易自由化进程，把自贸试验区建设成为深化两岸经济合作的示范区。

福建自贸区主动融入和加快推进“21 世纪海上丝绸之路”建设，有利于进一步拓展福建沿线国家在港口航运、海洋能源、经济贸易、科技创新、生态环境等领域的全方位合作，为在更高层次、更宽领域上加快福建科学发展、跨越发展开辟重要平台。以"21 世纪海上丝绸之路"为载体，通过构建自贸区帮助企业进一步"走出去"，推动构建跨境产业链，实现产业的转型升级①。加强与东盟等国家和地区在港口码头、物流园区、集散基地和配送中心等建设、经营、管理等方面的合作，搭建面向东盟等国家和地区的跨境电商及物流信息共享平台，促进与"海丝"沿线国家信息互联互通、货物通关和人员往来便利化。

总之，福建自贸区的建设是落实中央"一带一路"的战略决策，对于推动"21 世纪海上丝绸之路"核心区建设有积极意义。把自贸区的建设和"一带一路"战略结合起来，也是福建自贸区的重要特色，有利于扩大对外交流、交往，加快两岸融合发展。

（四）天津自贸区

天津自贸区成立于2014 年12 月12 日，总面积为119.9 平方公里，主要涵盖3 个功能区，天津港片区、天津机场片区和滨海新区中心商务片区（见表4）。天津自贸区的功能主要是打造京津冀协同发展高水平对外开放平台，突出航运特色，旨在打造投资便利、贸易自由、高端聚集、金融完善、监管透明、法规健全、辐射显著的全球经济制高点，为"一带一路"区域发展创造国际化平台。

表4 天津自贸区的定位

片区	定位
天津港片区	重点发展航运物流、国际贸易、融资租赁等现代服务业
天津机场片区	重点发展航空航天、装备制造、新一代信息技术等高端制造业和研发设计、航空物流等生产性服务业
滨海新区中心商务片区	重点发展以金融创新为主的现代服务业

天津自贸区处在"一带一路"重要的战略位置上，是"一带一路"战略中"陆丝路"东端与"海丝路"北端的交会点，同时还是中蒙俄经济走廊的起点之一，对"一带一路"的国内核心区域和相关国家具有较强的经济辐射与联动作用。天津港目前可以通达世界上 180 多个国家和地区的 500 多个港口，是海上丝绸之路最北端的起点，连接东北亚，区位优势独特，桥头堡作用十分明显。

利用自贸区发展契机，推动"一带一路"大通道和大通关机制建设。依托京

① 福州自贸区片区是"21 世纪海上丝绸之路"沿线国家和地区交流合作的重要平台，这个定位是福州自贸区区别于其他自贸区的最大的亮点。泉州是海上丝绸之路的起点，泉州港、福州港、湄洲港、厦门港与广州港、深圳港一样，是"海丝"的重要支撑。泉州作为"21 世纪海上丝绸之路"的先行区，重点布局东南亚、南亚、中东、非洲，以及中亚、中东欧等区域，并提出复兴泉州港、阿拉伯新走廊拓展、金融创新等十大行动计划。

津冀交通一体化建设，构建贯通亚欧大陆海铁联运大通道，强化海陆空综合枢纽功能，建立跨境口岸服务绿色通道。加快相关基础设施建设，提高天津港国际集装箱班列组织能力；培育综合物流服务商，推动海运集装箱国际中转集拼业务、国际集装箱班列物流服务等，增强对沿线国家及地区转口贸易服务功能。与“一带一路”沿线国家加强信息互换、监管互认、执法互助的海关合作，以及检验检疫、认证认可、标准计量、统计信息等方面的双多边合作。

天津自贸区与“一带一路”战略叠加，有望打造一个连接内陆腹地、日韩以及中亚东欧的全新平台，为货物运输和贸易提供更为便捷的通道。天津自贸区可以作为企业“走出去”的一个平台，通过金融创新带动企业向“一带一路”沿线地区和国家进行直接投资，通过参与重大项目，为重大项目提供融资租赁等便利化金融服务，打通“一带一路”沿线地区和国家的贸易通道，进一步延伸天津口岸的辐射功能。

天津自贸区与“一带一路”战略联动主要体现在：一是加快自贸区内产业转型，实现“一带一路”沿线产业配套。在这一过程中，可以通过“一带一路”对于资本和政策的双轮驱动，共建更多平台，实现跨境贸易合作区产业配套协作。二是围绕天津自贸区整体发展战略，提升互联互通全局水平。天津自贸区在参与“一带一路”战略上，应以京津冀区域的互联互通为抓手，利用天津自贸区临港、临空产业布局的特点，实现投资、人才流动、交通、产业布局的统筹规划，并向“一带一路”纵深辐射，借助丝绸之路经济带向东部沿海的延伸，在高端制造产业、金融、服务贸易等方面获得更多的发展机遇。三是将天津自贸区打造成为“一带一路”战略中对外投资的平台。在天津自贸区，可以通过金融创新带动企业向“一带一路”沿线地区和国家进行直接投资。通过参与重大项目，为重大项目提供融资租赁等便利化金融服务，打通“一带一路”地区和国家的贸易通道，进一步延伸天津口岸的辐射功能，最终服务于“一带一路”战略。

六、促进自贸区与“一带一路”对接的策略

（一）促进对接融合

促进自贸区错位共赢发展，服务于“一带一路”战略大局。结合“一带一路”建设，不仅要做国际经贸规则的参与者，也要做规则引领者，构建面向全球的高标准自贸区网络，落实“以周边为基础”的自贸区战略。一要积极谋划，把握自贸区与“一带一路”战略在众多产业和巨量要素调动中产生的各种不可估量的产业创新、金融创新、区域创新等新机遇。二要错位共赢发展，避免“一哄而上”和恶性竞争。追求互补发展、共赢发展。三要着眼于从地缘政治和国家经济核心战略方面进行定位，统筹协调、共建共享、互利共赢，实现更高层次的竞合，防止无序竞争，实现自贸区与“一带一路”战略对外向型经济新格局的融合驱动。

积极创造融入“一带一路”战略的切入点。要充分认识自贸区的宗旨在于打

造投资便利、贸易自由、高端聚集、金融完善、监管透明、法规健全、辐射显著的全球经济制高点，为“一带一路”区域发展创造国际化平台。因此，要立足现实、发挥优势、主动对接，避免只希望上级重视、偏爱特殊政策给予、“等靠要”资金和政策上的倾斜。要顺应发展趋势、潮流，找准切入点。积极推动自贸区的贸易投资便利化制度红利迅速外溢，延伸自贸区辐射功能，服务于“一带一路”战略。

（二）创新对接模式

政府对外要做好政策沟通协调，营造良好的合作环境，对内则要强化统筹协调，为企业搭好平台。突出企业的主体作用，依托企业不断探索自贸区发展新模式。要探索区域开发开放与“一带一路”沿线相结合的互利共赢合作新模式、新机制、新办法。一是探索构建联席会议制度，加强互联互通，共商发展大计，缓解海量信息交流沟通和利益互动问题。二是创新合作模式，实现互利共赢。选取“一带一路”沿线城市结对，从友好城市或者友好港口开始，再发展双边或单边产业园，重塑国际产业发展的合作模式。可从政府角度加大与沿线国家地方政府、社会组织的密切交往。考虑与所在国的地方政府构建合作网络，搭建“一带一路”经贸合作的服务平台。三是更加主动地实施国家间的自贸区（FTA）战略，积极参与重大国际自贸区谈判与全球规则制定。四是推进政府服务模式和监管模式创新，培育自贸区和“一带一路”法治化、国际化营商环境。简政放权，实施准入前国民待遇和负面清单的管理模式，加强事中事后监管，创造可复制、可推广的自贸区发展的制度路径依赖，形成“一带一路”沿途的生产、流通、市场规模效应。

（三）构建对接大势

自贸区和“一带一路”都是国家战略，彼此之间具有紧密的联动关系，基本形成了互为支撑的局面。“一带一路”的核心要点在于连接成线和发展成带，其推进落实的途径是将国内外一些核心区域和重要节点作为战略支撑，形成“一带一路”战略的发展平台和重要开放窗口。因此，要在全局上加强战略匹配，努力形成彼此协同发展的大势，形成推进合力。

自贸区与“一带一路”战略具有支撑与引领关系，共同深化对外开放的载体。以“一带一路”沿线国家特别是我国周边国家和地区为依托，推动建设高标准的自贸区网络，为沿线国家的合作，推动贸易便利化和投资自由化，创造更妥帖的制度安排及政策环境。通过优化自贸区布局，为促进扩大开放和外贸稳定发展，为“一带一路”战略的有序推进而作出战略部署。在实施过程中，需加强自贸区的互联互通，打通自贸区各个环节，各个主管部门，以及与当地政府之间的渠道，在实践当中让政策真正落地，发挥各方的特色，以此来支撑“一带一路”战略。

参考文献

[1] 朱思翘、张天龙：《“一带一路”与“TPP”合纵连横背景下我国自贸区建设的机遇和挑战》，《地方财政研究》2015 年第 11 期。

[2] 赖满瑢：《“一带一路”与自贸区战略对接研究》，《中国集体经济》2015 年第 33 期。

[3] 曾婧：《“一带一路”战略下的中国自贸区机遇》，《特区经济》2015 年第 8 期。

[4] 王义桅：《“一带一路”撬动世界新变局》，《WTO 经济导刊》2015 年第 11 期。

[5] 唐朱昌：《“一带一路”的定位、风险与合作》，《社会观察》2015 年第 6 期。

[6] 田惠敏、曹红辉：《“一带一路”的动因与挑战》，《全球化》2015 年第 6 期。

[7] 杨英、刘彩霞：《“一带一路”背景下对外直接投资与中国产业升级的关系》，《华南师范大学学报》（社会科学版）2015 年第 5 期。

[8] 邢广程：《“一带一路”的国际区域和国内区域定位及其含义》，《中共贵州省委党校学报》2015 年第 3 期。

[9] 陈虹、杨成玉：《“一带一路”国家战略的国际经济效应研究——基于 CGE 模型的分析》，《国际贸易问题》2015 年第 10 期。

[10] 冯宗宪、李刚：《“一带一路”建设与周边区域经济合作推进路径》，《西安交通大学学报》（社会科学版）2015 年第 11 期。

[11] 荀克宁：《“一带一路”时代背景下境外园区发展新契机》，《理论学刊》2015 年第 10 期。

“海上丝绸之路”农产品贸易潜力及其影响因素分析

沈伟腾

（宁波大学商学院）

2009年中国农产品出口总额为507.31亿美元，2014年达到897.07亿美元，较2009年增长76.83%，年均增长率达到12.81%，中国“海上丝绸之路”沿线国家农产品出口额占农产品总出口额比重由2009年的22.94%上升到2014年的28.67%，表明“海上丝绸之路”沿线国家在我国农产品出口贸易中地位正在不断提高。然而，与此相伴的是发达国家对我国农产品频繁开展反倾销、反补贴调查，如2013年1月，美国对我国冷冻暖水虾进行反补贴立案调查，致使我国农产品出口企业遭受严重损失。此外，跨太平洋伙伴关系（TPP）的成立给我国未来农产品出口带来了极大的不确定性，2015年，我国对TPP国家农产品出口占我国农产品总出口的比重高达40%，TPP成员国之间的农产品贸易的种类与我国出口到TPP国家的农产品种类具有较高的相似度，因此，随着TPP协定逐步实施，TPP成员与中国之间的大部分农产品贸易有可能被TPP成员国之间的贸易所取代，例如，根据协议，澳大利亚牛肉、乳品、红酒、食糖、大米、园艺产品和海鲜产品在TPP国家的关税将大幅削减。TPP协定生效后，澳大利亚对日本牛肉出口关税将在日澳FTA基础上进一步降至9%。在此背景下，“海上丝绸之路”沿线作为中国重要的农产品出口市场，在降低发达国家农产品贸易保护政策及TPP所带来的负面影响方面将发挥巨大的作用。然而，当前不甚清晰的是：中国对“海上丝绸之路”沿线国家的农产品出口潜力如何？如何充分挖掘中国对“海上丝绸之路”沿线国家的农产品出口潜力？这两个问题的解决对于明确我国未来农产品贸易的发展方向具有重要的现实意义。

目前，对于中国农产品贸易潜力的研究主要从三个角度进行：一是对中国与个别国家的贸易潜力进行测算（帅传敏，2009；耿献辉、张晓恒、林连升，2013；孙会敏、张越杰，2015；金缀桥、杨逢珉，2015）。二是将一些国家纳入到一个区域集团或者特定地区中，通过分析中国与这些国家的贸易潜力展现中国与这个区域集团或者特定地区整体的贸易潜力状况（张海森、谢杰，2008；赵雨霖、林光华，

2008；马惠兰、李凤、叶雨晴，2014）。三是对中国与全球贸易潜力进行测算，从整体上把握中国农产品的贸易潜力状况（孙林，2008；耿晔强，2015）。上述对贸易潜力的测算无一例外的都是采用扩展的引力模型进行的，然而，通过引力模型对贸易潜力测算存在很大的问题，即引力模型估计得出的贸易值是平均值的概念，并不是最大值（Drysdale et al.，2000），据此得出的贸易潜力值是不准确的；此外，引力模型也未对贸易阻力进行较好的处理（Armstrong，2007）。随机前沿分析法的引入不仅可以较好地解决上述两个问题，还可以对贸易潜力的影响因素进行分析，但现有研究对随机前沿引力模型的运用主要在于测算所有贸易商品总的贸易潜力（施炳展、李坤望，2009，鲁晓东、赵奇伟，2010；贺书锋、平瑛、张伟华，2013；Ravishankar，M. Stack，2014；谭秀杰、周茂荣，2015），用于农产品贸易潜力的测算较少，尚无文献利用随机前沿引力模型对中国与"海上丝绸之路"沿线国家农产品贸易潜力进行研究。因此，本文试图利用随机前沿引力模型对中国与"海上丝绸之路"沿线国家的农产品贸易潜力进行测算，并对贸易潜力的影响因素进行分析，希望能对中国制定农产品贸易政策提供有益的参考。

一、理论模型

（一）贸易引力模型

贸易引力模型是在借鉴牛顿万有引力定律的基础上发展而来的，Timbergen（1962）和Poyhonen（1963）最早将引力模型应用到国际贸易流量的分析中，将双边贸易流量表示为两国各自的经济规模以及距离的函数，两国经济规模扩大有利于贸易流量的增加，距离对贸易流量增加起阻碍作用。然而两国贸易流量的影响因素纷繁复杂，仅仅通过经济规模和距离进行解释不符合现实的情况，Linnemann（1966）在Timbergen引力模型的基础上考察了互补性的影响。此后，诸如共同边界、共同语言、汇率等变量也被引入到贸易引力模型中（Helpman，1987；Wei，1996；Bergstrand，1989）。本文借鉴Baldwin和Taglioni（2006）的模型设定，将贸易阻力划分为自然阻力以及人为阻力，以此构建面板数据贸易引力模型的一般形式，模型如下：

$$\ln T_{ijt} = \ln\beta_0 + \beta_1 \ln Y_{it} + \beta_2 \ln Y_{jt} + \beta_3 \ln f(naturel) + u_{ijt} \tag{1}$$

$$u_{ijt} = g(manmade)q(unpredictable)$$

其中，T_{ijt}表示双边贸易流量；Y_{it}和Y_{jt}分别表示i国和j国在t时期的经济规模；f（$natural$）为自然阻力函数；g（$manmade$）表示人为阻力函数；q（$unpredictable$）为随机影响函数；u_{ijt}为随机扰动项，服从正态分布，即$u_{ijt} \sim iidN$（0，$\sigma 2$），包含战争、天气、经济危机等随机因素的影响，然而，在引力模型中，随机扰动项中不可避免地包含人为阻力因素对贸易的影响，使得贸易潜力很难得到精确的估计（Drysdale and Garnaut，1982）。自然阻力函数和人为阻力函数可以进一步表示为：

$$f(natural) = Dist_{ij}^{\alpha 1} \exp(border_{ij}^{\alpha 2} + landlocked_i^{\alpha 3} + landlocked_j^{\alpha 4} + lang_{ij}^{\alpha 5} + \cdots) \tag{2}$$

$$g(manmade) = g(tradeagreements_{ij}, politicaldist_{ij}, regionalblocs, tariffs, institutions\cdots) \tag{3}$$

自然阻力函数中的变量属于长期无法改变的变量，如 $Dist_{ij}$ 代表 i 国和 j 国的之间的地理距离；$border_{ij}$ 为虚拟变量，当两国边界接壤时取 1，反之，取 0；$lang_{ij}$ 表示 i 国和 j 国是否存在共同语言，当存在时取 1，反之取 0。而人为阻力函数中的变量主要是一些可以改变的政策变量，如 *tradeagreement* 代表特惠贸易协定；*politicaldist* 为政治关系亲密程度。

（二）随机前沿引力模型

随机前沿分析最早由 Aigner 和 Lovell（1977）及 Meeusen 等（1977）等提出，被广泛应用于生产效率的测算，在研究生产效率的文献中，产出除受到投入要素的影响之外，还受到两种扰动因素的影响，一种为非负的技术非效率项，另一种为随机扰动项。这个方法同样可以被用于对贸易流的测算（Armstrong，2007）。面板数据随机前沿引力模型的一般形式可以表示为：

$$\ln T_{ijt} = \ln\beta_0 + \beta_1 \ln Y_{it} + \beta_2 \ln Y_{jt} + \ln f(natural) + u_{ijt} - v_{ijt} \tag{4}$$

$$v_{ijt} = \rho(manmade) \geqslant 0$$

其中，v_{ijt} 为贸易非效率项①，可以反映由于贸易非效率所造成的实际贸易量对可能的最大贸易量的偏离程度，假定其服从截尾正态分布。与随机扰动项 u_{ijt}（此时的 u_{ijt} 与式（1）中的不同）相互独立。相比式（1）而言，式（4）中增添了 v_{ijt} 这一项，且把影响贸易的人为阻力因素从式（1）扰动项中分离出来，纳入到 v_{ijt} 中，解决了式（2）中由于遗漏变量所导致的估计偏误问题。因此，人为阻力因素对贸易的综合影响就表现为贸易非效率对贸易量的影响，只需估计参数 ρ 就可以得到贸易非效率对贸易量的影响。其他变量的解释与式（1）相同。

在对式（4）进行估计的基础上，通过构建贸易非效率模型，还可以研究各种人为阻力因素对贸易效率的影响，即对贸易潜力②的影响。贸易非效率模型的一般形式可以表示为：

$$v_{ijt} = \rho z_{ijt} + \varepsilon_{ijt} \tag{5}$$

其中，v_{ijt} 为贸易非效率；z_{ijt} 表示贸易效率的影响因素列向量，即式（3）中包括的各种人为阻力因素；ρ 为待估参数行向量；ε_{ijt} 是随机扰动项。对于式（5）的估计，早期的研究主要利用的是两阶段估计（Pitt and Lee，1981），然而，两阶段估计结果有偏且对真实值的偏离较大③。Kumbhakar 等（1991）的研究表明，一阶

① 贸易非效率这一概念取自技术非效率，两者内涵一致，均表达了由于可控因素所导致的实际产出对最大可能产出的偏离，详见 Kumbhakar 和 Lovell（2000）。

② 事实上，贸易效率与贸易潜力的变化是相反的，贸易效率越高，则贸易潜力越低，这一点也可以从式（5）和式（6）得出，v 越大，则 TE 越小，实际值与可能实现的最大值差距也就越大，即贸易潜力越大。

③ 在两阶段估计中，当影响技术效率的影响因素与投入要素相关时，第一步的参数估计对真实值的偏离非常显著，而在第二步中，只要技术非效率影响因素确实对技术效率产生影响，无论投入要素与技术效率影响因素是否相关，估计结果都存在显著的偏离（Schmidt P.，2011）。

段估计可以在很大程度上解决两阶段估计所存在的问题。

通过对式（4）和式（5）采用一阶段估计可以得到两个函数参数的极大似然估计值以及贸易效率指数，贸易效率指数的计算公式可以表示为：

$$TE_{ijt} = T_{ijt}/T_{ijt}^{l} = \exp(-v_{ijt}) = \exp(-\rho z_{ijt} - \varepsilon_{ijt}) \tag{6}$$

其中，TE_{ijt}表示 i 国和 j 国在 t 时期的贸易效率指数，取值范围为（0，1），当 TE_{ijt}取值为 1 时，实际贸易量与贸易潜力相等，TE_{ijt}越接近于 0，表明实际贸易量与贸易潜力之间的差距越大，贸易增长的空间也就越大；T_{ijt}为实际贸易量；T_{ijt}^{l}代表可能实现的最大值，即仅考虑随机因素（所有的人为阻力均消除）影响时可以实现的最大值；v_{ijt}为非效率项。对式（4）和式（5）进行估计前需要利用似然比检验（LR）对模型的适用性进行检验，模型适用性检验主要用于检验是否存在贸易非效率对贸易的影响。LR 统计量可以表示为：

$$LR = -2[\ln L(H_0) - \ln L(H_1)] \tag{7}$$

其中，LR 检验统计量渐进服从混合 χ^2 分布，自由度为约束条件的个数；$\ln L$（H_0）与 ln（H_1）分别表示约束条件下和无约束条件下的对数似然函数值。对于随机前沿引力模型的适用性检验也可以通过考察变差系数 γ 得到，γ 被定义为：

$$\gamma = \frac{\sigma_v^2}{\sigma_v^2 + \sigma_u^2} \tag{8}$$

其中，σ_u^2 为随机扰动项 u 的方差；σ_v^2 为非效率项 v 的方差。当 γ 接近 1 时，表示合成误差项（$\sigma_v^2 + \sigma_u^2$）的变异主要是由非效率项的变异引起的；反之，则主要由随机扰动项的变异所引起。当 γ 显著为 0 时，表示不存在非效率项的影响，无须引入随机前沿分析法进行估计。

二、模型设定与数据来源

（一）随机前沿引力模型设定

以往研究对随机前沿引力方程及贸易非效率方程变量的选择并没有严格的标准，即使在测算生产和社会效率的文献中，对于随机前沿引力方程和贸易非效率方程各自变量的选择依据也未得到较好的说明（Kumbhakar and Lovell，2000；Ravallion，2003）。Armstrong（2007）建议在随机前沿引力方程中可只引入经济规模、距离、边界等核心变量，以及其他长短期内不会发生变化的变量，如语言、贸易互补性等，并将这些变量称为自然决定的变量。本文采纳 Armstrong 对模型设定的建议，并结合本文研究内容的需要，将随机前沿引力方程设定为：

$$\ln EX_{ijt} = \beta_0 + \beta_1 \ln VOA_{it} + \beta_2 \ln GDP_{jt} + \beta_3 \ln DGDPPC_{ijt} + \beta_4 \ln POP_{jt} + \beta_5 DIS_{ij} + \beta_6 Comlang_{ij} + \beta_7 Border_{ij} + u_{ijt} - v_{ijt} \tag{9}$$

其中，EX_{ijt}表示 t 年 i 国对 j 国的出口额；VOA_{it}为 t 年 i 国的农业生产总值，表

示i国农业生产规模，反映了i国农产品的供给能力①，其对中国出口的影响预计为正；GDP_{jt}表示j国的国内生产总值，对中国农产品出口影响预计为正；$DGDPPC_{ijt}$为i国和j国的人均GDP差额的绝对值，作为消费模式差异的代理变量，当对出口影响为负时，支持林德假说；反之，则支持赫克歇尔—俄林的要素禀赋理论（Ravishankar and Stack，2014）；POP_{jt}代表t年j国的人口总量，贸易伙伴国人口越多，对农产品的需求量越大，故对中国农产品出口影响为正。DIS_{ij}表示i、j两国之间的地理距离，对中国农产品出口影响预计为负。$Comlang_{ij}$是一个虚拟变量，当变量取1时表示i、j两国有着共同的官方语言；反之，则不存在共同语言的情况。当存在共同语言时，预计对中国农产品出口产生正向影响。$Border_{ij}$为共同边界变量，当两国存在共同边界时取1，反之，取0，预计对出口产生正向影响。u_{ijt}为随机扰动项，服从均值为零的正态分布；v_{ijt}为非负的贸易非效率项，假定服从截尾正态分布。

在对贸易非效率方程进行设定时，Armstrong（2007）给出的建议是在贸易非效率方程中，仅包括一些影响贸易的政策变量，以及其他中短期发生变化的变量。本文据此构建贸易非效率方程：

$$v_{ijt} = \rho_0 + \rho_1 WTO_{ijt} + \rho_2 RTA_{ijt} + \rho_3 Tariff_{jt} + \rho_5 TE_{jt} + \varepsilon_{ijt} \quad (10)$$

$$v_{ijt} = \rho_0 + \rho_1 Tariff_{jt} + \rho_2 TTI_{jt} + \rho_3 TF_{jt} + \rho_4 BCP_{it} + \rho_5 QATI_{it} + \rho_6 QPI_{it} + \rho_8 TTE_{it} \quad (11)$$

式（10）中，v_{ijt}为非负的贸易非效率项；WTO_{ijt}表示i、j两国是否属于世贸组织的成员国，当两国均属于世贸组织成员国时取1，反之则取0，当两国同属于世贸组织成员国时对中国农产品出口效率的影响预计为正。RTA_{ijt}为区域贸易协定变量，当i、j两国已经签订协定时取1，反之，取0，预计协定的签订对农产品出口效率产生正向影响；$Tariff_{jt}$表示j国在t时期农产品加权进口关税税率，贸易伙伴国农产品进口关税税率的提高对中国农产品出口效率产生负向影响；TF_j表示j国在t时期的贸易自由度，贸易自由度反映了一国对来自世界各地的商品和服务流的开放程度以及该国公民作为买者和买者在国际市场中自由买卖的能力，取值范围在0～100，分数越高自由度越高，越有利于贸易效率的提高。在式（11）中，TTE_{it}和TTI_{jt}分别表示i国的出口所需时间和j国进口所需时间②，由于农产品具有不易储藏的特点，因此时间对于农产品贸易具有重大影响，时间的延长对于农产品出口效率的提高极为不利。BCP_{it}为海关办事效率指标，预计对出口效率产生正向影响；

① 用i国农业生产总值（VOA）代替i国国内生产总值（GDP）的原因在于：第一，当研究总量贸易时，运用出口国GDP是合适的，因为其反映的是该国对所有产品的供给能力；然而，本文研究的是农产品贸易，出口国GDP数据并不能反映该国对农产品的供给能力，因为GDP的增长可能并非由于农产品产量的提高而引起的，即产品供给能力并未提高，如仍使用出口国GDP数据，估计结果并不可信。第二，农业生产总值是农、林、牧、渔业的总产值，反映了一定时期内农业生产总规模，因其与本文农产品的涵盖范围一致，故能较好地反映农产品的供给能力。

② j国进口和i国出口所需时间均包括内陆运输、海关清关、港口和目的地卸货以及文件准备时间。

$QATI_{it}$以及 QPI_{it}是基础设施状况的指标，分别用来衡量中国的航空基础设施和港口基础设施质量，对中国出口效率的影响预计为正。其他变量的含义与式（10）中相同。

（二）数据来源

本文根据“海上丝绸之路”的空间范围以及数据的可得性，最终确定25个国家作为本文的研究对象，这25个国家分布于“海上丝绸之路”的四条航线①，因此能够较好地反映“海上丝绸之路”沿线国家的总体情况，以避免样本过于集中。本文将所研究的时间段划分为2000~2007年和2008~2014年，如此划分的原因在于：第一，若直接使用2000~2014年数据进行估计，由于该时间段内包括2008年金融危机的因素的影响，从而导致估计结果并不能反映出实际情况；第二，将时间段进行如此划分可以更好地考察金融危机发生前后各变量系数的结构性变化。所选用的非效率方程分别为式（10）和式（11），此外，由于 *TTI*、*TTE*、*BCP*、*QATIA* 以及 *QPI* 五个变量的数据在2007年之前难以获得，故式（10）中未加入这五个变量，而是放在2008~2014年这一时间段进行考察。鉴于数据的可得性，同时为了避开1998年金融危机等异常年份的影响，将起始年份定在2000年，2014年的数据是本文所能收集到的最新的数据。

式（9）中，中国对贸易伙伴国的农产品出口数据来自联合国 COMTRADE 数据库②。由于中国农业生产总值（*Value*）数据缺失量过大，故用第一产业国内生产总值进行替代，数据来自《中国统计年鉴》。伙伴国以2005年计价的国内生产总值（*GDP*）数据来自联合国 National Accounts Main Aggreg - ates Database。中国与贸易伙伴国人均 GDP 差额的绝对值（*DGDPPC*）是对来自世界银行 World Development Indicator 数据库的人均 GDP 进行计算得到，数据均以2005为基期。贸易伙伴国人口绝对量数据（*POP*）来自粮农组织数据库。中国与贸易伙伴国之间的双边地理距离（*DIS*）是通过 http：//www. fr - eemaptools. com/网站的距离计算工具计算得到③。共同语言变量（Comlang）来自 CEPII。为保证数据处理的一致性，农产品出口额与农业生产总值均被调整为以2005年不变价格衡量。

---

① 本文综合前人对“21世纪海上丝绸之路”空间范围的研究（黄茂兴、贾学凯，2015；陈万灵、何传添，2014；吴磊，2014），将“21世纪海上丝绸之路”划分为四条航线，即东盟航线、南亚航线、波斯湾和红海航线以及东非航线，并以这四条航线为依据选取样本国。东盟航线包括文莱、柬埔寨、印度尼西亚、马来西亚、新加坡、泰国、越南、菲律宾；南亚航线包括印度、巴基斯坦、斯里兰卡、孟加拉。波斯湾和红海航线包括沙特阿拉伯、阿联酋、阿曼、卡塔尔、巴林、也门、埃及、吉布提、伊朗；东非航线包括肯尼亚、莫桑比克、坦桑尼亚、南非。

② 本文采用周丹和陆万军（2015）对农产品统计口径的确定，具体范围包括 HS 第1~24章以及50~52章产品。

③ 计算的是福建、厦门与中国贸易伙伴国首都之间的地理距离，之所以将福建、厦门作为起始点在于发改委、外交部和商务部2015年联合发布的《“一带一路”愿景与行动》中对福建建设丝绸之路经济带核心区表示肯定，而厦门港又是福建最大的港口，将成为沟通中国与“21世纪海上丝绸路”沿线国家的最重要的桥梁之一。

式（10）和式（11）中，WTO成员国和区域贸易协定（*RTA*）数据来自WTO官方网站。伙伴国农产品加权进口关税数据来自WITS数据库。伙伴国贸易自由度指数（*TF*）来自美国传统基金会和《华尔街日报》共同发布的世界经济自由度报告。中国出口所需时间（*TTE*）与伙伴国进口所需时间（*TTI*）来自世界银行Doing Business Report。海关办事效率（*BCP*）、港口基础设施质量（*QPI*）及航空基础设施质量（*QATIA*）评分来自World Economic Forum的全球竞争力报告。各变量的描述性统计见表1。

表1　变量描述性统计

时间段	2000~2007年		2008~2014年	
变量	平均值	标准差	平均值	标准差
ln*EX*	17.9071	2.0453	19.2089	1.8700
ln*Value*	9.9316	0.0925	10.2496	0.0727
ln*GDP*	24.6701	1.5276	25.0117	1.5574
ln*POP*	9.9329	1.9838	10.0967	1.9262
ln*DGDPPC*	7.6709	1.6624	8.1850	1.2835
ln*DIS*	8.4910	0.6810	8.5103	0.6724
comlang	0.0829	0.2765	0.0788	0.2702
WTO	0.6218	0.4862		
RTA	0.1710	0.3775		
TFi	53.8549	8.8406	71.5455	0.7445
TFj	63.4819	14.0398	72.2242	11.5992
Tariff	13.8831	11.7088	11.8041	10.5660
TTI			20.0000	7.9602
TTE			20.2303	1.5126
BCP			4.4024	0.1615
QATIA			4.5376	0.1605
QPI			4.4394	0.1063

注：*WTO*和*RTA*的实施主要是在2000~2007年这一时间段，因此只在第一阶段考察*WTO*和*RTA*对出口效率的影响。

三、实证结果及分析

（一）随机前沿引力方程的估计结果

在对随机前沿引力方程进行估计前需要利用似然比检验对模型的适用性进行检

验，检验包括两部分：①非效率存在性检验；②共同边界变量是否引入的检验。检验结果（见表2）表明：①贸易非效率不存在的假设在5%的显著性水平上被拒绝，说明在两个时间段内，中国农产品出口均受到贸易非效率因素的影响；②共同边界变量影响不存在的假设在5%的显著性水平上被接受，即使在10%的显著性水平上仍然不拒绝，说明在两个时间段内，均不存在共同边界因素对中国农产品出口的影响，可能的原因在于：共同边界变量与双边地理距离存在高度的相关性。事实上，共同边界对出口的影响已经包括在双边距离对出口的影响当中。

表2　似然比检验

原假设	*LR* 统计量	5%临界值	检验结论
$H0$：$\mu=\sigma_v^2=0(1)$	105.1538	2.71	拒绝
$H0$：$\mu=\sigma_v^2=0(2)$	44.5176	2.71	拒绝
$H0$：$\beta7=0(1)$	1.3617	2.71	接受
$H0$：$\beta7=0(2)$	1.0829	2.71	接受

注：（1）表示时间段2000～2007年；（2）表示时间段2008～2014年；第一、第二行考察是否存在贸易非效率，第三、第四行考察是否引入共同边界变量。

本文利用Frontier4.1软件，采用一步法分别对式（9）和式（10）以及式（9）和式（11）进行估计，估计结果见表3，表3仅列示了随机前沿引力方程的估计结果，非效率模型的估计结果见表5。

对比模型（1）和模型（3）可以发现除*DGDPPC*变量外，所有变量均通过1%的显著性水平，各变量对中国农产品出口的影响方向相同，仅在作用大小上存在差别。在模型（1）和模型（2）中，农业总产值对出口的影响为正且最大，表明在其他因素不变的前提下，中国农产品供给能力的提高可以极大地推动中国农产品的出口。伙伴国GDP对中国农产品出口的影响为正，GDP表明了一个经济体总体的购买能力，伙伴国购买能力的提高可以在很大程度上提高该国对农产品的需求。伙伴国人口的增加对于中国农产品出口的影响显著为正，农产品是人们生存的必需品，伙伴国人口数量的增长代表了对农产品需求的增加，可以在很大程度上推动中国农产品的出口。双边地理距离对中国农产品出口影响为负，且通过1%的显著性水平，对比模型（1）和模型（2）可以发现，地理距离对中国农产品出口的弹性系数由0.92降到了0.88，表明随着时间的推移，地理距离对贸易的影响正逐步减小。两国人均GDP差额的绝对值对中国农产品出口的负向影响并不显著，表明林德定理并不能解释中国农产品出口，可能的原因在于农产品需求的收入弹性相对较低，对农产品的偏好并不会随着收入差距的变动而发生较大变化，因此，林德定理并不适用于农产品出口的情况。正如众多研究所显示的那样，共同语言对于农产品的出口具有显著的正向影响，通过对比模型（1）和模型（2）又可以发现共同语言对中国农产品出口的正向影响在不断扩大。

表3　随机前沿引力方程估计结果

模型	(1)	(2)	(3)	(4)
截距项	−33.7147*** (−95.8484)	−20.2692*** (−6.5873)	−5.2302*** (4.3881)	−3.8128*** (−3.8187)
ln*Value*	4.5471*** (82.9295)	3.2768*** (10.2405)	1.7009*** (10.8495)	1.5462*** (9.8225)
ln*GDP*	0.5727*** (9.2159)	0.4585*** (14.4495)	0.4088*** (6.5501)	0.3933*** (6.3006)
ln*POP*	0.1833*** (3.1993)	0.2111*** (7.9630)	0.5075*** (7.7877)	0.5396*** (8.0918)
ln*DIS*	−0.9156*** (−14.6025)	−0.7945*** (−13.2590)	−0.8781*** (−10.2394)	−0.8115*** (−9.1052)
ln*DGDPPC*	−0.0408 (−0.9092)	0.0539 (1.0773)	−0.0975 (−1.1736)	−0.1208 (−0.6226)
Comlang	0.9204*** (5.5090)	0.6605*** (10.0828)	1.6639*** (7.9717)	1.6718*** (8.4192)

注：①模型（1）和模型（2）为时间段2000～2007年的估计结果，模型（3）和模型（4）为2008～2014年的估计结果，为了对比两个时间段参数所发生的变化，在对模型（1）和模型（3）进行估计时，非效率方程中均只包含*Tariff*和*IF*两个变量，而在对模型（2）和模型（4）进行估计时，贸易非效率方程中纳入了更多的变量。②***、**和*分别表示1%、5%和10%的显著性水平，括号内为t统计量。

（二）农产品出口效率及其影响因素

（1）农产品出口效率。利用2008～2014年的数据，采用一步法对模型（9）和模型（11）进行估计可以得到中国对“21世纪海上丝绸之路”沿线25个国家的农产品出口效率，并按照各个国家所分属的航线进行列示（见表4），为了比较出口效率随时间变化的趋势，表格中列示了四个年份的出口效率值①。

① 根据贸易效率和实际贸易额，再结合式（6）可以计算得到具体的贸易潜力值，然而由于篇幅的限制，具体贸易值并未给出。

表4 分航线中国农产品出口效率值

区域	国家	2011年	2012年	2013年	2014年
东盟航线	文莱	0.91	0.91	0.92	0.91
	柬埔寨	0.88	0.87	—	0.89
	印度尼西亚	0.87	0.89	0.89	0.87
	马来西亚	0.91	0.92	0.93	—
	新加坡	0.94	0.94	0.94	0.93
	泰国	0.90	—	0.85	0.73
	越南	—	0.91	0.92	0.91
	菲律宾	0.88	0.88	0.90	0.84
	均值	0.90	0.90	0.91	0.87
南亚航线	印度	0.19	0.15	0.17	0.12
	巴基斯坦	0.87	0.86	0.87	0.84
	斯里兰卡	0.83	0.84	0.86	0.87
	孟加拉	0.86	0.78	0.82	0.81
	均值	0.69	0.66	0.68	0.66
波斯湾和红海航线	沙特阿拉伯	0.92	0.91	0.91	0.90
	阿联酋	0.94	0.94	0.94	0.94
	阿曼	—	0.92	0.91	0.90
	卡塔尔	0.88	0.89	0.90	0.89
	巴林	0.90	0.90	0.93	0.92
	也门	0.89	0.89	0.90	—
	埃及	0.91	0.90	0.89	0.89
	吉布提	0.88	0.83	0.82	0.81
	伊朗	0.44	0.31	0.22	0.22
	均值	0.85	0.83	0.82	0.81
东非航线	肯尼亚	0.77	0.44	0.68	0.49
	莫桑比克	0.81	0.79	—	0.79
	坦桑尼亚	0.75	0.47	0.64	0.70
	南非	0.86	0.89	0.90	0.88
	均值	0.80	0.65	0.74	0.72

从同一时间维度看，在2014年，中国对各个航线的农产品出口效率均值的排名由高到低依次为东盟航线、波斯湾和红海航线、东非航线、南亚航线，中国对南亚航线和东非航线国家的出口效率最低，分别为0.66和0.72，受到贸易非效率影

响最大，可供开拓的贸易增长潜力也最大①。就个别国家而言，中国对印度和伊朗的农产品出口效率最低，分别仅为0.12和0.22，中国对这两个国家的农产品出口潜力最大。中国对泰国的出口也仅仅实现了其可能实现的最大出口额的73%。除南非以外，中国对东非航线国家的农产品出口效率普遍较低，体现了进一步扩张的较大空间。

从不同时间维度观察中国对各航线出口效率的变化，可以发现除东非航线外，各航线的效率值并未发生大幅度的变化，2014年相较于2011年有略微的下降，可能的原因在于，2008年金融危机之后，各国为保护本国农产品行业，对中国农产品出口设置大量贸易壁垒。如农产品进口关税，在2011年，“21世纪海上丝绸之路”沿线25国农产品进口关税平均值为10.89%，到2014年该值上升到了13.55%，从而使得中国对各航线的农产品出口效率出现轻微下降的情况。

（2）农产品出口效率的影响因素。通过对比表5中模型（1）和模型（3）发现，两个时期贸易伙伴国贸易自由度对中国农产品出口效率的影响方向相同，影响大小也基本一致。然而，贸易伙伴国农产品进口关税变量在第一时期并不显著。在第二时期，关税变量对农产品出口效率的影响在1%的显著性水平上成立。贸易伙伴国农产品进口关税对贸易非效率的影响为正，不利于中国农产品出口效率的提高，从而使得中国农产品实际出口额与可能实现的最大出口额之间的差距扩大。伙伴国贸易自由度对贸易非效率的影响为正，说明伙伴国对外贸易的开放程度越高，越有助于中国农产品出口效率的提高。

在模型（2）中，相较于模型（1）引入了*RTA*和*WTO*两个变量，伙伴国进口关税变量对中国农产品出口的影响仍旧不显著，贸易自由度的影响基本维持不变。区域贸易协定变量对贸易非效率的影响为负，表明当中国与伙伴国属于同一区域贸易协定框架时，中国农产品的出口效率可以得到提高。WTO变量对贸易非效率的影响不显著，正如赵雨霖与林光华（2008）所解释的那样，WTO从建立之初就带有很强的富国烙印，其更注重发达成员国的利益，发展中国家常常受到不公正的待遇。因此，中国与贸易伙伴国同属于WTO成员国对中国出口效率的提高可能并无多大帮助。在模型（3）的基础上，模型（4）引入了更多的贸易非效率影响因素，中国海关办事效率（*BCP*）、航空基础设施质量（*QATIA*）和港口基础设施质量（*QPI*）对贸易非效率的影响为负，即海关办事效率、航空以及港口基础设施质量的提高对中国农产品出口效率的影响为正。同时，伙伴国货物进口所需时间（*TTI*）对贸易非效率影响为正，进口时间的延长不利于中国农产品出口效率的提高，由于农产品相较于其他产品具有不易保存的特点，因此流通时间对于农产品的

① 当贸易效率值为1时，实际贸易额达到了可能实现的最大贸易额，不存在贸易非效率的影响，贸易潜力已用尽；当贸易效率值大于0小于1时，实际贸易额小于可能实现的最大贸易额，且这种差额是由贸易非效率所引起的，因此可以通过减少贸易非效率影响挖掘贸易潜力，使得实际贸易额不断接近可能实现的最大贸易额。

出口具有至关重要的作用。中国出口所需时间（*TTE*）对贸易非效率的负向影响并不显著，原因在于中国出口所需时间的年度变化极小，因此未能反映出中国出口所需时间对农产品出口效率的正向影响。

表 5　各变量对中国农产品出口效率影响估计

模型	(1)	(2)	(3)	(4)
截距	2.06* (1.58)	-0.27 (-0.26)	2.23** (2.25)	-0.02 (-0.02)
Tariff	0.01 (0.84)	-0.01 (0.74)	0.09*** (4.98)	0.08*** (5.36)
TF	-0.04** (-2.26)	-0.10*** (-4.64)	-0.07*** (-4.58)	-0.04** (-2.21)
BCP				-0.18*** (2.57)
QATIA				-2.29* (-1.51)
QPI				-0.36** (2.27)
TTI				0.08*** (3.10)
TTE				-0.02 (-0.12)
RTA		-5.09*** (-4.95)		
WTO		0.70 (1.04)		
Sigma - squared	1.83** (1.87)	1.28*** (6.12)	0.75*** (3.29)	0.74*** (4.34)
Gamma	0.63*** (13.46)	0.89*** (4.49)	0.32* (1.50)	0.40** (2.32)
LR	85.97	105.15	30.61	44.52

注：括号内为 t 统计量；***、**和*分别表示 1%、5%和 10%的显著性水平。

四、结论与政策建议

"海上丝绸之路"战略是中国在面临全球政治、贸易格局不断变化的新形势下所提出的新型贸易之路，是中国外贸出口结构优化升级的重要支撑点，蕴藏着巨大的出口潜力。现有文献关于中国对"海上丝绸之路"沿线国家出口潜力已有较丰富的研究，然而对于农产品出口潜力的相关研究较少，且均采用引力模型对出口潜力进行测算，尚未有文献将随机前沿方法引入到中国对"海上丝绸之路"沿线国家农产品出口潜力的测算当中。因此，本文利用"海上丝绸之路"沿线国家2000~2014年的数据，采用一步法对随机前沿引力方程和贸易非效率方程进行估计，得到中国农产品出口的效率值以及影响中国农产品出口效率各因素的参数估计值。

本文得到的主要结论如下：①"海上丝绸之路"四大航线中，除南亚航线和东非航线外均达到了较高的贸易效率，考虑到南亚航线贸易效率的低下主要是由于印度贸易效率值过低引起，故整体而言，中国对东非的农产品出口效率最低；中国对"海上丝绸之路"沿线大部分国家的农产品实际出口额达到了可能实现的最大出口额的80%以上，显示了相对较低的出口增长潜力。值得一提的是，印度2014年的贸易效率仅为0.12，表明中国对印度的农产品出口效率主要受到人为贸易阻力因素的影响。②从近四年的贸易效率值的变化来看，四条航线贸易效率变化总体上比较稳定，2014年较2010年仅出现轻微的下降，人为贸易阻力因素有所增强；从国家层面来看，大多数国家也保持了较为稳定的贸易效率，肯尼亚、伊朗、泰国和坦桑尼亚贸易效率波动相对较大，总体上呈不断下降的趋势。③对比两个时期可以发现随机前沿引力方程和贸易非效率方程的估计结果发生了较大变化，尤其是影响贸易效率的伙伴国农产品进口关税变量由不显著变为显著。④区域贸易协定、基础设施以及伙伴国进口所需时间对中国农产品出口效率产生显著的影响，中国与伙伴国是否同属WTO成员国对出口效率的影响并不显著。

为了充分挖掘中国对"海上丝绸之路"沿线国家的农产品出口潜力，本文基于实证结论提出如下政策建议：①将印度、伊朗、肯尼亚纳入到区域性贸易协定当中，协定应旨在降低三国进口流程的效率，加大对这三国基础设施建设投资，帮助其建立发达的基础设施网络，以此减少农产品运输时间，保证农产品质量。②就中国自身来说，应提高其海关办事效率，减少各种出口审批文件的数量以及所耗费的时间；加大对港口以及航空基础设施建设的投资力度，建立便捷的海陆交通网络。

参考文献

[1] 帅传敏.基于引力模型的中美农业贸易潜力分析［J］.中国农村经济，2009（7）：48-58.

[2] 耿献辉，张晓恒，林连升.中印农产品出口的影响因素与潜力比较——基于引力模型的实证分析［J］.湖南农业大学学报（社会科学版），2013（1）：1-7.

[3] 孙会敏，张越杰.中国—新西兰农产品贸易比较优势及贸易潜力研究［J］.世界农业，2015（7）：118-124.

[4] 金缀桥，杨逢珉.中韩双边贸易现状及潜力的实证研究［J］.世界经济研究，2015

(1): 81 - 90.

[5] 张海森，谢杰．中国—东欧农产品贸易：基于引力模型的实证研究 [J]．中国农村经济，2008 (10): 45 - 53.

[6] 赵雨霖，林光华．中国与东盟 10 国双边农产品贸易流量与贸易潜力的分析——基于贸易引力模型的研究 [J]．国际贸易问题，2008 (12): 69 - 77.

[7] 马惠兰，李凤，叶雨晴．中国新疆与上合组织国家农产品贸易潜力研究——基于贸易引力模型的实证分析 [J]．农业技术经济，2014 (6): 120 - 126.

[8] 孙林．中国农产品贸易流量及潜力测算——基于引力模型的实证分析 [J]．经济学家，2008 (6): 70 - 76.

[9] 耿晔强．中国双边农产品贸易流量及潜力研究——以新兴市场为例 [J]．统计研究，2015 (9): 49 - 55.

[10] Drysdale P., Huang Y., Kalirajan K. China's Trade Efficiency: Measurement and Determinants. APEC and Liberalisation of the Chinese Economy [J]. Asia Pacific Press, Canberra, 2000: 259 - 271.

[11] Armstrong S. Measuring Trade and Trade Potential: A Survey [J]. Asia Pacific Economic Paper, 2007 (368): 1 - 17.

[12] 施炳展，李坤望．中国出口贸易增长的可持续性研究——基于贸易随机前沿模型的分析 [J]．数量经济技术经济研究，2009 (6): 64 - 74.

[13] 鲁晓东，赵奇伟．中国的出口潜力及其影响因素——基于随机前沿引力模型的估计 [J]．数量经济技术经济研究，2010 (10): 21 - 33.

[14] 贺书锋，平瑛，张伟华．北极航道对中国贸易潜力的影响——基于随机前沿引力模型的实证研究 [J]．国际贸易问题，2013 (8): 3 - 12.

[15] Ravishankar G., Stack M. The Gravity Model and Trade Efficiency: A Stochastic Frontier Analysis of E - astern European Countries Potential Trade [J]. The World economy, 2014, 37 (5): 690 - 704.

[16] 谭秀杰，周茂荣．“21 世纪海上丝绸之路”贸易潜力及其影响因素 [J]．国际贸易问题，2015 (2): 3 - 12.

[17] Tinbergen J. Shaping the World Economy: Suggestions for an International Economic Policy [M]. The Twe - ntieth Century Fund, New York, 1962.

[18] Poyhonen P. A Tentative Model for the Volume of Trade between Countries [J]. Welwirtschaftliches Ar - chiv, 1963, 1 (90): 93 - 100.

[19] Linnemann H. An Econometric Study of International Trade Flows [M]. North Holland Publishing Co - mpany, Amsterdam, 1966.

[20] Helpman E. Imperfect Competition and International Trade: Evidence from Fourteen Industrial Countr - ies [J]. Journal of the Japanese and International Economies, 1987 (1): 62 - 81.

[21] 史朝兴，顾海英，秦向东．引力模型在国际贸易中应用的理论基础研究综述 [J]．南开经济研究，2005 (2): 39 - 44.

[22] Bergstrand J. H. The Generalized Gravity Equation, Monopolistic Competition, and the Factor Proportion - s Theory in International Trade [J]. Review of Economics and Statistics, 1989, 71

(1): 143 - 153.

[23] Baldwin R. E., Taglioni D. Gravity for Dummies and Dummies for Gravity Equations [R]. NB - ER Working Paper No. W12516, 2006.

[24] Drysdale P., Garnaut R. Trade Intensities and the Analysis of Bilateral Trade Flows in a Many - Country World: A Survey [J]. Hitotsubashi Journal of Economics, 1982, 22 (2): 62 - 84.

[25] Aigner D., Knox Lovell C. A., Schmidt P. Formulation and Estimation of Stochastic Frontiner Production Function Models [J]. Journal of Econometrics, 1977, 6 (1): 21 - 37.

[26] Meeusen W., Broeck J. Efficiency Estimation from Cobb - Douglas Production Fu - nctions with Composed Error [J]. International Economic Review, 1977, 18 (2): 435 - 444.

[27] Pitt M. M., Lee M. F. The Measurement and Sources of Technical Inefficiency in the Indonesian Weavi - ng Industry [J]. Journal of Development Economics, 1981 (9): 43 - 64.

[28] Kumbhakar S. C., Ghosh S., McGuckin J. T. A Generalized Production Frontier Approach Forestimating Determinants of Inefficiency in US Dairy Farms [J]. Journal of Business and Economic Statistics, 1991 (9): 279 - 286.

[29] Kumbhakar S. C., Knox Lovell C. A. Stochastic Frontier Analysis [M]. Cambridge University Press, New York and Melbourne, 2000.

[30] Ravallion M. On Measuring Aggregate "Social Efficiency" [Z]. World Bank Policy Research Working Paper No. 3166, 2003.

协议治理："一带一路"跨域公共问题与合作治理新方式

王友云[1]　朱宇华[2]

（1. 铜仁学院；2. 广州科技职业技术学院）

一、理论视角：协作治理

建构协议治理的理论视角，是贯穿和指导协议治理的理论基础。这里主要以协议治理的整个运行过程为链条，考察协议的缔结、实施、争端治理、评估的运行过程。并在协议运行过程的分析中引入协作治理作为理论视角，对每个过程阶段的行为进行考察，如进行行为的博弈分析、法律分析、环境分析等。

（一）协作治理视角分析

协议代表的是一种横向政府间的具有权力与法律双重性质的契约，区域治理中政府间协议具有契约特质。在协议治理过程中，协议各主体的行为如何，这是协议治理的核心问题。考察各主体的行为显得尤为重要，对协议过程中的行为考察我们可以引入协作治理视角，分析协议治理过程中的各种行为。协议运行过程中，各方主体间因利益问题，在协议从缔结到实施到纠纷解决过程中，必然充满着矛盾、斗争、沟通、协商、协调、妥协、讨价还价、博弈等各种方式，但最终都可以归结到协作治理视角，以协作贯穿始终，才能真正完成协议治理。因此，协作治理视角可以用来分析协议治理过程中的行为。

合作治理应是未来公共管理、全球治理、区域治理的发展趋势，随着全球化、区域化、信息化、市场化和民主化的发展，以边界为基础的管理已经不适用，取而代之的是协作网络治理途径。①过去20多年来，公共管理最重要的进展就是对多元利益主体之间共治问题的兴起和关注，这种兴起反映了当前公共管理理论与实践发展的新趋势，"合作"、"参与"、"民主"、"网络"、"治理"等成了公共管理的重要话题，也成为构建全球治理体系和解决跨域公共问题的重要新方式。协议治理中

---

① Donald F. Kettl. Managing Boundaries in American Administration: The Collaborative Imperative, Public Administration Review, Vol. 66, Nol, December, 2006.

的协作治理视角应贯彻在协议的“缔结→实施→争端治理→评估”这一运行的全过程中，尤其应以协作治理视角对协议应用过程中各主体的行为进行考察。协议应用过程中充满了以利益为基础的协商与被协商、再协商过程，形成一种协作秩序，是各行为主体行动在博弈中的不断形成和建构。区域协议治理中协议缔结过程、实施过程和争端治理过程正是通过区域内多元利益主体的“谈判→协商→承诺→执行”这个重复系列博弈行动不断演化的，在这个系列行动中，各主体通过正式与非正式的互动交往，促成共识，达成共同的愿景和目标，这样协作治理行动就产生了。因此，协议运行过程中的“谈判→协商→承诺→执行”的系列重复就构成了过程中的行为考察框架，体现了协商与共识的特点，体现了协议治理，而不是权威治理。

我们可以简要分析一下由“谈判→协商→承诺→执行”构成的协议协作治理分析视角。首先，谈判与协商阶段，这是建立协作治理链条、启动协作治理行动阶段，通过各方的互动、学习与交流，达成一致性理解，形成协作的动机与理念。在谈判与协商过程中，要达成对共同问题的认知和理解，达成一致的目标，要能做到信息交流与共享。从降低交易成本的角度出发，各方选择最能节约交易成本的协商机制。其次，承诺阶段，也即形成协作治理协议阶段，是就合作关系中的权利与义务、运作规则、管理结构、组织、权力共享原则等达成了一致的意见，还可以通过法律程序确定其法律约束力。经过了谈判与协商阶段的讨价还价，对共同问题有了共同的理解，达成了共识与承诺，厘清了各主体间的利益关系，并正式确立下来，是一个心理契约到法律契约的过程，协议正式达成。最后，执行阶段，即履行协作治理承诺阶段。这是承诺的正式实施生效，通过一系列管理机构、政策工具、协作机制、协作管理链条使承诺得以实现。而在如何保证承诺实现的过程中，避免集体行动的冲突是非常重要的。因此，建立协议执行阶段的各种解决争端、矛盾、冲突的机制与手段就显得非常重要，最重要的是协调机制、沟通机制、争端治理机制等的建立。

（二）跨域合作协议治理分析框架

我们分析了协议治理过程的协作治理视角，下面我们以协作治理视角为理论基础建构跨域合作协议治理的应用过程分析框架。协议治理过程是一个协议缔结、实施、争端治理和绩效评价的完整过程，是一个从开始谈判到执行的完整流程，分析这个过程和每个过程中的行为，构建协议治理的分析框架，是我们研究协议治理的基本模型。协议的协作治理分析框架为我们分析协议的运行过程及其过程中的行为提供了一个框架参考，我们将重点以这个框架为参考标准，分析“一带一路”跨域合作协议的缔结、实施、争端治理与评估过程及这些过程中的行为与制度。

伍德和格雷（Wood and Gray）的“前因—过程—结果”的合作分析模型指出，合作的前提在于：高度的相互依赖，资源依赖或者风险共享，有共同合作的历史，有互相可以补充的资源，以及其他复杂因素等。在这个前提之下才存在真正合作的必要，然后经过协商谈判过程，具体商讨合作事宜。具体到各政府间的合作，一般都是平等的政府之间经过谈判与协商达成承诺，签署协议，协商谈判阶段就是协议的达成过程。而承诺何以能达成？就在于各政府的利益与区域内公共利益是否能达成统一，根据交易成本理论，区域内各政府只有在有一定的预期收益时，才有合作、谈判与协商的积极性，才能达成解决区域共同问题的共识和方案。集体行动理论也启示我们，需要在协商合作过程中通过重复博弈累积互信、互惠和取得合作共识。在谈判协商达成之后，协议就成为各政府间固定彼此达成的权利与义务的重要形式与制度，协议达成的一系列过程，也是合作各方共同承诺权利与义务的过程，经过这样一个环节，协议成为合作运行的重要保障。而要保证所签订的协议得到真正执行，可以通过设计"选择性激励"，减少集体行动中规避责任和逆向选择的行为。因此，在协议签订后，监督责任的履行变得尤为重要，只有协议规定的各方责任得到履行，协议才能得到真正实现，协议才变得有实际意义，要通过奖罚等手段，实施好监督，抑制机会主义行为，尤其要通过激励相容制度，实现各方政府利益与区域整体利益的趋同。

"一带一路"跨域公共问题与合作协议治理方式，将以过程为核心，贯穿协作治理视角，构建协议治理的分析框架。以协议治理过程分析为核心，以"缔结→实施→争端治理→评估"为协议治理的基本流程，在这个流程中，几乎每一个阶段都要嵌入协作治理视角，每一个阶段都蕴含了"谈判→协商→承诺→执行"这样一个重复系列博弈行动。因此，将行为的协作治理视角嵌入协议运行的过程分析之中，就构成了本研究的协议治理分析框架，这个框架构成"一带一路"跨域公共问题与合作协议治理的基本架构，如图1所示。

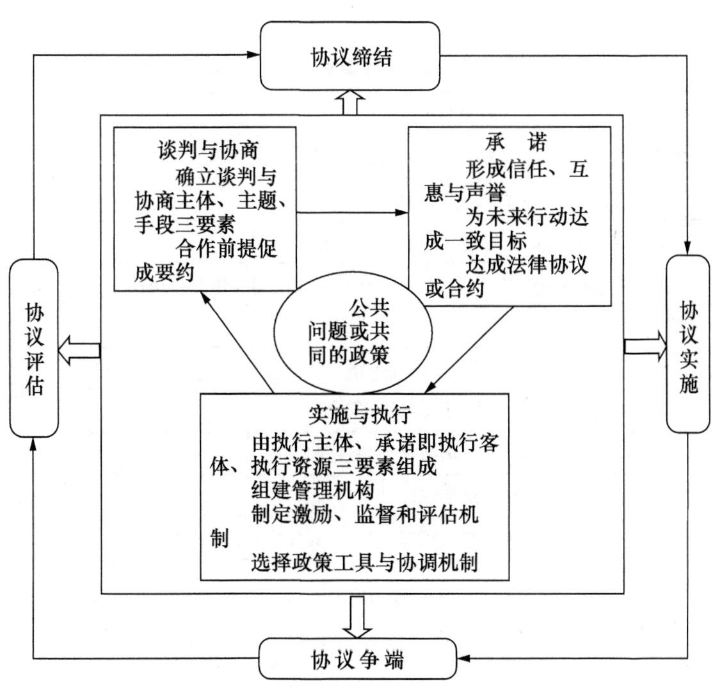

图1 跨域合作协议治理分析框架

二、“一带一路”跨域合作协议治理实践进展

2013 年 9 月和 10 月，国家主席习近平在出访中亚和东南亚国家期间，先后提出共建“丝绸之路经济带”和“21 世纪海上丝绸之路”（简称“一带一路”）的重大倡议，得到国际社会高度关注。加快“一带一路”建设，有利于促进沿线各国经济繁荣与区域经济合作，加强不同文明交流互鉴，促进世界和平发展。“一带一路”建设是一项系统工程，要坚持共商、共建、共享原则，积极推进沿线国家发展战略的相互对接。如何解决跨域公共问题与实现合作治理，始终是“一带一路”共建中需高度关注的问题，需要新的方式和机制。“一带一路”实施以来，沿线各国家、政府及政府部门、社会组织、企业等通过签署协议方式积极解决跨域公共问题和实现合作，协议治理俨然已成为一种重要的“一带一路”跨域治理新方式，需要我们积极加以研究和关注。

梳理“一带一路”启动以来跨域合作协议治理的实践进展，为我们研究“一带一路”协议治理方式提供了客观依据和实践基础。“十三五”时期，中国将与相关国家共同推进中蒙俄、新亚欧大陆桥、中国—中亚—西亚、中国—中南半岛、中巴和孟中印缅六大经济走廊建设，这是“一带一路”共建的重要内容。其中很多重大项目都将通过签署双边或多边协议的方式、通过协议治理积极推进。为直观明了，现将“一带一路”战略实施以来沿线国家协议签订情况进行梳理，可对“一带一路”跨域合作协议治理实践进展情况窥见一斑（见表 1）。

表 1　“一带一路”跨域合作协议情况一览表

协议名称	签署时间
中国与 30 多个国家签署共建“一带一路”政府间合作协议	截至 2016 年 9 月
中国与“一带一路”沿线 20 多个国家签署产能合作协议	截至 2016 年 9 月
中国已与 49 个“一带一路”沿线国家签署了政府间科技合作协议	截至 2016 年 9 月
国家航天局与“一带一路”沿线 10 多个国家签署了联合开展空间应用合作协议	截至 2016 年 9 月
中国与 21 个“一带一路”沿线国家签署标准化合作协议	截至 2016 年 9 月
匈牙利—塞尔维亚铁路、中国—俄罗斯东线天然气管道、巴基斯坦瓜达尔港、中国—哈萨克斯坦物流合作基地等一批示范项目正按协议约定推进	2015 年到 2016 年
中印双方签署共建“一带一路”建设 16 类项目合作协议	2016 年
《亚太空间合作组织发展战略高层论坛北京宣言》	2016 年
中俄签署《关于丝绸之路经济带建设和欧亚经济联盟建设对接合作的联合声明》	2016 年
《中国—东盟产能合作联合声明》	2016 年
《澜沧江—湄公河国家产能合作联合声明》	2016 年
《中华人民共和国政府与白俄罗斯政府共同推进“一带一路”建设的措施清单》	2016 年

续表

协议名称	签署时间
《中华人民共和国政府与白俄罗斯共和国政府教育合作协定》	2015 年
连云港市人民政府与哈萨克斯坦国有铁路公司签署《过境物流通道及货物中转基地合作协议》	2013 年
中国与哈萨克斯坦签署《"丝绸之路经济带"建设与"光明之路"计划建设对接的合作规划》	2014 年
江苏省与哈萨克斯坦国有铁路公司签署《共同发展哈萨克斯坦"霍尔果斯—东大门"经济特区和中国连云港上合组织国际物流园区项目战略合作框架协议》	2015 年
《中国银行—新加坡工商联合总会"一带一路"全球战略合作协议》	2015 年
丝路基金、三峡集团与巴基斯坦私营电力和基础设施委员会签署《关于联合开发巴基斯坦水电项目的谅解合作备忘录》	2015 年
《中华人民共和国政府和匈牙利政府关于共同推进丝绸之路经济带和 21 世纪海上丝绸之路建设的谅解备忘录》	2015 年
《中华人民共和国国家发展和改革委员会与印度共和国国家转型委员会关于开展产能合作的原则声明》	2016 年
《中华人民共和国国家发展和改革委员会与印度共和国电子信息部关于"互联网 +"合作的行动计划》	2016 年
《中华人民共和国政府与联合国开发计划署关于共同推进丝绸之路经济带和 21 世纪海上丝绸之路建设的谅解备忘录》	2016 年
中国水利电力对外公司与老挝签署《华潘煤电一体化项目特许经营协议》	2016 年
《中保合作"一带一路"航空信息服务合作备忘录》	2016 年
三峡集团与缅甸电力部签署《羌达风电项目开发协议》	2016 年
中国与印度尼西亚签署《雅万高铁合资协议》	2015 年
中埃签署《埃及国家铁路网轨道更新项目合作框架协议》	2015 年
《中国石油天然气集团公司与莫桑比克国家石油公司合作框架协议》	2016 年
《中国、匈牙利和马其顿海关机构合作框架协议》	2014 年

三、"一带一路"跨域合作协议治理应用过程

(一)"一带一路"协议的缔结

协议缔结是协议的产生阶段，是后期协议执行、实施、管理的基础，是整个协议运行的起始阶段，分析协议的缔结阶段具有重要意义。

(1) 对"一带一路"跨域合作协议的缔结进行法律分析。从缔结原则来看，协议的缔结应遵守法律上的基本契约原则，如平等原则、自愿原则、协商一致原则等。同时，"一带一路"的诸多协议是跨国家间的合作，因此，协议的缔结还应遵循有关的国际法原则和国家间交往的通行准则，如应恪守《联合国宪章》的宗旨

和原则、遵守和平共处五项原则。通过梳理"一带一路"国家已签订的合作协议，结合契约缔结原则的有关理论，大致应将平等原则、自愿原则、协商一致原则、互利互惠原则、合作共赢原则作为"一带一路"协议缔结的基本原则。从缔结的主体来看，"一带一路"作为跨国家间区域性合作，主权国家是重要的缔约主体，往往由本国中央政府代表国家签订，一般由政府首脑代表政府签订，重要的协议由国家领导人作为国家主权代表与象征出席签约仪式。各国的政府部门、地方政府及部门、有关组织、社会团体和企业都是"一带一路"协议重要的缔结主体。从缔结程序来看，"一带一路"协议大多通过有关的区域合作组织会议、区域专题性事务合作会议、专题性事务访问、领导人带队组成的考察团访问等形式签署协议。在具体的事务性协议的签订中，一般都要经过要约邀请、要约和承诺三个基本步骤，以及谈判、协商、草拟、一致通过、签署和生效六个程序。

（2）分析协议缔结过程中的不完全性问题。经济学上的不完全契约理论是指缔约各方难以预见契约执行期间发生的重要事情，这种重要事件一旦发生而导致争议时，第三方也无法强制执行，为此而必须进行理论分析和机制设计，去尽量规避契约的不完全性带来的损失。一般认为，不完全契约发生的原因在于人类的有限理性、缔约各方信息不对称、契约运行环境的复杂性与不确定性等，这些因素导致契约各方无法完全预见和证实一切。协议具有契约性质，在"一带一路"跨域合作协议的缔结过程中，同样适用契约的不完全性理论。其成因在于"一带一路"合作中的国家、政府、组织、企业等缔约主体的有限理性以及机会主义行为的存在。从交易成本经济学分析，协议是"不完全整体缔约"（incomplete contracting in its entirety），机会主义会使协议未能实现可信承诺。同时，在"一带一路"跨域合作中，各缔约主体在缔约履约的各个阶段信息是不对称的，强国独占和垄断信息会时有发生，从而诱发他国逆向选择。"一带一路"跨域公共问题的解决存在广泛甚至昂贵的交易费用。协议作为一种合作、交往与交易的经济行为，交易费用无时不在、无处不有，有时甚至还很昂贵，过高的交易费用会使很多协议条款无法实施。"一带一路"协议缔结与运行的环境具有不确定性，从某种程度上说，协议的缔结过程是沿线国家围绕利益而展开的集体行动博弈过程，协议达成意味着利益均衡，但环境的不确定性会使利益函数被打破均衡状态。

（3）可以对"一带一路"协议的缔约行为进行博弈视角考察。"一带一路"协议的签订是一种国家行为，一定意义上是一种国家势力较量的均衡，引入博弈思维，将会使我们更深入理解协议的缔结过程。我们可以从协议的生成逻辑即协议的谈判与协商过程分析缔约这个博弈行动的演化进程。"一带一路"协议是沿线国家就公共问题解决与区域经贸合作在各自拥有的信息背景下，出于区域公共利益和各自国家利益的掂量而取得的最大公约数，是各自理性考量之后取得的结果，是国家间合作博弈的结果。因此，协议绝不是单方行为，而是平等主体之间双边或多边的博弈行为，而且只有在博弈达到均衡、取得博弈最大化效用的情况下才能达成，协议既是博弈均衡，也是博弈规则和合作制度。而在"一带一路"大区域合作中，要实现多方共赢的"正和博弈"，就需要通过多次重复博弈形成信任，协议的功效就是将这种能实现共同利益、促进重复博弈的规则固定下来。因此，协议是各方缔约主体博弈均衡的结果，是重复博弈的内生产物。

（二）"一带一路"协议的实施

"一带一路"协议的实施是协议内容的实现过程，对协议的实质性推进具有重大意义。

（1）协议实施中的效力问题。"一带一路"协议对参与缔约的主体均具有拘束力，应遵守国际法上最起码的诚实信用原则和守信原则，促使缔约主体积极履行协议。同时，"一带一路"协议很多作为政府间的协议，对相对人产生了拘束力，如很多协议是基于公共问题解决而指向区域共同利益的，这就必然对与之相关的利益相对人产生影响，产生效力外溢现象，即出现"外部性"。参与缔结协议的国家可以在自己国内通过行政法规或行政规范性文件，细化"一带一路"协议给国民带来的权利、义务、能力或资格等。再就是对第三方的拘束力，这也是协议相对效力原则的突破，"一带一路"协议辐射到的第三方是根源于一种特殊的依赖关系，如政治上的制衡、经济上的依赖、一定的地缘关系、受区域公共问题的影响等。特别是地缘临近关系将使缔约国与第三方产生依赖关系，如交通基础设施建设与跨国河流的管理、区域公共问题的跨域治理，这就难免对第三方的利益产生影响，而其中涉及的权利与义务也需要通过国际公法等法规进行调整。

（2）"一带一路"协议实施的模式问题。协议的实施一般来说有自行实施、机构实施以及两者混合三种模式。"一带一路"协议作为政府间签订的跨域协议，自行实施有一定难度，自行实施又分为自动实施和非自动实施，自动实施一般针对低成本的协议，非自动实施主要针对存在技术困难和执行难度的协议，这部分协议比较多，需要缔约国政府在国内结合国情制定实施细则加以执行。"一带一路"协议应更多地采取机构实施的模式，在协议签订以后，或者成立各成员国联席会议去推进，或者成立日常工作小组，或者由某缔约方已存在的机构实施，或者经协商成立专门的协议独立管理机构，这对于协议内容的实施是至关重要的。应充分发挥中国—东盟、上海合作组织、亚欧会议（ASEM）、湄公河委员会、丝路基金、亚投行等多边合作机制和基金对协议实施的推进作用，充分发挥现有联委会、协委会、管理委员会等双边机制作用，应加快各种形式、各层级的"一带一路"协议实施机构的建设，使协议得到实质性实施。

（3）"一带一路"协议实施的约束因素。就自然地理环境而言，"一带一路"沿线国家的合作既有有利的地缘优势，也面临一些自然地理环境的约束。从地缘优势来看，"一带一路"沿线国家互相毗邻，交往频繁，"一带一路"向来是亚欧大陆互联互通的主要通道，承载了亚欧非几大文明千百年来交流互通的使命，具有很重要的地缘战略意义和地缘优势。但"一带一路"沿线国家在世界范围的竞争中，有的被日渐边缘化；在经济全球化浪潮中，有些国家区位优势不再明显；沿线国家互联互通的基础设施还比较落后；大多属于不发达国家，经济不发达；有些国家自然条件比较恶劣，资源禀赋条件差，生态环境遭到一定程度破坏；等等。这些自然地理环境既有促进合作的有利因素，也会给一些国家产生封闭自守、故步自封的思维观念，从而阻碍合作协议的顺利实施。

再看人文环境。2000 多年前，亚欧大陆上勤劳勇敢的人民，探索出多条连接亚欧非几大文明的贸易和人文交流通路，后人将其统称为“丝绸之路”。千百年来，“和平合作、开放包容、互学互鉴、互利共赢”的丝绸之路精神薪火相传，成为各国共有的历史文化遗产。这种古“丝绸之路”沿线国家经长期交往而形成的合作、共赢、开放、共享的文化和观念已成为一种重要的文化资本，累积成重要的社会资本，极大地增强了各国人们之间的感情和信任，这成为推动“一带一路”协议实施的重要社会资本和人文基础。当然，在全球化的今天，以利益为主导的市场化进程迅猛发展，“一带一路”沿线国家累积的社会资本有些方面受到破坏，有些需要在新的合作条件下发扬和创新。同时，“一带一路”合作是多主体的合作，涉及多部门，协调难度大，协调成本高，难以形成共识。这些都需要我们进一步增强协议实施的人文动力，消除人文环境方面的约束。

（三）“一带一路”协议的争端治理

好的争端治理机制是协议得以顺利推进的重要保障，因此，完善协议的争端治理机制对于“一带一路”跨域合作协议治理具有重要意义。“一带一路”跨域合作协议作为跨国家的主体间协议，不同于严格意义上的依各国法律签订的法律合同，也有别于依国际法签订的合同，这类协议具有自身特征。其最大的特征是行政性与契约性的混合，很多协议的推动需要签约方国家的政府出面，协议的自我实施能力不足，实际上经历了一种从权力到协议的过程，在签约国权力驱动中体现出权威政策治理和协议治理的融合。这一特征就往往使各国间缔约主体签署的协议法律构成要件不足，尤其是核心的责任和纠纷解决要件不足，具有软法性特征。这就使出现争端和纠纷时，对效力对象只具有软法性的约束和指导性意义。

最为重要的是我国参与的“一带一路”协议多层化的争端治理解决机制还没有完全建立起来，这必然导致签约以后的巨大风险，增加了协议运行与实施的不稳定性。如我国的高铁技术在世界上领先，而“一带一路”很多国家交通基础设施还相对落后，中国高铁“走出去”战略“一带一路”国家成为重要市场，但中国与“一带一路”国家签署的高铁协议也出现了很多问题，有的一波三折，毁约、违约的行为时有发生，高铁作为投资大的项目，其不确定性更多来自政治风险和政策环境，而要化解这些风险，需要在项目签署中明确争端治理方式，在争端出现后，能启动相应的争端治理机制加以解决。应积极建立多层化的“一带一路”协议争端治理机制，即在协议中明确责任和纠纷解决要件的责任条款解决机制、通过政府间谈判与协商的行政解决机制，再就是设立“一带一路”区域法院或者常设仲裁庭，或者借助国际法院或者仲裁庭解决争端，建立争端治理的司法解决机制和仲裁解决机制。

（四）"一带一路"协议实施效果评估

协议治理已成为"一带一路"经济合作和解决跨域公共问题的重要治理方式，通过协议进行合作共治已成为共建共享"一带一路"的重要新方式。但"一带一路"战略自2013年启动以来，时间还不长，发展还不成熟，诸多协议还处于实施和履行阶段，评估"一带一路"协议的运行情况将逐步成为"一带一路"区域公共治理研究的重要任务。而对"一带一路"合作协议进行系统评估，尤其对实施绩效进行定量评估，这是一项比较难的工作，学界对这种跨国间的协议评估也还在实践探索中。

结合梳理的"一带一路"合作协议实施以来的运行实践，从定性的角度可以大致对"一带一路"协议实施效果做一简单评估。通过协议明确了缔约各方的权利与义务，协议成为推进各方合作和解决区域共同问题的重要方式。协议的推进有较好的历史底蕴和人文观念基础，容易达成共识；各种"一带一路"沿线国家的区域合作会议、论坛、组织、基金成为协议推进的重要平台和机制，发挥了重要作用，如湄公河委员会对大湄公河流域公共问题的治理、上合组织对成员间合作协议签署和实施的推动、亚投行和思路基金对保障协议的实质推进都起到了重要作用；中国国际地位的提升和经济实力的增强也有力地主导了协议的积极推进。但"一带一路"协议的实施、推进和项目运营都存在不确定性和风险，解约和违约的行为时有发生，主要包括缔约国的经济风险、项目运营的市场风险、政治风险和自然风险。如中国在与"一带一路"国家的基础设施建设中，特别是高铁签约中，时而遭到对方毁约，重启投标程序的问题。

中缅的能源合作中，中国投资36亿元的缅甸密松水电站，由于投资前未做详细的风险评估，合作协议中没有明确风险产生后的责任归属，以致出现当地居民以影响环境为由反对的情况下，缅甸单方面搁置，出现两败俱伤的局面。

可见，协议的运行不仅是商业问题，还有更复杂的国家间政治、经济博弈，这增大了协议运行的风险，给予这类协议风险评估就显得尤为重要。同时，因这类协议所依据的国际法律法规不足，具有软法性特征，其强制执行力、实施能力和纠纷解决机制的健全性都不足。特别是随时受到全球市场震荡和大国博弈的影响，有的缔约国以自身利益为重，出于"经济人理性"考虑，致使"一带一路"沿线有些国家同中国签订的项目协议出尔反尔，一拖再拖，协议没有实质性推进，协议实施效果大打折扣，这是"一带一路"实施协议治理必须重点解决的问题。

四、"一带一路"跨域合作协议治理的改进

"一带一路"跨域合作协议治理如何改进，也即优化与创新的问题，应以协议缔结、实施、争端治理、评估等协议应用过程中所受的约束与影响因素、协议运行

实践中存在的问题为参照，进行协议治理改进路径的探讨。主要从优化“一带一路”协议治理的环境、创新协议治理方式、构建不完全协议有效执行的机制、建立协议执行力有效提升的制度等方面进行协议治理改进的探讨。

（一）优化“一带一路”协议治理的环境

环境是多方面的，也是“一带一路”协议治理必须考察的重要变量。这里主要从优化自然环境和人文环境谈谈“一带一路”协议治理环境的优化。自然环境方面，“一带一路”沿线国家应加强互联互通的设施建设，主要是交通基础设施建设，加快陆海空的立体交通网络建设，加快现代通信设施建设，推进信息网络的发展，促进互联网和物联网的发展。经常性的交往是形成社会资本的重要条件，埃莉诺·奥斯特罗姆在研究公共池塘资源的规范后认为经常交往是形成自发秩序的一个重要办法，没有了交往，就会夜郎自大、封闭自己、产生天朝上国的观念，这与“一带一路”协议治理所需要的开放、平等、自愿、合意等契约精神是格格不入的。因此，加快互联互通的基础设施建设，改善地学因素，为“一带一路”各地之间、民众之间的交往创造便利的通达和通信等条件，为物流、技术、生产要素的自由流动提供可能，这一切都显得非常重要和紧迫。

人文环境方面，应积极挖掘2000多年来“古丝绸之路”上的文化内涵，发扬光大和弘扬历史演变中形成的交流、互动与合作精神，提炼形成今天市场运行条件下协议治理所需要的契约精神和观念，主要包括合作、共赢、共享、信任等契约精神。同时应积极加强区域文化建设、形成“一带一路”的文化认同，通过各种形式的论坛、博览会、文化交流等活动，发掘“古丝绸之路”的文化精神，形成当今新的“一带一路”丝路文化，使“丝绸之路经济带”和“21世纪海上丝绸之路”不仅是经济带，还是具有自身鲜明特色的陆路和海洋文化带。通过“一带一路”契约精神的培育和区域文化建设，形成“一带一路”协议治理的社会资本和人文基础，“一带一路”社会资本的建设将为协议治理累积互信、增强沿线国家彼此的信任和降低交易成本，从而走出集体行动的困境，实现真正合作，打造“一带一路”利益、命运和责任共同体。

（二）创新“一带一路”协议治理应用方式

协议治理内含了一定的契约精神，这种合同式治理方式具有很大的创新空间，应通过创新应用方式，使之更加符合当今发展的“新区域主义”需要。首先，在“一带一路”协议治理过程中，应更多地通过协商共治的方式，不论缔约各方是主权国家还是政府、企业、社会组织等，都不能采取强权的方式加以压制，不应推行强权政治，而应致力于建设当今公正合理的经济新秩序。不论在协议应用过程的哪个阶段，都应通过互相协商、来回谈判、讨价还价、互相协助、共同治理，形成共同认同和目标共识，共同推进协议治理。其次，应积极发展柔性行政方式去推进协议内容，“一带一路”协议作为一种国家间的行为，所受的约束因素增多，应更多采取柔性手段解决问题，如对违约行为的惩罚方式采取谴责、取消成员资格、终止合作、外交孤立等方式。最后，应注重非正式应用方式的构建，充分发挥协议这个核心治理工具的作用，形成弹性治理。如缔约过程中的协商、谈判、对话、论坛、让渡权力等方式；实施过程中的正和博弈、互利共赢、互相妥协、让步等方式；纠纷解决过程中的谈判、自愿和解、第三方调解等方式；评估过程中发展区域内公民参与、专家学者的评价方式等。在不同阶段都可以采取协商、和解、区域事务委员会协调、调解、外交上的调停、斡旋等方式。"一带一路"协议治理应该在契约精神的引领和感召下，发展出沿线国家权力共享、资源共享、信息互通、责任分担的建设性伙伴合作关系。

（三）构建"一带一路"协议有效执行的机制

契约的不完全性总是实质存在的，人类的有限理性决定了契约的不完全性，契约的不完全性使契约变得越发复杂，而人类的高明之处就在于，人类能运用极大的智慧去规避风险，人们往往设计和选择各种制度和治理结构去降低风险。"一带一路"协议作为具有契约性质的协议，同样具有不完全性，需要我们构建有效执行机制去规避，正如威廉姆森所主张的关键是通过治理机制的完善去鉴别、解释和缓解风险。

（1）在"一带一路"合作中，应树立重复博弈思想，构建协议的自我实施机制。法学家麦克内尔于 1980 年提出了关系契约（relational contract）的概念，关系契约理论主要从嵌入缔约和执行契约中的关系去分析契约问题，从缔约主体之间长期的互动关系和重复博弈而获得维系契约运行的信任基础和声誉。通过信任基础和声誉形成的自我实施机制能降低不完全契约缔结和实施过程中的交易成本，有效防止经济学上的"敲竹杠"行为发生，[①] 关系就是资本，这种关系资本主要包括信任、声誉、团结、合作、维持、协调、互惠、承诺、公平、利益分担、共同行动等规范，那关系资本又如何形成呢？"一带一路"关系资本有赖于在多次合作的重复博弈中形成，重复博弈能给合作各方带来长期稳定的预期，久而久之，将形成浓厚的声誉和府际信任资本。这种资本成为发展合作与联盟关系的重要黏合剂，成为协议实施的重要推动力量。

（2）就是在"一带一路"跨域公共问题的解决中，构建协议治理的协商机制。在"一带一路"协议的缔结、实施和运作中，应引入公共行政的后现代话语理论，以沟通合作理性形式为理性假设，构建协议治理的协商机制。在多方合作中，往往围绕公共问题的谈判形成一个多方的话语交谈结构，一个以公共问题为话题而展开讨论的"公共能量场"，一个协商治理的平台，提供一个相互依赖行动者的互动和利益得到水平协调的网络治理框架。在"一带一路"建设中，这些平台都逐步建立起来并发挥了重要作用，如湄公河委员会对大湄公河次区域公共问题的解决发挥

① 经济学上的"敲竹杠"行为是指交易者通过从交易合伙人所进行的专用性投资中寻求准租，违背他们之间的契约协定。

的作用，中国—东盟论坛对促进合作发挥的重要作用。这个协商平台倡导开放、平等、包容、合作精神，鼓励多元思维风格，通过充分的信息交流与沟通，通过真实、诚实和坦诚的“对话”，减少信息不对称，从而“建构”各方认同的“协议”。

（3）建立“一带一路”电子政务平台，构建信息交互机制。信息不对称是区域合作的一个重要问题，会产生昂贵的交易费用，并引发诸多问题。在信息化时代，必须高度重视信息的重要作用，通过充分、公开、透明的信息保证信息的公平利用。“一带一路”协议治理必须打破信息垄断和信息不对称，使协议各方做到信息共享，从而使达成的协议真正体现公平，最终有益于协议的实施。因此，应加大建设“一带一路”区域信息平台，为实现信息共享提供服务；进行信息共享机制、信息公开机制等机制建设；健全“一带一路”区域内政府、企业、NGO、民众、媒体的沟通联络机制，形成“一带一路”治理的无障碍信息服务网络；积极发展电子政务，并充分借助电子政务提供的技术路径和平台，建立专门的“一带一路”信息公开透明机制和信息交互机制。

（四）建立“一带一路”协议执行力有效提升的制度

制度的合法、有效和权威不是通过制度本身来体现，而是制度得到顺利实施，并在实施过程中效力得到充分发挥，实施过程中制度的具体规则、程序体现为合法、有效和具有可操作性。协议治理作为一种解决跨域公共问题与合作治理的主要范式，需要能保证使协议顺利运行的机制、规则和程序，这是保障协议顺利实施和效力充分发挥的重要条件。在“一带一路”协议治理中，就需要建立提升协议执行力的有效制度。

（1）建立有激励作用的“一带一路”协议实施激励机制。“一带一路”沿线国家应树立包容性发展理念，让“一带一路”的竞争与合作走向共赢的良性发展轨道。通过协商共治，创新利益激励机制，沿线国家必须走出地方保护主义、重复建设和区域恶性竞争的循环。应基于当今政治生态化的发展理论构建“一带一路”合作的平行激励机制，沿线各国政府应怀有利益共享、协调、让渡、补偿的包容性发展理念，关注合作协议，真正使体现利益均沾的协议内容落到实处。通过平等互利、意思自治的协议治理，发展出各方认同的激励机制。

（2）建立一套科学合理的责任体系。在“一带一路”协议实施中，应通过责任追究制度有效降低协议的监督成本，通过激励积极履约者和惩罚违约者这种选择性激励为“一带一路”协议治理这种集体行动提供足够的动力。奥尔森的集体行动理论告诉我们“选择性激励”对于实现集体行动的重要意义，必须对集体成员依据他们的行为进行区别对待和赏罚分明。尤其在“一带一路”跨域公共问题解决中，比如流域治理、环境保护行动、生态建设、跨国家地区冲突、边境毒品泛滥等重大问题中，必须在激励方面有很好的区分制度和机制，能对违约者和履约者进行很好的区分。当然，这种惩罚方式有其自身特点，可以采用停止合作、取消成员资格、取消优惠，甚至孤立等制裁方式。应通过构建"一带一路"的利益补偿和利益分享机制、承诺机制和惩罚制度等，建立合理的责任体系。

（3）建立"一带一路"协议第三方约束制度，完善协议的争端治理机制。"一带一路"协议要提升执行力和约束力，应建立相关制度，尽量使其在各缔约国实施时如同国内法一样具有效力，因此，各国在实施自己参与缔结的"一带一路"协议时，应赋予法律效力，提升执行力。可以尝试由沿线国家创制统一的协议法，规定协议的法律效力、执行力和责任制度等，从而使这种跨国协议有法可依，使其成为第三方可以约束执行的协议。由此，在缔约方政府之间发生纠纷的时候，可以通过共同创制的协议法去解决争端，更进一步，"一带一路"沿线国家也可以尝试建立区域性法制协调委员会等类似的咨询与初步裁决机构和"一带一路"区域法院，建立"一带一路"重大问题仲裁制度和诉讼制度，寻求重大纠纷的司法化解决方式。也可以尝试借助国际仲裁庭或国际法庭解决因"一带一路"协议实施而产生的重大争端和纠纷，通过国际通行的商业、市场规则和法律法规解决争端。

五、结论：协议治理成为"一带一路"跨域治理重要新方式

"一带一路"建设作为一项惠及亚欧非大陆的重大发展战略，正在全球治理体系建设中发挥越来越重要的作用。从"一带一路"的合作实践可以看出，沿线国家及其实体之间签署了各类型的多项协议，进行项目建设、合作共治和跨域重大公共问题解决。通过引入协作治理视角，对协议应用过程分析和过程中的行为进行考察，即对"一带一路"协议的"缔结→实施→争端治理→评估"这一应用过程进行"谈判→协商→承诺→执行"为模型的缔约主体行为博弈分析，较好地解释了"一带一路"协议治理应用过程的现实运行机理和区域协作治理关系的生成逻辑与发展。可以初步得出结论："一带一路"实施协议治理虽然存在诸多不足，受到多重因素的影响和约束，但协议治理正成为"一带一路"跨域公共问题与合作治理的新机制、新方式和重要制度安排，有力地促进了区域内政府间协作，解决了区域协调困境的难题，在"一带一路"建设中正在和必将发挥重要作用。

参考文献

［1］Wood Donna，Gray Barbara. Toward a Comprehensive Theory of Collaboration［J］. Journal of Applied Behavioral Science，1991，27（2）：62－139.

［2］吕志奎．区域治理中政府间协作的法律制度：美国州际协议研究［M］．北京：中国社会科学出版社，2015.

［3］［美］埃莉诺·奥斯特罗姆．公共事物的治理之道：集体行动制度的演进［M］．上海：上海三联书店，2000.

［4］［美］曼瑟尔·奥尔森．集体行动的逻辑［M］．上海：格致出版社，上海三联书店，上海人民出版社，2011.

［5］［美］奥利弗·E. 威廉姆森．治理机制［M］．北京：中国社会科学出版社，2001.

［6］［美］菲利普·库珀．合同制治理——公共管理者面临的挑战与机遇［M］．上海：复旦大学出版社，2007.

［7］陈瑞莲，杨爱平．从区域公共管理到区域治理研究：历史的转型［J］．南开学报（哲学社会科学版），2012（2）．

［8］陈振明，贺珍．合约制政府的理论与实践［J］．东南学术，2007（3）．

［9］胡炜光，杨爱平．我国不完全府际合约的成因及有效实施路径［J］．广东行政学院学报，2012（1）．

［10］杨爱平，吕志奎．大湄公河“次区域”政府合作：背景与特色［J］．中国行政管理，2007（8）．

晚清民国珠江—西江流域中上游商会网络的空间结构演变*

罗 婧 王 菊 闫冰华

（广西师范大学漓江学院）

一、引言

网络分析法是商会史研究的一个重要途径与趋势。宋美云和宋立曼、应莉雅较早地引入网络分析法透析了天津商会的组织及其在区域市场中的作用①；刘宏、李培德、戴一峰、朱英等探究了海外华商网络的结构及其效能②；罗群对云南省、费驰对东北地区的商会网络组织进行了梳理③；唐力行、彭南生、魏文享的研究则揭示了在异地商会网络的社会功能④。然而，作为中国近代经济史研究的热点，商会研究主要侧重于对其组织性行为经济社会之功能的剖析，多聚焦于时间序列的脉络梳理，致力于剖析近代世界市场体系冲击下商会组织对中国市场之成长与嬗变的影响⑤。而在对商会网络空间结构演变样貌的再现及其内在规律的把握方面，熊亚平、张玮对铁路沿线市镇商会网络的考察，李小东对高阳商会网络的重构，从不同侧面反映了商会网络对华北区域市场成长的渗透效应⑥。朱英则分析了商会网络联动机制对近代中国市场体系的深厚影响力⑦。目前的相关研究主要以对全国概况或档案更为丰富详尽的东南沿海与长江中下游地区的个案考察居多，而对边疆少数民

* 基金项目：本文为国家社科基金一般项目“实现‘一带一路’战略部署的西南边疆民族地区市场共同体建设路径研究”批准号（16BMZ108）阶段性研究成果之一。

① 详见宋美云、宋立曼（2001），应莉雅（2004）的相关研究。

② 详见刘宏（2000），李培德（2009），戴一峰（2010），朱英、郑成林、魏文享（2013）的相关研究。

③ 详见罗群（2007），费驰（2013）的相关研究。

④ 详见唐力行（2012），彭南生（2012），魏文享（2015）的相关研究。

⑤ 详见徐鼎新（1986），虞和平（1995），冯筱才（2001，2006），马敏（2003），应莉雅（2004），王玉珍（2005），朱英（2005，2008），马敏（2009），葛宝森、李昌（2011），谭玉秀、范立君（2011），刘杰（2013）的相关研究。

⑥ 详见熊亚平、张玮（2012），李小东（2016）的相关研究。

⑦ 朱英：《近代中国商会的“联动”机制及其影响》，《史学集刊》2016年第3期。

族地区商会网络的样貌与作用的探究，往往限于资料的细碎而集中于对地方商人社会行为及群体形象的挖掘与重构①，研究路径亦偏重于微观透析②。若要深入追究商会网络作用于近代中国市场化进程的空间拓展效应，则还需在研究对象选择与研究路径的创新方面做进一步的尝试。

珠江—西江流域是沟通西南边疆少数民族地区边境贸易与海外贸易的重要内河水系网络，其中上游是指珠江最大的支流——西江主要干支流流经的区域，包括今广西壮族自治区的大部分地区（北部湾三港除外）、广东省肇庆市怀集县。晚清民国时期，该区域商会网络发生的空间结构演变承载了西南边疆民族地区基层市场与世界市场衔接的全过程。基于此，本文拟通过借助 GIS 方法，分时空片断对晚清民国时期珠江—西江中上游商会网络的空间结构演变加以透析，尝试窥探其间两种市场层次的碰撞与衔接及其内在特质。

二、晚清民国珠江—西江流域中上游商会网络的时空特质

（一）珠江—西江流域中上游的地域特性

（1）珠江—西江流域中上游的地域范围。区域范围的划定对揭示研究对象的特性至关重要。本文以占全流域面积的 56.2%，少数民族人口占到近四成，其中壮族人口占少数民族人口三成以上的广西为主要行政区，作为讨论晚清民国时期珠江—西江中上游的地理范围，如图 1 所示：

图 1　晚清民国珠江—西江流域中上游的地域范围

① 详见刘菊香（2003），李涛（2009），陈志波（2009），贾秀慧（2010），佟银霞、刘会军（2014），李辉源、李云雀、陶晓东（2014），郭娟娟、张玮（2015）的相关研究。

② 张原：《历史人类学与西南民族地区商会史研究范式的构建》，《中央民族大学学报》（哲学社会科学版）2015 年第 2 期。

长期以来，学界一直推崇施坚雅以“水路交通”为核心的“地域即河川流域说”；斯波义信在其基础上增加了对于生态系统的关注后而成的“地文—生态地域说”[①]；李伯重在讨论“江南”区域定义时，又增加了人文机理与“地域认同”的内涵；邹逸麟在回溯我国古代经济区划分的基础上，进一步提出了自然区、民族区、行政区与经济区合一原则。本文对“珠江—西江流域中上游”范围的划定正是基于上述规范。

（2）珠江—西江流域中上游的自然环境与人文特质。珠江是一个由东、北、西三大干流加上一个三角洲构成的、呈扇形的复杂水系。其中以自西向东穿越滇、黔、桂、粤四省的西江最长（2214 千米），流域面积最宽（占整个珠江流域面积的 78%）。根据“地域即河川流域”原则，“珠江—西江”是一个完整的流域经济区。从“地文—生态地域说”来看，北回归线横穿整个“珠江—西江”流域，尤其在中上游地区，基本在北纬 22～25 度；中游的“桂平—梧州段”几乎与“珠江—西江”的干流重合，热量水量充足，且多为丘陵山地，生态相似性极高[②]。“地域认同”方面，该流域流行最广的粤语核心区主要有珠江—西江中游下半段的梧州、贺州与柳州的部分地区以及桂平；而沿珠江—西江中游上半段的贵港、南宁、崇左及其辖县的绝大部分地区都属于粤语次方言区[③]。融汇了中原的儒家文化、跨海而至的佛教文化以及原住少数民族文化的珠江—西江流域内部形成了具有同质性的文化带[④]。跨越 4 个行政省区，21 个地级市（州），164 个县（区）[⑤]；流域内少数民族人口占总人口的六成以上；导致发展态势上呈现梯次分布成为“珠江—西江”流域的显著特征[⑥]。

（二）晚清民国时期的珠江—西江流域中上游地区

（1）晚清民国时期世界市场与中国市场的衔接。16 世纪海道大通以来，中国国内商品经济流通的迅猛发展而致的硬通货短缺与欧洲通过海外殖民获得大量金银从而急速膨胀的商品需求，使得双方的交易一拍即合，共同助推了世界市场的形成[⑦]。从此中国市场与世界市场一直遥相呼应。然而，欧洲凭借技术革命驱动下的

---

① 斯波义信：《宋代江南经济史研究》，江苏人民出版社 2012 年版，第 35 - 40 页；李伯重：《简论“江南地区”的界定》，《中国社会经济史研究》1991 年第 1 期；邹逸麟：《我国古代经济区的划分原则及其意义》，《中国史研究》2001 年第 4 期。

② “珠江—西江”干流上的田林—马山—武宣—梧州一线是我国重要的农业地理界线，被该界线从中部横穿的广西是具有“季风热带边缘”特色的自然带（秦权人，1991）。广西是全国野生稻分布面积最大的省区，且在上述界线的东段分布着世界上连片面积最大的野生稻原产地（陈成斌，2001）。

③ 罗康宁：《粤语与岭南文化的形成》，《学术研究》2006 年第 2 期。

④ 朱国正等：《从文化地理角度看“珠江—西江文化带”》，《广西社会科学》2014 年第 12 期。

⑤ 该数据根据 2014 年 7 月国务院批复的《珠江—西江经济带发展规划》中涉及的行政区域进行统计而得。包括广东广州、佛山、云浮、肇庆，广西南宁、柳州、梧州、贵港、来宾、崇左以及支流上的桂林、玉林、贺州、河池，云南的文山、曲靖，贵州黔东南、黔南、黔西南、安顺及其下辖各区县。

⑥ 方一平：《西江流域经济走廊及其区段划分》，《经济地理》1994 年第 4 期。

⑦ ［德］贡德·弗兰克：《白银资本：重视经济全球化中的东方》，刘北成译，中央编译出版社 2008 年版。

强大工业力，于19世纪中叶，以武力迫使中国签订系列不平等条约，豪夺市场话语权。从此，中国市场与世界市场的衔接便开启了阵痛与嬗变交织的模式，以"市场经济的成长"作为考察近代中国经济史的主线早已成为学界共识①，商会网络则日益成长为中国商人走出区域市场，进入世界市场的重要载体②。

（2）晚清民国时期珠江—西江中上游区域性市场的成长及其呈现。

1）晚清民国时期珠江—西江中上游的区域性市场。晚清民国时期，珠江—西江流域中上游已经形成了区域内、跨区域以及同世界市场相衔接的商品流通体系与市场层级。首先，在区域内部，以地缘与商业关系为核心的人际关系网络③及相关的农村民间金融体系④已经形成，在商人组织的推动下，区域市场网络与城镇化⑤发展迅速，甚至一些支流的小流域商业网络皆已初具规模⑥；南宁、梧州、百色也分别确立了其在干流市场体系中的中心城市地位⑦。其次，凭借地缘优势⑧与外地客商的经营⑨，珠江—西江流域中上游与珠江三角洲⑩地区的经济联动初具规模，并与全国市场形成了的跨区域商业网络⑪。最后，在口岸开放⑫、粤港澳经济的辐射⑬以及侨力资源⑭的共同驱动下，珠江—西江流域中上游区域市场开启了与世界市场的衔接。

2）借助商会网络空间结构演变的GIS刻画对区域性市场成长的呈现。GIS技术不仅可以有效地管理具有空间属性的各种资源环境信息，还可以有效地对多时期的资源环境状况及生产活动变化进行动态监测和分析比较⑮，对于观察分析晚清民国时期珠江—西江流域中上游商会的空间分布与相应的区域性市场成长极为有益。

---

① 详见王玉茹（2002），刘兰兮（2007），朱荫贵（2010）的相关讨论。

② 详见宋美云（2000），魏文享（2015）的相关研究。

③ 详见刘爱新（2008），陈炜（2009），陈炜、王文（2010）的相关讨论。

④ 详见陈峥（2007），陈峥、刘启强（2010），陈峥（2011），袁翔珠（2014）的相关研究。

⑤ 详见唐凌（1998），宾长初（2003，2007），陈炜、侯宣杰（2004），陈炜（2008）的相关研究。

⑥ 详见陈炜（2004，2007），唐凌（2010）的相关研究。

⑦ 详见尹国蔚（2002），覃主元（2004），韦国友（2002），黄滨（2009）的相关研究。

⑧ 黄滨是最早借助"无东不成市"这一民谚对珠江—西江流域中上游圩镇布局加以考察的学者，具体详见他于1992年、2004年、2006年、2007年、2008年、2014年的相关研究。此外，韦国友（2008），唐咸明（2009），徐健、莫志斌、黄胜敏（2009）也分别从不同的角度讨论了该问题。

⑨ 唐凌：《论商业会馆碑刻资料的历史价值——基于17～20世纪广西经济移民活动的分析》，《广西民族研究》2011年第4期。

⑩ 详见陈炜、杨辉（2007），韦国友、陈炜（2008）的相关研究。

⑪ 唐凌：《山西金融业在广西盛衰原因初探》，《山西师大学报》（社会科学版）2006年第5期。

⑫ 详见聂蒲生（2001），周建明（2006），吕兴邦（2010），张松涛（2011），庞广仪（2015）的相关研究。

⑬ 详见黄滨（1999，2015），周建明（2012）的相关研究。

⑭ 详见陈炜（2007），谭显兵（2008）的相关研究。

⑮ 本文参考了靳海攀、郑林、张敬伟（2013）一文基于时间距离的视角，通过GIS软件空间分析对鄱阳湖生态经济发展空间网络的要点及经济联系趋势的梳理。以此路径进行清末民国珠江—西江流域中上游研究。

因此，本文将运用GIS地图制作技术，以晚清民国时期广西行政区划图为基准，对该地图进行矢量化并进行拓扑检查和修改。同时，利用已有的区县市文件和所搜寻的商会分布数据，分1909年、1919年、1929年、1949年4个时点，按区域添加流域字段和商会分布字段；确认相应值后分别对流域分布和商会分布区域设置不同线性和颜色，使其形成商会网络空间结构图，如图2所示：

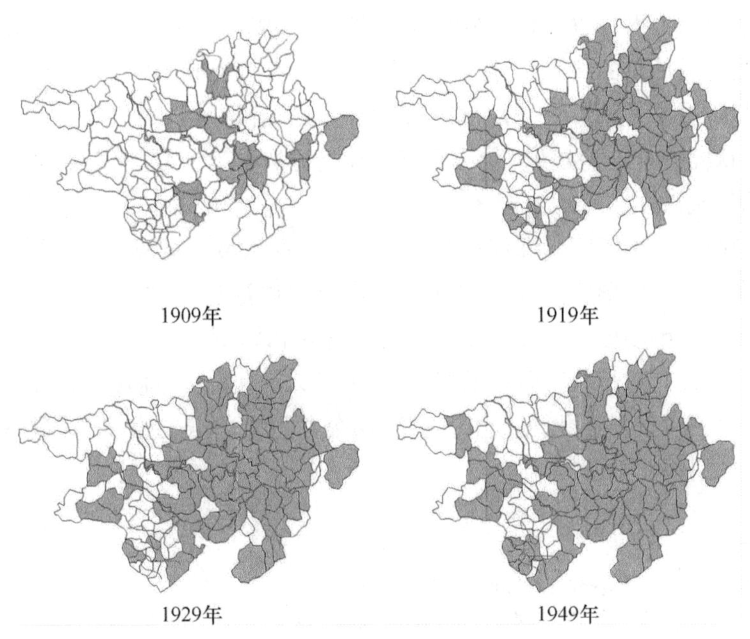

图2　近代珠江—西江流域中上游商会空间分布演变概况①

（3）珠江—西江流域中上游市场成长的环境基因及其在晚清民国时期的历史趋势。珠江—西江流域中上游包括自然地理、地貌交通、风俗习惯与文化认同在内的独特的环境基因，与19世纪中叶到20世纪中叶的百余年间晚清民国的历史趋势相交织，成为商会网络空间结构及其变迁的深厚背景。

环境基因是任何一个经济社会体长时段的结构性要素，且最具地域特色，在珠江—西江流域中上游自不例外。首先，在自然地理方面，土地石漠化现象极其严重，到20世纪30年代，总面积已达31922.25平方公里②；水患频仍且多灾并发，尤其是干流沿江的梧州、南宁、浔州及郁林州等府县，并呈连续性、程度重进而影

① 该图选用1935年广西的行政区划为基准，因此不包括北海、钦州和防城港三地。一些商会在个别时点存在解散的情况，在此为了从宏观上揭示商会的整体演进概况，不对该问题做细节性处理。选择四个时点则主要考虑了一定长度的时间内，演变程序更为显著；跳过1939年，则是基于战争时期的情况特殊。

② 韩昭庆等：《1930～2000年广西地区石漠化分布的变迁》，《地理学报》2016年第3期。

响社会经济发展的态势[①]。其次，在地貌交通方面，最突出的变化是铁路的建设。虽然地方政府早有铁路网络的规划[②]，却直至20世纪30年代始有实践，其中的湘桂铁路805公里，黔桂铁路205公里[③]。然而，主要的交通方式仍然是以珠江—西江干支流为核心水运网络，辅以相应的桥梁与驿道建设[④]，中越边境的商路开拓[⑤]，以及桂江流域的灵渠与桂柳运河的连通[⑥]。与此同时，挑夫行业的兴起配合水运网络[⑦]，构成了以丘陵山地为主要地貌特征的珠江—西江中上游地貌交通体系。再次，在风俗习惯方面，以少数民族聚居分布广泛的珠江—西江中上游，出现了商品经济与民族礼俗传统的严重冲突[⑧]，而随着市场网络的进一步深入与民国时期的乡村治理而有所缓冲[⑨]。最后，在文化认同方面，随着地域认同与民族认同的逐渐形成[⑩]，国家认同亦加速构建[⑪]，导致汉族文化与少数民族文化的交融[⑫]与民族经济文化融合[⑬]的呈现。

晚清民国的百余年间，珠江—西江流域中上游区域市场成长的主要趋势也是其间商会网络空间结构形成的核心推动力，除上文讨论过的“沟通世界市场的区域商品流通体系与市场层级已然形成”之外，还包括以下三个方面：

移民潮、人口增长及其素质的提升。明清以来的粤、湘移民[⑭]，导致人口的迅速增长[⑮]、集聚以及城镇化[⑯]；近代教育[⑰]与公共卫生事业的发展[⑱]，进一步提升了珠江—西江中上游的人口素质。

---

① 详见吴彬（2006），赖莉云（2006）的相关研究。

② 朱从兵：《铁路筹建与清末广西边防》，《中国边疆史地研究》2006年第3期。

③ 严民富：《广西铁路的建设与发展回顾》，《广西社会科学》1999年第5期。

④ 吴小凤：《明代广西交通建设述略》，《中国边疆史地研究》2003年第4期。

⑤ 滕兰花：《从清代与越南的朝贡看桂南之中越交通》，《南宁师范高等专科学校学报》2007年第1期。

⑥ 刘小花：《清前期治边思想的新突破——对广西“一府两运河”独特现象的解读》，《广西地方志》2008年第4期。

⑦ 侯宣杰：《近代广西挑夫运输探微》，《广西民族研究》1998年第4期。

⑧ 袁丽红：《从“二重性”角度看少数民族农村商品经济的发展与局限——以近代广西为中心的考察》，《广西民族研究》2006年第4期。

⑨ 王晓军：《边疆视域下新桂系时代广西的风俗改良》，《广西民族研究》2013年第2期。

⑩ 地域认同方面，详见宋永忠（2014）；族际交往与民族认同方面，详见方素梅（1993），李闰华（2006），梁茂春（2007），王晖（2009）的相关研究。

⑪ 详见张江华（2016），杜树海（2016），龙小峰（2014，2015），胡列箭（2013）的相关研究。

⑫ 徐赣丽、黄洁：《都柳江流域的汉族移民、文化传播与地方文化的生成——以广西三江富禄为例》，《广西民族研究》2013年第2期。

⑬ 韦福安：《近代广西西南边疆的移民与民族经济文化融合——从现代民族国家建构视阈的历史考察》，《广西民族研究》2011年第4期。

⑭ 详见熊春云（2004），李闰华（2007），陈岗（2007），范玉春（2010）的相关研究。

⑮ 唐凌：《清朝同光时期广西人口问题初探》，《广西民族研究》1993年第3期。

⑯ 详见范玉春（2005），宾长初（2008），杨天保（2014）的相关研究。

⑰ 详见吴晓（1996），曹天忠（2006），侯宣杰（2009），何文聪（2009），贺金林（2010），蒙贵恩、黄祐（2011），李天雪（2011），张惠鲜（2015）的相关研究。

⑱ 详见廖建夏（2010），朱凤林（2014），张惠鲜、王晓军（2014）的相关研究。

生产技术革新的推广与生产方式的转变。在种植业发展自然条件优厚的珠江—西江流域中上游，晚清民国时期农业技术革新的推广颇有成效①，农产品的增产②与商品化促进了种植结构的变化③、农户兼业及农家经营多样性的发展④；手工业、现代工业的集聚⑤在推进城镇化的同时，衍生了配套服务业⑥的发展。

动荡社会秩序中的有效社会治理。晚清民国的百余年间，珠江—西江流域中上游先后经历了太平天国运动（1851～1864年）、军阀混战（1911～1924年）以及日本侵华战争（1937～1945年）的侵扰，但在为数不多的和平时期，地方政府通过建立系列制度安排⑦，加强基层社会治理，并取得了一定的成效⑧，流域内的主要省区广西在20世纪30年代获得了“模范省”的美誉。

三、晚清民国珠江—西江流域中上游商会网络空间结构的演变

浔、桂、西三江交汇点的梧州、左右两江交汇点的南宁、柳江上游的柳州以及桂江上游的桂林，在晚清民国的珠江—西江流域中上游已经成长为四大中心市场；其他沿岸的城镇也逐步发展成为区域性中间市场，基层市场则由众多的乡村圩镇构成。自1907年南宁商会首先成立以来，在各个层级的市场聚落中，作为商人组织的商会在四十余年间，完成了数量的增长和空间的拓展。

（一）1909年前后的珠江—西江流域中上游商会网络空间结构

在晚清重商风潮中，1902年成立的上海商会，是中国第一个近代商会组织；1907年珠江—西江流域中上游第一个近代商会组织——南宁商会成立，至1909年，区域内的商会数量便迅速增加为12家。其空间分布见图3。1909年这个时点上的商会，除布局于区域内的三大中心城市南宁、梧州、柳州之外，在两大支流柳江与红水河交汇入黔江处的武宣县，成立了3家，在黔江与干流郁江段交汇入浔江段的桂平县，成立了2家。另外4家分别布局在支流柳江上游、沟通黔桂交通的融江小流域市场圈中心的融县（今融安）与龙江小流域市场圈中心的宜山（今宜州），干流浔江段桂平县下游的贵县（今贵港）以及紧邻广东的怀集（今属广东省）。可以说，极为准确地呈现了珠江—西江流域中上游深受下游及珠江三角洲的经济的辐射影响，并在联结西南少数民族地区商品经济流通方面具有重要职能，见表1。

---

① 潘桂仙：《抗战时期中国“农都”形成诸因素》，《安徽农业科学》2010年第23期；《近代广西农事试验的兴办及其成效》，《理论月刊》2010年第9期。

② 周宏伟：《清代两广耕作制度与粮食亩产的地域差异》，《中国农史》1995年第3期。

③ 廖建夏：《近代广西种植结构调整与商品化》，《广西地方志》2009年第1期。

④ 详见徐毅（2003），侯宣杰（2010）的相关研究。

⑤ 详见高言弘（1992），唐凌（1999），刘文俊（2007）的相关研究。

⑥ 详见陈炜（2005），刘爱新（2006）的相关研究。

⑦ 详见谭肇毅（2008），袁翔珠（2010），洪德善（2015）的相关研究。

⑧ 详见钟霞（2003），杨乃良（2004，2005），张伟（2005），周中坚（2008），钟瑞添、李晓明（2011），宾长初（2012），魏志罡（2012），唐国军、黄秋燕（2016）的相关研究。

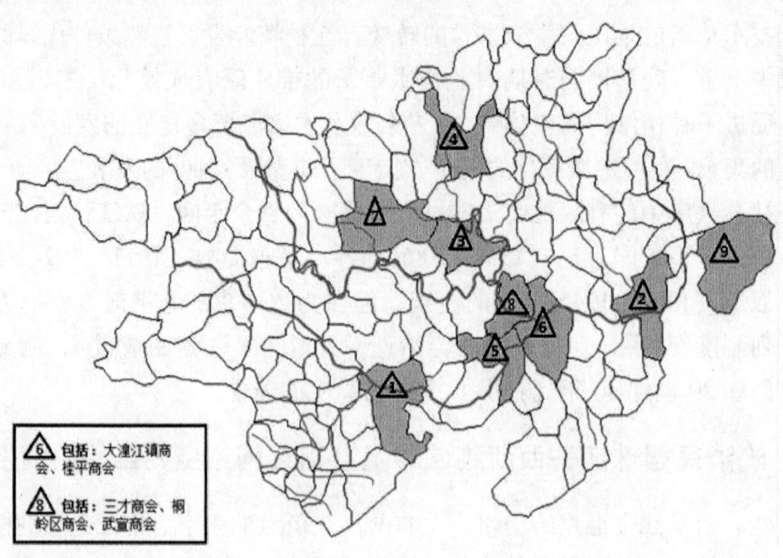

图3 1909年珠江—西江流域中上游商会网络空间分布

表1 1909年珠江—西江流域中上游商会一览表

序号	图中编号	名 称	成立时间	会 址
1	1	南宁商会	1907年	南宁德邻路
2	2	梧州商会	1907年	梧州五方街
3	3	柳州商会	1908年	柳州任恩坊广庆堂
4	4	融县商会	1908年	融安长安镇融街
5	5	贵县商会	1909年	贵县（今广西贵港市）粤东会馆
6	6	大湟江镇商会	1909年	江口圩（今广西桂平市东北）粤东会馆
7	6	桂平商会	1909年	桂平粤东会馆
8	7	宜山商会	1909年	河池县城（今广西宜州市）粤东会馆
9	8	三才商会	1909年	三里圩（今广西武宣县东南）
10	8	桐岭区商会	1909年	桐岭圩中华街（今广西武宣县南）
11	8	武宣商会	1909年	武宣北街
12	9	怀集商会	1909年	怀集联桂中街（今属广东肇庆市）

（二）1919年前后的珠江—西江流域中上游商会网络空间结构

1909~1919年正值近代中国民族资本发展的黄金年代，虽然经历了从清王朝到民国的政权更迭，但珠江—西江流域中上游的过渡相对平稳。手工业、商业等得到了长足的发展，为圩市布局及商会网络的成长奠定了基础。

如图4和表2所示，1909—1919年十年间商会数量增加了38家；在空间分布方面，呈现出以下特点：

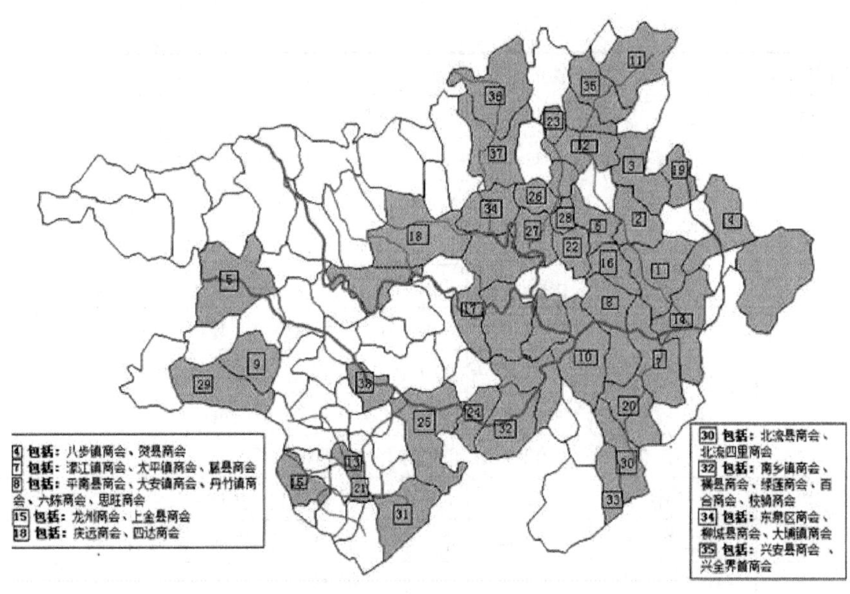

图 4　1919 年珠江—西江流域中上游商会网络空间分布的变动

表 2　1919 年珠江—西江流域中上游新增商会一览表

序号	图中编号	名　称	成立时间	会　址
1	1	昭平商会	1910 年	广西昭平县庆恩街
2	2	平乐商会	1910 年	广西平乐县城厢镇半边街
3	3	恭城商会	1910 年	广西恭城县粤东会馆
4	4	八步镇商会	1910 年	贺县（今广西贺州市）八步东宁街
5	4	贺县商会	1910 年	贺县（今广西贺州市）八步仙城会馆
6	5	百色商会	1910 年	广西百色城外横街
7	6	荔浦商会	1910 年	广西荔浦县城内
8	7	濛江镇商会	1910 年	濛江镇（今广西藤县中部）聚龙下坊
9	7	太平镇商会	1910 年	太平镇（今广西藤县北部）上元街
10	7	藤县商会	1910 年	广西藤县粤东会馆
11	8	平南县商会	1910 年	广西平南县城二甲街
12	8	大安镇商会	1911 年	大安圩（今广西平南县东南部）
13	8	丹竹镇商会	1911 年	丹竹圩（今广西平南县西江北岸）大街
14	8	六陈商会	1911 年	六陈圩（今平南县西南部）鸡街
15	8	思旺商会	1911 年	思旺圩（今广西平南县西北，与桂平江口接壤）二甲街
16	9	天保商会	1910 年	天保（今广西德保县）东街粤东会馆
17	10	浔州商会	1910 年	桂平县（今广西桂平市）境内
18	11	全县商会	1910 年	全县（今广西全州县）境内
19	12	桂林商会	1911 年	广西桂林市依仁路
20	13	崇善商会	1911 年	崇善县（今广西崇左市）横街

续表

序号	图中编号	名 称	成立时间	会 址
21	14	苍梧圩商会	1911 年	广西苍梧县境内
22	15	龙州商会	1911 年	龙州专门（今广西龙州市）镇西街景楼
23	15	上金县商会	1911 年	响水圩（今广西龙州市响水镇）
24	16	蒙山商会	1911 年	广西蒙山县会馆街
25	17	迁江商会	1911 年	迁江县（今广西来宾市兴宾区）城区上码头
26	18	庆远商会	1911 年	宜山县（今广西宜州市）境内
27	18	四达商会	1912 年	宜山县（今广西宜州市）四达横东街
28	19	富川商会	1911 年	广西富川县羊头街广肇会馆
29	20	容县商会	1912 年	广西容县城外西街
30	21	驮卢镇商会	1912 年	驮卢镇（今广西崇左市江州区东北）米行街
31	22	修仁县商会	1912 年	修仁县（今广西荔浦县西南）东圩石门底
32	23	义宁县商会	1912 年	义宁县（今广西桂林市五通镇）东门外五里圩
33	24	永淳县商会	1912 年	永淳县（今广西横县西北部）大兴街
34	25	邕宁蒲津商会	1912 年	广西邕宁县蒲庙圩
35	26	中渡商会	1912 年	中渡县（今广西鹿寨县西北角）北街
36	27	鹿寨镇商会	1913 年	广西鹿寨县鹿寨镇
37	28	榴江县商会	1913 年	榴江县（今广西柳江县）境内
38	29	靖西县商会	1914 年	靖西县（今广西靖西市）大街 33 号
39	30	北流县商会	1915 年	广西北流县境内
40	30	北流四里商会	1915 年	广西北流县境内
41	31	上思商会	1915 年	广西上思县太平街
42	32	百合商会	1916 年	百合圩（今广西横县东部）
43	32	横县商会	1916 年	广西横县城内大街
44	32	绿莲商会	1916 年	绿莲圩（今广西横县西部莲塘镇）
45	32	南乡镇商会	1916 年	南乡镇（今广西横县西南部）
46	32	校骑商会	1916 年	校骑镇（今广西横县境内北部）
47	33	古城镇商会	1916 年	广西陆川县维新街
48	34	东泉区商会	1917 年	东泉圩（今广西柳城县东南部）
49	34	柳城县商会	1917 年	广西柳城县北门街昌信押
50	34	大埔镇商会	1919 年	大埔镇（今广西柳城县城关镇）
51	35	兴安县商会	1917 年	广西兴安县北大街
52	35	兴全界首商会	1919 年	界首（今广西兴安县北部）易家巷
53	36	三江县商会	1918 年	林溪圩（今广西三江县东北林溪乡）
54	37	和睦商会	1918 年	融县（今广西融安县）长安镇融街
55	38	隆安县商会	1919 年	广西隆安县下颜乡

（1）在干流与主要支流沿岸密集布局。干流上浔江段的藤县3家，平南5家；主要支流郁江上的横县5家，柳江上的柳城县3家，左江上的崇善县2家，桂江上的兴安县2家，贺江上的贺县2家，北流河上的北流县2家；全部是1家在县城，其余分布于各圩镇。

（2）沿干流与主要支流连片分布。干流浔江段新增桂平、平南、藤县、苍梧共8家；主要支流左江郁江段新增永淳、邕宁、横县共7家；左江流域上游新增崇善、龙州、上思及其支流上的靖西、天保等共7家；柳江流域上游新增融县、三江、柳城、榴江、鹿寨、中渡、义宁共9家；桂江流域上游新增全县、兴安、桂林、平乐、恭城、荔浦、修仁、昭平共9家；北流河流域新增陆川、容县、北流、藤县共7家（藤县位于北流河与干流浔江段的交汇处）；贺江流域新增富川、贺县、昭平共4家。

（3）围绕中心市场呈网状布局。以南宁为中心，包括左江郁江段各县与隆安，共新增8家；以柳州为中心，包括柳江上游的龙江流域各县、融江段各县、洛清江与古宜河流域各县以及红水河黔江段的迁江共新增9家；以桂林为中心，包括桂江流域各县共8家（下游昭平属梧州中心市场）；以梧州为中心，包括干流浔江段各县、支流贺江流域各县、北流河流域各县以及桂江流域的昭平、桂江下游主要支流湄江流域的蒙山共新增17家。梧州在整个珠江—西江中上游区域市场与商会网络中的核心的显赫地位一目了然。

（4）偏远地区亦有布局。这主要包括地处中越边境右江上游的百色与左江流域各县，共新增8家。

（5）1909年已有布局的融县、桂平、宜山等县又有增加，密集度加强。可以说，以上五个方面奠定了珠江—西江流域中上游商会网络与市场体系的基本构架。

（三）1929年前后的珠江—西江流域中上游商会网络空间结构

1919～1929年，珠江—西江流域中上游经历了前五年的军阀混战与地方政权的更迭，后五年逐现成效。总体上来说，商会数量的增加幅度不大，仅18家，但其网络的空间结构呈稳健拓展的趋势。如图5、表3所示，商会的空间布局主要有三个方向：其一，在原来的节点圩镇上进一步密集。在干流郁江段的横县新增1家；在柳江流域上游融江段的融县、三江与下游段的武宣共新增3家，在北流河流域的陆川、容县共新增4家；在桂江流域的修仁新增1家。其二，在中心市场网络中新增节点。例如，梧州中心市场的钟山、兴业共3家；桂林中心市场的阳朔、灌阳共2家；柳州中心市场柳江上游融江段的罗城、下游黔江段象县共5家；南宁中心市场中的武鸣1家。其三，向西部支流源头的偏远山区延伸与拓展。有红水河上游的隆山、都安共2家；右江上游的思林、恩隆共2家以及流域东南部山区的博白县共2家。

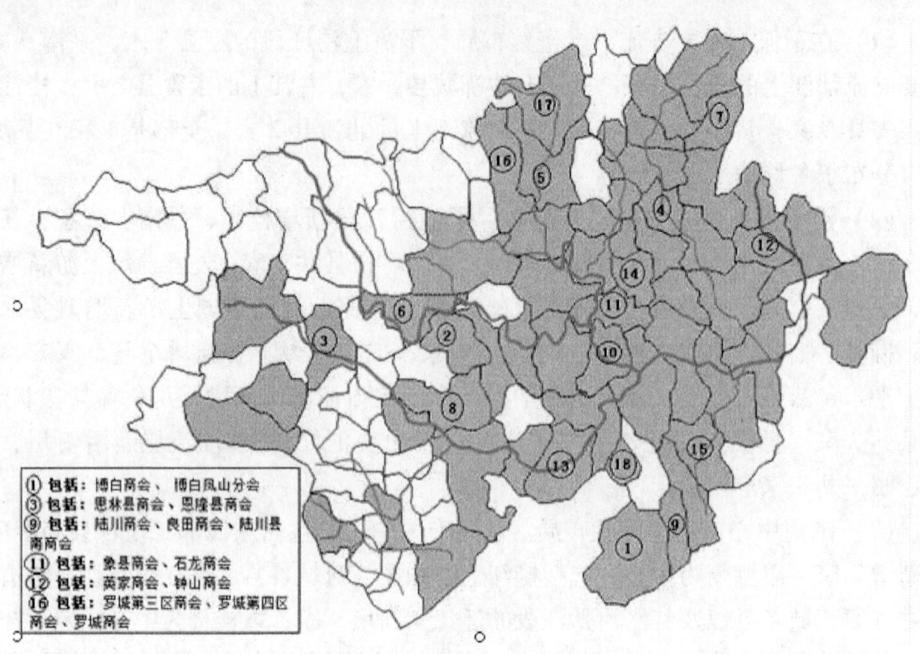

图5　1929年珠江—西江流域中上游商会网络空间分布的变动

表3　1929年珠江—西江流域中上游新增商会一览表

序号	图中编号	名　称	成立时间	会　址
1	1	博白商会	1921年	广西博白县兴隆街商会巷
2	1	博白凤山分会	1929年	凤山圩（今广西博白县中部凤山镇）
3	2	隆山县商会	1921年	隆山县（今广西马山县）西华正街
4	3	思林县商会	1921年	思林县（今广西田东县）中山大街
5	3	恩隆县商会	1923年	恩隆县（今广西田东县平马镇）
6	4	阳朔商会	1922年	广西阳朔县境内
7	5	东岭商会	1922年	融县（今广西融安县）长安镇融街
8	6	都安县商会	1922年	广西都安县境
9	7	灌阳县商会	1922年	广西灌阳县湖南会馆
10	8	武鸣商会	1922年	广西武鸣县境
11	9	陆川商会	1923年	广西陆川县城内
12	9	良田商会	1926年	良田圩（今广西陆川县良田镇）
13	9	陆川县南商会	1926年	乌石背（今广西陆川县乌石镇）苏宗祠
14	10	二塘商会	1927年	广西武宣县二塘下街
15	11	象县商会	1925年	象县（今广西象州）粤东会馆
16	11	石龙商会	1926年	石龙圩（今广西象州西南部石龙镇）
17	12	英家商会	1925年	英家镇（今广西钟山县清塘镇英家村）

续表

序号	图中编号	名　称	成立时间	会　址
18	12	钟山商会	1925 年	广西钟山县境
19	13	附城镇商会	1925 年	广西横县附城街上
20	14	金秀桐木商会	1926 年	修仁县桐木镇（今广西金秀县辖境）
21	15	黎村商务分会	1926 年	黎村圩（今广西容县南部黎村镇）正街
22	16	罗城第三区商会	1926 年	黄金圩（今广西罗城县黄金镇）
23	16	罗城第四区商会	1927 年	龙江圩（今广西罗城县境内）
24	16	罗城商会	1929 年	广西罗城县东门外步行街
25	17	富禄商会	1926 年	富禄（今广西三江县富禄乡）于正街
26	18	兴业县商会	1929 年	广西兴业县城内大街

（四）1949 年前后的珠江—西江流域中上游商会网络空间结构

1949 年这幅珠江—西江流域中上游商会网络空间结构图的含义与前三幅略有不同（见图 6）。首先，在时点选择上，跨越更长，为 20 年；其次，图上涵盖了和平与战争两个时间的商会网络分布。和平时间为 1930 ~ 1936 年。其间，广西卓有成效的自治建设极大地促进了珠江—西江流域中上游商会网络的扩张；这主要体现在两个方面：一是原有干支流中心市场网络的进一步拓展与密集。干流郁江段南宁中心市场新增了宾阳 1 家，浔江段梧州中心市场新增玉林 2 家、岑溪 3 家，苍梧则又增加了 1 家。主要支流贺江流域梧州中心市场的怀集、贺州各增加 1 家；桂江流

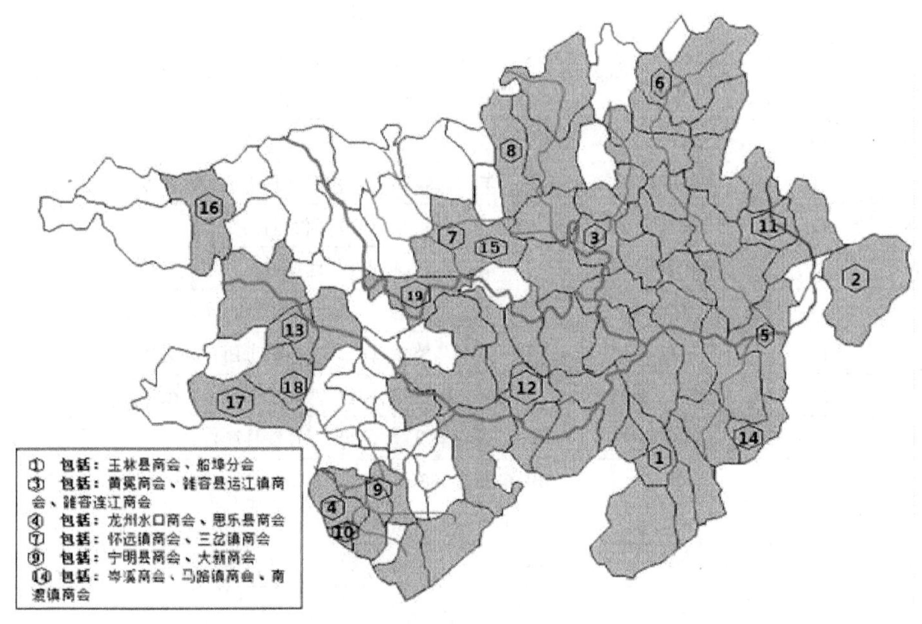

图 6　1949 年珠江—西江流域中上游商会网络空间分布的变动

域桂林中心市场的兴安增加1家；柳江流域柳州中心市场，上游龙江的宜山增加2家，罗城增加1家，上义区新增1家。二是在上游左江、右江流域的拓展与密集。在中越边境上的左江流域，逐渐形成了以龙州、凭祥两大边贸口岸为中心，包括崇善、思乐、宁明在内的市场网络，新增商会4家；在桂滇交界右江流域的大石山区，以百色为中心的市场网络亦初现雏形，新增了田西、恩阳共2家商会(见表4)。

表4　1949年珠江—西江流域中上游新增商会一览表

序号	图中编号	名　称	成立时间	会　址
1	1	玉林县商会	1930年	鬱林县（今广西玉林市）城南门街
2	1	船埠分会	1932年	船埠圩（今广西玉林市福绵区船埠村）
3	2	冷坑镇商会	1930年	冷坑圩（今广东怀集县冷坑镇）
4	3	黄冕商会	1930年	黄冕（今广西鹿寨县黄冕镇）粤东会馆
5	3	雒容连江商会	1932年	连江圩（今广西鹿寨县雒容镇）
6	3	雒容县运江镇商会	1932年	雒容县运江镇（今广西象州县）粤东会馆
7	4	龙州水口商会	1931年	龙州专区（今广西龙州市）景星楼
8	5	苍梧县商会	1931年	广西苍梧县文化里
9	6	大榕江商会	1932年	广西兴安县文昌宫
10	7	怀远镇商会	1932年	宜山县（今广西宜州市西北）粤东会馆
11	7	三岔镇商会	1932年	三岔圩（今广西宜州市东三岔镇）
12	8	罗城第二区商会	1932年	小长安圩（今广西罗城县小长安镇）
13	9	宁明县商会	1932年	广西宁明县城西街
14	9	思乐县商会	1934年	思乐县（今广西宁明县思乐乡）
15	9	大新商会	1939年	龙州专区（今广西大新县境）
16	10	凭祥商会	1932年	凭祥县（今广西凭祥市）
17	11	羊头镇商会	1932年	羊头镇（今广西贺州市平桂区辖境）
18	12	宾阳县商会	1932年	芦圩镇（今广西宾阳县城关）
19	13	恩阳县商会	1934年	恩阳县（今广西那坡县）那坡新街
20	14	岑溪商会	1934年	樟木圩（今广西岑溪市东北）
21	14	马路镇商会	1934年	马路镇（今广西岑溪市西）旧公所
22	14	南渡镇商会	1934年	南渡镇（今广西岑溪市西南）荣寿堂
23	15	上义区商会	1934年	上义区（今广西环江县境）
24	16	乐里商会	1935年	田西县（今广西田林县境）
25	17	旧州商会	1940年	广西靖西县境内
26	18	天等商会	1944年	天等镇（今广西天等县境）
27	19	安定商会	1946年	广西都安县境内

日本全面侵华之后，珠江—西江流域进入了战争时期。1937～1943年虽为战时后方，但并不太平；1939～1940年，南宁曾被日军先占领后放弃。这一时期只在支流左江流域的大新与右江流域的靖西各新增了1家商会，随着法国战败，越南实际上被日本控制，左江流域的市场网络被完全摧毁；流域内其他市场圈也陷入停滞。1944～1945年，整个珠江—西江流域中上游基本沦陷，仅有支流右江上游，未被日军攻占的天等新增了1家商会。1946～1949年的内战期也未能给予整个区域市场任何喘息与重整的时机，商会的发展止步不前，仅于1946年在江水河流域的都安新增了1家商会。

综上所述，通过对晚清民国时期的4个时间节点商会网络空间分布演变的梳理与呈现，我们可以清晰地看到，随着珠江—西江流域中上游近代市场层级的逐步构建，一条连接西南少数民族地区、中越边境口岸与珠江—西江下游及三角洲海港的水运商业网络已初现雏形，珠江—西江流域的传统区域性市场在与世界市场的衔接之中实现了近代转型。

参考文献

[1] 宋美云、宋立曼：《近代天津商会与国内其他商会网络机制的建构》，《中国社会经济史研究》2001年第3期。

[2] 应莉雅：《网络化组织与区域市场交易成本——以天津商会为个案（1903～1928年）》，《南开经济研究》2004年第5期。

[3] 刘宏：《新加坡中华总商会与亚洲华商网络的制度化》，《历史研究》2000年第1期。

[4] 李培德：《香港的福建商会和福建商人网络》，《中国社会经济史研究》2009年第1期。

[5] 唐力行：《徽州旅沪同乡会的社会保障功能（1923～1949年）》，《上海师范大学学报》（哲学社会科学版）2012年第3期。

[6] 冯筱才：《中国商会史研究之回顾与反思》，《历史研究》2001年第5期。

[7] 朱英：《近代中国商会的“联动”机制及其影响》，《史学集刊》2016年第3期。

[8] 张原：《历史人类学与西南民族地区商会史研究范式的构建》，《中央民族大学学报》（哲学社会科学版）2015年第2期。

[9] 王玉茹：《世界市场的扩展与中国市场制度的变迁》，《中国社会经济史研究》2002年第2期。

[10] 刘兰兮：《关于近代市场研究的几个问题》，《清华大学学报》（哲学社会科学版）2007年第5期。

[11] 朱荫贵：《对近代中国经济史研究中心线索的再思考》，《社会科学》2010年第6期。

[12] 丁贤勇：《近代交通与市场空间结构的嬗变——以浙江为中心》，《中国经济史研究》2010年第3期。

[13] 靳海攀、郑林、张敬伟：《基于时间距离的鄱阳湖生态经济区经济联系变化网络分析研究》，《经济地理》2013年第6期。

珠江—西江经济带产城融合发展模式与实施路径研究

伍茜蓉

（广西师范大学经济管理学院）

基于我国经济社会转型升级中出现“产城分离”的现状，“十二五”规划提出“产城融合”发展理念，并指出产业是城市发展的动力基础，城市是产业发展的基本载体，产业化与城市化发展相辅相成、协同并进。2015年7月国家发改委下达《开展产城融合示范区建设工作》文件，“十三五”规划要求推进新型城镇化，因此，促进产城融合是加速经济、社会转型发展的必经之路。产城融合即产业与城市融合发展，以城市为基础促进产业经济，以产业为保障驱动城市更新，达到产业、城市、人三者之间协调发展，为人创造良好的生存与发展环境，使产业和城镇融合发展更具可持续性，以产促城，以城兴产，产城融合。

一、产城融合研究的文献基础

（一）产城融合的概念研究

产城融合是要素综合发展过程，是产业与城市功能高度融合的动态协调过程（Nolfi，2005），是社会空间与区域产业空间的相互促进（孔翔，2013），旨在实现产业与城市的双向发展（陈云，2011），打造综合功能型城市（张道刚，2011）。以人为本是产城融合的本质（李学杰，2012），可持续发展是产城融合的基本要求（刘欣英，2015）。不同区域综合发展水平的差异将导致不同的产城融合发展模式（李文彬，2012），可以通过系统论分析方法（孙红军、李红、马云鹏，2015）对其进行规范解释。

（二）产城融合的评价体系研究

对产城融合的测度，需从科技创新视角（陈家祥，2006）、生态学角度（黄鲁成、张淑谦、王吉武，2007）、经济政策视角（苏林、郭兵、李雪，2013）、国际竞争力视角（牟仁艳、解佳龙、胡树华，2011）、效益贡献视角（胡树华、牟仁艳，2006）进行分析，可以采用问卷调查法（解鸿年，2008）、层次分析法、专家打分法（高纲彪，2011）、因子分析、聚类分析（王霞、苏林，2013）、灰色理论

（唐晓宏，2014）等研究方法来构建评价体系，指标选取应分别包括对产业化与城镇化的代表数据（王菲，2014）。

（三）产城融合的动力机制研究

在研究产业园区和城镇深度融合（邓伟根，2004）动力机制中，技术研发创新（周旭霞，2006）和政策支持（杨仁发，2007）分别是产业融合的内在压力和外部动力，内、外部动力耦合的相互作用力（王雄昌，2010）是促进区域一体化发展的主推力。实现空间整合、空间生长（陈仁君，2009）、产业升级（袁新国，2010），建立“产城一体”的规划体系，才能构建产城融合的动力机制。

（四）产城融合的实践路径研究

产城融合可以通过空间规划、技术支持、制度层面（刘晨宇、袁媛，2011）空间布局、环境建设（王峰玉、郑军，2012）角度分步骤、有秩序地（刘畅、李新阳、杭小强，2012）来实现，研究珠江—西江经济带产城融合实现路径可以基于青浦新城（林华，2011）、洛阳市伊滨区（邵安兆，2012）、四川（蓝菲，2012）、辽阳太子河（李芳，2013）、宁波（魏祖民，2013）、上海郊区新城（潘斌、陆嘉，2013）等现有实地案例路径研究来探索新的发展模式。

综上所述，现存文献关于产城融合的概念、内涵、评价体系、动力机制、实现路径方面解释详尽，包括对产城融合的定量研究从不同理论基础构建指标测评分析。但通过对产城融合相关文献的整理发现，现有个案研究多以具体园区或个别城市为研究对象，几乎没有关于多省联合区域产城融合度的研究，且相关理论也较少，本文以珠江—西江经济带广州、云浮、南宁、柳州、梧州 5 个城市为研究实体，从产业化、城市化、绿色化、人口城镇化、节能化五个维度 16 个具体指标来具体分析产城融合发展综合评价，最终上升到对珠江—西江经济带产城融合的整体区域产城融合评价，弥补了现有研究在区域产城融合研究领域的缺失，对其他区域组团、城市群产城融合评价具有重要理论作用与现实意义。

二、产城融合的作用机理

（一）以产促城

产业发展以工业发展为主要代表，城市发展以服务业为主要代表，因此以产促城发展作用路径表现如下：随着工业繁荣发展，企业生产力提高，生产规模扩大，对劳动力需求增加引致劳动力数量增加，当地社会服务业需求上涨，地区总收入上升。从短期来看，社会服务业弹性较小因此供给量不变，引起服务业价格上涨，名义工资相应增加，更高的工资吸引更多劳动力涌入社会服务行业，又进一步增加对服务业的需求，成为一个循环过程。从长期来看，由于企业规模报酬递增，企业生产成本下降推动服务业繁荣发展，促进基于产业发展的城市综合功能完备程度提高。

（二）以城促产

以城促产作用路径表现为：随着城市功能发展日臻完善，社会总产出、服务业劳动比重也相应增加，社会总需求随着劳动力数量的增加而增加，劳动需求增加进一步带动地区劳动总收入提高。依据供求原理，在短期内，工业供给量不变，因此社会产品价格上涨。从长期发展来看，依据厂商生产规模报酬递增的发展趋势，企业生产成本将下降，产品供给量增加。因此，在社会总需求增加的前提下，增加的产品供给量被完全消化，社会供求达到新均衡点，社会总效益增加，同时促进了当地工业繁荣发展。

（三）产城融合

基于以产促城与以城促产的作用机理研究，分析产城融合的作用机理及路径表现为：工业繁荣发展，对劳动力需求上涨，使得劳动力数量增加、工资上涨，进而促进社会服务业的发展，又通过对劳动要素的调节引起工业进一步发展，最终形成一个往复循环的发展模式。在这种模式下，社会经济发展共同促进并相互融合，以产促城与以城促产过程同时发生，实现了产城融合发展局面。

三、珠江—西江经济带产城融合现状的理论分析

（一）珠江—西江经济带产业化发展现状分析

目前广西许多地区依然发展缓慢，区域产业结构不平衡，产业规模分散，发展水平落后，未达到产业化发展水平，广东产业发展较为成熟，产业总量、规模均达到领先水平，形成品牌效应，拥有较大的市场发展前景。在评价地区工业发展水平时，采用工业增加值指标来测度（见图1）。

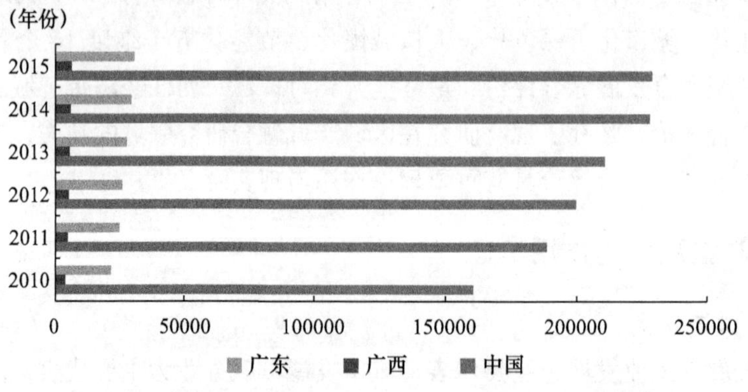

图1　2010～2015年全国、广西、广东工业增加值

如图1所示，广东2010～2015年工业增加值远远超过广西，2015年全国工业增加值为228974.3亿元[①]，广东全年工业增加值为30313.6亿元[②]，占比达

① 数据来自中国经济与社会发展统计数据库。

② 广东统计信息网．2015年全年广东经济运行情况新闻稿［EB/OL］．http：//www.gdstats.gov.cn/ydzt/jjxsxwfbh/201601/t20160122_323140.html［2016－1－22］．

13.24%，广西工业增加值为6544.5亿元①，占比仅2.86%，广东是广西的4.63倍。由此可见，广东的产业化发展水平远远高于广西的产业化发展水平，因此在珠江—西江经济带内，总体产业化发展水平呈现出东快西慢的趋势。

（二）珠江—西江经济带城镇化发展现状分析

在广西、广东的城镇化水平测评中，主要从城市公共设施指标与人口城镇化水平来测度。如表1所示，2014年全国城镇人口占比达54.77%，广东的城镇人口占比已经超过全国13.23个百分点，广西的城镇人口占比与广东相差21.99个百分点。这说明广东的人口城镇化发展较快，广西相对落后。在公共机构建设中，广东的医疗卫生机构与普通高等学校数量均远远高于广西，尤其是普通高等学校数量是广西的两倍，说明广东在城市建设中较注重文化教育的建设，实践文教兴国的发展理念。在人均城市道路建设面积指标上，表1显示，广东的指标超过了全国的指标。2015年全国城镇化率为56.1%②，广西城镇化率为40.9%③，广东城镇化率则达到68.71%④，远超全国平均水平。

表1　2014年广西、广东、全国城镇化发展状况

	人均城市道路面积（平方米/人）	城市燃气普及率（%）	医疗卫生机构（个）	普通高等学校（所）	城镇人口比重（%）
广西	3.284392	92.99	34667	70	46.01
广东	6.289258	96.64	48085	141	68
全国	4.993552	94.6	981432	2526	54.77

资料来源：《中国统计年鉴》、《广西统计年鉴》、《广东统计年鉴》。

所有数据皆表明广东在城镇化建设上要强于广西，公共基础设施较完善，达到甚至超过全国发展水平，相较之下广西的城镇化发展较缓慢，在珠江—西江经济带区域一体化发展下，广东应起到引导作用，促进经济带整体城镇化均衡发展。

（三）珠江—西江经济带产城融合发展现状评价

目前，广西拥有的多个产业区已经通过具体实践初步形成了产城融合发展态势，并为广西其他地区产城融合发展提供范例。广东总体城乡一体化水平较高，加之广州是全国新型城镇化试点省会城市之一，城镇化总体局面呈现出由点到面、全

① 广西自治区人民政府网.2015年全区规上工业经济运行分析［EB/OL］.http：//www.gxzf.gov.cn/zjgx/jjfz/tjsj/jjyx/201603/t20160304_484843.htm［2016-02-02］.

② 中国经济网.国家统计局：2015年中国城镇化率为56.1%［EB/OL］.http：//www.ce.cn/xwzx/gnsz/gdxw/201601/19/t20160119_8371558.shtml［2016-01-19］.

③ 广西壮族自治区统计局.2015年广西壮族自治区国民经济和社会发展统计公报［EB/OL］.http：//www.gxtj.gov.cn/tjsj/tjgb/ndgmjjhshfz/201604/t20160417_121816.html［2016-04-05］.

④ 发改委信息公布.广东省新型城镇化推进情况［EB/OL］.http：//ghs.ndrc.gov.cn/zttp/xxczhjs/dfgz/201605/t20160512_801580.html.

面铺开向的横纵全面发展态势。因此综合各类信息可知，广东的产城融合度要高于广西，珠江—西江经济带产城融合现状呈现东快西慢的局面。

四、珠江—西江经济带产城融合实证检验及评价分析

（一）评价指标体系构建

珠江—西江经济带产城融合评价体系包括目标层、准则层和指标层三层，其中目标层为产城融合度，准则层包括产业化发展水平和城镇化发展水平两个维度，目标层分别从社会发展、经济状况和生态建设三方面选取指标，从产业化、城市化、绿色化、人口城镇化、节能化五个维度来选取，具体指标如表 2 所示。产业化发展水平维度中，工业增加值、GDP 发展水平、规模以上工业企业数量及第二、第三产业 GDP 贡献率及从业人员数量，分别可从产业发展水平、产业结构角度客观反映产业发展状况，体现产业的区域经济集聚发展能力和优化产业布局的技术能力。而单位 GDP 能耗则从产业资源消耗角度反映资源节约型社会建设水平。城镇化发展水平维度中，城镇人均可支配收入、农村人均可支配收入及固定资产投资额可从经济收入、投资角度反映城镇化现状，而城镇人口占总人口比重是评价人口城镇化率的重要指标，公共服务机构、人均道路面积可从社会公共建设及基础设施配置角度反映城镇发展状况。其中，公共服务机构是以区域内医疗机构、学校数量之和为统计量，人均绿地面积、居民家庭用水量则是从环境保护角度体现城镇可持续发展水平。

表 2　产城融合评价指标体系

目标层（*A*）	准则层（*B*）	指标层（*C*）	单位	指标性质
产城融合度 *A*1	产业化发展水平 *B*1	工业增加值 *C*1	亿元	正
		第二产业 *GDP* 贡献率 *C*2	%	正
		第三产业 *GDP* 贡献率 *C*3	%	正
		规模以上工业企业数量 *C*4	个	正
		第二产业从业人员数量 *C*5	人	正
		第三产业从业人员数量 *C*6	人	正
		*GDPC*7	亿元	正
		单位 *GDP* 能耗 *C*8	*t*	负
	城镇化发展水平 *B*2	城镇人口占总人口比重 *C*9	%	正
		城镇人均可支配收入 *C*10	元	正
		农村人均可支配收入 *C*11	亿元	正
		固定资产投资额 *C*12	个	正
		公共机构 *C*13	平方米/人	正
		人均道路面积 *C*14	平方米/人	正
		人均绿地面积 *C*15	平方米/人	正
		居民家庭年均用水量 *C*16	*t*	负

（二）数据来源及处理

珠江—西江经济带规划范围主要包括广东省 4 个市，广西壮族自治区 7 个市以及规划延伸区，本课题研究范围界定为两广地区。珠江—西江经济带通过“双核心”（广州、南宁）辐射作用带动发展，因此主要选取广州、云浮、南宁、柳州、梧州 5 个城市作为实证研究对象。评价指标数据主要来源于各市年鉴、统计年鉴、《中国统计年鉴》（2015）、《中国城市统计年鉴》（2015）。由于产城融合评价指标体系涉及的指标较多，各自侧重点不同，单位也不同，对产城融合的影响有正负之分，在计量分析时需要对原数据进行标准化处理以达到量纲一致，便于计算产城融合度综合分值，因此采用极值标准化进行数据标准化处理。

对于正指标，处理方法为：$Y_i = \dfrac{X_i - X_{\min}}{X_{\max} - X_{\min}}$

对于负指标，处理方法为：$Y_i = \dfrac{X_{\max} - X_i}{X_{\max} - X_{\min}}$

其中，X_i 为原始样本值，$X_{\max}$ 和 $X_{\min}$ 为原始样本中该指标的最大值和最小值，Y_i 为标准化处理后的值，指标体系中的 C7、C16 为负指标。

（三）研究方法

本文选择主成分分析法对珠江—西江经济带产城融合现状进行评价，以广州、云浮、南宁、柳州、梧州五个市为具体研究对象，从产业化水平和城镇化水平两个维度融合情况进行测算分析。主成分分析法是一种数学变换方法，是利用降维的计量方式将原来众多具有一定相关性的单个指标重新组合成少数几个相互无关的综合指标，消除指标相互影响以免研究结果产生偏差。假设研究对象有 n 个样本，p 个指标，将具有相关性的一组变量 x_1，x_2，…，x_p 通过线性变换转成另一组不相关的综合变量，新变量以方差递减的顺序排列。在数学变换中保持变量总方差不变，使第一变量具有最大方差，称为第一主成分 F_1，第二变量方差次之，并且和第一变量不相关，称为第二主成分 F_2。依次类推，p 个变量就有 p 个主成分，主要计算过程如下：

（1）原始数据标准化处理。为方便相关系数计算，首先将原始数据按下列矩阵 X 排列，进行有效标准化处理，$\begin{bmatrix} X_{11} & X_{21} & \cdots & X_{p1} \\ X_{12} & X_{22} & \cdots & X_{p2} \\ \vdots & \vdots & \ddots & \vdots \\ X_{1n} & X_{2n} & \cdots & X_{pn} \end{bmatrix}$ 标准化处理公式 $Z_{ij} = \dfrac{X_{ij} - \overline{X}_i}{\sigma_i}(i = 1,2,\cdots,n;j = 1,2,\cdots,p)$，其中 $\overline{X}_j = \dfrac{\sum_{i-1}^{n} x_i}{n}$，$\sigma_j^2 = \dfrac{\sum_{i-1}^{n}(x_{ij} - \overline{X}_j)^2}{n-1}$，得到标准化矩阵 Z。

$$\begin{bmatrix} r_{11} & r_{12} & \cdots & r_{1j} \\ r_{21} & r_{22} & \cdots & r_{2j} \\ \vdots & & \ddots & \vdots \\ r_{i1} & r_{i2} & \cdots & r_{ij} \end{bmatrix}$$

（2）计算相关系数矩阵。r_{ij}（i，$j=1$，2，…，p）为原变量与 x_i 的相关系数，$r_{ij}=r_{j1}$，其计算公式为：

$$r_{ij} = \frac{\sum_{k=1}^{n}(x_{ki}-\bar{x}_i)(x_{ki}-\bar{x}_i)}{\sqrt{\sum_{k=1}^{n}(x_{ki}-\bar{x}_i)^2\sum_{k=1}^{n}(x_{ki}-\bar{x}_i)^2}}$$

（3）计算特征值与特征向量。根据相关矩阵 R 的特征方程 $|R-\lambda_i|=0$ 求出矩阵 R 的特征根 λ_p，将这些特征值从小到大排列 $\lambda_1 \geqslant \lambda_2 \geqslant \cdots \geqslant \lambda_p$，再由多项式 $R_{ui}=\lambda_{ui}$，$u_i=(u_1, u_2, \cdots, u_p)$，求出特征向量 V_i，以这些特征向量的分量值为权数将标准化数据进行加权得到第 i 个主成分 F_i，计算公式为：$F_i=V_{i1}Z_1+V_{i2}Z_2+\cdots+V_{ip}Z_p$。

（4）计算主成分贡献率及累计贡献率。计算主成分的方差贡献率和累计方差贡献率。第 i 个主成分的方差贡献率为 $a_i=\frac{\lambda_i}{\sum_{i=1}^{P}\lambda_i}$，累计方差贡献率为 $\frac{\sum_{i=1}^{k}}{\sum_{i=1}^{P}\lambda_i}$。方差贡献率 α_1 越大表明第 i 个主成分综合变量包含的原始变量的信息越强，主成分个数的选取取决于主成分的累计贡献率，达到85%以上即可。

（5）确定综合得分表达式。以每个主成分所对应的特征值占所提取主成分总特征值之和的比例作为权重计算主成分综合模型，即用第一主成分 F_1 中每个指标所对应的系数乘上第一主成分 F_1 所对应的贡献率再除以所提取两个主成分的两个贡献率之和，然后加上第二主成分 F_2 中每个指标所对应的系数乘上第二主成分 F_2 所对应的贡献率再除以所提取两个主成分的两个贡献率之和，即可得到综合得分模型，根据主成分综合模型即可计算综合主成分值：

$$F=\frac{\lambda_1}{\lambda_1+\lambda_2}F_1+\frac{\lambda_2}{\lambda_1+\lambda_2}F_2$$

（四）珠江—西江经济带产城融合综合得分

选取广州、云浮、南宁、柳州、梧州2014年产业化发展水平和城镇化发展水平2个维度共16个指标输入SPSS19.0软件，按照计算步骤进行分析并得出结果如表3所示：

表3 珠江—西江经济带五市产城融合主成分分析结果

指标	第一主成分 F_1	第二主成分 F_2
$C1$	0.985	0.018
$C2$	-0.723	0.401

续表

指标	第一主成分 F_1	第二主成分 F_2
$C3$	0.913	-0.197
$C4$	0.986	-0.129
$C5$	0.994	0.043
$C6$	0.999	-0.028
$C7$	0.14	-0.912
$C8$	0.995	-0.039
$C9$	0.967	-0.054
$C10$	0.968	0.226
$C11$	0.901	-0.403
$C12$	0.96	0.174
$C13$	0.659	0.623
$C14$	0.484	0.858
$C15$	0.994	-0.039
$C16$	-0.999	0.028
初始特征值 λ	12.555	2.426
方差贡献率 α 的百分比	78.469	15.165
累计方差贡献率的百分比	78.469	93.633

根据以上计算结果通过产城融合度计算公式得出广州、云浮、南宁、柳州、梧州各市产城融合度值，并以珠江—西江经济带11个地区2014年GDP为计算基数，分别以广州、云浮、南宁、柳州、梧州GDP占经济带GDP总体比重来测度珠江—西江经济带的产城融合水平（见表4）。

表4　珠江—西江经济带2014年产城融合评价综合得分

	产城融合综合得分	GDP占比（%）
广州	1.415	46.29
南宁	0.038	8.72
柳州	-0.168	6.12
梧州	-0.474	2.75
云浮	-0.811	1.84
珠江—西江经济带	0.62	—

（五）评价结果分析

由表3可知，主成分 F_1 值中，指标 $C5$ 与 $C6$ 分别达到0.994与0.999，说明第二产业从业人员数与第三产业从业人员数量对产城融合水平具有较大的正向影响，而 C16 主成分 F_1 值为 -0.999，即居民家庭年均用水量对产城融合水平有负向影响，用水过多造成资源浪费，表明环境保护与资源耗费对产城融合的影响相对较大，如果资源耗费过多会阻碍产城融合发展。C7 的主成分 F_1 值仅为 0.14，即 GDP 值对产城融合的影响并不是主要的，其代表的仅是经济总量的增长，而产城融合测度的是城市发展与产业结合度的高低，影响因素更侧重于社会公共服务建设方面。因此在今后的产城融合建设中，不应局限于 GDP 的数量增长，更应该加强和谐社会与环保社会的建设。

基于表 4 的产城融合评价综合得分可以了解，珠江—西江经济带中两个主要核心城市广州、南宁的综合得分分别是 1.415 与 0.038，作为广东、广西两省区的首府城市，广州与南宁差距较大，这是由于广东是产业经济发达地区，又属于珠三角城市群，是全国重点发展城市，社会经济发展水平相对较高，而广西属于中国西南贫困地区，经济发展滞后且工业化水平落后，整体产城融合水平较低。柳州产城融合综合得分第三，主要由于柳州是工业化城市，拥有柳钢等大型企业，相对于广西其他地区而言，柳州的工业发展水平相对较高，基础建设也较完善，但仍然落后于南宁。梧州和云浮的综合得分较低，分别为 -0.474 与 -0.811，二者均地处广东、广西交界处，其中梧州于 2014 年建立桂粤合作特别试验区，促进并加深两广贸易合作，将促进梧州的经济发展与社会建设。云浮是连接广东珠三角和大西南的枢纽，其经济发展将带动两广边界地区的快速发展。

以各地区 GDP 比重来测量珠江—西江经济带的产城融合水平，是为了以各地区对经济带产值贡献来度量珠江—西江经济带的综合评价水平。据表 4 可知，珠江—西江经济带产城融合测评值为 0.62，高于南宁但远远低于广州，表明经济带整体产城融合水平失调，珠江—西江经济带主要包括 11 个地区，其中广东 4 个，广西 7 个，广州 GDP 对经济带产生的贡献为 46.29%，还不到一半。但是，另外占较大部分贡献率的地区产城融合水平均较低，因此拉低了整体产城融合水平，说明珠江—西江经济带的东、西部发展水平不均衡，产城融合水平呈现出东高西低的局面。因此在今后的发展中，广西应积极做好东部产业转移的承接工作，促进经济发展以带动社会建设，实现城镇化与产业化的协同发展。

五、珠江—西江经济带产城融合割裂的原因剖析

（一）城镇化全面滞后于产业化

珠江—西江经济带产城融合发展存在的主要问题是产业化与城市化发展失衡。一方面，科技园区通过建立“产学研”协同发展模式，有力地拉动科技创新的发展，推动区域经济迅速增长，并有形成区域经济增长极的态势；另一方面，园区公共基础建设缺失，社会服务不到位，导致园区生活环境落后，揭示出科技创新园区产城割裂的失衡发展状态。

（二）区域整体发展缺乏规划引导

规划协调对城市发展具有引导的作用，区域发展如果没有规划协调引导，产业发展布局就会不合理，城市功能发展就会失调并与产业发展出现冲突和矛盾，资源得不到有效的优化配置，社会发展阶段就会滞留甚至倒退。珠江—西江经济带作为一个整体的发展区域，其发展体系是无序的，各省依据自身的利益来发展布局，不利于经济带统筹全域发展。整个经济带发展缺少统一的区域发展统领规划，导致区域产业发展失衡，从实证结果上可以看出，广州的产城融合程度大大超过了南宁的产城融合程度。这是由于经济资源分布不均，缺乏区域规划引导，造成产业往广州等发达地区持续集聚，而发展较慢的西部地区产业发展愈加处于劣势。因此，珠江—西江经济带在提升整体产城融合水平中，应加强对区域整体的规划引导程度，促进区域协调发展。

（三）产业人才聚集不聚居

产业化进程与城镇化进程差距过大，就会导致产业区发展职住不平衡，产业发展与城镇发展分离，尽管经济规模与生产效率增加，但园区城镇化水平发展失衡导致郊区型园区创新技术专业人才的离职与缺失，反而使产业创新发展滞后。落后的城镇化发展水平，导致园区职员职住分离，增加上下班时间、精力成本，导致人才吸收困难。职员无法在产业区周围落户使得园区资源利用效率较低，耗费过多土地资源以及交通成本，不利于保障产业区创新发展的人才需求。

（四）区域产业布局不均，助推产城融合动力不足

珠江—西江经济带的经济发展布局不均，主要发展产业集中在大中型城市，如广州，而占经济带大部分面积的广西产业化水平低、结构发展不合理、布局分散，导致经济带总体产业基础薄弱，包括产业集聚能力有限、生产性服务业发展滞后，形成了经济带产业发展东高西低的失衡局面。在目前东部产业向西部转移过程中，广西由于产业基础薄弱，无力承接所有东部转移产业，无法实现产业化的对接，对于推动珠江—西江经济带整体区域产城融合发展显得动力不足。

六、促进珠江—西江经济带产城融合发展的路径与政策创新

（一）建设功能协调发展型城市

构建集经济功能、文化功能、居住功能、服务功能于一体的功能协调型发展模式，要求产业发展与群众需求相结合，不仅重视产业集群优化，还加强对群众生活条件的基础建设。产城融合就是要注重功能上的契合，协调好产业功能与其他城市功能之间的关系，构建与城市发展相适应和匹配的产业体系。一方面，充分利用城市的产业集聚功能和城市化的经济效应，促进产业功能提升；另一方面，通过产业带动来推动城市基础设施建设和社会事业发展，更多地以近域推进的方式加快城市提升和城市化进程，实现以产兴城，以城促产。

（二）打造“职住平衡”城市体系

在发展产业园区时，为促进人才吸引和保留，不仅要从经济收入上着手，为了长期保留人才，必须要加强园区城镇化建设，增加基础设施建设，完善公共服务体系和生活服务体系的构建，大力促进社会教育、医疗、文化、交通等的保障体系建设，打造功能完备、环境优美、保障完善的生活居住区，实现“职住平衡”，有利于保留和吸引人才在园区周边定居，有效促进产业的可持续创新发展，实现“以人为本”的社会基本发展理念。

（三）构建产业技术协同创新发展平台

创新是产业发展的内生动力，也是推动社会前进的主要因素，构建珠江—西江经济带产业技术协同创新平台，要求既突出先进制造业的经济导向作用，也要重视发挥现代服务业的社会主体作用。以发展集物流、信息、服务、制造于一体的一站式服务为突破口，整合珠江—西江经济带现有技术创新平台，融合引进的外来技术创新平台，统筹经济带资源于主导产业。着力打造面向珠江—西江经济带整体区域的产业技术协同创新发展平台，形成高度集聚的创新资源，推进产业化发展并带动城市化协同发展。

（四）以存量优化、增量集聚调整产业布局

基于产城融合目标，升级产业结构调整产业布局，优化既有产业存量，引导增量产业与城市化协同发展，调整目前现有产业主导区与产业园区，撤并发展效益较差的远郊型园区，引导企业向发展力较强、产城融合较好的园区迁移，形成产业集聚发展态势。推动产业区与城市区的对接，强化协同发展效应与职能分工。培育适应产业园区与城市化发展现状的主导产业，并给予政策投资优惠，完善珠江—西江经济带整体区域产业链集成，加强链条上游、下游之间的联系与经济资源互动，实现研发、生产线与销售环节的空间优化布局，降低企业营运成本。构建珠江—西江经济带整体产城融合发展体系，要求完善环境保护型产业发展，对于环境污染较严重的企业采取远郊式布局发展，并寻求环保型替代产品。

（五）寻求跨区域联动发展合作平台

随着经济进入新常态，区域经济发展需要突破地域局限，寻求区域建设的联动协作发展。在区域一体化发展背景下，各地区与周边经济的互动愈加频繁，形成共享的经济社会服务圈，促进资源高效快速地在区域间流动，实现创新合作平台的共享机制。珠江—西江经济带发展中，各个区域之间的联系应当更加紧密，广西应当与周边产业发展的广东实现产业、资源转移，促进广西的产业经济发展和缓解广东的资源匮乏困境，实现优势互补、产业互动、服务共享、空间互联的规模区域发展模式。

（六）构建“五化协同”可持续发展体系

“五化”（绿色化、工业化、信息化、城镇化、农业现代化）协同发展是社会可持续发展道路的必然选择，五化失调必将导致产城融合无法进一步深入发展。产城融合的实现不仅是产业化与城镇化的发展，还应当包括信息化来打造信息社会，发展农业现代化来促进土地集约型生产转型，坚持绿色化构建环境友好型可持续发展模式，实现五化协同发展，才能实现社会生产力、经济可持续发展、文化生产力、环境和谐的整体稳步发展。在珠江—西江经济带产城融合发展中，更应当构建"五化协同"可持续发展体系，在促进经济带产业与城市发展的同时，构建经济文化与环保型发展社会，推进珠江—西江经济带产城融合快速良好发展。

综上所述，产城融合是产业化与城镇化发展的契合点，是我国经济社会转型的必然要求，是优化城市空间结构、提升城市核心功能的主要手段之一。基于理论、实证两个角度探索珠江—西江经济带产城融合的发展现状，得知经济带产业化、城镇化与产城融合整体呈现东高西低的非均衡局面，经济带整体产城融合度综合评分较低。在分析经济带产城融合割裂的基本因素上，提出区域产城融合协同发展的实施路径，考虑城市、产业、人是产城融合发展的三大主体，因此在创新路径上必须坚持城市、产业的融合发展是为了"人"的基本原则，最终通过提升城市核心功能、优化产业结构、区域一体化、五化协同实现社会人文生态的协调发展。

参考文献

[1] 王丽华．产城融合发展模式及策略思考［J］．中国集体经济，2012（11）：29－31.

[2] 李文彬，陈浩．产城融合内涵解析与规划建议［J］．城市规划学刊，2012（7）：9－103.

[3] Globerman，Shapiro. Governance Infrastructure and US Foreign Direct Investment［J］．Journal of International Management Studies，2003（34）：19－39.

[4] 李光辉．我国产城融合发展路径研究［D］．安徽大学，2014.

[5] 刘畅，李新阳，杭小强．城市新区产城融合发展模式与实施路径［J］．城市规划学刊，2012（7）：104－109.

[6] 周健．关于我国产城融合研究的述评［J］．环渤海经济瞭望，2015（12）：15－18.

[7] 孙红军，李红，赵金虎．产城融合评价体系初探［J］．科技创新导报，2014（2）：248－249.

[8] 高纲彪．"产城融合"视角下产业集聚区空间发展研究——以商水县产业集聚区为例［D］．郑州大学，2011.

[9] 张道刚．"产城融合"的新理念［J］．决策，2011（1）：1.

[10] 殷悦．产城融合视角下的开发区转型研究［J］．苏州大学，2015.

[11] 王霞，王岩红，苏林，郭兵，王少伟．国家高新区产城融合度指标体系的构建及评价——基于因子分析及熵值法［J］．科学学与科学技术管理，2014（7）：79－88.

[12] 卫金兰，邵俊岗．产城融合研究述评［J］．对策与战略，2014（2）：81－82.

[13] 林高榜．衡量城市化与工业化比较水平的新指标研究［J］．数量经济技术经济研究，2007（1）：46－55.

[14] 苏林，郭兵，李雪．高新园区产城融合的模糊层次综合评价研究——以上海张江高新园区为例［J］．工业技术经济，2013（7）：12－16.

［15］林华．关于上海新城“产城融合”的研究——以青浦新城为例［J］．上海城市规划，2011（5）：30－36.

［16］陈云．“产城融合”如何拯救大上海［J］．决策，2011（10）：52－54.

［17］李学杰．城市化进程中对产城融合发展的探析［J］．经济师，2012（10）：48－50.

［18］葛勇，肖正直．产业新区产城融合发展的实证评价——基于重庆璧山工业园区［J］．城市与建筑，2014（9）：22－25.

［19］孔翔，杨帆．“产城融合”发展与开发区的转型升级——基于对江苏昆山的实地调研［J］．经济问题探索，2013（5）：124－127.

［20］王菲．基于组合赋权和四格象限法的产业集聚区产城融合发展评价研究［J］．生态经济，2014（3）：36－46.

［21］郑宝华，朱佳翔．国家自主创新示范区产城融合度评价［J］．统计与决策，2016（9）：65－68.

［22］毛小明，李波，方丽．江西工业园区产城融合度评价研究［J］．区域经济评论，2016（1）：101－104.

［23］赵艳．包头市工业化与城市化协调发展水平综合评价与分析［D］．内蒙古师范大学，2007：1－30.

［24］解鸿年．科技园区与区域发展——以台湾新竹为例［D］．同济大学，2008.